本书承蒙以下项目经费资助

- ◆ 福建省高校服务海西建设重点项目“闽南文化的传承和海西社会发展”[2009B053]
- ◆ 中国语言文学省级重点学科
- ◆ 福建省高校人文社科基地泉州师院闽南文化生态研究中心

林华东　主编

闽 南 文 化 研 究 丛 书

Minnan Wenhua Yanjiu Congshu

追寻与探索：两岸闽南文化的传承创新与社会发展研究

林华东　陈燕玲　主编

厦门大学出版社
XIAMEN UNIVERSITY PRESS
国家一级出版社
全国百佳图书出版单位

对海西建设来说,既是学术上的一种探索,更是对文化建设的一种支撑;既有利于发挥精神层面上的凝聚力,还有助于两岸民众心灵上的沟通;既能更好地推动两岸中华儿女的民族认同,更是弘扬和丰富中华文化的重要举措。

作为闽南文化的研究者,我们的重要使命和责任就是努力去揭示闽南民系千百年来的文化足迹,发掘闽南人离乡不离祖、认乡音、重乡情的草根意识,展示闽南人敢为天下先的拼搏精神,为海峡文化共同体的建设提供可借鉴的决策咨询服务;并从理论高度提交有分量的学术成果,从实践的角度弘扬闽南文化,为海峡两岸人民建设共同的和谐的家园,为祖国的统一大业,为中华文化的丰富与发展做出贡献。

2009 年 10 月

前 言

为了进一步探索闽南文化的历史、现状与未来的传承创新走向，更好地为海西社会发展提供文化层面的理论支撑，为闽台和平发展和祖国统一大业提供历史基因和文化动力，2012 年 12 月 1—2 日，由泉州师范学院和台湾成功大学闽南文化研究中心共同承办的福建省社科界联合会第九届论坛“两岸闽南文化的传承创新与社会发展”学术研讨会，在泉州师范学院举行。来自台湾成功大学、厦门大学等 17 个大学和研究所、博物馆的学者提交了 54 篇论文。会议围绕闽南方言文化、家族文化、民俗文化、闽南建筑文化、南少林武术文化、宗教文化、艺术文化、华侨文化、铁观音茶文化、闽南文学与地方教育等论题展开热烈研讨，从历时和共时角度多维度探索闽南文化在海内外的传承、流播、创新和发展。

泉州师范学院副院长林华东教授在开幕式上做《肇端于汉，多元层叠——关于闽南文化的形成问题》的主旨报告。报告在对闽南文化形成中相关概念的理解、问题的焦点和方法运用进行梳理研究的基础上，就“闽南方言和文化形成的五种不同观点”和“闽南方言和文化的一体多元和多次融合”两个话题，探索了学者们对闽南文化形成的认识差异及其背景原因。林华东认为：“族群历史和方言来源是考证族群文化形成的最重要依据。”他在阐释福建族群和文化形成的史实的基础上，解析了闽南文化发源地——泉州文化形成于汉末的历史及悠久发展历程。报告对闽南族群的形成发展和闽南文化的一体多元的论述，为闽南文化的源流探索提供了重要的研讨基础。

厦门大学陈支平、台湾成功大学陈玉女等 12 位教授分别向大会做了专题学术报告。与会学者指出，闽南文化具有非常丰富的内涵。上千年来，闽南族群在传承中华传统文化的基础上，不断开拓进取，推陈出新。随着闽南族群向台湾和海外的发展，闽南文化同时获得播迁、创新和拓展。闽南文化已经成为维系海峡两岸民众的精神纽带，成为联系海外华侨的重要桥梁。近年来，闽南文化的研究已经成为人文社科研究的热点，当前，若能把闽南文化史的研究与文化建设实践更进一步结合起来，在建设性与批判性上能够体现更科学理性的思考，在继承性与创新性上能够体现更深层次的分析，在拓展性和务实性上能够体现更广阔的视野，那么，闽南文化的探索将会有更开阔的天地，闽南文化的研究一定能为社会的发展提供更有价值的理论贡献。

与会专家一致认为：闽南文化作为中华文化的重要分支，并在世界各地广泛传播，今天，在东南亚乃至世界160多个国家，都有闽南人的足迹，都可以听到闽南人的声音，感受到闽南文化的影响。这些都生动展现了闽南文化的国际性，说明闽南文化不仅是地域的文化，同时也是一种世界性的文化。闽南和台湾有着深厚的历史渊源，从台湾早期的开发，到两地的家族血缘、传统习俗、思维观念、饮食习惯、建筑风格等，都可以找到闽台两地血脉相连的印迹，闽台关系不仅仅可以在现实中找到文化足迹，还可以从地方文学中发掘出文化的深层次元素。

陈燕玲

（本文原载《光明日报·理论（史学）版》2012年12月13日）

目　录

闽南铁观音茶文化的形成与表现

蔡烈伟　范春梅　陈开梅

茶文化是指人类社会历史实践过程中所创造的与茶有关的物质财富和精神财富的总和。几千年来，闽南茶产业有着丰富多彩、意境优美、雅俗共赏的文化积淀，在中国茶文化历史上具有重要地位。随着茶产业的不断发展和提升，闽南铁观音在茶科技、茶产品、茶市场、茶消费和茶服务等方面，极大地丰富了闽南茶文化内涵，并推动茶业及相关产业的发展，促进茶产业经济的进步与繁荣[1]。铁观音茶，在闽南的地位，早已经超越一般意义上茶本身的概念，形成一种独特的文化。

知识经济时代，把文化融入产品和服务是企业创造财富的最有效方式，优质的产品和服务需要向文化寻求高附加值[2]。研究闽南铁观音茶文化的形成历史，探索其在发生发展过程中与人们生活、地方经济、社会文明的密切联系，对我们更好地传承和弘扬产业文化，促进产业经济和和谐社会建设，具有特别重要的意义。

一、铁观音茶的历史发生与文化形成

闽南泛指福建南部的泉州、漳州、厦门及莆田南部区域，是我国重要的乌龙茶产区，茶文化源远流长，种茶、制茶、贩茶、饮茶历史悠久。

闽南产茶的文字记载，最早见于南安丰州古镇的莲花峰石上的摩崖石刻“莲花茶襟”(376 年)，比陆羽《茶经》还要早 300 多年。乌龙茶于 14 世纪后期创制于武夷山，17 世纪逐步流行并传到闽南。《安溪茶歌》记载：“安溪之山郁嵯峨，其阴长湿生丛茶……迩来武夷漳人制，紫白二毫粟粒芽……溪茶遂仿岩茶样，先炒后焙不争差……”为了适应外销需要，闽南人仿照武夷茶制法，参与外销。这是铁观音茶产生的基础。

闽南铁观音茶的由来有“魏说”和“王说”两种传说，最早发现于清雍正年间(1723—1735 年)的安溪西坪，其发现、栽植、培育、创制至今有近 300 年的历史。安溪铁观音一经发现，便因独特的“观音韵”和“兰花香”闻名遐迩，声扬天下。闽南产制乌龙茶于清道光至光绪年间颇为兴盛，尤其鸦片战争后五口通商，闽南乌龙茶以铁观音打响名号外销东南亚，是华侨的首选，奠定了侨销茶的地位。到光绪三十年(1904

年),仅安溪所产乌龙茶就达到1250吨。

清末民初,铁观音茶引种至永春等地种植推广,后传入台湾,经不断扩散,先后被漳平、华安、南安、三明、永安、沙县、长泰、平和、南靖、莆田、仙游、宁德、福安以及省外的云南、湖南、湖北、广东、浙江等地引进种植,形成我国乌龙茶中独特的一种。

至此,铁观音茶的制作工艺基本成熟,加工技术不断改进,品质标准渐趋完善,在闽南地区的历史文化背景下,其种植、加工、销售、品饮都形成了特有的风格和方法,品茶艺术更加高雅,内涵更加丰富,还有大量与铁观音茶相关的诗歌、书画、影视等艺术表现形式,甚至与此相关的研究机构、博物馆、会展、休闲、旅游等文化现象纷纷涌现,而且地方政府、企业和茶商广泛通过文化包装、文化消费来促进茶叶销售,促进铁观音茶的消费市场逐步稳定并不断扩大,从而形成了特有的闽南铁观音茶文化。

二、闽南铁观音茶文化形成的基础

1.闽南有悠久的茶历史

闽南地区早在东晋时期就有关于产茶的文字记载,唐后期至五代十国期间,由于北方战乱,大量人口南下移居,当时荆楚、江淮人入闽带来了茶叶生产技术。唐末韩偓就有描述闽南采茶姑娘边采茶叶、边唱茶歌的诗句"石崖觅芝叟,乡俗采茶歌"。始建于唐末的安溪名刹阆苑岩,还保留着创建之初的一副对联:"白茶特产推无价,石笋孤峰别有天。"[3]p899-906 据詹敦仁(914—979)《清隐集》记述,五代时,泉州至安溪的官道就已设有供应茶水的茶亭,茶叶已成为一种礼品进行赠送。他还写诗赞叹安溪茶叶:"泼乳浮花满盏倾,余香绕齿袭人清。宿醒未解惊窗午,战退降魔不用兵。"

宋代茶叶生产和茶文化迅速传播时,闽南茶业也有较大的发展,生产技术逐渐提高,还形成"斗茶"之风。安溪寺院道观种茶相当普及,不仅种植许多名优品种,生产出不少名茶,对泡茶器具、泡茶技艺都相当讲究。到明清时期,铁观音诞生,黄金桂、本山、毛蟹等名优品种相继问世,闽南茶业空前兴盛,畅销世界各地,成为海上茶叶之路的发祥地。

悠久的茶历史为铁观音茶文化的形成奠定了坚实的基础。

2.闽南有丰富的茶资源

闽南属于亚热带海洋性季风气候,有着优越的宜茶气候和土壤条件,年平均气温17～21.3℃,年平均降水量为1500～2000毫米,山地土壤以红壤、黄红壤为主,土层深厚,酸碱度适当,茶树的自然生长环境得天独厚。闽南是全国茶叶优势区域规划中的重要生态区,也是农业部确定的"东南沿海名优乌龙茶"特色优势产业带的最主要产区。茶产业是闽南地区农村经济的优势产业和主导产业之一。

闽南还有丰富的茶资源，据统计，仅原产于安溪的茶树品种有 54 个，在 1984 年审定的 30 个国家级良种中，安溪就占有 6 个。目前闽南茶区的乌龙茶生产地主要栽植的名优茶树品种有铁观音、本山、黄旦、毛蟹、奇兰、梅占、水仙、佛手、肉桂、黄金桂、八仙茶、丹桂和金观音等，还有从台湾引进的金萱、翠玉、四季春等良种，无性系优良品种茶园的面积占总面积的 90%以上。另外，闽南茶叶种植、加工的基础良好，经验丰富，茶叶加工设备配套，机械先进，工艺科学，茶叶品质丰富多彩。丰富的茶资源是闽南铁观音茶文化兴盛的沃土。

3. 闽南有特色的茶习俗

闽南有颇具特色的饮茶习俗，世称工夫茶。清乾隆《龙溪县志》载："五月至则斗茶，必以大彬之罐，必以若琛之杯，必以大壮之炉……"施可斋《闽杂记》(1857 年) 卷十"功夫茶"亦云："漳泉各属，俗尚功夫茶，器具精巧，壶小有如胡桃者名孟公壶，杯极小者名若琛杯。……饮必细吸久咀，否则相为嗤笑……"闽南工夫茶沏茶器具之精巧、泡茶流程之讲究、品茶方式之独特，成为铁观音茶文化中最为显著的特点。

闽南的婚丧茶俗也是铁观音茶文化形成的重要基础。早在明清时期，茶就以一种特殊意义和特殊形式融入婚俗、葬礼和祭祀，至今风俗犹存。在婚事中，礼单中有茶叶，婚宴中有新郎、新娘敬茶，新娘正式拜见公婆长辈要敬茶，婚后"对月"新婚夫妇返娘家要"带青"(茶苗)。在丧事中，丧主不会忘了给报丧者饮茶，以避邪气、讨个吉利。拜祭祖坟也要敬茶，如清末林鹤年(1846—1901)《福雅堂诗钞》中记述："特嘱弟侄于扫墓忌辰朔望时，作茶供，一如生时。"在佛事中，敬茶则更为讲究，从净身到选水都有特别之处，不少信奉佛教的人士日日以茶敬佛，经年不辍。

4. 闽南有繁荣的茶经济

闽南繁荣的茶经济更是为铁观音茶文化的蓬勃发展注入生机。2009 年，闽南茶区茶园面积约 120 多万亩，产茶 15 万吨，茶叶产值 80 亿元，茶产业综合产值 152 亿元，出口创汇 2500 万美元。[4]茶产业企业龙头及品牌建设已达到全国先进水平，仅安溪就有 7 家企业入选全国茶叶行业百强企业，天福、八马、凤山等 3 个商标被评为中国驰名商标。而且，茶产业链逐渐延伸，茶具、茶食品开发初具成效。

闽南茶区茶叶市场体系日趋合理，茶业经济呈现繁荣景象。泉州、厦门、漳州等地大型茶叶批发市场、3 万余家茶叶店以及产茶县(市)乡创办的中介组织、专业协会、茶叶集散地等组成了日臻完善的市、县、乡三级多元化市场网络，闽南已成为全国乃至世界乌龙茶生产、销售及出口中心。茶区各企业在全国设立办事处，开设茶庄，产品俏销各大城市，出口茶远销几十个国家和地区。茶叶市场逐步趋向信息化，各种交易会、文化节、新闻发布会、茶叶拍卖会等多种形式的茶业活动频繁。这都推动闽南铁观音茶文化的发展。

三、闽南铁观音茶文化的表现形式

1.热情好客的茶礼仪

我国历来就有“客来敬茶”的民俗,闽南人更是如此。这里几乎家家户户客厅茶几上都摆放着工夫茶具,或盖碗,或小壶。有客来访,闽南人第一件事情就是煮水泡茶,为客人奉上热茶。“未讲天下事,先品铁观音”,铁观音是闽南人作为客来敬茶的必备品。调解人与人争端的序曲,也是请人喝茶,只要双方把茶杯一端,即表明双方愿意坐在一起化干戈为玉帛。在闽南地区,以茶赠友也是一种习俗,人们体验分享精品名茶带来的享受,培育高雅情操,这种世代延续的传统赠茶礼仪,使铁观音茶与文化更为广泛地传播。

敬茶时还须注意一些礼仪。如“酒满茶半”,奉茶时茶不要太满,以七分满为宜。水不宜太烫,以适宜客人饮用为好。有两位以上的访客时,用茶盘端出的几杯茶茶色要均匀。如有茶点,应放在客人的右前方,茶杯应摆在点心右边。上茶时应以右手端茶,从客人的右方奉上,并面带微笑,眼睛注视对方。喝茶的客人也要以礼还礼,双手接过,点头致谢,或采用叩指礼。品茶时,讲究小口品饮,一苦二甘三回味,其妙趣在于意会而不可言传。这些饮茶礼仪都是铁观音茶文化最朴实的表现。

2.琳琅满目的茶商品

最能体现铁观音茶独特韵味的是琳琅满目的茶商品。特别是近年来随着加工工艺的不断创新和茶叶深加工技术的创新,呈现出多种品质风味的铁观音商品和铁观音茶制品。

市场上铁观音茶因制法差别而品质风味各异,有清香型、浓香型、陈香型三大类。清香型铁观音又有传统型和鲜绿型之分,鲜绿型铁观音又可细分为鲜香型和酸香型。在浓香型铁观音中,有传统型、韵香型、碳香型三种。丰富的口感韵味体现出“清”、“酸”、“韵”、“浓”、“陈”五种风味。[5]不同风味的铁观音能给人不同的品饮意境。清香铁观音,香柔水醴风情寓,俗解凡脱妙趣来;酸香铁观音,水主香仙百川汇,尘消心远醉意生;韵香铁观音,燃香孕画怡神境,绵软清甜润脾肝;浓香铁观音,难得明悟木与火,最是醇和识予情;陈香铁观音,形骸放浪空灵气,归真无我寄春风。

此外,为了赋予铁观音茶更多的保健功能,人们不断开发各种新型茶叶产品,如近期研制并投放市场的“GABA 铁观音茶”,就是一种含高量 γ-氨基丁酸的天然茶叶新制品,不仅保持了铁观音茶特有的滋味和香气,还具有多重保健功效,能帮助促进睡眠、抗抑郁、镇静、预防老年痴呆等。还有许多以铁观音茶或其水提取物为原料,制成的如铁观音奶茶、茶蜜饯、茶糕点和铁观音茶饮料等含铁观音茶商品,都很受消费者欢迎。

3.精彩纷呈的茶活动

铁观音茶文化的另外一个表现是有精彩纷呈的茶文化活动，在闽南广泛开展并逐步向外推广、扩散。起源于宋代的“斗茶”，兴起于明清年间，伴随着明清时期闽南茶业兴盛不断发展，并延续至今，演化成现在的“茶王赛”。每逢新茶上市，茶农们携带各自制作的好茶一比高下，由评茶师主持，茶农人人参与评议，从“形、色、香、韵”诸方面品评，当场判定优劣等次，胜者无尚荣耀，不少地方还敲锣打鼓把“茶王”迎送回家。这种民间“斗茶”到现在已渐渐地发展成为由村镇、县市统一组织的不同级别的“茶王赛”，以提高茶叶品质，交流制茶经验，提高加工技术。作为茶乡民俗活动的“茶王赛”还走出闽南，步入全国各大中城市，分别在上海、北京、香港、澳门等城市举办“茶王赛”、“品评会”。

2000年以来，闽南每年都会举办茶文化旅游节、铁观音乌龙茶节、海峡两岸茶文化交流会、中华茶产业国际合作高峰会等大型茶事活动，活动内容不断创新，参会人员不断增加，社会影响不断扩大。还有各种国际茶艺表演、全国最佳茶艺小姐大赛、十佳茶艺之星大赛、茶文化旅游、茶文化论坛、茶叶订货会、产品展销会、游湖品茗等系列活动，引起了社会各界的广泛关注。安溪还组织考察交流采风团，分别举行铁观音神州行南线行、北线行、中部行、东北行、西部行、香江行活动，先后到全国17个城市，举办“安溪铁观音神州行”活动，对我国主要茶叶销售区域城市的大型考察交流采风活动，举办不同主题的茶事宣传系列活动，产生了积极反响。

4.丰富多彩的茶艺术

闽南民间长期从事茶叶生产活动，产生了大量表现种茶、制茶、饮茶和以茶交友等思想的文化艺术作品，茶歌茶舞、茶诗茶文、茶戏茶剧以及茶影视作品，无一不是以铁观音茶醇厚的内涵和闽南饮茶风情为内容，创作出的艺术精品，这也成为铁观音茶文化最丰富多彩的表现形式。

早在清代初年，阮旻锡(1627—1712)就专门作有《安溪茶歌》，现在闽南茶区收集整理的《种茶歌》《茶山情歌》《满山茶叶满山香》等民间茶歌有50多首。这些古老的茶歌以闽南方言演唱，语言通俗，曲调优美，内容丰富，世代相传，妇孺能唱。1988年，安溪县还通过举办“铁观音杯”全国征歌大奖赛征得现代茶歌2054首，并出版《飘香的歌》选集，其中《铁观音》《敬你三杯铁观音》《观音韵》等佳作名曲广为传唱。

闽南还有丰富的茶文艺节目，如舞蹈《乌龙茶的传说》《采茶扑蝶》《品茶王》，答嘴鼓《斗茶》，现代戏《迎茶王》，小品《茶乡情韵》，韵谣《凤凰山，出观音》以及南音作品等，其中不少茶舞多次参加北京和福建省大型文艺活动演出，深受广大观众的好评。

还有《山花初放》《茶乡短笛》等茶乡文学系列，《詹典嫂告御状》等10多部茶戏剧和《乌龙茶的传说》《茶韵》《安溪斗茶》等茶影视作品。特别是30集电视连续剧《铁观音传奇》和百集室内情景喜剧《铁爷茶馆》,充分展示铁观音茶文化的深厚底蕴和神奇魅力。2005年,中央电视台春节联欢晚会上,"品铁观音,香飘两岸;拜妈祖庙,情系一家"一联更是引起海峡两岸同胞以及广大茶人的共鸣。2009年安溪县还被文化部命名为"中国民间文化艺术(茶文化)之乡"。

5.特色浓郁的茶旅游

茶文化旅游是近年来在我国茶区兴起的一种新型旅游形式,闽南茶文化历史悠久、旅游资源丰富,是中国有名的"山水茶乡",铁观音茶文化资源得到充分地开发利用,闽南也成为我国茶文化旅游的热点。

安溪建成的中国茶都农业旅游示范点是福建省八大旅游品牌之一,包括茶叶公园、茶博览馆、铁观音发源地遗址、茶文化诗廊和生态观光茶园等在内的一大批茶文化旅游景区、景点,先后推出了休闲度假、古迹旅游、茶都观光、生态茶园探幽等4条以茶文化为主要特色的旅游线路,并在全国旅游商品交易会上被定为全国三条茶文化旅游黄金线路之一。由天福集团投资兴建的博物院、观光茶园、茶学院和茶叶、茶食品、茶具生产线观光走廊,更是我国茶文化旅游中的精品。天福茶博物院是目前世界上最大的茶博物院,全景展示了我国茶文化历史和饮茶习俗,天福观光茶园有限公司石雕园通过雕塑反映闽南和台湾茶俗及茶文化传播历史。这些都是国家4A级旅游景区,吸引大量游客。还有天福茶学院的茶文化教育体验和茶叶、茶食品、茶具生产工艺及车间观摩,到处都有铁观音茶香,都能给人全新的闽南茶文化的体会。特别是在产茶季节,更多的游客能直接参与采茶、制茶、品茶,全程感受一泡好茶的产生全过程,感觉铁观音茶文化的博大精深。

铁观音茶文化是闽南茶产业的生命,是闽南茶经济的灵魂,传承、弘扬和丰富闽南铁观音茶文化是提升茶产业活力、促进茶经济发展的有效途径。

(作者单位:漳州科技职业学院)

参考文献

[1] 蔡烈伟:《闽南茶产业文化教育推广模式研究》,《漳州师范学院学报》(哲学社会科学版)2010年第3期。

[2] 戴志康:《没有文化的竞争是妄言》,《科技智囊》2004年第7期。

[3] 苏少民:《安溪铁观音茶文化》,文化部艺术服务中心编:《中国民间文化艺术之乡建设与发展初探》,中国民族摄影艺术出版社2010年版。

[4] 林艺珊等:《闽南茶叶产业化发展关键问题探讨》,《中国茶叶加工》2010年第2期。

[5] 潘玉华:《铁观音不同商品花色的制法特点及品质特征》,《福建茶叶》2012年第2期。

从方志和族谱看清代闽台螟蛉子收养习俗地区差异

陈彬强　戴雪文

一、清代闽台各地的螟蛉子收养习俗

螟蛉子即异姓养子，取自《诗经》“螟蛉有子，蜾蠃负之”，意为异种寄生，有的地方也称“假子”、“义子”、“义男”。由于螟蛉子系非亲生，与本宗亦无干连，儒家学说认为“神不歆非类，民不祀非族”，祖先的血食祭祀必须由血亲后人供给，立螟蛉子为嗣必然会使祖先血食中断，使之沦为游魂野鬼，异姓立嗣历来为封建宗法制度所严厉禁止。唐以降，历代国家成文法均对异姓养子接承宗祧持否定态度。《大清律例》中明确规定：“其乞养异姓义子以乱宗族者，杖六十。若以子与异姓人为嗣者，罪同。其子归宗”，“其收养三岁以下遗弃之小儿，仍依律从其姓，但不得以无子遂立为嗣”。[1]在传统宗祧观念的影响下，无嗣家庭通常只能在家族内部的侄辈当中选立子嗣，以保证家族血统的纯洁性。

尽管《大清律例》严禁异姓继承宗祧，但在现实生活中，由于嗣子大多是在被继承者年老或过世的情况下才确定，两者之间缺乏牢固的亲情纽带，且嗣子多已成年，易受本生父母支配，无后者往往乐于抱养异姓子，也不愿在本族中择立继嗣。清代的异姓收养习俗在南北方社会都曾大量存在过，如山西、江浙一带都有“血抱螟蛉”的习俗。而地处东南沿海的闽台一带尤盛行收养螟蛉子。清代史料所载福建地区的异姓收养习俗，以闽东南地区为最。不仅无子家庭乐于买养螟蛉子，晋江、惠安等地的许多有子家庭亦“多喜买异姓之子，改姓以为己子”[2]。与内地的异姓收养习俗相比，闽东南地区还带有浓厚的实用功利主义色彩。道光《厦门志》即指出：“闽人多养子，即有子者亦必抱养数子”，其目的并非延续宗祧，而是“藉多子以为强房。”[3]对于这种现象，以维护封建正统宗法观念为己任的士大夫阶层普遍持批判态度。清人陈盛韶在《问俗录》中批评诏安县的异姓承祧习俗，云：“夫随嫁儿得以承宗，鬻义子得以入祠，吕嬴牛马，诏安氏族之实已不可考矣。”[4]在他们看来，收养异姓子必定会造成异姓乱宗，乃宗法之大忌，应加以明禁。但在民间社会，现实的生活需要乃至个人私利往往都能够超越传统的宗祧观念，可以使非宗亲关系及非亲属关系虚拟为某种宗祧继嗣关系，从而在一定程度上改变了人们的宗祧继嗣观念，使他们对异姓收养持包容与接受态度。

台湾早期移民社会，男女比例失调，单身无后的成年男子出于生养死送的现实考虑，也风行收养螟蛉子。康熙年间台湾《诸罗县志》记载："自襁褓而育之者，曰螟蛉。台俗八九岁至十五六，皆购为己子。"[5]无子家庭往往也买养异姓子为后，如彰化县"民少族居，有乏嗣者，多买他姓子以为嗣，曰螟蛉"[6]。通常情况下，人们购买螟蛉子都是通过中间人从其亲生父母手中买走，但由于需求旺盛，掠拐妇女儿童之风日盛，以至于不少家庭转而从人贩子手中购得："闺女既不可得，或买掠贩之女以为妻，或购掠贩之男以为子。女则自十四五岁至二十岁，男则自五六岁至十五六岁，均不为讶。"[7]可见，台湾的螟蛉子收养习俗更甚于闽东南地区。

与之相比，闽西北的螟蛉子收养则较为少见。传统的宗祧继嗣观念对闽西北的立嗣继承行为仍有着巨大影响，违背宗祧继嗣原则的异姓立继受到强大的宗族社会压力。清代闽西北宗族普遍禁止异姓承继，体现出"族重家规，鲜乱宗之子"的特点。[8]

二、造成清代闽台螟蛉子收养习俗地区间差异的原因

清代闽西北地区的养子之风远不如闽东南和台湾地区之盛，这与当地的社会经济状况和宗族组织特点密切相关。宋以后，福建的经济重心南移，明清闽西北的经济地位下降较快，如建宁府随着闽北官营手工业的衰退，城市的城居人口也在减少，城内甚至有许多地方都被改造为农田。[9]再加上闽西北山多田少，交通不便，商品经济已远不如沿海地区活跃。志书上记载闽西北各府："农力甚勤，不事商贾末技"[10]；"民安稼穑，富者仅足于供输，贫者间免于饥冻，途无行货之妇，市乏赌博之风，不通舟楫而财货甚少"[8]；"有林泉鱼稻之乐，人自足用无所外求"[11]；"民惮远出为商贾，无他役作而勤于耕耨"[12]。可见，清代闽西北的社会经济整体上仍以自给自足的自然经济为主。

经济自足，交通闭塞，资源贫乏，造成社会流动性不大，宗族聚居的规模也相对较小，宗族组织的发展平稳，较少受到外来势力的干扰。郑振满教授的研究结果表明，在闽西北地区的聚居宗族中，以血缘关系为基础的"继承式宗族"得到较为持续、稳定的发展，构成闽西北宗族组织的雄厚基础及其主要形式。[13]"继承式宗族"的主要特点是族人的权利及义务取决于各自的继嗣关系，在共有财产的处理上，历代遗产的管理及其权益分配，一般都是采取"按房轮值"的方式。在闽西北地区，家族的共有财产主要指的是族田。根据土改时期的统计资料，闽西北的族田通常可占到田地总数的

50%以上，而在东南沿海地区这一数字仅为20%～30%。[14]族田当中占比最大的当数祭田(蒸尝田)。经历代分家提留祭产和族人派捐，祭田的规模越来越大。一般情况下，祭田的收益由被继承者的直系子孙按房轮流收取："轮祭之年，完额粮、修祠宇、春秋供祭品、分胙肉，余即为轮值者承收。"[4]大量族产的共有化将宗族组织成员紧密联系在一起。出于对族人共有财产的保护，宗族组织对于成员资格的取得采取严格的认定措施，只有被继承者的直系子孙，才有可能正式成为宗族组织成员。崇安县《袁氏宗谱》记载："议定递年正月初一日报丁，当即查明，如有血抱螟蛉，不得载入丁簿。追及五年清系时，若有缺丁乏嗣者，合族早为择立继嗣。有应继不继者，族长不得徇情容隐。"[13]所谓的"报丁"、"清系"，目的实在于清理混入其中的非宗族组织成员，以保护共有财产不被外人染指。对于乏嗣家庭，立同宗昭穆相当之人为嗣，只涉及共有财产的内部转移，不会侵犯其他族人的利益。但如果立螟蛉子为嗣，必然会使部分共有财产落入外人手里，因此不可避免受到族人的强烈反对。这也是造成闽西北螟蛉子习俗不如闽东南和台湾地区盛行的根本原因。

闽东南一带盛行螟蛉子收养习俗，与当地商品经济活跃、社会流动性大、宗族组织相对开放有较大关系。明清以降，随着福建经济重心南移，闽东南地区人口迅速增长，本地所产粮食已无法自给，沿海居民难以依靠农业为生，只能想办法出海谋生。雍正五年，福建总督高其倬上书请开海禁，指出沿海一带"本地所产，不敷食用。惟开洋一途，藉贸易之盈余，佐耕耘之不足，均有裨益"。[15]清人蓝鼎元亦言"闽粤人稠地狭，田园不足于耕，望海谋生，十居五六"。[16]尽管清政府屡次迁界、海禁，但为了生存，当地居民仍不得不冒险犯难，从事海外贸易已成为他们谋生的重要手段。

除此之外，人口大量外迁也能够有效缓解沿海地区的人口和就业压力。据统计，自1683年起的清早期近百年时间中，台湾汉民人口新增70万～80万，大部分由闽南而来。[17]而至1890年为止，闽南地区往海外移民人口累计达39万人，到了19世纪90年代—20世纪30年代，净迁移人口高达136万人。[18]

频繁的商业和移民活动大大加强了社会流动性，给沿海宗族带来巨大冲击。宗族的一些成员长期在外未归，在当地扎根落户，与当地宗族结合，以异姓继子形式成为当地宗族的一员；而另一些人则出于经济、生活需要，从外部招入异姓成员，使之成为新的宗族成员。如清末惠安县有一种"失踪招赘"习俗：有长期出洋而与家中不通音讯者，家属即认为其失踪或死亡，为保证家庭的延续，"其父母兄弟叔伯等即将出外者之妻主张招赘他人(即入夫)，或出外者之妻自行主张亦不禁之"。[2]这种现象表明，宗族组织面对人口广泛流动的现实，也不得不做出相应调整，采取相对开放的务实态度，较能接受外来人员的加入。

另外，沿海地区宗族聚居的规模较大，以地缘关系为基础的"依附式宗族"发展极为充分，族人之间的权利和义务主要取决于相互支配或依附关系，血缘关系则往往仅具有象征意义。沿海宗族也很少像闽西北宗族那样拥有庞大的族产，族产的管理主要采取统一管理而非各房轮值的方式，成员间少有共同的经济利益。因此，宗族成员资格的取得并不需要建立在严格的血缘关系基础之上，族人在子嗣的选择上较不受宗族组织的约束，享有较大的自主权。闽南人重商逐利的思想也往往使他们能够摆脱宗祧观念的束缚，吸收螟蛉子参与商业活动。如龙溪县“生女有不举者，间或以他人之子为子，不以窜宗为嫌。其在商贾之家，则使之挟赀四方，往来冒霜露，或出没巨浸，与风涛争顷刻之生，而己子安享其得焉”。[19]

像这样带有明显功利性目的的收养，还表现在“强房壮族”上。福建沿海地区人稠地狭，资源紧张，各宗族之间常为抢夺资源而发生械斗，巨乡大族往往在械斗中占据优势，收养螟蛉子则成为各宗族壮大本家势力的重要手段。道光《厦门志》即认为闽人有子者还要多收养子，目的实在于“藉多子以为强房”。杨浚在《岛居三录》中也明确指出“闽俗乞养异姓为子，漳泉尤甚，率因人口多少，以别房分强弱，非无子始乞，有子亦乞之”；“漳、泉乞养异姓，非为承祉也，或以械斗，备作前驱，死伤听之。故殷实之家乞之不仅一二人矣”。[20]闽南人占多数的漳平县也流行收养螟蛉子：“族大丁多者辄有左右乡里之权，一族之中强房之势又重于弱房，以故，不但无子者必谋所以承继，即有子者亦往往另行再继数子，以达丁多目的。”[2]可见，清代闽东南地区收养螟蛉子多出于功利性目的，而非承祧需要。

清代台湾地区的螟蛉子习俗则主要体现出移民社会的特点，与闽东南沿海一带的功利性收养有别。清政府早期为加强海防，严禁大陆移民携眷赴台，因此台湾早期移民当中男多女少，性别比例严重失调。蓝鼎元曾记道：“统计台湾一府，惟中路台邑所属，有夫妻子母之人民。自北路诸罗、彰化以上，淡水、鸡笼山后千有余里，通共妇女不及数百人；南路凤山、新园、琅桥以下四五百里，妇女亦不及数百人。”[21]由此产生了大量绝嗣家庭。根据《台湾私法人事编》中有关的契约文书统计，台湾绝嗣家庭大概占到总家庭数的14％。[13]而该书亦收录了一批有关清代“绝嗣财产”的契约文书，立契人将家业托付给族人或亲邻，以备日后代为立嗣或祭祀之需。可见，无子承继已成为当时许多台湾家庭面临的重要问题。

史料所载“买子承祧”现象反映了台湾社会对螟蛉子的广泛需求，也反映了台湾大多数普通家庭购买螟蛉子的目的是生养死送，延续宗祧，保证祭祀血食不中断。《台湾私法人事编》收录的36份“螟蛉子字据”，都是明确要求螟蛉子改姓继承养父宗祧，本生父母领去“乳哺银”后即卖断亲子对自己的宗祧继承权，与亲子断绝关系。兹举一例：

出嗣字

立出嗣字人新威庄二百四十九番地邱良毅。母子议定有次弟梁先，年二岁，家贫无可整，问伯叔不能承领，将此次弟出嗣于龙肚庄一千三百六十八番地张阿郎为长男。张家即奉乳哺银四拾元正，银、字两交明白。出嗣后，他日生男女永承张家后裔，与邱姓无干。他年子孙昌盛，二比甘愿，恐口无凭，立出嗣字一纸，付执为炤。

即日实领到乳哺银四拾元正，批的。

光绪三十二年七月二日说合媒人邱阿仁

像这样因乏嗣而不得不收养螟蛉子为后的现象并非台湾所独有，其他移民社会亦往往出现类似情况。如嘉兴一带“自洪杨乱后，土著流亡殆尽，人口稀少，本枝断绝，因时权宜，或取异姓为后，称为螟蛉子”，“客民到嘉兴开垦，只身来此，积有资财，身死无嗣，或取异姓之人承受”。[2]可见，在移民社会，由于远离原来的宗族组织，乏嗣家庭想在昭穆相当的侄辈当中选立后嗣是有一定困难的，而收养螟蛉子为嗣则是相对易行的现实选择。

除此之外，一些有子家庭也有收养螟蛉子的习惯。一方面是因为清代早期台湾人多地广，劳动力不足，收养螟蛉子可以增加劳动力，促进生产。诸罗县就有“未衰而不娶，忽援壮夫为子，授之室而承其祀”的现象，[5]实际上是考虑到成年人可以马上投入生产，补充劳动力。另一方面，台湾移民以闽南人为主，受闽南人重商习气的影响，有些富商家庭也流行收养螟蛉子从事商业活动。而台湾在逐渐向定居社会转型时，因利益冲突而致同姓分类械斗时有发生，难免有些家庭为壮大自身实力而收养螟蛉子。不过这种功利性收养所占比例不大，普通家庭买养螟蛉子的目的仍是以解决承祧需要为主。

三、清代闽台螟蛉子继承权地区差异探析

闽西北的大多数宗族为保证家族血缘关系不致混乱，一般严禁异姓养子继承宗祧，但螟蛉子可以继承养父母的部分家庭财产，不过并不具有不可剥夺的继承权利，而是由养父母酌给财产。清末民初浦城县养父母酌给螟蛉子的财产“与诸子较约五分之三四”，且螟蛉子“不得承嗣宗祧”。[2]螟蛉子不能承祧，也就无权轮值养父母祖上遗留的祭田，这在族田占比相当高的闽西北却是一笔不菲的收入。建阳县《壚垅游氏宗谱》规定：“但抚子者，只许清明祭扫，男女醮席优礼相待，分与饮福。至于祠内祀田并各祖祀田、山场等租，一概不许轮值管理。”[13]乾隆二十二年，崇安袁绍武为养子添孙和亲子吉卿分家时，不仅祖遗物业“俱系生男祭扫、备东、收租，添孙例无祭扫之分”，而且养父提留的膳田，因“稽之条例，询之老耄，抚子只有饮福合食，从未有与生男轮祭之例”，最终只能“俱附吉卿备祭、收租纳粮，抚子不得越而问焉”。[13]螟蛉子在养父无亲子的情况下，也不能单独继承养父财产。袁吉卿之次子无嗣，其收养的螟蛉子光波无权承嗣，便不能单独继承其财产。嘉庆十一年，袁吉卿之妻为其次子分家时，特意过继其侄为嗣，与光波对分家产，并且明确规定：“至于绍武公祖母遗下祭田，概照文、行、忠、信四房轮流，光波不准轮值。”[13]可见，受制于无宗祧继承权，养子实际所得财产比亲子和嗣子都要少得多。

螟蛉子也不能获得宗族的正式谱系地位。即使有养父母强以之为嗣，“然至登载图谱时，族众恒不许允之”[2]，仍然得不到宗族组织的承认。清代乃至民国年间，闽西北许多宗族都在族谱中明确规定螟蛉子无嗣权，不许入祠、入谱。《清流里田豫章罗

氏族谱》规定："至抱养义子遗弃小儿，三岁以下准其在家抚养，即从伊姓，但不得以无子遂入族立嗣使蒙混承祧，(违者)呈官按律治罪。"《上杭白砂袁氏族谱》规定："若有抱养他姓乱我宗支，决不听彼入祠。"《上杭白砂傅氏宗谱》道光壬辰谱旧例："至抱养外姓与随母带来者概不登谱"，直到1927年重修族谱时，才"创例"将螟蛉子入谱，但也只能"零载外谱，内谱不得混人，以免淆乱血统之祖训"。[23]

在闽东南一带，螟蛉子则在宗族中享有较高地位。螟蛉子改从养父姓后，即与养父母构成继嗣关系，有权继承养父宗祧，准予分产入谱，实际上等同于嗣子。在财产继承上，根据晚清的民间习惯，平潭县的螟蛉子分产仅比亲子略少，而在漳平县及泉州晋江下游各县，螟蛉子与亲子均分财产，"同宗支亲不得与争"；另据晋江县长子分双份的分产习俗，"如长子系乞养异姓之子，亦分双份"。[2]显然，螟蛉子继承养父母的财产是基于嗣子身份获得的，在民间习惯上享有较大的权利，并为本宗族组织所认可。

螟蛉子的谱系地位亦得到沿海多数宗族的承认。即使是以族规森严著称的晋江豪族大姓浔海施氏，康熙年间面对有子家庭仍大量收养螟蛉子的现实，也不得不做出变通，将其载入正谱。不过在谱系中仍做一些区分：养子支系标以墨线，并在螟蛉子名下注明"养男"以示区别；《晋江溜江吴氏族谱》则是养子与亲子支系都拥有同样的宗支图和世叙录，仅在世叙录中注明螟蛉子为"某公养男"，其余并无分别；泉州《虹山彭氏族谱》旧谱例规定将仍螟他姓者"削谱并究"，光绪年间新订谱例时，考虑到螟蛉子"生长子孙者实繁有徒，若概削而不书，势必有窒碍难行之处"，只好变通起例，"凡螟蛉异姓为嗣者书曰'养子'"；《泉南卿田尤氏族谱》旧谱例曾将"乱宗"视为五不书之一，但在清末民初"四处皆有螟蛉"的情况下，重修族谱时已然改变看法，认为可以"藉此蕃衍宗支，生辉门楣"。螟蛉子虽还不能成为"祭祖之主"，但"再传之子孙若有顶色诸人堪为大宗祠执爵者，亦可降格用之"。[23]这些族谱态度的转变，反映了清朝中后期螟蛉子社会地位的上升。一旦他们在政治、经济上获得相当成就，必然想方设法改变其在宗族中的依附地位，迫使宗族组织修改族谱，承认他们的正统谱系地位。

台湾地区的螟蛉子通常情况下不仅有权继承养父宗祧，还可享有与亲子、嗣子同等的财产权。从《台湾私法人事编》收录的十余份分关文书来看，清代台湾民间分产遵循诸子均分原则，一般情况下，无论亲子、嗣子还是螟蛉子，只要有权继承宗祧，就有权均分财产。例如"第十二之二阄书"所载立阄书人王振记，光绪年间为其亲子朝龙、丽水和螟蛉子道张分家，除抽拨公业由"各房挨年轮值"以及提取婚娶之费等款，"其余凭公酌配，按作三股匀摊均分"。其祖上同安祀业亦由各房轮值，"如有不虞外患，应行计较开费，作三份均摊，不得推诿"。"第十五嘱书"所载立遗嘱人天送，道光年间为其亲子和螟蛉子分家，先抽出养赡田，"年收租息为汝父母余年赡养之资、身后葬祀之费，尔兄弟依序轮收，永远不许更变"，尔后"将其余物业按作四份均分"，"不论家器什物，一概炤份均分，凭阄拈定"。[22]在这里，螟蛉子与亲子均分家庭财产，轮值祖上及养父的祀田公业，螟蛉子所得权益与亲子并无分别，可见螟蛉子在台湾家庭中享有与亲子同等的地位。

四、结　语

闽台螟蛉子收养习俗所表现出来的地区差异性，反映了闽台各地的社会、经济、风俗、文化存在明显差异。在环境相对封闭、社会流动性较小的闽西北地区，宗族发展平稳，组织严密，大量的共有经济将宗族组织与族人紧密联系在一起，螟蛉子则受到宗族组织的排斥，很难融入到宗族的共同生活当中，其地位亦较为低下。而在社会流动大、商品经济活跃的闽东南地区，宗族组织相对开放，较易吸收外来成员的加入。由于收养螟蛉子还具有冒险取利、壮大家族权势等诸多社会功用，螟蛉子在闽东南宗族中能够得到普遍接受，并享有较高地位。而在台湾移民社会，普通家庭收养螟蛉子则主要是出于养老和承祀香火的现实需要，是传统宗祧观念让位于特殊的社会环境和现实生活的体现。

（作者单位：陈彬强，泉州师范学院图书馆；戴雪文，黎明职业大学经济管理学院）

参考文献

[1]马建石等:《大清律例通考校注》,中国政法大学出版社 1992 年版。

[2]前南京国民政府司法行政部:《民事习惯调查报告录》,中国政法大学出版社 2000 年版。

[3][清]周凯:《厦门志》,“台湾文献丛刊”第 95 种,台湾银行经济研究室 1957—1972 年版。

[4][清]陈盛韶:《问俗录》,“四库未收书辑录”第 10 辑第 3 册,北京出版社 1997 年版。

[5][清]周钟瑄:《诸罗县志》,“台湾文献丛刊”第 141 种,台湾银行经济研究室 1957—1972 年版。

[6][清]周玺:《彰化县志》,“台湾文献丛刊”第 156 种,台湾银行经济研究室 1957—1972 年版。

[7][清]陈文达:《台湾县志》,“台湾文献丛刊”第 103 种,台湾银行经济研究室,1957—1972 年版。

[8] 乾隆《汀州府志》,《中国地方志集成·福建府县志》第 33 辑,上海书店出版社 2000 年版。

[9]徐晓望:《闽北文化述论》,中国社会科学出版社 2009 年版。

[10]康熙《建宁府志》,《中国地方志集成·福建府县志》第 5 辑,上海书店出版社 2000 年版。

[11]光绪重纂《邵武府志》,《中国地方志集成·福建府县志》第 10 辑,上海书店出版社 2000 年版。

[12]乾隆《延平府志》,《中国地方志集成·福建府县志》第 37 辑,上海书店出版社 2000 年版。

[13]郑振满:《明清福建家族组织与社会变迁》,中国人民大学出版社 2009 年版。

[14]华东军政委员会土地改革委员会编:《福建省农村调查》,华东军政委员会土地改革委员会,1952 年。

[15]续修四库全书编纂委员会:《续修四库全书》,上海古籍出版社 2002 年版。

[16]朱维幹:《福建史稿(下)》,福建教育出版社 2008 年版。

[17]陈孔立:《清代台湾移民社会研究》,厦门大学出版社 1990 年版。

[18]林枫、范正义:《闽南文化述论》,中国社会科学出版社 2008 年版。

[19]乾隆《龙溪县志》,《中国地方志集成·福建府县志》第 30 辑,上海书店出版社 2000 年版。

[20][清]杨浚:《岛居三录》,厦门大学出版社 2004 年版。

[21][清]蓝鼎元:《鹿洲初集》,厦门大学出版社 1995 年版。

[22][清]《台湾私法人事编》,"台湾文献丛刊"第 117 种,台湾银行经济研究室 1957—1972 年版。

[23]陈支平主编:《闽台族谱丛刊》,广西师范大学出版社 2009 年版。

"朱子过化"与"陈三五娘"

——兼议泉州地域文化的兼容性特质

陈桂炳

历史上朱熹与泉州有着不解之缘,自古以来泉州人亦以"朱子过化"、"海滨邹鲁"为荣。然而,正是在这片"朱子过化"的土地上,却诞生了一个与朱熹思想并不合拍的故事——"陈三五娘",而且不少研究者经过考证,还认为"陈三五娘"在历史上是实有其人,也就是说是历史人物,而不是文人艺术虚构出来的戏剧人物。[1]这种看起来甚为矛盾的历史文化现象,似乎是在向我们传递着一种颇有价值的文化信息。因此,笔者不揣浅陋,聊抛管见,以请教于方家。

由于历史的原因,朱熹思想对闽南地区的影响是广泛而深远的。在泉州,自南宋以来,"朱子之书,家传人涌,昭列粲然,若繁星之丽天,有志于学者,可求而得之"[2]。当明代后期王学盛行之际,泉州还成为闽学的主要根据地。清初闽学大儒泉州人李光地在《重修文庄蔡先生祠序》中对此曾有一段追述:"姚江王氏(王守仁)标新立异,一时靡然宗之。其声华游从之盛,又非从前诸子之所及也。吾闽僻在天末,然自晦庵朱子以来,道学之正为海内宗。至于明兴科名,与吴越争雄焉。暨成、弘间,虚斋蔡先生(按:蔡清)崛起温陵(泉州),首以穷经析理为事,非孔孟之书不读,非程朱之说不讲。其于传注也,句读而字议,务得朱子当日所以发明之精意。盖有勉斋(按:黄干)、北溪(按:陈淳)诸君子得之口授而讹误者,而先生是订。故前辈遵岩王氏(王慎中)谓'自明兴以来,尽心于朱子之学者虚斋先生一人而已'。自时厥后、紫峰陈先生(按:陈琛)、净峰张先生(按:张岳)、次崖林先生(按:林希元),皆以里闬后进受学而私淑焉,泉州经学蔚然成一家言。时则姚江(王守仁)之学术行于东南而闽士莫之遵。其挂阳明(王守仁)弟子之录者,闽无一焉。此以知吾闽学者守师说,践规矩,而非虚声浮焰之所能夺。"[3]

然而,在朱子身后不到百年,泉州人陈三与潮州人黄五娘即做了一件与儒家婚姻观念相左的事,并且得到闽南、粤东两地老百姓的广泛认可,而根据这个故事编成的戏剧《荔枝记》(又称《荔镜缘》《陈三五娘》等),几百年来盛演不衰。下面笔者分别谈谈自古以来戏剧《荔枝记》在泉州和潮州两地的演出的情况。

先说黄五娘的家乡潮州。

潮州官方及当地士大夫对以陈三五娘故事为题材的戏曲的演出,在明清时期大致经历了一个从不指名批评到点名批判的过程。

明嘉靖《广东通志初稿》卷十八《风俗》载有《御史戴璟定风俗条约》一篇,其第十一条为“禁淫戏”:“访得潮俗多以乡音搬演戏文,挑动男女淫心,故一夜而奔者不下数女。富家大族恬不为耻,且又蓄养戏子,致生他丑。此俗诚为鄙俚,伤化实甚。虽节行禁约,而有司阻于权势,卒不能着实奉行。今后凡蓄养戏子者,悉令逐出外居,其各乡搬演淫戏者,许各乡邻里首官惩治,仍将戏子各问以应得罪名,外方者,递回原籍,本土者,发令归农;其有妇女因此淫奔者,事发到官,仍书其门曰‘淫奔之家’。则人知所畏,而薄俗或可少变矣。”[4]稍后,黄佐修纂《广东通志》称:“(潮州府)习尚大都奢僭,务为美观,好为淫戏女乐。”[5]当地士大夫也出面干涉,如林大钦把“搬杂剧”列为应该革除的陋俗之一;[6]p31薛侃甚至设立乡约,规定“家中又不得搬演乡谈杂剧”,理由是“荡情败俗,莫此为甚”[7]。清康熙《潮阳县志》卷十《风俗》曰:“更有乡谈《荔枝》曲词,败俗伤风,梨园唱之,村落国中搬演戏嘻。”[8]清雍正《潮阳县志》卷四《风俗》亦曰:“搬戏诲淫,其流至于为偷为盗。尤可恨者,乡谈《陈三》一曲,伤风败俗,必淫荡亡检者为之,不知里巷市井,何以翕然共好。及邑令君陈鼎新首行严禁,亦厘正风化之一端也。”[9]

再看陈三的家乡泉州。

在明清时期的《泉州府志》《晋江县志》(按:陈三家在今泉州市洛江区河市镇梧宅村,直至 1951 年 1 月,今河市镇尚隶属于晋江县,其后晋江县人民政府才迁驻今晋江市青阳)中我们没见到类似的记载,而士大夫的态度似也与潮州不同,他们甚至认为明嘉靖版《荔镜记》的作者就是乡贤李贽。[10]清代泉州士大夫龚显鹤诗曰:“北调南腔一例俱,梨园爨本手编摹,沿村《荔镜》流传遍,谁识泉南李卓吾。”其语气显然是正面肯定的。泉州人李贽是我国古代杰出的进步思想家,也是明代中叶之后出现的新文学思潮的旗手,重视通俗文学,是李贽在我国古代文艺理论方面的一大贡献,是他提高了通俗文学的社会地位。对于其妇女观尽管不为当时当道者所容纳,但对明代及后来思想界的影响很大[11],在今天得到了充分的肯定。在李贽的著作中,至今还保留着他评论《西厢记》《琵琶记》等十多部戏文的文章,足见他对戏曲大有研究。因此,从学术史的角度看,评论我国明清戏曲,不能不提到泉州人李贽。但说李贽就是《荔枝记》的作者,当今的研究者是持谨慎的态度,多数人并没有认同,有的学者是毫无保留地坚决否定。

笔者亦认为,称《荔镜记》的作者是李贽,其可信程度非常微弱,但可以换个角度来思考这个问题。其一,龚显鹤为清末人,相对而言,比当代研究者更接近写作《荔镜记》的年代,有条件比今人接触到更多的与之有关的信息与资料,如果他坚信《荔镜记》的作者是乡贤李贽,那么他的依据是什么?(可惜我们今天已无法得知。)如果明知李贽不是《荔镜记》的作者,他又是出于何种动机而“无中生有”,编造出这样的“谎话”?就目前而言,我们显然是很难找到令人满意的答案。在这种情况下,我们是否可以先这样说:这正好反映了当时泉州士大夫对《荔镜记》文化价值取向的肯定。其二，正如不少当代学者所指出的，这出戏以反对封建婚姻为主题思想，与李贽主张婚姻自由有相通之处，但不能以此作为直接证据而断定为他的作品。笔者这里要强调的是，李贽是泉州人，可以这样说，正是泉州这块营养丰富的土地，哺育了这位中国古代杰出的进步思想家，正因为两者在主张婚姻自由有相通之处，故"造假者"称《荔镜记》的作者是李贽才会有人相信，这同时也说明了当时泉州社会对李贽进步思想的认可与赞同。

目前，我们看到闽南旧方志指名批判《荔镜传》的只有一例，即见载于清道光十九年(1839年)的《厦门志》，其卷十五《风俗记·俗尚》："厦门前有《荔镜传》，演泉人陈三诱潮妇王五娘私奔事，淫词丑态，穷形尽相，妇女观者如堵，遂多越礼私逃之案。前署同知薛凝度禁止之。"[12]p327 而在闽南泉州旧方志中关于"禁戏"的记载，我们有找到了两则，分别阐述如下：

第一则见载于明嘉靖《安溪县志》："嘉靖六年，知县黄怿申明圣谕，及仿蓝田吕氏、古灵陈氏，作《乡约》一篇，颁示居民读《约》法。"其内容包括"首圣谕"、"次读蓝田吕氏乡约"、"次又读古灵陈氏教词"、"续读本县禁约"等几个部分，只有在最后一部分"本县禁约"提到"禁般演杂剧"。兹转引该"禁约"全文："一禁火葬，二禁赌博，三禁教唆词讼，四禁投献田地，五禁男女混杂，六禁僧道娶妻，七禁私开炉冶，八禁盗宰耕牛，九禁伪造假银，十禁般演杂剧，十一禁社保受状，十二禁教读乡谈，十三禁元宵观灯，十四禁端午竞渡。是皆责之约正，用以督劝。"[13]

黄怿为浙江萧山人，由举人于嘉靖五年(1526年)任安溪知县，次年即"颁示居民读《约》法"，其内容被指令写入于嘉靖八年(1529年)撰成的《安溪县志》中。"禁约"中的最后两条"十三禁元宵观灯，十四禁端午竞渡"，不知其依据是什么，在泉州的旧方志中，对"元宵观灯，端午竞渡"的民俗活动，都是作为良俗加以记载的，如果元宵不观灯，端午不竞渡，那么这两个节俗的主要内容就只剩下元宵吃元宵丸、端午吃粽子了，节日的氛围就大打折扣了。这种靠一纸行政命令，把民间传承已久的"元宵观灯，端午竞渡"民俗活动加以强制禁止，是违背民意的，在实施过程中是很难奏效的。至于"禁般演杂剧"，最多也是实行于黄怿知县在任期间，在其后的地方文献资料中，我们再也找不到类似的记载。认为《荔镜记》作者是李卓吾的泉州近代士大夫苏大山，其赞赏此戏的题诗有："奇文一卷卓吾血，别写闲情寄岭南。顾曲何人能解说？沿村负鼓唱陈三"；"最难排遣《孤栖闷》，更有销魂《锦瑟愁》，生笑榕村标道学，相公曲子说风流"。榕村为安溪湖头人李光地(1641—1718)之号，清初闽学大儒，官居宰相，他对故乡的梨园戏十分爱好，在其《榕村语录》中，曾屡次回忆他在故乡看戏的情景。

第二则见载于民国四年(1915年)《南安县志》："戏即优伶之属。古来如优孟衣冠，能以仿佛叔敖感格君心，此犹未甚非也。至陈叔宝唱后庭花，而有建康之陷；唐元宗狎诸梨园，而有马嵬之耻；唐庄宗宠诸伶人，而有万胜镇之悲。何其戏局一开，遂种无穷之祸耶？无他，情有所溺，则万事废弛也。……乾、嘉以前，嗜戏犹少，大祭大庆始演一台，以备俗仪。兹则迎神庆寿，辄演数十台，浪费数百金。物力易穷，其何堪此妄用哉，且舍正业而就戏台，积日累夜，易惹风波，其何堪此浪坏耶！愿主持风化者，起而革之。”[14]

县志总纂戴希朱（1850—1918年），南安诗山人，原名戴凤仪。光绪二十年（1894年）选入内阁，光绪二十四年（1898年）入直中书兼派颐和园领事，诰受奉政大夫。辛亥革命后，戴凤仪犹自角巾朱履，独守古风，自比陶谢，不与俗伍，他后来取名“希朱”，寄意于朱子。戴希朱在民国初年主张“戒戏”，这在泉州历史上的士大夫中是较为罕见的。而实际上他的话在社会上并没有产生什么影响。地方戏剧在包括南安在内的泉州地区仍受到广泛的欢迎，如我们前面提到的龚显鹤、苏大山等清末民初泉州士大夫中题咏《荔镜记》《荔枝记》的诗作。早期著名的陈三五娘研究专家陈香先生，在其名作《陈三五娘研究》的《序》中，开篇即说：“记得是元宵后第二晚，在南安的古山头乡，我被延作嘉客，坐于野台戏的最前排，观赏泉州金玉春小梨园七子班，搬演‘大闷’（陈三五娘故事中，五娘的独脚戏），美视美听，真是难以形容。当时扮饰五娘的旦角，据说只有十四五岁，演技的纯熟而带文静，歌声的清脆而富媚力，真使数百男女观众，都一时鸦雀无声，随之按指抖足。这是民国二十四年（1935年）的事。我开始对陈三五娘故事发生兴趣，就是由看这出戏引起的。远在这之前，民国二十年（1931年）年左右，我家的后院仓房，曾一度租给潮州戏班住宿。他们凡遇空档不出演，总要排练；排练不动乐器，仅科白或清唱。司鼓的，掀开一本厚厚的簿子，一边击鼓指挥，一边用嘴纠正声调及科白（或台步）。我当时偶或围观，全为了好奇。某次，排练陈三五娘故事的弹荔支，接连四个下午，都排练得力竭声嘶，汗流浃背。我虽不了解何以要东纠正、西纠正，而却注意到那一本厚厚的簿子，此司鼓的更不好商量，样样都要遵照它的记载。我知道陈三五娘故事有成套的戏曲戏文，就是从那个时候开始的。”[15]p98—99 泉州在历史上虽然也曾发生过禁演《陈三五娘》的事例，但根据民间相传，其禁演的原因与明清时期的潮州明显不同。

例一 王孙村不准演《陈三五娘》。

《陈三五娘》的戏和曲，自古至今在闽南一带极其流行，但今泉州市惠安县辋川镇的王孙村却不准演《陈三五娘》，甚至连《陈三五娘》的曲都不准唱。其缘由据说有一段不幸的故事。

不知哪一年，王孙村有一户穷苦人家，大兄大嫂为弟娶了一门亲，不知为怎样，婚后夫妻俩总是不肯亲近。兄嫂对此事十分烦恼，虽想方设法，总糅合不起来。有一回王孙村“佛生日”演戏。晚上看戏前，乡里老大叫人在台下中间拉一条长绳子，男左女右分开看戏。不管谁家女，若是闯过界限，就要受到村规的严厉处罚。那天晚上演《陈三五娘》，这对夫妻都去看戏。当时台下许多男女不知不觉被牵引“入戏”了，这对夫妻也无例外地被戏感动了。戏散后，被戏感动甚深的妻子，沿途默默地寻思着戏中恩爱情景……到家后，叫门一开，跨入门内伸手向开门的人一拉，并口中照念戏文：“原来是我三哥！”可是定睛看，开门的不是丈夫，却是大伯！她十分尴尬地向自己的房里走，看了这种情景，大伯不但不厌恶弟媳，反而当成一件好事情告诉他的妻子，并断言：今后弟弟两口子一定会恩爱起来。的确也是这样，从那以后两口子过得很随和。大兄大嫂当然也十分高兴。可是没多久，不幸的事情发生了：妯娌间因家庭小事慢慢不和起来，甚至发生谩骂和吵架。嫂子为了骂倒对方，竟然不顾后果，把看戏那夜发生的事捅出来，结果一传十，十传百，几乎全村都知道了，把此事当笑活讲。弟媳听了，羞辱难当，即上吊自杀了。大兄大嫂后悔莫及，弟弟也因失去一个好妻子而远走他乡。因为此事，那些乡里老大为避免类似不幸的事再次发生，狠心地订出一条村规：以后不准演《陈三五娘》。

该故事有几点值得注意：其一，搬演《陈三五娘》是“佛生日”信俗中的一项正常的娱乐活动，因是“演戏娱神”，故乡里老大事先对剧目的选择应是很慎重的；其二，考虑周到的乡里老大，为预防一些不安分的观众乘看戏之机浑水摸鱼，惹是生非，即在台下中间拉一条长绳子，男左女右分开看戏，可谓用心良苦；其三，《陈三五娘》还有促进夫妻和睦恩爱的正面功能；其四，如果不是发生这起因误会导致自杀的不幸事件，王孙村的《陈三五娘》显然还会继续演下去。

例二 陈三故里“禁演”《陈三五娘》。

作为陈三故里的梧宅村亦禁演《陈三五娘》。据村中老人介绍，20 世纪 50 年代，村中播映电影《陈三五娘》，银幕就悬挂在“陈三墓”的两根大石柱上。不料播到反映陈三受难的“审陈三”一幕时，一根好端端的石柱突然折断，所幸没伤到人，但梧宅村从此不再演该剧。后来，乡人把这两块大石柱打成石条，用来铺设村道。据说村民想以此表示对陈三的尊敬。[16]

显然，梧宅村禁演《陈三五娘》，同样与所谓的该戏“诲淫”、“败俗伤风”无关。

历史上《荔枝记》在泉州社会广受欢迎的程度，也可以从该戏的明清版本情况得到反映。我们现在看到的《荔枝记》，有明嘉靖版《荔镜记》（根据潮州、泉州两部前本《荔枝记》重刊）与明万历和清顺治、道光、光绪四个版本《荔枝记》。根据专家研究，明嘉靖本《荔镜记》主要产生于泉州这样的人文环境，是以泉州方言为主的作品。因此，除万历本《荔枝记》开宗明义标为“潮州东月李氏编集”外，其余均为“泉州明清戏曲”，而源自《陈三五娘》的《因送哥嫂》，更成为泉州南音的传统名曲。

如何看待历史上“朱子过化”与“陈三五娘”的关系问题，笔者以为，泉州文化的兼容性特质，是值得我们特别关注的。在泉州文化中，类似的例子不少：在泉州沿海地区所传承的一些与明代倭患有关民俗中，既有“做大岁”、“吃大顿”、“无头节”等铭刻着对倭寇深仇大恨的补过春节节俗，又有祀奉一位生前主张与中国人民友好往来、反对倭寇强盗暴行的“倭官”（俗称“烟楼公”）的信俗[17]p143—151；尽管李贽（1527—1602 年）生前是位闻名全国的“异端”，且被明神宗批示逮捕入狱，最后自杀于狱中。但泉州人并不避讳，其后泉州人如明代礼部尚书兼东阁大学士（按：明代罢丞相，故大学士虽无丞相之名，却近于有丞相之实）李廷机（1541—1616 年）、户工二部右侍郎何乔远（1522—1644 年）等高官都曾到位于北京通州的李贽墓前，为文以祭，备致景仰。清乾隆二十年（1755 年），泉州府重修乡贤祠，祀本府历代乡贤一百八十八人，李贽被崇祀为乡贤。

泉州文化的兼容性特质，得到了世界的认可与推崇，联合国教科文组织第一个“世界多元文化展示中心”就选择在泉州，当年专程来泉州参加奠基仪式的联合国教科文组织文化遗产年项目主管拉姆兹女士说：“‘世界多元文化展示中心’是世界各国多元文化的指路灯。”

（作者单位：泉州师范学院政治与社会发展学院）

参考文献

[1] 关于陈三五娘在历史上是实有其人的问题，目前学术界存在着两种截然不同的观点。如陈泗东先生在《陈三五娘是否真有其人》一文中认为：“陈三实是确有其人”（见陈泗东：《幸园笔耕录》，鹭江出版社2003年版，第148～149页）。而郑国权先生在《陈三五娘故事是不是真人真事?》一文中则认为：“陈三实际上是文学家或戏剧家笔下的人物，而非真有其人。”（郑国权：《荔镜奇缘古今谈》，中国戏剧出版社2011年版，第22～27页）。笔者因目前手上较有说服力的有关考证资料不足，故在此问题上暂不持立场。

[2] 清道光《晋江县志》卷十四《学校志》。

[3]《蔡文庄公集》卷七《附录》。

[4] 明嘉靖《广东通志初稿》卷十八《风俗》，广东省方志办，2003年。

[5] 明嘉靖《广东通志》卷二十《民物志·风俗》，广东省方志办，1999年。

[6] [明]林大钦：《林大钦集》，黄挺校注，广东人民出版社1995年版。

[7] [明]薛侃：《乡约诸款》，见载于[清]陈树芝修：雍正《揭阳县志》卷四《风俗》，书目文献出版社1991年版。

[8] 清康熙《潮阳县志》卷十《风俗·服食言语》，海南出版社2001年版。

[9] 清雍正《揭阳县志》卷四《风俗》，书目文献出版社1991年版。

[10]当代研究者如吴捷秋、林海权等先生亦认为明嘉靖版《荔枝记》的作者应是李贽，而陈泗东、郑国权等先生持否定意见。

[11] 参见拙作《李贽的妇女观》，载许在全、张建业主编：《李贽研究》，光明日报出版社1989年版。

[12] 清道光《厦门志》卷十五《风俗记·俗尚》，台湾成文出版社1967年版。

[13] 明嘉靖《安溪县志》卷一《地舆类·乡里》，国际华文出版社2002年版。

[14] 戴希朱：民国《南安县志》卷八《风俗志·戒戏》，南安县地方志编纂委员会整理，1989年。

[15] 转引自郑国权编撰：《荔镜奇缘古今谈》，中国戏剧出版社2011年版。

[16] 因被认为戏剧内容对剧中主角有不敬之处而导致该剧被禁演的例子，在泉州民间信仰史上也曾出现过。至今泉州通淮关岳庙三义殿东墙尚砌有一方黑页岩的《示禁戏演关圣夫子碑》，碑文记载了清代嘉庆二十四年（1819年）起泉州通淮关岳庙禁止戏演关圣夫子的缘由：“吾乃大汉关云长也，奉玉帝命，巡察人间善恶。云游到此，适见汝辈戏演吾像，以供笑乐，不忍不教而诛。夫演戏祀神，将以敬神也。敬神而转以慢神，于心何安？吾居天阙，掌天曹，位列奎跋躔之舍，职分桂籍之司。眼见世人图予像、塑予形，朝夕崇祀，亦可谓知有礼者矣。然至酬愿供神，演唱之间，每以予形为戏侮，不敬之罪，稍知礼义者忍为之乎？剧本多矣，何必戏演吾旧事？吾本日特来至此，汝辈可以传布世人，互相劝戒，切勿以敬予者时而戏侮及余也。”

[17] 参见陈桂炳：《泉州学散论》之“与明代倭患有关的泉州沿海地区民俗”一节，华夏出版社2009年版。

泉州地区陶瓷茶具的发展历史略论

陈建中

中国人从发现茶到形成一种文化形态，已有几千年的历史。原始的烹饮方法和器皿极其简单，一般是和其他食物相混杂，用木制、陶制或金属制的罐、炉和碗等烹煮，没有专为茶的饮用而制作的茶具。

据《日知录》载："自秦人取蜀而后，始有茗饮之事。"[1] 即茶被作为饮料约在秦汉之际。西汉时，茶在流通中开始成为商品，官宦人家习饮茶，并有专用器具。"茶具"这一名词，最早出现于西汉王褒《僮约》中"烹茶尽具"、"武阳买茶"[2]，这里的"具"在当时究竟是什么形状，指代是何物，质地和用法如何，因缺乏实物图像和文字描述，后人已无从稽考。但有一点可以肯定的是，在当时饮茶已有了专用的器具。长安宫廷亦以饮茶为习，赵飞燕曾"梦中见帝，帝赐吾坐，命进茶"[3]。在当时，茶主要是上层社会王公贵族享用的珍稀饮品。

三国时，茶仍为王公贵族阶层所享用。《吴志·韦曜传》载，东吴孙皓飨客时，对不能饮七升酒的韦曜"密赐茶荈，以当酒"[4]，以茶代酒，此时的茶依然只是朱门的高档饮品。

六朝时，中国南方广种茶树，饮茶在文人士大夫阶层渐成时尚，文人相聚，把茶当作吟诗作赋时不可少的饮品；僧人、道士更把饮茶作为修身养性之道。

这一时期青瓷已经渗入到生活中的各个方面，逐渐代替了漆、竹、金属等制品，瓷质茶具的青釉盏和盏托大量问世。浙江地区烧制的直口、深腹、假圈足碗和青釉盏托就是饮茶用具。在传世品中不乏青釉盏和盏托，墓葬中也出土不少，多以莲花或莲瓣纹为饰。20 世纪末，在江西吉安县长塘乡的一座南朝永明十一年(493 年)墓葬中，就出土了一套极富典雅的青釉刻花莲瓣纹盏与盏托茶具。[5]

两晋以后，随着中原移民入闽，一些士族和豪门便定居在泉州，同时带来了精美的青瓷器物，其中包括茶具。从 20 世纪 50 年代开始，在南安丰州和晋江池店等地陆续发现了一大批两晋、南朝时期的古墓葬，经过考古发掘，出土了以青瓷为主的大批随葬品。仅在南安丰州镇(6 世纪南安郡郡治所在地)发现六朝时期的古墓达 100 多座，年代跨度自东晋的太元三年(378 年)至天监十一年(512 年)，其中年代最早的纪年墓为西晋太康五年(284 年)。而在丰州皇冠山，就发现了 43 座六朝古墓，出土了一批与饮茶相关的青釉瓷盏、盏托、小茶罐等。这些从一个侧面印证了至迟在晋代,饮茶习俗已经由移民“植入”泉州地区。九日山莲花峰上一方晋代人题刻的“莲花茶襟,太元丙子”石刻(376 年),也印证了泉州种茶饮茶的历史,它也是福建茶史的最早记录。

从出土青瓷器物特点判断,它们应该是墓主家人作为生活器物从故乡带到迁徙地的。中原移民为泉州地区此后的陶瓷制作技艺产生了深远的影响。

唐以前,瓷质茶具虽然已经出现,但还处于一个逐渐演变、形成的过程之中,专用于饮茶的茶具尚为罕见,人们用来喝茶的盏(或称瓷碗),同时也可以用来喝酒、进食,还是一种兼用性质的饮器。

据史料记载:茶“南人好饮之,北人初不多饮。开元中,泰山灵岩寺有降魔师,大兴禅教,学禅务于不寐,又不夕食,皆许饮茶,人自怀挟,到处煮饮,从此转相仿效,遂成风俗。”[6]唐开元年间(713—741 年),随着经济繁荣以及禅教盛行于北方,饮茶开始兴起漫延。

此时,上层社会品茶已有定序,并成为一种道艺。陆羽《茶经》卷四之器,记录了王公豪门品茶用的 20 多种器具。“城邑之中,王公之门,二十四器阙一,则茶废矣。”[7]足见上层社会对品茶的讲究。唐人饮末茶,以煎、煮法烹茶,即将烤好的茶饼碾成末,在汤水滚开,水翻滚时(二沸)舀出一瓢水,随后用竹夹“环搅水沸中心”,把适量的茶末投入水心煮,当水花溅出茶末,再把舀出的水浇进,使汤水不再沸腾生成“华”(即茶的沫)。而后分于盏(碗)内,喝时要茶末均匀。唐至宋,饮末茶所用器具是根据用途决定其形制与质地,主要用具有茶碾、碾轮,茶臼、杵,风炉茶鍑、茶铛、钵、熟盂、盏、盏托等。茶碾、碾轮与臼、杵用以将茶饼研碎成末,茶鍑、铛、钵、盂用以煮茶,盏、盏托用以饮茶。它们使用的材质多以金属、瓷、石为之。

自陆羽《茶经》问世之后,他所倡导的品饮艺术似乎成为一种规范,人们对作为媒介的陶瓷茶具有了更高的标准,越来越崇尚质地的精良和器型的美观,茶具除实用功能外,其艺术欣赏价值也受到推崇。器面光洁莹润的青釉、白釉碗,不仅能使器表少留污渍,又能衬托茶沫、茶色之美,被认为是最适用的茶具。上好的茶碗有浙江越州青瓷碗与河北邢州白瓷碗,即古人所说的“南青北白”。邢窑的茶碗比较厚重,口沿有一道凸起的卷唇,与口唇不卷,底卷而浅的越窑茶碗器型有明显区别。陆羽十分钟爱越窑的茶碗,喻之“类玉”、“类冰”。唐人皮日休在《茶瓯》中赞美“客与越人,皆能造兹器,圆似月魂堕,轻如云魄起。”将煮好的茶汤倒入邢人、越人制造的茶碗内,“枣花势旋眼,苹沫香沾齿”[8],品饮起来自然是美妙无比。

“自从陆羽生人间,人间相学事新茶。”唐代饮茶之风在民间广为流行,茶具成为人们生活中不可缺少的器具,从而大大刺激了陶瓷茶具的生产。自此,中国茶具首次从食器、酒器中分离出来而自成一个体系,茶具随之成为陶瓷生产的重要产品之一。

从历史名人留下的诗文和古迹看,在唐代泉州地区的寺院和隐士文人群体中饮茶风气早已形成。唐末流寓南安丰州的翰林学士、诗人韩偓《信笔》诗曰:“柳密藏烟易，松长见日多。石崖觅芝叟，乡俗采茶歌。”可见此地种茶制茶的历史已经有一段时间，采茶歌成为一种“乡俗”，绝非短时间可以形成。安溪开先县令詹敦仁在受龙安岩悟长老惠茶后赋诗云：“泼乳浮华满盏倾，余香绕齿袭人清。宿醒未解惊窗午，战退降魔不用兵。”而始建于唐末的安溪名刹阆苑岩，其大门两侧镌刻着一副有关茶的对联：“白茶特产推无价，石笋孤峰别有天。”

在中原文明的深刻影响下，南北朝时期泉州地区的陶瓷技艺逐步提高，并开始显示出自己的特色。唐代，泉州地区的青瓷生产已经取得很大进步，胎质瓷化程度比之前高，胎釉结合度大大改善，除极少部分烧成温度不够外，很少发现有釉面脱落的现象。陶瓷除了作为人们的主要生活用具，五代时作为商品开始进入外销领域。晋江的磁灶、同安的杏林许厝和祥露、德化的墓林等窑的青瓷制作水平初显，器型主要有碗、盏、罐、壶、洗、钵、盆、缸等，作为饮茶使用的青瓷盏、碗、罐等产量大增，说明此时泉州地区的饮茶队伍越来越大。

晚唐时，一种新的饮茶方法兴起，即以茶瓶中煮沸的水，冲点放在碗中的茶末，称为“点茶”。此法较煎茶法简便易行，入宋后“点茶”成为时尚。五代最早流行于福建的斗茶很快在全国传播开来，“斗茶”成为宋代茶文化的符号。尤其在统治阶层和文人士大夫阶层最为流行，帝王将相皆嗜茶，且极尽奢侈精致，最终推动了贡茶制度的形成与发展，同时也刺激了瓷质茶具艺术的发展，异彩纷呈。

斗茶先斗色，再斗汤。先把半发酵的茶膏用干净的纸裹密摧碎，接着碾成白色细末，再放入烤热的茶盏内，分四次点注初沸之汤水，至水面浮起一层白色茶沫，便可斗试。“斗茶”贵斗色。正如宋徽宗《大观茶论》云：“点茶之色以纯白为上真，青白为次，灰白次之，黄白又次之。”[9]北宋蔡襄《茶录》亦云：“茶色贵白。”[10]斗茶的汤水则以“着盏无水痕为绝佳，建安斗试以水痕先退者为负，耐久者为胜”[11]。水痕的显现是由于半发酵茶膏内含的黄色染精与胶质，在茶汤冷却时附着于盏壁所致。若欲茶色耐久，迟显水痕“惟盏热则茶发立耐久”[12]。很显然，斗茶能否取胜，茶具至关重要。至此，晚唐出现的盏也应运取代了作为饮茶的碗，成为斗茶品评的重要茶具。

北宋开始流行的盏是一种小型茶碗，斗笠碗是当时典型的茶具，敞口或撇口，斜腹或斜弧腹，小圈足，壁厚，这是斗茶风习直接导致的结果。其器物制作精细，有黑釉、酱釉、青白釉及白釉等多种。除了河北定窑的白釉盏和江西景德镇窑的青白釉盏之外，官窑、哥窑、汝窑、龙泉窑、钧窑以及铜川、余姚、上虞、黄岩、泉州、同安、连江、广州等瓷窑烧制的青釉盏都是上佳的茶具。泉州及其辖区内的德化、安溪、同安、南安、晋江等窑场均有生产青釉、青白釉、影青釉、酱釉、黑釉瓷茶盏及冲泡茶叶用的执壶，其质量和釉色亦毫不逊色。宋代茶叶加工制作和饮茶方式的改变，推动了中国陶瓷茶具器型走向简约大方且制作精细的艺术风格。

然而，由于“茶色贵白”，黑色茶盏无疑效果最佳，托衬白色茶末，黑白分明，最宜观色，成为最理想的斗茶用器。在各地烧制的黑盏中，尤以福建水吉镇建窑烧制的兔毫盏、鹧鸪斑盏堪称斗茶用器之极[13]，一时黑盏得宠，一度为宫廷斗茶必选，为斗茶者所珍爱。

《大观茶论》曰:“盏色贵青黑,玉毫条达者为上。”[9]蔡襄《茶录》云:“茶色白,宜黑盏,建安所造者绀黑,纹如兔毫,其坯微厚,熁之久热难冷,最为要用。出他处者,或薄或色紫,不及也。其青白盏,斗试家自不用。”[11]僧洪诗云:“点茶三昧须饶汝,鹧鸪班(斑)中吸春露”[14],陈蹇叔诗云:“鹧鸪碗面云萦字,兔褐(毫)瓯心雪作泓。不待清风生两腋,清风先向舍端生。”[15]《清异录》亦云:“闽中造盏,花纹鹧鸪斑点,试茶家珍之。”建盏之所以在宋代备受推崇,除因其黑色釉面适宜斗茶,其外观设计下狭上宽,敞口,壁斜,注汤时可促成更多汤花且易干不留渣;而且在盏口沿下 1.5～2.0 厘米处,有一条明显折痕,便于斗茶者观察水痕,立判胜负,这些特质都极大地迎合了斗茶者的需求,成为当时瓷器茶具中的最大品种,南北各地窑区争烧黑盏,产量剧增。在福建水吉镇的窑址发掘出土了不少在盏足处刻“供御”、“进盏”铭文的黑釉盏标本。建盏在宋元时流入日本,相传最早是由在天目山佛寺中留学的日本僧人带回的,因此被称为“天目碗”,传至日本,被奉为国宝。

两宋时期,随着泉州对外贸易的繁荣,陶瓷业发展迅猛,达到了空前的程度,从沿海到山区,窑烟四起,遍布城乡。烧制青瓷、青白釉瓷、黑釉瓷、白釉瓷等,著名者有德化的碗坪仑窑、屈斗宫窑、安溪的桂窑、同安的汀溪窑、晋江的磁灶窑等。这一时期,不论是产品质量、器物种类,还是窑炉烧成技术,均有明显飞跃。在各地移民和赵氏皇亲贵族生活习惯的深刻影响下,泉州人饮茶风靡,九日山石刻群中就有数方记录当年地方官员及文人墨客“啜茗”、“汲泉瀹茗”、“酌菩萨泉瀹茶”的事迹。蔚然成风的饮茶活动直接带动了制瓷产业的发展,德化、晋江等窑场都曾仿造闽北的建安窑,烧制过漆黑光亮、美观实用的黑釉瓷茶具,其质量虽不及建窑的产品,但生产数量相当大,而且作为出口商品销到海外,其产品在水下考古中频频出水。据历次考古调查显示,在茶叶产区的安溪境内出土了一大批同时期与茶有关的器物造型,如茶壶、茶盏等。宋代安溪窑(如桂窑等)生产的具有地域特色的青釉瓷茶盏、茶壶,与闽北建阳斗茶用的黑釉瓷茶盏形成鲜明对比,堪称宋代闽南、闽北两地斗茶的典型代表茶具。桂窑烧制的青瓷盏与同安窑生产的青瓷盏都出口到东北亚,在日本被称为“珠光青瓷”。

宋代瓷窑技术迅速提高,竞争日益激烈,在饮茶之风的刺激下,茶具种类不断增加,出现茶壶、茶碗、茶盏、茶杯、茶盘等造型,式样各异,装饰精美。这一时期,泉州地区生产的供饮茶使用的陶瓷器具,主要包括磁灶窑陶质风炉、陶质提梁烧水壶,以及安溪、永春、德化、同安、南安等窑场生产的茶壶、茶盏等,销往海外无以计数。

元代上层社会饮茶,沿袭宋俗,散茶、末茶的饮用备受饮茶人士的喜爱,冲饮方式多以沸水冲泡饮用。但在备茶的方法上,为适应蒙古人的口味习惯,创造了各种调以酥油乳酪的汤茶。这种酥油茶至今仍为西藏、蒙古民族所喜爱。制茶者用各种花类熏茶,以增加茶的幽香。此外,当时人还习惯在茶汤中加入核桃、芝麻、杏仁、栗子等,以供咀嚼。这些置于碗内的果仁,名为“点心”。元代的茶文化从某种意义上讲,其茶叶加工、饮茶方式以及使用的茶具,具有承上启下的历史特征。

元人尚白，饮茶使用黑盏明显减少，转而多用青白釉盏，盏体略大于宋式。这一时期的茶具虽然种类减少，但茶具制作的质量和装饰工艺却有所提高，主要有茶盏、茶壶、陶罐、陶碳炉等，在安溪、永春、德化、晋江等地的窑场均有生产。事实上，泉州的安溪窑、南安窑、德化窑，早在北宋就已生产白瓷。其白釉瓷器造型朴素大方，胎白质坚，釉面光亮白中泛青，并有刻花、划花、印花等工艺图案装饰，器物精美，产品中相当大一部分是供饮茶、斗茶用的器具，并销往海外。

入明以后，宋代盛行的斗茶之风已经消失，制作穷极精巧的饼（团）茶为更接近自然的条形散茶所取代。明洪武二十四年（1391 年），朱元璋下诏禁止碾造团饼茶，改芽茶以进。饮茶习俗一改唐宋时期流行的煎、点末茶的饮法，为煎、泡芽茶（散茶）的新饮法。随着芽茶和散茶瀹饮法在全国各地的广为推行普及，饮茶风习深入城镇乡野的家家户户。此后，全面进入了芽茶（散茶）阶段且逐渐定型。而明代文人墨客饮茶时注重的茶品、水品、茶具、环境、茶侣等等，使文化内涵更加丰厚。

从制茶方法到品饮方式的改变，也带来了饮茶用具的变化。陆廷灿《续茶经》云：茶品"与《茶经》迥异，而烹制之法亦与蔡、陆诸前人全不同。"[16]明代制茶方法，是将新采茶去掉老叶及梗后，入锅炒制，焙干制成芽茶，即将"蒸青"改为"炒青"。饮茶方式变煮茶为沏泡茶，茶色以青翠为胜，绿色的茶汤用洁白如玉的茶盏来衬托，便显得清新雅致，悦目自然，黑釉盏因此风光不再。

饮茶方式的改变，使人们品茶更加倾向使用白盏，而尚白的直接结果就是促进了白瓷的飞速发展，除了景德镇外，泉州德化窑的白瓷名气更大，它们具有的"薄如纸、白如玉、声如罄、明如镜"的特点，成为不可多得的艺术品。时人许次纾《茶疏》载："茶瓯，古取定窑、兔毛花者，亦斗碾茶用之耳。其在今日，纯白为佳，兼贵于小，定窑最贵，不易得矣。宣成嘉靖俱有名窑，近日仿造，间亦可用。"[17]张源《茶录》中也说："茶瓯以白磁为上。"[12]永乐年间景德镇珠山御厂制作白釉茶盏与盏托，茶盏仿造宋代定窑斗笠碗式，体小秀雅，反映了明初上层社会茶具文化中的好古、赏古之尚。这一时期与茶有关的茶具有：压手杯、高足碗、佛前供茶用的净水碗、孔明碗、卧足碗、折腰碗、鸡心碗等，以及各个陶瓷产区生产的茶壶等。

泉州地区在宋元已经开始烧造白瓷，但严格意义上的高水平白瓷首推明代德化窑的白瓷产品。德化窑是明代全国烧制白瓷的中心，器物釉面莹润，色白肥厚似油脂，或青白如葱根，民间有"猪油白"和"葱根白"的称谓；胎质细腻，坚致，呈糯米胎。除了白釉瓷观音等塑像之外，其他各类白釉瓷器物均大量销往海外。主要产品有杯、炉、觚、瓶、壶、碗、盘、碟、洗、盏、灯、雕塑佛道和民间神仙人物、动物及印章等等，品种丰富，应有尽有。在西方，德化白瓷被誉为"中国白"（Blanc de Chine）。德化产的白釉螭龙茶壶、茶杯传到欧洲后，备受王室贵族的推崇并加以收藏。为之后咖啡、中国茶叶饮料在欧洲的流行，及其制瓷业的研制生产提供了灵感和实物参考。

明代茶具艺术成就突出者，除了景德镇、德化窑的白瓷茶具外，值得称道的还有宜兴紫砂茶具。由于紫砂陶土质朴腻实，又无土气，具有一种自然本性美，所制紫砂壶经久耐用,茶味香醇,宜贮存。而且紫砂壶是以本色泥为饰,久经涤拭则自发暗然之光,入手可鉴,日渐成为书房雅供。明清时期紫砂壶的艺术风格,还蕴涵体现了当时文人所崇尚的高洁、幽野、风雅之趣味。在后来的茶具发展进程中,紫砂茶具的造型样式和艺术水平一直保持着同类产品的领先地位,而成为集金石、绘画、书法于一身的具有高雅、观赏和实用价值的艺术品,至今不衰。

明时,各种彩瓷、色釉瓷不断涌现,用来制作造型精巧、胎质细腻、色彩艳丽的茶具,包括茶壶、茶盅、茶盏、茶杯等,花色品种越来越多,极大地丰富了茶具的装饰艺术。当时安溪窑生产的"细沙足底"青花器物曾大量销售至南洋地区,其中包括与饮茶用具相关的青花瓷盘、碗等。在东南亚等地也发现有各种纹饰的青花瓷斗笠碗、盘类。由此可见,安溪青花瓷在明清两代继宋元的青瓷和青白瓷仍旧大量运销亚、非许多国家和地区。在西方人1780年代绘制的《中华帝国图》[18]p97右下方,清晰地描绘了青花茶杯、茶罐等。

清代的饮茶方式及茶具形制与明代基本相同,但茶具的品类、造型和装饰更加雍容华彩,除青花茶具外,泉州地区生产的茶具主要瓷种有白瓷、五彩瓷、粉彩瓷、色釉瓷等。

清代盖碗开始流行,并为上层社会所喜爱,是清宫皇室、贵族、乃至许多高档茶馆泡茶的首选用具。盖碗一般为三件套,下有托,中有碗,上置盖。盖碗又称"三才碗"。三才者,天、地、人也,蕴含古代哲人"天盖之,地载之,人育之"的道理,后逐渐流行于民间。

康雍乾时期,在人们审美取向的转变和青花瓷海外市场的需求下,泉州地区除了烧制白瓷、青瓷外,泉州地区的德化窑、安溪窑等老窑纷纷由白瓷转向市场销路广阔的青花瓷,青花瓷取代白瓷的地位而成为主打产品。以德化为例,据调查全县发现的清代青花窑址有177处,为历代窑址数量之最,其中有70多处窑址以生产外销瓷器为主,其规模之大,出口量之多,达到了史无前例的程度,并在一定程度上带动了整个福建省的青花瓷生产。在西方人1780年代绘制的《中华帝国图》右下方,清晰地描绘了青花茶杯、茶罐等,表明青花瓷深受西方人的喜爱。

近现代闽粤功夫茶的茶具首推"潮汕风炉、玉书碨、孟臣壶、若琛杯",喜爱乌龙茶的人则以盖碗为首选,"三才"一体加上工夫小盏,更加体现简约、休闲、优雅的闽南社会生活气息。潮汕的功夫茶泡法深深地影响了闽南的功夫茶技艺,早年的文人墨客、富裕人家家中基本都置有小巧精致的茶具,称为"烹茶四宝",即:潮汕炉(即火炉,其炉形如戳筒,通风玲珑,炉火多用杂木硬炭,更讲究者用甘蔗渣或橄榄壳为燃料,选择潮汕产的陶瓷炭炉或白铁皮风炉),玉书碨(即烧水壶,其形扁而磁薄,色赭而声铿),孟臣罐(即茶壶,大多采用江苏宜兴产的紫砂壶,颜色以朱红者为贵),及若琛杯(即茶盏,壁薄如纸的白色小瓷杯若干)。除了此"四宝"外,还有瓷碗、瓷盘、瓦铛、棕垫、纸扇、竹夹、水瓮等器皿。

总之,泉州地区饮茶器具的发展与演变,反映出生活在这里的人们自古以来随着饮茶活动的发展，其品饮艺术也在不断地得到升华，同时又为当地陶瓷产业的发展注入了生机和活力。从泉州地区生产的青瓷、青白瓷、白瓷、色釉瓷到青花瓷，我们可以清晰地看到，陶瓷业的每一次重大发展与突破，都带动了瓷质饮器具艺术新的变革与发展。不同时代的茶饮精神、文化环境和艺术氛围也给瓷质茶具注入新的艺术创意内涵，使之成为实用与艺术相结合的高雅饮茶用具，并散发着浓郁的地域文化气息。同时，泉州地区生产的茶具大量销往世界各地，提升了欧陆人休闲文化的优雅气质，尤其是18世纪以来，泉州地区的陶瓷和乌龙茶一样作为重要的外销商品，对人类的物质文明与精神文明有着重大的影响。

（作者单位：泉州博物馆文博研究员）

参考文献

[1][明]顾炎武：《日知录》。
[2]（唐）徐坚：《初学记》卷十九。
[3][元]陶宗仪：《说郛》卷一百十一上《赵飞燕外传》。
[4]《三国志·吴志》卷二十。
[5]许智范：《吉安县发现南朝齐墓》，《文物工作资料》1975年第5期。
[6][唐]封演：《封氏闻见记》卷六《饮茶》。
[7][唐]陆羽：《茶经》卷下之九《茶之略》。
[8]《御定佩文斋咏物诗选》卷二百十五。
[9][明]陶宗仪：《说郛》卷九十三上宋徽宗《大观茶论》。
[10][宋]蔡襄：《茶录》《上篇论茶·色》。
[11][宋]蔡襄：《端明集》卷三十五。
[12][明]陆廷灿：《续茶经》卷中。
[13][宋]陶穀：《清异录》卷上。
[14][宋]释觉范：《石门文字禅》卷八。
[15]《御定佩文斋广群芳谱》卷二十。
[16][明]陆廷灿：《续茶经》卷下之一。
[17][明]陈元龙：《格致镜原》卷五十一。
[18]吕理政、魏德文主编：《16—19世纪西方人绘制台湾相关地图》，台湾历史博物馆，2006年。

闽南红砖建筑之源——“秦砖”

陈凯峰

现今看来的中国理论界盛行有这么一种观点：烧结砖主要有两个来源，一个是中国古代的“青砖”，一个是从外国传入的、由古罗马人发明的“红砖”。如果盛行的这种观点是正确的，那么闽南传统红砖建筑就是源自“古罗马”。不过，人们是否会有疑问：这符合历史事实真相？

对拟以“闽系红砖建筑”之名申报世界文化遗产[1]的“闽南”来说，这无疑是一个非常重要的问题。如果闽南传统红砖建筑确是源自“古罗马”，则传自“古罗马”的“闽南传统红砖建筑”或“闽系红砖建筑”是否适宜申报“世界文化遗产”？

显然，理清其“砖”材料之源，对“砖建筑”的明确认识乃至“申遗”，无疑是至关重要的。

一、“砖建筑”的认识前提

——对中华文明的本初建筑及建筑材料的了解

中华文明源于“黄河—长江”流域，创造这一文明的中华先民也人居于此，所居的建筑实际上也是中国文化步入文明时期的基本标识之一。或者说，中国大陆文化的发展是有明显的阶段性标识的，文明前与文明后的人居建筑是不同的，“砖建筑”是文明后较发达的建筑，但却是由文明前的早期较落后的建筑逐渐发展而来的，并存在着一定的前后因果发展关系。故而，了解文明前后“黄河—长江”流域的中华先民人居建筑的演变历程，是正确认识中国传统砖建筑的前提。

文明前，人类先后历经了蒙昧（savagery）、野蛮（barbarism）两个主要文化阶段或时期[2]。蒙昧阶段，人类主要是在摆脱生物圈而独立的生存中发展，使用石器工具（史称“旧石器”），取天然易得材料构筑居所，形成聚落群居的人类独立空间环境；野蛮阶段，由使用旧石器演进为新石器，更重要的是发明和使用陶器，人居也得到了加强，构筑土木、土石等材料构成的建筑及村落，围以高大的墙垣或栅栏，土坯砖也在这一时期出现了。中国大陆在这两阶段也有相近的不同石器工具与居所形式的文化发展特征，由半地穴居(如河南新郑“裴李岗遗址”房屋以方形和圆形半地穴居为主)、浅地穴居(如江苏吴县“龙南村落遗址”有浅地穴式房屋)到地面居所(如湖北京山“屈家岭遗址”有两间以上至二三十间相连的地面建筑)等的演进，建筑材料及建筑技术也由土木草泥、土石木架到土坯砌墙(如河南汤阴“白营遗址”有大土坯砌成的土坯房)或夯土墙(如山东龙山文化的“城子崖遗址”中有版筑夯土城墙和夯土台基的地面房屋)等的出现。

不过，在此最值得关注的还是陶器的使用。迄今所知的有陶器出土的最早文化遗址，是黄河流域的、距今约万年前的新石器“南庄头遗址”(位于河北徐水高林村)，有“夹砂陶器”出土；而在随后的诸多文化遗址中，大多都有陶器的出土，而且早期多为红颜色陶器，如距今约八、九千年的新石器“甑皮岩遗址”(位于广西桂林独山南麓)，就有大宗的“红陶”出土。“黄河—长江”流域的其他地区，也相继有新石器时代的“红陶”被发现，而且分布甚广，如甘肃秦安邵店村“大地湾遗址”、辽宁沈阳北陵“新乐遗址”、江苏淮安“青莲岗遗址”等，都有“红”颜色或“类红”系列(包括红褐色、红灰色、黄褐色等)的夹砂或泥质陶器出土。但陶器与木器、石器、骨器、玉器等一样，斯时仅是作为一种用具，所居仍是天然易得材料构成，如浙江余姚的新石器“河姆渡遗址”，为木构草泥的“干栏式”居宅，用具中才有黑色、红色、红灰色等陶器(见图1)。

图1　河姆渡遗址的文明前“干栏式”房屋

文明后，人类文化的发展主要是以金属器的出现为该阶段的基本标识，也由于金属工具的使用、生产力的提高、物质资料的丰富，人居真正形成独立环境的城镇出现了，这实际上也可说是人类文化发展步入文明时代的一个主要标识[3]。中国大陆至少有五千年的文明史，大致也是以此来认定的，黄河、长江流域都约在此期间出现了“城”的人居环境。如属于“龙山文化”的“孟庄城址”，位于黄河之南的河南辉县，为边长约400米的方形城，城外还周以护城河，河深5米多；又如位于长江流域洞庭湖之南的湖南澧县“屈家岭城址”，是一座有东、西、北三城门的圆形夯土城，同样周以城河。土木石结构的夯土或土坯，仍是其城及居宅建筑的基本建筑方式，只是所使用的用具,在陶器等基础上陆续增加了金属器。不过,在人居功能上,首次出现了“宫殿”建筑区的独立规划现象,如河南偃师的“二里头遗址”,就有被认为是迄今所知的中国最早的“夏代”宫殿建筑区。

同样,文明后的陶器出土情况仍是在此所论的重点,特别是“红陶”及其系列的情况。以这一时期“黄河—长江”流域已有文明特征出现的诸文化遗址看来,红陶仍是文明早期基本的、普遍的使用器具,甚至有红铜金属器的出现。如甘肃广河的“齐家坪遗址”,不仅有泥质红陶和夹砂红褐陶出土,还有红铜金属的生产工具或饰品的出土。

可见,文明前后的中国各文化区,都大致已有以易得材料为基础的土木结构体的建筑出现,其墙身或为板筑夯土墙,或为土坯砖砌墙;而陶制品自新石器时代出现以后,就一直仅停留在使用器具上,包括红系列的陶器。

而作为“黄河—长江”文明区边沿的武夷山脉东侧区域的闽地,似乎与文化演进的速度和状况一样,随主文明区的步伐,也在稍后进入了石器、金属器时代,并同样有相近的建筑材料构筑的建筑形式,也使用相似的器具。如迄今约3300年前后位于闽江流域的福建闽侯“昙石山遗址”,是文明前后的文化遗址,就发现有“横穴式”陶窑及出土有红陶、灰陶等器具[4]p52,其时约在中原大地的殷商时期,殷商已有城区约24平方公里的大都城,而闽地尚处在“闽越”古族群部落生活阶段,距迄今所知闽地最早城居的“闽越王城”还有千年以上的时间差。

显然,闽地的人居,乃至居所建筑,在文明前后,与中原文明源地都有相当大的一段时间距离。故而可以这么认为,闽地应是中原文明的辐射区,包括其人居建筑及建筑技术。

二、传统“砖建筑”的营构基础

——“秦砖”的形成及早期砖建筑

文明后的中国,尽管其人居建筑及建筑规模一直在演进着,但有相当长的一段时期,都仍在使用天然材料的建筑道路上发展着。早期的夏、商、周三代,都基本上仅城居于土木等天然材料构筑的人居中。

夏都安邑,位于今山西南部的黄河流域北岸曲内处,现仅存有传说中的、重建于秦汉时期的“禹王城”城垣残迹,不过从同时代的河南偃师“二里头遗址”看来,其被推测为“宫殿”的大型建筑遗存,都为土木等天然材料,只有非天然的陶、铜等器具出土。商代自汤建都于亳邑(今河南郑州)后,又数迁其都,其中有仲丁迁嚣(今河南荥阳)、河甲迁相(今河南内黄)、祖乙迁邢(今河北邢台)等,至盘庚迁殷才大致定其所都。殷商位于今河南西北部的黄河流域北岸另一曲内处,从现存的“殷墟”遗址上看,都有明确的夯土基层,基上还有石础及其“铜锧”垫残存,似乎已是有夯土基、石础的木构架城居建筑。周代分西、东两个时期，而严格地说，“周”仅西周时期。西周首都镐京（约今西安西南），又东都洛邑（约今河南洛阳），但两城址都尚在探寻中，其城况仅见于《考工记》，而现今存世的《考工记》却是后人所作而附于《周礼》的，且虽有“匠人”、“陶人”等载述，却无明确的建筑用材之说，即便有材料的确载，也未必可足信。

至东周的“春秋”时，建筑用“瓦”已成为一种普遍的屋面材料现象。尽管一般认为，中国的建筑用“瓦”，可追溯到西周时代；但普遍使用“瓦”的却是在东周，其时已有板瓦、筒瓦、脊瓦及瓦当、瓦钉等在建筑上的出现。显然，可以这么说，周代是中国建筑材料由天然材料演变为人工材料的过渡时期，特别是西周、东周的交替阶段，“瓦”率先揭开了中国人工建筑材料使用发展历程的序幕，也可以说，这已开启了“秦砖”形成过程之始。

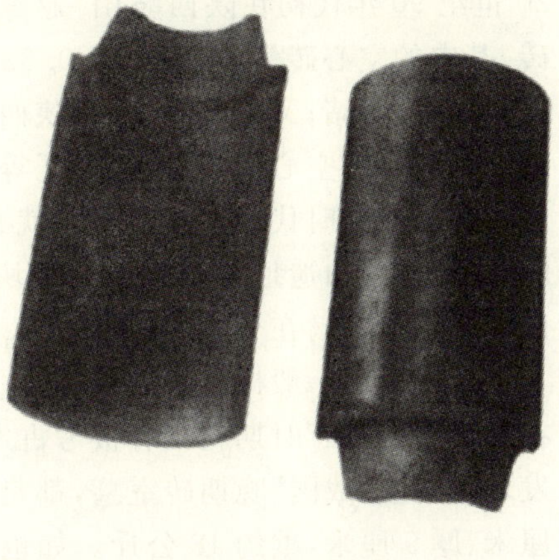

图 2　出土的春秋战国时期的“瓦”

建筑材料科学认为，砖与瓦的材质及生产技术是相同的，都是以“焙烧”方式产生的。当瓦被生产使用后，实际上就已说明了其“焙烧”生产技术已具备，只是所烧制的产品是用于屋顶而已。若以建筑材料功能而论，人类早期土木草泥建筑的屋宇防水问题，当是其建筑使用上的第一大功能性问题，而在天然材料里似乎没有较好的防水材料。则以此看来，人工材料的首先解决这一问题，当是人类建筑发展的第一要务。于是，解决屋宇防水问题的“瓦”产生了（参见图 2）。对中国文明后早有明确的屋基、屋身、屋顶“三段式”结构的建筑来说，当夯土基、屋瓦已不再是问题之时，紧接着需要进一步解决的，应该就是屋身的问题了。而此前建筑的屋身，是以天然的土木草泥构成的，迄今所知的最有文化成分蕴涵的，也只是夯土墙或土坯砌墙，包括城墙和屋墙，都是天然材料构筑的。而建筑之“墙”，是以承重和遮风挡雨为基本功能构成的，天然材料终是有其功能上的较大局限性。当人工材料出现以后，在材料功能上显然有优于天然材料之处，则优化墙身必定要成为当时人们的发展取向，与瓦同质的“砖”也就随之形成和出现了。

进入“战国”时期，严格意义的“焙烧”砖出现了。不过，以至今出土的遗物看来，更多的是出现在非严格建筑意义的墓葬上，主要用为砌筑墓室。也因其砖墓室早期多为方形的缘故，所以近现代以来考古所出土的早期砖，基本上是条砖或方砖、空心砖。仅以其一般构墓面层材料而论，是方砖铺地面、条砖砌侧墙、空心砖覆顶，或者直接由空心砖砌成方形剖面的墓室。若以建筑结构力学论，其墓室的关键，是覆顶的大形体“空心砖”，因为墓室地面及两侧，任何形体的砖都可用上，唯有顶盖必须满足一定跨度的空间及承压的力学需求。显然，大形体的“空心砖”就成为早期出现的必需砖型,这在黄河中游区域出土的战国时期墓葬中甚是常见,已发现的空心砖最长的达1.5米,其墓室之宽也就可想而知了。

不过,随着现代后对早期文化遗址考古发现的进展,砖瓦的出现时间又有被向前推进的趋势,特别是砖,已有突破"春秋"、进入"西周"、"先周"等的考古新发现。如20世纪90年代初在陕西岐山"赵家台遗址"曾出土了一批西周时期的空心砖和条砖,其中的空心砖为长1米、宽0.32米、厚0.21米、壁厚0.02米的长方体,一端有口,另一端封堵;又如2008年在陕西岐山"周公庙遗址"凤凰山南麓,发现了先周时期的"泥质灰陶"空心砖、条砖和板瓦等。甚至有更早的砖瓦技术发端雏形的出现,如湖北黄梅新石器时代的"焦敦遗址"就有"红烧土"出现,又如浙江余杭的同样是新石器时代的"福泉山遗址"也有"类似砖块的红烧土"出现[4]p38。这便从一定意义上,说明砖瓦烧制技术已在孕育中。

至于现代一般概念中的古砖或"秦砖",是作为砌筑用的长方体的小型砖,实际上在先秦的"战国"时期就已有被考古发现,也仍是始见于墓葬。如1988年在陕西临潼发现了两座"战国"晚期砖室墓,都是砖砌构成,其砖的规格大约是长42厘米、宽15厘米、厚9厘米,重约18公斤。如也是"战国"时期湖南龙山"里耶古城遗址"发掘的砖砌墓穴,所用砖规格有两种,一种是长25厘米、宽18.5厘米、厚8厘米,另一种是长27厘米、宽11厘米、厚8厘米,两者厚度一致,而长、宽稍有不同。

然而,所出土的这些先秦的"战国"长方体小型墓砖,质地却是相近或相同的,都是质地坚硬的、青灰绿色的"青砖",与后来在秦皇陵、秦长城等遗址发现的砌砖基本上是一样的质地。或许由于是在早期考古中,先发现于秦代遗址的缘故,所以称所发现的砖为"秦砖"(参见图3),并在后来得到沿称。事实上,至少在"战国"时期已有此类长方体小型砖的出现;而且,"秦"及其前的"砖"型已甚多,有方形、曲形、楔形、空心等,甚至有仿"榫卯"结构的企口砖或阴阳砖等等。则人们习惯所称的"秦砖",应是一个具有广泛意义的概念。

图3 出土的秦代质地坚硬的"铅砖"

而所出土的早期砖,多为"青砖",可能缘于现今的遗存多为墓葬之因,墓葬在传统概念中属"阴",属"阳"的严格建筑却未见遗存。则以发现所能给以的印证而论,似乎就只有"青砖"了。实际上,中国文明早期的红陶、红烧土等的出现,就足以说明在中国砖形成中的同期,也应有"红砖"的产生。也就是说,所形成的"秦砖",在其类型与色种中,就应有与陶器一样的"红"系列的砖出现[5],因为陶、砖的技术蕴涵是相似的。况且,红砖烧制的技术,远比青砖简易,难道中国先人们会弃"易"从"难"?或者说是跨过"易"的而直取"难"的?

三、闽南“红砖建筑”的出现

——文化传播为“秦砖”开拓了新的生存空间

当秦汉时期确立了“汉文化”的中国“传统”之时，与“汉人”、“汉语”、“汉字”等一起，“汉建筑”也大致奠定了中国传统建筑的基础，并随传统文化总体而为后世所承袭。

“汉文化”的核心区，应该说是在“中原”。夏商周三代基本上均都于黄河中游地区，历经春秋、战国纷争后的统一的秦汉，秦都咸阳、汉都长安和洛阳，又仍政治、文化中心于该区域。而后，随着统治势力的逐渐向外扩张，秦汉民族的向外殖民，明显盛势而先进的“中原”文化就陆续向四邻地区传播，渗入并定居到我国各边远地区，包括东南沿海边疆的闽地。秦置“闽中郡”，汉先分封“闽越国”、后置“冶县”，至东汉末年闽地已有建安、汉兴、建平、南平、侯官五县建制，这已完全在中原统治势力范围之内，“汉文化”在闽地的主导基本上已成发展定势。

而且，从汉末到两晋这一历史阶段，也是早期中原汉民入闽的第一个高潮时期。一方面是中原战乱而形成的避难偏安移民潮，另一方面是三国时孙吴军队五次入闽而在闽地置有九县建制的“建安郡”。则闽地人居的“汉化”，便更是一种必然。闽南沿海的晋江流域，在“建安郡”下也始有了“东安县”的建制，“汉制”人居环境已经形成，从“东安县”县城的规划，到人居建筑及建筑技术，都应该是“汉制”中原文化的支配结果。

何况，闽地早在新石器时期就已经有“昙石山遗址”中的陶窑及红陶器的存在，这就更有接受中原先进技术的环境条件。相似的，闽南沿海的“晋江—洛阳江”流域地区，也有新石器时代的窑址发现及泥质陶和夹砂粗陶的出土面世，这同样具备了接受生产砖的技术条件。

以中国传统人居的角度而言，居所与墓葬是人居环境中两类不可或缺的文化产物，前者为“阳”的地面建筑物，后者为“阴”的地下构筑物，通常都以相近或相同的材料构成。但居所建筑在历史上的遗存极不容易，地下的墓葬却遗存较多而常被后世所发掘、而成为考古取证的基本对象。在闽南古人居区也一样，当明确的第一个建制“东安县”在晋江流域出现以后，以一般常理而言，有城居及城内外的人居建筑，就相应的有其前后时期的墓葬在邻近区域的出现，这是中国传统人居的必然现象，也是现今人们认识古代人居的基本常识。

然而，城居及建筑与墓葬在后世，通常并不同存。在原“东安县”址及邻近区域，汉末及紧接着的两晋时期的地面城居及建筑虽是不见了，墓葬却还是能发现的，只是迄今所发现的墓葬最早仅为两晋的遗存。如1982年在原“东安县”址的南安丰州地，发现了一座西晋“太康五年”的墓葬，这是闽地已知发现的时代最早的“纪年墓”，为砖室墓，与中原地区先秦的砖砌墓是相似的，其渊源关系显而易见。又如2005年在“洛阳江流域”的惠安涂岭镇世上村也发现了西晋“永嘉三年七月五日”的纪年墓砖,墓砖规格为长 27.5 厘米、宽 10.3 厘米、厚 5.3 厘米,且其时间竟明确到“七月五日”而让人惊讶,似乎其砖的烧制已有非常精确的时间规程,或其日入窑、或其日出窑、或其日焙烧等[5],是先精准无误于心而后在制砖坯时才铭字其上的。

不仅如此,实际上在原“东安县”址的丰州区域,被发掘的古墓群甚多,年代的跨度也大,从两晋到隋唐都有,这都说明了自汉末以来该区域人居的集中,也就有相应人居集中的墓葬群的出现,其中也不乏墓室为砖砌的墓葬,甚至是明确的由红砖砌的墓葬出土。如近年在丰州地区古墓群发掘中出土的铭有“太元三年”、“元兴”等年号字样的东晋红色“墓砖”。而且有的砖砌墓,几乎每一块墓砖上都雕刻有鱼、龙、铜钱、乐器、菩萨等不同的图案,甚至还刻有魏晋南北朝时期中原士大夫造型的、穿着宽大袖袍的人物造像,其墓葬者的身份及文化渊源,已是非常明确。同时,这也说明了当时的制砖技术和雕刻绘画艺术的成就与水平。

而“太原”、“元兴”,均为东晋的年号,“太元三年”为公元 378 年,“元兴”年号存有三年,为公元 402—404 年。这一时间段及此前,是欧洲的古罗马基督文化发展至鼎盛的时期,其文化传播也以“宗教”为突击特征。上文所提到的“红砖”传自古罗马的观点,其甚至有更明确的说法,说该技术是源自古罗马时代之前的“伊突利亚人”[7]的智慧,而后由罗马人继承发展了该技术而创造了“红砖”。那么,即便是罗马人在“伊突利亚人”智慧的基础上创造了“红砖”,但早期物质技术的传播通常不是孤立的,而是随商贸、移民或传教而传播的。虽然公元四世纪晚期之前,欧洲与亚洲的“海上丝绸之路”可能已起航,但迄今并未有古罗马基督文化航达中国大陆沿海地区的史料或遗迹发现,更没有古罗马建筑及建筑技术在斯时的传入遗存。则闽南传统红砖建筑,传自古罗马的可能性,或许可谓误传。何况,闽南古政治中心地所出土的晋代“墓砖”,有中原文化特征的雕刻纹饰,其渊源意义已非常明确。

因此,从中原文明前后的“红陶”和土坯砖,夏商周三代的由天然材料演为人工材料,特别是明确的西周后“砖瓦”的出现,到先秦、秦汉时期各类砖型的广泛使用,汉末以来的中原移民,闽南古人居区出土的两晋墓砖,等等这一系列相互关联的历史演变史实,便足以非常明确的说明,闽南早期人居及传统建筑中所使用的“红砖”,是源自具有广泛概念意义的中原“秦砖”。

(作者单位:泉州市闽南建筑博物馆筹建办)

参考文献

[1]据媒体报道,2013 年福建省拟以“闽系红砖建筑”之名,申报世界文化遗产。

[2]美国文化人类学家 L. H. 摩尔根(1818—1881)在《古代社会》(Ancient Society)一书中,将人类文化早期的发展分为三个基本历时阶段,即蒙昧阶段、野蛮阶段、文明阶段。

[3]在美国摩尔根先生的理论里,“城邑”是出现在“野蛮阶段晚期”的。但在现今的人们看来,

"都市化"是当代人类文明的一种标志。则以此而论,城镇的出现,至少可说是一种人类文明形成的雏形。

[4]沈坚主编:《世界文明史年表》,上海古籍出版社2000年版,第52页。

[5]据现代考古发掘而知,汉代洛阳地区也烧红砖。见黄展岳:《一九五五年春洛阳汉河南县域东区发掘报告》,《考古学报》1956年第4期。

[6]据宋《营造法式》卷十五载:一般砖瓦焙烧的"素白窑",每烧一次都由数道工序组成,其生产周期从装窑之日计,是"七日出窑"。

[7]"伊突利亚人"(Etrurian),是公元前1200年以后陆续进入地中海北侧亚平宁半岛定居的一个民族,是欧洲早期文明最耀眼而神秘的一支,其中所发明的"赤陶"是其主要的技术与艺术完美结合的成就之一,也常被认为是世界"红砖"之源。

台湾历史以来的族群矛盾与省籍划分

陈名实

明清时期的台湾移民来自闽、粤。而闽、粤居民主要来自中原。这些移民在迁居福建、广东的过程中,经常为了争夺生产资料和生活资源,结成以宗族或地域乡亲为主的宗派团体,共同对外,争夺生存空间。因此以宗族、地域分类进行械斗在闽、粤地区形成传统。明清以来,闽、粤移民到台湾后,仍面临生存竞争,因此把分类械斗的传统也带到台湾。在分类械斗中,民众已没有是非观念,只有宗派划分,而且亲疏分明。在汉族移民与先住民争斗中,汉族移民团结一致。在闽南移民与客家移民争斗中,闽南移民团结一致。但在闽南移民居住区,泉州籍与漳州籍经常械斗。在泉州籍地区,也会爆发泉南与泉北移民的械斗。这种宗族、乡亲情结从清代以来一直未能消除,对当代民主政治产生很大影响。

一、清代移民的分类械斗

清代台湾移民的分类械斗主要是由于争夺土地而引发的。在明郑时期,台湾移民主要来自闽南,其中大部分泉州人,小部分漳州人,还有一些客家人。他们因方言与习俗不同,自然分成闽、粤两个族群。当时有许多土地可供开荒,而且由政府出面组织屯田,因此没有发生分类械斗。施琅统一台湾后,限制广东客家人来台,迁移台湾的主要是闽南人,其中漳州人的比例逐渐增加。客家人在施琅死后才逐渐来台,时间上晚于闽南人。这样,肥沃土地被先来的闽南人占去,客家人在与闽南人争地垦殖过程中,产生分类械斗。闽南泉、漳籍人合力赶走客家人以后,械斗又在他们之间爆发了。

(一)分类械斗的缘起

康熙六十年(1721),台湾爆发漳州人朱一贵为首的漳、泉移民反清起义,以杜君英为首的潮州人,因为与闽南人语音、习俗相近,也起而相应。但不久朱一贵与杜君英就因隔阂而分裂争斗,起义队伍走向衰落。在清政府镇压起义时,以广东平远、镇平以及福建闽西的客家人，相应清朝的号召，在下淡水东港两溪流域一带纠合13大庄、64小庄，共13000余人，会师牡丹社，组成六堆，打起清朝旗帜，帮助清军镇压起义，许多杜君英的部下反戈投到客庄队伍中。在清朝派大军渡海前来镇压之时，闽、粤械斗正打得难解难分，使清军很快占领安平。

据《重修凤山县志》记载："自五月中，贼党暨分闽、粤，屡相并杀。闽恒散处，粤悉萃居。势常不敌。南路赖君奏等所纠大庄十三，小庄六十四，并称客庄，肆毒闽人；而永定、武平、上杭各县人，复与粤合。诸漳、泉人多举家被杀、被辱者。六月十三日，漳、泉纠党数千，陆续分渡淡水，抵新园、小赤山、万丹、滥滥等庄，图灭客庄。王师已入安平，尚不知也。连日互斗，各有胜负。十九日，客庄齐竖大清旗，漳、泉贼党，不斗自溃，叠遭截杀；群奔至淡水溪，溪涧水深，溺死无算，积尸填港。后至者践尸以渡，生还者数百人而已。然府治贼犹每日列阵海岸，南自盐埕，北至洲仔尾，凡十余里，如堵如林。"[1]p421

从这些记载看来，清军之所以很快平定朱一贵反清，台湾移民内部的闽、粤械斗起了重要作用。因此，清朝事后对客家"义民"大加奖赏，授以武职。这次械斗由于清军站在客家人一边，闽南人大败。此后，漳、泉籍与客籍结下深仇，不断发生闽、粤械斗。

在这次械斗中客家人组成称为堆的军事单位，主要区别于官方正规部队。其各堆有所属村庄，各堆公选总理、副总理，再推选全堆的大总理、大副总理。每堆又分六旗，各旗壮丁50名，平时散为农民，有事则奉召从军作战。军需粮由庄民负担，大租户二份，佃人三份，小租户五份，形成一种独立自主的乡团组织。因此，后来的闽、粤械斗就越来越频繁，越来越激烈。

（二）分类械斗的经过

乾隆以后，闽南移民来台越来越多，他们依仗人多势众，到处与客家人争夺土地。在闽南移民中，漳籍与泉籍也经常为利益械斗，事件难以计数。在朱一贵反清引发闽、粤械斗以后，较大规模引起官府重视，有记载的分类械斗有：

乾隆三十三年(1768)，南路闽、粤械斗。[2]p65

乾隆四十七年(1782)，彰化漳、泉械斗。[2]p245

乾隆五十一年(1786)，彰化林爽文反清，漳人与粤械斗并延及竹北一带。[3]p363

乾隆五十二年(1787)，桃园南崁闽、粤械斗。[4]p86

乾隆五十四年(1789)，桃园龟山闽、粤械斗。

乾隆末年，北部沿海金包里一带闽、粤械斗。

嘉庆元年(1796)，吴沙招漳、泉、粤三籍民众，开蛤仔难地。嘉庆四年，为争夺开垦出来的土地，泉、粤械斗。嘉庆十一年，粤人又与漳人械斗。[5]p372

嘉庆十年(1805)，彰化漳、泉械斗。

嘉庆十一年(1806)，鹿港蔡牵反清，漳、泉械斗，延及沙鹿、桃园及宜兰。[3]p382

嘉庆十四年(1809),漳、泉械斗,先起于淡水厅下,包括桃园、新竹一带,发展至彰化和宜兰。[6]p160

嘉庆年间,台南关庙旧街漳、泉械斗。

道光六年(1826),彰化闽、粤械斗,延及大甲溪以北,淡水厅以下,虎尾溪以南。[3]p383

道光十年(1830),彰化东势角闽、粤分类械斗。

道光十二年(1832),张丙反清,凤山县、桃园闽、粤分类械斗。

道光十三年(1833),凤山县闽、粤分类械斗。

道光十四年(1834),淡水厅新竹南部闽、粤械斗。

道光二十年(1840),台北八里、新庄闽、粤分类械斗。

道光二十一年(1841),桃园龟仑口泉人互斗。

道光二十四年(1844),桃园南崁漳、泉械斗;彰化葫芦墩漳、泉械斗。

道光二十七年(1847),大甲漳、泉分类械斗;凤山闽、粤分类械斗。

道光三十年(1850),北港、斗六与西螺等漳、泉分类械斗。

咸丰元年(1851),台北芝兰漳、泉分类械斗。

咸丰三年(1853),台北艋舺泉人顶郊(泉州晋江、惠安、南安三邑)与下郊(同安)分类械斗[7]p71;大坪林庄漳、泉分类械斗;桃园大粪崁,三角涌、内坜、中坜、杨梅,漳与泉、粤分类械斗;南崁漳、泉与同安分类械斗,波及板桥、北部海岸和新竹南部;凤山闽、粤分类械斗。[8]p275

咸丰四年(1854),中坜、新竹闽、粤分类械斗。

咸丰九年(1859),台北盆地漳、同安分类械斗;南崁漳、同安分类械斗;桃园一带漳、泉分类械斗。

咸丰十年(1860),桃园、新竹漳、泉分类械斗。

同治元年(1862),戴潮春反清,漳与泉、粤械斗。

从以上统计可以看出,闽南人与客家人的闽、粤械斗最频繁,泉州人与漳州人械斗也很多。还有漳州人与泉州人、客家人械斗,泉州人之间械斗。值得注意的是:没有发生漳州人之间械斗和客家人之间械斗,但发生漳州人同时与泉州人、客家人械斗。而且,清代大规模反清起义的领导者都是漳州人。这说明漳州人在这场分类械斗中处于斗争中心的位置,反映了在移民中漳州人的台湾本土意识最为强烈。

闽、粤之间的分类械斗主要是争夺生存空间,借一点小事引发大规模械斗,乘机烧杀抢掠,闽人仗人多势众,赶走杂居的粤人。闽、粤之间的分类械斗发生在闽、粤杂居的地区。而在漳、泉毗连聚居之处,也因争利,爆发漳、泉械斗。起初以彰化最严重,后蔓延各地,清末在淡北很厉害。起因都是一些小事纠纷,然后就有人挑起籍贯矛盾,引发分类械斗。漳、泉之间分类械斗发展到嘉庆年间十分严重,因谣言而相互仇杀。到咸丰年间,漳、泉之间的分类械斗发展为无理由的大规模烧杀抢掠。分类械斗发展到后期,泉州商帮中也为争利发生械斗,称为台北项下郊拼。郊即行会,顶郊指迁艋舺的泉州府晋江、惠安、南安三县人。这三县人以龙山寺为中心，缘籍聚居，执商业大权，市肆鼎盛。下郊指泉州府同安县民，居艋舺八甲庄。咸丰三年(1853)，因淡水河码头力夫口角，引起顶、下郊同府异县之间械斗，俗谓“顶下郊拼”。

除了籍贯之间的分类械斗外，台湾宗姓间的械斗也经常发生。如同治元年(1862)，北路苏、黄二姓械斗。同治初年，彰化县新店庄廖、李、钟三姓械斗。光绪八年(1882)，学甲堡中洲庄陈、吴二姓械斗，伤亡达三十余人。同时有黄、谢二姓械斗。

(三)分类械斗的原因与结果

清代台湾分类械斗的原因，最主要的是贫困、争利引起的。但也暴露出这批移民素质较低，人性丑陋的一面。这里讲的是汉族移民间的分类械斗，至于先住民，势单力薄，早就因汉族移民的械斗，搬迁的山区去了。光绪以后，台湾励行新政，人民生活逐渐改善，狭隘的械斗观念慢慢消除。到日本据台，民众共同抗日，自相残杀的械斗才最终消除。

清代台湾分类械斗的结果是族群的大迁徙。总体来看，客家人势力最弱，迁往离海边较远的地区。泉州人势力最强，占据海边平原地区，漳州人居于泉州人与客家人之间。如台北市景美区、台北县新庄镇、树林镇地区，原本多处为粤人所辟；经过械斗，粤人把田业卖掉，悉数被迫迁移于桃园、中坜一带，而使台北盆地内几乎成为闽南人聚居地。

这种因分类械斗而迁徙的例子，不仅发生在乡村地区，一些市街的兴衰所受影响也相当大。如嘉义北部的北港街(旧称笨港)，早年为漳人所创建，是富豪巨贾集中之地。乾隆四十七年(1782)，漳、泉分类械斗，漳人避难移至东面，另建新港街。道光三十年(1850)，漳、泉再度分类，北港街之漳州人纷纷移住新港街；新港之泉州人则移至北港街。据1928年之统计，新港之漳州人占86%，北港则泉州人占99%，可见各聚落不同人群更迭之一般趋势。[9]p108－109

从乡村地名发展历史也可看出分类械斗对族群迁徙的影响。如现台南县关庙乡关庙、山西、香洋、北势等村，在嘉南平原南部，三老爷溪上游许县溪南岸。明郑时期，汉族移民开始拓垦，康熙中叶，形成一村庄，康熙末年时，已发展成为一肆市，称为“旧社街”。旧社街原为新港社西拉雅族的一部，从赤崁地方移来建社之地，汉人入垦后，番社退出。嘉庆年间，旧社街漳、泉居民发生械斗，漳人迁移，以“山西堂”古庙宇为中心，另创建一街。山西堂奉祀关羽，新街乃命名为“关帝庙街”。

彰化县永靖乡永东、永西、永北、永南等村，位于彰化平原东部。康熙末年，八堡圳凿成后，大批客籍移民迁入附近从事拓垦。因当地闽籍移民占优势，时常发生械斗。嘉庆十五年(1810)彰化知县杨桂森为消除械斗，把村子命名“永靖”，寓意“期冀闽、粤和平相处、永久平靖”。嘉庆十八年，建立街市，命名为永靖街。然而永靖街建街仅13年又发生了闽、粤械斗，小庄房屋，被焚过半，新街也毁于此时。后来此处被闽籍占据，再建街称之为“关帝庙街”，因附近有辅天宫主祀关圣帝而得名。1920年，改“关帝庙街”为“永靖”，可说是恢复原名。

分类械斗的严重后果还在于心理层面的影响。经过长期的械斗，族群分类在台湾形成陋习，特别是族群在政治上的对立影响深远。乾隆五十一年（1786），漳州人林爽文反清，闽南人响应。客家人林先坤、王廷昌、陈资云、刘朝珍等，组成义民军在新竹与林爽文军对抗，并协助清军剿灭反清民军。其实，客家人并非没有受到清朝压迫，他们只是与闽南人在械斗中产生宿怨，而帮助清朝。同治元年（1862）三月，祖籍漳州的彰化人戴潮春反清，粤籍人士再组义军出征，帮助清军镇压。这些客家人被清政府称为“义民”，乾隆帝特颁“褒忠”御旨，藉以褒扬。战死者埋在“义民冢”，还建“义民庙”祭祀。这样，族群的政治分野成为台湾的历史传统之一，不能说对当前的“台独”意识没有一点影响。

二、移民社会的群体意识

不同的械斗分类主要是台湾形成移民社会后，尚未抛弃祖籍的地缘意识。但在移民社会向定居社会过渡以后，这种分类就向多样化发展，小范围的群体意识逐渐成为社会分类形态，府籍分类趋于淡薄，这在日据时期有利于团结一致，共同争取民族权益。

（一）地缘结成的群体

在清代分类械斗中，基本上是以大陆祖籍为基础的地缘群体进行分类。可以看出，地缘形成的聚落在台湾社会结构中占有重要地位。明郑时期，实行军队屯田制度，屯田区域后来就形成聚落。军队分散屯田，基层组织作为屯田的基本单位，而这些基本单位的士兵大都来自同乡同族，因此就形成早期的地缘聚落。如台南县柳营乡，据说是郑成功部队二十八星宿军中的柳宿镇的屯田营区，故称柳营。其东侧有果毅村，是郑成功军队果毅后镇的屯田地。

清代台湾大陆移民在台湾开发时，以地缘关系结成群体，后来形成聚落。有一些这样的地缘聚落借用祖籍的地名，反映祖籍地与移居地之间地缘关系，形成“冠籍地名”。这样可吸引更多的同籍乡亲来此居住，共同从事开垦，壮大力量，抵御外侮。从以上统计看，台湾的地缘群体现象十分突出。粤籍迁台移民十分重视地缘群体的结合，他们人数所占比例虽少，但以地缘命名的聚落却不少，说明他们地缘结合的程度比闽籍的高，群体意识相对较强。

（二）血缘形成的群体

以姓氏宗族为纽带形成血缘群体，聚族而居，是中国大陆传统的生活方式，明、清时期福建、广东尤其明显。因此，当闽、粤移民迁到台湾以后，这种以血缘为纽带的社会分类聚居形态也移植到台湾。同姓同宗相互集结，借以共同防御外敌，并合力拓垦，常结合形成一个聚落或聚落的一部分。这些聚落有的就以姓氏为名，形成冠姓地名，反映历史上以血缘关系形成的社会群体。这些聚落名称有不少姓后附加"厝"、"厝庄"、"蓁"、"厝蓁"，"屋"等。其中厝为闽南籍移民聚落，屋为客籍移民聚落。

更多的血缘聚居群体并不在地名中反映，而是在所建造的宗族祠堂和祭祀公业记载中反映出来。根据宗族祠堂建造年代和祭祀公业的开始时间，可以看出台湾血缘群体的形成大多数都在 19 世纪 20 年代以后。在血缘群体中，陈、林两姓为大姓，清末时约占台湾人口百分之二十，势力最大。一些小姓仅依靠宗亲难以组成血缘群体，于是就以大陆的远祖作为祖先，组成姓氏血缘群体。因此，在血缘群体中，就有唐山（大陆）祖与开台（迁台）祖之分。通常在祭祀公业中，有一个唐山祖，派下可包括若干个开台祖的后代。

从另一方面看，随着宗族的繁衍与定居，台湾的血缘群体逐渐本土化，他们对大陆的祖籍与祖先的认识趋向模糊，对家乡的现实更加重视。虽然台湾建了许多宗族祠堂，编修许多族谱，但也只是从理念上认同祖先。而一旦遇到现实问题，则首先强调的是血缘群体的当前利益。

（三）神缘整合的群体

到清朝光绪年间，台湾的移民社会基本上已经转变为定居的土著社会。在这相对稳定的社会结构中，经过通婚融合，形成以聚落为主体的群体。适应这种社会转型，除了宗族的群体外，通过神缘即寺庙进行宗族外的群体整合，成为社会分类的重要形式。

台湾的民间宗教信仰由主要有闽、粤移民带到台湾，神祇众多，据 1930 年调查统计，台湾的主神有 175 种。在最多信众的神祇中，闽南人信奉的有王爷、玄天上帝、关帝、保生大帝、清水祖师等，客家人信奉的主要有三山国王。共同信仰的有观音菩萨、天上圣母（妈祖）、释迦牟尼、福德正神（土地公）等。[10]p30－32

神缘整合的群体出于以村庄为主体的共同利益的需要。清道光年间，在彰化平原的漳州人和客家人曾经联合起来，构成一个超祖籍分类人群，以对抗泉州人。他们所依靠的七十二庄组织是以两个庙宇为中心所构成的祭祀团体，"一个是原为客家人供奉三山国王的永安宫，一个是漳州人供奉天上圣母的天门宫"[9]p115。通过祭祀团体的沟通与渗透，把不同祖籍的人群整合起来，这就是初期神缘整合的典型事例。

光绪二年（1876）苗栗发生因水利争执，演变成同籍分庄的械斗，表现为聚落利益的冲突上升为主要矛盾。据记载："械斗的双方，一个是芎中七隘隘外新垦区，以吴氏族众为核心的新鹅笼庄，一个是隘内不知以何人为首的芎蕉湾、中心埔和七十分三庄。"[11]

正是由于到了清末时期，台湾汉人的社会意识已经逐渐抛弃祖籍观念，而以现居的聚落组织为其主要生活单位，因此村落的寺庙神灵逐渐成为整合群体的重要角色。

其典型例子为台北树林济安宫与祖籍人群的结合:“树林自康熙末年起,开始有中国大陆闽南泉州府五县及漳州府等不同祖籍的移民,携奉不同的神明或香火横渡海峡陆续移居台湾,从事开垦并建立村落。他们分别有自己的神明会和土地公庙。此时他们的村落社会尚未构成安定,宗教信仰社区亦未构成,各人只祈求信仰自己所携奉之神像香火,其信仰圈限于自己的家族内,也即只有信仰的点,而未构成信仰圈之线或面,更谈不上建立庙宇。其中,在康熙六十一年(1722)有赖姓家族自大陆故乡携奉保生大帝分灵渡台定居,从事开垦,并筑盖茅屋奉祀。当时独有保生大帝神灵特别显耀,祈求者悉病愈,故信徒渐次日众,普及于海山庄内各村落。时恰有该庄大业户张必荣患病,闻大帝之灵验,乃着令其管事前往祈愿,嗣后果然病愈。因此,张必荣为答谢大帝之庇佑及保佑庄民,乃于乾隆五十三年(1788)倡导兴建庙宇,名曰济安宫。设庙祝看管,每年祭典由海山庄内各村落参加,拜拜宴客并演戏庆祝。于是济安宫保生大帝乃成为整个海山庄内各不同祖籍人群所建立的八个村落之信仰中心。济安宫兴建之后更成为当时海山庄民社会、宗教的活动中心,成为当时海山庄内最热闹之地区。于是庄民之来往社交也随大帝庙之创建及年例祭典之设立而更扩展矣。随着不同祖籍移民信仰之融合,并为庄民信仰之需要,配合信徒朝拜方便计,除奉祀保生大帝及合祀土地公外,乃配祀其他神像。”[9]p116

通过神灵信仰突破祖籍、宗族的界限,把区域人群整合起来,取代原有的祖籍、宗族分类,在某种意义上表现为社会的进步。然而,就如前述,由于神灵信仰有籍贯的分野,因此,台湾学者指出:寺庙神灵信仰“一方面可以用来作为判别不同祖籍移民的依据,且可能成为不同祖籍移民团结之象征;但在信仰的意识形态上,它是超越祖籍人群之分别的。寺庙神唯有附着在不同祖籍移民的分类意识,才构成一种排外的认同标识。否则,其信仰圈的扩大通常可以毫无困难地跨越不同祖籍的人群”[9]p117。

到清朝末年,神灵信仰的籍贯意识更趋于淡薄。在彰化平原上,一些客家人所建立供奉的三山国王庙,虽然客家人已迁走,但仍然屹立在闽南人聚落中,受到不同祖籍人群的奉祀。因此,神缘整合群体成为新的地缘团体建立的基础,构成村落或超村落的社会组织重要凝聚力。

现代神缘整合发展的典型代表,称之为联村公庙,即几个村落联合建的公庙,地方群众对公庙的活动有参加的义务,形成祭祀圈。“一个祭祀圈所涵盖的范围,或是一个村庄,或是数个村庄,或是一乡一镇,基本上它以部落为最小的运作单位,而以乡镇为最大的范围。”联合公庙通过选举出的领导机构,取代宗族,处理地方事务,实现对信仰群体的整合:“地方公庙之董事由祭祀圈内各村选任,形成领导地方事务的核心,此外透过分香、割火或神明之互访等活动,可与祭祀圈外的友好村落建立社会关系,在地方上有相当强烈的社会性。台湾的宗族较之大陆的宗族显然较小,大陆上许多宗族的社会功能,在台湾传统社会中,多由一村或数村共同执行,而负担此类功能的机构,常是一村或数村所共有的公庙来执行。因此台湾的公庙虽为民间信仰机构,确有地方事务中心的实质功能。”[12]p52—53

因此，在台湾几乎每人都有自己的神灵崇拜，都有崇拜的寺庙，都属于某个祭祀圈。这样，通过寺庙整合的群体在处理地方事务时，就有了本群体的利益，表现出代表群体的政治意识。

三、政治斗争下的省籍划分

1948 年以后，大陆人口大量迁移台湾，群体结构发生重大变化。在政治民主化以后，一些人出于政治目的，重新提出以籍贯分类，把台湾人口分为本省籍与外省籍。从历史上看，这无疑是一种历史的倒退。从籍贯融合的社会进程看，这是一种很不科学的人为划分。

(一)台湾光复后的政治斗争

清代以来，台湾社会中形成的地缘群体、血缘群体和神缘群体，是移民社会向定居社会发展的一个过程，是中国大陆东南地区常见的现象。也就是说，是中国传统社会在台湾的延续与发展。然而，在 1945 年台湾光复以后，却出现了以省籍划分人群的现象，其原因虽然涉及社会的各方面，但主要是国民党政权与反对派的政治斗争引发的。

1945 年中国人民抗日战争胜利，台湾光复。在台湾民众本着中华民族激情，热烈欢迎台湾回归祖国的现象下，也存在许多隐忧。第一，日本统治台湾 50 年，培养了一批台湾知识分子，这些人在台湾是属于精英阶层。他们在思想上受日本文化影响较深，对政治权力的欲望十分强烈，对国民党的独裁专制统治必然不满。第二，国民党实行一党专政，压制共产党和民主党派，使台湾共产党也积极反对国民党政权。第三，台湾行政公署长官陈仪实行个人专制，留用几万日本统治时期的官吏和警察，引起大陆赴台人员和台湾民众的不满。在国民党腐朽统治下，1947 年 2 月 28 日，终于爆发大规模的民众反抗国民党统治的政治斗争，省籍问题被人为地投入政治斗争的漩涡。这次事件，引起以蒋介石为首的国民政府的重视，在善后处理上，采取妥协措施，尽量平息本省籍人的不满，对“二·二八事件”中一些坏人残害外省人的行为也不宣传，采取回避的处理方法，把这次政治斗争平息下来。

(二)省籍划分的由来与淡化

日据时期，台湾民众被迫丧失国籍，加入日本国籍。在“皇民化”时期，部分人改用日本姓名。光复以后，为了清除日本殖民统治的影响，1945 年 12 月 12 日，台湾长官公署公布《台湾省人民回复原有姓办法》，将日据时期改为日本姓名人全部恢复原有姓名，认祖归宗。不久，又由行政长官公署案准内政部 1946 年 2 月 9 日渝户字第一一九号函，转奉行政院 1 月 12 日第二一九七号训令：“查台湾人民原系我国国民，以受敌人侵略,致丧失国籍。兹国土重光,其原有我国国籍之人民,自三十四年十月二十五日起,应即一律恢复为我国国籍”。对于旅外台侨国籍的处理,1946年6月22日,由行政院公布《在外台侨处理办法》,也全部恢复中国国籍,由外交部分电各驻外使馆请各该驻在国政府查照。[1]p732

光复前在外台胞约计10万人,其中祖国大陆约4万,日本约2万,朝鲜约2万,其他各地约2万。得知可恢复中国国籍后,纷纷返乡。于是,这些恢复国籍的台湾民众,自然而然地成为台湾本省籍人,而光复以后来到台湾的大陆人员,就成了外省人。在1947年爆发的“二·二八事件”中,台湾民众非常明确地提出“本省人”的概念,表达“本省人”在政治上的诉求,本省籍与外省籍的矛盾公开化。

1949年,国民党政权撤退到台湾,约150万大陆民众迁移台湾,使台湾的外省籍人数大量增加。然而,与600多万台湾本省籍人相比,外省籍人数显然居于少数。因此,国民党政权不承认省籍划分,强调大中华意识,宣传反攻大陆。另一方面,在政治上实行地方自治,制定自治法规。并成立民意机构,制定选举办法。这样,地方代表人物在国民党专权统治的框架下,得到参政议政的机会。在集权统治下,省籍矛盾被淡化。到20世纪80年代,外省籍人发展到第二代、第三代,通过融合,他们的生活习俗已经与台湾籍人基本相同,省籍区别已经不明显。

(三)族群与省籍问题的凸显

20世纪80年代以后,台湾的政治形势发生变化。这时期,中国大陆改革开放,致力于和平统一台湾。台湾在受到大陆和国际上的压力后,政治趋向民主化。这样,各方势力都想通过选举获得政治权利。于是,台湾历史上的地缘群体、血缘群体、神缘群体在政治选举中的作用越来越明显,最终在1987年形成族群概念。

从20世纪50年代以来,台湾民众日常生活中根本没有族群问题,20世纪80年代以后,在选举的时候,政治人物和媒体提出:台湾人口依据移居岛上时间的先后,可以分为四大族群,分别为:台湾原住民族、鹤佬人、客家人和外省人。台湾原住民族共有泰雅族、阿美族、布农族、卑南族、达悟族、排湾族、鲁凯族、邹族、邵族、赛夏族、噶玛兰族、太鲁阁族与撒奇莱雅族等,占台湾人口2%左右。福佬人,主要闽南移民。根据祖籍地,分为漳州鹤佬人、泉州鹤佬人,占人口总数的73%左右。他们讲闽南语,成为台湾本地主要方言。客家人,由粤东、闽西一带移民而来的。语言以客家话为主,占人口总数的12%左右。以上三个族群又被称为“本省人”,其实就是指日据时期的台湾人。与其意义对应的是“外省人”,有时被称为新住民。主要是指台湾光复以后,迁居台湾的大陆各省人民,其语言除原乡语言外,主要使用普通话。“外省人”还包括马祖人,或称闽东人、福州人。居住在马祖地区,其语言使用福州话。占人口总数的13%左右。

通过不断地炒作,这种族群划分逐渐被社会认可,到现在,就连一般人都相信台湾有族群问题了。于是,就开始对族群分类的调查。结果,四大族群混血之后,在“多重”自我认定下，所谓的福佬人、客家人、外省人、原住民都比一般认知的为多。

20世纪90年代以后，随着“台独”势力的发展，四大族群就又被简单地分成“外省人”，或者是“本省人”。“台独”势力宣传“本省人”爱台湾家乡，偏向台湾的主体。“外省人”重视大陆原籍，偏向一个中国的立场。这样，“外省人”和“本省人”就成为政治分类，族群问题在台湾开始发酵。出现当一个人谈到政治话题时，就有人会去猜测，这个人是“外省人”还是“本省人”的现象。鼓吹“台湾独立”的政客就利用民众这种重感情、轻是非的心理，挑动族群矛盾，宣传“台独”主张，以达到个人的政治目的。

（作者单位：泉州师范学院泉州学研究所）

参考文献

[1]引自台湾文献委员会编：《台湾史》，众文图书有限公司1977年版，第421页。

[2]《台案汇录巳集》，台湾文献丛刊第191种，第65页。

[3]《彰化县志》，台湾文献丛刊第156种，第363页 。

[4]新竹厅编纂：《新竹厅志》，1906年，第86页。

[5]《噶玛兰厅志》，台湾文献丛刊第160种，第372页。

[6]《淡水厅志》，台湾研究丛刊第46种，第160页 。

[7]李添春：《台北地区之开拓与寺庙》，《台北文献》1962年第1期。

[8]《凤山县采访册》，台湾文献丛刊第37种，第275页。

[9]参见陈其南：《台湾的传统中国社会》，台北，允晟文化事业股份有限公司1987年版，第108～109页。

[10]参见林国平：《闽台民间信仰源流》，福建人民出版社2003年版，第30～32页。

[11]张艾：《同籍械斗的吴阿永事件》，《台湾文献》1969年第4期。

[12]王志宇：《寺庙与村落》，台湾文津出版社2008年版，第52页。

闽台文学亲缘关系的当代建构

陈舒劼

两岸文学自1949年以后的相对隔绝，在20世纪80年代初开始发生了变化。原本根深蒂固的闽台文学亲缘在两岸关系解冻的阶段就迅速复现，成为两岸交流与对话的报春之鸟。闽台文学亲缘的当代建构，既是两岸关系的重要表征，也推动着两岸关系的不断深入发展。

一、闽台文学亲缘的当代文化表现

1979年，全国人大常委会《告台湾同胞书》发表，全国政协宣布邀请台湾同胞来祖国大陆参观访问，并准备组织祖国大陆各界人士去台湾参观访问，这为当代闽台关系的发展演绎奠定了基础。文学在两岸政治、经济等交流渠道恢复之前，扮演了无可替代的重要角色，作品出版、作家交流、文学研究构成了闽台文学亲缘当代文化表现的三个主要维度。

闽台文学亲缘的当代复现，首先以文学作品出版的面相呈现出来。福建是国内刊发台湾文学作品时间早、数量多的省份，主要涉及的包括《福建文学》、《海峡》和《台港文学选刊》三本杂志，以及"海峡文艺出版社"、"鹭江出版社"等出版机构。

1980年3月至5月，福建省文联主办的《福建文学》第3期、第5期刊出台湾作家黄春明中篇小说《我爱玛丽》，这是福建文学期刊首次刊登台湾作家作品。此后，该刊开辟"台港文学之窗"陆续选登介绍台湾文学作品。1981年，福建人民出版社创办大型文学期刊《海峡》，创刊号上刊登了台湾作家陈映真、陈若曦的作品。该刊以介绍台港暨海外华文文学为主要任务，设有"台湾文坛动态"专栏，及时向大陆读者反馈彼岸文学的情态。1984年9月，福建文联创办了全国首家专门介绍台港文学的纯文学杂志《台港文学选刊》。《台港文学选刊》始终以"瞭望台港社会的文学窗口，联系海峡两岸的文化纽带"为办刊宗旨，是我国第一家也是唯一一家专门介绍台港澳及海外华文作家作品的文学期刊，自办刊以来至少介绍了1600多名台港澳及海外华文作家的400余万字的作品，并与包括台湾地区在内的众多华文作家和出版机构建立了广泛联系，成为闽台文学间重要的窗口、纽带和平台。

“海峡文艺出版社”是福建省唯一的专业文艺出版机构，也大陆最早大量介绍台湾文学作品的出版社之一，其前身是1983年福建人民出版社成立的“台港文学编辑室”。该社曾先后编辑出版余光中、白先勇、陈映真、陈若曦、黄春明、王祯和、林海音、三毛等台湾作家的作品选集，编纂《台湾中篇小说选》(一、二、三集)、《台湾小说新选》(上、下集)、《台湾现代诗选》、《台湾百部小说大展》等台湾文学选本，并推出“台湾文学丛书”、“台湾文学论丛”等系列台湾文学主题的书籍。在20世纪80年代，鹭江出版社也曾出版“台湾新人新著”等系列丛书，将台湾言情小说、武侠小说、历史小说等通俗文学作品介绍给大陆读者。与此同时，台湾文坛也开始引入当代大陆作家的文学作品，在1979年5月下旬到1983年这段时间内，祖国大陆的伤痕文学一度成为台湾文坛的热门话题，此后，祖国大陆作家白桦、张贤亮、王蒙、高晓声等人的作品也在台湾陆续出版，台湾诗刊《创世纪》还于1984年策划了《大陆朦胧诗特辑》。

作家交流是闽台文学亲缘关系当代建构过程中最为活跃的层面。从早期的文人个体的往来开始，到当下以“海峡诗会”、“文学节”、“作家论坛”、“文学夏令营”等为主题的形式多样的互动，闽台亲缘关系在两岸文人热络交往中日益醇厚。1989年3月，台湾作家施叔青等参加厦门市台湾艺术研究所与福建艺术研究所联合举办“首届台湾艺术研讨会”，这是较早的台湾作家参与大陆文学艺术活动的记录。1991年年底，福建作家刘登翰、袁和平成功访台，是福建文学界也是大陆文学界人士的首次访台。20世纪90年代开始，许多台湾作家返回福建或祖国的其他省份开展文学寻根性的“原乡之旅”，与大陆作家赴台之间相互映衬，见证了两岸文学的深厚亲缘。进入21世纪之后，闽台之间的文学交流更多地以“海峡诗会”、“文学节”、“作家论坛”的形式表现。

“海峡诗会”从2002年至今已经举办过八届，先后邀请了有“诗文双绝，学贯中西”之称的余光中、被诗歌界称为“诗魔”的洛夫、影响了几代华人心灵成长的席慕蓉、素有诗界“任侠”之称的郑愁予、发现众多文学“天才”的“诗儒”痖弦等享誉海内外文坛的名家来到福建，开展研讨、朗诵、采风、原乡行等文学活动，系列活动中的“余光中原乡行”、“诗之为魔——洛夫诗文朗诵会”、“席慕蓉作品研讨会”、“痖弦中原行”等在海内外文坛引起了强烈的反响。每一届的“海峡诗会”都围绕着特定的文学主题，以丰富多样的文学活动形式促进了两岸文学人士间的交流与对话，中央电视台、福建电视台、东南卫视、海峡卫视以及台湾《“中国时报”》、《联合报》等两岸媒体都对此给予充分关注，“海峡诗会”已经成为闽台文学交往的品牌性活动。

基于“海峡诗会”所积累的成功经验与良好反响，福建省文联将“海峡诗会”提升为“海峡文学节”，进一步深化闽台交流与合作，使讨论的主题由诗歌与评论扩大到包括音乐、书法、绘画在内的艺术范畴，充分显示出闽台文化亲缘深厚的历史积淀与丰富的当下生产。首届海峡文学节于2011年12月在福州举办，子项目包括国际新移民作家(闽都)笔会、2011海峡诗会、“流散华文与福建书写”学术研讨会等组成部分，来自台湾、香港等地区与来自美国、加拿大、法国、德国、荷兰、比利时、澳大利亚等国家的百余位嘉宾莅会。

“海峡两岸作家论坛”也是闽台文学交流的重要活动。2012 年 5 月 27 日,由福建省文联等单位承办的“海峡两岸作家论坛”在福州开幕。两岸文学名家围绕“传承与创新”的主题,展开了四个场次的交流和一场恳谈会。台湾《印刻文学生活志》、东华大学华文系参与联办“海峡两岸作家恳谈会”等四个场次的文学研讨活动。两岸文学人士的研讨、阐释、对话中饱含着对优秀传统文化的眷恋之情与强烈的中华文化身份意识,此次“海峡两岸作家论坛”被国台办列为重点交流项目。

两岸文学青年的交流关乎闽台文缘的未来。在两岸文学界人士频繁互动的同时,闽台大学生之间的文学对话也正在展开。2010 年 9 月由台湾文学馆、成功大学中文系联合主办的“2010 台湾大学生闽南文学之旅夏令营”走进漳州,来自台湾 13 所高校的 40 余名本科生、研究生与带队教师亲身感受到闽南文学的独特魅力与闽台文学的亲缘。

文学研究是闽台文学亲缘关系当代建构不可或缺的组成部分。福建是全国最早大规模开展台湾文学研究的省份之一,从 20 世纪 80 年代开始,福建社会科学院、厦门大学、福建师范大学、华侨大学和福建省文联、福建人民出版社等单位都把研究台湾文学列为重要方向。从单体作家作品的赏析解读到文学思潮、流派、社团、文体的综合考察和台湾文学史的整体构建,福建的台湾文学研究取得了丰硕的学术成果,形成了结构合理的学术研究体系,并与台湾文学研究界形成了良好的学术合作与交流机制,研究成果得到两岸文学研究界的广泛肯定。文学研究角度的闽台文学亲缘关系当代建构,可以从以下几个方面展开叙述。

(1)机构与刊物。福建社会科学院的文学研究所、现代台湾研究所、福建台湾文化研究中心,厦门大学的台湾研究院,福建师范大学闽台区域研究中心,以及厦门大学、福建师范大学、华侨大学、泉州师范学院等福建高校的文学院系,是研究台湾文学与闽台文学文化关系的主要机构。福建社会科学院与台湾成功大学文学院、台湾大学台湾文学研究所、台湾“清华大学”台湾文学研究所等学术机构建立了良好的学术关系。《福建论坛》(文史哲版)、《东南学术》、《台湾研究集刊》,以及厦门大学、福建师范大学、华侨大学、泉州师范学院等高校学报都对台湾文学研究给予长期的关注。

(2)科研力量。福建省已经建成一支结构合理、充满活力的台湾文学研究队伍。庄明萱、刘登翰、林承璜、张默芸、包恒新、汪毅夫、黄重添、王耀辉、杨际岚、朱双一、刘小新、朱立立、袁勇麟、李诠林、黄乃江等老、中、青三代学者奠定了福建台湾文学研究在国内的领先地位。

(3)学术成果。福建台湾文学研究开展时间早、后劲强、质量好。刘登翰、庄明萱、黄重添、林承璜主编的《台湾文学史》,黄重添的《台湾近代文学丛稿》,朱双一的《闽台文学的文化亲缘》,刘登翰、刘小新“关于华文文学几个基础性概念的学术清理”系列论文可为其代表。仅据不完全统计,1992 年至 2012 年间,福建省台湾文学研究获得省部级以上立项项目有22项，获得省社科优秀成果奖以上奖励11次，另有大量论文在权威期刊、核心期刊和国际学术研讨会论文集上发表。

(4)学术会议。20世纪90年代之前，台湾学者因政策限制而难以到大陆来与福建学者实现面对面的交流，20世纪90年代中后期台湾学者与福建学者的交流日益丰富，主要以学术会议的形式表现出来。重要的学术会议主要有1997年4月27日至30日在福州召开的"世纪之交的台港澳暨海外华文文学青年学者研讨会"；1999年10月12日至14日在华侨大学举行的、主题为"华文文学：世纪的总结和前瞻"的"第十届世界华文文学国际学术研讨会"；2005年10月15日至17日在厦门大学召开的"海峡两岸台湾文学史研讨会"；2010年11月20日至23日在福州举办的、福建省社会科学界第七届学术年会分论坛"全球化时代华文写作与海西文化传播"国际研讨会；2011年12月3日至4日在泉州举行的首届海峡文学节系列活动之一、福建省社会科学界2011年学术年会分论坛"流散华文与福建书写"国际学术研讨会等。

二、文学寻根：记忆重现与身份复归

闽台深厚的历史渊源决定了台湾居民中大部分人的祖籍都在福建。台湾作家中，余光中祖籍永春，陈映真祖籍安溪，施叔青三姐妹祖籍晋江，简媜祖籍南靖，林清玄祖籍漳州，阿盛祖籍龙溪，王浩威祖籍平和，廖辉英祖籍安溪，侯吉谅祖籍南安，这份名单显然还有很大的延长空间。两岸关系解冻之后，台湾作家的"原乡之旅"和"文学寻根"日益频繁，这些文学活动与文学实践在台湾作家记忆重现与身份复归过程中起到了无可替代的作用。

当代台湾作家大规模地返闽寻根，可以追溯到1993年11月台湾《联合报》副刊与福建省作家协会合办的"原乡之旅"活动。这次活动邀请到了台湾作家有痖弦、廖辉英、阿盛、王浩威、简媜、陈义芝、侯吉谅等，几位作家在福建文学界人士的陪同之下分头到各自的祖居地寻访以慰思乡之情，原定同行却因故更改行程的陈映真也另择时间前往祖居地安溪县石盘头寻访。2003年9月17日，余光中在阔别故乡近70年之后抵达故乡泉州永春，并于18日上午举行寻根谒祖活动，而其谒祖寻根则是"2003'海峡诗会'暨余光中诗文系列活动"的组成部分之一。2011年4月24日，余光中回乡参加在泉州府文庙惠风堂举办的"余光中诗会"，同年10月10日他再次回到祖籍地永春省亲谒祖。在当代台湾作家返闽寻根之外，还有福建籍的近代台湾作家的后裔也参与到"原乡行"活动中来。如2006年9月20日，以台湾知名作家、丘逢甲侄孙女丘秀芷为团长的台湾丘逢甲亲属团一行21人，在北京联合大学台湾研究院院长、国台办专家、中央电视台《海峡评论》特约评论员徐博东陪同下，前往福建上杭县寻根谒祖。

思乡之情与回乡之喜的撞击与融汇使台湾作家的"原乡之旅"产生了丰富的文学

作品。1993年11月台湾《联合报》副刊与福建省作家协会合办的“原乡之旅”活动之后，阿盛的《风流龙溪水》、陈义芝的《从漳泉来的——作家原乡行侧记》、廖辉英的《五里坡归去来》、侯吉谅的《奇逢巧遇寻侯垵》、王浩威的《陌生的方向》、简媜的《先祖的血路》、陈映真的《安溪县石盘头——祖乡纪行》等“回乡纪行”类作品先后在1993年12月份的台湾《联合报·联合副刊》上陆续刊登，福建《台港文学选刊》于1994年第4期转载了廖辉英的《五里坡归去来》和侯吉谅的《奇逢巧遇寻侯垵》。历史当下的重合、时空记忆的交错、主客身份的交融、寻根访祖的跌宕，在这批散文间喷涌流淌。“父系漳州，母籍泉州”的廖辉英坦承归乡喜悦的巨大冲击令自己迷惘：“跨过那时间交错着空间的历史鸿沟，搓揉着寻根纠缠做客的心情，飞赴我今日之前的此生从未履踏过的土地——福建漳、泉两地，我的原乡。是归？是去？是来？除了迷茫，还是迷茫。”[1]p50感到“原乡寻根的目的也出奇的圆满”的侯吉谅则感叹原乡之旅充满天意，找到宗祠让他有了回家的感觉：“发现他们大堂中供奉着祖先的牌位，令我觉得血脉源流的庄重在这纯朴的乡下依旧保留，而有真正回家的感觉。”[2]p55无论是“迷茫”还是“有真正回家的感觉”，都是身份认同复归的情感表达方式，是在特定的文化身份意识引导下个体文化记忆与当下文化现实融合对接的产物。台湾作家群体性的文化回忆及其实践，不仅确认了自我的文化身份，而且在传承对自身文化身份的理解与肯定。“回忆实践总是在生产着一种超越个人的、文化的当今。回忆行为给现实的当今装备了一种被回忆的时代的视野；同时，它对许多文化、集体和集团成员在一定时期的现实自我理解有着重要贡献。”[3]p87－88简媜也正是在族群的文化身份传承的意义层面上强调了台湾当代作家“原乡之旅”的重要性：“所谓寻根，不仅仅是地理上的、血缘上的，因为这方面的‘根’已无法寻起，重要的是寻一种族群的共同记忆。而这个族群的共同记忆能否传承下去，是否加入更多的养料，使它在不同的时代生长，则是尤为重要的。”[4]p70台湾作家的寻根之旅既是闽台文学亲缘关系的当代呈现，也是闽台共同的中华文化身份的再认、传承与播散。

余光中返闽的“原乡之旅”次数多、反响大，其“文学寻根”是闽台文学亲缘关系的典型象征，他的“原乡之旅”有浓厚的“亲缘”与“文学”色彩。诗人2003年回乡谒祖仅是“2003‘海峡诗会’暨余光中诗文系列活动”的一部分，这次活动的子项目还有“余光中诗歌研讨会”、“余光中诗文朗诵会”、“武夷山笔会”、“余光中作品朗诵音乐会”、“余光中专题讲座”等，活动范围涉及福州、武夷山、泉州、厦门等地，《台港文学选刊》也于2003年第9期集中编辑刊发“余光中近年作品选辑”同步呼应诗人的“原乡之旅”。对余光中而言，这次活动显然是以谒祖为中心、以文学为半径的认同之旅。他在《台港文学选刊》的“余光中近年作品选辑”前加了一段题为《八闽归人》的按语，概述了“认同之旅”的过程与心绪：“‘一湾浅浅的海峡’，自从两岸开放以来，我曾越过两次，但是都到厦门为止，未能深入福建。这次多谢福建省文联相邀，幸有福州之行，不仅可仰林纾、严复等前贤之遗风，更得聆海内外时彦之高论，令我深感荣幸，快慰。会后并将登武夷，赏明月，品名茶，语之台港文友，莫不羡其风雅。下山之后，尚有泉州之游，更有永春归根之旅。八闽之行，一尝半生夙愿，收获之丰可期。”[5]p5 从文化认同的角度来说，余光中“原乡之旅”所表达的寻根情节明显分为两个层次，狭义的指向其祖籍地，而广义的则指向了中华文化。就此意义而言，台湾作家的“原乡之旅”写作也成为台湾当代“寻根文学”的重要分支，是聂华苓的《台湾轶事》和《桑青与桃红》，於梨华的《又见棕榈，又见棕榈》和《傅家的儿女们》，白先勇的《纽约客》和《台北人》，陈映真的《某一个日午》和《累累》，赵淑侠的《我们的歌》和《塞纳河畔》等中华文化乡愁作品的延续。

这批“原乡之旅”的文本产生与特定的仪式有着紧密的关联。侯吉谅见到大厅里供奉着祖先的牌位而产生了回到家中的感觉，余光中的回乡之旅则伴随着各种充满文化暗示的仪式。2003 年余光中回乡时的诸多活动中，在桃城镇举行的余光中资料展览室、高阳余氏纪念馆、余光中父亲余超英和叔叔余承尧纪念室的揭牌仪式，余式宗亲座谈会，余光中文学馆揭牌仪式，这些活动都刻有深刻的宗亲文化烙印。2011 年 4 月 24 日，余光中再回乡时，“余光中诗会”在泉州府文庙惠风堂文化艺术会所举行，地方“文庙”也是富有象征意味的地理坐标。2011 年 10 月余光中短暂回乡期间，曾赶往洋上老家参加他祖父创办的洋上小学百年校庆，再一次在文化上使自身与家族、乡土融为一体。中华文化传统是一种历史积淀，也是一种集体记忆，更是这种历史积淀与集体记忆在当下的续接、再认、复现与再生产。“研究、搜救、颂扬集体记忆不再是在事件中，而是在经年累月中，寻找这种记忆也不再是在文本中，而是在话语、图像、手势、仪式和节日中，这是历史视角的一种转换。”[6]p108 如果说作家的文化乡愁洋溢在“原乡之旅”的字里行间，那么充满宗族与乡土意味的文化仪式，则与这些“原乡之旅”的文学作品构成了一组相互映照、相互阐释的文化镜像。

三、闽台区域文化的文学书写

闽台区域文化的文学书写是闽台文学亲缘关系的重要象征。闽台历史上属于同一文化圈的积淀与经验，使当代闽台作家在叙述共有的区域文化之时，往往不约而同地在文本中表现出某些共同的意象、民风习俗与生存经验。

“妈祖”是台湾当代文学中出现频率很高的意象，台湾当代文学中的大批文本涉及“妈祖”意象，如王拓的《吊人树》、《海葬》，施淑青的《行过洛津》、陈玉慧的《海神家族》、骆以军的《西夏旅馆》、李荣春的《祖国与同胞》等等[7]p140，将“妈祖”置于不同的语境之中探讨其对于台湾民众的丰富意义。这批小说不同程度地将“妈祖”视为海峡两岸共有文化的核心，视为历代台湾人的精神支柱。施淑青“台湾三部曲”第一部《行过洛津》的开场就描绘了“妈祖”信仰在两岸民众信仰中的重量。主人公许情渡海赴台途中，所乘船只遇到黑鸟蔽日、鬼蝶绕船的凶相时，“船夫令乘客一致跪下，祈求妈祖保佑平安渡海……两岸横渡的乘客无不深信海中女神妈祖一见帆船有难，便会立即腰悬桅灯、凌波踏浪前来解危,使船只化险为夷。许情搭乘的这艘帆船受到黑鸟鬼蝶的侵袭,昏天地暗中,不止一个乘客看到天空闪过一丝白光,鼻子闻到一股奇香,氤氲缭绕中,一个白衣飘然的影子翻飞水上,款款升天而去,目睹这奇景的乘客一口咬定是妈祖显身,才使骚扰的异物失去踪影,整船人有惊无险"[8]p4。妈祖"救苦救难"的神迹在闽台两地广为流传,妈祖崇拜也随之成为闽台区域文化认同的重要组成部分。妈祖意象一旦超出闽台的地域范围,往往脱离了民俗信仰与生存经验的文化范畴,成为中华文化身份的象征。日据时期的台湾、安徽当涂、南洋群岛、巴西、当代台湾、德国,无论在何处,陈玉慧始终将"妈祖"作为连接台湾一各家族三代人颠沛流离生活的精神依靠:"千里眼与顺风耳是我们的媒人,妈祖是我们的保护神。"妈祖"她看着这个家庭,成员的消长和分离、感情的毁灭和重生。妈祖当年从福建跨海渡洋而来,她忍受过多少次海难与台风,她听过多少次死亡对人的召唤,她一直是苦难者的救护者,她怎么会抛弃我们呢?"[9]p283、292妈祖作为家族情感与精神的支柱,无疑暗藏着另一种意蕴:中华文化的精神力量支撑着一个台湾家族数代人渡过各种各样的苦难。"妈祖"成为两岸文化共同体的象征之一,而这种象征代表着的身份认同显然在海量的文本中得到了不断地重复和强化。

在"妈祖"、"海峡"等文学焦点意象之外,闽台共有的民俗文化也是台湾当代文学书写所熟悉的内容。胡台丽的《媳妇入门》描绘了台湾与闽南十分相似的节庆习俗:端午节在门口插上榕树枝和艾草,中元节要做芋头粿、包粽子、杀鸡鸭、拜公妈、拜地基主、普度冤魂,十月半要"谢平安",冬至要拜"圆仔",正月初一要烧金纸。在闽台共同的婚葬礼俗方面,《媳妇入门》这篇小说生动地再现了台湾乡间婚俗的流程,而黄春明的《锣》和季季的《拾玉镯》都以闽台特有的葬俗文化为主题。在闽台共有的神灵信仰方面,林清玄的报告文学《燃香的日子》细述了妈祖"出巡"、"绕境"的场面,阿盛的《契父上帝爷》和黄瑞田《炉主》则描绘了闽台共奉"玄天上帝"的习俗。陈玉慧的《海神家族》在叙述三代台湾女性的情感经历与家族的爱恨情仇时,穿插着八则台湾民俗"须知",分别为"拜天公须知"、"丧礼须知"、"拜地官须知"、"拜七娘妈须知"、"安太岁须知"、"妈祖绕境或进香须知"、"婚礼须知"、"出生礼须知"。台湾民俗不仅与闽地相同,许多方面还保留着中原文化的气息,这些民俗及礼仪的描绘与重现,无疑将闽台共有的历史文化框架与经验从"回忆"的范畴导入了"文化再生产"的渠道。"我们自己的回忆脱离不了客观给定的社会历史框架,正是这种框架,才使我们的全部感知和回忆具有了某种形式;过去的许多方面,一直到今天都还在影响着我们的情感和决定;经验是可以跨代传递的,这种传递一直延续到儿孙们的神经处理过程的生物化学中区;过去未能如愿的未来希望,可能会突然和出人意外地具有行为指导作用和历史威力。生活导向、意愿和希望这三类东西的跨代传递和不同时性,各种各样没有清算的帐,构成了回忆结构的主观方面;另一方面,许多东西如建筑、景色、小酒馆儿里的情景、声响、气味和触觉印象等等,它们本身就承载着历史和回忆,人们在日常生活中跟它们打交道的实践,则构成了回忆结构的客观方面。"[10]p3-4在这些小说所呈现的民俗仪式细节在强调其闽台文化身份的同时，也导向了对闽台共有生存经验的重视。

对施叔青的《行过洛津》和林那北的《我的唐山》有阅读经验的读者不难发现，这两部历史小说从结构到细节都有许多相似的地方——这显然必须归功于闽台之间共享的历史经验所提供的历史框架。人物在“迁徙”中对文化身份的指认，是这两部小说共同的主题。《行过洛津》以福建晋江的戏子许情为主角，小说在他多次渡台的经历和诸多小人物的日常生活中散发开来，再现出清中期台湾鹿港的华丽与苍凉；《我的唐山》始于戏子陈浩年与班主丁范忠等人夤夜赶路，在陈浩年、曲普莲、秦海庭、朱墨轩、丁范忠等小人物的情感活动中勾勒出光绪元年至光绪二十一年间，以闽南百姓为主的大陆移民到台湾开基并建设、保卫台湾的热忱与悲壮。在框架结构之外，两部小说还展示出闽台之间文化的共同性以及这种共有的文化身份认同的执着。《我的唐山》中写到，生活在台湾的余二声余三声兄弟随陈浩年初到厦门时，发现这个新鲜的空间内“怎么说话跟我们台湾一模一样？”“怎么房子建得跟我们台湾一模一样？”“怎么商店里卖的东西跟我们台湾一模一样？”而面临着日据当局“皇民化”的文化殖民政策时，余二声、余三声以留在台湾重振茂兴堂的方式施行文化对抗，戏剧的文化力量在此彰显出来。而在《行过洛津》中，闽南戏剧《陈三五娘》也是一出“无法删改”的戏。洛津同知朱仕光试图将“教唆男女私奔的淫戏”《陈三五娘》改变为有助于风俗教化的“洁本”，但却受惑于戏剧中“两个男旦的笙歌妙舞”而在主角许情身上发泄自己的情欲，最终反而被戏所化。比起上两部小说中闽台戏剧所透露出的文化身份持守，施叔青“台湾三部曲”的第二部《风前尘埃》则安排了一幕身份认同色彩极为浓烈的情节。台湾阿美族遗孤笛布斯的家人被日军屠杀，他因求知欲强而接受了日本文明的教化并改名为铃木清吉，成为阿美族第一个师范毕业生和里漏日本神社的神主。然而铃木清吉担任日本神社的神主后不久就精神失常，被迫接受嘎玛雅女巫师的招魂救治。意味深长的是，招魂时日本名字“铃木清吉”被换成阿美族名字“笛布斯”后才始见功效，而彻底治愈则是在嘎玛雅女巫师一把扯掉了笛布斯身上最后的日式遮羞布之后。小说叙事显然是在表明，最后成为族人中的巫师的笛布斯，只有作为阿美族的“笛布斯”而非“铃木清吉”才能存活并为人所接纳。无论是“台湾三部曲”还是《我的唐山》对生存经验的历史叙述，都赋予文化身份认同的以相当的重量，而无论是从这些小说所展示的内容细节、结构框架还是价值指向上来看，都能清晰地看到闽台文学亲缘在当代的延续与再建构。

四、“海峡”意象：从文学叙述到文化实践

“海峡”作为“分”与“合”的矛盾象征体与表达符号，有力地概括并代表了闽台历史及闽台历史关系。它既是台湾与以福建为代表的大陆之间地理运动的产物，也是两岸血缘、文缘、法缘、商缘等“多缘一体”的象征；它既见证了台海的风云变幻与血泪

沧桑,也亲历了两岸的交流合作与共同繁荣。作为地理名词的"海峡"不仅是闽台之间重要的地貌特征,还赋予这种地貌特征和闽台两岸政治历史之间以稳定的隐喻关系,并将这种历史演变中形成的多层次的"分"与"合"融合、升华且集中到一个明确的文化意象上。纵观1949年之后的当代两岸文学,无论"海峡"意象是隐是现,始终是文学叙述最重要的意象符号之一。在再现、重述两岸共有的文化认同之时,文学叙述也介入了两岸共有文化认同的当下生产,推动着两岸文化融合的前行。

闽台文化中的"海峡"文学意象为众人所知,很大程度上要归功于余光中脍炙人口的《乡愁》一诗。它借用强劲的艺术张力表现,展示出特定时代的"乡愁"文化情结。全诗的第三句"后来啊/乡愁是一方矮矮的坟墓/我在外头/母亲在里头"将母子之间的"生离"、"死别"以及"子欲养而亲不待"的传统伦理文化悲剧推向了情感高潮,但随后诗歌结尾句"而现在/乡愁是一湾浅浅的海峡/我在这头/大陆在那头"则以"海峡"的意象强化并升华了原有的情感悲剧。"海峡"意象之于"邮票"、"船票"、"坟墓"可谓融合了"上言长相思,下言久离别",它成为经典的文学意象,在于其暗含着特定时代的文化悲剧——文化与伦理的人为撕裂。"海峡"虽浅,但却如河汉星云一般不可跨越:"河汉清且浅,相去复几许?盈盈一水间,脉脉不得语。"余光中曾在诗作《浪子回头》里感慨"掉头一去是风吹黑发/回首再来已雪满白头/一百六十里这海峡,为何/渡了近半个世纪才到家?"乡愁之长、深、广、狠已经在诗人心里留下了难以愈合的文化之伤,后来余光中在《从母亲到外遇》一文中遂将"海峡"比喻成"无情的蓝刀":"海峡虽然壮丽,却像一柄无情的蓝刀,把我的生命剖成两半,无论我写了多少怀乡的诗,也难将伤口缝合。"这种文化的创伤形成了台湾文学深厚的乡愁主题,"海峡"与"乡愁"宛如硬币的两面,无论"此显"或"彼伏",都贯穿了台海的精神文化脉络。台湾寻根文学或乡愁文学叙述中,"海峡"由意象转变为情结,在余光中、纪弦、钟鼎文、白先勇、於梨华、聂华苓、丛甦等一大批文人的笔下反复萦绕。"海峡"因此成为认同割裂与认同指认的矛盾统一体意象,施叔青的《行过洛津》、林那北的《我的唐山》、陈玉慧的《海神家族》中或隐或现的"海峡"意象莫不如此。用林那北《我的唐山》里在海峡两岸来回奔走的陈浩年的感受来说,即"海峡"两岸都是家:"'回'这个字眼对他而言已经有了双向的意义,过台湾是回,来内陆唐山也是回。"[11]p197割裂与冲破割裂的努力,构成了寓于往来之中的张力结构,也增添了"海峡"的艺术魅力。

以地理名词的属性在日常中使用的"海峡"一词,已经逐渐成为当代闽台文学交流中重要的意象与符号。伴随着闽台交流的日益拓展和深化,"海峡"在文学和其他文化领域都获得了广泛的认同和使用。早在1981年,福建就有大型文学双月刊《海峡》问世,这份当时福建省唯一的大型文学刊物是大陆最早的涉台文学期刊之一。在出版方面,"海峡文艺出版社"是大陆最早出版台港及海外华文文学作品的三家出版社之一。随着文学打开闽台交流的局面,"海峡"符号逐步扩展到两岸交流的其他领域。1983年《福建画报》开辟"海峡两岸"专栏,1988年福建省妇女联合会主办的《海峡姐妹》杂志发行,1997年10月1日《海峡都市报》创办,1999年3月9日《福建日报》社主办的《海峡导报》创刊，福建省台办于1998年6月也将《福建对台工作》更名为《海峡瞭望》。

“海峡”文化符号还在传媒机构、高校与社会科学研究机构、金融机构、会展行业等方面得到频繁地使用，成为福建以及福建与台湾关系有代表性和概括力的象征性符号。在广播电视领域中，“福建前线广播电台”于1984年元旦起改名“海峡之声广播电台”，1985年7月1日正式开播的福建电视台对台专题节目《海峡同乐》也使用了“海峡”符号。到今天为止，使用“海峡”作为栏目名称的福建电视节目已经很多，如东南卫视的《海峡新干线》、福州电视台的《海峡面对面》、厦门卫视的《海峡报道》等。2005年1月25日东南电视台国际频道正式更名为福建海峡电视台，呼号“海峡卫视”，旗下栏目多以“海峡”冠名，如“海峡零距离”、“今日海峡”、“海峡幸运超市”、“海峡幸运巴士”等。出版领域的“海峡出版发行集团”下辖“海峡文艺出版社”、“海峡书局”，教育机构和科研团体中冠名“海峡”的有福建省海峡文化研究会、海峡文学艺术发展研究中心、闽江学院海峡学院、福州海峡职业技术学院、海峡教育网、海峡科学网等，其他领域中以海峡为名的知名机构还有海峡银行、福建海峡影视城、海峡人才网等。若以文化活动的冠名来看，海峡论坛、海峡文学节、海峡诗会、海峡两岸作家论坛等都有相当的影响力。

“海峡”一词不仅仅在福建区域内得到高度认可，它在台湾也得到了文化呼应，这种共同的文化认同在两岸文化交流中鲜明地凸显出来。台湾有“海峡交流基金会”、“海峡友谊旅行社”、“海峡两岸教育交流促进协会”、“中华海峡两岸健康旅游休闲协会”等以“海峡”为名的社团机构，在教育、出版等领域与大陆合作密切。闽江学院海峡学院的“闽台高校‘分段对接’联合培养本科人才项目”是闽江学院与台湾中国文化大学、台湾实践大学合作，首家闽台高校本科层面联合培养人才试点项目；海峡书局也是由大陆和台湾出版机构共同投资的出版传媒公司。作为两岸文化交流与合作的重要渠道，闽台主要的会展交流几乎都被冠以“海峡”之名，如“海峡两岸文化产业博览交易会”、“海峡两岸经贸交易会”、“中国·海峡项目成果交易会”、“海峡两岸图书交易会”、“海峡旅游博览会”、“海峡两岸机械电子商品交易会暨厦门对台进出口商品交易会”等等。可以说，“海峡”已经成为闽台共有的重要的象征性文化地标。

由著名的文学意象进而成为区域文化重要的象征性符号，被两岸广泛认可的“海峡”文化符号具备极高的文化实践潜力。“海峡”代表着一种文化存在和文化情结，也代表着一种文化观念和文化实践，有必要对“海峡文化”的当代实践予以充分的重视。所谓“海峡文化”，是指中华文化在台湾海峡地区孕育发展的地域形态；“海峡文化区”是指这一特殊文化形态所分布的区域范围。“海峡文化”概念在当下的日趋升温暗示了其所具有的巨大能量，它把区域文化研究的“时间”和“空间”辩证地统一起来，准确地突显出台湾海峡地区的文化特征和发展走向，关注海峡两岸文化的现代性发展，关注现代经济背景下新的现代文化形态形成的当下现实。[12]p6 因此，“‘海峡文化’不是一个纯粹学术性概念，而是一个富有实践意涵和当代性意味的概念”[13]p101，其当代性包括两个互相关联的层面，“其一是指闽台区域文化史研究中所应具有的‘现实视角’、‘问题意识’和‘当代方法’；其二是‘海峡文化’研究对海峡两岸的当代文化问题给予更多也更充分的关注”[14]p350。“海峡文化”蕴含的共有认同及其实践与生产，可以从如下层面展开阐释。

其一，“海峡文化”进入文化政策实践层面之时，因其历史文化底蕴和文化认同色彩而不易招致两岸交往的意识形态警惕，易被海峡两岸各方人士接受，也利于相关文化政策的制定和施行。“海峡文化”的实践与展开，对于福建文化强省建设、闽台交流深化和祖国和平统一大业都有无可替代的重大作用。

其二，“海峡文化”概念的提出有利于两岸文化交流与研究的全方位展开和深入，有利于福建深入探讨台湾的文化政策、文化产业并吸收其经验。

其三，“海峡文化”已经为两岸文化的产业化实践所广泛采纳，其名号跨越台海两岸的传媒、教育、学术、金融、会展等诸多行业，某些产业机构已经具备“异界联盟”的形态。在“海峡文化”影响日趋扩大的情况下，应考虑其跨域传播效应的深化，在东南亚、北美等闽台华侨华人集聚的区域提升“海峡文化”的认同热度，在更宽广的领域、更丰富的层面和更远久的时间维度上推动“海峡文化圈”内的经济与文化的互动。

（作者单位：福建社会科学院文学所）

参考文献

[1]廖辉英：《五里坡归去来》，《台港文学选刊》1994 年第 4 期。

[2]侯吉谅：《奇逢巧遇寻侯垵》，《台港文学选刊》1994 年第 4 期。

[3][德]安格拉·开普勒：《个人回忆的社会形式》，[德]哈拉尔德·韦尔策：《社会记忆：历史、回忆、传承》，季斌、王立君、白锡堃译，北京大学出版社 2007 年版，第 87～88 页。

[4]叶恩忠：《携手，面对文学——记闽台作家座谈会》，《台港文学选刊》1994 年第 1 期。

[5]余光中：《八闽归人》，《台港文学选刊》2003 年第 9 期。

[6][法]雅克·勒高夫：《历史与记忆》，方仁杰、倪复生译，中国人民大学出版社 2010 年版，第 108 页。

[7]陈美霞：《从民俗描摹到国族认同——当代台湾小说中妈祖书写的变迁》，《福建论坛》（人文社会科学版）2012 年第 5 期。

[8]施叔青：《行过洛津》，三联书店 2012 年版，第 4 页。

[9]陈玉慧：《海神家族》，江苏人民出版社 2009 年版，第 283、292 页。

[10][德]哈拉尔德·韦尔策：《社会记忆》，[德]哈拉尔德·韦尔策：《社会记忆：历史、回忆、传承》，季斌、王立君、白锡堃译，北京大学出版社 2007 年版，第 3～4 页。

[11]林那北：《我的唐山》，海峡书局 2011 年版，第 197 页。

[12]刘登翰：《论海峡文化》，《福建论坛》（人文社会科学版）2007 年第 4 期。

[13]魏然：《“海峡文化”概念的历史基础与实践意涵》，《福建论坛》（人文社会科学版）2007 年第 5 期。

[14]刘小新：《“海峡文化”研究的当代性》，《华文文学与文化政治》，江苏大学出版社 2011 年版，第 350 页。

当代泉州木偶雕刻艺术考察

陈晓萍

清人蔡鸿儒在其著说《晋水常谈录》中云:“刻木为人,外披以文绣,以丝牵引,宛然如生,谓之傀儡,所云木丝也。泉人最工此技。”“刻木为偶,以偶为戏”,蔡夫子的“宛然如生”说的不仅是泉州木偶的“技”,还包含着木偶雕刻艺术。的确,从泉州现存明清时代的木偶头来看,其所呈现出的“线条优美、雍容丰腴”的艺术品格,是全国其他地区的木偶造型所望尘莫及的。及至近现代,以江加走为代表的泉州木偶雕刻艺人在继承优良传统基础上发展出形态万千、浪漫夸张的,富有闽南地方色彩的造型,可谓形神兼备。

然而,就像全国多数的民间艺术一样,传统的泉州木偶雕刻行业在当下也面临着何去何从的尴尬境地。为此,本人走访了绝大部分泉州当代木偶雕刻艺术家,在田野调查的基础上,从市场与创新两个方面对泉州现当代木偶雕刻艺术做详细解析,并试图探寻其今后的发展走向。

一、当代泉州市偶雕刻艺术市场

改革开放之后,广泛的传播、精湛的技艺使泉州木偶成为艺术展览中获奖的常客,成为国内外众多博物馆、美术馆的收藏品,成为对外文化交流的礼品。当代泉州木偶艺术可谓成就辉煌,仅泉州木偶剧团就“曾主办了三届‘中国泉州国际木偶节’,为来自一百五十多个国家的来宾表演,七十余次访问四十个国家和地区,参加过许多重要的国际艺术节,所到之处赞声不绝,热心观众遍布世界”[1]。然而,这一系列辉煌的背后,却潜藏着泉州木偶雕刻艺人许多的无奈与辛酸。与绝大多数的传统民艺一样,泉州传统木偶雕刻行业(包括提线木偶和布袋木偶两种)在当代也面临着生存的考验,处于何去何从的尴尬境地,特别是提线木偶雕刻行业:

“提线木偶主要是供傀儡戏演出用的。目前泉州木偶戏演出市场低迷,一年排不了几场新戏,所需求的提线木偶头非常有限,连续两年来,福建艺术学校木偶班均没有招到学生,随着林聪鹏等人的退休,提线木偶将面临着严峻的生存考验。”[2]

"目前泉州专业从事提线木偶雕刻的只剩下泉州木偶剧团的林聪鹏等3人,从业人员经济收入很低,即使是泉州木偶剧团知名的木偶雕刻师其月收入也只有800～1100元,所以很多人都从事第二职业,没有经济保障的职业,很难长久。"[3]

布袋木偶雕刻市场同样不容乐观,"据泉州民间工艺美术家协会负责人介绍,泉州目前从事掌上木偶头雕刻的艺人不超过20人……掌上木偶同样面临后继无人的尴尬"[2]。尽管在泉州广大乡间存在大量的布袋木偶戏班,但由于"民间木偶戏班大部分还是父子传承的方式。木偶头不容易用坏,一笼木偶可以用好几代人,爷爷用完了父亲用,父亲用完了儿子用,最多请雕刻艺人修一修,粉彩一下马上又焕然一新了。所以木偶需求量并不多"[4]。

没有市场就没有生存空间。在作为"戏具"的生存空间被挤压时,当代泉州木偶雕刻行业不得不另辟蹊径,踏入旅游商品、收藏品、案头摆设、玩具的行列,生产观赏性的木偶。由于"提线木偶'千疮百孔',脑袋上订了许多线,外观美感相对不足,所以其观赏价值大大削弱"[3]。加上近代江加走对泉州木偶雕刻业的覆盖式影响,形成了目前泉州几乎一统天下的"江派",他们专事布袋偶头的雕刻。因此观赏性的木偶仍以布袋戏头为主。

当代泉州木偶雕刻市场,由于材料、工艺、作者等因素不同,木偶价格差异很大。根据笔者实地考察,一般市场价格如下表所示:

品类	形制	材料	工艺	作者	价格(元)
玩具、旅游品	整尊布袋戏偶(含服饰)	数脂	机器	雕刻机、模塑机	50～60
旅游品、摆设	布袋戏偶头	木质	手工	一般工人学徒	60～120
旅游品、摆设	整尊布袋戏偶	木质	手工	一般工人学徒	300～500
藏品、摆设	布袋戏偶头	木质	手工	黄清辉	400～500
藏品、摆设	整尊布袋戏偶	木质	手工	黄清辉	600～900
名家藏品	布袋戏偶头	木质	手工	江派作品	500～2000
名家藏品	嘉礼头	木质	手工	黄奕缺	500～2000
名家珍品	布袋戏偶(多头活动头)	木质	手工	江派、林聪权	2000～25000

备注:江派,主要指黄义罗、王景然、江碧峰等人;黄清辉是当代小有名气的青年木偶雕刻师。

资料来源:根据笔者对"锦绣庄"、"忆古坊"等木偶馆的价格调查,以及对泉州一些当代著名木偶雕刻家的访谈信息综合整理。

雕刻机、模塑机的出现,对传统木偶雕刻行业冲击很大。泉州较大的木偶作坊往往选择江加走等大师的作品,以之为模型生产木偶,其产品造型精美,价格低廉,尽管其艺术价值受到专家们的质疑,却受到普通消费者的欢迎,价格相对偏高的手工制品因此显得乏有竞争力。

低于300元的戏偶,对于一般消费者还是可以接受的,但名家藏品,恐怕就乏人问津了。从图表可以看出，名家作品，包括“江派”和当代黄奕缺、林聪权等人作品的价格，已一路攀升至万元。“当今木偶市场价格虽然看涨，但实际销量一般，主要是收藏面很窄，大多是台湾人过来买，1个偶头1000元的价格在大陆还很难有市场。”[5]

早在清朝后期，泉州木偶开始销往台湾，台湾人谓泉州木偶头为“唐山头”、“鸿文头”——意思是正宗的，技艺精湛的木偶头。从1987年两岸恢复交流以来，台湾人不间断来泉州购买木偶戏具，当代台湾一跃成为泉州最大的木偶收藏市场。据统计，目前泉州持续生产“江派”风味的木偶雕刻作坊及工场有10余个，1987—2005年18年来的产量如下表所示：

作坊名	月产量	总产量	备　　注
江碧峰	约10—15个	约2000个	1987年算起，含江朝铉所做数百个
黄义罗	约20—30个	约4500个	1987年算起
王景然	约10—15个	约1200个	1992年算起
黄清辉	约70—200个	约9000个	1999年创业算起含粗品偶头，精品每月约100个
黄国顺	约40—50个	约2000个	2000年创业算起
刘墩林	约30—40个	约400个	2004年创业算起
傅明筑	约70—200个	约16000个	1993年算起，含粗品偶头
苏碰辉	约100—200个	约20000个	1993年算起，含粗品偶头，精品每月约100个
候聪海	约70—200个	约10000个	1993年算起，含粗品偶头
锦绣庄		约20000个	1993年算起，含泉州粗品偶头
合计		约85100个	

总产量85100个只是保守的估计，实际上产量应该达到10万个以上。而“泉州生产的偶头95%以上是销往台湾”[5]。这一方面由于台湾人的购买力较强，有经济实力收购价格高昂的名家作品；另一方面在于台湾对传统民俗文化的保护意识增强，比如台湾许多学校开设专门的木偶课程，传授木偶知识，培养下一代的兴趣；当然，商业意识也是一个不容置疑的因素，许多台湾人到泉州购买木偶并非为了纯粹的收藏，而是将其倒卖，谋取利润。

从整体看，尽管有台湾市场，泉州木偶雕刻市场依旧不尽如人意，且多以粗品为主，乏有艺术性，产量高但产值却不高。此外，木偶雕刻家对自己艺术的定位也并不是很高，对木偶市场缺乏信心。

二、当代泉州市偶雕刻艺术创新

尽管市场不容乐观,仍然有一些木偶雕刻艺人专注于木偶头创作。他们对木偶雕刻艺术的创新主要体现在以下两个方面:

(一)作为戏具的木偶角色创新

伴随着新中国的诞生,木偶新剧目不断涌现,剧情结构的多样化要求大量跨越传统行当造型的出现。从全市范围看几乎只有泉州木偶剧团一家还在排演提线木偶新剧目,因此提线木偶的角色创新主要集中在泉州木偶剧团。据笔者统计,从 1952 年建团到现在五十多年时间,泉州木偶剧团共排练了五十余台新剧目,先后为这些剧目创作新角色的木偶雕刻师主要有江加走、江朝铉、林聪权、黄奕缺、黄连金等人。这些剧目,即使扣除了五台以传统造型为主的历史剧,"文革"期间十余台"样板化"造型的"样板戏"等剧目,仍然有不少造型创新。特别是神话剧、童话剧的涌现,提线木偶出现了不少神话人物和许多拟人化的动物造型。

这些专用提线木偶完全服从表演需要,比较侧重舞台的实用性和表现的技巧性,制造出奇制胜的剧场效果,在神话剧中尤其出彩。布袋偶的创作追求与之相似。

作为戏具的泉州木偶造型创新主要体现在:

1. 设置各种机关。现代木偶头最大的创新就在于创造了各式各样的特技效果,这在神话剧《火焰山》(1979 年)中得到淋漓尽致的体现。时任泉州木偶剧团美工师的林聪权所设计的孙悟空"……用线一拉,可以探出半根金箍棒,再一提,金箍棒又缩回去,而同时在手上安机关,用线一提,手掌内又出现金箍棒,这样使观众造成一种错觉,孙悟空从耳朵中掏出金箍棒拿在手上了。还有白骨精,本来是武旦脸,我设计了一个机关后,用线一拉,一瞬间武旦变成了骷髅头,这种特技一多,观众就觉得非常神奇,兴趣浓厚多了"[5]。

2. 造型摆脱程式化,趋向卡通化。专用戏头的出现,一个偶头(甚至几个偶头)只表演一个角色,雕刻师不必考虑偶头的普适性,而要求每个木偶个性要鲜明,造型要拉开距离,因此造型更趋向于夸张、卡通化。这一点鲜明地体现在由林聪权设计的《钦差大臣》(2003 年)一剧中。剧中包括贾四——"公子丑"、朱五——"破衫丑"、钱三——"官袍丑"、师爷——"小服丑"、店婆——"家婆丑",以及"家丁丑"、"衙役丑"等嘉礼丑,可谓群丑的汇集。这么多的丑角,如果都按照传统丑角形象雕刻、粉彩,在"丑丑碰面"的场面中会令观众产生"满场皆兄弟"的错觉,因而偶头的重新设计便显得十分的重要。剧中人物的性格刻画注重与身份的协调,如钱三是个贪官,因而刻画时着力于他满脑肥肠的蠢态:肥胖而至于"堕腮",扁平的鼻子,倒挂眉,撅起的嘴巴和上扬的八字须,显示了他常常吹胡子瞪眼睛,善于装腔作势。鼻梁特地绘上"钱串纹”,加上戴着“铜钱”翅的官帽,与名字“钱三”相呼应,把一个“贪财贪到面子上的”的七品芝麻官刻画得纤毫毕现;落魄的富豪子弟贾四本是笑生角色,但由于在剧中扮演假钦差,“贾”喻“假”,所以形象刻画为板着面孔,瘦长脸,瞪眼颦眉,两撇八字胡上翘,显得既凶恶又心虚;他的仆人朱五,作为狗腿子,常常狐假虎威,因而长相比较凶恶,方脸虬须、八字眉,但又得时时献媚于主人,所以本应是暴目圆睁却是满脸堆笑,眼睛眯成一线。此外,还有师爷、衙役等等丑角。剧中形象神态各异、生动传神。林聪权摈弃了泉州传统木偶以线造型的手法,以大块面塑形,刀法爽利,造成一种粗笔写意、卡通化的视觉效果。

(二)作为纯观赏性的木偶造型创新

观赏性的木偶,不必受到舞台因素的制约,因此,与传统的、作为戏具的木偶比较呈现出不同的造型特点;

1. 工艺的精美性。观赏性的偶头一般放置于案头作为摆设,或者用于把玩,适应近距离观赏,要求形象美观、耐看,粉彩细腻,色彩漂亮,工艺精致,追求装饰性。“舞台上的布袋戏头必须夸张,要适当夸大五官,观众才能看得见。作为观赏性的布袋戏头,眼、鼻、嘴都画得很细,很小,整体很细致。”[6]

适应这种变化,在工艺方面也相应进行了改革,以前上色都是用刷子往木偶身上刷颜料,现在改以喷漆,以前木偶镂空只能用手工凿,现在则改用电钻。木偶雕刻机顺应这股潮流而出现,机械产品工艺精当、水平整齐划一,但也因此造成了当代泉州木偶造型千人一面,乏有创意的局面。

2. 活动机关的设置。舞台上偶头的机关设置是为了制造出奇制胜的剧场效果,生活同样拒绝平庸。观赏性偶头机关设置不追求炫目的特技效果,主要体现在多头多活臂的活动造型。从江加走开始设计活动头,江朝铉雕刻了“三头六臂”的吕岳,黄义罗则设计出四头八臂的鬼头,王景然则雕刻出五个头能同时活动的吕岳头,而当代“最多发展到十六个头,而且是活目活舌的”[7]。

3. 面谱类型多样化。当代泉州木偶雕刻艺人创新数量最多的是神魔鬼怪类造型。《韩非子·外储篇》提到:“鬼魅,无形者,不罄于前,故易之也。”鬼怪造型神奇而浪漫,富有想象空间,成为艺人们乐于表现的题材;少数民族、异国形象的偶头也开始出现,以前少数民族偶头造型被程式化地归入各个行当,当代则有了写实化的描写。异国偶头造型则满足了人们求新求异的心理,是应对市场多方面的需求而出现的。

结　语

从理论上讲,作为纯观赏性的木偶摆脱了舞台对它的限制,应该追求比较纯粹的审美价值。但是,与作为戏具的木偶不一样的是,纯观赏性木偶的身份主体已经变成了商品——一种用于买卖的物品,所以当代泉州木偶雕刻艺术的创新无法沿着纯粹审美的道路勇往直前,而不得不瞻前顾后,为市场需求所牵引,受到大众顾客品位的制约。吕聪文认为:“目前泉州生产的偶头95%以上是销往台湾,所以前仆后继的台湾人主导着今日泉州雕刻师的作品风格,台湾在地的布袋戏文化、个人理念与市场机制成为大陆布袋戏制作产业必须理解和遵循的法则,因此台湾设计、大陆生产的分工形态就此产生。”[8]p117 这种说法尽管有待商榷,然而在笔者对泉州一些著名木偶雕刻师的访谈中也确实感受到这种变化。

木偶既然已经走下宗教祭坛,走出传统的舞台,踏入了寻常老百姓的家庭,创新已是势在必行。如果创新仅仅只是围绕着市场需求而缺乏更高追求的话,那么这种创新就有可能是艺术的弱化。当代泉州木偶雕刻艺术创新,似乎还在期待如近现代江加走这样既是传统的集大成者,更是解体传统的转折性人物。

(作者单位:泉州师范学院)

参考文献

[1]中国泉州木偶剧团编:《人类口头和非物质文化遗产的瑰宝——中国泉州提线木偶》。
[2]《泉州木偶头啥时再走红》,《海峡都市报》2004年7月2日。
[3]2004年12月2日,根据王景贤访谈内容整理。
[4]2005年1月7日,根据魏子心访谈内容整理。
[5]2006年2月9日下午,根据林聪权访谈内容整理。
[6]2006年2月3日下午,根据黄奕缺访谈内容整理。
[7]2006年2月3日,根据黄奕缺、黄义罗访谈内容整理,黄义罗语。
[8]吕聪文:《布袋戏偶〈花园头〉之研究》,未刊本,2005年,黄清辉提供。

论《荔镜记》与李贽的联系

陈雅谦

明嘉靖丙寅本《荔镜记》(1566)为古代闽南梨园戏最重要的成果,也是古代闽南思想文化的重要载体之一;而李贽(1527—1602)则是古代闽南最重要的思想家。两者之间的联系问题,学界多有探讨。本人不揣愚陋,也就此谈一些看法。

我的基本观点是,事物之间的联系是我们对事物进行合理判断的重要依据。联系可以分为外部联系和内在联系两种。探讨《荔镜记》与李贽之间的联系,不仅应该注意将上述两种联系同时兼顾起来,更应该注意其内在联系,即"精神联系",因为正是这种"精神联系"才透露出了《荔镜记》与李贽之间的本质上的一致性,才可证明"《荔镜记》的底本之一泉州演出本《荔枝记》的作者是李贽"的合理性。

一、《荔镜记》与李贽的外部联系

1. 学界关于《荔镜记》的作者是李贽的说法

说《荔镜记》的作者是李贽,学界的根据基本上可用林海权和郑国权两先生著述中的说法加以涵盖。林海权先生在《李贽年谱考略》中的说法是:"《荔枝传》或称《荔枝镜》[《荔镜记》]:以男女婚姻自由为题材的戏本,据传是李贽回泉时所作。李禧《梦梅花馆诗钞》载:'[卓吾]归,燃巨烛撰稿,堂上书吏二,堂下工匠十,每脱一稿,即誊清发刻、印刷,书成天未晓。'清末泉人龚显鸿[鹤]诗:'沿村荔镜流传遍,谁识泉南李卓吾。'《红兰馆诗钞》作者苏大山诗:'奇文一卷卓吾血,别写闲情寄岭南。顾曲何人能细说,沿江负鼓说陈三。'确否不详,姑附于此。"[1]p42 该书还说:"泉人李禧、龚显鸿、苏大山均说《荔镜记》是李贽于嘉靖间归家时所撰,恐不可信。"[1]p497 郑国权先生还提到一个"长期的'民间传说'":"李贽正苦于笔下的五娘被林大迫娶无计可施之时,他的女儿为他想出一个好点子——'私奔',竟然被他一脚踢死。"[2]p15

那么,如何看待学术界关于李贽作《荔镜记》的说法?我的看法是:第一,李禧《梦梅花馆诗钞》的说法,属于文人的或民间的想象性的附会,可信度不大。第二,郑国权先生所提到的"长期的'民间传说'",不合于李贽的自由思想性格,也不近情理,带有为李贽"栽赃"的嫌疑,也不可信。第三,林海权先生《李贽年谱考略》中提及的龚显鹤是清末民国泉州人,苏大山(1869—1957)是近现代泉州人,李禧(1883—1964)是现代厦门人,距李贽的时代有300多年。他们关于李贽作《荔镜记》的说法究竟依据于什么,无法查证。

但是,不能否认,在确定《荔镜记》的作者究竟是谁的问题上,它们仍不失为佐证之一。道理在于,"无风不起浪"。它可能是几百年来民间传说的一种反映,而民间传说向来是有虚有实的。

有一个问题已经被郑国权先生所注意,也应该引起我们的注意,即:我们现在所见到的明嘉靖丙寅本《荔镜记》的确并不是李贽所作。

根据是什么呢?在《荔镜记》最后一页,有这样几行"类似'跋'或'告白'的文字":"重刊荔镜记戏文,计有一百五叶。因前本荔枝记字多差讹,曲文减少。今将潮泉二部,增入颜臣勾栏诗词北曲,校正重刊,以便骚人墨客闲中一览,名曰荔镜记。买者须认本堂余氏新安云耳。嘉靖丙寅年"[3]p122。这就是说,《荔镜记》的底本是"潮泉二部"《荔枝记》,《荔镜记》是建阳新安堂刊印过程中对"潮泉二部"《荔枝记》"校正重刊"的结果。

这的确是非常有力的证据。《荔镜记》的底本有"潮泉二部",即使当年新安堂余氏"校正重刊"时有主有次,但从逻辑上讲,《荔镜记》的作者便的确不是李贽。

不过,却仍然不能据此而否定李贽与《荔镜记》之间的联系。为什么呢?逻辑上的道理是简单的:《荔镜记》是对"潮泉二部"《荔枝记》"校正重刊"的结果,潮州本《荔枝记》的作者另有其人,泉州本《荔枝记》的作者不就有可能是李贽吗?说《荔镜记》的作者是李贽于史不合,于逻辑不合,而说《荔镜记》底本之一泉州演出本《荔枝记》的作者是李贽,却可能是于史相合的。

2.说《荔枝记》的作者是李贽的根据

但是,在没有作者署名,同时又没有同时代人佐证的情况下,今天我们说"《荔镜记》的底本之一泉州演出本《荔枝记》的作者是李贽",又有什么根据呢?我的根据如下:

第一,《荔镜记》在思想内涵方面远远超出现在普遍流行的梨园戏《陈三五娘》,它不是我国文学史上非常普遍的表达"男女私情"一类主题的一般性的作品,而是高出于元王实甫的《西厢记》、明汤显祖的《牡丹亭》等经典作品的一部杰作。《荔镜记》文本中所反映出的进步的叛逆的思想,绝非一般人能够具有的,只能是李贽一类的人才能具有。《荔镜记》出现的年代,即明代嘉靖年间,泉州以及潮州,除了李贽之外,没有哪个文人表现出李贽那样的气质性格,表达出李贽那样的深刻的、进步的思想。从某种意义上说,说李贽是明嘉靖丙寅本《荔镜记》的作者并非空穴来风,就现在所能读到的明代泉州人的著述来说,似乎只有李贽才有这个"资格"。这一点,在没有李贽自己的文字材料和李贽同时代人的文字材料证明的情况下，我认为，对于确认“《荔镜记》的底本之一泉州演出本《荔枝记》的作者是李贽”一说是最重要的。在文学写作过程中，材料、语言等方面的借鉴是容易的，但进步的叛逆的思想的形成和表达却不是随便一个人就能做到的。在明嘉靖年间，似乎没有哪个泉潮之人能够形成《荔镜记》中那种进步的叛逆的思想，也没有哪个泉潮之人敢于公开表达《荔镜记》中那种进步的叛逆的思想。

第二，学界并不否认，李贽曾于嘉靖丙寅四十年(1560)回泉州奔丧，守制在家三年，联系林海权《李贽年谱考略》的说法，他的确有时间写作。

第三，学界已有人认定，李贽深通曲学，比如林海权先生所著《李贽年谱考略》中就说：“明崇祯年间，江苏吴江著名度曲家沈宠绥著《度曲须知》，尊崇李贽为‘词学先贤’，名列于有周德清、关汉卿、汤显祖、徐渭等人名字的‘词学先贤姓氏’之中。(见沈宠绥《度曲须知》卷首)足见李贽在‘词学’(即曲学)中的地位。”[2]p13－14这一点，便极可能使得李贽“技痒难耐”，如关汉卿、徐渭等人一样而创作戏曲。

第四，李贽曾批评过《拜月亭》、《西厢记》、《琵琶记》等多部戏文，对其作用与成就予以肯定，发表了很多中肯的见解。他说：“孰谓传奇不可以兴，不可以观，不可以群，不可以怨乎？饮食宴乐之间，起义动慨多矣。今之乐犹古之乐，幸无差别视之其可！”[5]p541他还说：“《拜月》、《西厢》，化工也；《琵琶》，画工也。夫所谓画工者，以其能夺天地之化工，而其孰知天地之无工乎？今夫天之所生，地之所长，百卉俱在，人见而爱之矣，至觅其工，了不可得，岂其智固不能得之欤！要知造化无工，虽有神圣，亦不能识知化工之所在，而其谁能得之？由此观之，画工虽巧，已落二义矣。文章之事，寸心千古，可悲也夫！”[5]p269“杂剧院本，游戏之上乘也，《西厢》、《拜月》，何工之有！盖工莫工于《琵琶》矣。彼高生者，固已殚其力之所能工，而极吾才于既竭。惟作者穷巧极工，不遗余力，是故语尽而意亦尽，词竭而味索然亦随以竭。吾尝揽《琵琶》而弹之矣：一弹而叹，再弹而怨，三弹而向之怨叹无复存者。此其故何耶？岂其似真非真，所以入人之心者不深耶！盖虽工巧之极，其气力限量只可达于皮肤骨血之间，则其感人仅仅如是，何足怪哉！《西厢》、《拜月》，乃不如是。意者宇宙之内，本自有如此可喜之人，如化工之于物，其工巧自不可思议尔。”[5]p270－271甚至他还称《西厢记》为“古今至文”。[5]对戏曲有如此高见，在我国戏曲理论史上并不多见。凭着对《西厢记》等戏曲所达到的“化工”境界的评赞，模仿《西厢记》等而尝试写作戏曲，不能说没有可能。何况，《荔镜记》的写作也明显地反映出《西厢记》的影响，《西厢记》的精神以及艺术都在其中有充分表现。

将上述几方面因素综合起来思考与判断，我认为，“《荔镜记》的底本之一泉州演出本《荔枝记》的作者是李贽”的说法，可能于史相合。

二、《荔镜记》与李贽的内在“精神联系”

但问题的探讨并不能到此为止。上述探讨涉及的多属于外部联系，还有更为重要的一层需要格外关注，即：说“《荔镜记》的底本之一泉州演出本《荔枝记》的作者是李贽”，更因为两者之间存在着一种内在的“精神联系”。这种“精神联系”就是前文已经表述过的进步的叛逆的思想以及“反世俗”的倾向。我着眼于《荔镜记》文本以及李贽的生平与著述，试从三个方面对此加以说明。

（一）社会观方面的进步的“平等”思想

《荔镜记》的思想倾向是通过剧情特别是女主人公黄碧琚（黄五娘）的性格塑造而反映出来的。与《荔镜记》之前我国文学传统中的女性主人公，在追求个人的美满爱情、婚姻的过程中，往往多有实际的行动，少有之所以如此行动的“道理”的表白。与其截然有别，黄五娘似乎一开始就理直气壮，从爱情、婚姻的美满角度出发，“振振有词”（不含贬义），大胆地发表了即使在今天看来仍然具有重要意义的一些见解。比如在择偶方面即是如此。

作为待嫁闺中的一个女性，黄五娘不但在行为上非常大胆，在择偶方面，她也有自己的主见：“莫论高低”，而论人品才貌。林大不合标准，她就敢于拒婚，甚至要剃发，要跳井。即使面对父母，也不例外。《荔镜记》第十四出“责媒退婚”中有这样一个场面，表演的是母女之间的尖锐冲突：

> 【红衲袄】［旦上］卜梳妆又无意，卜带花粉畏八死，因着媒人搬挑说三四。［丑］乜向八死，有话只外来说。［旦］无状林大，枉你费心机。［丑］（饰黄五娘之母——引者注）贼婢仔，你不见古人说：男大当婚，女大当嫁。［旦］（饰黄五娘——引者注）妈妈宽心性，亲情觅一边，是仔命怯通说乜？［丑］林厝伊人门户共恁相当，有乜不好处，贼婢仔命怯，伊人赤的是金，白的是银，大堝白，小堝赤，那畏了无福气（至）。［旦］女嫁男婚，莫论高低。妈妈都不见小学上说？［丑］小学上做俩说？［旦］婿苟贤矣，今虽贫贱，安知异日不富贵乎？苟为不肖，今虽富贵，安知异日不贫贱乎？况兼（嫌）流薄之子，俩通力仔嫁乞伊，枉害除仔身。[3]p31

“女嫁男婚，莫论高低”，这是黄五娘在择偶方面的“平等观”的反映，也应该看成她的社会观的反映。根据上述引文可知，在择偶方面，不分什么贫富，不分什么贵贱，一视同仁。“高低”不仅是贫富之别，也包含贵贱之分。择偶的先决条件是女婿是否“贤”，而不是别的。“莫论高低”，因为“婿苟贤矣，今虽贫贱，安知异日不富贵乎？苟为不肖，今虽富贵，安知异日不贫贱乎？”黄五娘的这套道理，用今天的话说就是“发展观”，看人要看本质，要看发展，不能静止地只看到眼前的利益。无疑，上述两方面——"平等观"和"发展观",都是先进的。

我们注意到,在李贽的思想体系中,就包含着与《荔镜记》相同的平等观。李贽不仅一再宣扬"平等"思想,而且还公开反对"妇人见短"的偏见。

总体上看,李贽是"真人→勇士→异端"三合一式的人物,换言之,他是一个"由真人而勇士而异端的人"。出于这种独特性格,在《解老》中,李贽无畏地将批判锋芒指向了封建等级制,提出:"侯王不知致一之道与庶人同等,故不免以贵自高。高者必蹶,下其基也;贵者必蹶,贱其本也。何也?致一之理,庶人非下,侯王非高,在庶人可言贵,在侯王可言贱,特未知之耳。……人见其有贵有贱,有高有下,而不知其致之一也,曷尝有所谓高下贵贱者哉?彼贵而不能贱,贱而不能贵,据吾所见,而不能致之一也,则亦碌碌落落,如玉如石而已矣。"[11]p40 在《明灯道古录》中,他也提出:"尧舜与途人一,圣人与凡人一"[11]p40。李贽此类的言论很多,说明"平等"已成了他的主要思想观念。

在平等思想基础上,李贽还形成了这样的思想,即妇女之见并不比男人为低。在《初潭集》卷二,李贽历数了历史上二十五位才识过人的女性,以此证明女人并不比男人差,甚至还超过男人。他感慨:"此二十五位夫人,才智过人,识见绝甚,中间信有可为干城腹心之托者,其政事何如也。若赵娥以一孤弱无援女儿,报父之仇,影响不见,尤为超卓。李温陵长者叹曰:是真男子,是真男子!已而又叹曰:男子不如也!"[8]p26 在《答以女人学道为短见书》一文中,李贽也认为:"不可止以妇人之见为见短也。故谓人有男女则可,谓见有男女岂可乎?谓见有长短则可,谓男子之见尽长,女子之见尽短,又岂可乎?设使女人其身而男子其见,乐闻正论而知俗语之不足听,乐学出世而知浮世之不足恋,则恐当世男子视之,皆当羞愧流汗,不敢出声矣。"[5]p165 这些观点,具有明显的反传统的一面,即使在今天,实践起来都是艰难的,何况在距今四百多年的明代,无疑是十分大胆、难能可贵的。

联系《荔镜记》看,黄五娘提出"女嫁男婚,莫论高低"的平等择偶观,与李贽的平等思想,在本质上应该说都是一致的。或许可以这样解释,李贽的平等思想,正是黄五娘平等择偶观的基础。

(二)婚姻观方面的叛逆的自主婚姻思想

在婚姻观方面,黄五娘表现得更具叛逆性,公开喊出了"婚姻由己"的时代最强音,可谓"前无古人"。《荔镜记》第十四出"责媒退婚"中,还有这样一段对白:

[旦](饰黄五娘——引者注)你做只亲情罪过(告)平天。[丑](饰李媒婆——引者注)伊人富贵谁人值伊。[旦]富贵由天。[丑]富贵由天,姻缘由天。[旦]姻缘由己。[3]p27

黄五娘大胆地喊出"姻缘由己"的口号,公开地要求婚姻自主,以对抗传统的"姻缘由天"。无疑这是个性解放意识的较早反映,是对旧封建家庭制度的公然挑战。此前的文学传统中,根本没有这样的声音。说黄五娘不属于16世纪,而属于20世纪及其后，似乎也不为过。

须知，几千年我国封建社会的根基是严格的等级制度，这种严格的等级制度要求“父为子纲”，要求未婚女子“在家从其父”，要求子女在婚姻上遵从“父母之命”并有“媒妁之言”。在这种制度面前，儿女只是以父亲为中心的家庭缔结牢固的政治关系和经济关系的工具，不但毫无“由己”的行为权力，甚至没有丝毫的“由己”的话语权力。而现在，黄五娘却高喊“姻缘由己”，“我可要自己找婆家”，岂不是要颠覆传统，岂不是大逆不道！

作为深居闺阁的一个小姐，在当时的历史社会环境中，冲破纲常礼俗的牢笼，不仅在行为上，更在思想言论（婚姻观）上，表现出了即使在今天都有些令人吃惊的叛逆性（甚至可称为“革命性”），如前所述，在此前的文学史上绝无第二人。主要基于这一点，使得黄五娘在我国古代文学史众多的女性形象中，拔了头筹，“鹤立鸡群”。同样也是基于这一点，使得《荔镜记》高出于《西厢记》、《娇红记》、《牡丹亭》等表达“私情”主题的古代戏曲。

我们注意到，在婚姻观方面，李贽也与《荔镜记》十分相合。他在推崇“为己”、“自适”的思想基础上，充分肯定了自主择婚。

李贽延续庄子的思想[12]，真人说真话，主张：“士贵为己，务自适。如不自适而适人之适，虽伯夷、叔齐同为淫僻；不知为己，惟务为人，虽尧、舜同为尘垢秕糠。”[5]p694人有私，从“私”这个“自然之性”出发，每个人不但要满足自己的衣食住行，还要满足自己的精神需要。这就是“为己”，就是“自适”。用今天的话来说，“为己”，“自适”，这是每个人的权利。男人有这个权利，女人也有这个权利。（从李贽的相关言论来说，李贽决不认为“为己”、“自适”就排斥“为人”、“利他”，至少“为己”、“自适”不意味着伤害他人。否则，李廷机不会称他为“真君子”。）既然人人都有“为己”、“自适”的权利，那么，每个人都可以按照自己的意愿，从满足自己的真性情出发，对世事做出完全属于自己的选择。

或许出于这样的道理，李贽充分肯定青年男女的自主择婚，甚至予以高度赞美。比如，他在称《西厢记》为“古今至文”，达到了“化工”境界的批评中，就透露出对其主人公“私合”行为的肯定。在《红拂》一文中，他不但说红拂“智眼无双”，“可师可法，可敬可羡”[5]p540－541，甚至肯定“私奔”行为，说红拂私奔李靖，是“千古来第一个嫁法”[11]p84。在《司马相如》中，他也称许卓文君的私奔为善择佳偶，说：“然则相如，卓氏之梁鸿也。使当其时，卓氏如孟光，必请于王孙，吾知王孙必不听也。嗟夫！斗筲小人，何足计事，徒失佳偶，空负良缘，不如早自抉择，忍小耻而就大计。《易》不云乎，‘同声相应，同气相求’，同明相照，同类相招，‘云从龙，风从虎’，归凤求凰，安可诬也。”[7]p2104针对“失身”之说，他异常严肃地说：“正获身，非失身！”[7]p2099（自主择婚，即为“获身”；并非自主择婚，方为“失身”。）

这类破天荒的、相当大胆的见解，在李贽所生活的那个程朱理学严重禁锢人们头脑的历史年代，无疑是具有叛逆性的。当时的官方以及一些封建卫道士说他“离经叛道”,即使从今天看来,也并没有冤屈他。虽然按照李贽的本意,属于真人说真话,并非违逆圣教,反倒“于圣教有益无损”[10],但其实却实在是对千百年来按照儒家思想所已经形成的封建意识形态及其秩序具有不容置疑的破坏性。

试想,以上述思想为基础,在进行戏曲创作时,针对千百年来传统的“姻缘由天”,通过主人公之口喊出尖锐对立的声音——“姻缘由己”,不是太自然了么!不仅如此,说来真是相合,李贽所赞美的《西厢记》,其女主人公身为大家闺秀,却遵从自己的真性情,“一枝红杏出墙来”,《荔镜记》中的黄五娘不也是如此么!李贽所赞美的红拂女和卓文君,“智眼无双”,善择佳偶,然后就毅然决然地、无所顾忌地私奔他乡,《荔镜记》中的黄五娘不也是如此么!

怎么能在思想性格方面如此巧合?换言之,怎么能在阐释的对象和创作的对象之间存在着如此密切的“精神联系”?这里面,难道就没有评论者和创作者合二而一的可能吗?我认为有这种可能。

换言之,李贽所批评的戏曲人物,正符合他的真性情,符合他的女性婚姻理想。那么,在此基础上,诉诸笔墨,创作出符合自己的真性情、自己的女性婚姻理想的黄五娘,也就极有可能。

再进一步,即使是李贽性格中的“真”和“勇”,李贽性格中的“叛逆性”,与《荔镜记》中的黄五娘不也是很相像么!几方面综合起来考虑,不仅黄五娘与李贽肯定过的几位女性文学人物如崔莺莺、红拂女、卓文君表现出密切的“精神联系”,而且与李贽,不是也同样表现出某种程度的“精神联系”么!

(三)个人言行方面的“反世俗”倾向

在《荔镜记》中,黄五娘不但行动上“登楼抛荔”私下定情,继而“再约佳期”“鸾凤和同”,不但林大逼婚之时断然“放觅爹妈共君走”[3]p87,与所爱的人私奔外乡,而且还公开申明自己的“主张”,公开表达自己的“思想”,公开宣布自己的与传统伦理截然不同的要求。以言以行,“双管齐下”,大胆无畏地冲击着封建礼教的堤防,其叛逆性一目了然。这一点——我说的是她既有思想又有行动,还使我想到了另外一层:如果着眼于《荔镜记》产生的大致年代,结合它的地域性,那么,它还具有比较独特的反世俗的一面。

这方面的内容,我曾在《〈荔镜记〉的思想内涵及“陈三五娘”故事的演变》(载《泉州师范学院学报》2011 年第 1 期)一文中做过一些论述,此处不再展开。就《荔镜记》产生的时间看,明嘉靖年间(1522－1566),无论戏文所涉及的泉州还是潮州(汕头当时属于潮州区域),由于公开的、暗地里的海外贸易的发达,经济均比较发达。而社会经济的发达,对于人的心理是有某种重要影响的。按照一般的社会心理规律,越是经济发达的地区,越是想使经济更为发达。渴望发财,爱财,因此就成了某些经济发达地区的一般社会心理,而且往往是更为强烈的一般社会心理。宋代曾出任福建路转运使,知泉州、福州、开封和杭州府事的蔡襄,对闽人有过这样的评价:“凡人情莫不欲富，至于农人、百工商贾之家，莫不昼夜营度，以求其利”[9]。我觉得这无疑是既切合泉州人当时的实际，也切合潮州人当时的实际的。

《荔镜记》就产生于这样的社会文化、社会心理背景之下。黄五娘的行为，明显地与当时的世俗社会形成某种或显或隐的衬托关系。在戏曲中我们可以清楚地看到，黄五娘之父之母，都是看重权势门第，看重金钱的。黄五娘之父“贪人富，收人聘礼”，就硬逼着五娘嫁给林玳；而黄五娘之母的台词，简直口口声声是“门第”，是“金钱”：“伊人富贵谁人值伊。”“林厝伊人门户共恁相当，有乜不好处，贼婢仔命怯，伊人赤的是金，白的是银，大堈白，小堈赤，那畏了无福气（至）。”[3]p31－32

黄五娘之父之母绝不是个别的，我认为，可以把他们看成是当时社会思想意识的载体，他们的所言所行正是世俗意识的反映。世俗社会一般是重金钱、重门第的，可是黄五娘却偏偏重人品、重人才，而决不攀附财势，甚至公开喊出了“婚姻由己”的口号，义无反顾地为“婚姻由己”而抗争。假如我们承认的确存在着我所说的上述那样一种普遍的社会心理的话，那么，在潜性的衬托之下，黄五娘人格中的难能可贵的“不俗”或曰“反世俗”的一面，不是表现得明明白白么！

我们同样注意到，在“反世俗”的一面，李贽也与《荔镜记》完全相合。联系我在前面对李贽的“真人→勇士→异端”的总体评价，应该说，李贽的一生，即是与世俗社会格格不入甚至“反世俗”的“真人→勇士→异端”的一生。“真人→勇士→异端”，决定了李贽的必然的“反世俗”倾向。

首先，李贽是一个“真人”。与李贽同时代的晋江人李廷机称李贽为“真君子”，姚安人陶珽称他的老师为“真人”。那么，什么是“真君子”、“真人”呢？按照李贽的说法，简言之，就是始终保有“童心”的人。在《童心说》中，李贽说：“夫童心者，真心也。若以童心为不可，是以真心为不可也。夫童心者，绝假纯真，最初一念之本心也。若失却童心，便失却真心；失却真心，便失却真人。人而非真，全不复有初矣。”[5]p273－274生活在“天崩地裂”的晚明时代，满世界都被假道学家们弄得“无所不假”，“真人”却是李贽做人的根本，却要“绝假纯真”，“清节凛凛”[10]p15。结果，他的言论和行为，在当时的社会中就必然会到处“相触”或碰壁，屡受打击和迫害甚至诬陷，遭遇龙潭被逐、通州被捕下狱等屈辱。但他仍是矢志不移，至死而不改变其节。

其次，李贽是一个“勇士”。（“勇士”之“士”，我们取“士子”之义。）说李贽是一个勇士，是说他是一个大胆无畏的士子，他的许多思想观念都超越了传统思想，表现出某种“离经叛道”的特征。说李贽是一个勇士，是说他是一个倔强不屈的真男子，是说他的许多行为都带有某种悲剧英雄的色彩。“千古艰难唯一死！”在遭到社会保守势力迫害，官府要治罪于他的时候，狂狷孤傲的他却说：“宁受枉而死以奉治命，决不敢侥幸苟免以逆治命……平生所贵者无事，而所不避者多事。贵无事，故辞官辞家，避地避世，孤孤独独，穷卧山谷也。不避多事，故宁义而饿，不肯苟饱；宁屈而死，不肯幸生。此其志颇与人殊。”[6]p48－49在《与耿克念》中，他仍然明确表示：“我若告饶，即不成李卓老矣。……我可杀不可去，我头可断而身不可辱”[6]p63。他在狱中写了七首绝句，总题为《系中八绝》。末一首题为《不是好汉》："志士不忘在沟壑，勇士不忘丧其元。我今不死更何待，愿早一命归黄泉。"[6]p302 最后，他像汉代的李广一样，宁肯一死也不对质受辱，在狱中割喉而死，结束了自己悲壮的一生。如此"直气劲节，不为人屈"[10]p15，说他是晚明时期独一无二的"勇士"，绝不为过。

再次，李贽是一个"异端"。把李贽放在我国古代整个的思想史上，他也是少有的"异端"。对这一点，李贽自己也曾几次提到，说："又今世俗子与一切假道学，共以异端目我，我谓不如遂为异端，免彼等以虚名加我，何如？"[5]p21 还说："又此间无见识人多以异端目我，故我遂为异端以成彼竖子之名。"[5]p147 求真，又无所畏惧，使得李贽怀抱一颗"童心"，常为"异端"之事，率性而为；更常发"异端"之词，率性而言。千百年来，"咸以孔子之是非为是非，故未尝有是非耳。"[7]p17－18 于是他便无所顾忌地来了一个"颠倒千万世之是非"[7]p17，为秦始皇翻案，为曹操翻案，为武则天翻案，"凡昔人之所忻艳以为贤者，余多以为假，多以为迂腐不才而不切于用；其所鄙者、弃者、唾且骂者，余皆的以为可托国托家而托身也。"[5]p626 除以不同世俗的历史观重新评价历史之外，他还表达了不同于世俗的哲学观、宗教观、伦理观，以及社会观、艺术观等。他所发"异端"之词"多矣"，几乎涉及了当时意识形态的方方面面，我们难以一一列举。

最后，他竟至招致这样的一个结果："大概读书食禄之家，意见皆同，以余所见质之，不以为狂，则以为可杀也。"[5]p576 其悲剧性的一生，可能正是"奠基"于此。但在今天看来，这些"异端"之言之行，正是作为"真人"的李贽不与世俗之见相苟同、相附和的"反世俗"倾向的表现。

前文提及的李贽的平等观、婚姻观，仅仅是李贽"反世俗"的"异端"思想中的两个小部分。我一再强调《荔镜记》与李贽之间的"精神联系"，这种"精神联系"绝不仅仅是两者平等观、婚姻观方面的局部的联系，更有《荔镜记》与李贽之间的整体的联系。可是，即使这两个小方面，就同样已经显示出李贽的思想与精神在整体上与《荔镜记》"反世俗"倾向上的相互一致，甚至完全吻合。因此我们完全可以说，李贽的"反世俗"倾向极可能化而为艺术的《荔镜记》，《荔镜记》极可能是李贽的"反世俗"倾向在艺术上的一次反映。

综上所述，明嘉靖丙寅本《荔镜记》与李贽两者之间不但存在着某种外部联系，更存在着诸多重要的内在"精神联系"，即：都表达了"平等"的社会观、自主婚姻观，言行方面都表现出了"反世俗"倾向。着眼于两者这种内在"精神联系"，同时兼顾其外部联系，我认为，"《荔镜记》的底本之一泉州演出本《荔枝记》的作者是李贽"的说法，具有很大的合理性。

（作者单位：泉州师范学院）

参考文献

[1]林海权:《李贽年谱考略》,福建人民出版社 1992 年版。

[2]郑国权编撰:《荔镜奇缘古今谈》,中国戏剧出版社 2011 年版。

[3]《荔镜记》,泉州地方戏曲研究社编:《梨园戏・小梨园剧目》(上),中国戏剧出版社 1999 年版。

[4]夏写时:《中国戏剧批评的产生和发展》,中国戏剧出版社 1982 年版。

[5]李贽:《焚书》,中华书局 1974 年版。

[6]李贽:《续焚书》,中华书局 1974 年版。

[7]李贽:《藏书》,中华书局 1974 年版。

[8]李贽:《初潭集》,中华书局 1974 年版。

[9]《八闽通志》卷八五《拾遗》。

[10]袁中道:《珂雪斋近集文钞・李温陵传》,载厦门大学历史系编:《李贽研究参考资料》第一辑,福建人民出版社 1975 年版。

[11]张建业主编:《李贽学术国际研讨会论文集》,首都师范大学出版社 1994 年版。

[12]孙雍长注译:《庄子》,花城出版社 1998 年版。

闽南方言文化传承的问题与对策

——以泉州青少年方言认知与习得为例

陈燕玲

一

自20世纪50年代以来，我国一直非常重视推广普通话。1957年，国家确定了“大力提倡、重点推行、逐步普及”的工作方针。1986年，为了适应改革开放、经济建设和社会发展的需要，国家把推广普通话列为新时期语言文字工作的首要任务，1992年，把推广普通话工作方针调整为“大力推行、积极普及、逐步提高”，在强化政府行为，扩大普及范围，提高全民普通话应用水平方面提出了更高的要求。在一系列政策的推动下，人们的普通话能力迅速加强，普通话在全国范围内得到普及，交际中的方言隔阂基本消除，国民语文素质大幅度提高，普通话的社会应用更加适应社会的经济、政治、文化发展需要。

普通话在人们的日常生活中起着越来越重要的作用，使用的范围也在不断地扩大，沿海城市泉州作为一个具有悠久文化历史的文化古城也不例外。随着经济的发展，大量外来人员的涌入，泉州成为一个新“移民区”。在日常生活学习工作中，普通话成了人们互相沟通的首选语言。2009年，依托福建省高校服务海西建设重点项目“闽南文化的传承与海西社会发展”，我们调查了149位泉州在校中小学生的普通话的使用情况，被调查者都具有较强的普通话水平，在公共场合(学校、商场、公共汽车等)都用普通话交际。可以说国家的推普政策效果显著。然而，一个令人担忧的问题也日渐凸显：具有较强方言能力的人越来越少，人们方言的使用能力越来越低，熟悉泉州方言的人数越来越少，新一代泉州人使用方言的能力令人担心。调查的情况如表1所示：

表 1　泉州中小学生对闽南语的感情色彩、使用能力以及学习的必要性认识

	感情色彩			使用能力			学习的必要性		
	喜欢	不喜欢	一般	准确流利	一定能力	不会听说	需要	不需要	无所谓
人数	93	5	51	72	72	5	113	7	29
比例	62.4%	3.4%	34.2%	48.3%	48.3%	3.4%	75.8%	4.7%	19.5%

如表 1 所示,虽然有 75.8%的被调查者认为应该学习闽南方言。但被调查者喜欢方言的比例并不高,仅占 62.4%,能准确流利表达的不到一半。2011 年 5 月,我们又调查了泉州 100 位小学生对闽南文化(包括南音、高甲戏、提线木偶、闽南语歌曲、泉州讲古等)的感情色彩、熟知程度,结果如表 2 所示:

表 2　被调查者对闽南文化的感情色彩、熟知程度及表演能力

	感情色彩			熟知程度			表演能力	
	喜欢	一般	不喜欢	很了解	一般	不了解	具有一定能力	不具备能力
人数	9	57	34	0	56	44	11	89
比例	9%	57%	34%	0%	56%	44%	11%	89%

调查显示:小学生对闽南文化的了解程度不高,真正喜欢闽南民间艺术的不多,泉州民间艺术诸如南音、闽南歌曲等,能演唱的少之又少。闽南文化在年青一代的延承状况令人担忧。

二

不懂语言,就谈不上熟悉以该种语文为载体的文化艺术形式。不懂或不喜欢闽南方言,孩子们也就谈不上熟悉和传承闽南文化。因此,方言文化的教育和提高必须从青少年一代对方言的认知和习得说起。

在《闽南方言的现状与未来》一文中我们提到了应该保护方言。对于保护方言,华侨大学教授毛翰在 2008 年 10 月 19 日该校大学生辩论现场这样说:“保护,保护,如果一个东西已经到了不加保护就不能生存的地步,那还保护它干什么?所有的保护、抢救、输液、输氧、心脏起搏、人工呼吸,都不过是让一个行将就木的东西苟延残喘几日,全世界现有 6000 多种语言,每两周就有一种语言消失。我想,这太好了!消亡吧,消亡吧,等到全世界的语言消亡得只剩下最后一种,世界就大同了……”这是一种

激进的浅见的观点，UNESCO 前任总干事松浦晃一郎博士曾经说道："一种语言的消失导致许多非物质文化遗产形式的消失，特别是使用这种语言的团体——不必说诗歌和传说，更不必说谚语和笑话——传统和口头表达组成的珍贵传承。语言的消失同样损害人与生物多样性之间保持的关系，因为语言承载着丰富的自然以及宇宙知识。"

语言与文化息息相关，语言承载着文化，是文化生成、传承、发展的载体。没有语言，文化无从谈起。据 2005 年国家重点科研项目《全国戏曲剧种剧团现状调查》的统计数据显示，我国传统戏曲艺术在许多省份正以每年至少消失一种的速度锐减。如素有着"戏曲之乡"美誉的河南省，原有地方戏曲剧中约 65 个，目前仅剩 30 余个剧种，除豫剧、曲剧和越调仍广泛流传外，其余 30 多个剧种已濒临灭绝。剧种面临的问题在全国好多剧种都已出现。戏剧只是方言所承载文化中的一小部分，但我们足以从这一斑窥见方言承载着的文化正面临着怎样危险的局面。

或许人们会这样认为，中华文化的内涵如此丰富浩瀚，一个民族保留一种文化，少了闽南文化又何妨？我们应该充分认识到：人类文明的持续发展需要多样性的文化，文化的多样性提供了文化比较的基础，而比较和竞争是发展不可缺少的条件。只有文化的多元共存，才能具有完备的比较条件，只有完备的比较条件，文明才能健康持续地发展。汉文化之所以博大精深，是因为有众多丰富的不竭的地域文化。而文化的多样性依赖于语言的多样性，没有语言的多样性，也就没有文化的多样性。

闽南文化作为中华文化的一分子，对中华文化的发展与繁荣的贡献不可忽视，应该得到传承。而文化的传承必须依靠方言，学习和使用闽南方言是闽南文化得以传承的基本条件。

厦门大学闽南方言研究专家周长楫教授长期以来关注闽南方言的危机，他说："我现在是以一种迫不及待、只争朝夕的心情在进行着闽南话的抢救和研究工作，因为断层现象太严重，现在的年轻人对闽南话大多是一知半解，再不抢救，闽南话就要面临消亡的危险了！"

近几年来，语言学者已经充分地认识到了方言生存的艰难并为保护方言大声疾呼，提出了多种保护和传承的方式，并有了具体的措施，如国家语言文字工作委员会于 2008 年启动了中国语言资源有声数据库建设试点工作，调查收集当代中国汉语方言和少数民族语言的实态和有声语料，并进行科学整理、加工和有效保存。其目的就是为了留住方言。闽南方言的研究者和闽南地区的行政部门也采取了一些措施，如在电视台开设方言频道、在地方开展形式丰富的艺术表演等。其中针对青少年的语言习得特点让乡土课程走进课堂，让闽南方言和文化进学校、在校园开展多样的地方文化活动是其中的措施之一。

泉州教育主管部门在贯彻《福建省义务教育课程计划及说明》的同时，制订了《义务教育课程计划》，明确要求从 2002 年开始各学校都要开设乡土课程。11 年来，效果如何呢？

为此，我们选择了市区 10 所和农村及城乡结合部 14 所小学，调查乡土课程的安排和授课情况。调查发现，课表中均体现地方文化课程，但各个学校的实际情况各不相同，如表 3 所示：

表 3　泉州市小学学校乡土课程任课老师情况

	其他任课老师兼任		专门的乡土课老师		只发课本不上课	
	数量	比例	数量	比例	数量	比例
市区	10	41%	0	0%	0	0
农村及城乡结合部	5	20%	0	0%	9	37%
合计	15	62%	0	0%	9	37%

从表 3 可知，14 所学校均没有专门的乡土课程的老师，乡土课程进课堂的实施情况不理想，62% 的学校是由其他老师兼任；农村小学只发课本，没有实际的课堂教学的学校占 37%，农村和城市的乡土教育情况不均衡。

同时，我们还在这 24 所学校中随机抽取了 100 个学生（市区 50 人、农村包括城乡结合部 50 人），调查他们对乡土课程的态度及其原因，具体如表 4 所示：

表 4　泉州市小学生对乡土课程的喜欢程度

	喜欢		一般		不喜欢	
	数量	比例	数量	比例	数量	比例
市区	25	50%	16	32%	9	18%
农村	40	80%	9	18%	1	2%
总计	65	65%	25	25%	10	10%

在被调查的 100 个小学生中，有 65% 喜欢乡土课程，不喜欢的 10 人，他们喜欢和不喜欢的原因如表 5 所示：

表 5　泉州市小学生对乡土课程喜欢及不喜欢的原因

	喜欢的原因						不喜欢的原因					
	内容有趣		上课生动		课本漂亮		内容枯燥		上课乏味		其他	
	人数	比例	人数	比例	人数	比例	人数	比例	人数	比例	人数	比例
市区	18	72%	5	20%	2	8%	4	45%	4	45%	1	10%
农村	30	75%	4	10%	6	15%	0	0%	1	1	0	0%
总计	48	74%	9	14%	18	28%	4	40%	5	50%	1	10%

从表5可知，不喜欢乡土课程的主要原因是老师上课乏味，其次是教材内容枯燥。

小学生是否认为乡土课程有助于自己对闽南文化的了解呢？我们也做了调查，情况如表6所示：

表6　泉州市小学生对乡土课程传播闽南文化的作用的态度

	没有作用，流于形式		有一定的作用	
	人数	比例	人数	比例
市区	6	12%	44	88%
农村	35	70%	15	30%
总计	41	41%	59	59%

小学生了解和熟悉闽南方言文化，主要有哪些渠道？我们调查的情况如表7所示：

表7　小学生接触泉州文化的途径

	家里的长辈		电视		课堂教学		其他	
	人数	比例	人数	比例	人数	比例	人数	比例
市区	24	48%	15	30%	9	18%	2	4%
农村	37	74%	9	18%	1	12%	3	6%
总计	61	61%	24	24%	10	10%	5	5%

在我们调查的24所学校中，市区和农村对闽南文化活动的开展情况也有差别。具体情况如表8所示：

表8　泉州市小学生所在学校开展关于泉州文化活动情况

	有，较常		有，但很少		没有	
	人数	比例	人数	比例	人数	比例
市区	7	70%	3	30%	0	0%
农村	1	7%	8	57%	5	36%
总计	8	33%	11	46	5	21%

从表3—表8，我们可以看到：

全市没有一所学校有专门的乡土课教师，在农村，有一半以上的学校乡土课形同虚设，只发教材不上课。乡土课程的落实不理想。

喜欢方言课的比例不高,仅占65%。有35%的学生不喜欢或一般,不喜欢的主要原因是上课乏味。有32%的被调查者认为乡土课程流于形式,对学习泉州方言文化的影响不大,有68%认为有一定的作用,但作用不大。61%的被调查者主要是从家庭获得方言文化的,从课堂、学校获得方言文化知识的仅占10%。学校尚未能成为孩子们获得方言文化的主要途径。

在我们调查的24所学校中,33%的学校较常开展有关泉州文化的活动,36%的学校没有开展相关活动。市区的学校大都开展过类似活动,而农村有36%的学校是不开展有关泉州文化活动的。城乡在地方方言文化活动的开展方面存在较大差距。

三

进入新世纪以来,语言学界在方言与普通话的使用上已经开始有了这样的认识:方言与普通话的使用不矛盾不冲突,方言及地方文化应该得到传承。方言区的人应该掌握本地方言。

专家认为,青少年时期习得语言较为容易,随着年龄的增长,大脑的抑制功能开始发挥作用,语言的习得渐趋缓慢。因此,方言的习得应该从小抓起。根据语言习得特点,各地相关部门开始着手在基础教育阶段介入地方方言文化教育,强调地方特色的传承。如厦门市2009年开展了“闽南方言与文化进课堂”的首次尝试,形成国家教育、地方课程、校本课程有机统一的基础教育课程体系。泉州市2002年也开始这方面的尝试。学校的乡土课程已经有一大部分侧重在地方方言和文化上。不过,根据我们的调查,在学校教学中,地方课程能真正得到落实的不多,效果也不甚理想。如何让方言文化进入课堂而不流于形式,真正让其发挥传播地方文化的作用,让青少年能够更好地接受和使用地方语言,熟悉和热爱地方文化,还是值得我们探索的重要课题。

1. 充分尊重青少年语言习得特点,树立正确的语言观

多年来,普通话在中小学校园强势推广,一些学校甚至明令禁止师生在学校讲方言,具有区域文化特征的方言渐渐远离我们的生活,这应该引起我们足够的重视。

孩子对语言的认识基本上是来自家长、学校以及社会的影响。因此,我们需要在社会上宣传正确的语言观念,要对方言与普通话有正确的认识,方言和普通话的使用是不冲突的,二者可以在各自的空间和环境下各司其职。说好普通话是每个孩子成长必备的知识,是社会发展、人际交往日益广泛的必然需求。但方言母语也不应该被忽视。方言是地方文化的载体,没有方言,丰富的地方文化就将消失。

在全球一体化的大背景下,人们潜意识中曾经把普通话和方言的使用对立看待,觉得要说好普通话必须少说甚至是不说方言,把说方言看作是一种低俗的、老土的表

现。因此,很多家庭从小就有意培养孩子说普通话的能力,而忽略了方言的学习。在调查中我们发现,市区学生的普通话表达能力比农村的学生强,能用较标准的普通话流利地表达自己的观点,喜欢用普通话交流。与之相比,农村儿童说普通话时口齿较不伶俐,语音出现较明显的差误。

我们认为方言是孩子们的母语,说好普通话和说好方言不应该对立起来。老师和家长应该为孩子们提供学习和使用方言母语的机会。环境决定语言的存在和发展。保护泉州方言的最好、最科学的方法就是提供一个宽松的语言生活环境,让孩子们在快乐生活中获得方言能力,该说方言的时能说好方言,该说普通话的时能说好普通话。

2. 让方言文化在学校有一席之地

方言是一种具有浓郁地方特色和文化价值的语言,是孩子们了解丰富的地方文化、体验历史传承的重要工具。现代的青少年主要的生活环境是学校,因此,要促进青少年学好方言,就应该为他们提供一定的语言环境。方言文化课程就是为了这个目标开设的。根据调查显示,开设方言课程容易,但要不使之流于形式难。其间有多种因素在制约着。例如,教材的建设、师资的水平等等。

教材是课程资源的核心部分,是教学活动的媒介和载体,是教师组织课堂教学和学生进行日常学习和活动的基础和依据。一套好的教材是教学方言文化的重要保证。调查发现,就目前泉州的情况看,乡土课程的教材不尽理想。有40%的学生认为教材乏味。没有好的教材、好的阅读材料,“巧妇也难为无米之炊”。根据目前乡土教材存在的问题,我们建议,在同一方言区域,提倡乡土教材开发联盟,集成智慧,共同编写,共享成果。在教材的编撰上,需要从三个方面加以注意。一是要精心挑选教材的编写人员。组织一支高水平的编写队伍是出好教材的保证。应尽量聘请闽南文化的研究者担任顾问,增强权威性与专业性。二是要提高教材的趣味性。趣味性最能引发学习动机,因此选材的趣味性审美性非常重要,要真正突出闽南乡土气息。适当配些彩色插图,富有童趣色彩。三是要以文习言,利用童谣、民谚、民歌、小故事、民间传奇、地方典故等素材,推进方言的学习。有条件的还可以在纸质教材的基础上配以光盘,借此引发学生和家长的兴趣,也许具有事半功倍的效果。

良好的师资队伍是完成教学任务、实现教学目标的重要保证。调查中我们发现,所有学校都缺少比较专业的乡土课程教师。因此,学校在传播方言文化中所起的作用甚微。如果我们要把传承地方文化作为学校的一项任务,那么,师资将是方言文化走进学校的一个瓶颈。调查得知,很多学校乡土课的教学主要由语文老师、音乐老师代替,其中有些老师并不熟悉本地文化,不是本地人,不懂本地方言,只能给学生讲讲历史故事。我们认为,闽南方言文化课程教师的培养应该从以下几个途径入手。一是指定专门教师提升自身闽南文化素养,通过地方台电视节目,如泉州电视台第4频道了解方言知识,通过方言谚语、成语、俗语、歌谣提升自身方言水平。二是改变上课方式,不仅在课堂,还应引导学生从日常生活中去习得。不仅是口头讲解,还可以通过艺术形式如唱闽南语歌曲提高教学效果。三是到高校进修闽南方言文化课程,请高校权威的闽南文化研究者给教师开讲座,及时传递闽南文化知识,请闽南民间艺术爱好者给教师"传情送宝"。有了较好的乡土教材教师,方言文化的传承才能落到实处。

3.在校园内、外开展丰富多彩的校园地方方言文化活动

学校是闽南文化传承的关键性场所,是青少年接触方言及其文化的重要阵地,除了课堂的几十分钟,学校还应利用学校环境,开展丰富多彩的校园文化活动,包括举办各种各样的与闽南文化有关的活动。如阶段性地举行"闽南童谣比赛"、"闽南文化知识竞赛"、"闽南语演讲比赛"、"闽南民间艺术汇演"、"用方言吟诵古诗词"等丰富多样的具有地方文化内涵的表演,让学生在表演中学会欣赏,在欣赏中热爱地方文化,避免课堂教学的单调、抽象、乏味。可以在校园广播站中设立闽南话专栏,营造浓厚的闽南文化氛围。校园文化活动内容可以灵活多样,形式可以丰富多彩;让学生在活动中能够找到学习的乐趣,激发热情和动力,弥补课堂教学的欠缺与不足。学校还应尽量与地方保持联系,做好校地结合,组织学生参加地方活动,让学生在活动中体验到地方文化的魅力。如组织参加一年一度的关帝文化节、让学生参与到闽南文化节的活动中。这样,让社会活动推动校园地方方言文化活动的开展,也为青少年今后成为推动地方方言文化传承的主力军奠定基础。

四

保护方言是可行的、有事实根据的,世界各地对方言的保护不乏成功的例子。19世纪对希伯来语的复兴,就是最好的例证。公元前70年,罗马人毁掉了犹太人的都城耶路撒冷,犹太人的母语——希伯来语一度只被少数的土耳其人和英裔巴勒斯坦人使用,而现在以色列就有超过700万人说这种语言。日本北海道的阿伊努语曾一度濒临灭绝,日本政府进行了政策调整,建立基金会,开办文化馆,出版辞书等,让当地的后人学习自己的语言。目前阿伊努语正在慢慢恢复,其前景看好。我们认为闽南方言文化的弘扬,只要能在一系列政策、措施的推动下,一定会有明显成效。闽南方言,不仅是一种地方语言,它是一个区域文化的载体,是中华文明的一颗明珠。我们知道,文化的多样性以及它们之间的互动、激励和竞争,是我们文明长盛不衰的内在机制。方言背后,蕴含着这种文化多样性的精髓,所以,保护方言,是保护文化,也就是捍卫文明。只有地方文化得到保护,中华文化才能丰富多彩。而使用方言、传承方言文化,必须从小抓起!

(作者单位:泉州师范学院)

参考文献

[1]蔡永良:《语言失落与文化生存》,上海人民出版社 2010 年版。

[2]陈燕玲、林华东:《闽南方言的现状与未来》,《东南学术》2011 年第 3 期。

[3]郝大海:《社会调查研究方法》,中国人民大学出版社 2005 年版。

[4]蒋冰冰:《双语与语言和谐——来自上海市学生语言使用情况的调查》,《修辞学习》2006 年第 6 期。

[5]林华东:《历史、现实与未来:闽南文化的传承与创新研究》,厦门大学出版社 2011 年版。

[6]林华东:《泉州方言研究》,厦门大学出版社 2008 年版。

[7]林华东、徐贺君:《闽南地区双言现象与语言生活和谐问题——以泉州市区市民语言使用状况为例》,《漳州师范学院学报》2009 年第 1 期。

[8]林华东:《闽南文化的精神与基本内涵》,《光明日报·理论周刊》2009 年 11 月 17 日。

[9]林华东:《闽南方言的形成及其源与流》,《中国语文》2001 年第 5 期。

[10]邬美丽:《双语态度调查及思考》,《语言文字应用》2009 年第 8 期。

泉州越南名人姜公辅考

陈益源　范文俊

一、前　　言

在中国与越南之间有许多文化交流的现象值得关注，例如自古以来有许多中国官员与人民(尤其闽南地区大量的老百姓)移民越南，而越南也有很多人(特别是熟读儒家经典的知识分子)到中国来当官。在越南社会科学院之汉喃研究院有一份名为《我国人入仕中国》的喃文文件，就记录着古代到中国做官的越南名人，名单上包括王忠、邓让、李进、李琴、阮嘉、姜公辅、赵泰、阮安、张彦灿、陈儒等人。[1]其中位居唐德宗宰相的姜公辅，还与福建泉州有着特殊的关联。

关于这位泉州越南名人姜公辅的研究，在中国有两篇文章值得注意，一篇是黄国安的《姜公辅籍贯辨析》[2]，另一篇是郑金顺的《姜公辅其人》[3]。

黄文反对"姜公辅是钦州人"的说法[4]，他考察所谓"姜公辅是钦州人"之说始见于《大清一统志》，该书在廉州府人物栏中写道："姜公辅，字德文，钦州人……"在陵墓栏里写道："姜公辅墓，在灵山县南，旧遵化乡。"嗣后《钦州县志》的编纂者继续沿用，不过他自己采信《新唐书》"爱州日南人"的主张，认为《大清一统志》"钦州人"之说并不可靠。

郑文分两部分，第一部分介绍"爱州日南人"姜公辅的生平事迹，第二部分主要参考黄柏龄的《九日山志》，整理了自唐至清许多与姜公辅相关的诗文，有"修墓志"(南宋淳熙年间黄汝嘉《重修姜相墓志》、明成化间傅凯《重修姜相墓碑记》、清乾隆间姜宏泰《修墓志》)，有"祝文"(南宋真德秀《姜相公祝文》、《谒姜相公墓祝文》)，有"修祠记"(南宋泉州太守赵令衿《姜秦二公祠记》、南宋赵竹屋《重修三贤祠、秦君亭、砌石庭记》)，还有"诗"(唐欧阳詹《旅次舟中对月寄姜公》、南宋黄公度《题姜相峰》、南宋王十朋《题姜相峰》、《题姜秦祠》、《寄南安鹿宰》、《姜丞相》、明黄克晦《姜相峰》、明李廷机《题四贤步旧韵》等)。

本文重点在于利用更多的越南史料，来考察泉州这位越南名人姜公辅的籍贯、生平与著作，并论述他在泉州、越南两地的影响。

二、姜公辅的籍贯、生平与著作

关于姜公辅的籍贯，后晋开运年间(949 年前后)赵莹等人编撰的《旧唐书》写道："姜公辅，不知何许人。"[6]p1081 100 多年后，宋代的宋祁、欧阳修等人成书于宋仁宗嘉祐五年(1060)的《新唐书》则说："姜公辅，爱州日南人。"[7]p1229《新唐书》卷七三也记载："九真姜氏，本出天水。舒州刺史神翊。挺。公辅相德宗，复比部郎中。"这内容意思是姜公辅的祖父是姜神翊；父亲姜挺；弟弟姜公复在唐朝当比部郎中官。以后很多作品都根据此句，写姜公辅的贯籍在甘肃天水。

跟《新唐书》内容近似者，有元代流亡在中国的越南学者黎崱，他编辑了《安南志略》，曰："姜神翊爱州人，为舒州刺史。姜公辅，神翊孙，挺子也。唐德宗朝，第进士，补校书郎。"[8]p46 在福建南安九日山下的《唐相姜公墓碑记》说："公爱州日南人。"[9]p597 也是同意《新唐书》的说法。

越南最有名的历史书《大越史记全书》记载："唐德宗适兴元元年，九真姜公辅仕于唐第进士。"[10]p6 此外，越南阮朝书籍《大南一统志》记载："世传公辅之先自天水徙南海，至其祖为钦州参军，始贯遵化。父徙家九真，籍爱州日南县。"清楚地写姜公辅的籍贯为"安定县人"，姜公辅的"世传祖基在弘化县凤翊社而母贯则在山限社"。[11]p35-36 他的祖父神翊在钦州当参军，这跟清代很多中国书籍记载的内容一样。[12]p27

此外，越南阮朝明命十三年(1832)清化文人汝伯仕的《姜公辅事状考》明言："姜公辅，字钦文，爱州九真县古险坊人。"并说："姜氏之先，自陇西天水徙居广州南海，至姜神翊始籍居爱州。及神翊为钦州参军，因寓钦之遵化，后累迁舒州刺史，生子挺，挺以荫得补县令(某县未详)，生公辅。今清化安定县山限社有'姜相公祠'。"[13]p1、9 据汝伯仕考证姜公辅应作爱州九真人而非日南人。另一部编于阮朝绍治五年(1845)之后的《人物志》则说："公爱州山假社人。"[14]p146

目前，在越南清化省、河内市都有《姜氏家谱》存在。清化省安定县定成社山限村的"姜相公祠"(又名"状元祠"或"姜公辅故宅")所保留的《姜氏家谱》，包含《姜宗事迹》(内有《姜公辅平章制》)、后人题诗，以及姜公筵成泰壬寅年(1902)所撰世系表和各种祭文。它和河内市石室县石舍社安村的另一部《姜氏家谱》，内容稍有差异，但对姜公辅籍贯、家世的介绍基本一致。这两部《姜氏家谱》都肯定姜公辅籍贯在爱州："爱州日南人，九真安定即其地也。姜姓神翊公生下姜公侹，迹未详。公侹生下长姜公辅，入相，返驾南邦；次姜公弼，后改复，留居北国。"比较特别的是，《姜氏家谱》说姜公辅"返驾南邦"，不过这显然与事实不符。

关于姜公辅的生平事迹,中国《旧唐书》、《新唐书》、《宋史》、《资治通鉴》、《太平寰宇记》、《明一统志》、《大清一统志》等历代书籍都有记载,《旧唐书》说他:"登进士第,为校书郎。应制策科高等,授左拾遗,召入翰林为学士。岁满当升官,公辅上书朝廷,以母老家贫,以府掾俸给稍优,乃求兼京兆尹户曹参军,特承恩顾。才高有器识,每对见言事,德宗多从之。"[6]p1081《新唐书》描述在德宗皇帝建中四年(783)十月,姜公辅直言朱泚之乱而升为谏议大夫,同中书门下平章事,相当于宰相一职。[7]p1229—1230 次年(兴元元年,784)四月,姜公辅被降职为左庶子、右庶子,原因是姜公辅谏阻德宗造塔厚葬唐安公主。最后,他又被贬为泉州别驾,隐居十三年,死后秦系将他葬于南安九日山上。

这方面,越南书籍也有很多记载,例如黎崱的《安南志略》提及:"汉唐时尝贡进士明经者,李琴、张重、姜公辅是也。"[8]p1a 又如汝伯仕的《姜公辅事状考》,乃参考《旧唐书》、《新唐书》、《安南志略》等书而撰成,他描述姜公辅:"有高才,遇事能敏识,当我国内属唐,举唐进士第,制策异等,补校书郎,转左拾遗,岁满当迁,乃上书以老母赖禄养,得兼京兆府户曹参军,召为翰林学士。"[13] 此外,越南阮朝《大南一统志》清化省人物条目,描写姜公辅生在安南,当唐朝大官:"授拾遗,每进见,敷奏详亮,德尊(宗)器重之。常请诛朱泚,不从。及德尊(宗)幸奉天,思其言,擢谏议大夫,同中书门下平章事。后因谏厚葬唐安公主事,罢为左庶子。"[11]p36 上述《姜氏家谱》则说:"公辅有才,高能敏识。唐德宗年间举进士,制策异等,补校书郎,转右拾遗"云云,这里明确说姜公辅举进士是在唐德宗年间,也是比较特别之处。

姜公辅最后被贬至泉州,《旧唐书》说是贞元八年(792)十一月,唐德宗对于陆宣公屡次帮他求官感到愤怒:"贬右庶子姜公辅泉州别驾。"从此姜公辅在泉州定居十三年。顺宗即位时,拜姜公辅为吉州刺史,还没上任就死了。宪宗时,"赠故吉州刺史姜公辅礼部尚书"[8]p125。越南《大越史记全书》也说:"……下迁太子左庶子,又贬泉州别驾。唐顺宗即位,拜吉州刺史,未就官,卒。"[10]p6《人物志》内容雷同,不过没有提到泉州,只写道:"宪宗时,赠礼部尚书,赐钱物归葬。"[14]p146

关于姜公辅遗世的作品,在中国古籍中可考者有《白云照春海赋》和《对直言极谏策》,未知撰于何时?到了宋代,李昉等编辑《文苑英华》时收集在卷十二、卷四百九十;到了清代,则被收入《御定历代赋彚》卷六,《御定渊鉴类函》卷五、卷一百二十二,《钦定全唐文》卷四百四十六等。

在越南,相关典籍大都详细记载姜公辅的生平事迹,但很少留意到姜公辅的作品。汝伯仕参考过很多中国书籍,他在《姜公辅事状考》中引述了姜公辅《白云照春海赋》现存原文,并且给予很高的评价,他说:"唐试进士以诗赋,观李程以《日五色赋》成状元,而公之赋云海者,清丽过之,况于策又异等乎?可知公举进士,是首举为状元。"不过他并不晓得《对直言极谏策》仍留在人间,故感叹道:"独于策文不传,为可惜也!"[13]p12

三、姜公辅在泉州、越南两地的影响

先谈姜公辅在泉州的影响。

自唐德宗贞元八年(792)起,姜公辅任泉州别驾,他跟泉州名士秦系在九日山结为好友。姜公辅一个人在泉州生活,妻子不在身边,他结交多方学者(如欧阳詹等人),以忘流落之苦。

唐顺宗永贞元年(805),姜公辅死于泉州,秦系把他葬在九日山下。北宋,苏绅大书“姜相峰”三字刻于石。泉州人曾盖二贤祠以奉祀姜公辅、秦系,又增祀韩偓为三贤祠,再增祀欧阳詹为四贤祠。迄今《唐相姜公墓碑记》、《重修姜相墓碑记》等,也还被收入碑铭汇编之中。[9]

本文“前言”提到郑金顺《姜公辅其人》已整理了自唐至清与姜公辅相关的大量诗文,我们不管是从南宋王十朋《题姜相峰》所云“相国忠如宋广平,危言流落晋江城”[15]p121的慨叹,或从真德秀《姜相公祝文》“呜呼!公以鲠亮之资,尽言于猜忌之主。一斥不复,没于遐陬。然清风直节,千载而下,犹凛凛有生气”[16]p831的感佩,都可以看到唐朝宰相姜公辅在后人心目中仍具重要地位。

接着来看姜公辅在越南的影响。

我们从上述元朝越南人黎崱的《安南志略》,和《大越史记全书》、《大南一统志》、《人物志》等历史文献资料,不难看出越南从来没有遗忘过这位到唐朝担任正直宰相的爱州九真人姜公辅。

值得注意的是同为清化人汝伯仕所写的《姜公辅事状考》,这本书虽然没有提到姜公辅的妻子,但曾考察姜公辅的故宅(“今清化安定县山限社”),详细描述了“姜相公祠”和“姜丞相祖墓碑记”,记录到“黎朝修祠,封福神”,以及姜氏分支(“今弘化县冯翊社与安定海窟总,有姜姓者,皆公兄弟后裔云”)。他还引述了尚书黎有乔写在姜相公祠的一副对联:

> 机先可否,真宝鉴元龟,一时英雄更如何,即李邺侯陆宣公,亦推上智;
>
> 分外穷通,总虚舟飘瓦,万古声名应不朽,虽张曲江韩京兆,罔间前修。[17]p9—10

汝伯仕肯定“公事德尊(宗),炳徙薪之先见,搒折槛之孤忠,方宰臣决以百口保巨奸,而下僚能以口舌恬上意。使当日无公,翠旄几陷不测矣。……惟是我越当风气未开、人文未着之日,公以状元宰相,特树前茅,真有可羡者”[13]p12—13。于是他认真考证姜公辅籍贯与生平事迹,并抄录了《白云照春海赋》和陆宣公为他执笔的平章事、左庶子两篇制文。

根据清化省安定县定成社姜公辅故宅的现场考察,这座“姜相公祠”颇多毁损,门

外墙壁上有几副对联:

风雨已催公主答,海云长照状元祠。
大地文章传上国,故乡庙貌对乔山。
桂海人文灵片玉,扮乡相址笔双峰。

这座状元祠内有仪仗、法器、供奉牌位,另外还有几封皇帝颁赐姜公辅、姜公复兄弟福神的神敕,其中阮懿宗嗣德三年(1850)敕封姜公辅的内容如下:

敕姜公辅尊神,赠"精忠显节嘉名芳躅中等神",护国庇人,稔着灵应,节蒙颁给敕赠,准许奉事。肆今丕应耿命,缅念神庥,可嘉赠"精忠显节嘉名芳躅光懿中等神"。仍准安定县山限社锦棣村依旧奉事。神其相佑,保我黎民。钦哉!

嗣德叁年拾贰月拾叁日

这座状元祠庭外,立有两块石碑,一块是嗣德十三年(1860)的"姜先生祠碑",其内容为:

礼有以义起者,志焉可也。余署省铎之明年,安定文神来言:唐故相姜公祠成,征文以记。余曰:创之乎其修之也。曰:公吾县山限人,举唐进士,历显宦,忠谋直谏,多所惮益,□子所稔闻也。黎景兴间,封上等神,敕所在立祠。其后火于乱,本邑介旧址草构,以奉香火。我朝开创以来,屡蒙显赠而享祀之所,若犹有所涘者。吾户枚君德乡下车,未几,日废俱兴,偶经公祠,见其荒凉,询知公之云仍皆已式微别徒,而公之祠,则邑人会谋修之而未能,于是慨然有岘山之感。既乃自出官俸钱一百贯,召匠营之,人咸义其举,争捐资以助之。以肆月起,越玖月成。盖修之,而实与创之者无异也。吾辈谓宜有述,吾尹辞焉以请。噫!姜公之事业峥嵘,唐书及黎史载之详矣,何事吾言?虽然,前人之芳躅,后进仪型之所在也。枚尹于此,致力表昔贤之遗积,树来叶之风,非所谓义起者兴□□□□拙于文,而吾尹之志有成,故乐与人道也。若夫山川襟带之胜,规制葩质之宜,则具人俯仰□□。

皇朝嗣德万年之拾叁年岁次庚申玖月朔日
本省署督学阮公班拜撰
本县知县永赖力答枚光润拜志
永禄汴下小生范文定拜写

另一块同年的"恭进碑记",则开列从知府潘叙到山限社姜族共募款 1095 贯的捐赠者名单,系由知县杜德卿所志。

至于在河内市石室县石舍社安村的"姜族祠堂",建立于阮朝启定七年(1922),现在还保存良好。祠堂有对联写着:"一门科榜传终始,历代声名贯古今"。祠堂的家谱还保留历代文人称颂姜公辅的诗歌,有的用汉字书写,有的则是喃文,其中阮朝三甲同进士出身总督大学士阮文彬(1868—1937)咏道:

南贤北用启前途，安定江山出相儒。
伯仲高科先二宋，文章大雅自三苏。
姜家支派传兹邑，唐宰勋名妙贲都。
忠孝神仙千古在，欲相新笔画成图。

《姜氏家谱》还清楚记载越南北方的姜氏分支，例如在清化省有几支在弘化县、东山县，农贡县等地，而河内、北宁、兴安、海阳、南定、太平各省也都有姜氏支派。根据越南姜氏共同的看法，姜神翊是其始祖，姜公辅则是光宗耀祖的成员。他们在各地兴建祠堂供奉，定期祭祀仪式，一直到现在每年都还继续这么做。

五、结　语

翻阅越南《姜氏家谱》，我们可以看到上头明白写着：

先祖考：前朝进士、校书、拾遗、户曹参军、翰林学士、谏议大夫、平章事、礼部尚书，姜公讳公辅府君。（灵祠其在安定古险坊，今祥云。）

先祖妣：前朝进士、校书、拾遗、户曹参军、翰林学士、谏议大夫、平章事、礼部尚书姜公之正室孺人。（经历多年，讳号忌墓未得谱识。）

我们考察越南各种史料文献，进行各地田野调查，可以很明显感受到，姜公辅一辈子在中国唐朝当官，死前13年担任泉州别驾，死后葬在九日山，但他永远活在越南姜氏子孙的心目中。

1000多年来，从越南到中国，从泉州到清化，越南这位考上中国进士第一人的姜公辅，德高望重，名垂青史，始终受到两国人民的爱戴。他在泉州、越南两地拥有广大的影响，值得我们在进行闽南文化研究以及中越文化交流研究时多加注意。

【附图】

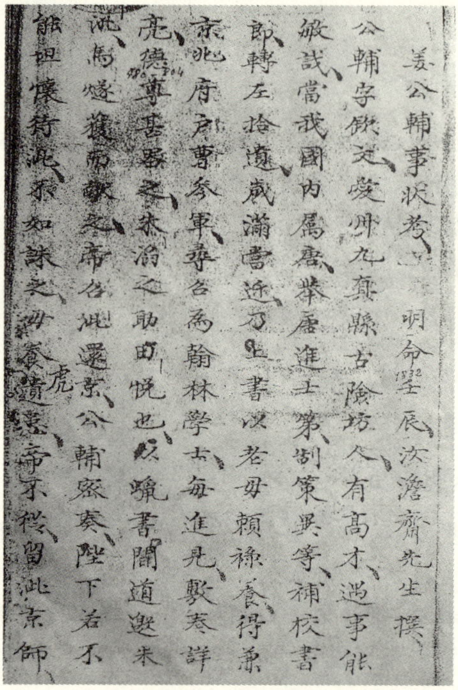
姜公輔事狀考 明命壬辰汝潛齋先生撰
公輔字德文，愛州九真縣古險坊人，有高才，遇事能
敢諍，當我國內屬唐，舉唐進士第，制策異等，補校書
郎，轉左拾遺，歲滿當遷，乃上書以老母願祿養，得兼
京兆府戶曹參軍，尋召為翰林學士，每進見，敷奏詳
亮，德宗重之。朱滔之助田悅也，以蠟書間道遺朱
泚，為馬燧獲而獻之，帝召泚還京，公輔密奏陛下若不
能坦懷待泚，不如誅之，毋貽遺患，帝不從，留泚京師

图 1 汝伯仕《姜公辅事状考》

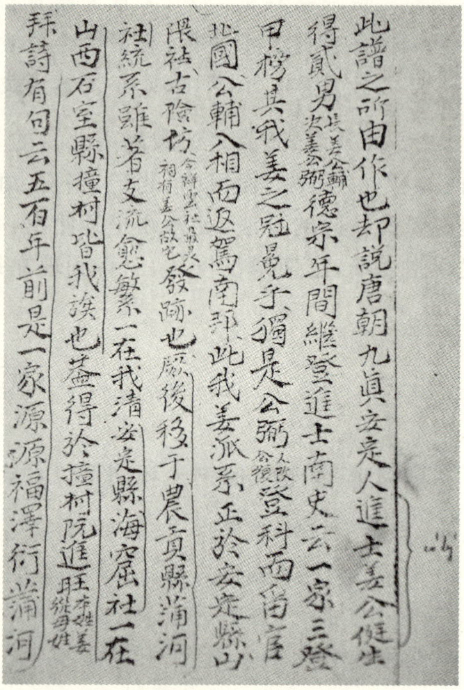
此譜之所由作也，却說唐朝九真安定人進士姜公僅生
得貳男，長姜公輔，次姜公弼，德宗年間維登進士，南史云一家三登
甲榜，其我姜之冠冕乎，獨是公弼公後登科，西留官
北國，公輔入相，西返駕南郢，此我姜派系正於安定縣山
限社古險坊（今祥安社有姜公故宅）發跡也，厥後移于農貢縣蒲河
社，統系雖著，支流愈繁，一在我清安定縣海寧屈社，一在
山西石室縣撞村，皆我族也，蓋得於撞村阮進旺（本姓姜從母姓）
拜詩有句云五百年前是一家，源源福澤衍蒲河

图 2 清化省《姜氏家谱》

图 3 姜公辅故宅的“姜先生祠碑”

图 4　河内市石室县“姜族祠堂”

图 5　广南省姜氏宗族祭典

（作者单位：陈益源，台湾成功大学；范文俊，越南社会科学院汉喃研究院）

参考文献

[1]这份文件系由邓梅峰（邓春卿，1864—？）编辑、喃译，与《列仙传》、《诸工艺祖师》合抄在一起，河内汉喃研究院图书馆藏书，编号：VNv. 284。

[2]黄国安：《姜公辅籍贯辨析》，《东南亚纵横》1994 年第 1 期。

[3]郑金顺：《姜公辅其人》，《泉州师专学报》1999 年第 1 期。

[4]李体团先生主此说，详见广西区政协广西地方史志研究组编：《广西历史人物传》，广西区政协广西地方史志研究组，1985 年。

[5]黄柏龄：《九日山志》，《泉州文物志》第 1 辑，福建省晋江地区文化局文管会，1983 年。

[6]《旧唐书》，台湾商务印书馆 1981 年版。

[7]《新唐书》，台湾商务印书馆 1988 年版。

[8]黎崱：《安南志略》卷一五，台湾商务印书馆 1987 年版。

[9]郑振满、丁荷生编：《福建宗教碑铭汇编》，福建人民出版社 2003 年版。

[10]《大越史记全书》，外纪，越南科学社会出版社 1993 年版。

[11]《大南一统志》卷一六—一七，越南河内国家图书馆藏书，编号：R792。

[12]例如《广东通志》（台湾商务印书馆 1983 年版）：“姜神翊字祐之，钦州遵化人，其先自天水徙南海，至神翊为钦州参军，始贯遵化，累迁舒州刺史。”

[13]汝伯仕：《姜公辅事状考》，河内汉喃研究院图书馆藏书，编号：A. 2912。

[14]陈庆浩、王三庆主编：《越南汉文小说丛刊》第六册，台湾学生书局 1987 年版。

[15]黄柏龄：《九日山志》，福建省晋江地区文化局文管会，1983 年。

[16][宋]真德秀：《真西山文集》卷五二，台湾商务印书馆 1983 年版。

[17]汝伯仕：《姜公辅事状考》，河内汉喃研究院图书馆藏书，编号 A：. 2912。此一对联，亦见《人物志》、《姜氏家谱》引述，文字略有不同。

[18]参见阮金竹：《关于姜公辅族家谱》，载于河内《汉喃通报学 2001 年》。

明清闽南家族与佛教的社会救济

陈玉女

一、前言

明陈继儒(1558—1639)说:"佛氏者,朝廷之大养济院也。"[1]佛教慈悲救济的形象,乃传统历久以来社会惯常之见。佛教的慈善救济确实能补政府在社会救济政策上的不足,是慈善事业中不可或缺的重要社会资源。然而明朝以来官方政策却有意弱化佛教的社会影响力,遂使明清佛教在社会救济事业上未能发挥如唐宋以前那般积极自主且极具规模的影响力。关于这一点,夫马进、梁其姿相继指出,笔者亦曾就此进行因素分析。[2]明清佛教在社会救济事业的地位与力量逐次褪色,部分起因于政府政策的立意,及之后官方在社会救济人力、物资及施行效率的见绌,代之而起的,多委由或仰赖地方乡绅承担办理,以及战乱的冲击。而当民间新兴宗教纷纷崛起,于社会道德、思想、经济等各方面急遽变动,传统价值崩解、社会失序及灾变频仍之际,相当程度亦分担社会救济之责。

另明清时期,佛寺仰仗地方官或乡绅势力而恢复寺田、寺产,乃至修复、重建寺刹者,不胜繁举。故寺僧流为乡绅之附庸,其情由此可知一二。而陈支平讨论福建的宗族发展课题时,曾述及在凝聚家族力量的过程中,得见透过家庙(寺)、家祠的建造,以"加强家族内部的团结与控制,保护本家族的势力范围和利益,甚至有利于家族的对外扩张"。[3]郑振满则指出南宋时期莆田的世族大家"往往直接介入寺院的经营管理,使寺院反而依附于世族大家",明清时期有些宗族的祠堂设在寺院中,寺僧流为宗族的附庸。[4]可见福建寺僧与宗族的这层关系,多少显示出明清时期寺僧难以独立承担社会救济的另一个值得探讨的要素。

学界关心明清社会慈善课题及其相关研究成果,不乏可举,然对于区域性如福建社会地区的慈善事业探讨,截至目前仍屈指可数,[5]遑论专注于明清福建佛教之社会救济议题的探究,更见鲜少。此次拙论的提出,乃基于笔者先前《明倭寇の乱における寺院の遭遇及び其の社会救済——嘉万年间东南沿海地域を考察の中心にして》与《明清之际东南地区佛教掩骨埋尸的社会救济与王朝思想》[6]的研究，期盼在此基础上，能就晚明以来，尤其是在明末清初东南沿海深受流贼倭寇袭击和因改朝换代所历经的社会动荡下，于明清闽南家族延请僧人住持家祠或家庙（寺），为其祖先执掌祭祀的这层主雇关系上，观察寺僧与宗族之间的互动，及双方于社会救济活动上的运作情形，以此端倪明清佛教于社会救济活动上所发挥的效能及其所承受的制约与困境。

二、倭乱与明清鼎革之社会动荡

据载，自嘉靖二年（1523）至万历四十六年（1618）的四十五年之间，倭寇袭击东南沿海各地高达560次，仅嘉靖年间便多达528次，最频繁则在于嘉靖三十一年（1552）至嘉靖四十四年（1565）的这段时间。[7]频仍的倭寇袭击，造成东南沿海的社会动荡，即“倭寇连年侵犯中国，盖南自闽浙，北至登莱，皆被其害，而江南苏松杭嘉等府……今皆屡经劫掠焚烧之祸”。[8]又“连犯吴越巢闽中首尾七八岁间所破城十余。掠子女财物数百千万，官军吏民战及俘死者，不下数十万。掠子女财物数百千万，官军吏民战及俘死者，不下数十万……天下骚动，髓骨膏竭矣”[9]。像这样，倭寇于东南各地进行烧杀掳掠，类如“倭奴剽杀甚众”、“倭寇登自钱仓、白沙湾，直抵陈山焚刧崇丘殆尽”、“倭寇四起，大掠边徼”[10]之记载，不一而足。

文献显示，当倭寇侵扰东南沿海各地时，寺庙宫祠往往成为士兵防御寇敌或是倭寇盘踞为营的重要据点，同时成为战略路线中的重要指引标的。嘉靖年间采九德的倭乱见闻录即《倭变事略》的序言提及：“自嘉靖癸丑岁倭夷骚动闽浙苏松之境中，患我邑数载勿靖”，“余世居海滨，目击时变，追惟往昔，四郊庐舍焗为煨烬”，“闻者兴怜，见者矧涕”。[11]如是造成东南沿海地区的骚动与不安，其间寺僧同样惨遭破坏；佛寺被倭寇窃据，僧人不是逃难便流为被挟持的人质，佛寺变成闲置或废弃空间。又有僧侣与倭贼私通，或逃窜为盗为贼，或倭贼化为云游僧，混入寺院借机侦察社会动向乃至窥伺军情者。故寺院被朝廷或地方政府纳为列管对象，如位于福建福宁州宁德县霍童村东南名刹支提寺，史载正德十六年（1521），寺“僧与寇通，逐僧毁寺，田归之官”[12]；而嘉靖六年（1527）支提寺则因“倭乱，寺遭兵燹。唯祖堂岿然独存，实伽蓝呵护之灵。三十二年高罗峯僧一阳入山盖茅坚守故址”。[13]又如位于福建梅溪东南之骑龙岩，[14]嘉靖三十七年（1558），倭寇来袭，骑龙岩僧逃之一空。载曰：

> 倭夷骤至，掠南安，邑长不能支，则与瑞公同避之岩中，事宁始归。鸱张迄于辛壬，山中无人迹，寺僧聚散去。[15]

再如嘉靖三十八年（1559），倭贼攻入福州永泰县城，毁白云三峰寺。寺僧百余人，被杀戮殆尽，寺产亦被掠夺而去。[16]紧接着抢夺洪塘，周令命令烧毁城外房舍，以杜绝倭贼藏匿的巢穴。此时重光寺僧，贿赂执事者林向芳，因此寺院得以被保留下来。但之后，却成为倭贼栖息之地。[17]另有寺院因被倭贼占据，成为官兵攻击焚毁的目标，而福建福宁州的元妙观、南禅寺、建善寺等三座寺观曾被倭贼占据为“倭营”。所以当嘉靖三十八年，“倭数千至”，“欲分投于近城之元妙观南禅寺建善寺围攻州城”，于是知州柴应宾命令军兵焚毁这三处，倭贼乃扎营于东郊周氏园亭。[18]而福州建宁县东山遂胜里的大乘爱同寺，则于嘉靖间“倭变颓废”。[19]

如此闽地惨遭倭贼到处打家劫舍、烧杀掳掠，造成尸骨遍野，饥荒灾疫四起的惨状应之而起，即文献所述：“焚官府民舍，大掠数日”；倭乱“数年来，田亩逼为莽区，民无储穀”；“逃生入城，饥以待毙。瘟疫盛行，死相枕藉”等残破景象，[20]政府该如何从事赈济以进行社会复原工作？乃当务之急。举如嘉靖二十三年(1544)泉州发生大旱，二十四年(1545)适值海寇警报，运载穀物的商船因害怕而不通，致使泉州陷入饥饿困乏。知府俞咨伯亲自访查审视贫户等差，发粟赈给，又积极煮粥救济，且诱使商船运粮前来接济。[21]但是政府能否积极应变接二连三，诸如欠粮、饥荒、疫疾、流离、死伤等灾难随着倭寇的袭击接踵而至，可以想象政府将陷入束手无策的窘境。譬如嘉靖三十九年(1560)，适逢倭寇出没于福建福清县城外，四十年(1561)各方逃难入城，无处栖身，因此凡“寺院、佛堂、儒学门下、城门空处，弥不有之”。[22]可见政府已无暇顾及难民的安置问题，只能让无助的百姓四处流窜，任其逃入寺院、佛堂或儒学校门、城门等可以容纳他们暂时避难的空地上。

但是这样的避难所，多半是暂时的，因为牵涉到赈济物资和人力的提供能否持续的问题。佛寺虽能一时收容灾民，但是在倭寇大肆劫掠焚烧东南沿海之际，佛教自身亦不能幸免；像泉州府于嘉靖四十一年(1562)，因郡城得了瘟疫，“人死十之七，市肆、寺观尸相枕藉，有阖户无一人存，市门俱闭，至无敢出”。来年则因谷价腾贵，人多饿死。[23]连佛寺道观亦是尸骸遍陈，严重受创，活命已难，救济事业恐无能为力。加上地方官吏、豪右趁倭乱局势，巧立名目，横征暴敛、搜括民财，连佛寺的铜钟铜佛、寺田、佛像、租税等寺产，亦逐一被收毁干没。遂使僧人弃寺逃窜、寺院凋敝破败。像郑晓(1499—1566)所指摘的：“华人通倭而闽浙大官豪杰寔为祸首”。其言：“郡邑之吏，平日贪酷。比贼将至，乘机害民，巧索横敛。虽寺钟铜佛，收毁铸铳者，一切干没。”[24]而泉州府开元寺(又称紫云寺)于嘉靖十九年(1540)因大兴土木工程，司空建议变卖寺产以补助粮饷之用。时开元寺住持僧方丙，借机吞没寺产致使寺僧离散。又遇倭乱事起，士兵寄寺而居。士兵撤离后，却为制造火药的硝户所占据，里面贮满硝的原料。寺僧因此陷入困窘，祠亦随之荒废。据《紫云檀越祠四安祭祖族食记》载：

> 嘉靖十九年大工兴，司空议变卖寺产以佐饷。住持僧方丙者，由是干没荡析。无何倭起，以寓兵客。兵退，硝户占住煎硝，充牣其中无非硝。僧既贫，祠亦荒。[25]

硝户之所以占据开元寺为匠铺，主要仍起因于战事兴起，即“兵兴以来，硝冶二匠，以寺为肆，挈妻携孥，榴房蜂寺，与僧杂居，几无寺矣”[26]。开元寺自嘉、隆以来，“僧房半没豪右”，再加上“戎器、火药诸匠复盘结其中”，[27]使其发展受到重创。

倭乱未平，继之遭逢明清鼎革之社会大变动，鼓山僧元贤亲历此变乱，载其情谓：“今当此乾坤鼎革之际，草昧未宁之秋，白刃凌空，横尸遍野，居民逃奔。”[28]又言：“特当末刦，兵戈蜂起，国破家亡，杀戮满地。”[29]杀戮之惨重，可见一斑。福建莆田余扬的《莆变纪事》写着国变之际，莆田百姓所遭遇的极度苦难。说道：

国变以后，丁亥戊子之乱，山海纠合，乡树一帜，家兴一族，乡与城仇，南与北敌，山与海计，杀戮如草，白骨盈郊。丁亥十一月廿三日，顷刻之间，黄石拼命者三千余人，此百年来所未有之惨也。继之杀戮相寻，郭尔龙团集结连数年不散，刦质之、抄掠之、掳系之，一年中结果者不啻数千人。其他各路抄刦，系羁有尽乡者，有尽室者，死者枕藉，生者不保。……此时人民之死者已一半矣。[30]

又同书《析骨》写着：

骨肉之亲未有过于妻孥者，自水旱频仍，人不相保，于是有鬻其妻子，析骨分肉，恝不介意。然鬻子鬻其幼稺，或有鬻一子以活一家者，至若卖妻亦惨极矣。[31]

晚明以来福建地区深受倭变与明亡相继袭击的变乱与动荡，社会严重受创，泉州《董氏大成宗谱》也清楚记载因晚明时局之乱，人多散离，致使族谱、宗谱或家谱之编纂受挫。载曰：“吾宗世谱，一失元至正二公家下水之时，再失于明嘉靖倭乱。”[32]而漳州府诏安《杨氏族谱》述及：“吾家杨氏……明末不造，草寇窃发，大清初起，海氛未平……昔之鸠宗聚族者化而星散矣。……慨自皇明鼎革海氛变乱之时，父子兄弟相聚者少，离散者多；入成多致困毙，入山惟恐不深。”[33]

由上可进一步了解，明清佛教未能如唐宋时期积极主动于社会救济事业上，除政府政策的立意及乡绅势力的取代外，寺院本身的经济条件因战乱而陷入苦境，亦是严重局限佛教发挥社会救济功能的要素。

三、地方宗族与佛教的关系

一般而言，世家宗族多半奉儒家为圭臬，其规约训条多指斥不得斋僧或与僧尼往来。见正德七年（1512）仲冬，邵州二十二世孙俊记，《孝友祠重增祭田记》载：

吾林福唐尉公以孝闻于朝，诏立双阙旌之，蠲其傜，加爵饩焉，唐贞元时也。……公之孝，生能格于天，感于君；殁能致歆动人，人至于今未泯也。慨自道学失传，佛、老氏以邪说聋瞽天下，琳宫梵刹金碧灿煌，胜地腴田施入若弃梗，独未闻支一木、割抔土为往哲地者。是无他，彼能私以祸福惊动人，人亦私以幸福脱祸之心应之。吾道，公人心以立大防者也。[34]

类似于此，斥佛道为异端邪教之儒学者，屡有所见。然莆田《南湖郑三先生祠堂记》则详载儒释兼容的和谐关系。载言：

吾闻有太府卿郑露偕弟中郎将庄、别驾淑三先生，在梁、陈间自永泰入莆，因祖坟于城南凤凰山麓，构书堂于南湖之上，讲圣贤之道，以倡文学，时人称为“南湖三先生”。[35]

某日，三先生梦见金仙氏“书堂为佛刹，许之，今广化寺讲堂是也。又昼见麻衣鹤发者请所居为佛刹，又许之，今广化寺佛殿是也”。而“莆人业儒，实自先生始”。由于广化寺创立缘起于三先生的布施使然，寺僧感念其德，故“广化寺僧祀三先生于讲堂东北，盖追念让地之恩也。”而郑氏家族相继捐田入寺充岁租，以实祭祀三先生之费用。载曰：

□□廷评皋公暨二子长史筠、司马震，相继拨平陵里小塘欧、龙塘仔等处腴田百余段入于寺，俾岁收租，为三先生讳日之祭，朝夕香灯之资，族众子孙依期拜谒，其事备载于碑。碑久毁，寺僧或废是礼。[37]

祭祀之礼几经兴废，至永乐二十年(1422)，寺僧仍祀三先生于旧堂，然历岁既久，几至颓败。于是“寺僧原野、弘表、绝瑕、原立不谋族人，彻而新之。莆、仙二族子孙合助之银四十两”，“以成化戊子冬十月兴工，以明年正月五日落成”[38]。郑氏子孙捐资广化寺助僧重建祠堂，用意端在“以修时祀之礼，以尽追远之孝”。但在某种意义上，不可讳言郑氏家族是广化寺最长久且最重要的财源支柱，将其视为郑氏家族的家庙、香火院亦不为过，否则郑氏家族不必长期以来自视为广化寺的当然捐献者，主动担负起财务负担。而广化寺僧也不必以祭祀三先生、维护祭礼为己任。故据此观之，广化寺僧依附于郑氏家族的情形相当明显。

此外，《莆田浮山东阳陈氏族谱》，《箕阳处士怡如陈先生墓志铭》陈迈斋因“淇阳东偏海岸，素受风寒”，遂“捐金创建淇源寺以弘，保障乡人均受其益”。[39]家族《禁约》提到：

淇源寺系吾宗檀樾功德，每年浴佛日五房长到寺赴斋。如寺僧无行，公议另请主持。[40]

可知淇源寺乃陈氏宗族之香火院，寺僧是陈氏宗族雇用之神职人员，依附在宗族底下提供宗教服务之人。因此其行事必须受到陈氏宗族的制约是可以想象的。再如崇祯十五年(1642)方尚祖撰，《重见南山荐福祠碑记》载云：

考吾宗入莆千禩，而是祠亦八百余年矣。载观郡中，梵刹之有乡先生祠，多缘寺而起。独南山迤西之荐福，则因吾祠而名。……援扩小庵，赡以田，置僧居之，专香火之职。……亦置僧寮曰知本庵。[41]

清楚指出，梵刹中有乡祠，多因佛寺而起。而南山荐福祠，之所以有庵、僧人，则因家祠而兴。可见知本庵僧人亦是方家雇用僧，成为家族工作成员之一。

而泉州《晋江青阳王氏族谱》则详细提到王家自唐宋以来，即与佛教维持密切的关系，建寺者有之、为僧者亦不乏可见，是部不可多得的珍贵资料。据族谱记载七世祖北宋王元：

性慷慨，好施与，重浮屠，与兄弟分财产多逊之，娶清沟苏氏，性严重，亦好佛，公尝航海之五洋，苏氏于佛堂炼臂以求善济之福。公于海，闻香气三日，追归言之，则苏氏炼臂日也。[42]

王元夫妇笃信佛教，遂“立烝田肆百陆拾亩，创铭心院轮藏，建开元寺佛殿，刻舍利塔八十四座分奉诸刹，造苏埭石桥”[43]。其子王文郁也是位宽大好施之人，“捐金以饰轮藏，发粟以赈饥民”。娶圣姑欧阳氏为妻，“亦重佛好施”，[44]生七子，“第四曰子和，五曰子荣，七曰子显。余无嗣，或为僧”[45]。王文郁晚年，别置一室，“诵经其中，不茹荤，遍游名山佛刹，所至营建，不可胜计”[46]。王子显长子王俊（1191— ）“创家礼，严祭荐之仪，明长幼之序”，“族无少长皆畏爱。”王俊年幼遭逢家难，放弃举子业，“学为农圃事，号青阳遗老。舍地建精篮二，南曰惠济，北曰实际”[47]。同是子显之子的宁孙则为僧。[48]王子荣长子王泰（1192— ），“性清谨，重浮屠，刻清水大士像于惠济庵”[49]。至十世王袭龙（1185—1235）子公立为僧，孙咏为僧。[50]王子和孙、王节公三子的王公昭（1211— ），“敬老慈幼，济病周贫”，“亦重佛好施，立里间圆觉经会，远进来者几百人，主铭心藏会，经藏五千卷，岁久寝失，捐金补之。”[51]王祥应（1225— ），宋亡后，德祐元年（1275）饥荒，“发禀以济，乡人德之，为作浮屠报恩会”[52]。王公昭子王必著（1244— ）“重修惠济接待，仍拨大丞尝□□□□□□点香”。王必著子王顾卿为僧[54]，“少从释氏，弃俗为僧，居十里湖光惠济庵（旧法为僧不录）”[55]。王子荣曾孙王必迈，族谱载其：

> 天性孝友……又重浮屠，乐施与，用己钞数千贯以纾里正之役，都民愿以五体投地报恩。不受卒之日，行道人闻之，曰善人殁矣。修铭心藏殿，补置藏经二百函。修七男桥、实际桥路、惠济庵。发禀助妙乐堂架山门、重建圣泉堂。[56]

十三世王谊子王祥卿（1314—1387）“敦族睦姻，恢复祖业，大有功于祖宗也。晚年益乐善好施，博采群书，兼演释典。娶清沟李氏，亦勤俭孝淑，倾奁助赎祭田，积财助起开元禅寺。”[57]王祥卿子王同生，“轻财慕义，娶龟湖黄氏”。“晚厌尘坌”，“优游物外”。载云：

> 公以利物任其心，黄氏以乐施成其志。公卒，黄氏甫中年，遂谢绝荤，茹长斋修戒。女孙慕其风，修净业者三人。[58]

王氏家族妇女学佛出家者，据族谱记载，有王俊长女“从尼授业城之观音院，号澈庵”。之后，“从尼者，文郁女一，子显女一，节女一，袭龙女一，俊女一，公从女一，公锡女一，必用女二，添禄女一，添资女一。”[59]

王同生长子王添禄，“□□惠济庵，重建七男亭”。七男亭建造于王家祖先，后倒塌。王添禄于永乐十五年（1417）兴建。永乐二十二年（1424）阴天和浦水枯竭，“公出谷请结津庵住僧督工，修复其桥”[60]。委请寺僧监督修桥工程，可见寺僧对于修桥铺路等慈善工程的娴熟。王添禄弟添资“新构凌云亭、慕缘鼎建圣泉庵，自塑中尊释迦佛像”[61]。

如上，泉州晋江王氏家族与佛教关系之深且密，远非其他家族所能迨及，是极为罕见的家族奉佛经验记录。王氏家族历代以来相继为僧为尼者不少，而惠济庵是其家族数百年来所共同护持的家庙（寺）。依此，僧尼不少是王家子孙，故王氏家族护持这些僧众或护持惠济庵，无异于照顾王家后代子孙。相对的，这些僧尼虽然依附在家族势力的庇护底下，然透过佛教信仰亦得以扩大家族在地方社会的影响力。[62]

四、佛教与地方宗族的社会救济活动

所谓佛教的社会救济或慈善事业，广义言之，统括了佛教僧尼的教化活动、佛教徒对于任何时代的灾害、贫困、疾病和犯罪的处理方法及社会教化的实况，以及叙述佛教慈悲遍及一切众生之实情，包括不杀生、放生、提供旅人、举子等留宿，及筑桥铺路、凿井植树之类等，凡此涵括精神、物质双方面关照之事物者属之。[63]而战乱或灾疫中的尸骨收埋亦是社会救济的重要项目之一；像漏泽园、义冢的倡建。诚如明末清初毛奇龄(1613—1716)的《修建十种功德募引》提到佛教有十种良善功德可举，收埋尸骨、赈饥均是其中之一。其言：

> 福国报本也。修圮桥修路，则除道与成梁也。接行旅者，郊里之委积以待宾客也。放生不杀蛰不妖夭也。施老孤先无告也。饭狱者，恤狱也。赈饥、济渴、药疾，一则惩荒，一则救暍，其一则掌医政令以治六疠也。设棺而掩骼，除其骴而给其器也。凡此何一非王政之大者，而王者不行而佛氏行之。[64]

由此亦足以说明佛教在社会救济事业方面有其不容抹灭的功能，特别在时局纷乱，伤亡惨重的时代里，更不容欠缺。从事统治者“不行”或难行之种种救济活动，以补政策之失或政府力所未逮之处。

而地方家族的赈济活动，其范畴亦不外上列之举。家族从事社会救济，是维系宗族势力与社会秩序的重要工作，也是巩固宗族乡贤之社会地方的有效途径。因此翻开族谱，在其家规或记事里，关于赈济族人或救助贫困乡民、灾民者，屡屡可见。如景泰年间(1450—1456)莆田人陈善，《重造大洋桥记》载莆城北五里处有大洋溪，溪畔居民千百家，“凡公私往来，悉经兹途，古建石桥以通道焉，岁久为水倾圮。一日，三山好义之士俞邦琬，“慨然倾囊以倡兴作，暨弟邦才、侄景砺等捐资乐助，卜吉兴役，恳永福寺僧戒行以董其事。”[65]僧戒行受俞邦琬委以督工之责，开启所需人力与建材的调度，即：

> 谋一二乡老陈存景等，取石于山，煅灰于野，伐木于林，乃叠石为洞，洞有五，遵旧规也。桥之上跨石为梁，梁则新增有六，便人行也。梁两旁缭石为栏，防险阻也。桥两头为石雁翅，杀水势也。桥之西别构一亭，可坐可卧，为行人憩息之所。规模宏远，工夫精致。经始于成化甲辰十月庚申，告成于是年十二月己巳。[66]

兴此利人之心者为俞邦琬，其借助家族兄弟叔侄力量，委请僧人督工。大洋桥兴建完竣后，赢得来往行人的赞美：

> 是桥不兴，吾曹宁免夫病涉之患哉！若俞君思利于人者，博矣。噫！是桥

也,俞君能兴此惠利之心,诸君又能助成其事,使数十年病涉之苦,一旦化为坦途,其志行皆可嘉也。

虽然世人多赞叹俞邦琬的美德,但督工僧人的鼎力相助,亦是成此美事的要因。僧人之所以受托督工,与前见津庵住僧督工修桥有异曲同工之妙,亦即可能以其长期从事修桥铺路的救济经验有关。

至于灾难中的赈济或救灾活动,若非有组织有系统的规划与营运,实难行之有效。晚明自嘉靖以来,东南沿海地区倭变盗贼丛生,饥馑频发,社会问题千疮百孔,闽南一带亦是如此,政府窘于全面应变,对于社会赈济,仅能从政策面如减税、平稳米价,放赈粮仓,以工代赈等局部措施予以着手,譬如任福建兴化推官祁彪佳(1602—1645),于天启七年(1627),有鉴于莆田涵江镇"万货俱集,滨海要区",但无土堡,故倡议筑堡。时值米价涌贵,民饥。祁彪佳"即严闭籴之禁,搜积囤,又严强籴之法,卫囤户,米遂流通,价渐平,贫富皆利焉"[67]。类似的赈济方案屡见地方官施行。至于走入灾区进行安抚、医治灾民或收埋无数伤亡的尸骸,以给予实质的照顾与安置等赈济行动,则多半依赖地方乡贤的亲族力量或民间慈善团体的救援。如崇祯八年(1635)十一月祁彪佳:

> 亲至族党,访饥寒不能衣食、病不能药、死不能殓且葬者,一一捐俸赈之,即着为定例,悉捐□□,置赡族赡邻,产约百亩,有不时之给,有岁终之助,邻族自此无大窘迫。[68]

而崇祯九年(1636)六月浙地发生疫疾,祁彪佳倡议兄弟"首捐金,设医药局于郡城(绍兴)光相寺"。[69]崇祯十年(1637)郯城饥荒,祁彪佳"念野多暴骨,僧本原素以掩骼行三吴,招来,为造舟置器,资其衣食,所掩埋不可胜计"[70]。祁彪佳赈灾多循亲族友朋的财力,踏访灾区予以救济,其间佛寺成为地方乡贤借助为赈灾的空间,僧人则是被延请为协力救济的协助者。

而福建兴化府莆田人林兆恩,出身官宦门第,亦是地方乡贤。当倭寇袭击莆田,造成重大伤亡而引发疫疾流行时,林兆恩倾其家财,进行救灾活动。[71]根据记载,嘉靖三十四年(1555)"倭夷自乙卯入莆,浸淫至壬戌,已八年矣。诸乡村贫病者率散处各衙门及各寺观,而饿殍累然载道"[72]。《三一教主夏午尼林子本行实录》记载嘉靖三十五年(1556),"时疫气盛行,人多病殁,教主始鬻田造棺以施之,自是岁以为常。"[73]而三十九年(1560),倭寇猖獗于莆田城外,"避寇者散处城中及寺观不知其数,率踞地而寝。又加饥饿,教主每具钱米及草荐以施之,贫病咸德焉"[74]。如前见为数甚多的难民逃入城中及寺观里,饥饿依旧,林兆恩则施以钱米及草席等物资救济灾民,而佛教只能供给灾民暂时落脚的栖息空间。

嘉靖四十年(1561)冬,"倭夷迫城,疫疠并臻,死者相枕,棺难遍施矣"。林兆恩见到莆田城内外遍地尸骸,委请黄仕钦、林兆居、吴三乐等七十余人,给予工资于城内外处理尸体以别男女。礼葬于太平山者,有二千二十余具。四十一年(1563)春正月以付薪给资延请北京僧无闻、漳州僧静圜、平海、僧净圆等十余人,在莆城内外收尸火葬，收埋尸骸约有五千余具。又命僧云章等凡八个多月，约收万余具尸骸。[75]五月尸骸暴于南北海上者还相当多，又命僧云章、道士何州等十余人收埋约四千余具死尸。[76]嘉靖四十二年（1562）倭寇退出莆田，林兆恩卖了田产，命令献策与僧法从等十八人在莆城内外收尸火化，埋骨于南北河尾二山，约四千余具，又埋葬了百余担骸骨。四十三年（1563）春命许梦笔、吴梦龙、僧明珪等十人往仙游村收埋尸体约八百余具。[77]

林兆恩多次出资雇请或委任僧俗致力于莆田、仙游等处收埋受难者尸骨，其收埋尸骨数量，或许为了特别表彰林兆恩个人的慈善之行而显得记载有些夸张，但林兆恩的救济活动，让人看到他指挥上的自主权，寺僧则是依附其下，协助收埋尸骨的救灾工作。不管僧人是义务支援还是受雇协助三一教主推动这项活动，但其间僧人的配合与参与，一者显示民间宗教与佛教界限的模糊及之间的合作关系，[78]也因而分担了或者可以说是取代佛教救世济俗的部分功能。二者再次说明佛寺在赈济事业上独立为之的无能为力，诚如赵献海称林兆恩救治瘟疫、救济贫民的行为，显示了“官府、寺院、富户的无为”。[79]

又如《箕阳处士怡如陈先生墓志铭》写到陈怡如（1384—1435），称：

> 处士讳昕，字公显，号怡如，世居延兴里箕阳，昆季七人，处士居长。……与人处交愈久而敬尤笃，且善施好义，遂歉赒贫，恤匮无难色。[80]

陈氏十世孙陈迈斋（1628—1686），族谱载云：“每遇颠连无靠、凶丧无依者，不惜倾笥倒箧以与之。仍多方移贷劝化以相赒恤，至刊刻感应劝善等书传行于世，尤不遗余力焉。”自南明永历十五年（1661），顺治十八年以来，战乱导致：“迁民流离困苦，尝自减，朝夕以济贫穷沿海一带。地方兵燹后，死亡者皆沦于斥卤，公劝募百余金收骸。”康熙十六年（1677），清兵“克复兴安，西城积尸如柴，率长男震为鸠金埋葬，是无异泽及枯骨矣。”陈迈斋出资收埋骨骸，这是兵乱之后急需处理的赈济问题，大量的伤亡，接踵而至的可能是棘手的疫疾问题。又载言陈迈斋“闻有族姑自幼流落失所，未及笄，公访知之，构三十金赎其身归家养育，择配得所。”由于陈迈斋的善行，“族人至今钦诵之”。

而永福县麟峰黄氏善耔公，“初以豪赀，喜为德于乡，尤乐瘗暴骸，家亦由是稍落”[81]。由于其平日好善之德，至三岛溪征租时，为贼民陈德培所系缚，适逢先前曾被黄善耔营救的贼民，“感其旧德，为言于德培，德培亦素稔其名，乃归之”[82]。

从林兆恩或祁彪佳、陈迈斋与黄善耔等，透过家族乃至亲友力量从事赈济之举，多少可以证实地方乡贤的救济善行，的确关系着家族势力及地方名望的建立与维系。同时也是安定社会秩序的重要力量。但是，从地方宗族的赈济活动中，具体得见晚明以来寺僧在逐渐丧失其过去位居社会救济活动的主导地位与支配能力，在财物资源或本身的地方势力上呈现转趋滑落的态势。此中，寺僧与地方家族的主雇或依附关系，可说是直接或间接造成晚明以来寺僧难以独立承担社会救济的又一个值得关注的要素。

佛教在社会救济工作上,因财力物资所限,自上述得见多半居于协助的角色。又逢明末清初时局纷乱,所能发挥的救济力量更形萎缩,只能循着劝募方式随力随分而行。鼓山僧元贤曾于永历八年;顺治十一年(1654):

收遗骸二千八百余。乙未春兴化福清长乐罹兵变,饥民男妇,流至会城南郊,羚娉之状,人不忍见。师乃敛众,遣徒设粥以赈。死者具棺瘗之,凡二千余人,至五十日而止。[83]

僧元贤"乃敛众,遣徒设粥以赈",应是向众人募化赈灾物资,犹如《西陵别录》载及其突释道盛"师到西陵不数日,流贼骤至三乡,焚杀甚惨。百姓奔走城下,饿死者相枕藉。师因亲向诸缙绅居士处募米,散众煮粥救活者无数。"[84]而永历九年;顺治十二年(1655)五月福建:

福兴泉漳四郡皆饥。泉漳兴化福清流民男女大小日以千至,官发米济之。初作厂于南台分给。因至者多,官府怠玩,分流民于各僧寺,令僧人给之。流离转徙,鲜有活者。[85]

同时,"鼓山和尚发心托钵济饥。每日至渡船迎候饿民,设厂煮粥施之。病者予药丸,一月余主事者染气皆病死。"可见寺僧救济力微。故僧元贤于崇祯末年曾表示:

近因南北之耗不通,以致上下之忧特甚。缁衣既弱,徒怀献曝之诚,佛德可凭。[86]

"缁衣既弱,徒怀献曝之诚,佛德可凭"之语,说出佛门于国难之际,而能力所最能及者,即是为国为民行祈福消灾之举。

五、结　　语

根据上述,晚明以来佛教在社会救济事业逐次丧失其主导性地位,除起因于政府政策的立意,地方乡绅的承担办理,战乱的波及和民间宗教相济崛起,相当程度分担了社会救济之责,如三一教林兆恩之举外,从闽南地方乡贤或家族势力纷纷投入赈济活动之中,得以观察部分寺僧成为乡绅救灾之协助者或附属者的此一面相,深刻影响佛教之社会救济渐失自主性与独立性。当中寺僧之所以流为乡绅之附庸,其建构在地方世家宗族的家庙(寺、庵)创建,延请僧人为其祖先职掌祭祀、住持家祠、家庙(寺)的这层主雇关系上,乃不容忽视之要素,亦是本文重要观察之一。

(作者单位:台湾成功大学)

参考文献

[1][明]贺复征编:《文章辨体汇选》卷七七二《陈继儒·论佛》,《景印文渊阁四库全书》,台湾商务印书馆1983年版,第791页。

[2]夫馬進《中國善會善堂史研究》(京都:同朋舍出版,1997)第一章"善會、善堂以前一明代の養済院を中心として";第三章"善會、善堂の出発"指摘明清养济院与唐宋最大不同,在于明清时期一切与僧侣无关,并指出明末清初善会的兴起与当时社会阶级矛盾的扩大有关;梁其姿:《施善与教化:明清的慈善组织》,台湾联经出版社 1997 年版,第 3 页;本书第二章"明末清初民间慈善组织的兴起"进一步分析,称明清善会善堂的活动"并非要单纯解决社会的贫人问题",是"借着施善去尝试重整社会秩序"。同时,巩固了"士人、商人及其他的地方富民"的势力。陈玉女:《明代佛门内外僧俗交涉的场域》,台湾稻乡出版社 2010 年版,第八章"佛门医药的社会服务与教化"分析:(1)为明朝政府立意抑制佛教在社会救济事业上的参与度。(2)为不少明清学者所共同指出的,因晚明社会阶级矛盾扩大,促使地方乡绅企图透过行善的组织活动以维系社会秩序并巩固自身的社会地位,因而压缩并取代佛教在慈善事业的活动空间及传统所扮演的角色。(3)当地方发生灾荒等社会危机,地方政府首先应负起赈济及秩序复原之全责。

[3]陈支平:《福建族谱》,福建人民出版社 2009 年版,第 199 页。

[4]郑振满:《明清福建家族组织与社会变迁》,中国人民大学出版社 2009 年版,第 215～217 页。

[5]如王尊旺、李颖:《医疗、慈善与明清福建社会》、天津古籍出版社 2010 年版。

[6]陈玉女:《明清之际东南地区佛教掩骨埋尸的社会救济与王朝思想》,台湾"中央大学"明清研究中心主办,"明清鼎革变动与文化诠释",2012 年。

[7]田中健夫:《倭寇:海の歷史》(東京:教育社,1988),《16 世紀の倭寇の活動と特質明の倭寇対策》,第 148 页;谢君:《析倭寇小说》,《语文学刊》2010 年第 4 期。

[8][明]郑晓:《重大倭寇乞处钱粮疏》,[明]陈子龙选辑:《皇明经世文编》卷二一七,中华书局 1962 年版,第 2260a 页。

[9][明]王世贞:《倭志》,[明]陈子龙选辑:《皇明经世文编》卷三三二,中华书局 1962 年版,第 3556b 页。

[10][明]何愈、[明]张时彻修:嘉靖《定海县志》卷九《禨祥》,《天一阁藏明代方志选刊续编》,上海书店 1990 年版,第 809～810 页。时间有嘉靖三十二、三十六年之差,但人事的记载是一致的。

[11][明]采九德,《倭变事略》,《丛书集成》初编,中华书局 1985 年版,第 1 页。

[12][清]朱珪修、[清]李拔纂:《福宁府志》卷三五,第 537 页。

[13][明]谢肇淛,[明]陈希拯等修辑,[清]释照微增补:《支提寺志》,《中国佛寺志丛刊》,江苏广陵古籍刻印社 1996 年版,第 88 页。

[14]福建地区称佛寺为"岩"。

[15]明万历十五年(1587)立,《重建骑龙岩记》,引自丁荷生、郑振满编:《福建宗教碑铭汇编·泉州分册》(上),福建人民出版社 2003 年版,第 124 页。

[16]永泰县志编纂委员会编:《永泰县志》,郑梁生编校:《明代倭寇史料》(四)台湾文史哲出版社 1987 年版,第 1646 页。

[17]永泰县志编纂委员会编:《永泰县志》,郑梁生编校:《明代倭寇史料》(四)台湾文史哲出版社 1987 年版,第 1645～1646 页。

[18][清]朱珪修,[清]李拔纂:《福宁府志》卷三五,《中国方志丛书》,台湾文成出版社 1967 年版,第 720a～720b 页。

[19]徐景熹修,[清]鲁曾煜纂:《福州府志》,《中国方志丛书》,台湾文成出版社 1967 年版,第

387页。

[20]刘佑督修:《南安县志》,郑梁生编校:《明代倭寇史料》(四),台湾文史哲出版社1987年版,第1563～1564页。

[21][明]阳思谦辑:《泉州府志》,郑梁生编校:《明代倭寇史料》(四),台湾文史哲出版社1987年版,第1543页。

[22][明]陈良瑔:《倭难纪略》郑梁生编校:《明代倭寇史料》(四),台湾文史哲出版社1987年版,第1655页。

[23][清]金鋐、[清]郑开极纂修:《康熙福建通志》卷六三《杂记·泉州府》,《北京图书馆古籍珍本丛刊》,书目文献出版社1988年版,第2676～2677页。

[24][明]郑晓:《郑端简公文集》,《明代基本史料丛刊·边疆卷》第98册,"与彭草亭都宪·御倭",第152、15 5页。

[25]明万历四十二年(1614)立,《紫云檀越祠四安祭祖族食记》,引自丁荷生、郑振满编:《福建宗教碑铭汇编·泉州分册》(上),福建人民出版社2003年版,第164页。

[26][明]释元贤:《泉州开元寺志》,收入《中国佛寺史志汇刊》第2辑8册,江苏广陵古籍刻印社1996年版,第138页。

[27]明万历二十三年(1595),蔡一槐撰:《开元寺弭灾颂功德碑》,引自丁荷生、郑振满编:《福建宗教碑铭汇编·泉州分册》(上),福建人民出版社2003年版,第131页。

[28][明]释永觉、元贤:《永觉元贤禅师广录》卷一四《四分戒本约义序》,引自《大藏新纂卍字续藏经》,台湾白马精舍印经会,出版年不详,第461c页。

[29]明]释永觉、元贤:《永觉元贤禅师广录》卷一《中秋茶话》,引自《大藏新纂卍字续藏经》,台湾白马精舍印经会,出版年不详,第7166页。

[30][明]余扬:《莆变纪事》,《福建丛书》,江苏古籍出版社2000年版,第26～27页。

[31][明]陈善:《重造大洋桥记》,郑振满、丁荷生编:《福建宗教碑铭汇编·兴化府分册》,福建人民出版社1995年版,第14～15页。

[32]引自陈支平:《福建族谱》,福建人民出版社2009年版,第11页。

[33]引自陈支平:《福建族谱》,福建人民出版社2009年版,第12页。

[34][明]陈善:《重造大泮桥记》,郑振满、丁荷生编:《福建宗教碑铭汇编·兴化府分册》,福建人民出版社1995年版,第136～137页。

[35]《南湖郑三先生祠堂记》,郑振满、丁荷生编:《福建宗教碑铭汇编·兴化府分册》,福建人民出版社1995年版,第104页。

[36]《南湖郑三先生祠堂记》,郑振满、丁荷生编:《福建宗教碑铭汇编·兴化府分册》,福建人民出版社1995年版,第104页。

[37]《南湖郑三先生祠堂记》,郑振满、丁荷生编:《福建宗教碑铭汇编·兴化府分册》,福建人民出版社1995年版,第105页。

[38]《南湖郑三先生祠堂记》,郑振满、丁荷生编:《福建宗教碑铭汇编·兴化府分册》,福建人民出版社1995年版,第105页。

[39]关于陈迈斋的赈济行善,参见[清]陈云章修:《莆田浮山东阳陈氏族谱》,《北京图书馆藏家谱丛刊·闽粤侨乡卷》,北京图书馆出版社2000年版,第386～387页。

[40][清]陈云章修:《莆田浮山东阳陈氏族谱》,《北京图书馆藏家谱丛刊·闽粤侨乡卷》,北京

图书馆出版社 2000 年版，第 275 页。

[41][清]方元会纂修：《莆阳刺桐金紫方氏族谱》，《北京图书馆藏家谱丛刊・闽粤侨乡》第 1 册，第 53 页。

[42]王期璧编修：《晋江青阳王氏族谱》，《闽台族谱汇刊》，广西师范大学出版社 2009 年版，第 254 页。

[43]王期璧编修：《晋江青阳王氏族谱》，《闽台族谱汇刊》，广西师范大学出版社 2009 年版，第 255 页。

[44]王期璧编修：《晋江青阳王氏族谱》，《闽台族谱汇刊》，广西师范大学出版社 2009 年版，第 255 页。

[45]王期璧编修：《晋江青阳王氏族谱》，《闽台族谱汇刊》，广西师范大学出版社 2009 年版，第 194～195 页。

[46]王期璧编修：《晋江青阳王氏族谱》，《闽台族谱汇刊》，广西师范大学出版社 2009 年版，第 256 页。

[47]王期璧编修：《晋江青阳王氏族谱》，《闽台族谱汇刊》，广西师范大学出版社 2009 年版，第 266～267 页。

[48]王期璧编修：《晋江青阳王氏族谱》，《闽台族谱汇刊》，广西师范大学出版社 2009 年版，第 195 页。

[49]王期璧编修：《晋江青阳王氏族谱》，《闽台族谱汇刊》，广西师范大学出版社 2009 年版，第 266～267 页。

[50]王期璧编修：《晋江青阳王氏族谱》，《闽台族谱汇刊》，广西师范大学出版社 2009 年版，第 197、198 页。

[51]王期璧编修：《晋江青阳王氏族谱》，《闽台族谱汇刊》，广西师范大学出版社 2009 年版，第 274～275 页。

[52]王期璧编修：《晋江青阳王氏族谱》，《闽台族谱汇刊》，广西师范大学出版社 2009 年版，第 277 页。

[53]王期璧编修：《晋江青阳王氏族谱》，《闽台族谱汇刊》，广西师范大学出版社 2009 年版，第 283 页。

[54]王期璧编修：《晋江青阳王氏族谱》，《闽台族谱汇刊》，广西师范大学出版社 2009 年版，第 196 页。

[55]王期璧编修：《晋江青阳王氏族谱》，《闽台族谱汇刊》，广西师范大学出版社 2009 年版，第 308 页。

[56]王期璧编修：《晋江青阳王氏族谱》，《闽台族谱汇刊》，广西师范大学出版社 2009 年版，第 285 页。

[57]王期璧编修：《晋江青阳王氏族谱》，《闽台族谱汇刊》，广西师范大学出版社 2009 年版，第 307 页。

[58]王期璧编修：《晋江青阳王氏族谱》，《闽台族谱汇刊》，广西师范大学出版社 2009 年版，第 309～310 页。

[59]王期璧编修：《晋江青阳王氏族谱》，《闽台族谱汇刊》，广西师范大学出版社 2009 年版，第 267 页。

[60]王期璧编修:《晋江青阳王氏族谱》,《闽台族谱汇刊》,广西师范大学出版社 2009 年版,第 317 页。

[61]王期璧编修:《晋江青阳王氏族谱》,《闽台族谱汇刊》,广西师范大学出版社 2009 年版,第 317～318 页。

[62]陈支平:《福建族谱》,福建人民出版社 2009 年版,第 202 页。相关的研究,亦见陈支平:《近五百年来福建的家族社会与文化》,中国人民大学出版社 2011 年版,第 137～149 页。

[63]道端良秀:《中国仏教と社会福祉事業》(東京:書苑,1985),《序说》,第 17 页。见黄敏枝,《第十章 宋代佛教寺院与地方公益事业》,则从将地方建设(桥梁的兴修建、道路修筑、僧寺提供食宿、水利维修、植树)与慈善(漏泽园、义冢、浴室)救济(养老、济贫、赈饥、慈幼、医疗)事业两部分,讨论佛教对地方公益事业的参与,以示宋代佛教存在的社会正面价值,第 413～442 页。

[64][清]毛奇龄:《西河集》卷五八,《修建十种功德募引》,第 511a～511b 页。

[65][明]陈善:《重造大泮桥记》,郑振满、丁荷生编:《福建宗教碑铭汇编·兴化府分册》,福建人民出版社 1995 年版,第 112 页。

[66][明]陈善:《重造大泮桥记》,郑振满、丁荷生编:《福建宗教碑铭汇编·兴化府分册》,福建人民出版社 1995 年版,第 112 页。

[67][明]王思任编:《祁忠敏公年谱》,北京图书馆编:《北京图书馆珍藏本·年谱丛刊》,北京图书馆出版社 1998 年版,第 241 页。

[68][明]王思任编:《祁忠敏公年谱》,北京图书馆编:《北京图书馆珍藏本·年谱丛刊》,北京图书馆出版社 1998 年版,第 289～290 页。

[69][明]王思任编:《祁忠敏公年谱》,北京图书馆编:《北京图书馆珍藏本·年谱丛刊》,北京图书馆出版社 1998 年版,第 293 页。

[70][明]王思任编:《祁忠敏公年谱》,北京图书馆编:《北京图书馆珍藏本·年谱丛刊》,北京图书馆出版社 1998 年版,第 298 页。

[71]张洪都(明)述撰,《林子全集》,收入《北京图书馆古籍珍本丛刊》(北京:书目文献出版社,1988),《林子行实》,第 1205 页。

[72][明]张洪都述撰:《林子全集》,《北京图书馆古籍珍本丛刊》,书目文献出版社 1988 年版,第 1210 页。

[73][明]卢文辉存稿,[清]陈衷瑜编:《三一教主夏午尼林子本行实录》,《北京图书馆古籍珍本年谱丛刊》,书目文献出版社 1988 年版,第 568 页。

[74][明]卢文辉存稿,[清]陈衷瑜编:《三一教主夏午尼林子本行实录》,《北京图书馆古籍珍本年谱丛刊》,书目文献出版社 1988 年版,第 571 页。

[75][明]卢文辉存稿,[清]陈衷瑜编:《三一教主夏午尼林子本行实录》,《北京图书馆古籍珍本年谱丛刊》,书目文献出版社 1988 年版,第 572 页。

[76][明]卢文辉存稿,[清]陈衷瑜编:《三一教主夏午尼林子本行实录》,《北京图书馆古籍珍本年谱丛刊》,书目文献出版社 1988 年版,第 574 页。

[77][明]卢文辉存稿,[清]陈衷瑜编:《三一教主夏午尼林子本行实录》,《北京图书馆古籍珍本年谱丛刊》,书目文献出版社 1988 年版,第 576～577 页。

[78]陈玉女:《从明代僧人著述观察佛教与民间信仰的关系——以释宗本的〈归元直指集〉为观察重点》,《亚洲研究》第 58 期,2009 年。本文针对晚明新兴宗教兴起的背景及其与佛教之间既

融合又对立的关系，进行剖析，第 161～190 页。

[79]赵献海：《瘟疫与民间宗教——以林兆恩与三一教为例》，《中国社会历史评论》2005 年第 6 卷。俞黎媛《社会学视野下的三一教与明代社会》，《赤峰学院学报》（汉文哲学社会科学版）2010 年第 10 期］所讨论的内容及观点，大致与赵献海所论雷同，文中述及：倭乱中，莆田的道观万寿宫、梵宇凤山寺、梅峰寺、东岩寺、广化寺、囊山寺、迎福院、万寿庵、天泉庵，还有众多的祠庙无不化为废墟。且“倭患”后，莆田寺院也没有能力承担这个（施善）责任，因为在平灭“倭寇”的过程中，国家为了筹集军饷而向兴化等地寺院征收田租，寺院多不堪负担而败落。。

[80][清]陈云章修：《莆田浮山东阳陈氏族谱》，《北京图书馆藏家谱丛刊·闽粤侨乡卷》，北京图书馆出版社 2000 年版，第 332～333 页。

[81]黄惠纂：《麟峰黄氏家谱》卷一二《杂纪·兵燹附》，《北京图书馆藏家谱丛刊·闽粤侨乡卷》，北京图书馆出版社 2000 年版，第 414 页。

[82]黄惠纂：《麟峰黄氏家谱》卷一二《杂纪·兵燹附》，《北京图书馆藏家谱丛刊·闽粤侨乡卷》，北京图书馆出版社 2000 年版，第 414～415 页。

[83][明]释永觉、元贤，野口善敬解题：《鼓山永觉和尚最后语》卷下《鼓山永觉贤公大禅师行业曲记》，第 7685 页。

[84][明]释道盛说，[明]释大成、[明]释大奇校：《天界觉浪盛禅师全录》卷二九《西陵别录》，第 805a 页。

[85][明]海外散人撰：《榕城纪闻》，第 18 页。

[86][明]释永觉、元贤，野口善敬解题：《鼓山晚录》卷五《闻贼势猖獗讽经护国疏》，第 7387～7389 页。

闽南文化研究的多元思考

陈支平

近二十余年来,区域文化史的研究受到了包括学界在内的社会上的广泛重视。就华南地区的情景而言,闽文化、赣文化、粤文化受到各自地域的高度专注自不待言,即使是在各个省区的地域之内,各个小地域文化的研究,也都开展得如火如荼,方兴未艾。举福建省为例,其著者至少有所谓的闽都文化、兴化文化、闽南文化、客家文化,等等。这些不同地域的文化研究都取得了众多可喜的研究成果。

然而必须看到,也许是因为地域文化的研究受到地域界限的限制,各自的地域内的文化研究,大多关心于本地域的文化特征及其变迁,而较少顾及到其他相邻地域文化的参照研究,这样就不能不在某种程度上形成了各说各话,甚至自得其乐、坐井观天的研究态势。因此,假如我们从换位思考的角度,进行文化多元性的思考,或许对于区域文化的研究,会展现出一些不同的观察视野。下面笔者试就闽南文化的研究作三个不同视野的重新思考。

一、中国南方文化史研究的思维定式

所谓“思维定式”,换句话也可以说是人们对于自身所处的文化氛围的认同感和认知感。这种对于自身所处的文化氛围的认同感和认知感往往是以身俱来和水乳交融的。但是也正是这两千年来中国华夏文化的深入人心,她也就促使人们对于自身所处的地域文化的认知和认同形成了一系列的思维惯性,并且由此定格了一定的思维定式。这种思维惯性和思维定式在一定程度上扭曲了中国南方民族史和文化史的原有形态。

在另一方面,我们今天之所以有兴趣来研究区域文化史,大多是因为我们自己身处在自己熟悉乃至热爱的某一区域。事实也正是如此,当今研究各个区域文化史的学者,绝大部分是出生于这一区域或者是与这一区域有着密切关系的人们。这就造成区域文化史的研究在不知不觉之中产生了感情上的某种依托于投入。学术研究上的感情投入,同样会使得这一学术研究蒙上许多理想主义的色彩。

在以上两种因素的影响下，区域文化的学术研究就很难真正走上客观审慎的正确道路。我们只要检讨回顾一下这些年来南方区域文化史以及福建省内各小区域文化史的研究结论，就不难发现其中所存在的弊病。举两个带有普遍意义的问题如下为例。

在当今的闽台民间社会，人们在谈论自己家族的演变历史时，大都认同祖先源自于中原地区，特别是中原的光州固始县一带。光州固始成了闽台民间社会的一个家族溯源的永久性记号。岂止闽台，在华南的珠江三角洲一带，以及散布于南中国各地的“客家”民系，也都有其各自的家族从北方中原溯源的永久性记号，譬如珠玑巷、石壁村、山西洪洞县大槐树下、河洛等等。现在东南地区的一些家族史研究，对于族谱资料的执着，不少人几乎到了迷信的地步。人们根据自家族谱的记载，可以非常自豪地对外声称自己的家族是中国最纯正的中原汉民族世家望族的嫡传血统。我们现在有些区域文化史的研究学者，往往把当地家族变迁史的这一历程，作为本区域文化有别于其他区域文化的主要表征之一。那么我们不能不说这样的学术认知不免有些坐井观天，只见树木不见森林。

再如关于中国南方地区方言的研究，以往的思维惯性模式是现存的南方方言，是北方中原正统语言的传承。绝大多数的研究者们几乎都是从现在的东南方言是从北方移植过来的这一前提作为出发点来研究这一问题的。其结果是不论是那种方言，所得出的研究结论全部是：我们的方言保存了最丰富的上古、中古时期中原的古音；中原古音在中原已经逐渐消失，我们的方言是中原古音的活化石，诸如此类。研究结论上的雷同，本身就失去了学术上的创新意义。北方中原语言作为当时政治核心的语言，对于南方新开发区域的影响是不容置疑的，然而，原先流传在南方各地的地方语言，是否也在现在的东南方言中被部分地传承了下来？

出现类似于以上观点雷同、一厢情愿研究结论的根本原因，就在于深受文化思维定式和文化情感投入两种因素的干扰。那么，我们应该如何来认识和理解这一文化思维定式在中国南方文化史研究中所产生的历史影响力呢？

中国上古时期的南方地区，是众多少数民族散居的区域。而在其北方地区，则是社会经济与文化均呈现出先进的所谓“华夏文明”。先进的“华夏文明”对于南方少数民族的影响是不可阻挡的。然而值得引起人们的注意。有关华夏文明及中国古代史的传统阐述，从总体上看，是以北方中原地区的历史发展为主要阐述脉络的，甚至可以表达为一种“北方中心论”或“中原中心论”。长期以来，我们及学界的大部分研究者一样，相信传统文献中有关南方社会、经济、文化乃至环境等方面的记载，借以研究问题。但是在北宋中期以前，有关南方地区历史的记载，可以说主要出自北方士人或持华夏正统观念的南方士人之手，他们对南方地区的描述，主要是立基于华夏正统观念以及中原士人观念的。

在这种“中原中心论”文化观念的支配下，宋以来，中国南方的士子及知识分子们在继承和补强中国正统的伦理文化规范上作出了杰出的贡献，以朱熹为代表的南方理学家群体对于中国后世的文化贡献成为众所周知的事实。然而我们在阅读早期南方士子们求道为学的著述时,不难从中看出他们津津乐道于自己已经成为一名“正统文化者”的心态。而这种“正统文化者”,自己已经不知不觉地演化成为一名亦步亦趋的北方文化中心标识的追随者。

“中原中心论”的文化影响力并不仅仅局限在南方的士大夫和知识分子层面,它对于中国南方民间社会的演变以及民族关系的调适都产生了不可估量的深刻影响。研究中国家族史的学者都注意到宋明以来中国的家族制度及其组织,南方地区普遍发达于北方地区。朱熹在重构宋以来中国家族制度的理论和实践上都作出了极为重要的贡献。显然,如果说早先的中国南方民族历史文化是由北方中原人基于“中原中心论”而塑造出来的,那么其文化的影响所及,到了宋代以至明清,乃至于现在的许多南方汉民,在已经在其潜意识里根深蒂固地根植了自己是源于中原的文化认同。在这样的文化认同之下,“中原中心论”的南方家族史、民族史以及各种与此相关的历史文化命题,就由南方人自己创造出来了,而再也无需由北方中原人代劳了。

这种源于“中原中心论”的文化思维定式,渗透到中国南方社会史、民族史研究的各个主要的层面,包括语言、风俗、艺术、文学、宗教的许多领域,甚至于近年来刚刚兴起的民族基因学,也在一定程度上受到这种先入为主的思维惯性的影响。这种思维惯性一方面体现了不同民族间文化相互影响力扩展的必然趋势,而再另一方面,它也必然给中国南方民族的研究蒙上重重的文化迷雾,从而导致了中国南方民族史、文化史研究过程中的历史与现实的偏离。

二、闽南文化的二元结构

我们对于以往中国南方文化史研究中的思维定式作了简要回顾之后,就不难理解闽南文化史以及其他小地域文化史研究过程中的观点雷同与一厢情愿的思考方式的普遍流行。同时,我们也就可以从这一前提出发,对于闽南文化的历史地位及其基本特征做一新的探索。

闽南区域文化乃至福建区域文化的形成,受到中原华夏文明的深刻影响,这是毫无疑问的历史事实。闽南区域文化特征不是一朝一夕形成的,而是经历了一个漫长的历史演化过程。秦汉以前,闽中土著居民与中原的交往不多,社会结构及文化民俗自成体系。汉晋至五代,中原汉人开始不断向东南沿海迁徙。随着汉人大批入闽,汉文化在闽中由北向南迅速传播,汉族文化逐渐取代土著民俗而占主导地位。宋代是福建社会经济得以全面发展的一个重要时期,也是闽南区域文化特征的形成和演化的一个重要转折时期。在中国经济重心南移的历史条件下,福建社会经济在短时间内跻身于全国发达地区行列。特别是宋代闽学的兴起,对于包括闽南文化在内的福建文化以及民间的习俗风尚起到了重要的引导作用。经过唐宋时代的锤炼,作为一种具有某些独特性格的闽南区域文化已经基本形成。元明时期，闽南区域经历了海洋社会经济与文化的强烈冲击。明代中期以后，中国商品市场经济繁荣，士农工商的界限渐趋模糊，传统的农业经济更加掺杂混合了多元的经济成分。与此同时，思想文化界酝酿着求新求变的思潮冲动，更是对于闽南区域文化特征的走向成熟，起到了积极的推动作用。

闽南文化的形成与成熟定型虽然是伴随着中原文化在福建的传播而向前发展的，中华主流文化对于闽南区域文化的形成与成熟定型有着主导性的影响力。中原华夏主流文化由北向南而向各个边陲地带传播的历史，造就了人们认知地地域文化的思维惯性与定式，即边陲等晚开发区域的文化是由中原华夏主流文化移植传承而成的。然而我们不能不看到，中原华夏主流文化南传得同时，原来生长于福建以及闽南区域的土著文化、外来的海洋文化等不同源流的文化，对于闽南区域文化的最终形成，同样产生了重要的影响力。由于受到文化思维惯性及其定式的限制，这种土著文化、海洋文化的合力在以往的研究中被有意无意地低估了。人们过多地关注于北方中原士民对于南方区域开发的压倒性作用，中国南方原有土著对于南方区域的开发与贡献被大大忽视了。事实上，所谓核心与边陲的文化概念是相对性的，在中国大一统国家的边陲地带，各自所处的自然地理位置差异很大，文化渊源的多样化，因此各个边陲地带接受中原主流文化的程度以及其所形成的地域文化特征也将是各自不同、多姿多彩的。

在这样有所差异而充满多元因素的历史变迁中，闽南区域文化就显现出一些与中原主流文化不同的独特表现形式。在文化思想方面，科举制度的羁绊及官僚体制的束缚，固然促使许多士大夫和知识分子随波逐流，成为政治文化的殉葬品，但是也有一部分富有社会文化责任心的知识分子，其摒弃因循守旧、追求革新变化的思潮往往能够比中原地区的士大夫和知识分子更能先声夺人；在社会行为方面，不尚空谈高调，脚踏实地，务实做事，努力进取，是民众的基本价值取向；追求效益，商品意识较强，对外来文化和民俗采取较为宽容的态度。这种情况又与中原内地人民的淳朴、守成和不轻易冒险的保守性格形成了一定的反差。

闽南区域文化作为中华核心与边陲的文化变异的一种产物，在一定程度上大大补强了中华整体文化的多样性。而在其自身的结构上，她能够较好地吸收中华核心文化以及其他区域文化，甚至外来文化的精华成分，来强化自身的文化特征。这种潜移默化式的、带有一定文化变异意味的区域文化变迁历程，是闽南区域文化得以在不同的历史时代适应新的时代需求的最本质的力量源泉

透过对于闽南区域文化历史变迁及其基本特征的分析，我们似乎可以对于闽南区域文化的本质作出这样的总结：闽南区域文化是一种二元结构的文化结合体。这种二元文化结合体既向往追寻中华的核心主流文化，又在某种程度上顽固地保持边陲文化的变异体态；既遵循中华民族大一统政治文化体制并积极为之作出贡献的同时，又不时地超越传统与现实的规范与约束；既有步人之后的自卑心理，又有强烈的

自我表现和自我欣赏的意识;既力图在边陲区域传承和固守中华文化早期的核心价值观念,却又在潜移默化之中造就了诸如乡族组织、帮派仁义式的社会结构。这种二元结构的文化结合体,可以把许多看似相互矛盾、相互排斥的人文因素,有机地磨合和交错在一起。也许正是这种二元文化结合体,在一定程度上滋生了闽南区域文化及其社会经济的持续生命力,从而使得闽南社会及其文化影响区域能够在坚守中华文化核心价值的同时,有所发扬,有所开拓。我们通过对于闽南二元结构文化结合体的研究,应该有助于对于中华文化演化史的宏观审视。

三、闽南区域是中国传统文化对外传播的主要途径

研究中国文化对外传播史的学者,更多地把这种文化传播局限在以儒家学说为核心的带有意识形态意味的政治文化之上。事实上,仅仅有意识形态意义上的文化是远远不能涵盖明代文化对外传播的固有面貌的。我以为,明代中国文化的对外传播,至少还应该包含一般民众的生活方式的对外传播。

明代是中国传统朝贡贸易向民间私人海上贸易变迁的重要转折时期。16世纪初叶,西方葡萄牙人、西班牙人相继东航,他们各以满剌加、吕宋为根据地,逐渐伸张势力于中国的沿海。这些欧洲人的东来,刺激了东南沿海地区商人特别是闽南人的海上贸易活动。伴随着明代中期社会经济特别是商品市场经济的发展,东南沿海地区商人特别是闽南人也开始萌动着突破传统经济格局和官方朝贡贸易的限制,犯禁走出国门,投身到海上贸易的浪潮之中。于是从明代中叶以降,东南沿海地区商人特别是闽南人的足迹几乎遍及东南亚各国,其中尤以日本、吕宋、暹罗、满剌加等地为当时转口贸易的重要据点。由于当时的欧洲商人已经染指于东南亚各国及我国沿海地区,因此这一时期的海外贸易活动,实际上也是一场东西方争夺东南亚贸易权的竞争。中国的沿海商人,以积极进取应对的姿态,扩展势力于海外各地。

明代中后期不仅是中国的商人们积极进取应对"东西方碰撞交融"的时期,而且还随着这种碰撞交融的深化,闽南地区的对外移民也形成了一种常态的趋向。这种带有家族、乡族连带关系的海外移民,必然促使他们在海外新的聚居地,较多地保留着祖家的生活方式。于是,家族聚居、乡族聚居的延续,民间宗教信仰的传承,风尚习俗与方言的保存,文化教育与艺能娱乐偏好的追求,都随着一代又一代移民的言传身教,艰难存继,而得到了顽强的生命力。这种由民间传播于海外的一般民众生活方式,逐渐在海外形成了富有中国特色的文化象征。因此,我们在回顾中国以儒家经典为核心的意识形态文化在明代后期向西方传播的同时,绝不能忽视明代中后期以来一般民众生活方式对外传播的文化作用及其意义。

我们完全可以这样表述:明代中后期以来中国文化对外传播具有两个层面与两种途径,即由西方传教士及中国上层知识分子翻译介绍到欧洲的以儒家经典为核心

的意识形态文化，以及由沿海商民特别是闽南人迁移海外所传播过去的一般民众生活方式的基层文化。随着时间的推移和世界文明格局的变化，这两种文化传播层面与途径，并没有殊途同归，形成合力，而是经历了不同的艰辛挣扎的发展历程。

以儒家经典为核心的意识形态文化对外传播，经历了明清易代之后，其开放的局面，还继续维持了一段时间。然而到了清代中期，政府采取了较为保守封闭的对外政策，尤其是对于思想文化领域的交流，逐渐采取压制的态势。在这种保守封闭的政策之下，中国文化的对外传播，受到了一定的阻碍。更为重要的是，随着西方资本主义革命的不断胜利和工业革命的巨大成功，"欧洲中心论"的文化思维已经在西方社会牢固树立。欧洲一般的政治家和知识分子们也逐渐失去了对于中华文化的那种平等的敬畏之心，延至近代，虽然说仍然有一小部分中外学人继续从事着中国文化经典的对外翻译介绍工作，但是在绝大部分西方人士的眼里，所谓的中华文化，只能是落后民族的低等文化。尽管他们的先哲们，也许在不同的领域提及并且赞美过中国的儒家思想，然而到了这个时候，大概也没有多少人肯于承认他们的高度文明思想，跟远在东方的中国儒家文化有着什么样的瓜葛。时过境迁，从 19 世纪以后，中国以儒家经典为核心的意识形态文化在世界文化整体格局中的影响力大大下降，其对外传播的作用日益衰微。

反观由沿海商民特别是闽南人迁移海外所传播过去的一般民众生活方式基层文化的这一途径，则相对的通畅一些。清代政府虽然采取了较为保守封闭的对外政策，但是对于海外贸易，一方面是相对宽容，另一方面也无法予以有效的禁止。在这种情景之下，沿海居民从事海外贸易和移民的活动一直被延续了下来。特别是在向海外移民方面，随着国际间交往的扩大和资本主义市场的网络化，其数量及所涉及的地域均比以往有所增长。到了近现代，中国东南沿海向外移民特别是闽南人的移民足迹，已经深入到亚洲之外的欧洲和美洲各地，甚至于非洲。

如前所述，中国沿海商民特别是闽南人向外移民的一个重要特征，就是能够在相当高的程度上保留和传承其在祖籍的生活方式。于是，经过数百年来中华海外移民的艰难挣扎、薪火相传、生生不息。历史事实证明，东南沿海民间基层文化在传播中华文化的道路上，发挥着极其重要的桥梁纽带作用。而这一重要桥梁纽带的形成与发展，闽南人在这一历程中发挥了至关重要而无可替代的历史作用。

我们今天探讨闽南文化的历史地位与基本特征，闽南文化的开放性、辐射性、世界性，无疑是中国其他大多数区域文化所难于比拟的。从地理概念上说，所谓闽南区域，指的是现在福建南部包括泉州、厦门、漳州所属的各个县市。然而从文化的角度说，闽南文化的概念远远超出了以上的区域。由于面临大海的自然特征与文化特征，使得闽南文化在长期的传承演变历程中，不断地向东南的海洋地带传播。不用说中国大陆的浙江温州沿海、广东南部沿海、海南沿海，以及祖国的宝岛台湾，深深受到闽南文化的影响，形成了带有变异常型的闽南方言社会与乡族社会，即使是在东南亚地区以及海外的许多地区，闽南文化的影响所及，都是不可忽视的社会现实。因此，闽南文化既是地域性的,同时又带有一定的世界性的。这样的文化特征才是我们今天所值得自豪的本质精神,应当予以继承发扬。在当今世界一体化的趋势之下,深入探索闽南文化尤其显得深具意义。

(作者单位:闽南师范大学)

试论广播电视闽南语节目传播

戴朝阳

闽南语传播与其他方言在大众媒介上的传播有很大的不同：一是传播范围大，本土之外的台湾整个省基本上通行闽南话，而且它还是东南亚许多国家华人的通用语。二是，文字传播不发达，口语传播发达。这与广东话不同，广东话是文字和口语并驾齐驱。三是，支撑语言的文化主体不同，而且有的文化彼此还没有认同感。正是这些因素决定了闽南语传播的特点。

一、闽南语节目传播的三个不同文化层面

工具性是语言的第一属性，但是，语言积淀着使用该种语言群体的文化。闽南语积淀着三种不同的文化：闽南文化、台湾文化、潮汕文化。这三种文化有融合，也有分离。文化的融合和分离也影响着三地语言的交流，进而影响着三地广播电视媒介的交流。

1. 闽南文化。泉州、厦门、漳州三个市是闽南语的发源地，这三个市有着共同的文化结构、文化传统。从这三地电视台轮流举办闽南语歌曲大赛就可看出三个市电视台和电台是比较有联系的。

2. 台湾文化。台湾文化是闽南文化和当地土著文化及些许日本文化融合的结果，如台湾闽南话中也加进了日语的词汇，但其核心是闽南文化。因此，台湾广播电视媒体与闽南地区的联系是密切的，两岸的闽南语节目经常互播，有的台湾广播电视人还到闽南地区做节目，如台湾的安安到泉州制作并播出节目；台湾的张无砚到泉州电视台闽南语频道做主持人。泉州电视台闽南语频道的闽南语电视剧也主要来自台湾。

3. 潮汕文化。潮州、汕头通行的也是闽南话，这个地方的学者专家也承认这一点，但普通老百姓却更愿意称他们说的是潮州话。在潮汕地区，不管是学者还是普通老百对闽南文化都没有认同感，他们称他们的文化是潮汕文化。这与行政区的不同归属有关，潮汕地区属广东管辖，潮汕学者大多承认潮汕人是从泉州等地的闽南地区

移居来的,他们也承认潮州话属闽南话、潮汕文化受到闽南文化的影响,但又强调包括语言在内的文化是受到中原文化和闽南文化的两重影响,这就从理论上把潮汕文化与闽南文化区分开。还有的专家认为,潮州话并不是直接来自闽南地区,它是古代莆田人移居到潮汕地区后,把他们家乡话带到这儿,潮州话是古代莆田人讲的话。而这种话就是闽南人讲的话,宋以前莆田人讲的就是闽南话,宋以后莆田在行政上脱离泉州独立出来,其语言开始受到福州方言的影响,逐渐形成了莆田话。讲闽南话的潮汕人大多是宋以前移居到这儿的莆田人。因此,他们的文化与闽南文化是有区别的。由于以上原因,潮州、汕头地区的潮州话(即闽南话)广播电视节目与闽南地区、台湾地区的闽南话节目几乎没有什么交流。

二、闽南语节目的两个不同传播形态

1. 文化传播。有些电台和电视台把闽南话节目当作传播闽南文化的载体。在这种传播中,形式和内容是紧紧地捆绑在一起的。大陆的电视台和电台在办闽南语节目时大多采用这种理念。如东南广播公司的闽南话讲古(即用闽南话讲故事)讲的大多是闽南的人和事;泉州电视台闽南语频道的"泉州第一炮"节目开播时主要讲的也是泉州的人和事,后来才扩展到其他领域。每一种语言都有自己的一套文化系统,但是如果把闽南语传播等同于闽南文化传播,那就大大缩小了闽南语广播电视节目的表现空间,就会产生后劲乏力的现象。泉州电视台闽南语频道的"泉州第一炮"节目刚开始播出的时候就是以闽南文化作为谈话对象的,当时这个节目确实办得很火,但是时间一长,有关闽南文化的话题就难以为继了,谈话内容就得扩展到闽南文化之外去了。泉州电视的"泉州讲古"(泉州故事播讲)讲述的对象也是以泉州为主,但不局限于泉州。只有这样闽南语节目才能扩展生存空间。

2. 传播工具。台湾的闽南语节目是把闽南话作为纯粹的交流、传播工具看待。不管什么内容都可以在闽南语节目中播出。台湾的闽南语广播电视节目比大陆影响大,这与台湾是最大的闽南语区有关,也与他们把闽南话作为单纯的传播工具有关,因为这大大扩展了闽南话的在广播电视中的表现力。

三、闽南话节目传播的对象和主体

(一)传播对象

1. 对外。中国国际广播电台和中央电视第四套节目的闽南语节目就是面向国外的传播,传播对象是海外华人、华侨。其中中国国际广播电台除了开办闽南话节目外还开办了潮州话节目。从语言角度看，潮州话属闽南话，只是发音和词汇有些不同。从地理分布看，把闽南话作为通用话的华侨主要分布在东南亚地区。如果要获得较好的传播的效果，就要在闽南文化和东南亚文化找契合点。但从目前看，对外闽南话传播媒介还没有很好地做到这一点。

2. 对台湾。目前有中央人民广播电台神州之声、海峡之声广播电台闽南语频道、海峡卫视、东南广播公司开办了对台湾传播的闽南语节目。这几个电台和电视台除了海峡之声广播电台闽南语频道都不是专门的闽南语频道。

海峡卫视是兼有对台湾和对本地双重传播任务的。中央人民广播电台神州之声是以台湾受众为传播对象的方言频道，用闽南话和客家话两种方言播音、主持。从办频道的宗旨："传播故土乡音，增进唐山亲情"及设置的节目可以看出海峡之声广播电台闽南语频道是以对台广播为主，兼顾大陆及东南亚地区的闽南语广播频道。福建省广播影视集团东南广播公司的定位是主要面向台湾，兼顾东南亚的广播。其节目设置也是如此，安排了不少闽南语节目。但这家电台在定位和实际传播中存在着矛盾，而且从20世纪90年代办台以来，这个矛盾一直没有解决。这个面主要对台湾传播的电台，只覆盖福州市。即定位的传播对象很难收听到这个电台的广播，闽南地区也收听不到。这个电台在传播上存在着这样的问题：电台覆盖范围内的人大多听不懂闽南话，闽南语区的人听不到这个台的广播。

现在电台的对台湾的闽南语传播在策略上都兼顾大陆受众，因为电台要追求传播效果的最大化。这个转变大约起于20世纪90年代。从技术上看，当时，电视开始普及，接着互联网又开始走进千万户，台湾人获得大陆的信息不一定要借助广播这个传播媒体；从传播上看，早年间，大陆和台湾意识形态是对立的，好奇心促使台湾受众听大陆广播，后来台湾海峡两岸的对立得到缓解，对台湾广播的特定宣传意味减少，关注的是中华民族、甚至是人类同有的话题，于是对台广播也适应大陆闽南语区的人收听。

3. 对本地。对本地可以分为国内对本地广播和海外华侨在所居住的国家办的、对本地华人播出的电台、电视台。

台湾是一个通行闽南语的地方，因此台湾的闽南语电视、广播的闽南语节目量多，质也不错。台湾的电视和电台大多有闽南语节目，或在普通话节目插进了闽南语表达，而且专门的闽南语电视台、电台或频道也相当多。

厦门开办有兼对海内外的海峡卫视、面对本地的闽南之声广播电台。泉州有电视台的闽南语频道、广播的刺桐之声。

潮州、汕头的电视台、电台都设有潮州语节目，即闽南语节目。汕头电台还开办了"戏曲之声"频道，这个频道主要播出使用潮州话，即闽南话表演的戏剧。

东南亚华侨也在当地拥有或租用电台播出闽南语节目。

(二)传播主体

从传播主体看,可分为本土传播及海外传播

本土传播主体在闽南语区。台湾的闽南语广播电视是交叉覆盖的,而且资源共享。大陆同级行政区的闽南语广播电视大多处于各自封闭状态中,只有厦门电视覆盖漳州,没有形成合力。其原因有二:一是闽南语区内部的语言发音和语汇不尽相同,这虽然是原因之一,但不是主要原因,因为这些差别并不影响语言的交流;二是与广播电视的市场竞争有关系,广播电视台不敢贸然进入异地。

东南亚的华人华侨也在所在国开办了闽南语节目。有的私人拥有电台的频率,有的向电台租用播出时段。但由于人力物力的关系,这些节目的质量还有待提高。如菲律宾的"友谊之声"广播电台是华侨梁书生先生自己拥有的广播电台,频率是FM99.9,覆盖马尼拉及周边地区。这个电台就设在梁书生先生家里,电台的工作人员只有一人,就是梁书生先生。这个电台每天大部分时间播出MP3音乐,晚上8点左右梁书生先生自己播新闻:在直播室里放一台电视机,梁书生先生一边看电视上播出新闻,一边翻译成闽南语播出。本文作者曾应梁书生先生之邀,为这个电台进行整体策划,但由于各种原因的限制,策划不能实施。菲律宾还有些华人、华侨租用电台的时间段播闽南语节目,但主要播出的是卖药品的广告节目。总之,海外的闽南语广播电视节目未能产生较大影响。据老华侨说,早年间,菲律宾的闽南语广播是比较发达的,后来逐渐衰弱了。

从菲律宾的闽南语节目的现状,我们可以窥见东南亚闽南语广播电视的状况。东南亚闽南语广播节目衰弱的原因是多方面的,有的是因为所在国政府政策的影响,有的是受众的原因。现在东南亚的大部分年轻华人是在居住国出生的,他们与居住国的人民共生息,很多人不会说闽南话,当然也听不了闽南话广播。近年来,汉语对外教育发展很快,但基本是以普通话进行教学,因此,闽南话在东南亚华人、华侨中的影响就不如以前了,东南亚的闽南语媒体也很难有大的发展。

四、闽南语节目的播音与主持

目前大陆的不少闽南语播音、主持,发音及稿件处理不科学而且对方言的处理也不规范。科学的发声应该是软腭要打开,声带要放松,而在相当长是时期内,一些闽南语播音员、主持人的播音、主持却反其道而行之,片面地追求声音的亮色,发音靠前,挤压声带;科学的呼吸方法是胸腹联合呼吸法,但是很多闽南语播音员、主持人为了追求声音的亮色,再加上在话筒前处于紧张的状态中,于是采用胸式呼吸法;播音、主持的声音应是虚实结合,而且要有弹性,而一些闽南语播音员、主持人采用的是大实声,声音也偏高;由于发声的错误,一些闽南语播音员、主持人的播音、主持语流不够流畅,缺少变化,显得僵硬,谈不上对稿件进行二度创作。不能自如播音、主持,也造成了有些闽南语播音、主持无对象感,未能与受众交流的现象。另外,对语言的的文白处理不规范也是目前闽南语播音主持存在的一个问题。

台湾和海外的闽南语播音、主持听起来相当流畅、自如,尽管这些闽南语播音、主持没有像中国大陆的普通话播音、主持那么有美感。这与它们产生的背景是分不开的。台湾和海外的播音、主持都不像大陆普通话播音、主持有完整的理论体系,播音、主持实践也不像大陆普通话播音、主持那样精雕细琢。大陆和台湾的闽南语播音、主持走的是两条不同的路,大陆走的是艺术化的路,台湾走的是自然化的路。在这样的背景下,台湾闽南语播音、主持尽管也有程式,但不像大陆那样拿腔拿调。如果说台湾的闽南语播音和主持是在"走路";那大陆的闽南语播音和主持向普通话播音、主持学习,就像在"舞蹈"。学走路容易学舞蹈难,没有较好的身段、乐感及较高的形体表现素质是跳不好舞蹈的,大陆的第一代闽南语播音员就像没有舞蹈素质的人却偏要跳起舞蹈,不免让人觉得别扭,如果他们老老实实地"走路"效果一定会更好,等到路走得很稳很有风度了,再来学舞蹈。

现在有些年轻的闽南语播音员、主持人,由于有较高的文化素质,在发声和稿件处理上借鉴了普通话的方法,播音、主持水平比以前有较大的提高。

五、闽南话节目传播的发展历程

在大众媒介上,闽南语传播主要体现在广播电视上。闽南语传播是从对外传播开始的。1949 年前,国民党的中央广播电台就开办了厦门话广播。厦门话是闽南方言的代表。由于东南亚的华侨绝大部分讲闽南话,因此,不管是国民党时代的对外广播还是中华人民共和国成立以后的对外广播都把闽南语作为一个重要语种。

20 世纪 40 年代及之前,由于科学技术发展水平的限制,无线广播或大范围的有线广播是难以在地方上普及的。地方上的闽南语传播主要的是人际传播或通过戏剧、曲艺表演进行传播的。因此,在大众媒介上的闽南语传播就必然首先在国家电台上产生。又由于广播频道在当时是紧缺资源,要用在最需要的地方上。广播在当时是最强大的传播媒体,政党和政府办的媒介当然很看重其宣传功能,海外华侨是一个很值得关注的受众群,国民革命的成功在很大程度上与海外华侨的支持分不开。而东南亚的华侨又主要通行闽南语,所以,国民党的中央电台就把闽南话作为对外广播的重要语种。

作为以闽南话为通用语的台湾,在电台产生后就广泛地采用闽南语进行播音、主持。闽南话大众传媒在大陆本土的繁荣是从 20 世纪 50 年开始的,60 年代和 70 年代达到发展的高峰。20 世纪 50 年代中国大陆开始在县级行政区建立有线广播站,而在闽南地区建立的县级广播站的播音绝大部分是用闽南话的。从 20 世纪 50 年代开始建站一直到90年代初县级广播站转为无线广播电台为止，县级广播站的闽南话节目办得并不好，内容空乏，形式呆板，闽南语播音更是别扭。那时县级台的闽南语播音员从汉语普通话播音中感觉到播音的咬字应该比平时说话清楚，声音也应该比平时说话好听，但由于县级台的第一代闽南语播音员文化素质和艺术修养不高，于是他们用“挤”嗓子和浅气息产生声音的亮色；用拖腔和句末语调拐弯来使声音显得“宛转”。这样处理，每个字的音确实播得很清楚，但语句处理显得别扭、僵持。这种播音风格建立之后，闽南语播音员就口传身授地一代代传下来。这种情况到了20世纪90年代初，县级广播有线广播站改为在线广播电台，电台对节目形态和播音主持进行改进，这种情况才有所改变。

中央人民广播电台对台湾广播中的闽南语节目是闽南语节目中较为优秀的。但现在播音水平似乎有些下降。中央人民广播电台创办于1954年8月15日的对台湾广播和于2009年8月10日改版的神州之声中都有大量的闽南语节目。前者把台湾受众作用唯一的传播对象，后者把受众扩展到大陆的闽南语区。

1958年8月24日建立的中国人民解放军福建前线广播电台在1984年元旦更名为海峡之声广播电台。这个电台中闽南语节目占了一定的比例，后来改还开办了闽南语频道，受众从也从台湾听众扩展到大陆闽南语区听众。

本世纪以来，大陆地市级电视和广播闽南语频道开始建立。

闽南语节目还有着很大的发展空间。本世纪开始，大陆闽南地区的电视台和电台开始重视闽南语节目，而且开办的节目与之20世纪90年代以前的闽南语节目有质的飞跃。现在闽南语广播电视节目正处在平稳的发展时期，很需要学界和业界从学理上对其进行梳理。

（作者单位：泉州师范学院）

参考文献

[1]林伦伦：《潮汕方言与普通话》，汕头大学出版社1997年版。
[2]王建设：《泉州方言与文化》，鹭江出版社1994年版。
[3]林华东：《泉州方言研究》，厦门大学出版社2008年版。
[4]中国国际广播电台：《中国国际广播电台部门志》，中国国际广播电台出版社2001年版。
[5]陈扬明、陈飞宝、吴永长：《台湾新闻事业史》，中国财政经济出版社2002年版。
[6]李献文、何苏六：《港澳台电视概观》，北京广播学院出版社2004年版。

闽南民间故事与海西文化建设

戴冠青

闽南民间故事是闽南民众丰富的文化想象的结晶，它生动地记载着闽南先民在闽南地区长期的繁衍发展过程中的生命轨迹和心理经验，深刻地烙印下了闽南族群的历史记忆和文化精神，是闽南文化的重要载体。可以说，闽南民间故事是民间想象的激情狂欢，是闽南精神的文化镜像，是脍炙人口的文化盛宴。研究闽南民间故事，深入考察和阐发闽南民间故事的文化内涵及其所透露出的闽南社会文明进程中的生命轨迹，揭示其独特的人文价值和优秀的文化精神，对闽南文化和海西文化建设都具有独特的意义和作用。

一、闽南民间故事的人文价值

闽南民间故事是中华民族优秀传统文化的重要组成部分，是闽南文化的思想结晶和独特载体，是闽南民众喜闻乐见并口耳相传广为传播的文学样式。闽南民间故事以闽南民众的独特想象，巧妙地传达着中华民族的优秀传统美德，如拼搏进取、孝悌忠诚、乐善好施、重情重义、尊宗敬祖、义利和谐等等，体现出多重的人文价值。经过考察分析，我认为这些人文价值主要表现在闽南人拼搏进取的价值取向、孝悌忠诚的生命追求、重情重义的人生态度以及尊宗敬祖的文化认同等方面。

（一）塑造敢拼爱赢的文化性格，体现出闽南人拼搏进取的价值取向

敢拼爱赢、拼搏进取可以说是闽南民间故事中表现得最充分也最丰富的一种文化性格，也是闽南人基于其背山面海、人多地少这一独特的生存状态所体现出的一种精神风貌。它既是闽南移民社会吃苦耐劳、开拓进取精神的独特传达，也是闽南族群敢拼敢赢的海洋文化精神的生动诠释。不管是那一对靠辛苦开荒挖乌金砖换银子建大厝的赵记夫妻（《靠自己建大厝》），那个勇于尝试努力创新开创了南派石狮雕刻技艺的雕刻工翁仔周（《瓮仔周巧雕转头狮》），那个出身贫寒没钱买纸笔靠树枝砖头火炭画画终于成才的黄吾野（《黄吾野画麻雀》）；还是那个出洋谋生回来遭遇风浪而沉

船海中让望眼欲穿的姑嫂化为塔的阿兄(《姑嫂塔》),那个越洋跨海到台湾谋生学会田螺肉碗糕制作技艺而致富的学徒陈阿福(《田螺肉碗糕》);抑或是那一对对比鲜明蕴意深长的孤儿和富翁,孤儿勇于闯荡奋斗不懈终成富翁,富翁则不思进取坐吃山空沦为落破户(《圆人会扁,扁人会圆》);还有原来无所作为导致家庭贫穷后来努力拼搏终于翻身成为富翁的吴润泽(《穷无穷种,富无富栽》),等等,都非常生动地诠释了在闽南地区特殊的地理环境和历史发展进程中,闽南人为了更好的生存,敢于冒险,努力打拼,开拓进取、不怕失败的精神追求,并对一些不思进取、碌碌无为的现象进行了警示和谴责,因此,后来"圆人会扁,扁人会圆"、"穷无穷种,富无富栽"等说法,都成为闽南地区耳熟能详到处流传的民间俗语。

从上述故事我们可以看到,这种精神追求有的表现为筚路蓝缕辛勤劳作的志气,有的表现为勤学苦练勇于创新的毅力,有的表现不顾危险出洋谋生的勇气,有的表现为远涉重洋苦学本领的坚韧,还有的表现为夹缝求生永不放弃的执着。这些表现不仅把闽南文化敢拼爱赢的内涵演绎得非常丰富而具体,而且也非常鲜明地彰显了闽南文化拼搏进取的优秀特质。揭示这一文化特质,弘扬这一文化精神,对处在经济建设跨越式发展并急需更上一个台阶的闽南人文社会来说,无疑是具有重要意义的。

(二)倡导勤劳善良的行为品格,体现出闽南人孝悌忠诚的生命追求

勤劳善良、孝悌忠诚是中华民族几千年以来一直大力倡导赞颂的优秀传统美德,其思想内涵博大精深,包括孝敬父母、邻里和睦、尊师重道、官民友善等等。闽南民间故事对这一传统美德也有很丰富的演绎,不管是卖身葬父侍奉亲娘的至孝牧童郭忠福(《广泽尊王的故事》),不计嫌仇不辞辛苦伺候婆婆的大儿媳妇李氏(《有孝感动天,不孝遭雷打》);还是暗中互相帮衬支持的三家邻居(《三家福》),一个为救弟弟遇难一个则替哥哥尽孝的渔民兄弟(《"好兄弟"》);还有宁愿自己饿肚子而资助老人的林大田夫妇(《兰竹荔枝》),不辞辛苦为百姓建造洛阳桥的泉州知府蔡襄(《蔡端蔡端,本府做官》),以及《国姓鞋》中历尽艰难为被清兵围困的郑成功部队送粮食的乡民和送"国姓鞋"给运粮乡民的郑成功(《国姓鞋》)。像这样的故事还有《田螺肉碗糕》、《鬼报恩》、《情义值千金》、《瓮仔周得月华》、《计牵姻缘》、《李九我定席位》、《孝感动天话朱鉴》,等等。可以说,这部分故事在闽南民间故事中占了绝大多数,它们无一例外都以美好的想象和动人的演绎执著地倡导勤劳、善良、感恩、孝顺、忠诚、和睦的传统美德,由此可见闽南文化对这一传统文化精神的重视、坚守和弘扬。

为了强调和维护这种坚守,闽南民间故事也对不恪守孝道、行为恶劣的人物进行了严厉的指责和惩罚,如《有孝感动天,不孝遭雷打》中那个虐待婆婆的二儿媳妇张氏最后让雷给劈死了,《不孝笋的故事》中山神也让竹笋变样来惩罚不孝顺母亲的儿子和媳妇。

虽然勤劳善良、孝悌忠诚是我们一直在倡导的美德,但在人们过于注重经济发展而难免物欲膨胀的闽南现代社会,我们在这里重新对闽南民间故事中所表现及强调

的这一传统美德进行阐发和揭示，对构建和谐有序的闽南人文社会，促使闽南人文环境的稳定和美好也是十分有意义的。

（三）弘扬乐善好施的文化精神，体现出闽南人重情重义的人生态度

乐善好施是闽南文化中一个最典型也是最具感染力的精神追求，也是最能体现闽南人重情重义的人生态度的重要方面，史志载："其士夫有力者，皆知急公尚义，乐善不倦，遇桥梁道路及贡院孝棚，凡有兴作，不惜倾资以成其事。"[1]p1 因此，乐善好施的精神追求也是闽南民间故事中表现得最生动感人的一个内容。这里既有对社会公益事业倾囊资助的热心人，如积极修建村中祠堂宫庙私塾，以教子弟读书的刘君辅（《好善乐施刘君辅》），慷慨捐资兴建鹭江大堤的商人李清泉（《李清泉造鹭江道》），捐款三百万元拟建一千所小学来改变中国教育落后的胡文虎（《兴学一千所》）；也有乐于帮助困难民众的好心人，如慷慨派发银元给村里民众以救其青黄不接的富商李五（《李五的传说》），热情资助在南洋漂泊的阿奇回乡与亲人团聚的同乡人生根（《金顶针》），救助落难的林明自己却沦为乞丐的财主小姐（《三蛇酒》），长期资助落难书生促其考上进士的好人连桂（《新婚桌"抢吃"的来历》），以及设计帮助贫穷人家的孩子林彬娶妻的侠士陈振赐（《计牵姻缘》），还有上文所说的《田螺肉碗糕》、《兰竹荔枝》、《"好兄弟"》、《三家福》、《情义值千金》、《义婢》等故事中那一系列热心助人的主人公，也都从各个不同的角度生动形象地演绎了闽南民众乐善好施的文化精神。

在这些故事中，不管是热心奉献的海外侨胞，抑或是默默互助的渔民兄弟，还是慷慨解囊的邻里乡亲，许多情节感人至深，让人对乐善不倦的主人公油然而生敬意，由此深刻感受到了闽南人急公尚义、重情重义的人生态度和生命追求。尽管在当今闽南经济社会的建设中，也许并不乏一些见利忘义、唯利是图的现象存在，但通过上述对闽南民间想象的考察我们可以发现，乐善好施、重情重义依然是自古一直延续至今的闽南文化的核心所在。因此，今天我们重新探讨并揭示这一文化精神，对弘扬闽南文化的优良传统，彰显闽南人的优秀文化性格，促进闽南现代社会的义利和谐、健康发展也是有独特的价值和意义。

（四）揭示尊宗敬祖的乡恋情结，体现出海外侨胞对故土家园的文化认同

由于闽南地区的海口性特征，以及开拓进取的海洋文化的影响，长期以来越洋跨海到东南亚各国及世界各地去谋生发展的闽南人不计其数，可以说全球许多地方都留下了他们拼搏的足迹，闽南也因此成为全国最著名的侨乡。有人作过统计，东南亚华侨华裔多数来自闽南地区，仅在菲律宾的110万左右的华人华裔中，闽南人口就占了90%。[2]p3 早期到海外的闽南人大都迫于生计不得不离乡背井漂洋过海谋生，因为"他们在人生地不熟的异国他乡，艰难地生存，就像还没有生根的树木，只能依靠其自身的文化营养来维持生命。他们身在南洋，心却在中国大陆。他们在中国接受正宗的传统文化教育，他们的思想观念、审美观念与中国传统文化之间有着密切的联系，

其文学创作都表现出浓郁的中国传统文化特色,是中国传统文化的远游"[3]。所以海外的闽南侨胞对闽南传统文化一直有一种执着的坚守,"他们离乡不离俗,虽旅居海外,仍然执着地作为一个中国人在当地活着,讲的是家乡话,习的是家乡的风俗,按祖国的传统观念待人处世。这种从家乡带去的风俗习惯,是中华民族传统文化的有机组成部分,在海外华人及华人生活圈具有较强的向心力和凝聚力,发挥着积极的社会作用,因而得到他们的遵守与传承"[4]p3。不仅仅是海外侨胞,这种"尊宗敬祖"的乡恋情结甚至在一水之隔的海峡对岸的闽南移民心中都始终根深蒂固,"福建迁台移民,都有浓厚的宗族观念和深切的怀乡念祖的感情。这种观念绝不会因为海山的远阻以及时间的推移而消失。这种感情表现在客地台湾,随着人口的繁衍,许多姓氏渐成大族……他们在聚居地依仿祖宗的习俗,修族谱,沿用祖籍的郡望,标榜自己的渊源流派,以示饮水思源,不忘宗亲故土"[5]p345。由此可见海外闽南人对故土家园的情深意厚的文化认同感。

闽南民间故事对海外侨胞尊宗敬祖的乡恋情结也有很丰富的表现,如《补伯不爱闹热》中在海外闯荡半辈子的补伯好不容易回到家乡就再也难离故土,即使苏洛国王要求他一起上京,也被他婉言谢绝。《思乡曲》中在吕宋艰难创业的林仁和林义两兄弟,偶然中被熟悉的南曲勾起思乡之情,终于决定回乡与家人团聚。《香火袋的传说》中在海外开饭店的阿贤收到妻子寄来内装故乡泥土的香火袋时幡然醒悟想起了唐山老家,不仅改掉了赌博恶习,而且努力攒钱衣锦还乡。类似的故事还有《金顶针》、《李清泉造鹭江道》、《陈嘉庚与陈光前》、《黄奕住建设厦门市》等等,这些闽南民间故事都传达出海外侨胞对故土家园的守望和眷念,其怀乡念祖的感情炽热而动人。其中有不少故事还生动地表现出了为家乡建设慷慨解囊,尽心尽力的慈善家形象,如陈嘉庚、陈光前、李清泉、黄奕住等等。他们对闽南故土有着深厚的感情,虽然少小离家,一直在外拼搏创业,但却一直挂念家乡建设,大力资助家乡兴学、救灾、建桥、修路、扶贫、助医和其他种种社会公益事业,反映出了他们爱乡爱民的赤诚之心。

这些丰富地演绎了海外侨胞尊宗敬祖的乡恋情结的闽南民间故事经过民众的口耳相传广泛传播,进一步加深了海外侨胞对闽南文化的认同感。如《妈祖的传说》、《泉州文庙孔子像》、《保童神临水奶》、《清水岩》等故事都传达出了海外侨胞对闽南的妈祖信仰、清水祖师信仰等等民间信仰的认同,因此,"妈祖文化逐渐传播至我国沿江、沿海和台港澳地区,并随着华侨华人的脚印逐步传播到世界上的五大洲二十多个国家"[6]。"随着闽南海商、移民在台湾与东南亚一带的活动,清水祖师信仰传播到台湾与东南亚地区。"[7]由此可见,我们在这里所揭示的闽南民间故事中的尊宗敬祖情结,对弘扬海外侨胞的爱国爱乡精神,强化海外闽南人与家乡父老乡亲的情感交流,密切他们与故土家园的血肉联系,应该说具有十分积极的意义。

二、闽南民间故事与海西文化建设

海峡西岸经济区，是指台湾海峡西岸，以福建为主体包括周边地区的地理空间概念。我们知道一个地区的经济发展离不开文化的有力支撑，所以海西经济建设的发展，自然也离不开强有力的海西文化建设。特别是由于特殊的地理位置，闽南地区可以说是台湾海峡西岸的最主要的区域，因此闽南文化的建设在整个海西文化建设中具有举足轻重的意义。通过上述对闽南民间故事中所蕴涵的闽南优秀文化精神的揭示，可以发现其在海西文化建设中的独特作用。在这里，我们拟从在传承民间文化中弘扬中华民族的传统美德，在强化文化认同中沟通海峡两岸的故土情怀，在重塑文化性格中构建海西社会的和谐文化，在开掘文艺资源中推进海西文化的繁荣发展等四个方面进行考察和阐发。

（一）在传承民间文化中弘扬中华民族的传统美德

闽南文化作为一种区域文化，它是中华民族文化的重要组成部分，因此，对优秀的闽南民间文化精神的传承也是对中华民族传统美德的一种弘扬。如上文所揭示的闽南民间故事中所传达的敢拼爱赢的进取精神、勤劳善良的处事行为、乐善好施的助人情操，以及尊宗敬祖的情感取向，等等，其实都与以儒家伦理道德为主要内容并包括墨家、道家、法家等传统思想精华的中华民族的优良道德传统是一脉相承的。“中华民族的传统美德是我们割不断的文化脐带，也是我们今天建设社会主义新道德的重要文化资源。”[8]但是近年来，伴随着以西方时尚文化为主流的快餐文化的迅猛发展，大众化娱乐节目越来越吸引观众的眼球，民间文化的传承面临着巨大的挑战。今天我们对以传承优秀的闽南文化精神为己任的闽南民间故事的研究和阐发，就是为了更好地建设海西地区的社会新道德而提供重要的文化资源。因此，在传承民间文化中弘扬中华民族的传统美德可以说是闽南民间故事在海西文化建设中的一个最主要的作用。

（二）在强化文化认同中沟通海峡两岸的故土情怀

对闽南民间故事中所传达的海峡两岸共同的故土情怀的揭示在强化两岸同胞的文化认同感上也具有独特的意义。“文化认同（cultural identity）意指个体对于所属文化以及文化群体内化并产生归属感，从而获得、保持与创新自身文化的社会心理过程。文化认同包括社会价值规范体系认同、宗教信仰认同、风俗习惯认同、语言认同、艺术语言认同等。”[9]也就是说，文化认同其实就是个人的社会身份认同和自我心理认同，是一种个人对自己所属的族群文化所产生的归属感和情感依附感。如前所说，与闽南地区一水之隔的台湾汉民主要是从闽南移民过去的，尽管许多移民移居的历史已经久远,但是心中所坚守的闽南文化传统却始终根深蒂固,“福建迁台移民,都有浓厚的宗族观念和深切的怀乡念祖的感情。这种观念绝不会因为海山的远阻以及时间的推移而消失”[5]p345。因此我们对闽南民间故事中的审美取向、宗教信仰、文化原型、生死观、民俗文化、情感诉求、人文价值等方面的考察和揭示,就是试图通过闽南民间故事这座生动独特的文化桥梁来强化海峡两岸闽南人的文化认同感,从而进一步沟通两地民众的同胞情怀和和血肉联系。

另外,重提文化认同也是针对有些漠视和忽略文化传统的年轻一代的一种召唤。随着社会的高度发展,尤其是在现代传媒的作用下,人们的活动不再单一化、交往范围也不再固定化,原有的社会结构和运行机制也会受到一定影响,从而打乱了原有社会的认同模式和认同格局,这就引发了文化认同危机的问题。“文化认同作为一种现象,早就存在着。但文化认同作为一个问题受到人们的关注,则是伴随着现代性及其引发的文化危机而出现的。”[10]因此我们在海西现代化文化建设中,应慎重考虑对传统文化的批判和否定以及对外来文化的接受。今天我们努力挖掘和开发闽南民间故事中所体现的闽南传统文化精神,也是力图进一步唤起两岸年轻一代的文化认同感,重温故土文化特有的魅力,在坚守优秀的文化传统精神的同时共同建设新的充满活力的海西现代文化。

(三)在重塑文化性格中构建海西社会的和谐文化

闽南民间故事中所演绎的和谐友善的文化精神对构建海西社会的和谐文化环境也具有重要作用。和谐文化倡导社会和谐的理想信念,坚持和实行互助、合作、团结、稳定、有序的社会准则,是实现社会和谐的文化源泉和精神动力。因此,深入建设和谐文化对于社会经济的发展,良好社会氛围的形成具有举足轻重的作用。也因此,构建海西社会的和谐文化,建立良好的人际关系,营造良好的社会文化氛围,促进和谐海西的整体发展,也是我们一直追求的目标。但是社会的和谐文化深受族群的文化性格影响,如果一个族群中的每个个体都拥有一个良好的文化性格,社会自然就会形成一个良好的文化氛围,那么社会的和谐文化建设也就顺理成章了。所以我们研究闽南民间故事,就是力图唤醒闽南人身上诸如敢拼爱赢、勤劳善良、孝悌忠诚、乐善好施、重情重义、尊宗敬祖等优秀的文化性格,并使其得到强化和弘扬,由此潜移默化地重塑和规范民众的思想行为,提高民众的道德修养,促进团结和谐稳定有序的海西人文社会的全面构建和形成。

(四)在开掘文艺资源中推进海西文化的繁荣发展

闽南民间故事中蕴涵着丰富的文艺资源,是极其珍贵的文艺学遗产,对海西地区的文化建设乃至经济建设都具有重要的意义。我们知道,一个地区文化的繁荣和发展与这个地区的文艺资源的挖掘和开发利用密切相关,白蛇传的故事、梁山伯和祝英台的故事、白居易、苏东坡、林升等人的诗使杭州西湖蜚声海内外,刘三姐的故事使广西桂林的山水文化锦上添花，王羲之及其曲水流觞、陆游和唐婉的爱情故事、鲁迅的小说和散文则使绍兴成了著名的旅游胜地，等等，都是非常典型的例子。同样的，要推进海西文化的繁荣和发展也一定要充分挖掘和开发该地区的文艺资源。而闽南民间故事中恰恰蕴涵着非常丰富的文艺资源，那些生动感人的人物形象，如郑成功、俞大猷等大义凛然的英雄形象、朱熹、蔡襄等济世救人的儒生形象、蔡六舍等怪诞的另类形象、还有像《欧阳詹和荔枝姑娘》中的荔枝姑娘、《八闽琴师》中的白素娟、马湘兰和《陈三五娘》中的黄五娘等生动鲜活的女性形象以及像妈祖、吴夲等乐善好施的俗神形象，等等，其实都是一些蕴含丰富、生动独特、具有深刻象征意义的闽南文化符号；而像《陈三五娘》《姑嫂塔》的爱情故事、《田螺肉碗糕》《兰竹荔枝》的报恩故事、《"好兄弟"》《三家福》等情义故事都脍炙人口，流传深广，其扣人心弦的故事情节和独特有序、曲折动人的爱情叙事、报恩叙事、惩戒叙事等各种叙事模式，也都以一种民众喜闻乐见的艺术表现形式在传播闽南文化精神的同时也给我们留下了宝贵的文艺资源。这些文艺资源，对打造闽南文化产业和文化品牌，具有非常积极的意义。"'文化产业化'、'产业文化化'是世界经济发展的一大趋势，也是两岸经贸合作可持续发展的必然趋势。挖掘闽台文化资源，发展文化产业的潜力是很大的。"[11]上述杭州、桂林和绍兴等地区就是因为对文艺资源作了充分的开发和利用，使文化形成了一种产业，并由此而打出非常响亮的旅游品牌，从而推动了其旅游经济的迅速繁荣和发展。但是在闽南地区，我认为像闽南民间故事中所蕴涵的这些丰富而珍贵的文艺资源还没有得到足够的重视，上述那些形象鲜明的闽南文化符号也尚未得到充分的开发和利用，正如有学者指出的："福建省文化旅游资源总量丰富，资源品质高，但资源开发深度与力度不平衡，资源品质与文化旅游产品开发力度不符。"[12]这是十分令人遗憾的。因此，我们应该利用海峡西岸经济区建设这个有利的机会，充分发挥闽南民间故事文艺资源的优势，打响闽南文化品牌，促使海西文化产业的形成，进一步推进海西文化和海西经济的繁荣发展。

总之，诞生于闽南文化土壤上的闽南民间故事和传说不仅具有浓郁的闽南文化特征和地域色彩，并且蕴含着闽南文化发展变化的丰富信息和独特内涵，是闽南文化精神的有力载体。更重要的是，闽南民间故事以生动感人的人物形象，扣人心弦的故事情节及其独特有序的叙事模式等民众喜闻乐见的艺术表现，巧妙地传达着闽南文化中的思想精华和传统美德，不仅成为民众传承闽南优秀文化的独特媒介，也成为民众精神追求的标准和榜样，对团结稳定闽南人文社会所起的重要作用是非常显著的，而且通过民众的广泛传播和不断丰富补充，不断地彰显其价值与作用。由此可见，闽南民间故事是中华民族优秀的民间文化中不可缺少的组成部分，是人类宝贵的文化遗产。研究闽南民间故事，揭示其独特的人文价值，对闽南文化建设具有十分重要的作用，它不仅通过对民众潜移默化的熏陶来提高个人的道德修养，在传承民间文化中弘扬中华民族的传统美德；而且可以在强化文化认同中沟通海峡两岸的故土情怀，在重塑文化性格中构建闽南社会的和谐文化，在开掘文艺资源中推进海西文化的繁荣发展,对整个闽南和海西社会的建设、安定、繁荣都具有重要的促进作用。同时,对闽南民间故事艺术也是一种全面的考察和研究,它必将为闽南及海西文化建设的繁荣和发展提供丰富的文艺美学资源。而且,因为闽台两岸渊源深厚的文化认同感,相信这一研究在两岸的文化交流和沟通中也有其独特的价值和意义。

(作者单位:泉州师范学院)

参考文献

[1][清]徐景熹主修,福州市地方志编纂委员会整理:乾隆《福州府志》,海风出版社 2001 年版。

[2]邵建寅:《总序》,《东南亚华文文学大系·菲律宾卷》,鹭江出版社 2000 年版。

[3]吕昌聚:《华文文学与中国传统文化的关系》,《世界华文文学论坛》2006 年第 6 期。

[4]陈桂炳:《泉州民间风俗》,中国文联出版社 2001 年版。

[5]方宝璋:《闽台民间习俗》,福建人民出版社 2003 年版。

[6]梅爱祥、吴花秀:《培育福建旅游精品 服务海西经济建设》,《福建师范大学福清分校学报》2010 年第 3 期。

[7]陈支平、徐泓:《闽南文化百科全书》,福建人民出版社 2009 年版。

[8]宋晓维、李冰梅、严占波:《谈新时期如何继承和发扬中华民族的传统美德》,《辽宁教育学院学报》2001 年第 1 期。

[9]陈世联:《文化认同、文化和谐与社会和谐》,《西南民族大学学报》2006 年第 1 期。

[10]崔新建:《文化认同及其根源》,《北京师范大学学报》2004 年第 4 期。

[11]单玉丽:《发挥海峡区域文化优势,促进区域融合发展》,《福建论坛》2009 年第 12 期。

[12]韩光明:《基于海西经济区建设的福建文化旅游深度开发研究》,《市场论坛》2010 年第 4 期。

从泉州回族的宗教信仰看闽南文化的特征

丁玲玲

闽南是指福建省的南部，狭义可理解为今泉州、漳州、厦门三个行政区域。闽南文化是根植于闽南的区域文化，它是在从晋唐播传入闽的中原文化的基础上，融合原住民的本土文化，在漫长的岁月中，经过一代代闽南人在社会实践中，不断弘扬、创造，并吸收采纳了阿拉伯文化、南洋文化、西方文化等外来文化的特质，有机地融入了其体系内，孕育、发展起来的，具有鲜明的地方特色和丰富的内涵。文化特征是文化发展中受地理、人文等诸种因素影响而形成的具有独特色彩与个性的表征。[1]p27 千百年来，闽南文化在其构建过程中不断进行整合，形成了具有海洋性、开放性、包容性、多元性等特征。

民族文化是一个民族在其形成和发展的过程中创造的，是民族在与自然和社会相互作用的实践中形成的集体智慧的结晶。宗教信仰是民族文化中的一种特殊的意识形态和文化现象。在泉州生活的绝大多数是汉族，回族只不过是“沧海一粟”，人数少且居住分散；但回族的宗教信仰恰似沧海之中的一滴水，在闽南文化这一大海中虽然渺小，但它是闽南文化多元碰撞、交融的缩影，折射出闽南文化的特征。

一、泉州回族的形成是闽南文化海洋性的例证

闽南地处东南沿海，闽南文化最为突出的个性特征是其海洋性。[2]p48 泉州回族的来源，系西亚的阿拉伯穆斯林由海上丝绸之路，来到泉州从事传教经商等业后，长期居住中国，与中国汉族等人民融合发展而成。[3]p78 可以说泉州回族的形成与泉州港的兴起和繁荣是息息相关的，泉州回族的形成是闽南文化海洋性的例证。

泉州地处福建东南沿海，这里山地丘陵广布，可耕土地十分有限，人地矛盾尖锐。“泉州为郡三百余里，然而西北逊于山，东南让于海，地几齐楚之大国，而田不及吴越一小县。”[4] 良田有限，海洋却浩渺无穷。泉州海岸线曲折，是一个天然的良港，海上交通便利。这些自然条件使泉州民众将眼光投向了海洋，他们以海为田，赁海为市。正如谢履在《泉南歌》所言：“泉州人稠山谷瘠，虽欲就耕无地辟；州南有海浩无穷，每

岁造舟通异域。”[5]泉州的先民“以船为车,以揖为马”,自古以来就与浩瀚的大海有着广泛的接触。从唐代开始,泉州就开始成为我国对外贸易的主要港口之一,许多外国人来泉州经商。唐玄宗天宝时(742—756),泉州就出现“市井十洲人”的景象,唐武宗会昌间(841—846)泉州港更有“船到域添外国人”的盛况。唐朝政府也在泉州设“参军事”,专门管理海外往来的使节及海外贸易。“唐设泉州……参军事四人,掌出使导赞。”[6]

宋元时期,泉州港进一步繁荣。宋神宗熙宁五年(1072),时任泉州知州陈偁就上疏奏请在泉州设置市舶司,以便泉州与外地的通商贸易。宋神宗因此“诏发运使薛向曰:东南之利,舶商居其一。比言者请置司泉州,其创法讲求之。”[7]哲宗元祐二年(1087年)为了适应海外贸易的需要,北宋政府在泉州正式设置市舶司,“诏泉州增置市舶”。[8]专管海外贸易之事。泉州市舶司的设置,使泉州的海外贸易如虎添翼。泉州港可以直接发船到海外贸易,也能接纳外来的商船,因而进出口贸易得到迅速的发展。至南宋中后期,泉州港日益繁盛,迅速赶上广州。“况今闽粤莫盛于泉州。”[5]至元十四年(1277年)元军占领泉州,元世祖忽必烈也注重泉州的海外贸易,即命在泉州设立市舶司,“至元十四年(1277年),立市舶司于泉州……每岁召集舶商,于番邦博易珠翠香货等物。”[9]至元十五年(1278年)元世祖又宣布:“诸番国……或能来朝,朕将宠礼之;其往来互市,各从所欲。”[10]由于有元朝廷的重视与扶植,泉州对外贸易在元代迅速发展起来。“泉,七闽之都会也。番货远物,异宝奇玩之所渊薮,殊方别域,富商巨贾之所窟宅,号为天下最。”[11]泉州一跃成为“梯航万国”、“舶商云集”的国内首屈一指的大港,有着“东方第一大港”的美称。

宋元时期,泉州海外贸易的繁荣,吸引了大批外商云集泉州,泉州城南成了外商经商、聚居之地。“一城要地,莫盛于南关,四海舶商,诸番琛贡,皆于是乎集。”[12]时人有诗赞曰:“泉南佛国天下少,满城香气楠檀绕;缠头赤脚半番商,大舶高樯多海宝。”[14]这些缠头赤脚的番商有许多是西亚穆斯林,泉州人称他们为“番商”、“番客”。另外,一些在中国出生的穆斯林后裔,也沿着海路纷纷涌入泉州从事经商、传教等活动,泉州人称他们为“土番”、“土生番客”。据相关谱牒记载,泉州回民大族蒲、丁、郭、金四姓的先祖,正是宋元时期从不同地方沿着海路进入泉州,并定居于泉州。蒲姓回族的先祖蒲开宗,祖上系居住越南占城的阿拉伯富商,南宋初迁居广州,南宋中后期,泉州港日益繁盛,逐渐超逾广州港,泉州蒲氏的始祖蒲开宗于嘉定六年(1212年)携眷举家自广州徙居泉州,定居临近后渚港的法石乡云麓村,从事以运贩大宗香料为主的海外贸易。后来,其子蒲寿庚任泉州市舶司提举,“蒲寿庚提举泉州舶司,擅番舶利者三十年”[15]在宋元时期成为泉州的风云人物。“以善贾往来海上,致产巨万,家僮数千。”[16]蒲氏家族势力日益强大,成为当时泉州的大族。泉州陈埭丁姓回族的始祖丁节斋(1251—1298年)是居住在中国的阿拉伯后裔,南宋咸淳年间(1265—1274年)从姑苏来泉州经商,定居泉州。“自苏货贾于闽泉,卜居泉城。”[16] p8经过几代人的苦心经营,家产日丰,至明初丁氏三世祖丁硕德(1298—1379年)时举家从泉州城南文山里迁到陈埭，“徙居城南门外二十里许，是为陈江(陈埭)。”[16]从此在陈埭定居下来，拓基开业。泉州百崎郭氏回族的始祖郭德广，阿拉伯语译名为“伊本·库斯·德广贡”，也是来华经商的阿拉伯穆斯林的后裔，定居于杭州府富阳县的郭家村，元朝后期来泉州居住。“元末授职督糈来泉，因干戈抢剧，弗克还朝。于洪武初年，依例占籍，卜居晋水法石。”明朝洪武九年(1376 年)郭德广的次孙郭仲远携妻儿由法石迁徙来惠安，“择地于惠邑海滨百奇(百崎)山下筑室居焉”[17]，成为百崎郭氏之肇基始祖。

总之，泉州回族的先祖，均是来自域内或域外的穆斯林，在宋元时期因泉州港的繁荣，而寓居泉州的。他们来泉州后，与当地汉人友好相处，密切交流，互通婚娶，繁衍后代。至元明时期，随着条件的成熟，在泉州逐渐形成一个新的回族共同体，融入闽南社会。

二、伊斯兰教在泉州的传播是闽南文化开放性的体现

宋元时期泉州港的繁荣离不开中央与地方政府的开放和鼓励政策。泉州海外贸易的繁荣，使得许多外国商人因商业利润的驱使，纷纷来到泉州从事经商活动。外商来泉州经商贸易也使中央、地方财政受益极大，海外贸易收入成为国家主要财政来源之一。宋高宗曾深有体会地说：“市舶之利最厚，若措置得当所得动以百万计，岂不胜取之于民?”“市舶之利，颇助国用”。[8]曾任福建路市舶提举的赵汝适认为朝廷在泉州、广州设置市舶司是“盖欲宽民力而助国用。”[18](曾二度任泉州太守的真德秀曰：“福建市舶司(即泉州市舶司)正仰番舶及海南船之来供课……惟泉州所持以足公利之用者，番舶也。”[19]长期稳定的贸易关系使各个族群形成一个相互依赖的利益共同体。为了鼓励外商的到来，地方政府为来泉州的外商提供了广阔的活动空间。为了便利外国人居住，照顾不同民族的风俗习惯，在城南划出固定范围让外商建立了自己的聚居区——番坊。“诸番有黑白二种，皆居泉州，号‘番人巷’每岁以大舶浮海往来”。[20]所谓“番人巷”，即番坊。还针对泉州番客多而集中的特点，在泉州建立了番学。“大观、政和之间(1107—1118)，天下大治，四夷向风，广州、泉南请建番学。”[21]对外来宗教、外来的习俗也给予尊重、包容，允许他们“自守其固俗，终不肯变”[22]在泉州“天下各国人民，各种宗教，皆依其信仰，自由居住。”[23]p134当时的外商有许多是来自西亚的穆斯林，仅据现存的泉州伊斯兰石刻即可看出，泉州穆斯林来自也门、哈姆丹、土耳其的玛利卡、亚美尼亚的哈拉提、波斯的施拉夫、设拉子、贾杰鲁姆、布哈拉、花剌子模、霍拉桑、伊斯法罕、大不里士、吉兰尼等地。[28]p3泉州地方政府允许他们谨守教规，修建了进行公开宗教活动的伊斯兰教寺院。早在北宋大中祥符二年(1009年)伊斯兰教徒就在泉州通淮街兴建一座清净寺。至元代，在泉州又陆续建了几座清净寺，据元吴鉴《重立清净寺碑记》载：“今泉造礼拜寺增为六七。”还允许他们在泉州

购买土地，开辟伊斯兰公共墓葬区。“有番商曰施那帏，大食人也。侨寓泉南，轻财乐施，有西土气习，作丛冢于城外之东南隅，以掩胡贾之遗骸。”[18]“番商之墓……其地占泉之城东东坂，既翦薙其草菜，夷铲其瓦砾，则广为之窀穸之坎。且复栋宇，周以垣墙，严以扃钥。俾凡绝海之番商有死于吾地者，举于是葬焉。……生无所忧，死者无所恨矣。持斯术以往，是将大有益乎互市，而无一愧乎。”[25]

宋元时期，正是因为国家的对外开放政策，泉州特有的自然优势和人文环境，为外商的到来提供了有利环境，当世界不同的文化从各个方向涌入泉州，泉州以开放、包容的心态接纳了它们，从而使泉州成为“濒海通商，民物繁夥，风俗错杂”[26]p4560之地。也使得伊斯兰教在泉州得到尊重，扎下根来并有所发展。伊斯兰教与泉州当地的佛教、道教和民间信仰和平相处，共同发展。这就是闽南文化开放特征的体现。回族是伊斯兰教在我国广大汉族地区和各民族杂居区传播、发展的结果。就回族而言，是先有奉伊斯兰教的穆斯林，而后发展形成为回族。[27]p98历史上泉州回族的几个大姓也都信奉伊斯兰教，许多生活习俗深受伊斯兰文化的影响。对此相关资料均有记载，陈埭丁氏回族族谱载“祖从回教也。回教维何不用刚鬣，不焚楮帛，相率向西而拜”，“岁月一斋，晨昏见星而后食，竟日则枵腹；荐神惟香花，不设酒果，不焚楮帛钱；诵清经……肉食不以豚”。[16]p195、29百崎的郭氏族谱也载有“我祖自开基白奇（百崎）以来，曾贮天经三十部，创礼拜寺，尊重经教，认主为本。溯斯教之传，自乾坤开张，三皇布政，皆系真主保养之厚德，名曰回回。……其教极务实理，不尚虚文。能摒斥邪魔，面向清真，我祖由是遵教焉。”[17]p14

三、当代泉州回族的宗教信仰是闽南文化多元性的范例

据2000年第五次全国人口普查统计资料显示，泉州的回族人口为63397人，主要姓氏为丁、郭、蒲、金、夏、马、葛。在泉州市有1个回族乡（百崎回族乡）30个回族村（社区）。其中较人的回族聚居区为台商投资区百崎回族乡及晋江市陈埭镇。百崎郭氏回族人口有1万多人，自明朝以来他们就主要居住在百崎的9个乡村，俗称“九乡郭”；1990年成立百崎回族乡，是泉州市唯一的一个少数民族乡，下辖白崎回族村、里春回族村、莲埭回族村、后海回族村、下埭回族村5个行政村。陈埭镇有岸兜回族村、江头回族村、鹏头回族村、溪边回族村、西坂回族村、四境回族村、花厅口回族村等7个回族行政村，丁氏回族人口达到2万余人，人称“陈埭万人丁”。

我国是一个多民族的国家，几乎所有民族都与宗教结下了不解之缘，每一民族在其形成发展过程中都会打上符合本民族特点的宗教观念。在我国回族发展历史上，伊斯兰教的因素和影响，对回族的形成起着主要的、决定性的作用。[27]p107但是“信仰文化既然是一种文化，就不是一个封闭的体系，不可能是一成不变，它将随着社会的发展而变化”。[28]p14一定的文化形态是与一定的地理生态条件和人文历史分不开的，

其存在与发展，保留与变异，都与特定地域的地理生态条件和社会生活有着密切的关系。宗教信仰是一定区域的民众在与生存环境的互动过程中产生的，必然带有浓厚的地域特色。随着时代的变迁，今天，生活在泉州的回族，其宗教信仰带有闽南地域特色，呈现出一个带有地域特色的多元共存的格局。既有信仰伊斯兰教的，也有信仰基督教的，更有信仰佛教、道教和闽南民间信仰的。

伊斯兰教作为泉州回族传统的宗教，在历史上由于各个时期政府兴抑政策的影响而兴衰不定。今天，泉州回族仍然坚守着伊斯兰教。1955 年，成立泉州市伊斯兰教协会，1982 年陈埭丁氏回族自发成立一个“陈埭伊斯兰教小组”，1993 年这个小组被政府承认，更名为“晋江伊斯兰教协会”。目前，在泉州有两座清真寺，它们分别是位于泉州市区创建于宋代的清净寺及 1993 年创建的位于晋江市陈埭镇岸兜村的清真寺。伊斯兰教的信仰者主要是原来生活在泉州市区清净寺周围的回族以及近二十多年来随着经济的发展与伊斯兰文化复兴后的部分陈埭丁氏回族。陈埭清真寺管委会自 90 年代初就选送回族子弟到外地去学习伊斯兰文化。据介绍，自 90 年代初到现在，陈埭选送到国内外学习伊斯兰文化的回族子弟已有 60 多人。目前，泉州回族信仰伊斯兰教者为数不多，仅有 500 多人。虽然泉州回族信仰伊斯兰教者人数不多，但是在伊斯兰教的一些节庆时，泉州穆斯林都会在清真寺开展较为隆重的宗教活动及庆祝活动。

佛教与民间信仰在泉州回族中非常盛行，绝大多数回族与闽南汉族一样，将儒、道、释及民间信仰杂糅融合在一起信仰，将天地、佛祖、神灵、先贤等混杂起来，一并崇拜。以泉州回族两大聚居区百崎和陈埭为例，在这两大聚居区的每个回族行政村都有数量不等的供奉民间信仰神明的庙宇。如陈埭的江头村有忠烈庙、西江殿、鳌峰庙、西龙殿、文兴殿、土地公宫、明王圣殿；坪头村有太子爷宫、老爹公宫；西坂村有娘妈宫、土地公宫、夫人妈宫；岸兜村有龙头宫、土地公宫、钱头馆朱王府宫、雁头境宣王府馆、益众妈宫；四境村有众公妈宫、森罗殿、元帅宫、圣侯爷宫、福呈古宫、安境圣地（王公宫）、金王府宫、土地公宫；花厅口村有王公宫、昌荣宫、忠兴宫、广平尊王金王府宫、天爷馆三王爷田都元帅宫、花果宫、什方公宫；溪边村有姑妈宫，三夫人宫、城隍宫；在百崎乡的下埭村有主祀妈祖、莲埭村有主祀关帝、里春村及后海村有主祀保生大帝、白奇村有主祀田都元帅的宫庙。平时许多当地回族常到当地庙宇烧香敬拜，祈求神灵保佑。各寺庙在所供奉神明的神诞日，俗称“佛生日”，都要举行隆重的为期 3—5 天的敬神酬神活动。

泉州许多回族崇信佛教，许多寻常百姓的家里都供奉观音菩萨，信众常年在家烧香敬拜。在百崎与陈埭这两大回族聚居区也有不少的佛教寺庙。百崎乡的下埭村有清岩寺，里春村有尼姑寺，陈埭镇江头村有南宫古刹，四境村有隐绣寺及宫口古地（俗称佛祖宫），岸兜村有海光禅寺及三宝寺，溪边村有慈善宫（俗称佛祖宫）等。这些佛教寺庙建筑华丽，雕龙饰凤，飞檐翘角，雕梁画栋，金碧辉煌，香火旺盛。

基督教在泉州回族中也占有一席之位，有少数人也信仰基督教。在泉州陈埭、百崎都建有基督教堂。教堂始创于近代,泉州部分回族也是在这一期间信仰基督教,并且世代相传,信奉上帝。早在1895年泉州泉南堂组织布道队到晋江陈埭传道,1897年在陈埭四境村始设聚会所。1925年在陈埭兴建第一座礼拜堂,1940年成立堂会。1958年教会停止活动,部分虔诚的教徒便在家中作祷告、礼拜。1982年陈埭礼拜堂复会,重新开放,1987年重新扩建为会堂。1996年在鹏头与花厅口交界之处择地创建一座哥特式建筑风格的新礼拜堂,这也是陈埭堂的第三次迁址。基督教陈埭堂自80年代复会后,先后选举产生了五届长执会,并且成立了青年团契会、妇女团契会、老年团契会等。教堂曾推荐一些丁氏回族的基督徒就读晋江神学培训班、泉州市神学培训班、福建神学院、南安神学培训班。目前在陈埭堂接受洗礼的基督徒有400多人,其中有不少是丁氏回族。百崎早在1922年就有惠安县东园教会在百崎的里春村设立了一个聚会点,1937年兴建里春礼拜堂,1999年里春礼拜堂扩建,2011年又重新进行翻建修缮。每逢基督教礼拜日及节日,教徒在教堂做礼拜或举行庆典活动,基督徒还常以教堂为平台开展一些讲座与培训。

"闽南文化,就是移民带来的中原农耕文化与闽南海滨特定的历史文化传统和地理环境相结合的产物。"[29]p105 移民传统的农耕活动和闽南社会海洋活动相互作用造就了闽南文化的多元性。反映这一特征的显例当属有着"世界宗教博物馆"之称的泉州多种宗教信仰。[30]p3 泉州的回族长期与汉族共同生活在闽南区域内,在其形成与发展过程中不断吸收闽南汉族的宗教文化。在泉州回族社区有着诸多的寺庙、庵观、教堂,它们分别代表不同的宗教文化,但能集于一地而各领风骚;各种宗教信仰兼容并存,诸多不同宗教的神明在此和平共处,共享一片蓝天,共享人间烟火。这些赋予泉州回族的多元宗教文化氛围,体现了闽南文化的多元兼容的特征。泉州回族宗教信仰虽然呈多元化,但回族民众以宽容的心态面对各种不同宗教信仰,他们相互尊重彼此的信仰,甚至捐资捐款赞助各种宗教庆典活动和宗教建筑的建设。这种外来文化与泉州本土文化相互交融,传承与变迁的相容并蓄,融合成一种独特的宗教信仰格局,是闽南文化多元兼容特征的一个例证。

闽南文化的特征是在近两千年闽南社会文明的开发历程以及地理环境等诸多因素共同作用下而逐渐形成的,有着深刻的内涵和丰富多彩的表现形式。闽南文化的海洋性、开放性、包容性、多元性是其较为显著的特征。生活在闽南泉州的回族人数虽然少且居住分散;但回族的宗教信仰恰似沧海之中的一滴水,在闽南文化这一大海中虽然渺小,但是折射出闽南文化的特征。泉州回族的形成与泉州港的兴起与繁荣息息相关,是闽南文化海洋性的例证;回族传统的宗教信仰——伊斯兰教能在泉州扎根、传播是闽南文化开放性、包容性的体现;当代泉州回族的多元宗教信仰格局,是闽南文化多元并存的缩影,是闽南文化的兼容并存,海纳百川的一个范例。

(作者单位:泉州师范学院)

参考文献

[1]刘登翰:《论闽南文化——关于类型、形态、特征的几点辨识》,福建省炎黄文化研究会、中国人民政治协商会议泉州市委员会编:《闽南文化研究》(上册),海峡文艺出版社 2004 年版。

[2]郑镛:《论闽南文化的特质及其生态保护》,《福建师范大学学报》(哲学社会科学版)2010 年第 1 期。

[3]陈国强:《泉州回族来源之探索》,《福建学刊》1994 年第 4 期。

[4][清]怀荫布、黄任、郭赓武:乾隆《泉州府志》卷四《封域》。

[5][宋]王象之:《舆地纪胜》卷一三〇《福建路·泉州府》,四部丛刊本。

[6][明]陈懋仁:《泉南杂志》卷上。

[7][元]脱脱:《宋史》卷一八六《食货志·互市舶法》,中华书局 1985 年版。

[8][清]徐松:《宋会要辑稿》,职官四四,中华书局 1957 年版。

[9][明]宋濂:《元史》卷九四《食货二·市舶》,中华书局 1976 年版。

[10][明]宋濂:《元史》,中华书局 1976 年版。

[11][元]吴澄:《吴文正公集》卷一六《送姜曼卿赴泉州路录事序》,文渊阁四库全书影印本。

[12][明]阳思谦:万历《泉州府志》卷一一《城池》。

[13][元]释宗泐:《全室外集》卷四《清源洞图为洁上人而作》,四库全书本。

[14][元]脱脱:《宋史》卷四七《瀛国公本纪》,中华书局 1985 年版。

[15]王磐:嘉靖《藁城县志》卷八《藁城令董文炳遗爱碑》。

[16]庄景辉:《陈埭丁氏回族宗谱》,香港绿叶教育出版社 1996 年版。

[17]百奇郭氏回族宗谱重修委员会:《百奇郭氏回族宗谱》,未刊本,2000 年。

[18][宋]赵汝适:《诸蕃志》,中华书局 1985 年版。

[19][宋]真德秀:《真西山文集》卷五〇《祈风文》,文渊阁四库全书影印本。

[20][宋]祝穆:《方舆胜览》卷一二《泉州府》,中华书局 2003 年版。

[21][宋]蔡绦:《铁围山丛谈》卷二,中华书局 1983 年版。

[22][清]顾炎武:《天下郡国利病书》,四部丛书本。

[23]张星烺:《中西交通史料汇编》,中华书局 1977 年版。

[24]陈达生:《泉州伊斯兰教石刻》,宁夏人民出版社 1984 年版。

[25][宋]林之奇:《拙斋文集》卷一六《泉州东坡葬番商记》,文渊阁四库全书影印本。

[26][宋]朱熹:《朱熹集·范公神道碑》卷八九,四川教育出版社 1996 年版。

[27]林松、和龚:《回回历史与伊斯兰文化》,今日中国出版社 1992 年版。

[28]蒲文成:《藏族信仰文化的历史变迁与藏区社会进步》,《青海民族学院学报》2002 年第 1 期。

[29]许维勤:《移民传统与海洋文化——诠释闽南文化的两大基点》,福建省炎黄文化研究会、中国人民政治协商会议泉州市委员会编:《闽南文化研究》(上册),海峡文艺出版社 2004 年版。

[30]黄顺力、李卫华:《闽南文化的特征与两岸民众的文化认同》,福建省炎黄文化研究会、中国人民政治协商会议厦门市委员会编:《守望与传承——第四届海峡两岸闽南文化学术研讨会论文集》,海峡出版发行集团、鹭江出版社 2010 年版。

永春白鹤拳的传承与创新

杜德全

永春白鹤拳作为地方性的武术拳种,真实地保存了闽南地方历史文化和经济社会发展背景,体现出闽南文化重乡崇祖、爱拼敢赢等核心的精神理念[1]。在现代社会,永春白鹤拳武术文化遗产的传承,对于维护闽南地区文化生态平衡、延续闽南地方文化精神、活跃闽南地方体育文化繁荣以及加强闽台民间体育文化交流等方面[2],都具有十分重要的意义。

一、永春白鹤拳发展的轨迹

永春白鹤拳属于内家拳种,它以鹤为形,生动体现出白鹤的高度灵敏、步法沉稳、静中寓动等习性,是一项动物象形特色突出、技击内涵显著、集健身与趣味性于一体的优秀传统武术。

永春白鹤拳是清朝顺治年间(1644—1662年),由少林拳师方种的独生女方七娘所创。明末遗民方种原为浙江处州府丽水县人,为躲避时乱,南迁到福建省福宁州北门外居住。方七娘是方种的唯一子女,自幼随父习武,练就一身的好功夫。青年时期,方七娘曾经受到未婚夫的负情,在婚姻失意和传统观念的影响下,便持节投白练寺为尼。一日,方七娘在寺中织布,见一只白鹤飞栖梁间,昂首振翩,舞脚弄翼,缠脖栖息,其姿态极为奇妙。她便以手中梭盒投向白鹤,却被白鹤闪跳而过,随即又以纬尺掷之,亦被白鹤展翅弹落,并立即奋翩凌空,冲入云霄。方七娘在感叹白鹤的精睿骁巧之余,对白鹤的动作、神态进行反复的着磨,并将其揉合于自己掌握的拳法之中,经过反复的推敲、历练,便形成了别具一格的“似刚非刚,似柔非柔”白鹤拳法。

后来方七娘与曾四结为夫妇,一起研练白鹤拳法并逐渐形成风格。清康熙年间(1662—1722年)方七娘、曾四夫妇搬迁到永春定居,开设武馆广授门徒,使得白鹤拳在永春生根发芽,发扬光大。

自清初迄今数百年来,永春白鹤拳兼收并蓄吸收各家拳术之长,在繁衍、传播和总结中不断发展壮大,独特的理论、技术体系得到充实。期间,1928年8月,永春白鹤拳组团参加了南京首届国术统考，选手们在这次国考比赛中都取得了很好的成绩，永春白鹤拳一时声名鹊起。同年秋，永春翁公祠武术馆成立，馆址位于闽南古镇五里街镇新亭路，匾名为“中央国术馆福建省永春分馆”，这是当时全国武馆唯一享此殊荣的[3]。1929 年 10 月，永春武术界应爱国侨领陈嘉庚之邀，以潘世讽为主任，组成“中央国术馆闽南国术团”到马来西亚、新加坡等地巡回表演，传播拳艺，开启了永春白鹤拳海外交流、传播的序幕。永春白鹤拳从此开始了国内外的传播与发展的辉煌历程，并赢得了“永春白鹤拳，无烧也拉仑”的美好赞誉。

二、永春白鹤拳的传承现状

（一）取得的成就

在传统文化保护成为世界性潮流的时代背景下，永春白鹤拳得到了较好的传承与发展。当下，在泉州武术的主流做法，是将永春白鹤拳作为五祖拳的范畴内容之一而发展。尽管这种做法并不准确，但以此为平台，倒是带动了白鹤拳的发展与传扬[4]。例如，1983 年，“福建省少林五祖拳研究会”正式成立，1986 年，五祖拳被全国武术挖掘整理工作确认为福建传统拳术之一[5]，1990 年，“国际南少林五祖拳联谊会”在泉州成立，这一系列活动，均将永春白鹤拳的发展纳入其中，有力地推动了永春白鹤拳的研究与传承。

进入新世纪，在国家和当地政府的重视下，永春白鹤拳更是取得了一系列跨越式的发展。如 2008 年 6 月，永春白鹤拳作为五祖拳（太祖、达尊、行者、罗汉、白鹤）内容之一，获国务院颁发的第二批国家级非物质文化遗产殊荣。当代白鹤拳拳师苏瀛汉先生便是当前福建省五祖拳两名省级代表性传承人之一。2009 年，总投资 200 余万元的“中国永春白鹤拳史馆”正式开馆，工程占地十余亩，主体和附属工程建筑面积共 2400 余平方米。展览分为“白鹤凌空、英豪辈出”、“五祖独尊、四海薪传”、“飞越国门、维扬寰宇”、“继往开来、再铸辉煌”四个单元。同年，永春白鹤拳还成功列入泉州市级第三批非物质文化遗产名录。2010 年，由永春县人民政府、厦门市永春商会和厦门天熹文化传播有限公司联合打造，总投资高达 2000 万元 156 集的《永春白鹤拳》动画片正式开拍，成为打造、宣传永春白鹤拳文化的又一壮举。

目前永春白鹤拳拳友已经遍及四大洲 30 多个国家和地区。据不完全统计，近 30 年来，永春白鹤拳先后随团赴巴黎、印尼、南非、中东、新加坡、泰国、金门、马来西亚、土耳其以及我国澳门、香港交流比赛 20 余场次。近年 5 年来，永春县先后接待东南亚、欧洲、澳大利亚、日本、港澳台等国家和地区的武术团队、民间团体 100 余个，开展友好技术学术交流活动多场。乔晓光[7]先生曾经强调：“一种文化的兴衰，往往依赖于拥有这种文化的人数。”永春白鹤拳广泛的传播区域和庞大的练习人群，为其在现代社会的发展奠定了坚实的基础。目前,在五大洲五十多个国家和地区设有拳馆和传人,习拳者更是遍布世界各国,永春白鹤拳已经成为民族文化交流和感情联络的重要纽带。

(二)存在的不足

永春白鹤拳在取得一系列发展成果的同时,还依然存在如下的一些不足:

第一,相关理论研究比较欠缺。目前,相关永春白鹤拳的理论研究较少,对永春白鹤拳历史发展、传承、传播脉络、文化内涵、历史人物以及如何在当代社会更好地传承等方面的发掘、论证明显不够充分。如当前还找不到较有影响力的相关理论专著,通过中国学术期刊网输入"白鹤拳"词条进行查询,几乎找不到专门针对性的相关学术论文。相关理论研究的欠缺,必然会影响到永春白鹤拳的深层保护和更好发展。

第二,地方政策法规配套缺失。当前,永春白鹤拳发展在政策法规层面上还是空白。由于泉州市和永春县目前都是没有立法权的行政区域,所以,立法保护对包括永春白鹤拳在内的诸多泉州地方文化遗产短期内还不可能实现。当前,永春白鹤拳保护与发展决策方面表现出随意性大的特点,保护与传承工作无法可依,处于无序、无规、无责之中。由于缺乏必要的法规制度,造成部分白鹤拳遗产资料保护工作不够重视,开发和合理利用的程序缺乏必要的限制和制约。

第三,传承与发展实施出现错位现象。一方面,永春白鹤拳保护实施面临商业化挑战。例如在开发利用方面,更容易表现出较为积极的态度,而对保护的真实性、完整性、深层发展方面难以受到应有的重视,部分有价值的历史资料被忽视、歪曲、破坏乃至消失。另一方面,权属不明导致保护缺位。当前,永春白鹤拳也同样存在历史渊源、传承体系等方面的分歧,存在大量的权属不明等情况,使得保护与发展的成效大打折扣。

第四,传承体系缺乏规范。作为一种活态文化,永春白鹤拳的保护与发展,最终需要落实到具体的传承人。然而,目前永春白鹤拳专业的传承人群日益稀少。随着时间的流逝,许多老拳师年老体弱、心有余而力不足,传承体系濒临断裂。在调研中普遍发现,老拳师们均表达出后继乏人的深深担忧。传承体系缺乏规范,缺乏时代特色等,导致永春白鹤拳存在技术风格的失传、错误乃至消失的危险。

第五,保护、开发、推广的可持续性相对不强。当前,永春白鹤拳的保护与发展一次性投入较多,针对具体的项目和传承人,缺少应有的可持续资金支持,各级代表性传承人有名无实,无法专注从事相关资料的整理、传承与传播工作。当前在护人员的编制、待遇等问题上的空白,使得永春白鹤拳的传承人才队伍仍然处于自生自灭的危险状况,在保护、开发和推广等可持续发展方面,显得较为不足。

三、永春白鹤拳传承与创新的策略

2007年6月9日，我国首个文化生态保护实验区——闽南文化生态保护实验区宣告成立。三年多来，在相关部门的推动下，泉州、厦门、漳州分别结合本地实际，制定了相应的保护规划措施，闽南文化生态保护取得重要进展。永春白鹤拳作为闽南传统文化遗产的重要资源，是当地文化生态保护的内容之一，应该在闽南文化生态保护实验区建设的大背景下，实现自身的传承与突破。

（一）强化相关的理论研究与实践发掘

针对永春白鹤拳存在理论研究较为薄弱的现实，当前，永春白鹤拳需要广泛发动体育理论界、地方史学界等相关的专家学者，全面展开对永春白鹤拳的历史考证、传播及发展等问题的课题攻关。需要指出的是，注意吸引外地、外籍学者参与到永春白鹤拳的历史及传承脉络等问题的研究，对全面和客观地发现永春白鹤拳历史资源特别重要。在加强理论研究的同时，实践挖掘工作同样不可懈怠，当前要尽可能全面地收集整理永春白鹤拳文化遗产资料，做到理论研究与实践挖掘同步，并做到资源共享。同时，永春白鹤拳作为单独项目申请国家级非物质文化遗产，应该得到相关主管部门的重视和认可。

（二）健全相关的竞赛与文化交流

2009年，海峡西岸经济区正式获得国务院的批准，晋升为国家级试验区，成为中国又一经济增长点。作为“海西”建设的中心区域，闽南地区将迎来前所未有的发展机遇。对永春白鹤拳而言，客观地讲，它是一种典型的活态文化[6]，而不是一种濒危文化；它既是一项重要的文化遗产，也是一项当下流行的体育运动项目。因此，永春白鹤拳不仅要振兴其固有的传统和活力，还要在当地经济社会发展、丰富地方体育文化、加强体育竞赛和文化交流，特别是两岸交流合作中发挥重要作用。

根据闽南已有的南少林五祖拳系列竞赛体系，当前，永春白鹤拳应该抓住“海西”建设和海峡两岸交流合作的机遇，建立健全相关竞赛与文化交流体系。(1)设立常规性比赛。建议将当前不定期的南少林五祖拳比赛设立成为每年一次的常规性武术赛事。这样，既能为广大地方武术爱好者提供有序的展示平台，又有利于闽南白鹤拳等拳种品牌的形成和宣传，增加闽南地方武术的综合影响力。(2)设立永春白鹤拳擂台赛。随着历史的发展，武术已逐渐演化为以套路为主的艺术表现形式，相对于实际对搏的武术技击本质，已存在较大的差距。结合永春白鹤拳注重实战、重视对练、讲究攻防等技击特点，建议专门设立以永春白鹤拳为代表的擂台赛，将闽南地方武术的精髓实实在在地保护和发展下去，使永春白鹤拳能够“活态”地进行展示，并处于全国武术改革创新的前列。(3)加强对台文化交流合作。建议永春白鹤拳借助武术赛事、民间交流及研讨会等活动,积极开展两岸武术交流互动。同时,加强两岸武术历史渊源及传承关系的研究,增强两岸同胞的认同感和凝聚力,发挥永春白鹤拳的文化交流意义和政治意义。

(三)坚持保护的真实性与完整性

真实性(Authenticity)和完整性(Integrity)是关于文化遗产保护的两个非常重要的概念,《世界遗产公约实施行动指南》对它们有明确的规定。谢凝高教授指出,《保护世界文化和自然遗产公约》的核心就是保护遗产的真实性和完整性[7]。可见,真实性和完整性既是衡量武术文化遗产价值的尺度,也是衡量保护成效的尺度。针对包括永春白鹤拳在内的闽南地方武术在历史渊源、拳种定义等方面研究存在的严重分歧[8],当前,突出强调永春白鹤拳保护与发展的真实性与完整性尤为重要。

永春白鹤拳保护与发展的真实性和完整性,不仅仅包含永春白鹤拳各个时期完整的、原始的形态,如动作的动作方法、文化渊源、社会背景、传承体系等,还应该包括它的发展和演变的走向,遗失和失传的原因,流传至今的形态等,不可断章取义。针对在电视剧《李小龙传奇》热播后,当前永春白鹤拳与咏春拳在历史渊源问题上出现的争鸣,当前,特别注重加强真实性和完整性的理念及落实,对永春白鹤拳的保护与发展走向极为重要。

(四)尽快启动国家级非物质文化遗产的申报

当前,非物质文化遗产保护已经成为世界范围内普遍重视的话题。在我国,各级地方政府所扶持的非物质文化遗产保护名录,则为各类别、各等级非物质文化遗产的保护提供了良好的平台。然而,由于种种原因,永春白鹤拳至今却没能够单独地列为省级以上的非物质文化遗产名录。2008 年 6 月,永春白鹤拳作为五祖拳(太祖、达尊、行者、罗汉、白鹤)内容之一,获国务院颁发的第二批国家级非物质文化遗产。其实,这种做法并不准确,也不同程度地削弱了永春白鹤拳的应有保护。永春白鹤拳作为一项独立的优秀地方性传统武术拳种,当前相关各方应该积极地、尽快地启动其申报国家级非物质文化遗产名录。

(五)加强社会推广与学校推广的配合

在市场经济条件下,永春白鹤拳注意利用市场和侨乡等综合社会资源,组织相关的武术比赛、交流访问等活动扩大影响,是非常必要的。但同时,永春白鹤拳在本地学校、特别是高等院校的宣传与推广,注意发挥学校在永春白鹤拳保护与发展中的作用同样重要。当前,应该注意统一组织和培养中小学及地方高校的师资力量,选派代表性传承人到学校任教,使学校推广成为泉州武术文化遗产保护与传承的稳定力量,积极探索永春白鹤拳从民间到学校再到社会的可持续发展模式。

为此建议，第一，优先在学校培养传承人和相关师资，注意发展培养中小学、特别是地方高校的师资力量，推动永春白鹤拳保护与发展的高效开展；第二，积极吸引当地高校学者参与相关科研工作，通过委托课题等各种鼓励形式，全面展开对永春白鹤拳文化的历史考证、传播及发展等问题的课题攻关；第三，注意加强民间、学校、社会的一体化配合，通过评选传承与保护示范点、选派民间代表性传承人到学校任教、学校承办相关赛事等形式，形成民间、学校、社会在永春白鹤拳保护与发展的互动，形成良好的发展和普及氛围。

四、结　　语

在发展中传承传统，是我们今天保护和发展传统文化的主流[9]。永春白鹤拳作为是闽南传统文化的重要组成部分，在实施保护的同时，离不开改革发展，但改革发展必须结合永春白鹤拳的自身特点，坚持做到整体、真实、稳步、全面推进的原则。在当前的起步阶段，永春白鹤拳应该注意选择那些取得大家公认的历史资源进行适度开放，做到以推广为主。而对于存在分歧、历史渊源尚不清楚以及较为落后保守的部分，则需要在做好自身的完善、论证整理等工作后，待时机成熟了再统一开放推广。总之，坚持做到真实、整体、稳步与可持续的保护与发展，是永春白鹤拳保护与发展的基本准则。

（作者单位：泉州师范学院）

参考文献

[1]林华东：《闽南文化的精神和基本内涵》，《光明日报》2009 年 11 月 17 日。
[2]牟延林、谭宏、刘壮：《非物质文化遗产概论》，北京师范大学出版社 2010 年版。
[3]泉州武术协会编：《拳种南少林文存》，香港银河出版社 2010 年版。
[4]杜德全、周盟渊：《五祖拳文化研究》，厦门大学出版社 2012 年版。
[5]福建省地方志编纂委员会编：《福建省志：体育志》，福建人民出版社 1993 年版。
[6]乔晓光：《活态文化》，山西人民出版社 2004 年版。
[7] 徐嵩龄：《文化遗产的保护与经营——中国实践与理论进展》，社会科学出版社 2003 年版。
[8]黄伟民：《“南少林”研究的检讨和批判》，《泉州师范学院学报》2006 年第 5 期。
[9]颜下里：《少数民族传统体育的抢救和保护》，《体育文化导刊》2004 年第 9 期。

行业文化与闽南文化的传承

——以泉州海事文化为例

耿喜波

文化是一个地区的人们的生活方式,体现一个地区人们的生活特质,形成一个地区的文化体系。每个行业有自己的文化体系和文化特质,形成行业文化.这个地区的行业文化也必有该地区的文化特质。海事文化是文化的一个子系统,是一种亚文化,是一种行业文化。也必然体现所在地区的文化特质。“海事文化是海事领域内产生的一种特殊的文化倾向,是海事单位长期发展过程汇总,把广大干部职工结合起来的行为方式,价值观念和道德规范的综合。它不仅反映海事单位组织特色和行政管理的特色等,更反映出海事单位行政管理的战略目标,群体意识,价值观念和行为规范。它既是了解社会文明程度的一个窗口又是当代社会文化的一个生长点。从狭义上讲,海事文化体现为人本管理理论的最高层次,海事文化重视人的因素,强调精神文化的力量,希望用一种无形的文化力量形成一种行为准则价值观念和道德规范,凝聚海事员工的归属感,积极性和创造性,引导海事员工为海事事业的社会发展而努力,并通过各种渠道对社会文化的大环境产生作用。”[1]海事文化是文化的一个子系统,是一种亚文化,是一种行业文化。也必然体现所在地区的文化特质。

泉州自古以来就是一个港口,自从设立管理部门以来逐渐形成了海事文化,海事文化是一种行业文化,也是管理文化。然而作为闽南的一个港口,毫无疑问体现了闽南的本土文化,同时对闽南文化的传承有一定的作用。泉州的海事文化主要体现在泉州海事局的各项活动当中。泉州海事局于 2000 年 10 月 17 日成立,其主要工作职责是保障辖区海上交通安全、防止海上船舶污染、协调救助人命等。在沿海的县(区、市)设立五个海事处。

泉州海事局辖区海岸线北起莆田市界的枫亭溪,南至厦门市界的莲河,长达 427 公里,共有四湾十四港区,现已建成投产的码头 25 座 38 个泊位,其中一类口岸 3 个、二类口岸 7 个。辖区内现有船公司 58 家,船员 1.6 万多名,运输船舶 550 艘、登记吨位 26.4 万总吨,总运力近 50 万吨。1999 年泉州港进出港船舶 22952 艘次,货物吞吐量 1521 万吨、集装箱 8.1 万标箱。[2]

一、海事文化承载着闽南文化

文化孕育在长期的生活中，同时也体现在闽南人当下的生活中。海事文化体现在海事局的管理活动中。

首先，日常的海事管理体现了浓厚的闽南文化。

泉州海事局管理湄洲湾、泉州湾、深沪湾、围头湾等各湾内的泉州市行政管辖水域。设立泉港、晋江、丰泽、石狮、南安海事处。管辖海域涉及泉州沿海的各个港口村庄，海事局的人员常年与泉州的渔民打交道，对渔船，造船技术，航海技术都十分熟悉，对渔民的生活方式也十分了解。有的工作人员就是来自沿海的村庄。海事管理中必然带有浓厚的闽南文化的气息：讲闽南的方言，使用在便于在闽南水域航行的船只，按照闽南人的处事方式处理事情等。

其次，海事局的海上搜救工作体现了闽南人的人道主义精神。

海事局管理和监督所辖水域的船只，并对这些船只实行海上救助，体现了泉州文化中的人道主义精神。泉州海事局成立了海事搜救中心，有 24 小时的救助电话，有海上搜救指挥大屏幕显示系统、码头远程网络图像监控系统（CCTV）、巡逻艇移动视频系统、船舶自动识别系统（AIS）、小型船舶监控系统、全球定位系统等。这对海上的搜救工作十分重要。2000 年至 2011 年，共组织实施搜救行动 121 次，成功救助遇险船舶 109 艘、遇险人员 1197 人，人命救助成功率达到 95.84%。2010 年，巴拿马籍外轮船员在甲板检查设备时，因风大浪急跌落甲板造成右小腿闭合性骨折。泉州、厦门海事救助部门联手，展开海空救援，经 4 个小时的救援，重伤船员被救助直升机成功救出并送往厦门医治。2011 年“闽漳货 0638”轮在采砂过程中发电机突然起火，机舱进水，船体左倾 30 度，随时有倾覆的危险，船上 6 名船员，情况危急，请求救助。泉州海事局接警后，立即启动泉州市海上搜救应急预案，调派石狮海事处现场应急人员乘“海巡 1332”艇赶往现场救助。这样的救助事件已经是海事局的常规性的任务，他们对海上的危难及时伸出援手，使得在危险中的人员得到了帮助，这体现了闽南人的人道主义精神，也体现了闽南人高度的责任感。茫茫大海，危险重重，海事局为海上人员增添了不少的平安。

再次，在航海技术和管理上的研究体现了闽南文化中的爱拼敢赢的精神。

泉州海事局在海事管理上和技术不断创新，勇于面对困难，拼搏进取，不断延续着闽南文化中的爱拼敢赢的精神。“海巡 133”艇船体为钢质，总吨位 362，净吨位 109，总长 47.4 米，型宽 8 米，型深 4.7 米，装备两台进口高速柴油机，双舵、双桨推进，设计航速 18 节，续航力达 1300 海里，自持力为 7 昼夜，配备了我国自主知识产权的尾滑道高速救助、快速反应小艇和光电跟踪、监视和取证系统，拥有先进的通讯导航设备，能够实现海上巡航及搜救的船岸即时传输。这艘舰艇是由广西西江船厂制造、泉州海事局监造完成的。泉州海事局派出小组到广西西江负责监造。在“海巡133”艇建造的过程中,泉州海事局在技术上提出了许多建议,监造小组共处理了5000余个问题,保证了船舶制造的高质量质量。2007年底,福建海事系统首次引进了非线性编辑机和系统,以帮助海事局制作视频材料,保存工作片段,反应工作成效。但这套系统的专业性很强,对使用人员的文字水平、计算机操作能力还有画面和镜头感都要求很高,经过海事人员的不懈努力,泉州海事局成了福建海事系统中首个独立操作非线性编辑系统,完成采编“一条龙”的单位,也成了首个以工作纪录片的方式,创新汇报模式的单位。

二、泉州的海事活动将海峡两岸连接起来,促进了闽南文化的发展

首先,泉州海事局护卫泉金航线,保障了海峡两岸的文化交流,促进了闽南地域文化的发展。

随着两岸关系的改善和经济文化往来的增多,泉州与台湾开通了直航。2002年,南安轮船公司的“成功17号”货轮首次直航金门,正式开通了南安至金门货运的新航线。金门与福建沿海地区的直接往来也由此再往前迈进一步。2006年6月8日,泉州港石井港区对台客运码头(直航金门)首航仪式在南安石井港区举行。2006年10月13日,泉州市委市政府在石井港客运码头举行“泉州(澎湖)文化周直航启动仪式”,“满天星1号”轮在海事局“海巡1332”艇的护航下,载着132名文化界人士起航离开码头驶往澎湖。虽然海事局没有直接参与文化周的活动,但是海事局却有力地保障了文化周的顺利进行。2008年12月17日,泉州港“成功71”轮在泉州南安海事处的护卫下,经过22小时的海上航行,克服风大浪高的影响,安全驶抵台湾台北港外锚地,受到台北港热烈欢迎。2011年7月29日上午,泉州石井港区举行金马澎个人游正式开通启动仪式,“新金龙”轮载运168名首批个人游旅客经泉金航线往金门自由行。为了配合福建居民首日赴金马澎个人游活动,泉金航线增加了石井至金门的航班和金门至石井的航班,并临时调动“新金龙”轮投入运营,泉州海事局高度重视,南安海事处提前部署,采取五项措施保障泉金航线安全运营,确保金马澎个人游旅客和两岸同胞往来安全。每年清明节,两岸同胞返乡祭祖增多,泉金客运航线都将迎来新一轮的客流高峰,为了让两岸同胞的往来更便捷、更安全,泉州海事局加强泉金航线巡航执法力度,维护泉金航线通航秩序。

自2008年赴台旅游开放以来,通过泉金航线赴台的大陆旅客人数不断增长。泉金航线已成为海峡两岸人员往来的“黄金水道”。据统计,2008年度泉金客运航线共计安全运营1430航次,运送两岸旅客达64074人次。南安海事处为泉金直航客轮提供专项护航1430航次,组织泉金航线水上联合执法行动55航次,巡航检查里程827

海里，参加联合执法人员 457 人次，有效保障了泉金航线客轮的航行安全。2012 年运送台胞突破 2 万人次，共安全运营 584 航次，运送两岸旅客 26484 人次，其中台胞 20748 人次，大陆旅客 5736 人次。在多次的安全护航中，在精心的管理中泉州海事局为两岸经济文化交流提供了保障。海峡两岸在不断的交往中，文化纽带的连接越来越紧密，海事局在保障两岸文化交流的顺利进行有着重要作用。海事人员成为两岸的航行安全纽带。

其次，为两岸的海事教育牵线搭桥，促进了闽南文化在海事领域的发展。

海事活动要提高质量需要提高海事人员的教育水平。泉州海事局推动了泉州的学校与企业的合作，并且推动了泉州学校与台湾学校的合作。海事局促成了泉州师范学院和中泉国际经济技术合作公司的合作，在此基础上促成与台北海洋技术学院合作办学。学生前三年在泉州师范学院学习，第四年到台北海洋技术学院学习。这次合作是由中泉公司提供费用，泉州师范学院设立航海技术和轮机工程两个专业，台北海洋技术学院的将派老师给予指导。这样的合作提到了泉州海事人员的教育水平，同时也推动了两岸的合作办学，使两岸在文化领域内的交流和合作更深入。

三、海事活动使闽南文化传播到海外世界

首先，通过对外籍船只的监督和管理，使得闽南文化展现在外籍船员面前。

泉州港自 1983 年恢复对外开放以来，泉州港吞吐量呈现快速增长，港口的地位和作用不断提高，发展为总吞吐量规模位列全国沿海港口第 17 位、集装箱吞吐规模位列全国沿海港口第 12 位、内贸集装箱吞吐量居全省港口首位，石化码头进入全国石油、天然气接卸储运系统布局的福建省沿海地区性重要港口。1999 年泉州港进出港船舶 22952 艘次，其中外国籍船舶 592 艘次。从 2002 年起，泉州海事局开始对到港的外国籍船舶实施港口国监督检查。港口国监督(PSC)是国际海事组织及相关公约赋予缔约国政府的一种权利，是指港口国当局对抵港的外国籍船舶依法检查船舶技术状况、操作性要求、船舶配员、船员的生活和工作条件，以确保船舶和船员生命财产安全，防止海洋污染，维护国家利益。2007 在石狮海事处的配合下，海事局 PSC 检查官对抵港的巴拿马藉“GAIA TRIUMPH”轮实施港口国监督检查。在检查过程中，PSC 检查官严格遵守港口国监督程序和执行有关公约的各项要求，在缺陷处理时，严格按照缺陷处理原则进行；在船方纠正缺陷方面，耐心细致地为船方提供合理性建议，船方诚恳地采纳了建议。检查官在工作中表现出的严谨细致的工作作风深得外籍船长的赞扬。到港的外籍船只不仅通过 PSC 检查接触到海事人员，看到泉州的不同的文化，也会通过日常的活动接触到更多的闽南文化。到港的船只有来自世界各地的船只，海事局和海事人员就成为外籍人员了解闽南文化的重要的渠道。

其次，通过对外籍船只和船员的救助体现了闽南人的人道主义精神。

泉州港自1983年恢复对外开放以来，特别是近几年，随着泉州外向型经济的发展，到港的外国籍船舶快速增长。2001年进出泉州口岸的外国籍船舶达六百四十四艘次。2011年9月4日，泉州湄洲湾水域发生一起船舶偏离航道导致轮船搁浅事故。从印尼载运5万多吨煤进靠肖厝沙格码头的散货船巴拿马籍“拓富3”轮偏离航道。泉州海事局启动应急预案，要求船舶做好船舶搁浅的船体检查工作及采取其他自救措施，播发港内VHF航行警告，提醒过往船舶注意，确保港内航行安全，并指派“海巡133”、“海巡1335”迅速赶赴现场指挥救援。在2艘大马力拖轮的协助下，“拓富3”轮成功脱浅，救助工作取得圆满成功。2010年10月3日，一巴拿马籍外轮船员在甲板检查设备时，因风大浪急跌落甲板造成右小腿闭合性骨折。福建泉州、厦门海事救助部门联手，展开海空救援，经4个小时的救援，重伤船员被救助直升机成功救出并送往厦门医治。像这样的对外籍船只和船员的救助事件在海事局还有很多。在救助过程中海事局人员尽心竭力，不怕危险，在救助过程中显示了闽南人的高度的人道主义精神。这些救助事件成为国外人士了解泉州文化的精神。

泉州的海事文化体现在海事活动中，文化是动态的，在时间里流动，不断地更新。在日常对船只的管理、监督和救助的过程中闽南文化就呈现出来：闽南当地制造的船只；操着乡音参与海事管理的人员；在船只遇到危难时体现出来的乡情。由于泉州位于海峡的西岸，面对台湾，和金门相邻，使得泉州有了开通和金门直航的机会。两岸的直航意味着两岸文化联系的加强，泉州的文化对台湾的影响不断地加强，台湾同胞多次来泉州寻亲祭祖，敬拜神明，他们看到了感受到了泉州的文化。在两岸的文化交流中，台湾同胞与海事人员的接触，使他们更多地了解泉州人，跟多地了解泉州文化。同时，海事局多次派船只护航两岸通航的船只，保障了两岸航行的安全。泉州同时也是一个停泊国外船只的港口，海外人员也通过泉州海事人员了解到了泉州的文化。毫无疑问海事活动是一个使世界了解中国的窗口。

闽南文化不是静态的，是动态的，是不断更新的。而这不断更新的文化不仅体现在音乐戏剧、绘画、建筑领域，也体现在各行各业的发展中。我们看到的一个地区的生活百态就是这个地区的文化了。航海业，渔业是泉州的一个行业，对海上活动进行管理的行业就是海事管理行业，而这是由海事局承担的，海事局在管理的过程中形成了海事文化。海事文化是闽南文化系统中的一部分。她不仅具有闽南文化的特质，也把闽南文化传播到海峡对岸，传播到世界各地。加强行业文化的建设对推动闽南文化的发展和传承是必要的。如何加强行业文化的建设是一个值得思考的问题。

（作者单位：泉州师范学院）

参考文献

[1]梁明诚：《浅谈海事文化的形成机制与建设》，《海事研究》，2005年，第87页。

[2]本文关于海事活动的统计资料均来自泉州海事局。

文化载体:论槟城闽南建筑

郭美芳

马来西亚槟城的华人在英人1592年抵该岛之前即落脚该城市,在明朝《武备志》的《航海图》(俗称《郑和航海图》)[1]p2中即出现在马六甲海域中;今日以有明确留存之公冢、庙宇、会馆等可考之碑石记载,大约可追溯至嘉庆年间1800年左右,显现华人社会组织于此时在当地已经相当完熟,从现地社会组织相关之建筑调查来看,大约以闽粤两大流派发展为主轴。

建筑营塑的空间支撑了人类大部分的活动需求,他的产生完全建基于功能取向,而人类所需求的除了维持基本生存之外,复杂的社会组织的运作更需仰赖特定之空间场所来提供与支持方得以发生。所以建筑是建基于对社会活动的支持,华人的特色建筑因运行社会组织之需求应然而生,除了住宅、店铺、街屋之外,主要以"血缘"的宗祠家庙(图1—图2)、"地缘"的会馆(图3—图4)、以及"业缘"的同业公会(图5—图6)、"信仰"之庙宇(图7)等建筑群落出现。槟城是整个马来半岛华人比例占最高的城市,是以,华人建筑在城市中占有极高的比例,尤其华人建筑醒目的特色也使其在多样族群建筑中相当突出。(图8)

图1　槟城龙山堂邱公司宗祠(血缘)前抱夏。2010年摄

图2　槟城龙山堂邱公司宗祠(血缘)中轴入口匾额。2010年摄

图 3　槟城琼州会馆（地缘）。2010 年摄

图 4　槟城琼州会馆（地缘）。2010 年摄

图 5　马来西亚槟城广式建筑之鲁班古庙（业缘）。2010 年摄

图 6　马来西亚槟城广式建筑之打金行（业缘）。2010 年摄

图 7　广福宫（宗教信仰与地缘）整修中。2012 年摄

图 8　马来西亚槟城广福宫的燕尾顶，在城市建筑群落中，其样式明确地呈现其自明性。2003 年孔宪法摄

马来西亚华人移民建筑,各方言群融合中自有其清晰的自明性(图 9):

(1)广东岭南建筑善用陶塑,精细而色彩华丽(图 10);

(2)朝汕木架栋梁雕工细腻繁复且华丽(图 11);

(3)闽南则飞檐反宇飘逸俊俏、精致剪黏晶莹剔透玲珑活现(图 12)、泉州白石的双龙柱、红砖墙石雕柜台脚之鲜明对比色彩,在华人族群多样性之建筑特色中极易辨识;

本文将以槟城广福宫(兼具宗教信仰与地缘关系等功能)、邱氏宗祠(血缘)等案例论述其清晰可见之闽南建筑文化之特质与形貌。

图 9 翘脊剪黏之闽南建筑(右前方)与封火山墙之广式建筑(左后方)在城市中形式对比相当显眼。2010 年摄

图 10 马来西亚槟城广式建筑善用陶塑装饰。2010 年摄

图 11 朝汕木架栋梁雕工细腻繁复且华丽。2010 年摄

图 12 闽南则飞檐反宇飘逸俊俏、精致剪黏晶莹剔透玲珑活现。2010 年摄

一、闽南建筑特色概要

"闽南"在地理区域上指称中国东南沿海福建省之漳州、泉州、厦门等市,及其辖下县市。其地域性之建筑特色经过千年的累积,形塑出独特的建筑形貌,可从以下面向概述之:

(1)建筑空间配置:华人建筑空间组合或配置呈现群落观念(图 13)或长型街屋之店铺住宅。

①单座建筑之开间数[2](闽南称间张),如台湾称"五间阔"、闽南则称"五间张",是为房屋的面阔。

②单座建筑之组合以进落、埕、天井(或深井)相间组合而成,构成房屋之进深。

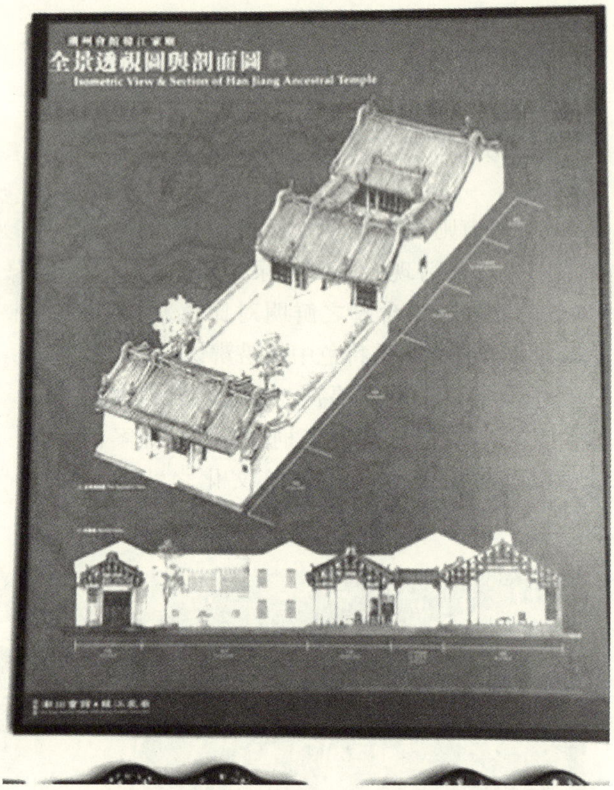

图 13　华人建筑以群落组成为建构之概念,上图为槟城韩江家庙配置,为三进两院落的配置,每一进则有三开间。2010 年摄

③两侧非主轴的房舍组合称为护龙[3](闽南称护厝):是房舍在三间阔或五间阔的基础下向两侧扩展或延伸的空间。此在狭长的长形街屋与店铺住宅中不会出现的类型。

④凹寿(或称塌寿),是房舍中轴正门入口处,留出一檐下空间,当作出入正门时的缓冲空间,可供来访的人员在檐下之处停留等待。

(2)结构系统:

传统木屋架(梁架系统)与承重墙,明间中栋架多采叠斗、抬梁(以瓜筒、瓜柱或短柱)或穿鬬系统架构。这些系统原则不变,然在地方性(locality)则会呈现细微的差异,如瓜住会有圆胖肥短,或是较为细瘦抽长型的短柱型瓜筒。

(3)砌砖与石作:主要用于房舍之基座与墙体。

(4)雕、砖雕与木雕:出现在视觉比较重要的部位,是与房屋整体搭配(图 14、图 15)。

(5)泥塑与剪黏:剪黏主要出现在屋脊(含垂脊)的装饰上(如图 12)。

(6)彩绘画作:除了出现在木作屋架系统及木作门窗之外,泥塑也加上彩绘(图 16—图 17)。

以上建筑装饰会出现在如下之建筑元素上，而整合并营塑出闽南建筑的特色。

(1) 飞檐、反宇、翘脊、燕尾、红瓦顶；

(2) 红砖墙、马背、鸟踏、悬鱼饰；

(3) 柜台脚、裙堵、腰赌、上堵、顶堵、石雕墙体；

(4)屋内厅堂雕梁画栋。

图 14　槟城龙山堂邱公司宗祠之步口（前廊），可见装饰繁复之木雕。2010 年摄

图 15　槟城龙山堂邱公司宗祠之步口（前廊），可见装饰繁复之石雕。2010 年摄

图 16 槟城龙山堂邱公司步口屋架座狮下之大通彩绘。2010 年摄

图 17 槟城龙山堂邱公司步口屋架座马下之大通彩绘。2010 年摄

二、进入槟城华人建筑的观点

建筑之所以重要是因为它支撑了人类大部分的活动需求，他的产生建基于功能取向，而人类所需求的除了维持基本生存之必须外，复杂的社会组织运作更需要有空间场所来提供与支持其得以发生。所以建筑是建基于社会活动的支持，华人传统建筑的局部与整体的特色，透过数千年累积下来的技术与文化整体的表现，是支持人类文化活动的实质载体，呈现了族群的社会组织与运作功能。

1. 槟城与华人的连结

“槟城”在明朝《武备志》的《航海图》（俗称《郑和航海图》）中即出现在马六甲海域中，位于马来半岛西北部之岛屿称“槟榔屿”，也因此，华人较英人兰开斯特 1592 年抵该岛，并称该岛为“Pulau Pinaon”[4] 的时间略早，且于 18 世纪中叶即在槟城设有私塾教育，可考的则为 1819 年创办的五福书院华文教育机构[5]pXⅧ（图 18、图 19）。虽然华人在英人之前即落脚该城市，却历经英国人开发，成为海峡殖民地[6]最早开埠的城市，英国人为了发展经济以及扩展商业，招来大批华人与印人，随着华人人口的增加，各方言群的华人纷纷各自成立庙宇、会馆及公冢，方言群之间发展出“帮群”[7]之组织，形成华人间微妙的互动关系。这样的移民社会的特质造成会馆等建筑林立，这些会馆等兴建基于传统的血缘、地缘与业缘形成之组织。

图 18　马来西亚槟城五福书院。2010 年摄

图 19　马来西亚槟城五福书院。2010 年摄

虽然公冢、庙宇及会馆的碑石记录，以广东广州府香山乾隆六十年（1795 年）的曾廷贤墓石为最早，但张少宽认为福建公冢虽迟至 1805 年建立，然从“增建义冢碑记”得知该公冢在此之前即已建立，以及，从珠海屿的大伯公庙（图 22）石质香炉刻云:“乾隆壬子(1792年),六甲子弟李赐答谢霞月吉立”,其“六甲”为漳州的乡名,因此,认为福建人抵槟城的时间应该和广东人不分上下。[1]p8-9

早期的华人移民以广福两帮为主轴,广帮从事种植、手工艺或建筑领域,而福建人多经商为主[1]p10-11。以现在尚留存的鲁班古庙与打金行为广式建筑得以见证。(图20、图21)

图20　平直的屋脊与屋顶之广式建筑的鲁班古庙。2010年摄

图21　马来西亚槟城打金行(业缘),平直的屋脊与屋顶即正立面明显可见为广式建筑。2010年摄

槟城华人势力以福帮为强,从1910—1911两年的人口资料来看,福建人口分占49.2%与48.4%,几乎占一半的华人人口,从麦留芳根据各碑铭资料统计捐款数额,发现19世纪末到20世纪初福帮的捐款能力高于广帮13倍之多。[8]p33-34

闽帮的另一特色则是建家冢,如槟城谢石塘家冢镌刻之“槟城谢石塘冢山记”石碑:“槟城谢姓……法古人之族葬……”[1]p43可看出福建家族,非常强调家族的互助,即“设义冢以葬家族之无地者,立义祠以祭宗族之无后者,置义田以赡宗族之无养者。”(图23)。19世纪私冢设置以福建漳泉两州为主,多达20余个,显现19世纪中叶之前漳泉人已在经济领域头角峥嵘,而建立家冢的人员也多为早期福帮的领袖人物。

图22　珠海屿大伯公庙。2003年孔宪法摄

图23　珠海屿大伯公侧墓冢。2003年孔宪法摄

2. **方言群组织机构的建立**

华人在槟城产业组织运作有其特征,即善用其关系网络,并不局限于华人之间,也和土著及西方人士建立网络 。1893 年清政府于槟城设置领事一事,吴龙云认为是时的槟城领事乃由新加坡管辖,基于地缘与方言的关系,启用客籍人士担任[9],长期垄断造成槟城马华由闽、粤、客三分天下之局势。然吴氏也认为 19 世纪槟城华人的权力结构,以广东人与福建人共同建立的“广福宫”为槟城华人社会的领导中心 ,而两者领袖出身亦颇为不同,吴氏认为广福宫的历任领事由广福两帮绅商出任,而福帮多为宗祠与家庙的领导人,以五大姓氏为基础 ,而广帮则来自秘密会社之义兴会,因此福帮领袖多与“血缘”的宗祠与“地缘”的庙宇有关。

虽然同属华人,然而方言群之间却难以沟通,加上殖民政府在遴选甲必丹时,又以人多势众足以压倒其他社群者为优先,间接达到统治华人的目的,使各方言群为保障各自的利益、维护自身的权益,纷纷成立会馆,约在 19 世纪初各方言群即陆续建立会馆,至 30 年代有 11～12 间会馆成立 ,造成方言群之间分立情势严重,削弱了广福宫的功能与作用。

宗祠乃以血缘关系将族群团结在家族的组织之活动中心。同时宗族的排他性也很强。如石塘谢氏墓地允许出单埋葬者仅限于漳州的七个县治及一厅:龙溪、海澄、南靖、漳浦、平和、绍安、长奉及云霄厅,即为其中一例。

三、槟城华人建筑

1. **广福宫:18 世纪中叶槟城华人信仰与排纷中心(图 24、图 25)**

信仰中心(庙宇)在城镇开发过程扮演关键角色,也是城镇发展史的见证,广福宫也是该州最具历史意义的庙宇之一,乔治市以广福宫为主轴,可惜其右翼护龙因扩建马路而遭拆除。

图 24　马来亚西槟城广福宫,其建筑之飞檐反宇与精致剪黏呈现闽南建筑之式样。2003 年孔宪法摄

图 25　马来西亚槟城广福宫。2003 年孔宪法摄

创建于1800年的“广福宫”(图26),由镌刻的碑记可看出,是由早期抵槟城的广东与福建人士共同捐助,及不少是由中国及东南亚国家的商旅捐助。如吴文辉可能是福建漳州海澄县人吴让的胞弟、梁壬癸祖籍为福建南安、陈达出生于福建漳州、叶和是厦门船主、梁美吉为新加坡广得会创始人,陈天福福建人可能来自马六甲,陈三柔与杨金水福建人可能来自新加坡,另外可能来自泰国的华人。显见广福宫有超地缘的捐助人。

图26　广福宫庆祝建庙200周年。本图采自张少宽

广福宫建立的宗旨除了是华人信仰中心之外,亦是协调各帮利益与纠纷之所,唯在1860年之后受到方言群势力扩张与结社发展的制约,而无法发挥排解华人社会纠纷的功能,尤其1867年的大暴动、1872—1874年的拉律(Larut)战争,削弱华人社会的凝聚力。

2. 取代广福宫仲裁地位的平章会馆

“平章会馆”成立于1886年,其建筑乃增建在广福宫(图26)左翼外侧,后以“槟城华人大会堂”为人所熟知,主要在于排难解纷,其出现是在于帮权与祕密会社的力量日趋澎湃之时,造成原为华人最高领导机构的广福宫渐渐失去原有效排纷解难的社会功能,取代广福宫的民间仲裁的地位。其出资者除了殖民地政府(东印度公司)之外,福建公司2000圆,福建公司以漳州人之五大姓为主干,潮州府捐1800圆、邱公司1000圆、谢公司800圆等,福建帮总计捐款5080圆,广帮记录总计2700圆 ,广帮成员则包括广府、客家、潮州和琼州等方言群。福建帮除福建公司外,尚有同庆社、清和社、叶氏公司、邱氏、谢氏、杨氏与陈氏,广东帮则有潮州府、琼州府、肇庆府曲邑的伍氏、梅氏、黄氏、许氏、邝氏、南氏和潘氏等,客家人则有嘉应州、惠州府、永定公司等。理事名额也分由广帮与福帮各七人组成,仿效广福宫制度。

平章会馆虽在英殖民政府大力辅助之下建置,为一幢西式钢筋混凝土二层楼建筑(图28),使用拱券柱梁系统,不同于之前华人建筑所采用的来自中国的传统工法与技术(图29)。然其楼上设有菩萨坛 ,显见仲裁之施行,仍须仰赖中国传统彼此约定与信誉借由神明见证履行的决心及公正裁决的道德心,与广福宫神明信仰类似,然广福宫则兼具了心灵寄托的功能(见图25)。

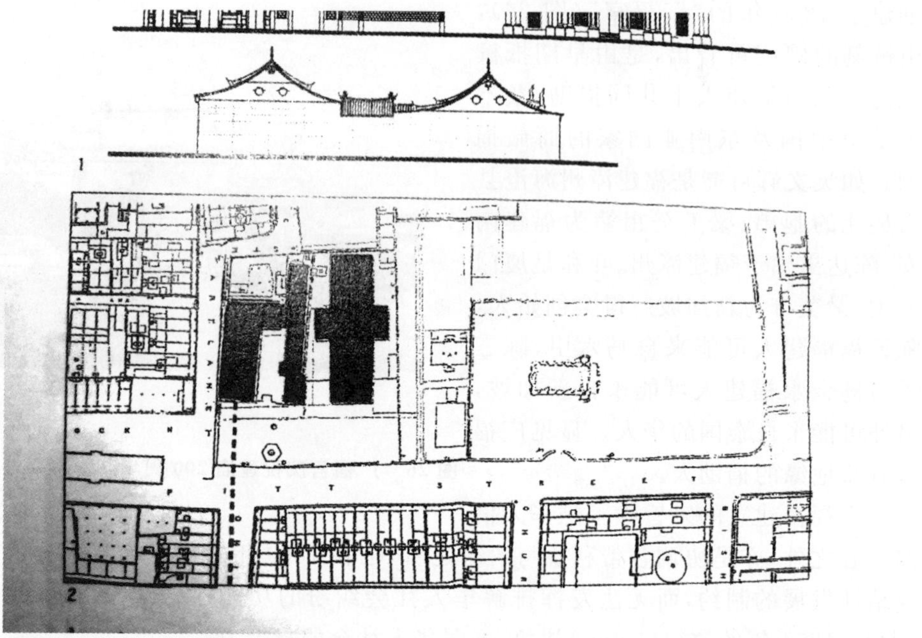

图 27　黑色色块左侧为广福宫,右为平章会馆配置图。本图采自 2005 年陈国伟

图 28　左翼护龙外侧增建平章会馆,见图右上角,约 1930 年代。本图采自张少宽

图 29　尚未增建平章会馆时的广福宫。本图采自张少宽

3. 公司的成立

最具槟城当地特色的空间场域与组织为“公司”(kongsi),他是综合了享祀主体、劳动结合以及居住空间等之单元场域之整体概念。槟城的宗亲会馆最初以“家”为名,后始改为“公司”。尤其在 19 世纪中叶,槟城已经是区域间华人社会活动的集中地,是宗亲组织的活动中心,因此形成了以宗亲组织为基础的帮群结构。

(1)龙山邱公司

如龙山邱公司即在 1835 年的端午节,邱氏族人聚会庆祝大使爷诞辰,一致同意为族人的利益建立宗祠。(见图 1、图 2、图 14、图 15)“公司(kongsi)”在当时的槟城该语言是闽南的发音,并没有现代资本主义社会所指称的公司(company)之意。他具体地综合了享祀主体、劳动结合,以及居住空间等之单元场域之整体概念(图 30—图 35)。

图 30　龙山邱公司主轴线之大广场,主轴为宗祠与戏台相对应,即是享祀之主体,周边为居住与产业空间

图 31　龙山邱公司宗祠,祖先牌位壁龛形式

图 32　长型街屋形式之产业与住居建筑

图 33　龙山邱公司建筑之防御性枪孔,朝向中央广场

图 34　龙山邱公司宗祠右翼生活空间入口,龙虎壁之彩瓷

图 35　龙山邱公司宗议所,是宗族议事之场所,也是仲裁之处

(2)韩江公司

如潮州人的韩江会馆,即是平章会馆成立时,潮籍领袖发起人许武安,于 19 世纪末 80—90 年代,此时他在华人社会的影响力,已居潮州人领袖的高峰,鉴于潮州人势力不如其他方言群,乃于 1886 年将 16 年前建置时仅一厅一堂的格局,扩建为三大落(进)的格局。(图 36—图 38)韩江会馆乃原为韩江公司设立韩江宗祠,再发展为韩江会馆。

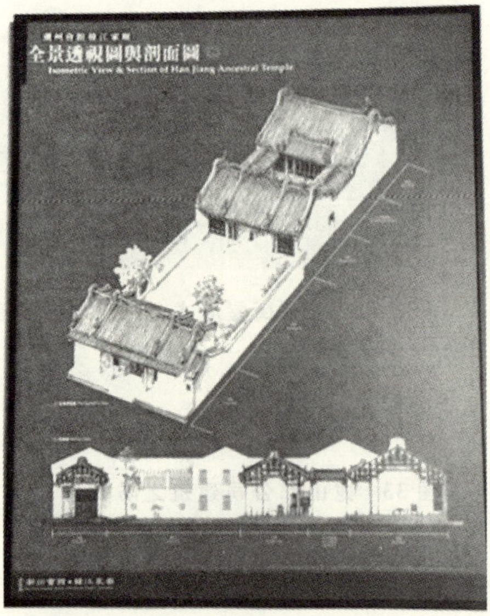

图 36　槟城韩江家庙,为三进两院落的配置。2010 年摄

图 37　槟城韩江家庙家庙第二进尚未修复前。2003 年摄

图 38　尚未修复前之槟城韩江家庙。2003 年摄

4. **福帮信仰象征:福德正神庙(本头公)**

“大伯公”也称“本头公 ”,本头公为槟榔屿及泰南普吉华人对福德正神的称呼,庙址位于本头公巷内“福德正神庙”,是福帮早期信仰的象征,作为当时地缘性凝聚力的基础,是 19 世纪福帮,或称五大姓,槟城福建人的五大姓为邱、杨、谢、林、陈等宗亲组织,是影响槟城华人最深巨的组织。该庙建于 1850 年是一座双层的庙宇,有同庆社、宝福社、清和社与福建公司四个附属的神社。该庙屋顶的翘脊反宇、剪粘以及步口主柱上方两侧之插角(雀替)皆明确且清楚地呈现闽南建筑风格,包括碑亭、入口穿堂皆具同样特色(见图 39—图 41)。

图 39　槟城福德正神庙碑亭。2010 年摄

图 40　同左入口穿堂。2010 年摄

图41　槟城两层楼的福德正神庙。2010摄

槟城于2008年申遗成功后,对传统特色建筑之保存不遗余力的整建与修复。也因申遗的成功,各族群传统文化运作累积产生的成果得以被重视,如姓氏桥(Clan Jetty),反映出移民初来乍到,在贫无以立锥之下如何找到可生存的空间。(图39)该类建筑使用长状柱桩深入海边泥滩,努力与海争地,创造得以生存的立锥之地(图40)。透过筑屋的工程技术与海争地,这样的技术如同在山崖边悬空撑起屋宇基座与大自然争地一样的技术被运用到海边。他反映了中国人特殊的宗族组织的概念、同姓、同宗或同乡的概念。

图42　马来西亚槟城向海延伸的闽南移民建筑群落"姓氏桥"。2003孔宪法摄

图43　"姓氏桥"打入海底之基桩。2010摄

四、文化融合或是地方文化的销蚀

槟城各方言群建筑发展至今特色极为清晰,差异明显,在目前大量历史古迹急需修复与保存的状况下,不易妥善地针对每座建筑群落进行翔实的修复前之调查与记录,将建筑的原始风貌准确地记录下来,例如彩绘的色彩、笔触等等,造成修复后的色彩与原貌有相当大的差距(图 44、图 45)。

但是当匠师与工匠是同一批人,在各特色建筑之间流转施作整修的工作,例如目前在协助修复闽南建筑式样的广福宫的匠师,(图 46、图 47)并非闽南建筑的匠师,他们的手艺与工法,是否有可能造成修复后的走味与变貌?这是今日我们该深刻思考的议题。

图 44　修复前的槟城韩江家庙,2003 年摄

图 45　修复后的槟城韩江家庙,与修复前相比,彩绘之色彩有明显的差异。2010 年摄

图 46　马来西亚修复中的槟城广福宫。2012 年摄

图 47　马来西亚修复中的槟城广福宫。2012 年摄

(作者单位:台湾成功大学)

参考文献

[1]参见张少宽:《槟榔屿丛谈》,马来西亚槟城南洋田野研究室,2005 年。

[2]"三开间"或"五开间"为台湾用词,"三间张"或"五间张"为闽南用词。

[3]"护龙"或"伸手"为台湾用词,"护厝"为闽南用词。

[4]凡水中有山曰浮罗、布路、波罗,即 Pulau 之谓。

[5]参见何国忠主编:《承袭与抉择:马来西亚华人历史与人物·文化篇》,"中央研究院"东南区域研究计划,2001 年。

[6]英国人于 1786 年租借槟榔屿,1819 年租借新加坡,又于 1824 年取得马六甲的管辖权,1826 年英国人便把这三地合并称为海峡殖民地(Straits Settlements)。参见何启良主编:《匡正与流变;马来西亚华人历史与人物政治篇》,"中央研究院"东南亚区域研究计划,2001 年。

[7]参考吴龙云《遭遇帮群:槟城华人社会的跨帮组织研究》(新加坡国立大学中文系,2009 年)第 7 页提及陈育崧时首先定义"帮"的学者,陈氏认为"帮"是"帮权"的概念,是新马华人社会结构的特征,是代表一种方言的社群,一方面强化地缘的关系,一方面又突破地缘的限制,为共同的利益互相结合,高度发挥帮的作用,形成排外意识、促成帮的威望。林孝胜认为"帮权 "即为帮之势力含有权力之意涵,更与政治结合,不限定于某一方言群,其提出福建人的团体在 19 世纪时遭到广帮联合客、潮、琼组成的联合阵线抗衡。

[8]吴龙云:《遭遇帮群:槟城华人社会的跨帮组织研究》,新加坡国立大学中文系,2009 年。

[9]新加坡当时为客籍领事。

泉州旅游业与闽南文化创意产业的融合互动研究

洪彩真

一、泉州旅游业概述

泉州市位于福建东南沿海，与台湾一衣带水，是国务院颁布的24个中国首批历史文化名城之一。泉州依山面海，境内山峦起伏，风景秀丽。改革开放以来，泉州旅游业发展很快，为泉州产业结构转型升级做出了重要的贡献。2011年泉州旅游总收入为232.15亿元，居全省第三；入境人数84.64万人，外汇收入7.97亿美元，分别居全省第二和第三；国内游客2619.9万人次，国内旅游收入180.36亿元，分别居全省第三和第四。[1]

二、泉州旅游业存在的问题

泉州旅游业成绩喜人，但仍存在不少问题。诸如旅游总收入占GDP的比重低(2011年泉州市旅游总收入为232.15亿元，仅占GDP比重的5.4%，不仅低于全省水平，而且排在九个地市之末，与南平、厦门、福州等市相差甚远)、来泉游客客源地单一等问题。从闽南文化创意产业的视角看，泉州旅游业还存在下面两大问题。

(一)一日游游客为主，游客逗留时间短

2005年中国社会科学院旅游研究中心制定《泉州市旅游发展总体规划(修编)》时的抽样调查显示：游客在泉州当日往返的比重颇大，占48.39%，停留两天的占25.56%；停留三天的占26.05%；时至今日，泉州游客仍以一日游为主体。2012年“五一”小长假，福建省共接待国内外旅游者398.92万人次，其中过夜游客90.15万人次，一日游游客308.77万人次，占游客总数的77.4%。福州、漳州、泉州、莆田、三

明等市一日游比重均在80%以上，高于全省平均水平。[2]

（二）旅游收入结构不合理，旅游产业链不完善

2011年泉州国内游客人均消费1156.2元，高于全省平均水平（1001.6元），在福建省中排名第三，低于厦门（1371.2元）、南平（1192.7元）；入境游客人均消费941.6美元，高于全省平均水平（850.2美元），在福建省排名第二，低于福州（1349.6美元）。（全国2010年入境游客人均消费342.5美元，国内游客人均消费598.2元）[3]泉州国内外游客人均消费支出在全国、全省排名中，成绩虽然不俗，但细考察游客消费结构，旅游收入仍以门票为主，旅游六要素中，食、住、行占的比重较大，娱、购比重较小。旅游购物作为旅游活动的六大要素之一，在旅游者的消费支出中占有较大比例，有资料显示，世界上许多国家和地区的旅游商品销售收入占旅游外汇总收入的30%～40%，甚至在购物业发达的香港、新加坡等地区，旅游购物占到50%以上，而泉州目前的旅游收入中，购物仅仅占15%，处于低迷状态。[4]这说明泉州旅游产业链短，旅游收入结构不合理。

三、原因分析：缺乏富有闽南文化创意的旅游产品设计

泉州游客停留时间短，以一日游为主，旅游产业链不完整，娱乐、购物环节缺乏——反映泉州旅游产品设计上存在严重缺陷，旅游产品以静态观光型为主，层次低，结构单一，缺乏富有闽南文化创意的参与型、体验型旅游产品。这种"创新不足、文化内涵低下"的粗放型增长模式显示了泉州旅游业与闽南文化创意产业之间缺乏融合互动。文化创意产业着力于产品的独特性、创新性和艺术性等文化底蕴，具有巨大的品牌扩张力。泉州是闽南文化的核心区和富集区，设有联合国"世界多元文化展示中心"，文化创意的潜力极大。但它所拥有的资源优势还远未得到充分的挖掘，创意度还不高。

泉州的闽南文化旅游资源异常丰富。泉州是闽南文化的发祥地和聚集区，拥有众多高级别的历史文化遗存和非物质文化遗产。是"海上丝绸之路起点"、"世界宗教博物馆"、"联合国首个世界多元文化展示中心"、"中国首批24个历史文化名城之一"……泉州目前共有国家级文物保护单位20处，省级47处，市级710处。非物质文化遗产也十分丰富：在国务院2006年公布的第一批国家级非物质文化遗产名录中，泉州市有南音等11项入选，居全国地级市首位。2008年泉州市又有打城戏等12项入选第二批国家级非物质文化遗产名录。

泉州的闽南文化旅游资源如此丰富，但文化资源优势要转变为文化商品的优势，只靠资源本身是不行的，除了必需的资本和人才支撑外，文化创意是提高产品竞争力的关键。创意是对文化资源和文化因素的融合与再创造，而不是对文化资源简单地

表面化开发。闽南文化资源只有和创意结合起来，才能实现历史价值和艺术价值向商业价值的转变过程。中国民间艺术丰富多彩，是中国精神和历史文明的典型代表。然而创意的缺乏却让我们的民族文化流失，而为他国赚取经济效益。美国动画片《花木兰》在世界上获得了极大成功，同时也震惊了中国。《木兰辞》是中国流传了上千年的文学艺术作品，常香玉搬上舞台与银幕后成为戏剧艺术《木兰从军》。无论是《木兰辞》还是《木兰从军》，都只是单纯的艺术作品或文化事件，无法创造巨大的商业价值。经迪斯尼创意开发后，将中国的长城、烽火、农耕、纺织、战马、皇室的文化符号做成产业元素，诉诸音乐、影视的在线传播与知识产权交易，从而在文化资本扩张中完成产业化的转变。[5]p101 随后迪斯尼拍摄的《功夫熊猫》(1、2)更是获得了巨大的成功，中国文化元素成为美国创意产业谋利的工具，令国人深感痛惜，颜面无光。这一切都是不注意发展文化创意产业的结果。

文化产业、创意产业与旅游业的融合是大势所趋。文化产业是为社会公众提供文化、娱乐产品和服务的活动，旅游产业涉及“行、游、住、吃、购、娱”等旅游六要素的各个领域以及与游客消费相关的各个部门；而创意产业是一种以思想、理念、知识、信息、文化等为核心的价值链高端产业[6]，它所具有的创新性、渗透性、高增值力、强辐射力和高科技含量等特征，将整合旅游资源、创新旅游产品、丰富旅游产业链、重塑旅游产业体系。与传统旅游相比，创意旅游重在“创意”，主要体现在对文化旅游资源文化内涵的挖掘和开发利用的“谋划”上，从而加快旅游产业结构优化和转型升级，增强旅游产品吸引力，扩大旅游市场，促使旅游业由粗放型向集约型发展。[7]

以泉州宗教旅游为例。泉州文化旅游资源级别高，其中宗教建筑和文物占了很大的比例。泉州宗教旅游是泉州旅游市场最重要的成分，以港、澳、台同胞和侨胞的宗教朝圣、寻根探亲、商务考察、观光娱乐为主。宗教旅游是人类历史上最古老的一种旅游形式，宗教旅游市场被公认为是市场规模大、需求稳定的优质旅游客源市场。作为世界宗教博物馆，泉州宗教历史悠久，多元兼容，宗教文物古迹众多且资源价值高，完整保留了众多的古代宫观寺庙等建筑和大量与宗教有关的寺庙、墓、碑、石刻、经书、典籍等，具有巨大的历史、文化、艺术价值，但在宗教产品的开发上缺乏创意，参与性不强。对开元寺、老君岩、清净寺、灵山圣墓、草庵等老景区缺乏富有闽南文化创意的再生性开发，旅游产品面孔单一，基本处于原始展示的状态，游客只能单纯观赏，参与性较低，无法满足现代旅游者求新、求奇、重参与的需要。[8] 加上缺乏创意营销，泉州宗教客源市场面狭小，缺乏对其他地区、其他类型游客的吸引力，造成国际旅游市场偏窄、客源单一，国内旅游市场发展缓慢、缺乏对国内非信教群众的吸引。[9]

再以娱乐表演市场为例。“娱”是旅游六要素之一，目前，富有创意的大型文化演出直接开发为旅游产品的做法较为普遍。例如，美国纽约百老汇上演的经典剧目成为纽约重要的旅游项目。在上海，花费了数千万精心打造的“ERA－时空之旅”整合中国杂技、中国舞蹈、中国魔术以及灯光、创意于一体，成为一台大型多媒体梦幻剧，两年来已经成为沪上经典旅游项目。成都的舞台剧《金沙》、昆明的《云南映像》常年演出，已经成为旅游者青睐的体验项目。

据黄益军、王纯婷的调查研究，来泉游客夜间活动喜好如表1所示：

表1 来泉旅游者夜间活动喜好

选项	民俗表演	传统戏剧	影视文化活动（电影节、演唱会）	现代歌舞	美食	酒吧街、咖啡厅	步行街购物	其他
选择比例（%）	31	14	37	19	32	22	27	2

资料来源：黄益军、王纯婷：《非物质文化遗产的保护性旅游开发——以泉州提线木偶戏为例》，《宜宾学院学报》2012年第3期。

泉州被称为“戏窝子”，戏曲文化丰富，有梨园戏、悬丝傀儡戏、布袋戏（掌中傀儡）、打城戏、高甲戏等；拍胸舞极具古闽越遗风，南音是盛唐雅乐，它们不仅在闽南地区有一定的影响力，而且在港澳台和整个东南亚地区也有较高的知名度，成为泉州重要的旅游资源。但目前富有闽南文化创意的娱乐表演项目却严重缺乏。听南音已成为部分泉州人休闲方式之一，但为外地游客服务的南音演出却只有在级别较高的人物到访时才作安排，为普通游客服务的茶楼、南音演出成为空白。亮相于2006年，通过舞台艺术作品展现泉州辉煌历史、促进泉州文化旅游产业发展上被寄予厚望的大型歌舞剧《光明之城》，没能取得与《印象·刘三姐》似的文化效益和经济效益双丰收。[10] 2011年4月，融合了南音、木偶戏、梨园戏等泉州传统文化元素的《古厝娶某》舞台剧隆重推出，意在打破来泉游客“白天看庙，晚上睡觉”窘境，这是不是能成为泉州旅游市场的一张名片，还在等待时间和市场的检验。[11]

据目前福建省内众多旅行社的线路安排，来泉游客一般抽出一个白天的时间看看开元寺、老君岩、清净寺等景点，随即转赴省内其他地方。对于散客来说，除了能够感受到经济建设的欣欣向荣和城市面貌的日新月异，以及铺天盖地的茶庄茶楼茶店外，很难深度体验到泉州的传统文化、闽南文化、海丝文化甚至茶文化，白天的旅游产品没有延伸到晚上。[12]泉州如能创意性地开发富有闽南文化色彩的娱乐表演旅游市场，也才能使游客停下脚步，延长旅游逗留时间，避免成为福州、厦门旅游线路上的中转站。

“娱”和“购”是旅游过程中不可缺少的环节。泉州目前的旅游购物仅占15%，这与泉州民营经济的发达极不相称，反映了泉州旅游商品设计上的严重缺陷。泉州经济发展在福建省乃至全国都处于较好的地位，鞋帽服装等轻工业品在全国乃至国际市场上均占有一定地位，瓷器、石雕、茶叶、漆篮等旅游商品在国内外均有较大的声誉，本地休闲产业近年也有一定发展，但“娱”和“购”仍是泉州文化旅游的一个薄弱环节。[8]

四、泉州旅游业与闽南文化创意产业的融合互动

(一)文化创意产业概述

21世纪以来,科技创新和文化创意构成现代经济增长的双引擎。在知识经济与后工业时代背景下,文化创意产业是当之无愧的朝阳产业,其发展规模和程度,已经成为衡量一个国家或地区综合竞争力强弱的重要指标。霍金斯在《创意经济》中指出,全世界创意经济每天创造220亿美元并以5%的速度递增。而一些发达国家的增长速度更快,美国达14%,英国达12%。此外,澳大利亚、韩国、丹麦、荷兰、新加坡等国也都是创意产业的典范国家。

"创意"(Creation;Idea)被认为是生产力要素之一,它对推进经济增长和产品的最终价值一直被经济学家所关注。亚当·斯密、熊彼特、保罗·罗默、霍金斯、凯夫斯、理查德·弗罗里达都有过相关理论研究。1986年,新经济学家保罗·罗默(P. Romer)指出:"新创意会衍生出无穷的新产品、新市场和财富创造的新机会,所以新创意才是推动一国经济成长的原动力。"[13]实践上,文化创意产业真正引起世界关注源于1997年布莱尔提出的"创意产业",英国由此实现了从"保守绅士"到"创意先锋"的成功转型,成为国际创意产业的标杆。美国现在已是全球版权产业最为发达的国家;以动漫产业为核心的日本,则是世界上最大的动漫制作和输出国;韩国提出"文化立国"的战略后,将文化创意产业作为促进21世纪国家经济发展的战略性支柱产业,创造了国家整体经济"谷底反弹"的奇迹。

"文化创意产业"(Cultural and Creative Industries)不仅科技含量高、资源消耗低,而且环境污染少、发展潜力大,被许多人认为是中国经济结构调整的重要方向之一。旅游业与文化创意产业有着千丝万缕的联系,文化创意产业为旅游产业发展提供了的新的增值点,其具有永续更新性、高品牌影响力、强融合性、高附加值等特点。旅游业未来发展的方向和最高级形态是实现创意产业与旅游产业的融合发展。[14]

(二)产业融合互动理论

产业融合互动理论源于产业融合的思想,其最早产生于罗森伯格(Rosenberg)对美国机械工具产业演化的研究。[15]从广义上看,产业融合是不同产业或同一产业内的不同行业通过相互交叉、相互渗透,逐渐融为一体,形成新产业属性或新型产业形态的动态发展过程。[16]从狭义上看,产业融合就是为了适应产业增长而发生的产业边界的收缩或消失。[17]创意产业与相关产业的融合发展成为全球趋势,产业间的关联性和对效益最大化的追求是产业融合的内在动力。旅游业与文化创意产业有着天然和必然的联系,旅游文化创意产业被视为未来旅游产业发展的方向。[18]中国人

民大学文化创意产业研究所所长金元浦的“旅游最核心的东西是创意”观点也得到越来越多人的认可。奥运经济研究会副会长、国家旅游标准委员会委员李庚认为，“目前旅游文化创意产业正在成为我国经济新的增长点。”[19] 融合而成的“创意旅游”通过对旅游产品层次化、系列化和高品位化的设计与开发以及个性化沟通性的服务，促进旅游产品种类的增加、产品结构的优化和产品品牌的提升，实现产业增值，增强产业核心竞争力，以旅游产品的创新促使旅游产业结构的优化与旅游发展模式的转型升级。[20]

(三)闽南文化创意产业对泉州旅游业发展的作用

1. 可以拓宽旅游资源范畴

(1)用创意挖掘旅游资源

旅游资源是对旅游者具有吸引力的有形物质和无形因素的统称，随着体验经济和注意力经济的到来，旅游资源在外延上具有无限的可能性，这为创意产业的渗透提供了空间。

根据《中国旅游资源普查规范》，泉州市的旅游资源六大类齐全，拥有 74 个基本类型中的 56 个，基本类型覆盖率达 75.68%。[21] 对这些旅游资源进行闽南文化范畴上的创意设计，结合现代科技，优化组合甚至无中生有，可以使老景点焕发出新风貌，甚至创造出新项目。

以清源山老君岩为例。这尊我国现存最大的道教石雕——老君造像与清源山浑然一体，成为道教“天人合一”理念的最好注解。但目前对老君岩的开发仅限于原始的展示，国内外游客至此，仅仅欣赏浑然天成的石刻，听几段老君的传说，最多在听了泉州谚语“摸到鼻，活百二”后试着摸摸老君的鼻子——前后时间不会超过一小时。能不能试着运用创意，开发闽南道教的体验旅游？这不仅可以延长游客的逗留时间，而且可以传播闽南道教文化。

道教是中国土生土长的宗教，鲁迅先生说：“中国根柢全在道教”。在秦代，受中原文化影响，神仙方士传说已传入闽南地区；汉代已有各种神迹；隋唐五代时期，闽南已有许多闻名全国的道士和道教学者，两宋时期，闽南道教进入鼎盛时期。[22] 泉州号称“世界宗教博物馆”，不仅有世界各大宗教如佛教、基督教、伊斯兰教，也有摩尼教、喇嘛教等宗教，但泉州甚至整个闽南文化影响的地区占统治地位的却是名目繁多的民间宗教信仰，如妈祖、保生大帝及各种王爷崇拜，这其实是闽南地区的道教。可以设想在清源山附近开设道教文化体验园，结合现代高科技手段，介绍闽南地区的主要道观、流派，定期邀请世界各地道教研究名家举办讲座（如对《道德经》的讲解），普及道教知识；并结合道教的养生理念，在清源山脚下开办养生度假休闲馆，集药膳、养生饮、素餐馆等为一体，让游客静下心来修身养性，体验道士生活。[23] 由于闽南道教在明清之后日益走向世俗化，与本地的民间信仰结合紧密，其斋醮科仪由此也带有鲜明的地方色彩。因此，可以把道教的斋醮科仪活动设计成各种游客可以参与的体验性旅游产品，游客因此也可以领略闽南的道教文化。[22]

闽南道士在做法事的时候，经常穿插有木偶戏、打城戏的演出。泉州木偶用于清醮，俗称“悬丝傀儡”、“嘉礼”，源于秦汉、随晋唐中原移民南迁入闽南，是各种道教科仪中增加喜庆气氛必不可少的戏剧；打城戏用于幽醮，是道士超度亡灵的一种科仪形式，可缓解亲属的悲痛情绪。[22]这两种戏剧融合道教音乐、舞蹈、经卷、杂曲于一体，目前已演变为泉州地区的著名戏种，可以参考云南纳西古乐（也是一种道教洞经音乐）的开发经验，设计成闽南道教戏曲体验性旅游产品。此外，道教庙会、道教功夫如太极拳等也可进行体验化设计。

泉州开元寺、南少林寺、清净寺、摩尼草庵等也可进行类似的创意设计，增加游客的宗教旅游体验，满足不同宗教信仰游客的情感需求。[23]

（2）用创意创造旅游产品

文化创意产业以其独特的趣味性、知识性、时尚性、创新性不断地将新鲜的元素注入到旅游产业发展中，化腐朽为神奇，创造出新的旅游产品。网络游戏、动漫乐园、loft、soho、博物馆、音乐节、影视基地等都是伴随着文化创意产业的发展而出现的新的旅游吸引物，甚至很多文化创意产业园区本身就成为了一个旅游景点，如北京“798”艺术区、上海“8号桥”等已成为城市的旅游新地标，吸引着全世界游客的目光。[24]泉州创意产业发展迅速，目前有国家级文化产业示范基地1家（晋江1983艾派创意产业园），省级示范基地11家，市级文化产业示范基地48家。[25]如源和1916创意产业园、183创意园、“六孔井”音乐文化创意园、闽南文化创意产业园“T淘园”、领SHOW天地创意产业园、锦绣庄民间艺术园和德化月记窑陶瓷创意中心等。[26]这类由创意创造出的旅游景点，不仅成为泉州市民休闲之地，也成为来泉游客的乐游之地。

泉州有丰富的闽南文化旅游资源，包括各种物质和非物质文化遗产，但资源不是产品，不能直接呈现给游客消费。只有以资源为对象或背景，利用“神来之笔”进行创意设计，才能创造商业价值，如主题公园、度假村、高尔夫球场等。“无中生有”的创意可以创造出绝佳的旅游产品，以影视旅游产品为例。美国的迪斯尼乐园及其相关产业集群是欧美乃至世界童话动漫旅游文化创意产业的典范。在《财富》杂志2007年7月公布的“世界500强企业”中，美国迪斯尼集团处于上榜旅游娱乐企业排名的第2位，2006年的营业额达到了342.85亿美元，净收益33.74亿美元。这是一个从童话动漫起步，走向主题乐园、电影、电视、广播、杂志、服装、玩具、出版等文化产业扩张延伸的全球性旅游文化创意产业巨无霸。至今世界上已有5个迪斯尼乐园，11个迪斯尼主题公园，并开发了无数的衍生品。它不仅取材于欧美的文学艺术，更将触角延伸到了世界各国和各民族的神话、传说、故事、童话、史诗、游记、小说、科幻、电影、电视、游戏、休闲、娱乐等各个精神文化领域，取全人类的文化资源为己所用。[27]

泉州目前则缺乏以闽南文化为背景的有影响力的文学作品，更缺乏以此为基础创作出来的影视文化旅游产品。其实唐宋元时期泉州“东方第一大港”的繁荣,“市井十洲人”、“涨海声中万国商”的盛况,西亚、中东大量的阿拉伯移民后裔——蒲姓、陈埭丁姓、惠安百奇郭姓等足以成为文学艺术作品的题材;更有甚者,“明天顺二年,锡兰国王遗世利巴交喇惹王子出使中国,时因锡兰国内变故,王子滞留泉州,取‘世’、‘何’为姓,繁衍成族”[28]——这种题材,是穿越小说家的最爱。如能邀请到知名童话、动漫、网游、文学方面的作家、编剧来泉州采风创作,利用泉州的历史背景为题材进行创作,力争出名作、拍名剧,并开发系列衍生品,定可创造泉州旅游的新亮点。

2010 拍摄的系列动画片《燕尾侠》已作了这方面的尝试。由泉州子燕轻工有限公司携手上海美术电影制片厂共同摄制的动画片《燕尾侠》,以泉州海丝文化为背景,讲述了燕尾侠小兄妹雷雷和欣欣回到宋朝与邪恶势力斗智斗勇,奋勇保护地球的冒险故事。该科幻动画片采用二维加三维动画制作技术,融入了开元寺、老君岩、闽台缘等“泉州特色”,成为一枚饱含“泉州元素”的城市名片。不仅再现了泉州宋元时期的繁荣景象,也展示了泉州的传统文化和中国古代文明。系列动画片《燕尾侠》计划投资摄制 1145 集,2010 年年底已完成第一部分 26 集动画片的制作。缔造出泉州动漫产业的多个“第一”,既是泉州第一部原创动画片,又是泉州第一部获得国家广电总局推荐的国产原创优秀动画片,也是泉州第一部在央视频道上映的动画片。其创作方福建省子燕动漫科技有限公司隶属于泉州子燕轻工有限公司,是一家从事动漫策划、制作、发行、版权经营(拥有自主知识产权与卡通形象版权)、衍生产品开发与销售的综合性企业,也成为福建省第一家动漫衍生产品走向国际的动漫企业。以前,泉州子燕轻工有限公司以“贴牌加工”为主,为迪斯尼、芭比娃娃、哆啦 A 梦等世界知名动漫品牌生产加工衍生产品,虽然产量很大,却没有自己的品牌,难以形成较强的影响力。2008 年,公司转变思路发展动漫产业,斥资 1.8 亿元投资拍摄动画片《燕尾侠》,致力于打造自主品牌,将泉州悠久的历史文化融入动漫作品创造艺术文化价值,再开发动漫衍生产品创造商业价值。[29]

泉州市政府希望以《燕尾侠》为龙头,打造泉州的高附加值、高新技术动漫产业,并规划建设动漫影视基地、电影城、电影街区、动漫学校、打造海峡两岸电影节等项目。2012 年 6 月 17 日泉州首届创意产业节现场对接会上,泉州黑狐影视特效制作有限公司与美国华域欢乐数字娱乐有限公司签约合作开发欢乐数字娱乐项目,将把好莱坞的特效引进泉州,全面建设泉州影视文化基地,逐步承接美国好莱坞数字影视外包业务,并拓展国内数字影视制作业务。[30]创意创造的旅游产品,必将为泉州旅游业注入新的活力。

2. 可以延伸旅游产业价值链

旅游产业链是在旅行社、饭店、餐饮、旅游景区、旅游交通、旅游商店等行业之间形成的链条关系,旅游六要素“吃、住、行、游、购、娱”构成的产业链是一条价值链,旅游产品价值随着产业链的延伸会逐渐增加,因此,延伸旅游产业链成为近年来许多地方旅游业发展的目标。闽南文化创意产业与泉州旅游业的融合可从两方面延伸旅游产业价值链。在横向上，闽南文化创意产业可作为旅游产业的“投入要素”和“增值资本”，为各类旅游产业增加附加值，突破“旅游六要素”的小循环；在纵向上，闽南文化创意产业可向上游的研发和下游的品牌销售渠道延伸，有效拉长旅游产业链条。[24]以文化演出为例。《印象·刘三姐》最大的创意设计就在于舞台实景化。它以阳朔方圆两公里风光美丽的漓江水域为背景，是迄今为止全球最大的山水实景演出，将经典山歌、民族风情、漓江渔火等元素进行创新组合，成功诠释了人与大自然的和谐关系。在《印象·刘三姐》公演的几年间，阳朔的旅游收入直线上升，由2004年的4.06亿元飙升至2009年的24.2亿元。《印象·刘三姐》对于桂林旅游业意义重大，它改变了传统的走马观花式旅游，突破了单一依靠旅游资源招徕游客的局面，极大地刺激了阳朔旅游业支撑行业的发展。过去游客到阳朔很少过夜，匆匆过客自然消费极少，如今，看《印象·刘三姐》成为游客的“压轴项目”，从而增加游客的逗留时间，在促进阳朔住宿业发展的同时也刺激了旅游者的附带消费，如照相、放乐曲、占柚子灯、小摊经营、停车场、餐饮、少数民族服饰、房地产等。[31]张艺谋、樊跃和王潮歌铁三角的印象系列由此开始，在旅游目的地政府的支持下，以规模庞大的山水背景和人文典故为依托，利用民间资本和群众演员的共同参与，先后运作了《印象·丽江》、《印象·西湖》、《印象·大红袍》《印象·海南岛》等大型实景演出，这都是文化创意产业拓展旅游产业链，从而延伸旅游价值链的成功典范。

厦门闽南旅游文化产业有限公司打造的《闽南神韵》结合了南音、博饼、木偶、戏剧、南少林、惠安女、郑成功等最具特色的闽南元素，融合了海洋文化和闽南文化的精华，运用了270度超强多媒体、3D成像、8声道音乐等声光互动技术，是全国首台反映闽台民俗风情核心主题的大型旅游文化演出。整出戏分为6场，分别是《水做的闽南》、《宗教圣地》、《东南乐土》、《大海精神》、《英雄故乡》、《和谐家园》。自2010年9月6日开演至2011年3月17日，已经成功演出了500场，接待海内外游客逾十万人次，成为厦门旅游的又一张新名片。[32]这台代表闽南地区最高水平的大型旅游文化演出为泉州积累了经验。泉州可以考虑引进张艺谋铁三角的印象系列，打造一台高水平的《印象·海丝》，再现泉州往日的辉煌，拓展旅游产业链条，增加旅游产品的附加值。

3. 可以强化旅游营销

旅游营销是沟通旅游产品和旅游者的手段，有创意的营销方式可以大大增加旅游产品对游客的吸引力。三亚借助“世界小姐”评选活动打开了“美丽经济”的大门，便是成功创意营销的典型案例。三亚虽具有一流的国际旅游度假地的潜质，但在世姐赛以前，三亚仅是中国南方一座边陲小镇，居民靠打鱼为生。1997年开始，三亚提出“注意力经济”观点，2003年世界小姐总决赛进入中国，这个活动成为当年海内外网站点击率最高的事件之一，接下来的2004、2005、2007、2010年，八年间世界小姐总决赛5次在三亚举办,三亚从"美丽经济"中获得丰厚回报,世姐赛为三亚带来30%~40%的旅游拉动率。[31]

体验经济时代,旅游的创意营销大多是围绕旅游者的体验诉求来进行的。1970年美国未来学家阿尔文·托夫勒在其书中首次提出了"体验经济"这个概念。体验经济是一种以商品为道具,以服务为舞台,通过满足人们的体验而产生的经济形态,是一种最新的经济发展浪潮。换个角度来说,体验经济与产品经济,服务经济一样是生产力发展与人们需求不断升级相互作用的产物。[33]

用创意强化旅游营销,需要用体验的思维创造旅游产品,用发散的思维进行营销组合,建立目标市场顾客的品牌忠诚。主题公园、民俗节庆、体育赛事都可以进行创意营销,推动旅游业的发展。杭州宋城集团以北宋张择端《清明上河图》为蓝本,通过驿站、店铺作坊、市井、虹桥、城楼、仙山、郊野以及街头的民俗文化表演,再现了宋代京都临安的繁荣景象。游客在其中可以参与打铁、刺绣、弹棉花、磨豆腐、耍猴、皮影等市井生活,加入各种街头表演——宋城的体验式旅游由此获得了巨大的成功。[31]各地此起彼伏的民俗节庆活动往往是创意营销的集中展示。泉州"海丝"文化节和海峡两岸闽南文化节是泉州最具市场号召力的旅游节庆。首届海峡两岸闽南文化节吸引了来自六大洲28个国家与地区的3 000多名嘉宾,文化节期间60多家海内外媒体共100多名记者发布了各类相关新闻报道多达5000篇(条)。石狮蚶江闽台对渡文化节暨端午海上泼水节每年都吸引了两岸无数游客。

泉州(尤其是晋江石狮)是国内外著名的体育用品生产基地,在民间,央视5套有"晋江频道"之称,其1/4广告来自晋江。至2011年,晋江有24个中国名牌、99个中国驰名商标和14个区域品牌,为全国县级城市"品牌第一市"。[34]晋江国家体育产业基地已成为继深圳和成都之后全国第三个国家体育产业基地,泉州应借助这些有利条件,积极承办各种类型的体育赛事,通过创意营销打开泉州知名度,推动旅游业的发展。

4. 可以引领旅游消费

中国旅游业的发展导向有资源导向型和市场导向型两种。传统旅游的发展由于"跟着市场走",从产品开发到推向市场,具有滞后性,往往造成投资失败,资源浪费。创意旅游则是注重潜在旅游需求的激发和市场消费潮流的引领,缔造"市场跟着创意走"的产业发展格局,是一种高附加值的"酷"旅游产业模式。

创意可以提高旅游产品消费中文化的含量,激发旅游者的潜在消费欲望,提升消费层次,拓展消费空间,引领消费时尚,促进旅游产业结构的优化和升级。[20]富含地方特色的民宿、宾馆,承载当地文脉的美食、有创意的旅游纪念品、浸含当地民众情感的民俗节庆,往往会激发游客的购买热情。

如北京798艺术区由于艺术家的"扎堆"效应和名人效应,其影响越来越大。随着2004、2005、2006年连续几次举办"北京大山子国际艺术节",许多观众慕名而来,艺术品成交量也与日俱增。在对游客的旅游动机进行的调查表明,798 艺术区的绘画最有吸引力(占 37.2%),其次分别是摄影(占 28.9%)、雕塑(19.7%)、设计(7.3%)、行为艺术(5.1%)。迪斯尼也是这方面的成功者。通过品牌授权和连锁经营,其书刊、音乐、游戏的衍生产品占到迪斯尼全部盈利的四成以上。迪斯尼曾把许多动画免费送给中国电视台以推广衍生产品,如动画《变形金刚》,其衍生品从中国获利 6 亿元。[35]

泉州锦绣庄把闽南文化创意融入旅游商品和购物环境上。红砖厝、燕尾脊等闽南传统院落式建筑风格,让游客感受闽南建筑的历史文化底蕴;旅游纪念品富有闽南文化创意,馆内的高粱酒、太阳饼、凤梨酥等各色台湾伴手礼和泉州源和堂蜜饯,永春老醋等融汇闽台地方特色,刺激游客的购物欲望;泉台著名美食担仔面、牛肉粳、蚵仔煎、壶仔饭、土笋冻、菜头酸、烧肉粽、面线糊、花生汤、炝海螺诱惑游客的味蕾;各种泉州地方工艺品如惠安石雕、木雕、泉州纸刻灯、永春纸织画、木偶头雕刻、锡雕、盘金绣工艺,德化瓷等,通过现场制作、作品展示等形式,体现了闽南文化的深刻内涵,刺激游客的购物欲望。

泉州可以开发更多的闽南文化创意旅游产品,特别是手工艺品、纪念品的开发上可以以泉州历史文化背景、民间戏曲、当地风俗习惯为题材,如惠女影雕、高甲戏丑角、泉州东西塔、老君岩、南音、拍胸舞等为题材。在土特产方面开发可携带、可保存的干制品,如:干制海鲜、烤紫菜、海带等。还可以将一些地方特色小吃,如土笋冻、鱼卷、海蛎煎、肉粽等经过特殊加工,制成保鲜时间长或可冲食的袋装食品,在包装设计上体现闽南风情;利用泉州先进的制衣业、制鞋业技术结合泉州标志性建筑、代表性文化制作各种纪念衫、鞋子。如吸取惠安女服饰优点,请著名设计师设计既有惠安女服饰特点,又有流行时尚兼实用价值的服饰。[4]

泉州领 SHOW 天地创艺乐园在创意的基础上植入了“乐活”的基因,以“创意+乐活”衍生出“创意办公、艺文活动、个性购物、休闲娱乐”四个业态的创新运营模式,为当前泉州文化创意产业提供了标准。园内汇集各种潮流、时尚产品,主营生活杂货店、创意产品贩卖店、红酒庄、特色书店、时尚品牌专卖店等。这种文化创意产业园打造新锐消费的风向标和创意产品秀场,引领旅游消费的新时尚。

(四)泉州旅游业与闽南文化创意产业融合互动的模式

1.“筑巢引凤”模式:即闽南文化创意旅游园区模式

建立“一站式体验”创意产业园,集“食住行游购娱”为一体,通过资源(尤其是文化人才、创意知识)的共享,降低客户搜索成本,形成产供销一体化的完整闽南文化旅游产业链。如主题公园、影视动漫基地、艺术园区、时尚街区等。泉州“十一五”已建成“六井孔”音乐文化创意园、锦绣庄闽南文化创意园、源和堂创意园、丰泽区休闲文化创意基地、领 SHOW 天地创艺乐园、清源山艺研堂文化创意园、新宇软件现代服务城、东海影视城等7家省级文化产业示范基地、18家市级文化产业示范基地。应进一步完善园区的各种硬件如停车场、食宿场所、水电、网络等配套设施;更应创造相应的软氛围,如重视知识产权保护、提供金融支持、容忍创意者们异样的生活方式等。就知识产权来说,文化旅游创意产业的核心是创意和创新,是个人智力成果,具有无形性、易模仿等特点,只有给予法律上的保护,才能激发创意者的激情。就金融支持来说,创意设计的前期投入成本高,小微企业的融资困难,政府的金融支持可以帮助创业者度过前期的困境。就容忍来说,美国学者理查德·弗罗里达认为构成创意城市的关键要素有三个:人的才能(Talent)、技术(Technology)和宽容(Tolerance),即3T原则。[36]宽容即指多元文化共生、多元要素并存、多元形式交汇的一种注重开放、包容、吸纳和交流互动的居民心态、社区生活方式和城市发展氛围,如SOHO、波希米亚风等。这有助于创意阶层的集聚、创意思想的激发和创意元素的出现。[37]

2."锦上添花"模式

即"传统项目+创意产业"模式,将创意产业作为投入要素融入到旅游业各子产业中,旧瓶装新酒,打造新的吸引点,起到创意驱动,延伸旅游功能,增加消费体验等功用,提升原有旅游模式的吸引力。如体验类项目、旧区改造、节庆活动、大型实景演出、设计衍生旅游商品等。

如陶瓷旅游产品设计上,除了参观游览听讲解外,应加大游客体验参与的产品开发,由专业的艺术师指导游客根据自己的喜好DIY,设计、制作、绘图、上色、烧制,得到亲手制作的陶瓷,成为旅游纪念品。惠安的石雕、永春纸织画、安溪印花蓝布,鲤城的木偶头、永春的漆篮,都可以采用类似的创意。泉州音乐戏曲舞蹈也可设计成文化体验旅游。南音、梨园戏、悬丝傀儡戏、布袋戏(掌中傀儡)、打城戏、高甲戏、拍胸舞等。可让游客身着戏装在南音演员的指导下进行简单的表演,学着演奏一下琵琶、二弦、洞箫、南鼓、拍板等独特的乐器;开发与戏曲有关的旅游纪念品,如音像制品、书籍、画册、明信片、挂历、书签、道具、头饰等。[23]民俗节庆最容易设计成体验性产品。"跳火盆"、车鼓阵、火鼎公火鼎婆、斗茶等泉州民俗活动,以及元宵节、闽台对渡文化节(端午海上泼水节)、七夕、普渡、中秋博饼、海峡两岸闽南文化节、郑成功文化节、中国安溪铁观音茶庄园旅游节、惠女风情文化节、凤山文化旅游节、永春桃花节、衙口沙滩旅游文化节等。也可将泉州茶艺和美食组合到旅游活动中,除让游客观赏、品尝外,可让游客在师傅的指导下现场学习茶艺,学烧"泉州菜",体会泉州茶文化和饮食文化;在乡村旅游产品中开发一些莳田、割禾、舂米、采茶、制茶、织鱼网、捕鱼虾等泉州农村生产生活项目。[38]

3."虚实结合"模式

指旅游数字创意,即依托科技手段,与各大门户网站、大型旅游预订网站合作,开发虚拟数字化平台（如网络 、手机等）和实体平台（传统媒体）资源，综合运用博客、YouTube、BBS、微博、各种驴友论坛、电子邮件、QQ群等，进行整合营销、电子商务、网络体验游等，达到增加产品渠道，拓展客源市场目的。可以与软件企业合作开发区域旅游数字化平台，集旅游政务服务、旅游资讯服务、电子商务、网上旅游体验等功能为一体的集成化旅游综合平台，利用无形的纽带将分布零散的旅游资源整合为一盘棋。还可以将泉州山海风光、闽南神话传说、郑成功收复台湾、唐宋元刺桐港与欧亚非各国的海洋贸易、各种闽南文化艺术等符号为素材创作互动性强的动漫、游戏、影视，进行植入式营销，引领旅游新消费。[39]

例如，梁丹，黄河清等人提出可将闽南文化数字化平台建设为闽南古厝的结构，分为三进，分别是漳州、泉州和厦门。每进房子里有六个房间，每推开一个房间，即进入一个分类，分别为名胜古迹、文化风俗、民间信仰、风味特产、梨园小筑和其他。每个房间里包含了分类里的各种东西，包括电子书籍、视频和动画及与该分类相关的内容。三进房子随意互通，浏览者可在闽南旅游文化网站这个大厝里任意游玩。[40]在开发此类数字化平台时，应该注意保持网站的及时更新，更应该注意利用旅游论坛，开发互动性功能。

目前，泉州此类旅游网站有：泉州旅游局官方网站 http://www.qztour.com/，泉州数字文化网 http://www.qzcul.com/，闽南文化生态保护区网 http://www.mnwhstq.com/was40/tsg－index.jsp 等，各大旅游网站内容丰富，但笔者浏览发现，网站以文字和图片为主，音频、视频较少，且不流畅，无法下载；泉州闽南文化相关的网络游戏极少，没有开发虚拟旅游，没有发现与闽南文化相关的动漫和影视资源；旅游论坛人气不足，帖子极少，只有几个版主在唱独角戏，互动功能不强；旅游网站以官方为主，缺乏民间开发的旅游网站。

如果官方或民间能开发类似台湾“背包客栈”之类的背包客交流网站，让海内外来泉背包客借由此平台交流旅游信息、排解旅游疑难、分享旅游心得，必能迅速增加泉州的旅游知名度。背包客是一个十分特殊的游客群体，他们往往文化素质较高，对地域文化有着强烈的喜好，能深入民间接触最原汁原味的文化，感受独到，并有较高的文字描述能力，乐于发表各类游记、攻略、评论，能用独特的视角拍摄照片和视频，与国内外的同类交流频繁，能迅速扩大旅游目的地的影响力，如云南元阳哈尼族梯田就是由国内外摄影爱好者和背包客共同发现并由此名闻天下的。因此，即使背包客不住当地的酒店宾馆，吃住草草打发，有远见的旅游地政府仍能捕捉到他们的需求，辟出土地安置背包客的帐篷，协助举办绘画、摄影展和创意文化节，并让他们在虚拟空间里畅所欲言，为自己的旅游发展打免费的广告。

（作者单位：泉州师范学院）

参考文献

[1]《2011年福建省各设区市旅游经济主要指标》,http://www.fjta.gov.cn/lytj/988/201202/201202098160.html.

[2]《2012年"五一"小长假全省旅游市场情况简析》,http://www.fjta.gov.cn/lytj/987/201205/201205028380.html

[3]《2010年中国旅游业统计公报》,http://www.cnta.gov.cn/html/2011－11/2011－11－1－9－50－68041.html

[4]叶城锋:《海峡西岸历史文化名城旅游商品开发策略研究——以泉州旅游商品市场为例》,《科技和产业》2011年第12期。

[5]刘昂:《山东省民间艺术产业开发研究》,山东大学博士学位论文,2010年。

[6]王兆峰,杨琴:《基于产权理论的民族文化旅游创意产业发展研究》,《贵州民族研究》2010年第5期。

[7]陈淑兰、刘立平、付景保:《河南省旅游产业结构优化升级研究——基于文化创意视角》,《经济地理》2011年第8期。

[8]李文实:《基于SWOT－PEST分析的泉州文化旅游发展研究》,《内江师范学院学报》2011年第10期。

[9]陈芸:《宗教旅游开发的SWOT分析——以泉州市为例》,《湖南财经高等专科学校学报》2009年第6期。

[10]李文实:《泉州海洋文化旅游资源特色及其开发研究》,《贵州师范学院学报》2011年第9期。

[11]《〈厝娶某〉登场 古城再吹文化号角》,http://www.ijjnews.com/channel/2011414/n936660382.html.

[12]李斌:《论海峡西岸经济区文化旅游产业的发展》,福建师范大学硕士学位论文,2008年。

[13]保罗·罗默:《收益递增与长期增长》,《政治经济学》,1986年。

[14]何莉萍:《基于文化创意的旅游产业优化升级研究》,《中国商贸》2011年第2期。

[15]Rosenberg N. Technological change in the machine tool industry,1840 － 1910, The Journal of Economic History,1963,1(23): 414－443.

[16]厉无畏:《创意产业导论》,学林出版社2006年版。

[17]Greenstein S, Khanna T. What does industry convergence mean, In: Yoffie D (ed.). Competing in the Age of Digital Convergence, Boston: The President and Fellows of Harvard Press,1997.

[18]厉无畏、王慧敏、孙洁:《创意旅游:旅游产业发展模式的革新》,《旅游科学》2007年第6期。

[19]张可欣等:《文化创意产业视角下的旅游节庆策划研究》,《农村经济与科技》2011年第2期。

[20]夏小莉、王兆峰、谭必四:《文化创意旅游产业发展研究——基于产业价值链的视角》,《中国集体经济》2009年第33期。

[21]泉州市旅游局:《泉州市"十二五"旅游产业发展规划》,泉州,2011年。

[22]陈支平主编:《闽南宗教》,福建人民出版社2007年版。

[23]赵益民、郑向敏:《泉州旅游产品的体验化设计》,《黑河学院学报》2010 年第 3 期。

[24]韦复生:《耦合与创新:民族文化创意与区域旅游发展——西部民族地区经济结构调整与发展的新视角》,《广西民族研究》2011 年第 1 期。

[25]http://www.fjsen.com/qywh/2012－05/11/content_8365840_2.htm.

[26]http://fj.qq.com/a/20110224/000032.htm.

[27]梁福兴:《国内外童话动漫旅游文化创意产业发展现状研究》,《科技创业》2010 年第 2 期。

[28]《锡兰民居 见证中外友好往来》,《泉州晚报》2010 年 3 月 5 日第 10 版;《寻访"泉州稀有姓氏":许世复姓与锡兰王子》,http://news.sohu.com/20060214/n241817496.shtm;《寻找 550 年前锡兰王子泉州后裔大揭秘》,http://blog.voc.com.cn/blog_showone_type_blog_id_443216_p_1.html。

[29]《泉州首部原创动画片〈燕尾侠〉登陆央视》,http://www.ziyan.biz/ShowNews.asp?id＝312

[30]《泉州创意产业迈向国际化》,http://www.qxkjb.com/html/qzkj_2_17065.html.

[31]邹统钎:《创意旅游经典案例》,南开大学出版社 2011 年版,低 94～105 页。

[32]《〈闽南神韵〉已成功演出 500 场》,http://www.fm996.com.cn/article/dt_18881.asp.

[33]派恩:《吉尔摩·体验经济》,夏业良、鲁炜等译,机械工业出版社 2002 年版。

[34]《晋江:品牌拼出转型路》,http://cpc.people.com.cn/GB/64093/64387/18069061.html.

[35]《"喜羊羊"要牵手迪斯尼?衍生品才是动漫产业的核心》,http://www.ce.cn/culture/whcyk/gundong/201111/07/t20111107_22819324.shtml.

[36]Flordia R. ,*The Rise of Creative Class*, New York, Basic Books,2002.

[37]冯学钢、于秋阳:《论旅游产业与创意城市的融合发展》,《社会科学》2010 年第 11 期。

[38]郑伟民:《泉州旅游产品结构优化的研究》,《泉州师范学院学报》(自然科学版) 2000 年第 6 期。

[39]李雪瑞、黄细嘉、田凤娟、刘玲:《鄱阳湖生态经济区旅游产业升级研究:以创意产业为动力》,《特区经济》2011 年第 6 期。

[40]梁丹、黄河清:《基于数字技术的闽南文化创意产业研究》,《漳州职业技术学院学报》2008 年第 2 期。

泉州主要传统节日的由来及习俗

洪荣文

中华民族是个历史悠久的民族,古老的文化灿烂丰富。其中众多的民俗、传统节日成为我国古老文化的重要组成部分。

我国的民俗传统节日源于农事,是岁时节令的基础上发展形成的。"节日"最初并非"庆祝之日"的意思,而是由年月日与气候变化相结合而排定的节气时令。根据气候变化,把全年划分为24个段落(即24节气),平均每月有两个节气。由于它们在时令中占有突出的位置,因此被称为"节日",在长期的社会传承过程中,渐渐成为我国的民俗传统节日。

泉州自古自称为佛国,民俗信仰、多神崇拜历史悠久,源远流长。

旧时泉州民间信仰与崇拜活动频繁,贯穿于一年四季,世代相传。其中一部分已融入生活,衍成民俗,构成一幅幅独具历史文化名城泉州特色的七彩斑斓、相映成趣的社会生活图卷。下面介绍泉州几个主要传统节日的由来及习俗:

一、春　节

旧时春节节期较长,从腊月廿三小年起至正月十五元宵节,都属新年范围。春节的来历,一说源于原始社会的"腊祭",即一年农事完毕,要举行报答神恩赐的年终祭祀活动,含有庆祝丰收之意。另一说则认为自尧舜之时。春节,一般指正月初一,又称元日或元旦。泉州人历来十分重视过春节。据清乾隆《泉州府志》记载:"元旦,鸡出鸣,内外咸起,贴门帖及春联,设茶果以献先祖,拜祠堂及尊长——。日午,复献撰于先祖,明日乃撤,亦有晚即撤者。是日,人家皆从柑祭神及先,至元宵乃撤。"

在泉州民俗信仰中,祖宗崇拜是其中一项重要内容,凡岁时重大节日,都隆重祭敬。民国及民国以前,泉州城内世家大族都有宗祠。正月初一一大早,各姓族人聚集祠堂礼拜祖先。新中国成立后,各祠堂关闭,此礼亦废。

二、元宵节

即农历正月十五，又叫“灯节”，旧称“上元节”、“元夜”。每年农历正月十五是新年的第一个月圆之夜，旧时通宵张灯，供人观赏为乐，故又称“灯节”。

元宵节大约起源于汉朝。据说，汉高祖刘邦死后，吕后篡权。吕后死后，周勃、陈平等人扫除诸吕，拥刘恒（即汉文帝）为主。因为扫除诸吕的日子正好是正月十五日，所以每到这天晚上，文帝就微服出宫，与民同乐，以示纪念。在古代，夜同宵，正月又称元月，汉文帝就将正月十五定为元宵节。当时还没有放灯的习俗。到了汉昭帝永平十年（公元67年），汉昭帝为了提倡佛教，敕令在元宵节点灯，以表示对佛教的尊敬。这就是元宵节放灯的起源，有人也称为元宵灯节。

元宵节这一天是泉州三官大帝之一——上元一品九气天官赐福紫微大帝诞辰。据清乾隆《泉州府志》记载：“上元，夜张灯，以米圆祭先及神，或以酒馔祀祠堂，谓之祭春。又上元风外赛会迎神……谓之进香。”

旧时是日各家敬祀祖先神明，吃“上元丸”。此俗至今犹存。唯迎神赛会，新中国成立后即行禁绝，代之以花灯展览及文艺踩街等文明健康的文化娱乐活动。

是夜，泉州民间有“听香”习俗。信仰者为破解个人在现实生活中遇到困惑难决之事，夜间到祖师宫（奉祀杨五郎）或泉山宫（奉祀福德正神），在神前祷告，得允后，手持燃香，到处听人讲话，并据寻听之话与祈冀之事互相联系。占验推测。日前遗俗依存，但人数稀少。

三、清明节

一般在农历二月下旬或三月下旬（公历4月5日前后）。又称“踏清节”、“聪明节”、“植树节”。清明节源于一年24节气中的清明，此时我国大部分地区气候温暖，雨水充沛。民间多于此日开始春耕春种。

清明节历史久远。在唐宗时期，已经有了插柳、植树、扫墓、踏青等风俗。宋代，朝廷规定清明前三日之内，各地均须祭扫墓悼先人。明清以来，民间尚有“吃清明团”、“送百虫”、“水嬉”等活动。因清明和“聪明”谐音，民间遂以为此日生子为佳。

清明节是泉州人祭祀祖先的重大节日。在清明节的前第十天和后第十天，家家户户备办菜肴在门前祭敬，以安慰孤魂野鬼（泉州民间称清明公），叫“做清明仔”，饭后（也有提前或过后）全家上山扫墓，叩拜祖坟。实行殡葬改革后，多数即于葬仪馆取出先人骨盒祭拜。

封建朝代这一天，官方举行厉坛公祭，各姓家族则在祠堂举行隆重的祭祖仪式

（称“春祭”）。

四、端午节

每年农历五月初五日（公历约六月中旬）。端午，本名为端五。晋代周处的《风土记》载：“仲夏端午，端，始也。”端五就是五月的第一个五日，也称“重五”。古人称五月为“午月”。故称“端午”，又称“端阳”，这是取其阳气始盛之意。

端午的起源传说很多，其中最有影响的是纪念爱国诗人屈原。传说屈原于五月五日投汨罗江自尽，人们为打捞其遗体而竞相划船，为避免鱼虾伤害其遗体，人们用五色丝线包粽子扔入江中喂鱼虾。还有人认为五月五日是“瘟神”日，此时已在夏至左右，春天的各种野菜均已老化。随炎夏来临，虫蛇啃咬，人再食用易中毒吐泻，俗称“瘟神撒毒”了，故农历五月成为凶月。人们用五色丝线系手足以避凶，插柳采艾以防备瘟神。

泉州地处闽南，古时多瘴气，宾客相见，即有槟榔代菜以消瘴之俗。五月初，气温转热，气候潮湿，乃疾病多发季节。旧时有“悬蒲艾及桃枝于门，贴符及门帖；小儿以五色丝系臂，曰长命缕，又以通草象虎及诸毒物，插之；饮雄黄酒，且噀于房角及床下，云去五毒，小儿则擦其鼻，沐兰汤”等一系列辟邪去毒举措。在此期间，各铺境还开展“送瘟神”活动。送瘟神泉州称“放王爷船”，清末民初尚常见，以后渐稀，今几绝迹。当代王爷信仰已发生质的变化，王爷形象不再青脸獠牙，王爷的职能也渐多元化，可察理万机，消灾赐福。

是日，泉州尚有“煎堆补天”、“食螺明目”、“龙舟竞渡吊屈原”等风俗。

五、中元节

又称“盂兰盆节”、“鬼节”。因节期在农历七月十五日。故习惯上称为“七月半”。原为宗教节日。道教认为七月十五日是地官搜拣众人分别善恶的日子，在此日日夜讲诵《道经》，则能解脱囚徒饿鬼，也能超度先祖。佛教认为，佛家子弟目连曾设百味果，供养十万僧侣，终于解救了在地狱受苦的母亲。这两个起源均规定了中元节祭祷亡灵的特定内容。此节自唐宋形成规模，在清代达到鼎盛，其祭扫坟墓的各种规模甚至超过了清明；是日为三官大帝之一——中元二品七气地官赦罪清虚大帝诞辰。佛教是日举办盂兰盆会，普度众生。大街小巷搭起高台诵念经文，演出《目连救母》戏剧，做水路道场，燃放焰火以起渡孤魂。更有甚者用纸扎糊法船，最长的七八尺，临池焚化，同时点燃河灯，谓之“慈航普渡”。各家当晚在路旁焚烧纸钱，周济孤魂。中元节遂成为泉州专祀祖先的节日。

六、中秋节

节期为农历八月十五日，时令恰值三秋（孟、仲、季）之半，所以也称作“仲秋”。此时秋高气爽，皓月当空，格外清洁。秋收在望，人们喜庆有余。故而此节分外隆重。家家团聚赏月，吃月饼。中秋节历史悠久。在周代便有中秋夜举行迎寒和祭月活动。至唐代，中秋赏月已经相沿成俗。北宋时正式确定八月十五日为中秋节，月饼也被列为节日佳品。此后明清均视中秋节为大节。

据清乾隆是《泉州府志》记载：“中秋，夜以月饼、番薯、芋魁祭先及神。前一二日亲友以此相馈。”此俗至今依然。

旧时是日奇仕宫临水夫人必至东岳行宫进香，为郡人消灾迎福，据陈德商《温陵岁时记》云，“是日远近男妇，乘舆徒步者踵相接，小儿衣冠骑马，或执旌旗，或持鼓随之；叩拜者肩相摩，壳相击。奇仕宫中，金纸奇山，花香委地。江南班、七子班，丝竹管弦，其热闹焉。”是夜，后城祖师宫、北门泉山宫有“听香”活动。

七、重阳节

又称“登高节”、“菊花节”。节期为农历的九月初九日。古时以九为阳数，两九相逢，故称之为重阳节。

重阳节的历史很悠久。相传先秦时期已有活动，汉代起，对此节日开始重视。现大都以南朝梁吴钧《续齐谐记》的传说作为重阳节来历的根据：东汉时汝南人桓景拜仙人为师。仙人对桓景说，某年九月初九有大灾，让他携人缝囊成茱萸系在臂上，登高山饮菊花酒，便可消灾。桓景如言照办，举家登山，果然平安无事。待晚上回家见家中鸡犬牛羊都死光了。此后人们每逢九月初九日就戴茱萸等高山，饮菊花酒。历代相沿成为节日。唐代诗人王维在《九月九日忆山东兄弟》一诗中所写的“独在异乡为异客，每逢佳节倍思亲，遥知兄弟登高处，遍插茱萸少一人”便形象地描绘了当时重阳节的活动。

九月初九日，是泉州九仙公诞辰。马甲双髻山丰山洞奉祀何氏九仙，相传素著灵应。城内信众经常上山问卜祈梦。九月初九日为大仙公应天真人诞辰，民间俗称“仙公生”。是日，城中信众备办丰盛供品，上丰山洞为仙公祝寿，人来车往，络绎于道，至夜不绝。

八、除　夕

“除夕”的“除”字的本义是“去”,引申为“易”,即交替;“夕”字的本义是“日暮”,引申为“夜晚”。因而“除夕”便含有旧岁到此夕而除,明日即另换新岁的意思。“除夕”就是一年最后一天的夜晚。

“除夕”源于先秦时期的“逐岁”。据《吕氏春秋·季冬纪》记载:古人在新年前一天,击鼓驱逐“疫疠之鬼”,这就是“除夕”节令的由来。而最早提及“除夕”这一名称的,则有西晋周处的《风土记》等书。“除夕”,在古代还有许多雅称,如“除夜、逐除、岁除、大除、大尽”等。

泉州民间原先一般家庭常年年终只上元妙观祭祀。如遇婚嫁,添丁,逢十寿辰,升学中举,职务荣迁,骤发横财,建置业产,大病痊愈,官司胜诉,或有其他大喜大庆之事,方在自己家中举行拜天仪式,年复一年,积久成习。因天公至高无上,即使在道观也唯恐亵渎天公形象,不敢雕塑神像,只供奉木制神牌。民家没有资格供奉神像,只于厅堂正中高悬一盏红纱灯,称为天公灯,供献鲜花、干茶、菜烧酒、三牲、五果、六斋、红蛋、寿面、糕果、纯盘、甜碟、冬瓜、红枣诸色供品,点香烧烛、三跪九拜,俗称“烧天金”。敬天公仪式也有人在正月初一或初九举行。

祈年拜天后,多赶往通淮关岳庙进香。涂门街未改造以前,每年此夜道路都为香客人车堵塞。涂门街扩建以后,庙宇左右二三百米停寄车辆千数,来往香客万计。庙中灯柱辉煌,香烟弥漫,人潮涌动,供品香楮,堆山积海。滞留庙外香客,只好席地展献供品,于露天中举行祭敬仪式,以心诚则灵慰藉未能入庙正供之憾。

除夕午后,家家户户陈列供品祭祀自家祖宗,俗称“排年”。

除夕之夜,多数人节合家团聚,围炉守岁,也有一些人扶老携幼道寺庙与神佛一起过年。如马甲大仙公、诗山圣王公,传说此夜祈祷,有求必应,可祛一年之灾。因此,许多人星夜上山陪伴仙公,圣王公守岁。据称有时多至万人。

总之,泉州历史悠久,传统节日丰富多彩。我们应该容许民间信仰存在,最终民间信仰自由,只要她不扰乱别人正常生活,不侵犯别人的合法权益;只要她不假公济私,损人利己,不蛊惑人心,危害社会。而且,民间信仰本身也随着社会不断地发展与进步,也在不断变革、更新、修正、完善。让她成为我们的生活增加一些色彩,一份温馨,一串涟漪,一点情趣。

(作者单位:泉州师范学院)

闽南文化与泉州戏曲研究*

黄科安

当下活跃在舞台上的泉州戏曲，系闽南文化中最具特色的组成部分，其归属中国南戏范畴，剧种包括梨园戏、高甲戏、打城戏、提线木偶、掌中木偶(布袋戏)等。这些剧种虽历经沧桑、师承有别，但至今仍然焕发着顽强的生命活力和精湛的艺术魅力。那么，泉州戏曲在全国剧种中处于什么样的历史地位？现在人们对它的发掘、保护、传承情况怎样？学术研究达到一个什么样的进展？这些问题都推动着人们去思考和追问。

一

如同晚起点的南戏研究一样，泉州戏曲进入现代学人的关注视野甚迟。1936年，向达在《瀛涯琐志——牛津所藏的中文书》一文中首次刊载牛津大学图书馆所藏的《荔镜记》戏文书影，披露《荔镜记》戏文及其相关资料，遂引起现代学界的重视。[1]同一年，龚书煇撰写的《陈三五娘故事的演化》，发表于《厦门大学学报》。然而，处在动荡与战乱中的闽南社会，那些传承几百年的泉州民间戏班，还是无可奈何地走向衰落，更遑论对它加以深入系统的研究。1952年，华东文化部艺术事业管理处，将先前《戏曲报》上发表介绍本地区剧种的若干篇文章，汇集出版，取名为《华东戏曲剧种介绍》，内有收入文浩的《闽南戏的现状》、傅佩韩的《关于闽南的傀儡戏》、文浩的《闽南的傀儡戏——四美戏与掌中戏》。后来，华东文化局又责成华东戏剧研究院进一步深入田野调查，于1955年以“丛书”形式重新出版五辑的《华东戏曲剧种介绍》，将泉州的梨园戏、高甲戏、法事戏(即打城戏)、木偶戏作为华东地区77种代表性剧种给予介绍。1954年，在华东戏曲汇演中，福建省梨园剧团新编梨园戏《陈三五娘》一举获得了剧本一等奖等六项大奖，轰动了当时剧坛。上个世纪60年代，福建省戏曲研究所

---

* 2011年国家社科基金项目《“陈三五娘”故事的传播及其当代意义研究》(编号11BZW107)阶段性成果。

开始组织、有计划地对莆仙戏、梨园戏等剧种进行了广泛的田野调查,通过有关剧目的对照,并对音乐唱腔、表演艺术进行比较分析,从中发现了莆仙戏、梨园戏保存着不少宋元南戏的剧目、曲牌唱腔和表演艺术等特色,让学界关注到福建的莆仙戏、梨园戏与宋元南戏有着密切的关系。一些南戏研究专家如周贻白《中国戏剧发展史》、叶德均《戏曲小说丛考》、钱南扬《戏文概论》等,均对泉州戏曲和梨园戏的经典剧目《荔镜记》有所论述。1959 年,中国戏曲研究院刘念兹接受张庚院长布置的任务,开始对福建南戏遗存情况进行实地考察,形成了《福建古典戏曲调查报告》,接着他又应邀参加 1962 年福建戏曲研究所组织的田野调研活动,进而撰写《南戏新证》初稿,提出了后来在学界引起广泛争议的南戏起源"多点论"。与此同时,与大陆一海之隔的台湾也有少数学人也在关注和研究泉州戏曲。吴守礼,一位闽南方言研究专家,他费时逾一甲子而致力研究嘉靖本《荔镜记》与明清各本《荔枝记》的校理,出版了《荔镜记戏文研究——附校勘篇》以及《荔镜记》、《荔枝记》系列校理本,因而有学者称他"陈三五娘故事的研究",与顾颉刚"孟姜女故事的研究"堪以相互媲美。[2]

在大陆,泉州戏曲研究真正进入学理层面的探讨,是始于改革开放的新时期。福建戏曲研究所重建于 1980 年,该所先后承担和参与国家重点科研项目《中国戏曲志·福建卷》、《福建省志·戏曲志》、《福建省志·文化艺术志》等编纂工作,出版了《南戏论集》、《闽台民间艺术散论》、《福建戏史录》等多种著作,这里面虽然面对全省各种剧种,但因泉州戏曲的独特的历史地位和艺术价值,所以其论述文字占有相当大的篇幅。而在泉州戏曲研究队伍中,本土团队的出现和崛起,是一股不可小觑的学术研究力量。起初,他们在《泉州文史资料》等内部刊物上发表一些零散介绍性或研究性文字,诸如吴捷秋的《梨园戏著名戏剧家传略》,陈日升的《高甲戏元老董义芳》,詹晓窗的《"闽南猴王"曾火成》、《泉州打城戏》,黄少龙的《线戏大师张秀寅》,曾连昭的《"南曲状元"陈武定》,周海宇、林建平的《木偶头雕刻家江加走的艺术成就》,周海宇的《泉州布袋戏来源一勺》,陈德馨的《名扬中外的泉州提线木偶戏》、《泉州提线木偶戏史话》、《泉州"嘉礼"三艺人》、《泉州南派布袋戏》,周石真的《旧时代"戏仔"的痛楚生涯》。而后,有些老艺人、戏曲爱好者和研究者渐渐地萌发了"抱团"想法,旨在借助研究平台发出自己的声音。于是,1985 年冬泉州地方戏曲研究社成立。该社先后协办和筹办了"南戏学术讨论会"、"中国南戏暨目连戏国际学术研究会"、"1996 泉州中国南戏国际学术研讨会"等三次大型学术会议。他们凭着对本土戏曲的痴迷和热爱,以惊人的毅力,孜孜不倦地发掘、整理和研究着,先后编辑了《泉州地方戏曲》第一期、第二期;出版论文集《南戏论集》(与其他单位合作)、《南戏遗响》等两种;整理出版十五卷本的《泉州戏曲丛书》、《荔镜记荔枝记四种》等大型资料文库;在个人论著编著方面,出版了陈瑞统的《泉州木偶艺术》、黄少龙的《泉州傀儡艺术概述》、吴捷秋的《梨园戏艺术史论》、刘浩然的《泉腔南戏简论》、庄长江的《泉州戏班》等。

与此同时,台湾戏曲学界从 20 世纪 80 年代也掀起一股研究泉州戏曲的热潮。王士仪的《泉州南戏史初探》、陈香的《陈三五娘研究》、曾永义的《梨园戏之渊源形成及其所蕴含之古乐古剧成分》、陈益源的《〈荔镜传〉研究》、施炳华的《〈荔镜记〉音乐与语言之研究》、沈冬的《陈三五娘的荔镜情缘》、陈兆南的《陈三五娘唱本的演化》等都是很有分量的论文或专著。1997年,台湾中正文化中心举办"海峡两岸梨园戏学术研讨会",邀请福建省梨园戏实验剧团来台演出。两岸学者就梨园戏的渊源形成、历史地位、艺术成就,乃至于闽台的传播,剧团之营运、新人之培养等等,展开深入的探讨,在会后又编印了《海峡两岸梨园戏学术研讨会论文集》。而在闽台戏曲研究队伍当中,尤其引人注目的是一大批台湾硕、博士生的崛起,他们将自己的学位研究课题锁定在泉州戏曲方面。如:沈东的《泉州弦管音乐历史初探》、林艳枝的《嘉靖本〈荔镜记〉研究》、陈衍吟的《南管音乐文化研究——由历史向度、社会功能与美学体系談起》、曹珊妃的《"小梨园"传统本研究—以泉州艺师口述本为例》、高碧莲的《福建泉州及台湾高雄悬丝傀儡戏剧本研究》、宋敏菁的《〈荊钗记〉在昆剧及梨园戏中的演出研究》、柯世宏的《南管布袋戏〈陈三五娘〉之创作理念与制作探讨》、康尹贞的《梨园戏与宋元戏文剧目之比较研究》、蔡玉仙的《闽南语词汇演变之探究—以陈三五娘故事文本为例》、张锦萍的《南管在梨园戏的运用与表现》、王晨宇的《〈张协状元〉与闽地戏曲关系研究》、张筱芬的《台湾〈陈三五娘〉今昔的演出差异与变化》、刘美芳的《七子戏研究》、沈婉玲的《南管对"西厢故事"之接受与传化》、杨淑娟的《南管与明初五大南戏文本之比较研究》等等。这一大批硕、博士论文的出现,极大丰富了闽南文化与泉州戏曲研究的多元视角,将泉州戏曲研究推进到各个关联的文化领域,使之达到前所未有的广度、力度和深度。

二

如前所述,泉州戏曲是属于南戏范畴。那么南戏始于何时?近代学人王国维说:"南戏之渊源于宋,殆无可疑。"[3]关于南戏的源起,其实有明一代,就开始进入学人的视野。祝允明《猥谈》中称:"南戏出于宣和之后,南渡之际,谓之温州杂剧。"[4]徐渭《南词叙录》云:"南戏始于宋光宗朝,永嘉人所作《赵贞女》、《王魁》二种实首之。……或云:宣和间已濫觞,其盛行则自南渡,号曰'永嘉杂剧',又曰'鹘伶声嗽'。"[5]二者时间表述虽有不同,但从徐渭称宋光宗朝永嘉人就创作出《赵贞女》、《王魁》这二出影响甚大的成熟作品来看,南戏滥觞于北宋宣和年间,成熟于南渡之后的宋光宗朝,应该是比较确切的结论。

泉州梨园戏在明代已是一种较为成熟的剧种。明·何乔远在《闽书》中说:"(龙溪)地近于泉,其心好交合,与泉人通。虽至俳优之戏,必使操'泉音'。一韵不谐,若以为楚语。"[6]龙溪属漳州府管辖,操漳州腔的闽南话,然而搬演戏文时,却用"泉音",可见当时泉腔戏曲的影响之大。明·陈懋仁在《泉南杂志》中记载道:"优童媚趣者,不吝高价,豪奢家攘而有之。蝉鬟傅粉,日以为常。然皆'土腔',不晓所谓,余常戏译之而不存也。”[7]何乔远、陈懋仁均为明万历年间之人，他们的叙述反映当时“泉腔”戏曲在本地的风行与鼎盛。而作为泉州戏曲代表性作品明嘉靖版的《荔镜记》戏文，自20世纪分别从英国牛津大学图书馆和日本天理大学图书馆发现以后，经学者考证，被指认为是“现存最早的闽南方言文献”[8]。然而，这并不是“陈三五娘”故事最早的版本，因为该版本的出版商在卷末告白道：“因前本荔枝记字多差讹曲文减少，今将潮泉二部增入颜臣勾栏诗词北曲校正重刊，以便墨客闲中一览。”由此可知，《荔镜记》前至少还有潮泉二部的《荔枝记》戏文，至于时间在未有新文献发现之前则属于不可考。这里最值得一提的是国际著名汉学家、英国牛津大学荣誉讲座教授龙彼得在英国和德国的图书馆里发现了中国明代刊本《新刻增补戏队锦曲大全满天春》、《集芳居主人精选新曲钰丽锦》、《新刊弦管时尚摘要集》等三种闽南戏曲、弦管选集。经过长期的考证和研究，龙彼得撰写一篇名为《古代闽南戏曲与弦管——明刊三种选本之研究》的长篇论文，并和这三种明刊本一起汇编出版。《明刊三种》收录了弦管曲词二百七十二首，这些弦管曲词大部分仍在今天的南音界中传唱，其中《满天春》下栏“戏队”收录了十八出折戏，其中十六出是泉州梨园戏的传统剧目，至今相当大部分仍然在舞台上演出。据龙彼得考证，其实《明刊三种》能找到戏曲痕迹达二十六出，他说：“我们可以从中找到二十六出戏的痕迹，其中有几出已不复存在。有的在中国任何场合都没有记载。”[9]其后，泉州地方戏曲社同仁又经认真比对，认为《明刊三种》中“可找到的不只是二十六出而是三十多出戏的痕迹”。可以说，《明刊三种》的发现“在某种程度上再现了明代泉州戏曲、弦管的历史风貌”，即有力地说明了：“泉州地区在明代及明代以前的戏剧演出活动是十分繁荣的，大量的题材、不同类型的剧目都曾经上演过。”[10]

那么，盛行于明万历年间及其之前的泉州戏曲是否有更早的源头可追溯？从《明刊三种》中，我们可以发现这三十多出戏的痕迹，存留不少是属于“宋元旧篇”，除了南戏“实首之”的《王魁》、《蔡伯喈》和荆、刘、拜、杀四大南戏外，还有《朱文》、《孟姜女》、《祝英台》、《张珙》、《陶学士》、《貂蝉》、《秋胡》等。它们或以全本戏文由师傅一代代地借泉州方言口传身授地传承下来，或在明代就已成“残曲”留存在弦管当中。最突出的一例是《满天春》中的《朱文》，在明初的《永乐大典》里，只辑录了“佚曲三支：《中吕近词·红衫儿》、《前腔换头》、《杵歌》”。泉州梨园戏却还能搬演这个剧目的三折戏，这主要是得益于20世纪50年代在民间购得了一本清同治年间的手抄残本。经林任生整理，于1955年曾进京汇报演出，引起全国戏曲界的重视，以为这是“宋元南戏在海内仅存的孤本，不意在僻处东南海隅的古剧种梨园戏保存着，无异于瑰宝的发现。”[11]而《满天春》中的《朱文》就收录《一捻金点灯》和《朱文走鬼》两折戏，经本土学者校对，可以认定清代的抄本是承袭了明代的版本。不仅如此，南戏“实首之”的《王魁》、《蔡伯喈》的剧目至今仍然活生生地在舞台上搬演，它们中的大量唱段，“早在明代或明代以前就被弦管所吸收，并历经数百年一直传唱下来”。[12]通过明代这一中间环节，泉州戏曲的源头可直追宋元时代，这个学术判断是有史实依据的，是没有问题的。戏曲研究界的争议在于泉州戏曲是中国南戏的一个起源点，还是流播地，也就是所谓南戏的“源”与“流”之争。

南戏重要研究专家钱南扬在《戏文概论》中就指出：“戏剧的传入泉州，唐代已经如此，不始于宋戏文。如闽南梨园戏中有《士久弄》、《妙择弄》、《番婆弄》等戏名，‘弄’之一辞，乃唐人语，这是唐戏弄传入泉州的明证。到了南宋，戏文在陆续传入福建。”[13]自然所谓的“唐戏弄”属于“歌舞戏”，是“小戏”范畴，并非南宋那种角色行当一应俱全，搬演复杂故事的“戏文”。中国艺术研究院刘念兹专著《南戏新证》，其初稿形成于20世纪60年代初，其后在80年代又经修订后出版。他提出南戏“多点论”观点：“南戏的生产地点，以前研究南戏的人大部分大都认为是在温州，这是有根据的，然而不全面。根据历史文献的记载及如今对古老剧种的发掘、调查，我们认为南戏是在闽浙两省沿海一带同时出现，而互相影响，产生的地点具体来说是在温州、杭州以及福建的莆田、仙游、泉州等地。”[14]刘念兹的“多点论”之说，旨在让学界“应该正视福建地区在南戏史上应有的地位和贡献”，[15]当然也不可避免引发了“一点论”与“多点论”之争。吴捷秋在其专著《梨园戏艺术史论》中，从泉州的历史文化渊源，支持“多点论”。他说：“泉州由于历史文化的孕育，音乐、歌舞的盛行，承受了唐戏弄、宋杂剧余绪，因而萌生了自己创造的泉腔地方戏曲形态，并以唐的‘梨园’命名，与‘温州杂剧’同时同步地产生在东南海隅，这是中华民族文化发展的必然结果，文明演进的自然规律。”[16]蔡铁民列举了史料上关于漳泉“戏头”、“优人作戏”、“百戏”的记载，朱熹、陈淳、真德秀等理学家的禁戏主张，以及刘克庄诗作中大量反映闽南百戏的内容。认为这些史料记载“有理由说明闽南南戏出现在南宋中叶，它证明我国南戏的形成是多点的”。[17]被誉为“泉州通”的本土学者陈泗东还以大量的史实记载，从历史背景和社会因素的角度论证泉州作为典型的区域性历史特点必然对戏曲的发展产生巨大的作用，他说：“我认为在宋代，泉州的历史特点与温州的历史特点既有相同之处，也有不同之处，但泉州的个性多于温州的共性，认为闽南的戏曲在宋代都是从温州南戏发展传播而来，殊嫌武断，闽南戏曲自己有自己的源流，这是毫无异议的。”[18]

然而，在学界否定南戏“多点论”也是大有人在。现代九叶诗派诗人唐湜后来回到家乡温州，晚年也搞起了南戏研究，他认为：“有人说南戏可能发源于闽南，传到温州后才扩大影响于全国，我觉得是不可信的，因为没有任何文献根据与文字记载。”而目前闽南的莆仙戏、梨园戏中有不少是南戏的剧目与曲牌，也只能证明“温州的南戏很早就传入闽南”，因为泉州、温州在宋时都设有市舶司，两地经贸来往密切，当时盛行的南戏很可能就随着“海道”直接传入闽南。[19]供职于中国艺术研究院的南戏研究专家孙崇涛以为：“作为单一戏曲样式的南戏的最早起源或曰产生，按理非此即彼，决无同时在数处或先后在两地的可能。单种原始形态的东西，说它后来分布各地，或者先后流布四处，或者在各处发展、成熟、变异等等俱可，惟独不能说是并列地同时或先后产生于多处。”因此，在孙崇涛看来，如果南宋时期闽浙沿海一带确实散布同一性质的南戏的话，其中必然有个源与流的问题。目前，数见于福建戏曲史料都属于唐宋歌舞或百戏之类,很难与南戏牵扯到一块。而后世莆仙戏、梨园戏等福建地方戏曲里保存的古南戏遗响,只能是温浙南戏流布的结果。有鉴于此,孙崇涛指出:“南戏的源出在温州,而流的陈迹倒很难在现今温州找到,却在福建、广东、江西、安徽诸省及浙江别的地区戏曲里找到。对流的研究重要性并不在源于之下,它可以使我们认清南戏发展历史全貌与规律,但是不好因此都将它随意升格,非要归结成是源不可。”[20]一个有趣的现象是孙崇涛为温州籍,好像主张“一点论”多为温州人士,而主张“多点论”大多为闽南(泉州)人士,这难免给人一个印象:这场论争大有囿于乡土观念而造成各说各话的味道。不过,台湾著名的戏曲研究专家曾永义对于南戏的“源”与“流”的一番独到的看法,也许有助于我们对于这个问题的论争有一个新的审视角度:“有关南戏渊源的问题,如果能分开小戏、大戏讨论,以‘鹘伶声嗽’、‘永嘉杂剧’(或‘温州杂剧’)为小戏阶段,就知道其与其他地区诸如莆田、泉州、漳州等地,会有多源并起的现象;以‘戏文’、‘戏曲’为大戏阶段,也易于探索其由永嘉杂剧壮大形成的现象;那么同时的莆田、泉州、漳州等地就不一定会有相同的条件将其‘杂剧’壮大形成为大戏,它们最大的可能性也只能像杭州和南丰那样从永嘉流播来戏文,若此,则作为大戏的‘戏文’,就应当是一源多派了。”[21]

三

尽管论争双方在南戏“一点论”还是“多点论”上发生截然对立的主张,但关于泉州梨园戏作为宋元南戏的孑遗在当下的“活物态”,却得到戏曲研究界普遍的重视和认可,诚如孙崇涛指出即使是“流”,其研究的重要性并不在“源”之下。随着学界对泉州戏曲的深入发掘、保护和研究,人们愈来愈觉得它在中国文化艺术上的珍贵价值。刘湘如称:“在全国现存的三百多个戏曲剧种中,还没有发现哪一个剧种能像泉州梨园戏那样,存在着复杂的‘历史成分’与奇特的‘肌体结构’现象。它使这个剧种,既具有古老的年轮,又呈现朦胧的面目。因而,对它进行‘切片’分析,对于加深对梨园戏的了解,梳理它的‘血管’脉络,在研究福建戏曲发展史和中国戏曲发展史上,都具有一定典型意义和学术价值。”[22]的确如此,改革开放以来学界考证文献,追溯源委,尤其是对于梨园戏的复杂的“历史成分”和奇特的“肌体结构”,进行了全方位、立体式的‘切片’分析与探讨,从而获得了一批可喜的学术成果。

探讨“声腔”问题,是研究泉州戏曲一个值得关注的切入视角。一个富有创造性的剧种,在流播过程中为了不让自己僵化而趋于没落,它就会找寻与当地的风俗习惯乃至语言等种种的结合点。钱南扬指出:“流传外地的剧种,已经采用了当地的方言,吸收了当地的曲调,久而久之,由量变而质变,遂成为另一种新腔。腔调既变,又影响了剧种本身,可能产生另一种新剧种。这种变化,能使剧种愈多,质量提高,造成各品齐出的局面,自然是进步的现象。”[23]南戏的演进和流播,促使它与当地的方言和民间音乐的结合，并经艺人的创造形成新的声腔。史称南戏“四大声腔”，就是指明代南曲系统海盐腔、余姚腔、昆山腔、弋阳腔。而泉州梨园戏以“泉腔”为标准音在当今舞台的演唱以及上个世纪发现的明嘉靖本《荔镜记》戏文所刊刻的“潮泉”调，才引起现代学界对“泉腔”戏曲的重视和研究。叶德均的《明代南戏五大腔调及其支流》，所谓的“南戏五大腔调”是添加了“温州腔”，对此学界仍颇有争议。但他在论及嘉靖年间新剧种的产生情况时，已经关注到“在嘉靖间福建泉州和广东潮州已有潮泉调”，并注明是向达《瀛涯琐志——牛津所藏的中文书》一文所披露牛津大学图书馆藏的《荔镜记》戏文而获得的信息。[24]到了钱南扬的《戏文概论》，即以《荔镜记》戏文为例分析说明声腔的本土化和新剧种的产生。他从《荔镜记》的刊刻年代“嘉靖四十五年”(1566)说开：“从这里可知泉州这类自编的戏文，在嘉靖四十五年以前，早已流传到广东潮州；《荔枝记》一戏，潮泉两地都有刻本；就可想象戏文在泉州盛行的情况了。”那么，他由此论道：“戏文自从传到那里之后，起初当然只有保持本来面目的由外间传进去的剧本；后来逐渐产生由当地人自己编的地方化了的剧本。《南词叙录》仅收前者，不收后者，大概因为它已经变质的缘故。现在看来，后者也很重要，从那里我们可以看到戏文变化的实例。”[25]从钱南扬这个论点来考量，现在能见到由本土艺人最早自编的戏文也仅此一种，因此《荔镜记》戏文的发现，其重要的历史地位和艺术价值就可想而知了。

在论泉州戏曲的“声腔”方面，泉州的本土学人作了一些探索性的研究，有王爱群的《论泉腔——梨园戏独立声腔探微》和《续论泉腔》二文，刘浩然的《泉腔南戏简论》、郑国权的《泉州弦管史话》以及吴捷秋的《梨园戏艺术史论》中“地域声腔篇”等。其中尤以泉腔戏曲家王爱群最早涉足，其成果曾引起学术界的关注。王爱群认为，“泉腔”是以泉州方言为标准语言，流布于闽南方言语系的地域声腔。而这一地域声腔是以古老的“南音”(或称“南管”、“弦管”等)的清唱曲和“指套”作为主要唱腔的梨园戏为代表。他不同意梨园戏是南戏“四大声腔”的流衍，对于“梨园戏是弋阳腔之流衍”提出了质疑。在王爱群看来，“在明代，海盐、余姚、弋阳、昆山四大声腔广肆流布之际，‘泉腔’的南音和梨园戏剧种早已存在”，“从声腔说，是早就成熟而独立的，它和海盐、余姚、弋阳、昆山是完全不同方言系统，而成为四大声腔以外的‘泉腔’”。[26]他在另一篇文章中加以补充说：“属于南音系统的剧种不只梨园戏一个”，“尚有泉属提线木偶，掌中木偶，以及漳属的竹马戏、白字戏，还有稍后形成的高甲戏、打城戏”，[27]他进而对南音乐学方面的一整套体系和艺术风格作了深入的剖析与厘清。对于王爱群的学术贡献，吴捷秋深有感触，认为他“为梨园戏这一古老剧种，作为泉南独立声腔的引证；从古代音律的探讨，稽其传承与演化，倡南音理论研究的导向，实属难能可贵”。刘念兹在阅完这两篇文章后，同样也是十分赞赏，以为“历来谈南音与梨园音乐者，从未见作整个地域声腔剧种的专论，显见学术价值的重要”。[28]其实，将泉州戏曲作为整个地域声腔剧种的专论早已有人在，只不过是见诸海峡的对岸——台湾，由于政治的因素而未能为大陆学界所闻知。1968 至 1969 年，余承尧先后在台北《福建文献》

发表了《泉州古乐》、《泉州南戏》两篇宏文。他一方面勾勒出“南管”（南音）的历史谱系，指出：“泉州音乐从现存各词曲的名称来探寻，可确认的有唐末五代的词调；有唐宋的大曲（或者法曲）；有北宋的诸宫调；南宋的唱赚；有散曲，有联套，都是宋元明三个时期作成传下来的。”[29]另一方面，他又将泉州南戏放到中国戏曲演变长河中去溯源探流，侧重从南管古乐、兼及词曲角度，论析泉州戏曲的声腔特色。如“数色合唱，乃戏文特色处，而合唱同一曲子腔调而各有其曲词，使听者可同时听两人的词语。”他举例泉州南戏的刘智远白兔记中“迫父归家”末节，刘智远与子咬脐同时合唱，唱词各殊，毫不感觉，声腔分歧，浑然如一。[30]20世纪80年代初，台湾学者王士仪提出：“福建梨园戏，宜增列为我国地方戏剧的第六体系。”[31]随后他在《泉州南戏史初探——中国戏剧第六体系》一文，以嘉靖版的《荔镜记》作为解读对象，纵谈他所构建的泉州南戏谱系。他以《荔镜记》刊刻的时间为分水岭，将泉州戏曲史划分为前后两期。在探讨泉州南戏后期时，他从“声腔”入手试解《荔镜记》后各种版本的“潮泉”腔调问题，指出叶德均所列的南戏五大腔调，除了昆山腔传承至今，其余皆发生相当程度的变化，而“泉州南戏始终保持其独有风格，自成传统，就地方戏曲而言，弥足珍贵，宜增列为我国第六剧种体系”。[32]在对《荔镜记》的研究中，施炳华的专著《〈荔镜记〉音乐与语言之研究》很值得重视。该书除了对《荔镜记》相关内容与著作的梳理外，重点放在音乐与语言的研究方面，其音乐研究从“声腔”切入，探讨“泉腔”的发展及其与“潮腔”的互动之关系；从“歌唱”形式切入，探讨独唱、轮唱、合唱、合前、重唱（滚唱、南北合套）；从“曲牌”切入，探讨与北曲、南曲关系，尤其是与南管音乐的关系。在语言方面，从追溯泉州话、潮州话的历史出发，探讨其语言特点与南管唱词的相互印证之关系。尤其是从专业的视角，分析泉潮方言的音韵特点，揭示《荔镜记》音乐与语音之关系。的确，美好的声乐，就是如何使语言与音乐配合，并能表现音乐的美感。施炳华对《荔镜记》音乐与语言的独到研究，就旨在透过语言与音乐之结合，发扬古雅优美的南管艺术，将学术研究与社会脉动结合一起。他说：“几十年来，由于台湾文化受忽视，台湾民间艺术亦濒临减绝与后继乏人的困境。南管薪火的传承，除了有志者的加入外，分析泉州唱音，了解语言与音乐的关系——因为泉州音在台湾已渐渐退隐消失了——才能保存南管艺术的特色。”[33]台湾学人的拳拳之心，令人感动，而环顾当今全球化进程加速的背景下，本土文化日趋式微，我们面临着不也是同样的文化困境吗？

对泉州戏曲的学理性研究也体现在对各种剧目的稽查征引、排比论证，以及对剧本本体艺术的抉微烛幽、提炼总结。黄少龙的《泉州傀儡艺术概述》，既有对“班社史迹”的勾勒、“传统剧目”的细读和“音乐唱腔”的分析，也有“傀儡”的行当介绍、构造推究、线拉布局，以及基本线规等。作者把泉州傀儡艺术的精华简明扼要概括出来，给人留下深刻的印象。虽然与梨园戏研究相比较，泉州其他剧种研究相对较弱一些，但黄少龙的这本书很值得一读。而在梨园戏研究方面，显示出很强的专业背景和学理内涵。如苏彦石的《梨园戏的演出排场》、《梨园戏基本表演程式——十八科母分解》、

《梨园戏表演艺术中的“科”》,纯系行家里手的艺术经验之谈。而刘浩然的《泉腔南戏简论》、吴捷秋的《梨园戏艺术史论》则是本土学人的翘楚之作。刘浩然对于小梨园(亦称“七子班”)与宋代“肉傀儡”的渊源性论述,得到学界的重视。曾永义就指出,刘浩然的创造性分析和所列出的证据材料,“实在令人不能否认小梨园与宋代肉傀儡的密切关系”。[34]吴捷秋自20世纪50年代后,就一直在梨园剧团工作,是国家一级导演和剧作家。1991年,他应台湾学者王秋桂之邀开始撰述《梨园戏艺术史论》,先是部分文字发表在台湾1992年《民俗曲艺》第75、76期,而后在1994年又列入“民俗曲艺丛书”分上、下册出版。1996年作者又将该书的修订稿交由中国戏剧出版社出版。吴捷秋在“源流篇”中,对梨园戏一源三派“下南”、“上路”、“七子班”作了溯源追根的发掘,对其三派的衍变作了具体而微的辨析。而在“下南”、“上路”、“家班”中的“宋元篇”中,尤其能见识吴氏的考证功力和史识眼光。在今天的梨园戏剧本中,还留存不少的宋元明清四个朝代的传统剧目,那么由于年代的久远,确实造成原始创作与移植改编的“混杂”现象。吴捷秋借助戏曲前辈关于“内棚头”、“外棚头”、“内外棚头”的区分,循踪明辨,源有所本,阐发独到的见解。以“上路”的《赵真女、蔡伯喈》为例,被称为南戏“实首之”的《赵贞女》(“贞”与“真”,泉州方言发音相同,遂误记),是以蔡伯喈的“弃亲背妇”、“为暴雷震死”的故事来搬演。可是到了元末高则诚却改写为《琵琶记》,变蔡伯喈的“弃亲背妇”为“全忠全孝”的人物形象来塑造。因其在文学、音律上艺术的全面提升,该剧赢得“南戏之祖”的美誉,并且取代“实首之”的《赵贞女》,而使原始形态的《赵贞女》“面目”随着时代的推移而模糊起来。幸亏今天我们从南音所遗存的曲文和梨园戏《赵真女、蔡伯喈》口授记录演出本中,还可以探寻出一个究竟。这个剧目在今天的泉州舞台着力塑造的仍然是赵真女形象,而非表现“全忠全孝”的蔡伯喈。而清代邱炜萲《五百石洞天挥尘》一则记载也印证这一点:“闽乡戏出有《百里奚不认妻》、《蔡伯喈不孝父母》之目,观者打抱不平,几于目眥尽裂。”[35]可见,梨园戏几百年来一脉相承,到光绪年间,还在上演“不孝父母”,这就说明泉州戏曲中的这个剧目始终保存南戏“实首之”的艺术原貌。

随着多元研究视角的介入,泉州戏曲研究呈现出从未有过的开阔格局。20世纪80年代以来,人们不再局限于南戏本体的研究,而更愿意将其置于政治、经济、文化、民俗、宗教、教育、音乐等领域中加以探讨,产生一批富有创见的研究成果,如薛若邻的《商品经济与南戏——兼及艺术继承》、叶明生的《试论宗教文化在南戏发生学中的地位》、陈泗东的《闽南戏发生发展的历史情况初探》、林庆熙的《台湾戏曲与祖国大陆的血缘关系》、吴天赐的《在艺术教育中培养新人》、汪照安的《梨园戏音乐的继承与发展》等。近年来,陈世雄借助西方文化人类学中的传播主义提出的“文化圈”概念,提出“闽南戏剧文化圈”主张,他认为“闽南戏剧文化圈是一个在时间与空间两个维度上展开的概念,在展开的过程中,有传承,也有变异。”[36]那么,所谓“闽南戏剧文化圈”就是要研究它的历史变化,研究其中的各个剧种是怎样继承了传统,又怎样予以创新,借此我们可以在不同的历史阶段、不同的文化背景下,研究这些剧种发生怎样的变异。陈世雄这一戏剧研究理论的建构,为我们深入开展闽南戏剧(泉州戏曲)研究提供了一个新的诠释框架和理论依据。也许营造一个充满理论创造和研究活力的学术界生态系统是至关重要的,唯有如此,我们才能将那些跨文化的戏曲研究不断地推向前去。

(作者单位:泉州师范学院)

参考文献

[1]向达:《瀛涯琐志——牛津所藏的中文书》,《北平图书馆馆刊》1936 年 10 月第 10 卷第 5 期。

[2]娄子匡、朱介凡:《五十年来的中国俗文学》,台北正中书局 1987 年版,第 90～91 页。

[3]王国维:《宋元戏曲考》,《王国维戏曲论文集》,台北里仁书局 1993 年版,第 137 页。

[4]祝允明《猥谈》:《烟霞小说》,明万历十八年刻本。

[5]徐渭:《南词叙录》,《中国古典戏曲论著集成》(三),中国戏剧出版社 1959 年版,第 239 页。

[6]何乔远:《闽书》卷三十八《风俗》,转引自福建戏曲研究所编:《福建戏史录》,福建人民出版社 1983 年版,第 47 页。

[7]陈懋仁:《泉南杂志》卷下,转引自福建戏曲研究所编:《福建戏史录》,福建人民出版社 1983 年版,第 47 页。

[8]吴守礼:《〈荔镜记戏文〉研究序说》,《明嘉靖刊荔镜记戏文校理》,从宜工作室 2001 年版,第 1 页。

[9]龙彼得:《古代闽南戏曲与弦管——明刊三种选本之研究》,泉州地方戏曲社编:《明刊戏曲弦管选集》,中国戏剧出版社 2003 年版,第 3 页。

[10]郑国权:《校订本出版前言》,泉州地方戏曲社编:《明刊戏曲弦管选集》,中国戏剧出版社 2003 年版,第 15～16 页。

[11]吴捷秋:《泉腔南戏的宋元孤本——梨园戏古抄残本〈朱文走鬼〉校述》,泉州地方戏曲社编:《南戏遗响》,中国戏剧出版社 1991 年版,第 5 页。

[12]郑国权:《校订本出版前言》,泉州地方戏曲研究社编:《明刊戏曲弦管选集》,中国戏剧出版社 2003 年版,第 16 页。

[13]钱南扬:《戏文概论》,台北木铎出版社 1982 年版,第 30 页。

[14]刘念兹:《南戏新证》,中华书局 1986 年版,第 20 页。

[15]赵景深:《南戏新证・序》,刘念兹《南戏新证》,中华书局 1986 年版,第 7 页。

[16]吴捷秋:《梨园戏艺术史论》,中国戏剧出版社 1996 年版,第 12 页。

[17]蔡铁民:《闽南南戏发展脉络新探》,《南戏论集》,中国戏剧出版社 1988 年版,第 160 页。

[18]陈泗东:《闽南戏发生发展的历史情况初探》,《南戏论集》,中国戏剧出版社 1988 年版,第 151 页。

[19]唐湜:《南戏探索》,《民族戏曲散论》,上海古籍出版社 1987 年版,第 8 页。

[20]孙崇涛:《中国南戏研究之检讨》,《南戏论丛》,中华书局 2001 年版,第 37～39 页。

[21]曾永义:《梨园戏之渊源形成及其所蕴含之古乐古剧成分》,《海峡两岸梨园戏学术研讨会论文集》,台湾中正文化中心 1998 年版,第 24～25 页。

[22]刘湘如:《梨园戏三探》,《泉州地方戏曲》1987年第2期。

[23]钱南扬:《戏文概论》,台北木铎出版社1982年版,第45页。

[24]叶德均:《明代南戏五大腔调及其支流》,《戏曲小说丛考》(上),中华书局1979年版,第52页。

[25]钱南扬:《戏文概论》,台北木铎出版社1982年版,第46页。

[26]王爱群:《论泉腔——梨园戏独立声腔探微》,《泉州地方戏曲》1986年第1期。

[27]王爱群:《续论泉腔》,《泉州地方戏曲》1987年第2期。

[28]吴捷秋:《梨园戏艺术史论》,中国戏剧出版社1996年版,第425、427～428页。

[29]余承尧:《泉州古乐》(上),台北《福建文献》1968年创刊号。

[30]余承尧:《泉州南戏》(续),台北《福建文献》1970年第9期。

[31]王士仪:《七十年来的地方戏剧》,朱重圣主编《中国文化之复兴》,"中国文化大学"出版部1981年版,第561页。

[32]王士仪:《泉州南戏史初探——中国戏剧第六体系》,《华冈艺术学报》1981年第2期。

[33]施炳华:《〈荔镜记〉音乐与语言之研究》,文史哲出版社2000年版,第514页。

[34]曾永义:《梨园戏之渊源形成及其所蕴含之古乐古剧成分》,《海峡两岸梨园戏学术研讨会论文集》,台湾中正文化中心1998年版,第24页。

[35]邱炜萲:《五百石洞天挥尘》卷二,转引自福建戏曲研究所编:《福建戏史录》,福建人民出版社1983年版,第168页。

[36]陈世雄、曾永义:《闽南戏剧》,福建人民出版社2008年版,第1页。

香港厦语片中的台湾印象

黄文车

一、前言:香港电影的兴起

电影产生于19世纪末,1895年12月28日法国的卢米埃尔兄弟在巴黎大咖啡厅放映自己拍摄的素人生活真实记录短片,并宣布电影的诞生。那时中国清廷正为甲午战争善后,国家适逢内忧外患、社会经济千疮百孔时期。然而影视工业随着西方船坚砲利进入中国,电影随着西方科技文明输入,短短20年间便在各地掀起一波波的娱乐魅力和消闲流动。

当时的电影极尽平淡,但其吸引人的是"流动的影像",有人称之为"上镜头性"(photogénie),根据穆西纳客(Moussinac, L.)的说法,这种影像"一方面与现实保持着联系,另一方面又把现实变换成魔法。"[1]人们在观看具有魔法的影像时,经验视觉和梦幻想象同时发挥作用。1897年4月28日上午11点,查维特(Maurice Charvet)的新尼佳(卢米埃尔公司的品牌)在香港大会堂内的剧院放映,每场一小时,每天五场,长达五天,天天爆满[2],这可以算是香港第一次的电影放映活动。1898年3月,一支属于爱迪生公司的摄影组到了香港,拍摄了7支影片[3],香港人开始与电影产生互动。

影史学者余慕云发现:1899年美国商人麦顿在今日的中环街对面空地上放映过露天电影;同年,西方电影开始在香港岛、九龙的茶馆酒楼放映。[4]黄燕清在《香港掌故》(1958)也记载香港戏院于1900年间粤剧演出后加映影画戏情景。1900至1910年间,香港的电影放映地点多是临时性的,但放映活动甚是活跃,其中以中环的重庆戏院和皇后道西的高升戏院为代表,至1907年,香港的放映事业登上第一个高峰。

被美国报界称为"中国影片之王"的班杰明·布拉斯基(Benjamin Brasky),传闻其曾在上海组织过"亚细亚影片公司"(China Cinema Co.),并拍摄《西太后》、《不幸儿》,在香港拍摄《瓦盘申冤》和《偷烧鸭》[5]。后来这四部影片因此成为中国人参与拍摄的最早的故事片，只是其真伪与时间点，尚须考证与厘清。不过，布拉斯基作为香港电影事业的触媒剂，进而催生香港电影的影响是可以肯定的，因为他的商业经营手法启发并引到香港新一代的青年电影爱好者，例如黎氏兄弟、梁少坡、罗永祥等，后来这些年轻人都成为香港电影业的先驱人物。[6]尔后到了 20 世纪 20 年代，就要提到邵氏王国的诞生了。

本文将从邵氏电影工业在南洋拓展娱乐的经营谈起，进而探讨邵氏电影公司于 1955 年后具有“本地意识”的拍片理念与其目的；再者观察香港厦语片[7]被营造出来异于香港/粤语之“地方”概念及其娱乐记忆特色，并思考在香港厦语电影中的台湾印象及其出现的时代意义。

二、南洋圈地：邵氏兄弟的影视版图

1920 年代中后期，邵氏兄弟的天一公司在上海经营失利后，自 1926 年开始便将触角延伸至南洋，当时第一个落脚处是新加坡，负责人是邵仁枚和邵逸夫。其二人成立的“邵氏兄弟公司”经过多年努力，加上新马富豪黄氏兄弟支持，在 1930 年代已显威风。[8]根据 1939 年新加坡《南洋年鉴》广告记载：

> 邵氏兄弟有限公司（英属海峡殖民地注册成立），新加坡罗便臣道 116 号。旗下机构和办事处遍及马来亚、印度支那、巴达维亚和曼谷等地。制片场设于香港，管理马来亚共 60 多家戏院。

有电影史学者认为，《白金龙》电影的成功让邵氏的注意力开始往东南亚的方言电影市场迈进。除了戏曲电影，邵氏兄弟公司也开始制作其他类型的粤语影片，从 1933 年到 1947 年间，邵氏共拍摄一百多部粤语片，这也提供我们观察邵氏公司透过国产方言电影控制海外华人市场的企图。透过《电影圈》的报导，我们约略可想见经营目标：

> 新加坡开映国产片，由来已久。自声片勃兴，因方言关系，粤语片应时而起，抢着国语片的地位，而巩固它的基础，因此片商都以经营粤语片为主体，供给此类片子的香港，因此而制片公司如雨后春笋的产生。而制片方针，亦以星洲市场为标准，因每片在星开映，如成绩优异，则各中小埠亦随之收美满成绩。[9]

粤语电影的丰硕成果让邵氏公司逐渐将经营重心摆放到新马地区，并逐渐形成邵氏的东南亚电影工业与消闲娱乐网络。1941 年 1 月 1 日，邵氏公司在新加坡《星洲日报》刊登一则广告，罗列春节期间旗下戏院放映的影片，通过这则广告可以发现 40 年代初期，邵氏兄弟共拥有 69 家戏院，分别坐落在马来亚半岛的不同城市和乡镇，具体数据是新加坡 8 家，槟城、怡保各 6 家，吉隆坡 4 家，马六甲、芙蓉各 3 家，太平、双溪大年、巴株巴辖各 2 家，柔佛巴鲁、麻坡、居銮、安顺、瓜拉吉底、居林各 1 家，剩下的则位于巴生港、关丹等地。[10]

除了电影戏院，游艺场（Amusement）一直也是邵氏公司经营的娱乐产业。1938年《南洋年鉴》指出，当时邵氏公司管理的游艺场包括“吉隆坡（南园）中华游艺场、怡保银禧园、马六甲极乐园、太平加冕游艺场、阿罗士打大观园游艺场，和新加坡的新世界”。[11]1940年，邵氏公司又收购大世界游艺场，从此便控制新加坡三大世界的两大游艺场，一直到1980年代。游艺场内有新马地区的歌台表演，还有外来的电影、交际舞和歌舞团等娱乐节目，换言之，邵氏公司让游艺场化身为现代消闲娱乐的空间，呈现本土与外来消闲文化，随人各取所需。

1956初至1957年末，邵氏公司实行每月一家戏院计划，前后共计花了150万美元，新建了22家戏院。[12]到了1958年，邵氏兄弟公司已经拥有100多家戏院，覆盖马来亚、新加坡、北婆罗洲、越南、泰国以及中国香港和台湾各地，且与200至300家戏院建立了合作关系。香港和新加坡的制片厂分别制作各类国语、粤语以及其他东南亚流行的方言电影。1959年，邵氏公司拥有的戏院已达124家，并声称拥有4500名员工，而且更加注重东南亚的粤语片和厦语片市场。[13]容世诚教授将邵氏公司如此的商业经营称之为“圈地拓展”（Territorialization）策略[14]，直至1960年代，邵氏兄弟公司在东南亚的发展，当可视为南洋娱乐圈地史的重要过程。

当时以粤语片掌握东南亚市场的邵氏公司，后来也吸收当地演艺人员进入电影制作，例如参演《新加坡之歌》（1947）[15]的马俊和叶青（皆属于金星歌舞团）等。《新加坡之歌》是二战后新加坡制片场制作的第一部国产电影，主要传达新加坡在日本侵略战争中马来亚人民的英勇事迹。从此情况来看，可以发现邵氏在二战后于南洋制作的电影题材并非以方言电影为主，反而是因为战后政治经济情况改变后，调整为华语片的方向。[16]这情形一直要到1955年邵氏公司推出《星岛红船》后才又回到国产方言电影的市场取向，并逐渐透显本地意识概念。[17]这时期邵氏兄弟公司的制片方向调整，除了维持其一贯的商业利益考量外，很大的重点更在于连接1959年马来亚半岛“反殖民”浪潮的独立运动，这种政治敏感度让邵氏公司将电影制作方针重新拉回与东南亚情势紧密结合的“本地意识”。“1958年邵氏公司拟具发展计划，首将星加坡制片场加以扩充，更于香港方面，增建新型大制片场……”[18]换言之，因为马来亚的独立运动，让邵氏兄弟扩大香港和新加坡的制片厂规模，借以满足星马新兴的本土市场，并透显邵氏电影中的本地意识潮流。

从邵氏公司经营南洋电影娱乐有成的现象来观察，其实可以反映娱乐消闲的成功乃在能否配合海外华人的社会与思想。战前，海外华人透过上海的默片、华语片和香港的粤语片感受原乡的记忆；二战爆发至战后，华语片的制作更能掀起海外华人的民族主义情感，并激起中华文化的优越意识。然而随着战后冷战低迷情势反扑，马来亚半岛独立运动风起，华语片在南洋逐渐退位，邵氏公司远瞻地注意到迎合当地市场的本土意识方向，于是在东南亚的电影娱乐发展上便占有举足轻重之地位。

三、娱乐记忆:厦语片中的台湾印象

(一)厦语片的兴起

1950年代中期邵氏公司逐渐调整电影制作朝"本地意识"发展时,我们可以发现其重回粤语片本行,并让粤语片或华语片的拍摄充满在地风情与色彩。有趣的是,1956年邵氏公司开拍第一部厦门语电影,[19]其目标在于福建籍的东南亚侨民。可见以粤语片起家的邵氏并不以粤语电影为满足,东南亚华人方言群中最大的福建帮群,当然是邵氏公司经营方言电影必须开拓的另一片市场。

谈到厦语片的起源,我们可能要往前推到1947年由新光公司拍摄的第一部厦语片《相逢恨晚》,毕虎导演,鹭红、白云主演。后来新光公司没有继续拍片,反而是导演毕虎和制片许立斋合作设立"五洲公司",以当时特殊的"一剧(片)两拍"概念拍摄了厦语片《破镜重圆》(1948)[20]及粤语片《香闺春暖》。之后有金城公司出品的《雪梅思君》(1949)(金戈、胡莲主演),但此时正值两岸情势大变之际,直接影响厦语片的厦门市场,于是厦语电影的生产停顿了2年。

香港厦语片真正发展的光景大约是从1954年后到1961年此近十年时间,根据蒲锋的观察,他将香港厦语片的发展分成"雏形期"、"蓬勃期"和"炽热期"。[21]然而除此之外,笔者认为应该增列第四的"衰弱期",略调整叙述如下:

1.萌芽期:从1947年算起至1954年以前是属于厦语片的萌芽期,除上述的《相逢恨晚》、《破镜重圆》、《雪梅思君》外,1952年南风影业公司的《唐伯虎点秋香》(江帆主演)和1953年一中影业公司的《荔镜缘》(江帆、小雯主演)推出后虽然都有不错的成绩,但每年多不超过十部片,这恐和厦语片没有建立起足够的信用让片商愿意"买片花"有很大关系。[22]不过,这段时间正好也是厦语片的摸索期,从时装发展到古装,而古装厦语片如《唐伯虎点秋香》、《荔镜缘》卖座后,业者大量仿制,并且配合南管音乐演出,逐渐累积片商的信任感。

2.发展期:从1954年下半年到1957年的下半年是厦语片的发展期。1954年10月的《华侨商报》有报导:

> 今年来的厦语片极为旺场,香港在过去一年间已完成多部,现在尚在开拍中的亦有三片,在筹拍中的更有五六部之多。原因乃厦语片现在在英属马来亚和荷属印尼售座成绩极佳,与国语片几乎有并驾齐驱之势……[23]

这时间才离1954年3月外埠商不买片花的报导不到半年,整个厦语片的情势顺势翻红,1955年公开放映的厦语片超过15部,1956至1957年都各超过30部。主要原因是因为海外华人(新马、印尼)的市场大开,而海外华人的重新接受方言电影,恐怕还是与冷战情势中需与共产势力切割,以及马来亚、印尼的独立运动有关。在第二阶段的蓬勃期中，厦语片的制片公司纷纷成立，包括吴源祥的闽声影业公司（第一公映片《庄子试妻》，1955）、张国良的良友影业公司（首部片《詹典嫂告御状》，1956），甚至是菲律宾马尼拉来的杨照星、杨国礼兄弟开设的金都影业公司（第一公映片《二度梅》，1955），马尼拉庄铭枢的暨南影业公司（首部片《火烧红连寺》，1956），马尼拉吴文芳的侨友影业公司（首部片《泉州姑嫂塔》，1956），马尼拉烟草商施维熊创立的华厦影业公司（首部片《真假姻缘》，1957）等等，我们可以发现来自菲律宾华商的海外资金大量涌入香港，配合东南亚华人市场的需求，这都直接带起厦语片制作拍摄的风潮。

当时的海外市场当然包括以闽南族群为多数的台湾，那时台湾嘉义的林章开设必达影业公司，曾拍摄《孟丽君》（1955）和《圣母妈祖传》（1955）等片，台北板桥环球戏院的老板林汉镛设立华侨影业公司，力捧小艳秋并将之送到香港拍摄厦语片，也在香港拍摄《爱情与金钱》（1958）和《爱的诱惑》（1958）两部片。还有台湾发行商张陶然成立海通影业公司，拍摄《运河奇缘》（1956）及《安安寻母》（1956）等片。从台湾片商投资拍摄的影片来看，其主题大多局限在台湾题材和市场，加上公司营运时间多不长，以致海外厦语片市场竞争力不若菲律宾片商或香港片商，这也促使台湾影业人士致力于闽南话片的制作与拍摄上。

发展期的厦语片内容主题大多取材或改编于传统戏曲及民间故事，并且制片及观众多偏好女性苦难议题，例如《李三娘》电影戏桥广告语所言："推磨汲水，柴房产子。受尽折磨，惨不忍睹。哀飢受寒，苦尽甘来。苦不堪言，大快人心。"而《莲花庵》的广告语是"热泪凝成，看了保证痛哭"等。其实当时早从 30 年代的上海默片如《桃花泣血记》（1932）、《忏悔》（1933）、《倡门贤母》（1933）《人道》（1934）、《一颗红蛋》（1934）等片，无论剧情或电影主题曲都充满这样的苦难悲情，[24]这些内容历久不败的原因除了是能反映当时社会环境的苦难与戕害外，更重要的是透过"凝视"（gaze）的角度让观众（尤其是女性）从电影画面想见自己的人生，或是感同身受的"痛哭"，或是借以思考跳脱或超越的可能性。

3.蓬勃期：1957 年后属于香港厦语片发展的蓬勃期，这期间自 1957 年 10 月《桃花乡》（又名《新桃花江》）卖座到 1960 年厦语片票房失利为止，此时期厦语片公映数量胜过国语片，更直逼粤语片。以星马地区为例，1958 年公映的厦语片有 51 部，1959 年到达 67 部，然而若以公映之港产厦语片来看，则高达 89 部之多，不可谓不丰硕！当时出产厦语片较多的电影公司包括"邵氏"、"华厦"、"庄氏"、"荣华"、"金马"、"闽南"等，当时主演过最多厦语片的男女主角分别是"黄英"和"小娟"（即是后来的凌波）[25]。此时期的厦语片风潮红红火火，据方舟的《厦语影片忽然如火如荼》记载：

> 今年邵氏为适应马来亚和新加坡的邵氏辖下戏院市场的需要，决定在 1959 年度内，拍摄厦语片十四部……与邵氏同时计划拍摄大量厦语片的，还有一个台、港、星三地的联合机构，集中巨资百万，将于今年度在港拍制厦语片二十部。光艺是潮商影片巨头，最近除大量拍粤语片外，也同时在筹拍厦语片。此外国泰机构也正具体准备拍摄……照目前的实际情形看来，马来亚与新加坡的厦语片

畅销……加以菲律宾群岛华侨，对于厦语片需要又日多。台湾方面，观众也极需要厦语片……[26]

由是来看，厦语片因各地需求量大、销路市场广，诱使诸多大型电影公司加入战场，星马地区的邵氏和国泰亦然，而此风潮一直持续到1960年代初才开始下滑。但我们可以思考的是，这些数量庞大的厦语片资金多来自菲律宾或印尼，但几乎都在香港制造，可是却从来不在香港播映，反而销往海外的南洋或台湾，那么香港影业工作者如何拍出"厦语"影片？而海外观众又如何去观看香港制造的厦语片？这里，恐怕就要提到"地方概念"的建构或想象，我们可以1957年的《桃花乡》来说明。

《桃花乡》乃是改编国语片《桃花江》而成的厦语片，两部皆十分卖座。《桃花乡》由台湾的李临秋出资重拍，并由李临秋填词做歌宣传。此部片的经典意义在于其摆脱过去厦语片的古装而换成时装，舍弃传统南管音乐而采用现代摩登厦曲，并用喜剧式的演出方式攫获观众，换言之，我们或可将《桃花乡》视为香港厦语片走进摩登时代电影的一个里程碑，叶龙彦也将1957年后的华厦和金都所拍摄的影片称为"新兴厦语片"，[27]此当是指厦语片在1957年后出现的"摩登"(modern)现象。《桃花乡》的重要性除了呈现"迁徙"的母题、传达了"地方"意识，可被视为1950年代香港福建移民的集体经验之外，[28]笔者更认为观察电影主题音乐由南管音乐转变成"摩登厦曲"，意味着"现代性"(modernity)的穿透与实践，和其结合的除了电影放映和影星随片登台之外，相关的电影画报和黑胶唱片在摩登厦语片的带动下，席卷整个东南亚地区，进而推动所谓的城市娱乐流动现象。——简单来说，来到香港的福建移民唱着《香港是天堂》[29]、《香港风景真美丽》来想望未来要落脚的地方，不在香港的海外华人也透过影片和歌曲遥想这块美丽的桃花乡(香港)。就此来看，这里除了有福建族群实地经验过的迁徙意识外，更包含了电影导演/制片者想要传达和建构的"城市"想象意义，而如果这座城市也是一个"地方"(place)，那"她"会如何被电影镜头建构？会如何被海外影迷想象？而"香港"和实际出资拍摄影片的"台湾"或"菲律宾"，以及放映影片的"新加坡"等地方，又会产生怎样的连接与流动？此部分容笔者另文再论。

4. 没落期：从1960年厦语片市场失利后直到香港电影资料馆纪录之最后的厦语片《袁文正惊梦》(1966)的这段时间，可算是香港厦语片的没落期。1958年的《星洲日报》评论厦语片如"昙花一现，好像开水一样的滚滚滚，但滚到最后就泄气了，就是因为市场的关系……"，其继续言道：

> 厦语片闽南片，最后走下坡的原因，因为它的市场很小，除了马来亚、新加坡福建人最多，泰国少数，菲律宾也多，台湾也是福建人，但台湾本身有出产，闽南话片拍了很多，当年很多闽南话片后来都转回华(国)语，很多。所以变成我们在香港拍的，都是新加坡荣华公司支持的，香港也有香港支持的，我们的市场很少，来来去去，男主角都是这个人，女主角也是这个人，久而久之，人家都看得很厌倦……[30]

可见厦语片的没落其实从1958年就显迹象，加上新马地区风起云涌的政治氛围，如 1959 年新加坡人民行动党上台后大力扫黄导致游艺场、歌台娱乐停歇等事，很大层面影响了厦语片的市场，于是到了 1960 年中后期厦语片便快速地衰败了。根据曾到香港拍摄厦语片的新加坡歌台“鬼才编导”关新艺（本名王裕煌）口述回忆：拍摄厦语片是他从事演艺工作以来最轻松的日子，除了事事有人服务外，最重要的是拍片是分幕拍摄，不像过去演话剧一戏到底，情绪表现都在舞台上。[31]电影是剪接的，这对惯演话剧的关新艺而言，自然容易配合。通常一部戏拍个七到十多天就杀青了，所以厦语片当时有个名号叫做“七日鲜”，可见厦语片到后期时的粗制滥造以致产生无市场性情况。[32]于是乎就如《联合报》的报导：“由于这种粗制滥造的片子上映后给观众恶劣的印象，失去了观众的信任，闽南话片的票房就一落千丈了。”[33]

就此来看，香港厦语片的兴起或没落，都因“信任”因素造成市场性之有无，1954 年以前因为没有确定的市场销路以致没有外埠片商买花的信任；1960 年后因为粗制滥造失去观众信任，以致流失销路市场。1960 年尚有 19 部，1961 年剩 6 部，1962 年降至 2 部，1963 年有 8 部，1964 年剩 2 部，1966 年只存 1 部。[34]

（二）香港厦语片中的“台湾”

从《香港厦语电影访踪》一书最后所录之“香港厦语片片目”（第 201～259 页）所载，可知目前香港电影资料馆藏有香港厦语片共 243 种，这些资料除了香港电影资料馆馆员们之尽心搜集整理外，大部分的信息来源是新加坡国立大学容世诚教授和新加坡南洋女子中学的苏章恺教师，透过其二人于 1990 年初甚或更早进行的南洋地区厦语片相关资料购置、查询及汇整作业，才有今日“香港厦语片片目”资料雏形。

从此 243 种香港厦语片目次中进行观察整理，我们可以从两个面向看见“台湾”身影，其一是影片公开首映之地点在“台湾”，其二是台湾制作拍摄之影片。首次以台湾为公映地点的厦语片，从 1949 年的 1 片，1953 年的 2 片，到了 1955 年已成长 9 片，到了 1956 年更有 14 片，此后便开始逐年递减，至 1960 年和 1963 年只各剩 1 片。若将这个数据和上文所探讨的香港厦语片发展时期相互参照，可以发现在台公映的厦语片之“蓬勃期”恐怕是在 1955 年至 1959 年之间，而 1960 年后便进入厦语片的没落期了。这个时间点和香港研究者的分期时间有所落差，当然我们可以单纯将 1954 年到 1957 年“发展期”纳入“蓬勃期”之中，如此或可解释 1955 年厦语片在台首映片数骤增情况，这当然也和海外市场的需求增加有关。不过，若换个角度思考，台湾首映的厦语片数从 1955 年后便急速增加，这可能和台湾本地的制片工业兴起有很大的关系。

1955 年，邵罗辉执导的《六才子西厢记》虽是闽南话片草创作品，但也为台湾本土影业打响了第一炮。1956 年初，华兴电影制片厂在何基明导演三弟何烱明的规划下建厂成立，当时何基明与麦寮拱乐社老板陈澄三协议合作拍摄古装名剧《薛平贵与王宝钏》，这是台湾第一部 35 厘米的闽南话片，1956 年 1 月 4 日在台北中央、大观两戏院首映，获得空前成功。从此以后，华兴电影制片场开始扩建（1956—1957），1957

年后徐仁和等加入投资，华兴又扩大组织，并更名为“华兴电影制片厂股份有限公司”，直至1960年随着闽南话片时代没落，华兴也宣告停产。换言之，台湾本土闽南话片影业的起步可以从华兴电影制片厂开始说起。因此，我们可以如此说：台湾闽南话片的发展和香港厦语片不同的地方在于，台湾闽南话片不像香港厦语片拍摄制作完成后需销往海外华人市场，因为台湾除了拥有自己的制片厂外，更有本地的方言市场，于是乎1955年至1959年成为香港厦语片在台首映的“蓬勃期”，而这些所谓的香港厦语片，其实大多数都是台湾本地制作的闽南话片。

如果这些在台首映的香港厦语片其实多数就是台湾本地制作之闽南话片的话，那我们从附表所列的46部影片(按：此数量非当时所有的闽南话片)中去观察，可以发现1957年以前的厦语片多以古装片“民间故事”或“历史传奇”、“神话”等改编自通俗小说或历史故事为主，但自1956年底开始，已有以“伦理悲剧”或“爱情”为主题的民初戏。1957年之后，大量的时装片出现，而电影内容虽有以文艺、惊悚、歌唱、奇情等主题列入目录者，然而实际分析，时装戏不离“伦理悲剧”和“爱情”(喜剧、悲剧)两大主题，而古装戏较少，主题仍围绕在“民间故事”或“历史传奇”两大类范畴。基本上在台公映的这些影片类型和香港厦语片的发展情况颇为类似，但值得我们去注意的现象是，台湾的厦语片会置入(insert)台湾的特殊社会事件、乡土人文风情者，而这情况多在1956年底厦语片以时装新貌呈现之后。其中，以社会新闻事件为题的如《运河奇缘》(1956年11月21日)及《基隆七号房惨案》(1957年7月13日)等为代表，而描述台湾乡土人文风情者如《补破网》(1956年12月13日)、《疯女十八年》(1957年1月2日)、《爱情与金钱》(1958年1月31日)、《宝岛姑娘》(1958年12月19日)、《医生与护士》(1960年12月27日)等。

我们若以台湾社会事件为题的厦语片《运河奇缘》为例，该片于1956年11月和由台湾何基明导演的《运河殉情记》[35]闽南话片同打对台，厦语片强调是“台南运河奇案改编”作品，闽南话片则强调“妇孺皆知本省三大奇案之一”。从两片电影戏桥上的宣传标语来看，较劲意味浓厚。闽南话片《运河殉情记》强调的是“本省故事·本省实景·本省明星·本省服装·本省歌曲·本省风俗·本省情调·本省经营”，更强调“故事完整，与众不同”，[36]看来是要让这台南运河奇案事件，充满台湾/台南本土味道；而厦语片《运河奇缘》戏桥宣传语则搬出当时的“闽南话皇后”丁兰、“风流小生”白云为题，强调这是“中国第一部超视综艺体闽南话巨片”、“台湾民间故事/本省三大奇案之一”，更说此戏是“为人父母为人子女必看的剧片”，是“爱/恨造成空前悲剧”，噱头性十足。柯荣三认为这两部片的结局都和台湾民间歌仔册《台南运河奇案歌》所言男女主角相缚跃入台南运河殉情之叙述有所落差，究竟何者较接近社会事件原貌?[37]基本上，恐怕三者都难全其真实情景！电影和歌仔册编作者都会设想“隐含读者”(implied reader)的存在，电影业者更有市场取向和商业利益的考量，台南运河事件只是起点，背后他们关心的是如何与隐藏观众产生交流，让他们掏钱进入戏院看戏，电影卖座，才是最主要目的。于是乎，我们可以说无论是厦语片《运河奇缘》或是闽南话片《运河殉情记》,都是一种影像的“再现”(representation),编剧、导演选择具有“代表性”(representative)的事件“符码”(codes),让它与现实世界或背后理念进行沟通和重构(re-construction)。透过这些符码,电影可以和台湾社会产生某种程度的连接与互动,让台湾民众藉影片看见“自我”或“本地”的身影,从而产生所谓的“本地意识”,最后便能形成如 Mitchell 所言的代表性意义,而所谓的意义还是使用这个符码的社会中成员共同接受的,也就是一种约定俗成的价值。[38]

然而透过电影的“再现”过程,影片难道没有可以撼动人心之处吗?其实答案是肯定有的。在描述台湾乡土人文风情的闽南话片如《补破网》中,渔村生活和渔村女性的痛苦与不幸,全表现在恶姑虐媳、后母虐儿、母女重逢不相认的伦理悲情感中,电影主题曲《补破网》更是唱入人心;至于《疯女十八年》则是根据台湾 20 世纪 20 年代真人真事改编,探讨日治以来女性卑微、酒场作陪的情爱悲苦;《爱情与金钱》同样以卖艺女子于情爱与金钱的纠葛为主题,但电影歌曲改编自台湾当时代歌曲《我爱我的妹妹》、《望你早归》、《春风满面》、《思想起》、《祝寿》等五首,更能拉近台湾观众的视觉与听觉感受。——透过这些女性或压迫的主题符码,电影业者期待建构起社会的“普遍认知”(common sense),如此其便能在厦语/闽南话华人方言区找到他们预设的隐藏读者/观众,电影的销路自然不成问题。

笔者想要说明的概念在于,其一,这些以台湾乡土人文为主题的闽南话片多围绕在爱情/悲剧/女性等悲弱意象中,正好衔接着战后兴起的“现代性”(modernity)与自由意识。1930 年代后进入日本殖民的稳定期,工业化与农业精致化的产业带动台湾的经济成长,伴随着现代化思潮与文明的传入,台湾的都市开始从传统蜕变,咖夫厄(caf’e)、茶店艺旦间、歌舞台林立,乌猫、乌狗不分日夜流连,新式的蓄音器取代传统胡弦,七十八转的黑胶唱片抢走不少走唱者的记忆,1930 年后的《三六九小报》和《风月报》等小报刚好记录着那个年代中台湾城市里的消闲、戏谑、嘲笑、游戏等多元声音,而这或许也可视为从边缘向中心发声的“抵中心”(de-centre)现象。[39]这股风潮于战后的 50 年代持续蔓延,女性有机会走出家庭与封建,但过程中却出现更多的阻力与冲突,于是当她们进入电影院看见这些伦理爱情悲剧,除了感同身受的冲击外,想必思想上也能有所体悟。

其二,以台湾社会事件或乡土人文的闽南话片也能传达一种“地方”意识,这意识来自导演的叙述(narration),更来自观众的想象。透过电影的镜头,观众会去认知或重构影片中的城市或地方,如社会事件影片发生的基隆或台南,或是《宝岛姑娘》中的台湾。

其三,这些影片的地方性越强,市场普遍性就越弱,因此无论是香港、台湾或新加坡的片商都要在“本地意识”的概念下拍片、挑片播映,这也是邵氏电影于 1955 年后发展方针,但这些本地意识未必是所谓的“地方感”(the sense of place),反而更有可能是电影业者的“地区利益感”。

不过不可讳言的是,透过这些厦语片,如《桃花乡》的香港,《马来亚之恋》、《泪洒树桠山》的马来亚、新加坡，或是《宝岛姑娘》中的台湾等，这些城市（或地方）的画面与概念，透过导演的镜头，确实容易在海外华人或台湾观众的记忆中流动。若再更进一步思考，如果汇集菲律宾、印尼和台湾等地的资金，而在香港拍摄制作的厦语片（或是台湾的闽南话片），透过东南亚各地的电影业者“地区利益感”的敏锐觉知，让这些影片在东南亚华人地区播映，配合着各地影星随片登台，以及电影画报、厦语歌曲的出版或传唱，整个东南亚华人地区便进入所谓了现代性电影消闲娱乐世界，借着厦语片或“空中音乐”（广播、黑胶）而带来的时空压缩（time-space compression）现象，让我们更加确定新加坡、香港或台北这几座城市如何透过电影或音乐物质文明进行所谓的“跨国流动”（transnational mobility），从中电影业者可以逐步建构与拓展她们的“商业版图”，那是深具现代概念的产业利益整体考量，而透过香港厦语片的交迭播映，东南亚城市/地方间的物质文明与消费文化开始流动，某个程度而言，这是冷战时期东南亚地区利用方言消闲娱乐活络资本与连接产业的一个有力证明。

四、结　　语

1950年代香港厦语片逐渐兴起后带动台湾本地闽南话片的制作与拍摄，1955年后闽南话片盛行，香港厦语片在台湾的市场逐渐被闽南话片去取代，于是多有转往东南亚其他地区发展现象，1950年代中后期，邵氏电影公司结合其“本体意识”的概念，开始大量制作具有南洋风情的厦语电影，[40]这股厦语片风潮持续到1960年后便急速下滑，很大的原因除了上文所言厦语片粗制滥造令观众失去信任感外，另一个可能原因是“电视”的出现，新加坡于1963年后开始有电视，人们不用花钱到戏院看电影，直接在家享受立即消闲，（厦语）电影也就渐次失去了市场。

透过本文的整理与论述，我们可以大略认识香港电影业的起源与邵氏电影公司的南洋圈地拓展，不过更重要的是，在香港厦语片与闽南话片重叠发展的过程中[41]台湾的闽南话片如何顺势坐大并逐渐形成自我风潮，而香港厦语片中可见的“台湾印象”就成了我们好奇的研究主题，究竟哪些闽南话片可以被香港电影业者看见并带至海外放映？这些闽南话片必然有其“普遍认知”的价值或意义在。从上文罗列的46种香港厦语片（以闽南话片为主）中，我们可以发现大多是时装的伦理或爱情悲剧为主，被置入于片中的台湾印象是特殊的社会事件或乡土人文风情。换言之，被海外华人或台湾观众看见的“台湾”是社会奇闻或情爱悲剧，这是香港厦语片中出现的“特殊台湾”！

如果我们可以接受这些香港厦语片所传达的台湾印象是一种本土意识的展现，而电影业者选择的代表性符码是新闻/爱情/悲剧/女性等题材，或许其正好衔接现代性与自由意识的发展，某种层度也可以去看见地方。只是，这些地方都可能是导演的叙述或观众的想象，所谓的本地意识根本未必存有所谓的“地方感”，反而是充斥着电影业者的"地区利益感",那么香港厦语片中所看见的台湾印象,恐怕就不能直接把她视为真正的台湾。

(作者单位:台湾屏东大学)

参考文献

[1]《电影的徒劳时代》(L'ageingratduCinéma)。转引自[法]埃德加·莫兰(Edgar Morin):《电影或想象的人:社会人类学评论》,马胜利译,广西师范大学出版社 2012 年版,第 25 页。

[2]《北华捷报》(North-China Herald)之"南方消息"(上海,1897 年 5 月 14 日)。《北华捷报》是由英国侨民亨利·奚安门(Henry Shearman)于 1850 年 8 月 3 日于上海花园弄创刊的报纸,是上海境内第一份具近代意义的刊物。1951 年 3 月 31 日停刊。参考罗卡(Law Kar)、法兰宾(Frank Bren):《香港电影跨文化观》,刘辉译,北京大学出版社 2012 年版,第 16 页。

[3]1898 年 3—6 月间,詹姆斯·怀特(James H. White)和费雷德里克·布莱克登(Federick Blechynden)两位摄影师为爱迪生公司到中国香港和澳门拍摄短片,其中有关香港者有 7 支,计有《香港街景》、《香港政府大楼》、《香港兵团 1》、《香港兵团 2》、《香港印度砲兵团》、《香港码头风光》、《游客出发往广州》等(短片保存于美国国会图书馆),资料引自罗卡(Law Kar)、法兰宾(Frank Bren):《香港电影跨文化观》,刘辉译,北京大学出版社 2012 年版,第 296 页。

[4]当时香港市民在临时搭架的露天影场看电影,当时放映的全是一两百胶尺长的短片,称做"影画戏"。入场每位收费一仙,很多人出于好奇,都前来观看这种银幕上出现的"怪物"。参考余慕云:《香港电影史话》第 1 卷,香港次文化堂 1996 年版,第 15～46 页。

[5]转引自《中国无声电影》,中国电影出版社 1996 年版,第 1324 页。

[6]其中,黎民伟(1893—1953)被称为"香港电影之父",黎北海(1888—1955)是黎民伟的四哥,也成为香港电影界的先驱。梁少坡出生于南洋,但在香港受教育及成长,也是香港电影业先驱之一。罗永祥是土生土长的香港人,是香港第一位专业的摄影师。参考罗卡(Law Kar)、法兰宾(Frank Bren):《香港电影跨文化观》,刘辉译,北京大学出版社 2012 年版,第 31～67 页。

[7]按:本文中所称的"厦语片"主要指的是香港或南洋制造的闽南语电影,而"闽南话片"则是指台湾生产的闽南话电影,此二者基本上并无一定的绝对界线。但在台湾跨进闽南话电影工业后,部分的闽南话片也会进入香港或南洋的厦语片名单中。1950 年代的东南亚首先引进香港的厦语片,闽南话片出现后也被称为厦语片,例如,台湾唐绍华导演的《五子哭墓》(1957)在新加坡的广告用语是"厦门话大悲剧",见《星洲日报》,新加坡,1958 年 5 月 29 日。至于来台播映的厦语片也入境随俗称为闽南话片,例如,第一部在台北上映的《雪梅思君》(1949)和第二部上映的《相逢恨晚》(1947),当时都用闽南语电影名义宣传。期间还放映过《卖油郎独占花魁女》(1951)、《赵五娘》(1952)、《梁山伯与祝英台》(1952)等,到了第六部在台北放映的《唐伯虎点秋香》(1952)也被称为闽南话片,见《"中央日报"》,台北,1953 年 5 月 5 日。但是,香港制造的厦语片,演员所讲的语言腔调并非全是厦门语,当时的电影红星如鹭红、小雯是厦门人,但王清河、黄英是泉州人,胡同是同安人,白兰、小艳秋则是台湾人,白云是潮州人,影星资料参考蒲锋:《细说从头:厦语影业的基本面貌及影片特色》,引自吴君玉编:《香港厦语电影访踪》,香港电影资料馆 2012 年版,第 35 页。

[8]参考王振春:《石叻战前老戏院》(根的系列 10)之《邵氏机构战前已威风》,新加坡青年书局 2011 年版,第 20～22 页。

[9]《电影圈》第 60 期,1940 年。转引自容世诚:《圈地拓展:邵氏在东南亚的娱乐产业发展》,王洪珍译新加坡国立大学文学暨社会科学院补助“新加坡华族戏曲(1887—1937):社会史和民族音乐学的角度”计划成果论文,第 228 页。按:新加坡的《电影圈》乃邵氏公司发行的娱乐杂志,由蔡文玄主编,1930 年代末开始发行。

[10]数据资料转引自容世诚:《圈地拓展:邵氏在东南亚的娱乐产业发展》,王洪珍译新加坡国立大学文学暨社会科学院补助“新加坡华族戏曲(1887—1937):社会史和民族音乐学的角度”计划成果论文,第 230～231 页。

[11]傅无闷编:《南洋年鉴》,新加坡南洋商报社 1939 年版,第 4 页。

[12]《南国电影》1958 年第 10 期,第 9 页。

[13]《南国电影》1958 年第 2 期, 第 3 页。

[14]所谓“圈地拓展”,指邵氏娱乐产业在东南亚的“疆域拓垦”活动。实践这种商业拓展,经常引发同行的激烈反弹回应,最明显的例子莫过于邵氏和国泰克里斯公司之间长达数十年的竞争。参考容世诚:《圈地拓展:邵氏在东南亚的娱乐产业发展》,王洪珍译,新加坡国立大学文学暨社会科学院补助“新加坡华族戏曲(1887—1937):社会史和民族音乐学的角度”计划成果论文,第 224 页。

[15]《新加坡之歌》是以 1941 年太平洋战争爆发前夕的新加坡为背景,记述三个不同性格的女性在日本侵略战争中的各自遭遇。当时,此部电影的宣传重点在于“全部南洋性格”和“全部南洋情调”,并号称其乃“新加坡沦陷期中三年八个月的缩影”,展现了“马来亚抗日队伍英勇杀敌的事迹”。《电影圈》第 117 期,《新加坡之歌》专题,1947 年 1 月 15 日。

[16]《电影圈》第 119 期有报道:“现在因为荷印和法越的战事方兴未艾,两属市场则大受影响,而星加坡及暹罗则因为商业凋零、工矿停顿,失业者众,不景气日见深浓。加以侨胞多半能说国语的,他们对粤语片的信仰和兴趣已大不如前。……”见该期《邵氏兄弟的制片路线》,1947 年 3 月 15 日。

[17]据容世诚的观察,1955 年《星岛红船》的开拍让粤语片重回邵氏电影棚,从此“红船”也成为粤剧的象征标记。之后,邵氏又在香港筹组“粤语制片组”,并在 1957 年推出《宝岛神珠》(欧家慧主演)。1959 年粤语制片组前往新加坡取景,一连拍摄了《独立桥之恋》、《榴莲飘香》和《过埠新娘》三部粤语电影,全由林凤主演。而 1956—1960 年,邵氏也拍摄了《零雁》(1956)、《马来风月》(1958)、《星岛芳踪》(1959)、《南岛相思》(1960)和《蕉风椰雨》(1960)等五部华语片,内容和题材也尽量反应南洋的地方色彩和本土意识。参考容世诚:《圈地拓展:邵氏在东南亚的娱乐产业发展》,王洪珍译,新加坡国立大学文学暨社会科学院补助“新加坡华族戏曲(1887—1937):社会史和民族音乐学的角度”计划成果论文,第 239～241 页。

[18]《南国电影》1958 年第 5 期,第 21 页。

[19]《南国电影》1958 年第 6 期,第 31 页。

[20]按:《破镜重圆》是厦语版,当时同剧还被拍成粤语版,片名为《香闺春暖》(1948),由张瑛、白燕和黄曼梨合演。根据 1948 年新加坡光艺影业公司出版的《光艺电影画报》中记载的“名片阵容”,包括 14 部国(华)语片、25 部粤语片,以及 1 部厦语片,片名为《破镜重圆》(1948)毕虎导演,主角是鹭红和黄英。《光艺电影画报》1948 年第 1 期,新加坡光艺影业公司,第 12～13 页。

[21]参考蒲锋:《细说从头:厦语影业的基本面貌及影片特色》,引自吴君玉编:《香港厦语电影访踪》,香港电影资料馆 2012 年版,第 36～43 页。

[22]梁容曾在其报导文章《国粤片不易下手厦语片亦难搞有人"买花"大有原因》中提到:"有一个时期,搞制片的忽然趋向搞厦语片,据说是这种影片虽未尝在本港上映,但身在海外的福建侨胞,对此还感兴趣。可是这一年来,厦语片却只有月前在'大观'埋尾的一部。是不是没有人搞拍厦语片?问题的答复是:搞者自搞,没有人肯'买花'。从来搞厦语片投资不多,搞粤语片者对此又不感兴趣,没有外埠影商'买花',要完成一部厦语片就不容易。外埠片商不肯买花,其原因据说是涉及'信用'问题。据曾在几部厦语片里有过工作的影友告诉记者:厦语片的收支比对上应是有利可图的,但制片者没有'真本钱',又没有人'买花',此中微妙关系可想而知。"《香港商报》1954 年 3 月 13 日。

[23]见《新加坡催香港片商拍摄厦语片〈哪吒闹海〉台湾禁映神怪片入口成问题未敢动手》,马尼拉《华侨商报》1954 年 8 月 22 日第 5 版。

[24]例如,《桃花泣血记》的主题曲:"……红颜自本多薄命,拆散双人的真情;运命作孽真侥幸,失意断送过一生。离别爱人盖艰苦,亲像钝刀割肠肚;伤心啼哭病倒铺,凄惨失意行无路。……"《倡门贤母》主题曲:"……母性爱子是天性,艰难受苦过一生;为子身躯虽不幸,倡门贤母李妙英。"《忏悔》主题曲:"(一)忏洗前非来归正,弃暗投明是正经,人无坠落歹环境,不知何路为光明。(二)前甘后苦恋爱路,劝你不可做糊涂,若有尪婿咱都好,一马两鞍起风波。(三)后悔莫及是梅氏,临渴掘井有恰迟,牡丹当开糖蜜甜,花落无人相看见。(四)悔悟回乡寻尪婿,不幸尪婿在墓内,自知有过入佛界,今生无望花再开。"《人道》主题曲:"(一)家内全望君荣归,艰难勤俭送学费。那知踏着好地位,无想家中一枝梅。(二)中途变心起莽荡,人面兽心薄情郎。柴空米尽实难当,幼儿哭夭双亲亡。(三)梅花落叶流目屎,千辛万苦为尪婿。节孝完全离世界,香名流传在后代。"等等,相关论述请参考黄文车:《从电影主题曲到闽南话流行歌词的实践意义——以李临秋战前作品为探讨对象》,《大同大学通识教育年报》2011 年第 7 期,第 75～94 页。

[25]参考余慕云:《一九五九年的香港电影》,引自余慕云:《香港电影史话》第 5 卷,香港次文化有限公司 2001 年版,第 210～211 页。

[26]见方舟:《厦语影片忽然如火如荼》,香港《新生晚报》1959 年 2 月 17 日。

[27]相关论述请参考叶龙彦:《厦语片与闽南话片大对决》,《台北文献》2000 年第 13 期。

[28]参考容世诚:《告别桃花乡,步向英皇道:香港厦语片的地理表述》,引自吴君玉编:《香港厦语电影访踪》,香港电影资料馆 2012 年版,第 84 页。

[29]《香港是天堂》歌词:"香港啊!本来是天堂。只有欢乐没有悲伤。住的是洋房,日间搓麻将,夜间跳舞场。冬天设暖气,夏天冷气房。大马票时时存着了希望,头奖百万立刻变富翁,出入坐私家车乐洋洋。多数香港人啊呀!十一点起床办公,鸡啼上床做好梦。香港人欢乐没悲伤,香港真正是天堂。"从词中可见厦语片镜头如何表述香港。转引自容世诚:容世诚:《告别桃花乡,步向英皇道:香港厦语片的地理表述》,香港电影资料馆 2012 年版,第 85 页。

[30]《光艺有限公司聘请闽语影片男女演员启事》,新加坡《星洲日报》1958 年 10 月 14 日。

[31]1959 年,这位鬼才编导前往香港发展。当时他和上官流云受到"荣华公司"老总吴荣华的赏识,提携他们到香港参与厦语片拍摄工作,那时关新艺尚未结婚,而且对于拍戏甚有兴趣,加上自己未到过香港,所以便乐意前行。关新艺力闯香港电影圈一共 7 个月,大部分的时间都在九龙城的"国家片厂"与钻石山的"大观片厂"进行拍摄工作。那段期间,他总共拍了 10 部电影,包括《春香闹学》、《马六甲姑娘》、《阿秀卖胭脂》、《阿忠嫂》、《泪洒树梶山》、《姑嫂情深》、《迎春接福》、《钱钱钱》、《七家材》等,当时合作的电影演员有来自台湾的白兰,香港的丁兰、江帆、胡同、黄英、王

清河，新加坡的庄雪芳、徐荣，马来西亚的黎明等人。参考关新艺口述历史资料，Access No. 001369/14，第5卷。又见参考关新艺：《拍厦语片的日子》，文收入《关叔话旧》，新加坡新文山机构1986年版，第83～84页。

[32]参考黄文车：《铁嘴金关刀，说唱星洲老：谈关新艺的厦语表演与娱乐记忆》，金门县文化局、成功大学人文社会科学中心主办"2012金门学学术研讨会"，2012/10月，第14～15页。

[33]《联合报》1959年11月8日。按：报导中的"闽南话片"，指的应是本文主要谈论的"香港厦语片"。表面看，1959年的厦语片公映数量还不错，从中国台湾、新加坡到中国香港拍片的明星拍了15部，香港原有的厦语明星也拍了28部，如是40多部厦语片到年终为止前，竟然还有十七八部未放映，已放映的卖座成绩也并不如理想。据指出这完全是成品近于粗制滥造，大失观众所望。见《港制闽南话片走下坡粗制滥造卖座欠理想》，马尼拉《华侨商报》1960年1月15日第2版。

[34]影片数据资料请参考《香港厦语片片目》，引自吴君玉编：《香港厦语电影访踪》，香港电影资料馆2012年版，第252～259页。

[35]《运河殉情记》，何基明导演，刘哲、柯玉霞主演，华兴电影制片厂制作，南洋影业、必达影业出品，1956年11月24日首映。按：以"台南运河奇案"为主题的闽南话片或厦语片，同时在1956年11月下旬同在台北上映。1956年11月21日香港永华公司拍摄的厦语片《运河奇缘》(陈焕文导演)在台北的赤崁戏院、华南戏院和中央戏院上映，同年11月24日导演何基明拍摄的闽南话片《运河殉情记》则选择在大全成戏院、大光明戏院和大观戏院上映，两片大打对台。厦语片《运河奇缘》标榜正宗闽南话，由闽南籍的女星江帆和小生白云主演，而闽南话片《运河殉情记》，则邀请男女主角刘哲、柯玉霞随片登台，"每张戏票特送高级肥皂一个"，强调拍摄地点在台南市运河实地拍摄，以抵抗厦语片外地取景。

[36]参考《联合报》1956年11月24日第5版。

[37]参考柯荣三：《时事题材之台湾歌仔册研究》第五章"风月事件"，编译馆2008年版，第107～146页。

[38]W. J. T. Mitchell, "Representation," p. 13. 转引自参考柯思仁、陈乐编著：《文学批评关键词：概念 · 理论 · 中文文本解读》第十章"再现"，新加坡南洋理工大学中华语言文化中心、八方文化工作室，2008年，第169页。

[39]请见黄文车：《从电影主题曲到闽南话流行歌词的实践意义：以李临秋战前作品为探讨对象》，《大同大学通识教育年报》第7期，台湾大同大学，2011年，第75～76页。

[40]可参考苏章恺：《遥远寄相思——从电影文物初探厦语片中的南洋情怀》，引自吴君玉编：《香港厦语电影访踪》，香港电影资料馆2012年版，第128～138页。

[41]此重叠时间差不多是1950年到1960年左右，黄仁称之为"厦语片与闽南话片纠缠的十年命运"。此期间最常出现厦语片和闽南话片闹双胞现象，例如1955年的厦语片、闽南话片同名电影《孟丽君》，1956年厦语片的《运河奇缘》和闽南话片的《运河殉情记》，1957年香港陈焕文导演的《金姑赶羊》和台湾庄国钧导演的《金姑看羊》等皆是。此外还有香港、台湾以及新马地区影星合作拍摄厦语片或闽南话片，并到各地随片登台等事，都是这段期间的特殊因缘。参考黄仁：《厦语片与闽南话片纠缠的十年命运》，文章收录于吴君玉编：《香港厦语电影访踪》，香港电影资料馆2012年版，第88～95页。

永春纸织画起源、现状及问题

黄文中

永春纸织画是闽南侨乡永春县独有的民间传统手工艺品,与丝织书(杭州)、缂丝画(苏州)、竹帘画(四川)并称为中国的四大家织。据《永春州志》卷十一记载:“织画此为永春特产。其法以佳纸作字或画。乃剪为长条细缕而以纯白之条缕经纬之。然后加以彩色,与古所谓罨画及香笔记挈画相类。”[1]

2000 年 3 月,永春县被国家文化部命名为“中国纸织画之乡”。2005 年 10 月,永春纸织画被列入福建省首批非物质文化遗产代表作名录,2011 年 6 月入选国家级非物质文化遗产代表作名录,永春纸织画迎来了新的发展空间。但在一派繁荣景象的背后,却潜藏着其生存的危机与理论研究的空白。从实地考察的角度切入,笔者走访纸织画制作艺人与纸织画销售场所及当地文化主管部门,力图对永春纸织画起源、现状及其存在问题做一梳理,以期后来者进一步深入研究。

一、永春纸织画起源

由于纸张不易保存,现存最早的纸织画也仅为清初年间作品,加之没有文献记载,永春纸织画的起源问题变得扑朔迷离。以下,简述不同艺人对纸织画起源的不同观点。

(一)雾里观花[2]

相传,隋唐年间,永春桃溪沿岸种植了许多桃树,又被称为“桃城”。每逢春花烂漫时,桃花姹紫嫣红,薄雾笼罩,吸引着许多踏青赏花的人。雾中观花,这种独特的景致激发了当地艺人的创作思维,纸织画就是在这种特定的环境里产生出来的。

(二)宫廷绘画与民间技艺的结合[3]

与前一观点有重合之处但更进一步。隋灭陈朝,陈后主之子敬台携军队、百工、族人由建康(南京)人永春(时为桃林场)。古代的永春,漫山遍野的竹木林,是制作生活用具的资源，当时人们模仿陶器图案，在竹编用品上进行纹样装饰。受竹编装饰的启示，宫廷画师把传统中国画与竹编技巧相结合，创造出纸织画工艺。已故艺人黄永源也持此观点。如，黄永源撰写的《永春纸织画简介》提到："永春纸织画的创始，已有一千多年历史。在在隋末唐初，宫廷艺术与民间编织相结合，诞生了永春纸织画。"[4]

（三）宫廷艺术流落民间[5]

这种说法同样出自于被采访人的叙述，个中细节尚待考证。据说，在唐朝玄武门之变中太子建成中箭身亡，建成太子妃带领孩子及宫中侍女（纸织画织女）前往西域。建成太子妃能书善画，沿途与侍女相依为命制作纸织画，使纸织画得到了一定的传播，后潜回祖国，居宁夏，又隐姓埋名转居成都金堂县太平乡。直到李斌（李肇永）命为总屯官，才在永春县城办金堂纸织作坊，其子分别经营金堂纸织及贵（桂）亭纸织作坊。

上述三种观点，都从不同的角度谈到纸织画的起源问题。但第一种观点只是谈到纸织画产生的外部环境，第三种观点谈的是纸织画的传播而非起源问题，倒是第二种观点谈到了纸织画产生的诱因（受竹编工艺的启发）。目前，在纸织画的对外宣传中基本引用第一种观点。虽然上述三种观点不一，但不论哪一种观点，都向我们揭示了永春纸织画的悠久历史（隋唐年间），反映了艺人的聪明才智。同时，在某种程度也反映出学术界对纸织画的研究仍然处于空白，其历史还由艺人自己书写的处境。

二、永春纸织画现状

可惜的是，过去永春纸织画艺人出于生计考虑，严守技艺秘密，形成了"传媳不传女、父子相传，外人不传"的陈规陋习，永春纸织画不但发展缓慢，而且几度陷于人亡艺绝的境地。新中国成立后，为了使一息尚存的纸织画不至灭绝，黄芳亭老艺人黄永源夫妇放弃陈规陋习公开授徒，1957 年 10 月 12 日，以永春县文化馆和工艺厂为基地，黄永源开办永春纸织画培训班，共招收 33 名学员，培训时间两个月，为永春培养出一批纸织画人才。现能查找到的名字有周文虎（男）、黄德胜（男）、黄添坡（男）、李文恭（男）、邱昆棠（男）、廖春树（男）、郑文深（男）、陈金建（男）、魏秀银、黄秀菊、黄雪、黄淑珍、黄翠珍、黄凤媚、吴梅桂、郑淑仁、郑淑铨、郑淑尊、徐玉笋、周秀琼、邱佳冬、颜文慎、颜秀芹、余湘文、梁秀兰、林美兑、林日清、陈金玉。人员遍布永春县的桃城、五里街、吾峰、达埔、岵山等镇。这是永春纸织画传播史上的最高峰，到现在为止都没能超越这一传播规模。但那一时期，纸织画并没有销路，即使是作为师父的黄永源都还得依靠制作漆器来维持生计。因此，这批学员在经过两个月的培训之后并没有走上纸织画制作之路，即使日后又重新走上纸织画创作的周文虎在 50 年代也去了永春电厂。这次的开班办学奠定了永春纸织画的发展格局。同时，也出现了笔者在对永春纸织画的现状调查时出现了当地人会在不同时间告诉你永春在某一个乡镇还有纸织画制作的相关情况。

“文革”期间黄永源所制作的纸织画被当成“封资修”遭批斗、游街、纸织画作坊被强行取缔，草图被践踏烧毁，曾作短见，被及时发现而幸免。后又被下放当农民（石鼓卿园）。纸织画遂在“文革”中销声匿迹。

改革开放以后，永春纸织画也在尝试走入市场。1983年，黄永源次子黄德义赴香港考察纸织画市场。1985年，黄德义在深圳南头区一甲东街成立“永达工艺厂”，在发展古典屏风画的同时，批量永春纸织画，在开发市场的同时，把永春纸织画传播到了香港、深圳等地。1987年5月21日，黄永源去世，纸织画事业面临新的考验。为了进一步发扬光大永春特种工艺纸织画，适应发展外向型经济的需要，1988年4月7日，成立“永春纸织画研究会”，会长刘声洽，副会长黄怀远、周文虎、林志恩，黄秀云、李自杰、方永宗、颜振奋、罗达仁、王生佃、尤仁树为理事，颜晓丹、颜光锐分别为正副秘书长，并聘请若干名海内外知名人士为名誉会长。从永春纸织画的组织机构来看，除了政府文化官员、民间艺人外，还有那个年代最好的专门美术人才，如王生佃、尤仁树都是福建师范大学美术专业毕业的。

会议通过永春纸织画研究会章程，会议还组织成立了“永春县纸织画赴榕展览筹备领导小组”，落实参展作品件数。1988年10月15日至22日，由福建省群众艺术馆和永春县人民政府主办的永春县纸织画展览在福州五一广场展览馆展出。整个活动有开闭幕式、有研讨会，还有众多新闻媒体的宣传与报道。所展出作品还评选出“优秀奖”与“创新奖”，部分作品被省群艺馆收藏。永春县人民政府又评出优秀奖12幅。展出后，莆田、泉州等客商和回永春探亲的“三胞”纷纷到艺人们家中洽谈生意。如此，此次的展览可以说是名利双收，获得极大的成功。这是永春县有史以来组织规模最大、人员最齐、艺术水准最高的对外宣传活动。这使得永春纸织画开始为外界所瞩目，同时也把永春纸织画带入了市场。从那次的展览作品目录看，我们可以知道永春纸织画在20世纪80年代在永春的主要制作者，他们分别是黄永源、黄秀云、周文虎、林志恩、王生佃、方永宗、李自杰。可惜的是，这次展览之后，永春纸织画研究会再也没有开展过任何实质活动，并于2001年被民政局注销。

20世纪80年代中后期以来至90年代中期是永春纸织画市场发展的最好时期，几乎每一位纸织画制作者都有忙得喘不过气来的感觉，且价格不菲。纸织画成了那一时期送给港澳台及东南亚华侨最好的珍品。

但由于纸织画的销售面狭隘（主要是当地永春人、华侨及在永春生活过的外地人），到了20世纪90年代中期，许多港澳台及东南亚华侨手中已拥有大量的纸织画。因此，作为具有一定文化品位、稀罕之物的永春纸织画开始变得不再新鲜，甚至有点变得审美疲劳。这在客观上造成纸织画价格急剧下滑，同时也开始出现纸织画市场的分化。从下表的纸织画价格在不同年代所发生的变化就可以清楚地看到纸织画市场的变化。[6]

1950 年代	1980 年代	2000 年以来
约 60 元(4 尺)	约 150 元(4 尺)	约 300～500 元(4 尺)

如果说 20 世纪 80 年代 150 元相当于普通工作人员一个月工资的话，现在我们随便在饭馆吃一餐都不止两三百元，而制作一张纸织画成本却在提高。因此，20 世纪 80 年代制作纸织画还是很有利润空间，而当下纸织画制作的利润空间早已变得十分有限。此外，如果说 20 世纪 80 年代的艺人尽可以关起门来拼命制作纸织画，到了 20 世纪 90 年代中后期以来，艺人们就不得不开始考虑市场的问题了。这在客观上逼着纸织画进一步走向市场。如最早在永春八二三中路 249 号开设的永春纸织画真武画室，就开始改变艺人在家等客户上门的做法，主动面向市场，同时也标志着生产与销售的进一步分离。现在，在永春县城(五里街镇与桃城镇)共有三家销售纸织画的店面，分别是永春纸织画真武画室(1997 年)、桃源纸织画院(2005 年)、永芳纸织画社(2000 年)。同时，艺人的下一代开始登上舞台，如林伟欣(林志恩的儿子)，周梅森(周文虎的儿子)。当然，这些销售者同时也还参与纸织画的生产。

随着生产与销售的逐步分离，纸织画制作的织与画也在逐渐分离。以前，纸织画制作都由艺人自己作画，自己编织，现在基本变成只织不画。这种局面的出现在某种层面也反映出纸织画销售的数量在增加而形成的产业链的利润分割。同时，也还应看到永春纸织画传到林伟欣、周梅森这一辈人手里已经不再擅长绘画，只剩下手艺了(编织)。

目前，这三家永春纸织画的经营规模并不大，门面也不突出(只有周梅森经营的桃源纸织画院装修得算比较有文化品位，但自称马上要倒闭了)，都在利用自身的优势开拓市场。如永春纸织画真武画室充分利用父亲林志恩的影响力，营造“真武”品牌，除在店中销售外，应用当代科技手段网上营销，同时还与厦门、泉州、福州、武夷山、南京、上海、杭州、苏州、无锡、深圳等地旅游景点合作销售，把纸织画开发成旅游纪念品。经营纸织画的同时，也从事字画装裱、画框制作等相关业务，拓展自身的生存空间。周梅森与父亲周文虎一起在继承传统的基础上突破规格限制，制作出《中国古典百米长城》(1995 年)、《百米百虎纸织画长卷》(1997 年)、《百米五百罗汉》(2002 年)及完成不久的《中国的世界文化遗产百米长卷》(2010 年)，在大大提高永春纸织画的知名度的同时也极大地扩大了自身的影响力。周氏父子主动追求纸织画的文人品位，在色彩上的运用上摒弃民间大红大绿的俗艳，自觉追求清新、淡雅的格调，以提高作品的价格。为了寻求纸织画的更大的生存空间，周梅森在十字绣的启发下开发出新的纯手工制品——纸织绣，目前正处于市场推广阶段。同时，他们还在在上海、深圳等地授权委托他人开拓纸织画市场。

三、当代永春纸织画的困境

与传统纸织画相较，当代永春纸织画在生产与制作方面发生了一些新的变化，特别是在编织技术上取得了显著地提高，反映了艺人们勤劳、灵巧与聪明的智慧。如传统的纸织画编织工具，大多是卧式编织机，既占地方又比较费时费力，林志恩在继承传统制作的基础上，借鉴挂毯和草席编织的技术，分别自制"竖式脚踏编纸机"和裁纸、编织同步运行的"机械纸丝编织机"，手足并用，提高生产效率，提高空间利用率。据林志恩介绍，通过他改进的织机已经可以半机械化编织了。

虽然编织水平及效率提高了，但绘画水准却出现了明显的下滑。永春纸织画在当下出现了织与画的分离后，却没能培养及吸收优秀的艺术人才参与纸织画的创作。尽管20世纪90年代以来，艺人们在或创办学校或开展培训的方式培养人才，但收效甚微。如周文虎在1999年创办纸织画学校，于2000年招收了第一批学员，可惜这些学员学成后都陆续参军去了。2004年准备招第二批学生，但到2010年，他再也没有此想法了。回顾办学经历，周文虎有自己的一些体会：

> 办学办工艺厂都很不容易，我以前经常碰到这种情况：学生学了一两个月以后，就回去自己开店生产，把价格压得很低，抢占了市场。我的画一幅卖200元，他就卖100块钱，不明真相的人就会找他买；另外学生学了半桶水，产品粗制滥造，毁坏了纸织画的声誉，这一点是最可怕的；最后一点是如果纸织画艺术学校招了外地的学生，学生学成后到全国各地发展，虽然纸织画可以发扬光大，但就不是永春的特产了。当然，最主要的是现在没有市场，学生学完后又改行了。[7]

这是周文虎的尴尬，也是永春纸织画在发展过程中的尴尬。优秀艺术人才的缺乏，加之恶性竞争与混乱、有限的销售市场，从而造成市面上销售的纸织画价格越来越低廉，这是永春纸织画在当下发展的困惑！而国家非物质遗产项目开展这么多年来，许多政府部门大多在需要举办相关活动或上报项目时才会想到这些艺人，这也使得非物质文化遗产保护工程极易流于形式。

结　语

不论起源于何时及其产生的原因，作为民间艺术的品类之一的永春纸织画与祝寿、乔迁新居等民俗活动紧紧联系在一起。但由于生产及社会生活方式的变迁，当代永春纸织画越来越远离民俗活动的文化内涵，而更多地成了纯粹审美欣赏的对象，这是永春纸织画在当下的发展语境。

"纸织画的发展主要还要靠市场，市场的需求就是对他们最大的保护。"[8]在市场经济环境下，一切事物的发展必须遵循它的规律，这点永春纸织画也不能例外。只有满足不同年龄、文化、职业的消费者需求，纸织画才有它的广阔发展空间，而这需要在绘画与编织两者间找到最佳平衡点，更需要在纸织画的创作队伍中注入新的活力。

（作者单位：泉州师范学院）

参考文献

[1]杜昌丁：乾隆《永春州志》，厦门大学出版社 1994 年版。

[2]纸织画制作艺人周文虎观点。

[3]纸织画制作艺人林志恩观点。

[4]黄德胜、黄秀云编：《黄永源与永春纸织画》，北京：中国文联出版社 2008 年版。

[5]纸织画制作艺人李自杰观点。

[6]根据 2010 年 8 月笔者对艺人们的调查访谈整理。

[7]根据 2008 年 1 月及 2010 年 8 月对周文虎一家访谈记录整理。

[8]根据 2010 年 9 月 9 日笔者对永春县文化馆副馆长周梁泉访谈整理。

从泉州制造到泉州创造，谈本土文化与创意产品设计

李 静

引 言

本土设计创新是地域文化传承和地域经济可持续发展之间的桥梁。本研究以“地域性非物质文化”为切入点，以“人”为研究中心，以系统的本土设计体系与方法，研究地域中人的需求和生活方式，倡导以文化为主导的创新设计，用“低能耗、低资本”的新型工业化道路创造可持续的多样化本土社会。

一、泉州本土文化资源与创意产品设计现状

我国是一个历史悠久的文明古国，每一个省市区都有丰富的历史文化资源。许多地区没有美术馆、博物馆，如当地的民居、老街、木雕、砖雕、泥塑、织绣、服饰、拴马桩、桥梁、牌坊、庙会、集市，甚至一些民俗活动，都是非常生动的本土文化资源。纵观泉州本土文化资源，具有以下鲜明的特点：时间跨度较大，亮点多；历史遗存丰富，种类全；文化影响力强，可持续。可见泉州的文化资源相当丰厚，然而，只有文化资源是远远不够的，必须有文化产业与文化资本的介入才能体现其价值。如：韩国电视剧《大长今》系统地把中国的医药文化、餐饮文化、宫廷文化、建筑文化、礼仪文化、音乐文化，演绎成了韩版文化资源的版权经济体系与文化资本链，造成了韩国餐饮热、旅游热、服饰热甚至被称为“韩流”的东方文化产业时尚热潮。美国已经把秦始皇时代的万里长城、成吉思汗时代的欧亚纵横等主题，列进了好莱坞大片的生产计划与版权经济体系。以上事例说明，发达国家已经借助经济与技术双重优势，开始谋求对我国本土文化资源的开发与争夺，这一动向值得我们关注。

泉州本土的文化资源充实、丰富，文化资本有机合成的空间很大，当然难度也很

大。泉州是宋元时期东方大港，号称宗教博物馆，有“古称佛国，满街圣人”的美誉；有郑成功、李贽、弘一大师等历史名人，还有太多值得我们引以骄傲的人文资源。而对这些宝贵的人文资源，我们的认识是罗列性的、浅表的，在产品的开发和应用上缺乏新意、缺乏兴奋点、缺乏深度和科技含量。以2011年泉州统计局公布的数据为例[1]，2010年泉州城镇居民人均可支配收入25155元，其中用于教育文化娱乐服务的消费支出为1767元，占其可支配收入的7%，较去年同期增长3.7%；农村居民的人均消费为6782元，其中用于文化教育娱乐服务的消费支出为523，占其可支配收入的8%，较去年同期增长5.3%；对比这两年的数据，笔者认为泉州文化创意产品的开发相对滞后，目前的首要问题就是全社会必须加强和提高对创意产业发展的重要性、前沿性和对未来发展趋势的理解、认同和认识。

我们可以发现，泉州社会文化娱乐服务和文化服务消费已成为经济发展的强劲推动力。但目前泉州的文化产业所提供的各种文化产品还不能充分满足新经济时代的要求，特别缺少享有盛誉的各种文化佳作。因此，必须通过大力发展文化创意产业，实现文化创意产业的产品生产地多样化，以促进文化和经济的协调可持续发展。

二、泉州本土设计的知识与符号系统体系构建

本土文化[2]并非传统文化，它是各种文化经过本民族的习惯和思维方式沉淀的结晶，重新阐释的文化，是本土独创的一种文化形式，它是传统文化进行整合发展的一种文化形式。随着地域之间的界线模糊，本土文化已不是绝对的本土化，它已逐渐融入到国际化的范围内，可以说它是国际化的基础部分。进入二十一世纪，地域性文化的价值不再是保存，而必须构建出具现代思潮及精神层面的积极意义，才得以产生设计艺术与地域文化的发酵作用，进而达到新的发展与应用。在全球化的竞争中，设计是一种维持地方与全球的平衡交互的手段，也是地域文化得到传承和发扬的途径。一方面，本土化的产品和服务在全球市场的成功，为世界开启了一扇了解其本土文化的窗口；另一方面，通过与全球化的新科技、传播技术、设计文化的交流，也可以促进地域文化自身的发展，形成良性可持续发展的文化生态。

在进行本土设计之前，设计师需对传统文化的表征及内涵深入调查，再运用各种思维方法与设计手法，透过贴切的设计把文化信息表达出来。地域性传统文化虽然丰富多彩，但仍需要去粗存精，选择性的加以改造后才能在设计中运用。因此，在对非物质文化进行运用开发之前，根据地方文化、经济和操作平台，构建本土设计的知识与符号系统是非常有必要的。这既是地域性文化进行价值转换的第一步，也是本土设计提炼文化符号，进行转化和运用所必要进行的工作。

文化的传达需要借助文化符号的承载，本土知识还需要经过一个符号转化的过程才能被本土设计所用。这个过程可以具体分为文化萃取、符号转化和设计转化三

个阶段（图1）。

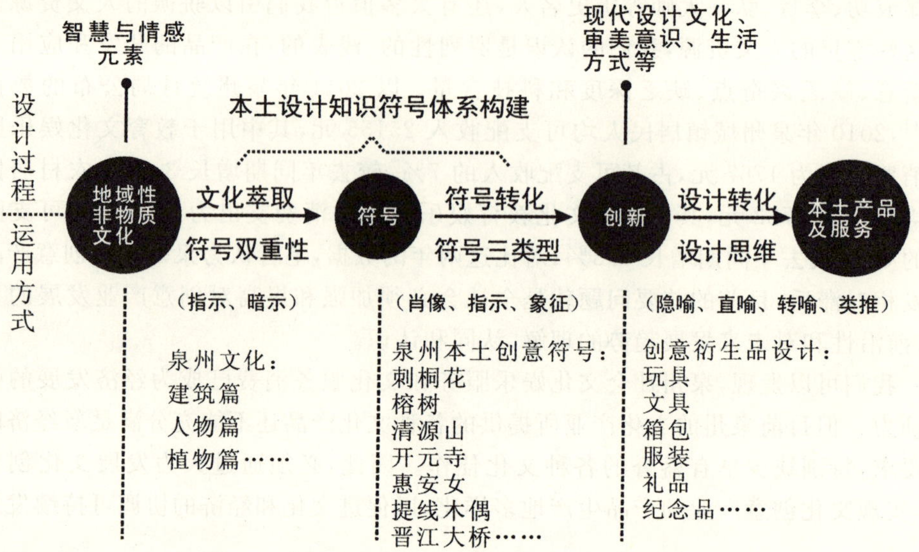

图1　泉州地区本土设计知识与符号体系构建

据图1所示，本土知识隐藏于文化、地区人民的传统之中，而传统则由现存的本土知识所重新塑造。地域文化是本土知识中的一部分，它和其他一些知识形态一起形成了现存的独特的地方生活。杭间教授曾指出："本土知识体系"虽然也指"传统"，但它不保守，它是开放的系统。它之强调"本土"，是为了提示在世界文化格局中，本土文化的价值的重要性。因此，面对地域性非物质文化，不应一味地将忆古思旧的情感加之其上，而是要将其看作是本土知识的一部分，以科学的、冷静的、非民族主义的、全方位的角度来分析它。在建立本土设计的知识与符号体系，提炼出适当的文化符号后，设计师还应重新洞察了解其价值，从中体会出文化的内在精神与意涵，以现代创新思考来重新诠释既有的文化与传统，设计出真正符合本土文化与满足生活需求的设计，方能为地方创造出具有意义与风格的地方文化产品。从非物质文化的外延与内涵两个角度看，其在产品设计中可以体现为文化形象与文化意象的运用。

三、泉州市土文化在文化创意产品中的设计转化

富含浓郁的地方特色、拥有自己的品牌、与人们生活密切相关……这些都是一件文化创意产品走俏市场必不可少的要素。对泉州的文化创意产品来说，深入挖掘传统文化内涵设计出符合现代审美观念的产品并用大工业生产的方式制造，才能让这个产业进入良性发展的轨道。所谓文化创意产品[3]，就是其创意来自文化的产品设

计，是透过文化器物本身所蕴含的文化因素，予以分析转化成设计要素，并运用设计为这文化因素寻求一个符合现代生活形态的新形式，并探求其使用后对精神层面的满足。就设计的实务面而言，文化创意产品的设计，首先要以科技为基础，考虑人性的需求，分析文化的内涵，再转换成设计的属性。

(一)人物篇——惠安女

惠安女“闽南娃娃”象征勤劳善良、美丽温和的闽南女子，是优秀闽南文化的代表。她寓意健康、吉祥、招财。“闽南娃娃”能像香港的麦兜、日本的 Kitty 猫、美国的芭比娃娃，成为闽南文化的代表。正如他在对“闽南娃娃”的描述中反复强调的：惠安女“露而不妖，艳而不俗”，惠安女的美，不仅因为服饰，更因为她们那份举重若轻的淡然之美。她们身上闪耀着闽南女性美丽的光芒，是中国女性最勤劳的典范。谨以此娃娃表达对勤劳善良、美丽温和，代表闽南妇女形象之惠安女的敬意(见图 2)。

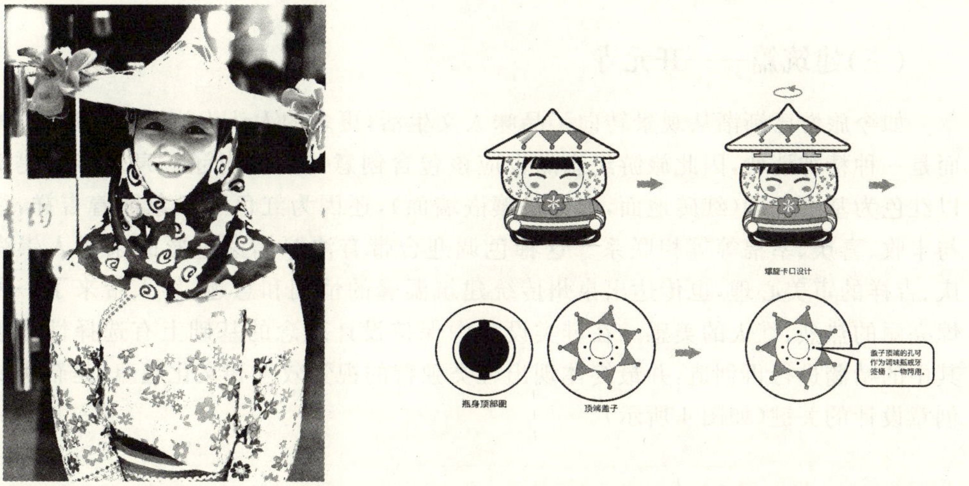

图 2　惠安女——“闽南娃娃”

(二)风俗篇——闽南情

如图 3 所示，来自海峡对岸的大学学子怀着对闽南文化深深的热爱和眷恋，用心手绘，将独具一格的闽南文化绘制于 T 恤之上，成为兼具美感与动感、古典与时尚交融的特色纪念品，洋溢着闽台之间浓浓的情谊。闽南文化中独有的土楼风情、南音雅乐、石敢当等在两岸怒放的凤凰花的映衬下跃然于 T 恤之上。服装画面、纹饰内容取自《闽南神韵》红砖古厝和海洋文化的经典元素，展现厚重的文化底蕴和时尚的艺术设计。

图 3　文化衫——闽南风情

(三)建筑篇——开元寺

如今旅游已渐渐从观景转向了品味人文生活，更多的人认为旅游不是物质需求，而是一种精神消费，因此旅游纪念品也应该包含创意与文化内涵。泉州传统建筑都以红色为基本色调(红砖地面，红砖拼镶嵌墙面)，还因为红色一般象征着吉祥，往往与丰收、喜庆、幸福等等相联系。这种色调迎合带有浓厚儒家色彩的泉州人崇尚喜庆、吉祥的审美心理，也传达出泉州传统建筑温馨的情调和意趣，给人带来了一种辉煌亮丽的热烈、红火的美感。在鞋类设计中保持设计理念的基础上有选择性地吸收其中的精髓进行再创造，并最终体现出鞋类独特的视觉效果和文化底蕴，是鞋类文化创意设计的关键(如图 4 所示)。

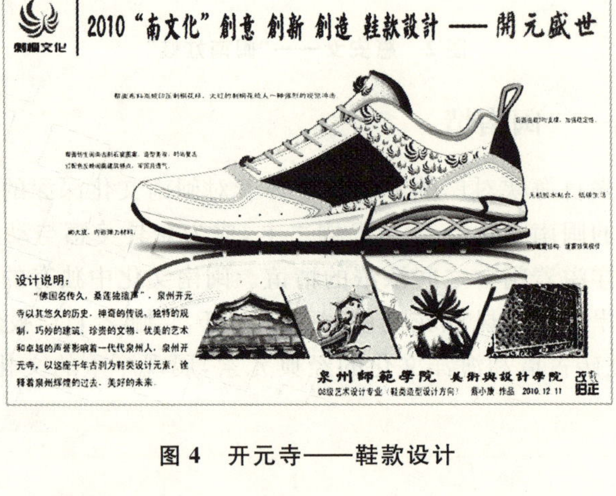

图 4　开元寺——鞋款设计

四、本土文化创意产品设计要素总结

从以上案例分析，文化产品一般是指传播思想、符号和生活方式的消费品，它能够提供信息和娱乐，进而形成群体认同并影响文化行为。作为文化的一种衍生品，它绝不只是一种简单的文物复制品，而是文化的一种再创造。不同于一般的文物，它能够在市场上进行买卖；又不同于一般的商品，它被赋予了深刻的文化价值。它是商业性和文化性相交融的最佳产物。在创意产品生产中也应建立“设计创意为核心、消费市场为趋势”的理念，要打破文化创意产品仅仅是工艺品的桎梏，而要凸显其地域文化、美学特征和实用性能。

（一）产品功能因素

作为承载了特定功能和意义的商品，其设计首先应考虑它的功能，要以人为本，从消费者的需要出发，充分体现人性化的设计理念。同时，要与地域文化内涵紧密联系在一起，切实把握好人、设计、文化三者之间紧密关系。将文化精神巧妙地与时尚元素结合，将之变为公众喜爱的产品。附着其上的文化才能的一个更好地传播。

（二）语义设计要素

从产品造型的语义学角度来看，语义学着重于处理造型语汇与受众之间的关系，即如何给人以直接的内容体验和潜在的隐性象征[4]。本土设计应该通过发掘其对人们生活产生影响的无形力量，将其“精神和情感”运用到现代设计中，做真正符合人们心之所需的设计。这样的设计才是真正具有民族灵魂，使非物质文化得到延续的设计。

（三）文化内涵因素

文化是在适应环境的条件下产生的，不同的民族和地区会形成不同特色的文化；每一种文化类型都有特定的构成方式及其稳定的特征。社会需求决定了要设计和生产什么产品，社会需求具有多样性和发展性，把握这些需求，就要把社会的、经济的和文化的进步有机地结合起来，凝结在物质形态的产品之中。文化的再设计，尤其是基于本土文化的地方文化产业竞争策略，可以使地方社会变得更加可持续。

（四）技术市场因素

任何产品的设计与制作，都是为了适应市场，赢得消费者，创意文化产品作为高附加值产业，无疑更要重视市场开发这一环节。设计产品应根据类型特征选择造型样式上并估计到市场的接受程度。

五、结　语

人类文化处于不断的演化进步中,文化衍生产品设计也要随着社会的政治、经济、文化和科技的发展而不断地创新,改善人类的生活方式,促进造物艺术文化的发展。可以说,这还是个长期的工程,需要我们持之以恒的努力。一向以制造、代工见长的泉州,也在努力摆脱产业包袱,产业发展不只局限于泉州制造,更要迈向泉州创造,发挥独特、原创与文化的地区特质,洞察人们的文化生活需求,创造不可替代的差异化价值。

(作者单位:泉州师范学院)

参考文献

[1]http://www.qztj.gov.cn/outweb/index.asp.

[2]季铁:《地域性非物质文化与本土设计体系》,《湖南大学学报(社会科学版)》2009 年第 1 期。

[3]林荣泰:《科技与人性的结合——文化创意》,台湾艺术大学工艺设计系,《科学发展》2005 年第 396 期。

[4]谷涛:《设计语义之中国文化符号的重构》,《温州大学学报》2006 年第 4 期。

多元文化语境下的闽南文化

李双幼

我国历来有地方史研究的传统，不仅有各类新旧地方史志的编撰成文，也有各种以行政区划为空间范围的通史与专史的出版发行。在发达史学的酝酿下，地方文化（也称地域文化，下同）很早就得到学人的关注与研究，历史学、社会学领域近年来出现了地方文化研究的趋势，尤其各地在经济社会持续发展的同时，都在积极挖掘地方文化，力图为当地经济社会发展注入新的文化内涵，地方文化研究逐渐升温，齐鲁文化、维扬文化、闽南文化、东北文化、湘西文化……甚而徽州学、泉州学、温州学、北京学、鄂尔多斯学等 20 多个特色显明的地方学蔚然成风。正是基于丰富多样的地方文化，广涉中外人类学知识的费孝通先生提出了中华民族存在着“多元一体”的格局，呼吁国人加强文化自觉意识，他的观点被民族学界、文化学界广泛接受与提倡，抢救地方文化逐渐成为人们自觉的保护活动，对地方文化的深度研究与综合把握也成为学术发展的必然要求。

闽南文化是中华民族多元一体文化体系中的一朵奇葩，是闽南人共同创造并一代代传承、发展与创新的地域文化，它跟随闽南人的生活轨迹，影响波及台湾乃至海外。闽南文化既是闽南人的共同记忆，也代表了闽南人一定的生活态度和价值观念，闽南的社会现象在其中得以清晰描述，它是闽南人行为的整体背景。闽南文化研究在地方文化研究热潮中从未间断，多年来，学者从历史、宗教、民俗、方言、戏曲等对闽南文化作多方面的深入探讨，在现代化的冲击下、在多元文化的语境中，闽南文化研究任重而道远。

一、多元文化语境下的挑战

“全球化”缩短了各个地区和国家的距离，越来越广泛的流动性和多样性使多元文化现实成为人们必须面对的一项重要议题。2005 年“第三届全球化论坛——世界文化多样性”强调，文化多样性是世界文化发展的基础，在经济全球化背景下，更要重视文化的多样性与差异性。文化的多样性表现在各种独立存在的界限实体，即各种社会或者各种文化上,这些独立存在的界限实体拥有独立的文化仪式、社会实践、信仰体系、亲属结构以及可能有的种种特质。[1]文化的多样性一般建立在地方性的基础上,某一地方文化往往依赖于一个共享的历史,并将之作为特定地域人民共同特征和特点的基础,将具有某个文化特性的特定群体联系了起来,具有维持集体心理和社会意识的稳定性的作用。

然而,也正是这种多元主义的文化观容易促使我们忽略以自己的文化为主体。[2]多元环境与现代经验打破了地理、种族、阶级、宗教和意识形态的边界,使我们获得新的视野、新的自由、新的机遇,但它又把我们抛进了一个充满着不断的分裂和更新、抗争和矛盾的大漩涡中。生活方式城市化,传媒信息大量混杂,价值观念多元取向,传统的宗教观和道德信念在"现代化"面前显得微荡难继,如果缺乏主动自觉的了解与实践,接纳、宽容将多元文化成为一个不切实际的口号。英国是世界上少有的较早推行多元文化政策的国家,然而21世纪初十年中发生的数起恐怖主义活动引发人们思考,纯粹强调多样性,容易在文化与文化之间竖起重重藩篱,实际上造成了一种真空状态,要消除隔离、在最大程度上达成共识,只有在广泛的交往和互动关系中形成深刻的相互理解、尊重和信任才可能。[3]

全球化是一个伴随着地方性影响的多元互动的过程,在当前人群混居、文化认同多元化、社会整合灵活多变的多元文化语境中,文化的接触必然要求有个自我身份认同的前提,之后才能谈及相互之间的理解与融合,因此地方文化研究对于人们的文化界限与身份认同别具重要性。费孝通先生的"文化自觉"要求生活在一定文化中的人对其文化有"自知之明",明白它的来历、形成过程、所具的特色和它发展的趋向,不带任何"文化回归"的意思,不是要"复旧",同时也不主张"全盘西化"或"全盘他化",[4]说明闽南文化研究的一大意义在于培养闽南人的文化自觉意识,保存和传扬闽南传统文化,涵养闽南人丰富而健劲的文化精神。它在平衡闽南本土文化极其以外的文化之间的多样性与统一性、共存与同化时,所需要达到的认识上的深度与广度,是一项艰巨的任务。

二、"地方性知识"的思考

"地方性知识"是20世纪70年代美国人类学家格尔兹呼应结构主义而提出的一种阐释人类学研究方法,他在长期的调研和文化研究中发现地方文化的丰富多样且各自相对,认为人类的知识形态和文化价值体系是多元而非一元的,人类学研究者应当深入"文化持有者的内部视界",通过文化文本的分析与意义的阐释,将文化持有者的感知经验转换成理论家们所熟悉的概括和表现方式,也即"深度描写法"。这种研究方法意在尊重文化的多样性与相对独立性,提倡通过"参与其中"而加深理解,从而还原文化文本和文化行为生成的具体情境,挖掘其背后深在的文化脉络。"地方性知识"命题的意义就不仅仅局限在文化人类学的知识观念和方法论方面，它也有其具体、实在的内容，比如在一定情景中具有实际意义的规范、价值、认知模式等，往往与地域性、传统性、多元性、经验性和民间性相联系。[5]

比如闽南方言在融合古越族和中原古音基础上，又多少汲取一些外来语（如马来语），典型体现了闽南文化作为一种地方性知识，具有自己独特的内在与外延。以"老"的读法（泉州音）为例，"老"除了一个文读音，还有四个白读音，而且每种读音分别用在不同词汇中代表不同的意思，[6]而在现代汉语中"老"完全不具备这样多变的内容，这也说明了闽南语（因之也可以代表古汉语）在把握现实方面的丰富和生动。

又如，海洋文化是闽南文化中耀眼的一抹色彩。闽南文化的海洋性起源于闽越先民"习于水斗，便于用舟"的海洋探索，发展于唐、五代兴起的海外贸易浪潮，其后在与海外频繁而广泛的经济和文化联系中，逐渐形成海洋文化的社会生活特色，宋元时期的泉州已经成为中国少有的海洋文化核心区域之一。[7]随着"海上丝绸之路"的开通和拓展，海洋作为世界性商品流通和资本积累的主要途径和汇集地，其社会经济属性不断地被人们的海洋实践活动所揭示，闽南人就在拓展海上贸易的实践中，进行多元文化交流，历练出不失儒道传统却又重商求新的跨文化性格。地处边陲的闽南，曾经在相对自主的状态下，在与外部世界频繁接触的过程中，在地方社会内部形成了文化多元主义的宽松格局。海洋文化的形成与发展是一个社会整体历史运程的过程和结果，即使在明朝以后，官方绝对主义统治的意识形态急速扩张的情况下，海洋文化的多元主义因子仍旧在海私贸易中延续，内敛于闽南宗教、建筑、文学、习俗，尤其民众的人文性格中，仍旧影响着闽南人的行为和思想状态。从"地方性知识"的角度来看，闽南文化所体现出的海洋性及其发展特性，为我们指明了一种更为广阔的视野，进一步的跨文化研究需要更多地、更活跃地出现在政治地理与文化地理的边界线上，抵制民族中心主义，强调介于不同政治——文化实体之间的"第三领域"的意义，讲求交流与对话。[8]

三、文化的反哺

文化也不游离于经济关系之外，或作为经济关系的派生物，文化与各种经济关系的延续有着密不可分的关系。发掘利用地方性知识，可以使区域发展政策法规更符合当地的情况，引导区域经济合理、有效的良性发展。闽南丰富的海洋历史文化、海洋渔业文化、海洋民俗文化、海洋商业文化、海洋宗教信仰文化等，发展海洋文化产业的资源优势明显。闽南地区留下的海船、瓷器古文，海神妈祖、保生大帝等信仰信俗，郑氏集团相关的遗址，泉州海上丝绸之路史迹等丰富的海洋文化历史遗存，闽南人下南洋、走西洋所形成的面向海外的世界影响力，"因海而兴"的经济社会发展模式，都是闽南发展滨海旅游、开展海洋文化节、开发海洋文化产品、发展海上休闲活动等重要的文化资源。

2009 年 5 月，国务院通过《关于支持福建省加快建设海峡西岸经济区的若干意见》，海峡西岸经济区上升为中央的战略决策层面，在全国区域经济发展布局中成为加强两岸交流合作、推动两岸关系和平发展的重要前沿平台和纽带。2011 年 8 月，国务院在批复的《海峡西岸经济区发展规划》中提出，"加大政策扶持力度，支持福建开展全国海洋经济发展试点工作，组织编制专项规划，鼓励体制机制创新，努力建设海峡蓝色经济试验区"，福建省正式成为全国海洋经济发展试点省份，享受国家海洋经济发展试点的相关优惠政策。2012 年 10 月，国务院批准实施了《福建海峡蓝色经济试验区发展规划》，该规划是继批复山东、浙江、广东成为国家海洋经济发展试点省份，以及浙江舟山成为海洋经济新区之后，国务院批准的中国海洋经济"第五区"。[9] 同时，以规划为依据制定的《福建海洋经济发展试点工作方案》也获得国家发改委批复，这意味着福建海洋经济发展上升为国家战略。在这场发展海洋经济的建设机遇中，地处福建重镇的闽南，发展海洋文化产业具有得天独厚的优势，在这其中闽南文化研究者承担着以学术研究形成理论说服力、文化感染力，加强服务区域经济社会发展的适用性，引导社会的理性、科学发展的使命。

就郑成功研究来说，目前学术界已经形成了几个郑成功研究的基地。厦门大学历史系以及后来成立的台湾研究院、南洋研究院，侧重于东南沿海、台湾、南洋的华人研究，在郑氏集团研究中倾向于台湾历史研究、经济史研究。厦门大学经过多年的学术传承形成了研究梯队，成为郑成功研究基地中的"龙头"。它的优势在于在台湾研究、南洋研究的资料上，而且多年研究形成了大量的学术成果，这些研究资料和学术成果是现今研究郑氏集团的核心资料。厦门大学台湾研究院还拿到了国家重大社科项目的课题，从事海洋文明的研究。泉州郑成功研究会、厦门郑成功纪念馆、中国闽台缘博物馆等闽南本地的研究机构和院校据有"地利"，它们所处的八闽大地是郑氏家族生活、发迹的中心，也是闽南人积极走向海外的根据地，在国内一手文献资料上颇具优势。此外，还有很多郑氏后人和长于此的研究者对郑氏集团的家族史、考古文物等进行研究与交流。目前，郑成功文化是泉州、厦门两地特色显明的旅游路线，而台湾台南市政府为了"营销城市文化"，更是邀请美国国家地理频道以及获得过 18 次艾美奖的 MARC 导演，真实拍摄台南仿照郑成功的战船"成功号"过程，并远走闽南、日本，遍寻郑成功的遗迹，纪录片完成后即将在国家地理频道进行播出，取得良好的反响。

结　语

总之，在当前多元文化语境下，警醒的我们一要避免完全无文化界限地整合到更大系统中，也要警惕本土主义作祟，纯粹强调地方文化独特性而使自己走向封闭。研究闽南文化既具有阐扬地方性知识本身固有的文化意义的一面，另一方面也有着支撑区域经济朝着合理、有效方向发展的作用。

（作者单位：泉州市委党校）

参考文献

[1] [美]罗伯特·C. 尤林：《理解文化》，何国强译，北京大学出版社2005年版，第247页。

[2] 凌友诗：《闽南文化与中华文化——文化价值的理论探讨》，《闽南文化研究》，中央文献出版社2003年版，第110页。

[3] 常晶：《界限与共识——全球化时代英国穆斯林移民与社会整合问题研究》，《世界宗教文化》2012年第5期。

[4] 费孝通：《费孝通论文化与文化自觉》，群言出版社2005年版，第248页。

[5] 王静：《"地方性知识"对中华现代化问题的启示》，《重庆科技学院学报》（社会科学版）2011年第12期。

[6] 王建设、张甘荔：《泉州方言与文化》（上），鹭江出版社1994年版，第44页。

[7] 徐晓望：《妈祖的子民——闽台海洋文化研究》，学林出版社1999年版，第21页。

[8] 王铭铭：《泉州学/跨文化研究/文化并存》，《走在乡土上——历史人类学札记》，中国人民大学出版社2003年版，第292页。

[9] http://news.hexun.com/2012－11－09/147798047.html.

“闽南”小考

林国平

近年来，闽南文化的研究备受学界的关注，硕果累累，大有成为显学趋向。有关闽南文化的定义也百家争鸣，仁智互见，其根本原因在于对“文化”的理解不同。至于对于“闽南”一词，似乎没有太大的争议，检索百度“闽南”条，有如下文字说明：“福建简称为闽，闽南即指福建的南部，从地理上可以说，厦门、泉州、漳州、莆田四个地区均可称为闽南。但我们通常所说的闽南这个说法，具有特定的涵义，并不包含莆田，新罗、漳平，其主要是依据语言、文化、风俗上等来划分的。莆田通行语言是莆田话略区别于闽南话，龙岩市新罗区和漳平市通行闽南语龙岩方言。两地均不属闽南语系。因此狭义上所指的闽南仅指、厦门、泉州、漳州三个地区。”又说：“闽南这个词是在20世纪后半期才提出的，之前闽南地区人迁徙到外地都自称福建人，东南亚人也称闽南人为福建人。闽南包括的县市有：泉州市、晋江市、石狮市、安溪县、永春县、南安市、惠安县、德化县、金门县。厦门市、漳州市、龙海市、云霄县、漳浦县、诏安县、长泰县、东山县、南靖县、平和县、华安县、龙岩市、漳平市、大田县。”上述释文有值得商榷的地方。检索文献，“闽南”一词早已有之，且有多种含义，既有与今天的“闽南”定义相同之处，也有与今天的“闽南”定义不同之处，因此，对“闽南”一词进行简要的考释，也许有助于闽南文化研究的深入发展。

福建古称“闽”或“七闽”，由于远离当时中国的政治经济文化中心，先秦的中原人对福建的地理环境知之甚少，故《山海经》才有：“闽在海中”的说法。汉代之后，随着北方汉人的陆续南迁入闽，到隋唐时期福建得到全面的开发，逐渐从一个蛮荒之地发展为比较富庶的地区。然而，中央对福建的政治控制比较滞后，直到唐睿宗景云二年(711年)立闽州都督府，才有了正式省级建制机构。开元十三年(725年)，改名为福州都督府。开元二十一年(733年)，设福建经略使，领福、建、泉、漳和潮州。显然，当时福建的辖区尚未定型，还包括岭南的潮州。直到大历六年(771年)，朝廷将潮州划归岭南道，福建辖有福、建、泉、漳、汀州，辖区才基本确定下来。因此，在唐代中期之前，多称福建为“闽中”，并没有对福建进行更加细致的区域划分，也就说当时还没有出现诸如“闽南”、“闽北”、“闽东”、“闽西”的说法。

文献记载的“闽南”一词最早见于韩愈的《唐故中散大夫少府监胡良公墓神道

碑》:"少府监胡公者,讳珦,字润博,年七十九,以官卒。明年八月十四日,葬京兆奉先。夫人天水赵氏祔焉。其子逞、乃、巡、遇、述、迁、造,与公婿广文博士吴郡张籍,以公之族出行治、历官、寿年为书,使人自京师南走八千里,至闽南两越之界上,请为公铭,刻之墓碑,于潮州刺史韩愈……"我们知道,韩愈担任潮州刺史是在元和十四年(819 年),此时潮州早已划入岭南道,文中把"闽南"与"两越"(闽越和南越)并列,并作为潮州的地界,显然是指福建的南部,其地域范围应该包括泉州、漳州和汀州。实际上,在宋代之前文献中提到"闽南"的也只有韩愈的《唐故中散大夫少府监胡良公墓神道碑》这一处,从一个侧面反映了时人没有对福建投入关注的目光,福建内部的区域划分尚未真正形成。

宋代,特别是南宋时期,随着中国经济文化中心的南移,泉州港成为世界大港,福建的经济文化得到长足的发展,一跃成为"东南全盛之邦"。福建这个"东南山国"也备受到世人的关注,福建内部的区域划分也开始形成,出现的"闽北"、"闽东"、"闽西"、"闽南"的说法。如咸淳五年正月二十九日著名文学家刘克庄去世,"莆之大夫士皆挥泪以相吊,有方敛而往枕尸以哭者,有既殡而往拊棺以哭者,莫不尽哀。又数日,则泉南之南,闽北之北,吊唁往来,交驰于道。"这段话的作者林希逸,是宋代福建理学家,福清人,应该说他对福建的地理区划比较了解,作者把"闽北"与"泉南"相对应,值得玩味。"闽东"的提法,最早见于陈烈《鼓山铭》中有:"鼓岃崱峰顶特,穷岛夷,俯封域,屏闽东,拱辰北。"至于"闽西"一词,最早见于《东坡志林》:"人间无酒仙,兀兀三杯醉。世上无眼禅,昏昏一觉睡。虽然无交涉,其奈略相似。相似尚如此,何况真个是。予奉使闽西,见邸店壁上书此数句,爱而诵之。"

值得指出的是,无论是"闽北"、"闽东"还是"闽西"的提法,在宋代文献中都是屈指可数,即使在明清文献中,出现的次数也不多。与之相反,"闽南"一词在宋代文献中出现的频次却相当高,相当于宋元明清时期文献提到的"闽北"、"闽东"、"闽西"的总和,仅王十朋(1168—1169 年任泉州太守)《梅溪集》中提到的"闽南"就有七处,如"身在闽南梦在瓯"、"语离江北秋正杪,回首闽南岁又穷"、"两载闽南白尽颁"、"涪陵妃子谩名园,岂似闽南绿一盘"、"和鸣三十载,一梦断闽南"、"兄尝分浙右之符尤着闽南之绩奉真祠之已久"、"闽南有州,北墉有楼"。宋代以后,文献中提到的"闽南"一词更加频繁,检索《四库全书》,宋元明清时期文献中出现"闽南"一词有 400 处,剔除重复的,也有 300 多处。然而,对于"闽南"的理解,因人而异,与今天的"闽南"有很大的不同。

一、"闽南"等同于"福建"

相关资料不是太多,略举几例:

1. 宋濂《送许从善还闽序》:"颇闻闽南有武夷山,其高万丈,薄太清而凌飞霞,多有隐君子栖遯岩穴间。”宋濂为“明初诗文三大家”之一，号称“一代名儒”和“当今文章第一”，籍贯浙江金华。显然，他把武夷山说是在闽南，绝非地理知识的匮乏，而是当时人具有把闽南等同于福建的观念。

2. 杨士奇《送杨参政致仕归永嘉兼简宗豫》说其“施政不亟亦不徐，春风披拂，枯槁苏时，雨沾洒惠，化敷闽南八郡五十邑，咏歌鼓舞，连道途列圣相承三十载。”林登州《送实庵师使归序》也有“以闽南八郡新入职方，寺刹众而金穀之数猥，多择其可使使行八郡，遴其有才行可主教席者，以其名闻而金穀之人亦藉之焉。”杨士奇和林登州都是明代人，他们所说的“闽南八郡”，显然是指福建的福州、兴化、泉州、漳州、建宁、延平、汀州、邵武八府。

3. 王世懋《艺圃撷余》曰：“闽人家能占毕而不甚工诗，国初林鸿、高廷礼、唐泰辈，皆称能诗，号闽南十才子。”这里所说的“闽南十才子”，是指林鸿、郑定、王褒、唐泰、高棅、王恭、陈亮、王偁、周玄、黄玄等十人，多为福州府人（其中只有黄玄为将乐人，后移居侯官），他们在诗歌方面取得骄人的成就，对后世影响较大，通常称之为“闽中十才子”。我们知道，秦代在福建设闽中郡，故福建又称之“闽中”，东晋陶夔撰写《闽中记》，记述晋安郡所辖八县，即原丰（闽县）、新罗（长汀）、宛平（福清）、同安、候官、罗江（罗源）、晋安（南安）、温麻（连江）的舆地沿革、人文旧事等，是福建历史上第一部全省性地方志。直到清代李清馥还撰写《闽中理学渊源考》，记载宋明时期福建理学的师承关系。所以，王世懋所说的“闽南十才子”等同于“闽中十才子”，即福建十才子。

4.《闽南唐雅》十二卷，由费道用辑、徐𤒹校，“所录皆闽中有唐一代之诗，自薛令之以下得四十人。”其中，孟贯为建安人，陈陶为剑浦人；薛令之为福安人，缪神童为福宁人；陈通方、陈诩、邵楚苌、欧阳衮、欧阳玭 、林滋为闽县人，陈去疾为侯官人，林杰、王昶、王继勋、王延彬为福州人；林藻、许稷、黄滔、徐寅、江采苹为莆田人，郑良士为仙游人；欧阳詹、欧阳澥为晋江人；周匡物为龙溪人，潘存实为漳浦人；秦系为会稽人，天宝末避乱客于泉州南安；林宽，或以为莆田人，或以为侯官人；翁承赞，福清人，徙居莆田；江为，其先宋州人，避乱入闽，遂为建阳人；韩偓，京兆万年人，天佑初挈其族依王审知家于三山；周朴，其先吴兴人，唐季避地居福州乌石山僧寺。其余为僧人，分别是福州灵云寺的僧志勤，侯官雪峰寺的僧义存，建州归宗岩的僧芝，福州鼓山寺的僧神晏、僧目珍，福州百丈山的僧道恒等。从收入的诗人籍贯来看，编纂者眼中的“闽南”无疑是指福建省。

5.《福建通志》：“闽自唐李椅始劝民学，常观察继之，大兴学校，每岁贡士与中州齿。至宋而海滨四先生出，杨、罗、李、朱接踵挺生，闽南道学匹濂洛而上接洙泗，由是观之，学校之关于人才非细鲜也。”这里所说的“海滨四先生”是指宋代侯官的陈襄（1017—1080 年）、周希孟（约 1013—1054 年）、陈烈（1012—1087 年）和郑穆（1018—1092 年），“杨、罗、李、朱”是指杨时、罗从彦、李侗、朱熹，号称“延平四贤”，均为宋代著名的理学家，显然，《福建通志》所说的“闽南道学”是指宋代福建理学，即“闽学”。

二、“闽南”等于福建南部

这一块的文献资料较多，但所指具体区域有所不同，常见的有：

1.泛指福建南部

常见于谈及气候、水果、植物之类，如宋代郭祥正“复寒”诗写道：“三月闽南国，阴寒变惨凄。市楼添酒价，山雨勒莺啼。田父忧春种，商人怯路泥。何当好风日，稚子浴清溪。”《追和故友袁世弼酬孜老四韵》：“坐讽汤休句，闽南朱夏时。碧云生海峤，清吹散松枝。救物宁论报，安禅不履危。江东饱芹蕨，肯赴野人期。”华岳《小春》：“闽南十月已春回，无限风光暗里催。桃李海棠俱斸艷，谁云梅是百花魁？”朱熹：“目今虽然方是十月中旬，然闽南地暖，管下田土纔及冬春之交，民间已是耕犁。”诗歌中咏及荔枝的更多，《闽中荔支通谱》卷七就有：“两载闽南白尽颁，惊看异品上杯盘”、“涪陵妃子谩名园，岂似闽南绿一盘”、“炎去六月光陆离，人在闽南餐荔支”、“五月闽南荔子丹，摘来宜荐水晶盘”、“尝新处处忆高堂，况是闽南荔子香”等诗句。卷十二有“美人如玉如君子，君隔闽南几千里”、“苏北闽南千万里，美芹安得汉宫尝”等诗句。卷十三：“人间万果生方物，四序分成尽堪吃。那及闽南此荔支，蜀都粤岭名皆屈”等诗句。《清河书画舫》卷七上：“闽南产佳实，名为丹荔枝。品题冠诸果，风味甘如饴”。《闽小记》“佛手柿”条：“闽南郊外道者岩，有柿一株，结实如佛手柑指，屈伸层叠，有长五六寸者，皮穰色味则皆柿也。”

2.福建下四府为“闽南”

《明文衡》卷三十九：“闽南有义烈之君子曰谢翱，尝参文丞相文山公之军事，文山公死于燕，而宋社屋自放于山泽间，作为歌诗，终不肯出仕，人到于今，称之先生之志节可谓同矣。而夷然乐道，以全其天。不有翱彷徨悲歌之隘，则又有过之者，先生之名与之并传，可无憾于世矣！”这里所赞扬的“闽南义烈君子”谢翱（1249—1295年），是南宋爱国诗人，原籍长溪（今福建霞浦）人，号称“福安三贤”之一。清末杨浚编辑《闽南唐赋》，收入唐代闽南唐赋十二家，分别是闽县人陈诩、闽县人林滋、侯官人陈去疾、福清人王棨、莆田人林藻、莆田人徐寅、莆田人黄滔，莆田人江采苹、晋江人欧阳詹、晋江人陈蝦、漳浦人潘存实、侨居南安县韩偓等，上述十二人的籍贯均为福建下四府，杨浚的“闽南”的观念与《闽南唐雅》的编校者费道用辑、徐㶿显然不同。另外，光绪《香山县志》卷二十二明确指出，“闽南”包含福州、兴化、泉州、漳州四府：“若闽中海禁日严，而滨海势豪全以通蕃致素封。频年闽南士大夫亦有两种议论：福兴二府主绝，漳泉二府主通，各不相下。”

3.兴化府归入“闽南”

宋代永泰人张渊(1135—1212年)《兴化军到任谢表》中就有“矧莆水之衣冠实闽南之邹鲁”著名的历史学家郑樵是莆田人,但古人则把他归入闽南,《五百家注昌黎文集》在介绍《毛诗协韵》作者时,写道:“闽南郑氏,名樵,字渙仲,着《毛诗协韵》”。《井观琐言》作者为明代莆田人郑瑗,但“旧本题宋闽南郑瑗撰。”明代何侨新明确指出:“兴化,闽南名郡,其民秀而文,名卿伟人继迹于朝,以存敬之贤往为之。”同时代的郑真也说道:“闽南儒先过化之地,自宋以来道学正传,融液渐渍三百余年于兹矣!莆阳在南闽封域之内,比屋诗书衣冠之盛比诸邹鲁。”又说:“然以莆田水南一族观之,由宋以来号为全盛,五太守状元坊之号,功名爵禄冠于闽南。”这里的“南闽”即“闽南”。光绪《广州府志》卷一百三十四列传:黎攀镠:“十七年,稽查北新仓事务,擢福建兴泉兵备道,闽南民俗强悍,号称难治,攀镠轻车赴任,严革陋规。”显然,也把兴化归入闽南。

4.泉州府以南为“闽南”

从中国古代版图的区域划分看,福建属古扬州之域,而“福州府曰禹贡扬州之南境,泉州府曰禹贡扬州之南境下,迄漳州府并同方,不即不离,盖虽未显见为疆域,未尝不为扬州师牧之所接,声教讫于四海,闽东南海也,岂唐虞所得而遗之哉。”因此,自古以来,泉州和漳州在地域上关系密切,“不即不离”,所以,古代文献也经常把泉州和漳州视为“闽南”。如宋代晋江人吕言《寄九日山僧》:“目极闽南道,云山隔几层?深秋城外寺,白日定中僧。野蔓穿松甲,幽泉漱石棱。遥思茶话夕,敲破玉池冰。”元朝“赵必暐,宋宗室,家泉州,与傅公定保为友。其文章议论,渊懿浩博,为闽南硕儒”。到清朝,泉州被视为“闽南门户”,有奏书写道“伏思泉州一城,关系闽南门户,似应早为修葺,庶工程易办,而费用无多,沟渠一开,则民患可除,而城工亦固。”林元凯,初名唐臣,后改弼,龙溪县人。元末任漳州路知事,归明任礼部主事。洪武三年(1370年),曾经奉命出使安南,不辱使命。一生著述颇丰,有《登州集》二十三卷传世,被视为明初闽南文苑之冠。“盖明初闽南以明经学古擅名文苑者,弼实为之冠也。”涂仲吉(?—1649年)字德公,明末清初漳州镇海卫人。黄道周被冤下狱,他上书力争,皇帝大怒被杖,进锦衣狱受酷刑,他大义凛然地说:“吾闽南男子,见义而动,死即死耳,宁足怖耶!”清代,涉及海盗骚扰闽南的文献记载,基本上是指泉州以南地区,包括漳州府,如“时海寇郑彩纵掠闽南,遂督右翼兵往征之,大破之同安,进克建宁,分定诸郡邑。”“(董应魁)十五年任福建总督时,闽南初定,余孽尚炽,廷相剿抚互用,出奇制胜,旬月之间,沿海诸郡·盗,次第悉平。”“海氛起于明季,自郑成功巢穴兹岛,传子经及其孙,历三世出没为闽南患。”泉州府和漳州府同属闽南的观念,在陈真晟身上得到集中的体现。陈真晟(1411—1474年),字晦德,后改字剩夫,本泉州人,后迁徙漳州,自号曰漳南布衣,又号泉南布衣,还自号“闽南布衣”,《明儒言行录》卷六:“陈真晟,字晦德,改字剩夫,福建镇海卫(龙海)。携兄子一人行,戒之曰:‘我死即瘗于道,题曰闽南布衣陈某墓。'"

综上所述,有以下几点初步认识:一是"闽南"一词由来已久,不同地方、不同人有不同的认识,其区域大到福建省,中到福建南部,小到泉州、漳州府,我们在引用古代文献中与"闽南"一词相关的资料时,要格外慎重,不要想当然地用今天的"闽南"概念来理解古代的"闽南";二是兴化府在宋代以后的相当长时间内、被相当多的人归入"闽南"区域,这并非偶然。兴化文化虽然具有浓厚的地域特色,但受闽南文化的影响大于其他区域文化(如闽东文化)的影响却是不争的事实;三是在历史上,无论"闽南"一词的区域范围发生多大变化,泉州府和漳州府都包含其中,也就是说,泉州府和漳州府是"闽南"的基本构成要素,不可或缺;四是"闽南"的定义发展到今天通常指厦门、泉州、漳州三个市所属地区,得到多数人的认可,其中根本原因在于厦、漳、泉使用共同的闽南方言,因此,我们在研究闽南文化时,要充分考虑作为文化载体的闽南方言在闽南文化的形成和发展中产生的不可替代的重要作用;五是在古代文献中,"泉南"一词出现的频次要远远高于"闽南",从地域上看,"泉南"主要是指泉州府,但有时也包含泉州以南地区,说明古代泉州因其经济文化方面的突出成就而在"闽南"占据着特殊重要的地位。

(作者单位:福建师范大学社会历史学院)

参考文献

[1]韩愈:《韩昌黎文集》卷三十《碑志》七。
[2]张守:《毗陵集》卷六。
[3]林希逸:《竹溪鬳斋十一》《藁续集》卷二十三。
[4]转引:《全闽诗话》卷二。
[5]苏东坡:《东坡志林》卷九。
[6]《梅溪集》后集卷十七《次韵知宗·北山》。
[7]《梅溪集》后集卷十九《沈敦谟和诗见寄复用元韵》。
[8]《梅溪集》后集卷二十《再次韵》。
[9]《梅溪集》后集卷二十《五次韵》。
[10]《梅溪集》后集卷二十《挽令人》。
[11]《梅溪集》后集卷二十三《答沈待制》。
[12]《梅溪集》后集卷二十六《泉州新修北楼记》。
[13]《文宪集》卷八。
[14]《东里集》诗集卷一。
[15]《林登州集》卷九。
[16]《少谷集》卷二十三。
[17]《钦定四库全书总目》卷一百九十三。
[18]《闽南唐雅》十二卷,四库全书存目丛书集部345,齐鲁书社1997年版。

[19]《四库全书》史部，地理类，都会郡县之属《福建通志》卷十八。弘治《八闽通志》卷六十三人物："国朝……唐泰，侯官人，洪武中登进士，授行人，擢浙江按察司佥事，永乐中升陕西按察司副使，卒，善声诗，与黄济辈号闽南十才子，所著有《善鸣集》。"

[20]《青山集》卷十八。

[21]《青山集》卷十九。

[22]《晦庵集》卷二十一。

[23]《五百家播芳大全文粹》卷六上。

[24]《五百家注昌黎文集》"评论诂训音释诸儒名氏"。

[25]《四库全书总目》卷一百二十二。

[26]《椒邱文集》卷十一。

[27]《荥阳外史集》卷二十二。

[28]《荥阳外史集》卷二十三。

[29]《尚书古文疏证》卷六下。

[30]《宋诗纪事》卷五。

[31]《闽中理学渊源考》卷三十六。

[32]《世宗宪皇帝朱批谕旨》卷七十六。

[33]《四库全书总目》卷一百六十九。

[34]《闽中理学渊源考》卷八十三。

[35]《钦定盛京通志》卷七十二。

[36]《钦定盛京通志》卷七十七。

[37]《皇朝文献通考》卷一百五十。

[38]《明史》卷二百八十二。

[39]《明儒言行录》卷六。

肇端于汉，多元融合

——关于闽南文化的历史形成问题

林华东

一、概念、方法与定位

1.相关概念的理解

在讨论一种文化的形成时，有几个概念需要说明。这几个概念包括：社会、族群、语言、文化。我们需要通过对概念的理解厘清社会与语言、语言与族群、族群与文化之间的关系。

社会是指特定区域的人群一同生产、生活、发展的组织形式。族群是具有共同语言、共同历史、共同习俗和心理特征的民族集合体。语言是人类最重要的交际工具，是民族最重要的特征之一，是保存和传递人类文明的载体，与族群和社会相依存，随族群的演化和社会结构的改变而变化。文化是族群长期创造并得以稳定传承的产物，是族群共同的精神纽带，是一个民族骨子里流淌着的血；文化依赖语言承载。文化一般包括精神文化、物质文化、制度文化、语言文化和行为文化等。

因此，文化的特征，其外在是族群共同的语言，内在是族群共同的历史渊源、共同的心理素质和风俗习惯以及由此出发改造客观世界的物质体现。共同的语言和共同的意识是族群识别的两大标志。我们研究一种相对独立的文化，往往会提及孕育、形成、成熟、发展等概念。诚如上文所言，民族以语言为标记。有了语言，方始产生族群文化。如果我们把族群定位为民族的下位人群，那么，族群则应以民族语言的方言为标记。依此推论，一个族群的成立，从外在标志看，当以这个族群所使用的语言从主体语言剥离出来算起；换句话说，即该族群使用的语言，因为固守传承的原因，或者发生其他演变，已经形成有别于上位群体的语言特色。只有从这个时候开始，族群才走向独立，与此相应的文化特色因之获得形成和发展。

还有几个概念需要解释一下。“孕育”表示还在胎中，尚未见踪影。“形成”表示有形可见,有了自己生存的方式和自我认同的纽带。“发展”表示有扬弃、有创新、有进步。“成熟”表示发展到顶峰,对外有了鲜活的影响力。

2. 问题的切入点

我们研究问题,总要有个切入点,然后才能展开。但是,有时因为切入点的不同,在分析讨论的过程中,可能会得出不同的结论。如果我们在研究时找准切入点,尽量选择科学的角度,使研究的结果更接近真实、更具科学性,也许成果将更有理论价值和现实意义。

探索闽南文化的形成,确实有几个切入点需要思考。

以语言为主轴,可以探索文化形成的起点。

以经济为主轴,有利于探索文化影响力的形成。例如宋元时期泉州刺桐港使闽南文化影响波及全世界。

以民俗和文学艺术为主轴,方便探索文化的延绵和创新。

以政治、军事为主轴,易于探索族群的地位。譬如,欧阳詹考中进士并在朝当官,朝廷知晓闽南泉州;陈元光开漳,漳州遂有建制历史;王审知开闽,闽东文化渐居主流;郑成功收复和开发台湾,闽南文化在台湾全面传播。

以考古史实为主轴,探索文化的可能起点。例如研究民族迁移史、宗教史、民俗史、考古发现等。

以社会结构为主轴,探索族群生存的社会状况,分析文化的建构与发展。

3. 讨论的焦点与共识

研究文化史的学者绕不开语言,他们在探索文化的形成时,都离不开对语言的论证。例如徐晓望《论隋唐五代福建的开发及其文化特征的形成》[1]一文在论证过程就提及,“中原地区在历史上是一个民族的大熔炉,各民族带来自己的语言,融汇于汉民族,因此,在历史上,中原语音变化较大。”确实,语言对于民族和文化的形成起着举足轻重的作用,因此我们的讨论无法回避方言问题。为了使讨论能够对焦,能够更加深入有效,我们有必要就以下问题先取得共识。

其一,一种区域文化的形成(或被认可),与这种文化何时在该区域留下可供证明的史迹密切相关。其二,族群文化与方言的形成是共时的,方言本身就是文化的一个组成部分。方言的形成与使用方言的族群的形成是同向的;族群的流动可能带动方言的流播。其三,方言的形成既要关注它与原始语言的传承,还要研究它对原始语言的保留。(前者要论证它与原始语言的共同性——继承了什么;后者要论证它后来保留了什么特征——这些特征在原始语言中何时变化或消失)其四,要正确区别“形成”(从主体分离、具有独立的特色)与“成熟”。本文重在讨论文化的“发展与嬗变”(暂不讨论“成熟”问题)。文化随着族群社会的发展而发展,随着时代的前进而变化(如闽南方言文白异读的产生、民俗文化的革新等等)。有了以上共识,也许下面的讨论就会方便些。

二、闽南文化和方言形成的五种观点

闽南文化与方言的历史形成是一个复杂的课题。由于年代的久远和资料的不足,长期以来就有许多不同的看法。这给了我们一个可以继续研究的空间。

(一)闽南文化形成时代的五种观点

人口的流动和社会结构的变动,预示着语(方)言和文化的嬗变。当流动的族群被另一个族群社会所融合,原族群的方言与文化也必将被融化。相反,如果该族群能相对保持自己的社会状态,则方言和文化就能获得较好的传承。今天的"闽南人",就是北来汉人在闽南地区建立闽南社会后所形成的族群。"闽南文化"是闽南人祖祖辈辈延续、发展的具有自身特色的区域文化。能够表明闽南人身份的外在特征是闽南方言,内在蕴涵是方言负载的共同历史与心理素质、共同的风俗习惯与改造客观世界的物质体现。

当闽南文化成为我国确立的第一个生态保护区时,闽南文化的历史形成问题,再次引起学界的普遍关注。众多研究者都一致认为,闽南文化的形成与汉人进入闽南、开发闽南、形成闽南社会的历史紧密相关。那么,汉人又是何时进入福建闽南的呢?目前大致有以下几种看法:

1.形成于汉晋时代

汉武帝平闽越并北迁闽越人之后,闽地空虚,此前滞留七闽(《周礼·夏官·职方氏》所说的"七闽",包括今天广东东部、江西的南部和浙江的南部)各地的北来秦汉军民之后裔,以及因为种种原因南下的汉人,逐步流向闽北、闽南,他们带来的中原文明,融合了当地遗存的闽越族文化,渐渐形成一个以汉人为主体的社会,并保留了古汉语的一些主要特征和传统特色文化。

2.形成于东晋之后

历史上西晋的八王之乱和"五胡乱华",致使中原士族为避战乱衣冠南渡,其中有八姓族群入闽,足迹到达今福州、泉州乃至漳州地区,古汉语和中原文化开始在福建传播。

3. 形成于唐初

唐初陈政、陈元光领兵进入潮泉平定"蛮獠",进驻漳浦,在闽南建立漳州,中原移民纷纷入闽,开始在漳州奠定了闽南文化的基础,此后又历经了150多年的发展,在中晚唐时期，漳州一带闽南文化方得以形成。

4. 定型于五代的闽国时期

唐初中原军民进入闽南，虽是闽南开发史的一件大事，但人众不多，影响不大，最多属于闽南文化的孕育期，闽南文化的成熟应与闽文化同步，其形成期应在王潮、王审知入闽之后的五代十国。

5. 闽南文化成熟于南宋

闽南文化成熟期应至南宋，因为此前虽陆续有大量中原民众入闽，但文化真正的成熟期则在南宋。

上属五种观点，散见于众多学者的论著中。

(二)五种不同观点分说

由于闽南文化与闽文化、闽南方言与闽方言之间有着复杂的关系，因此，在论述本论题时，不仅会牵涉到闽文化问题，同时还会论述到政权更迭和族群流动。纵观各种观点所持的论据，基本上是各自可以看到的史实，大多是常人熟知的认识。

1. 闽南族群与文化形成于东晋之后

持这个观点的依据主要有两条。

一是根据民间传说。唐林蕴的《林氏两湘支谱·闽序》(卷一)："汉武帝以闽数反，命迁其民于江淮，久空其地。今诸姓入闽，自永嘉始也。"又，乾隆《福州府志》(卷七五)《外纪》所引路振《九国志》："永嘉二年，中州板荡，衣冠始入闽者八族，林、黄、陈、郑、詹、邱、何、胡是也。"1981 年 4 月 22 日《河南日报》发表了厦门大学著名的方言学专家黄典诚教授的文章《寻根母语到中原》。文章认为，台湾同胞"寻根的起点是闽南，终点无疑是河南"。大概黄典诚这一观点就是依据民间传说的。

二是以移民的来源与方言的形成为依据。张光宇说，闽方言的形成绝不早于西晋，任何早于西晋的说法都是没有根据的。他据《晋书·地理志》分析，西晋末年南下的北方移民大致可分青徐、司豫、秦雍三股。首先移居太湖流域。然后，由于经济利益的冲突，才有林、黄、陈、郑四姓移居福建。移民福建的是再度南迁的北人而不是单纯的吴人。文章接着从音韵、词汇角度提出证据。例如，任何一个汉语方言如果古全浊声母不分平仄兼有送气与不送气两种表现的就可能是闽方言。这种类型是青徐移民带来的。

张光宇进一步述说："论及方言形成问题着重历史过程，必须结合移民史和汉语史相互参证。白保罗未能见到闽语和中古汉语、上古汉语的关系，因而使他的闽语脱胎于原始汉语的说法带有很大的片面性。其盲点就在把闽方言的'根源'视为'形成'。从历史过程看，白保罗的学说简直是个空中楼阁。"[2]

2. 闽南文化形成于唐初

持这个观点的主要依据也有两条。

一是依据唐初军兵入闽的重要事件。陈政、陈元光父子带领以固始为主的中原兵士和民众入闽据漳，奠定了闽南文化的基础。其后历经150多年(至中晚唐)，闽南文化才走向成熟。

二是根据福建(闽南)在朝廷中的影响。唐朝之前，福建被中原视为化外。没有资料显示闽南人在中原、在朝廷有任何声音。闽南人在唐之后才形成气候，其标志是中唐时期欧阳詹之成名。欧阳詹(755—800年)是闽南历史上第一个进士，官至国子监四门助教。虽然福建第一位进士福安市的薛令之早在唐朝的神龙二年(706年)就登进士，但真正使八闽产生影响的却是欧阳詹。《闽政通考》记载："欧阳詹文起闽荒，为闽学鼻祖"。

3. 闽文化(含闽南文化)定型于五代的闽国时期

这种观点主要源于以下认识：整个福建的区域文化的形成应是王审知入闽的五代闽国时期。在福建文化中，诸如福建人的方言、儒学、佛教、民俗等，都保留有许多中原文化的传统，而且构成闽文化的主流。从这一角度来说，福建文化是唐宋中原文化南传的结果，而且其定型是在五代的闽国时期。

4. 闽南文化成熟期应至南宋

持这种观点的学者认为，闽南文化的形成，是漫长历史发展的结果。"闽南文化渊源于汉晋，成熟于两宋，发展于明清，在近代社会的历史演变中，以中原文化为基础，涵化和发扬海洋人文精神，从而逐渐形成的区域性文化。"[3]闽南文化不是某一历史时期的中原文化的植入，而是反映不同历史阶段的中原文化的历时性积累，如地质考古中的文化层一样，是一层层堆积起来的。因此，早期虽陆续有大量中原民众入闽，但真正的文化成熟则在南宋。

5. 闽南文化形成于汉晋时代

持这个观点的依据主要有三条。

一是历史考古遗迹。专家认为，从永嘉(公元307年)到太清(公元547年)240年中，没有中原汉人避乱入闽的记载[4]。诸姓入闽其实早于永嘉之乱，西晋之前汉人在闽已有历史足迹。例如，考古发现，在闽南地区就有了西晋初汉人的墓葬；西晋时期闽地寺庙的兴建可推证汉人入闽的情况以及佛教、道教信仰的传播。

二是闽南方言与北方话剥离之后的特征。从人语相随看，晋代中原的通语——北方汉语方言已非周秦雅言，如果闽南人来自东晋之后，闽南方言就不是今天的样子。查询成书于南朝的《世说新语》，我们发现其语言已经表现出北方话的特征。例如出现了疑问代词“那”，连词“但”、系词“是”、副词“都”，句法上出现了“被”字句[5]。董达武《周秦两汉魏晋南北朝方言共同语初探》[6]中也谈到魏晋南北朝北方话的变化，如出现“太阳”代“日”，词尾“子”“儿”的出现，“其”字用作主语和宾语，“被”字句的出现等。美国斯瓦迪士(M. Swadesh)和李兹(Robert B. Less)提出通过词汇变化速率的统计来推测语言分化的年代。这种方法叫语言年代学。徐通锵[7]曾用此做过统计，得出闽南方言从上古汉语分化的年代是东汉末年(汉献帝时代)。据张光宇引述：梅祖麟和罗杰瑞认为，闽南方言从古汉语中的分支很早[8]；1979 年罗杰瑞提出时代层次说的时候，推论闽语最早的一个层次来自汉代；1983 年丁邦新进一步把分支节点定在两汉之交。[9]

三是板块迁移促成语言的固化延续。方言的形成同时意味着文化的形成。闽南族群是典型的家族社会，其历史上，主要以举族迁徙为主要行动特征。语言事实证明，由同一族群建构的社会，形成之后，其语言一般会相对稳定，不易改变；只有受到持不同语言(或方言)的族群的冲击和融合，并因此重构社会，语言才会发生相应变化！[10]闽南族群在泉州形成社会后，长期处于稳定状态，语言和文化因此也获得良好的延续。

三、闽南文化和方言的一体多元和多次融合

发生认识论的关注点是新结构的生成及其构造问题。因此，发生学不仅研究认识如何发生，也研究认识为何发生。我们要探索闽南方言和文化的形成和发展，涉及闽南族群的建立和闽南社会的构成。从上一节的讨论可知，人们的研究，由于站位或视觉焦点的不同，往往是“横看成岭侧成峰，远近高低各不同”。张光宇认为，研究闽语“应从历史过程立论，结合汉语史和移民史文献”[11]。的确，研究闽南方言和文化的形成正是要从闽南的历史过程考察。从发生学角度研究闽南方言和文化，是一个跨学科的研究，它涉及民族学、社会学、语言学、地理学以及人类学等相关学科与领域。借助发生学可能较好地探索事件发生与起源研究中出现的一些问题。也许这更能接近我们的目标。

(一)闽南文化和方言的演化历程

关于七闽和后来的闽越，历史研究已经达到了一定阶段，其成果基本被当代学者认可。当汉武帝剪灭闽越北迁其民之后，闽地开始了新的历史进程。其后，历经 2000 余年，福建逐渐形成闽北、闽东、闽南、闽西、闽中等相对独立的区域。各区域族群社会各有差异，语言和文化均有明显差别。这是一个很有趣的话题，许多学者都在研究探索其成因。

就闽南方言和文化来说，我们要探讨的是它的一体多元和多次融合问题。一体

多元包含三个方面。其一，闽越语和闽越文化的遗留。这是闽南文化的底层。古闽越人在被汉武帝北迁或主动漂洋过海之外，仍有许多遗民滞留。这些人后来逐渐融入入闽的汉人社会。其二，中原汉语和文化在闽南的主体建构。不同时期不同出发地带来的汉语和文化随着入闽民众进入福建闽南，成为闽南文化的核心主体。其三，异族文化的充实丰富。元代以降少数民族进入闽南，尤其是宋元时期泉州港的鼎盛，欧亚各地区的语言和文化的介入，以及后来与东南亚等海外诸多民族的交流，使多种语言和文化在闽南发生碰撞，促进了闽南文化的延伸与发展。

闽南文化的主体，也经历了不断丰富的过程。闽南方言和文化的根在秦汉时期，此后又获得四次叠合。张光宇说："罗杰瑞试图以秦始皇发配五十万大军屯守岭南作为古南方话假设的历史背景。这个背景与'冶'的郡望问题同样扑朔迷离。如果秦军的语言和闽方言有任何关系，至多表示在'根源'上有某种联系，闽方言的"形成"首先必须分清层次，找寻各层次的时代和地域来源。"[12]这段论述的亮点在于没有否定秦军语言是后来闽方言的根源。的确，与闽南方言有关系的秦军(包括随军民众)的后裔，是在汉武帝平闽、闽地空虚之后，方始进入泉州等地的。汉人为寻找可安居乐业之处，避开潮州和漳州地区势力雄厚的"蛮獠"、"土黎"聚居地，进入相对安靖的泉州。[13]正是这些秦汉军民后裔，在融合当地闽越遗民后形成闽南族群文化，并保留了秦汉时期的古汉语特征。此后汉人又多次成批量入闽，为闽南方言和文化注入了新鲜血液，促进了闽南文化的发展。

福建的相关历史也证明，早在西晋之前，汉人就已到达福建。《莆田县志》记载，莆田城郊发现过西晋初墓葬，墓中砖土花三面凸起。旁篆"太康八年八月　日作"。太康为晋武帝年号，太康八年(287 年)比永嘉之乱早 21 年。林宗鸿等在《南安丰州西晋太康五年墓》[14]一文中描述，南安丰州旭日乡庙下村的西晋初冢墓的墓砖均有模印"大康五年立"字样。大康即太康。西晋初太康五年(284 年)比永嘉之乱早 24 年。福建的宗教信仰传播也早在永嘉之前。《八闽通志》记载：侯官县十一都灵塔寺建于晋太康三年，今废；晋江县玄妙观，晋太康中为白云庙，唐改名老君祠，宋大中祥符中改名天庆，元元贞元年改今名。《南安县志》记载，延福寺，在南安县九日山下，晋太康时建，去山二里许；唐大历三年，移建今所；宋乾德中，改名延福。可见，永嘉之前早有汉人入闽，他们带来了所信仰的道教和佛教。

闽越汉化，主要源于汉人入闽对他们的同化。王充《论衡》云："越在九夷，罽衣关头。今皆夏服，褒衣履舄。"可见，东汉时期，就有汉人在引导闽越人的汉化。《三国志·吴书·贺齐传》记载，东吴第一次出兵闽中之时，福建豪强詹强、何雄的武装力量大到足以抵抗孙家军。那个时期福建居民结构已是汉越交融，以汉为主。地方志书也对永嘉之乱以前汉人入闽有详细记载。例如，《惠安县志》："锦田黄氏，泉之世家著姓。始祖隆公，为东汉会稽令。东汉末乱甚，于建安弃职避世入闽。""黄兴，吴孙权将也，与妻曹氏入闽，居邑之凤山。"

汉人入闽有影响力的大约还有四个批次。除了魏晋南北朝情况比较复杂外，其他时期史学界都有比较明确的论述。

1. 魏晋南北朝

这个时期带来的语言和文化相当复杂，大约可分为两类。一类是北方汉民带来的中原语言文化，另一类是三吴地区流民带来的吴语和吴文化。据民间传说和族谱记载，这个时期北方南下入闽的汉人不断。西晋的泉州就有许多由汉人建立的寺庙墓冢；东晋之初五胡乱华而被迫南下的汉人，可能在吴语地区辗转一段时间之后进入福建。真正有史书记载的是，梁太清元年（547年）之后的侯景之乱。《陈书·世祖本纪》记载，天嘉六年（565年）三月乙未的诏书："侯景以来，遭乱移在建安、晋安、义安（注：潮州）郡者，并许还本土，其被略为奴婢者，释为良民。"从这个诏书可知，侯景之乱三吴难民足迹遍及今之福建和广东潮州。

2. 唐初

唐朝初期（总章二年，669年），为了平定潮州地区"蛮獠"之乱，朝廷派遣左郎将陈政为岭南行军总管事，率领中原府兵3600人及将领123员，进入闽南粤东，平叛"蛮獠啸乱"，实行教化。陈政病故后，其子陈元光带领将士，完成平乱的任务。这一事件虽然史书没有记载，但陈元光带军平潮建漳一事，确实广为流传。《旧唐书·地理志》载："漳州，垂拱二年十二月九日置。"这应该是陈氏父子建漳、守漳的最大业绩。九龙江一带最终成为以闽南方言和文化为主体的区域。

3. 唐末

唐僖宗光启元年（885年），寿州人王绪带领的、光州固始人王潮与其兄弟王审邽、王审知参与的军兵进入福建，在南安兵变中，王潮、王审知获得兵权并攻下泉州。唐昭宗景福二年（893年）取得福州，统一福建。此后，福建保持了30多年的安定，尤其是福州地区，经济社会的发展全面进入快车道。王审知因此被尊称为"开闽王"。随从王氏入闽的中原移民，大多定居在省会福州和周边肥沃的闽江下游平原。闽国的建立对福州产生巨大的影响，有人认为，闽东文化的特色由此形成。

4. 南宋末

南宋末，元兵占领江南大部，两个短命皇帝赵昰（端宗）、赵昺（帝昺）在逃入福建时先后在福建境内即位，随之而来的军兵和逃难人群据说达百万之众。宋亡后这批宋室遗民就在福州及潮州等地滞留下来。他们对闽东和粤东的方言和文化产生很大的影响。

（二）闽南方言的守成和兼容发展例证

历史学界有一个共识：要证明一个族群的成立，离不开这个族群相对独立的文化特色的形成。而族群及其文化的形成必须依赖语言的支撑。正如前文所述，方言的形成与族群文化的形成是同步的，方言是族群文化十分重要的一个标志。张光宇认为："用考古类型学的话来说，逻辑过程专注器物的制作年代，历史过程除了制作年代之外还同时照顾器物的传承和弃置年代。方言形成应从器物弃置年代算起。"[15]从汉语的历史看，上古汉语向中古汉语发展时，发生了许多变化。如果把北方话未保留下来的语言成分称为弃置的话，那么，闽南方言直接保留上古汉语的语言特征，没有经过中古时期的演变，就说明闽南方言来源于汉及之前。当然，由于魏晋南北朝及唐宋连续不断的汉人入闽，语言不断发生叠合，闽南方言也保留了许多中古时期的语言特色。但抹不去的是，上古汉语的一些语言现象在汉语诸方言中，只能从闽南方言（以及闽语其他方言）中寻找。据《福建日报》2012 年 12 月 19 日报道，台湾知名语言学家、美国加州大学伯克利分校的客座教授丁邦新在 2012 年 12 月 17 日出席的由香港中文大学举办的汉语语言文字学研讨会上，发表了题为《汉语语音史大事系年：一个开放性的计划》的演讲。他在研究中推论，在现代汉语的各方言之中，只有闽语的白话音从古汉语分支的时间可能在汉代。他的观点再次肯定了他 30 年前的考证。[16]

1. 闽南方言中的上古汉语特征

语言学界熟知的"古无轻唇音""古无舌上音""古多舌音"这些重要的上古汉语语音现象，今天在闽语之外的其他汉语方言中，已经找不到；但是，闽南方言却保存得很好。在闽南方言中，"非组"和"帮组"声母读法相同，例如闽南方言的"飞"读[pə][17]（或[pue]／[pe]），"吠"读[pui]，"微"读[bi]；"知组"和"端组"的声母读法一样，例如闽南方言的"猪"读[tɯ]（或[ti]／[tu]），"丑"读[t'iu]，"程"读[t'iŋ]；"章组"字的声母读法有许多和"端组"一致，例如闽南方言的"唇"读[tun]，"振"读[tin]，"召"读[tiau]，"注"读[tu]。

著名音韵学家钱大昕在《潜研堂文集》卷十五《答问十二》中说："凡今人所谓轻唇者，汉魏以前读重唇，知轻唇之非古矣。""轻唇之名，大约出于齐梁以后，而陆法言《切韵》固之，相承至今"。他在《十驾斋养新录·卷五·古无轻唇音》中又强调说："凡轻唇之音古读皆为重唇"。闽南方言直接继承上古中原语音的声母系统，这说明闽南方言没有受到魏晋以后中古汉语语音演变的影响。早在"五胡乱华"之前，闽南先民便远离了故土，一路南迁至福建等地，因而留住了上古中原语音特征。袁家骅在《汉语方言概要》[18]中说："古无舌上音。"而《切韵》已有舌头舌上之别，除"端透定"外还有"知彻澄"。闽南方言保留了"古多舌音"现象。上古音章端可以谐声[19]，到了中古时期，北方话端系分化出知章二组，舌音明显减少。闽南方言声母就没有这么明显的变化。闽南方言在声调和韵母方面，虽然不断跟随北方话发展，有了或多或少的演变，但总体上还是以存古为主。例如，韵母方面保留了[－m][－n][－ŋ][－p][－t][－k]三对完整的鼻尾韵和入声韵，声调保留古音四类八调（或七调）。

闽南方言保留了许多上古汉语词汇。例如"鼎（锅）、册（书）、曝（晒）、食（吃）、行

(走)、走(跑)、箸(筷子)、昼(中午)”等，中古之后这些词的词义已经渐渐变化，或被替换，但是闽南话至今还保留上古汉语的词义。下面我们试举几例加以分析。

鼎[tiã]：秦汉之前汉人统称烧饭做菜的炊具为“鼎”。其后中原汉人南下把这个词带到南方，进入闽语。“鼎”在秦汉之后已视为神器，北方人做饭的炊具改称“镬”。“镬”这个词南渡进入吴语区之后，北方话又用“锅”取代“镬”。闽南方言至今仍把做饭的炊具叫“鼎”[20]。

丈夫[ta pɔ]：古代称“男子”为“丈夫”，闽南方言保留这个词义至今不变。《谷梁传・文公十二年》：“男子二十而冠，冠而列丈夫。”《国语・越语上》：“生丈夫，二壶酒，一犬；生女子，二壶酒，一豚。”《战国策・赵策四》：“丈夫亦爱怜其少子乎？”后又引申指有所作为的人，即“大丈夫”。唐孟郊《答姚怤见寄》诗：“君有丈夫泪，泣人不泣身。”南朝张思光《门律自序》：“丈夫当删《诗》、《书》，制礼乐，何至因循寄人篱下。”元朝林泉生《吊岳王墓》诗：“庙堂短计惭嫠妇，宇宙惟公是丈夫。”鲁迅《答客诮》诗：“无情未必真豪杰，怜子如何不丈夫。”“丈夫”一词在闽南方言中语义始终未变。

面[bin]：上古指称人的整个脸部为“面”。闽南方言一直沿用这个词义。《战国策・赵策四》：“老妇必唾其面”(“面”即“脸”)。“脸”字到了魏晋时期才出现，当时只表示脸颊的上部，到了唐宋时期，口语中才用“脸”表示整个面部。闽南方言保留“面”，未经历魏晋及之后以“脸”取代“面”的词语转换过程。

走[tsau]——上古称“跑”为“走”，《韩非子・五蠹》：“兔走触株，折颈而死。”闽南方言沿用“跑”的含义，至今不变。

2. 闽南方言中的闽越语遗存

汉人进入闽南地区，融合闽越遗民构建新的社会。在民族融合过程中，闽南方言也吸收了一些闽越语成分。今天，我们分析闽南方言，仍然可以发现一些古闽越语的遗迹。例如，“墟”在闽南方言中是“集市”的意思。据周振鹤、游汝杰分析，“墟”作“集市”义是古越语底层词在方言中的遗存[21]。今天的壮侗语言仍把集市称为“墟”。在古汉语中，“墟”本作“虚”，是“大丘”、“故城、废址”的意思。“墟”指“墟市”，始于唐宋，是从南方方言的古越语底层词进入北方古汉语书面语的。闽南方言的一些动物名词大多带有一个没有实义的词头。例如：“苍蝇”叫“胡蠓”[hɔ sin]。《梦溪笔谈・杂志》说：“闽人谓大蝇为胡蠓。”这里的“胡”字并非“胡萝卜”的“胡”字的意思，而跟德宏傣语的动物名词语音相近。此外，如“蟑螂”叫[ka tsuaʔ]，“跳蚤”叫[ka tsau]，“泥鳅”叫[kɔ liu]，“蚯蚓”叫[kau un]，“蚂蚁”叫[kau hia]，“蝼蛄”叫[kau peʔ]，开头都有[k]这个辅音，与德宏傣语的动物名词词头[ka]非常接近。这些词很可能都是古闽越语在闽南方言中的底层沉积。

3. 闽南方言中吸收中古汉语语词例证

历史上中原汉人和吴语区等地的汉人多次入闽，他们带来的当时的语言，不断充实闽南方言。今天闽南方言中的许多词语，在中古以来的作品中大都可以找到来源。例如，唐宋时期的“人客”、“眠床”等词语都还保留在闽南方言中。近代汉语在闽南方言留下的词语就更多了。例如《水浒传》中的“精肉”、“旧年”、“路头”、“面桶”、“趁钱”、“趁食”、“头先”、“敢是”等词语闽南方言仍在使用中。闽南方言吸纳中古以来、尤其是近现代北方话、普通话语词相当之多，为节省篇幅，本文就不一一举例。

四、余　论

(一)汉人入闽与福建族群文化和方言的形成

族群和语言的来源以及相应的史实，是考证族群文化形成的最重要的证据。福建的历史也不例外。

公元前110年，统治闽越的余善反汉，汉武帝派朱买臣兵出四路入闽，灭了闽越。据《史记·东越列传》记载，汉廷采用秦代迁徙六国豪强的策略，以“东越狭多阻，闽越悍，数反覆，诏军吏皆将其民徙处江淮间。东越地遂虚”。从此开始，直到汉末三国纷争时期，历300年，许多汉人择此安靖地区纷纷入闽。最早进入福建的汉人先民来自不同线路：一是秦汉中原军民及其后裔和部分中原移民进入福建南部；二是永嘉丧乱之后的青徐诸州的移民在成为江东吴(汉)人之后继续南下进入闽东、闽北。他们带来的语言成为闽语的先声。

入闽移民与当地土著融合的程度对语言和文化的形成有着很大的影响。唐中期之前，粤东和漳州山区是“蛮獠”、“土黎”的聚居地，自然环境也比较恶劣，“泉潮之间，故绥安县地，负山阻海，林深荒僻，为獠蛮之薮，互相引援，出没无常，岁为闽广患”。因此在设置漳州(时治所在漳浦，今云霄境内)之初，汉民数量非常有限，汉语难占强势。徐晓望说，陈元光率领的民众与“蛮獠”为争夺漳州控制权进行了长期的战争，双方交战的最后结果，陈元光的民众控制了漳州沿海一带，“蛮獠”控制了漳州的腹地。[22]一直到了元代至治元年(1321年)，为解决民族争斗问题，又在九围矾山一带设立南胜县(后更名南靖县)。所以，唐初的漳州不过几千户人家，汉人的开发和影响非常有限。北宋时期，漳州还是属于落后的地区。

大约在唐宋时期，泉州人(包括当时的莆仙人)开始陆陆续续迁居潮汕，宋元时期达到鼎盛状态。潮汕闽南方言因此得到不断地巩固。从今天活的语言可以发现，潮州方言保留古汉语成分相对会少一些。从语音上分析，潮州话的韵尾没有前鼻音和相应的塞音(乡下还有所保留)[23]，在靠近潮汕的闽南地区，如漳州诏安，也具有这个特点。这可能是迁徙潮汕的闽南人受到当地其他民族的影响产生的变化。

有人认为，以漳州为基点，闽南文化的形成应该是在唐初，甚至是唐中期之后，这完全可以理解。因为在漳州，以汉人为主体的社会构成相对于泉州要晚得多。按照族群迁徙的历史和语言差异，漳州区域的闽南文化大概也要到唐宋期间才开始形成。

台湾的闽南文化也形成得很晚。虽然汉末以来，台湾就开始有汉人的足迹；有宋之时,在澎湖就有驻军。但是,真正大量的闽南族群涌入和开发宝岛,那是在郑成功收复台湾之后。因此,台湾的闽南文化和方言,与来台的闽南族群祖籍地泉州、漳州非常接近。17—18世纪是台湾的闽南文化和方言形成期。

根据历史学者考证,客家族群最早在唐末才迁入福建,闽西客家文化和客家话当始于唐宋时期。客家话是汉语七大方言之一。[24]

以福州为中心的闽都文化,酝酿得很早。福州作为福建的政治中心,在历史上也是战事的中心。政事更迭和战争往往致使社会动荡不安。其人口流动频繁、社会结构复杂。有专家认为,从发展的历史看,汉末三国时期汉人就开始进入福州,但直到唐末五代时期,经过近700年的与当地土著的融合,作为福建省一支具有独特人文特征的汉族族群——福州人才正式形成。[25]在闽方言中,福州话连读时会有一些特殊的变音,也许就是受到原土著语的影响。总之,许多历史学家都认同闽都文化形成于唐末五代这个观点。

莆仙文化的形成也较晚,大约在北宋时期。我在《泉州方言研究》[26]中曾分析,莆仙方言处于泉州方言北上和闽东方言南下的中间地带。从历史上看,莆田一直隶属于泉州,其语言比较接近于泉州方言。但由于木兰溪流域相对独立于晋江和闽江流域,生活在这里的是一个相对独立的族群。这就为莆仙方言的独立和巩固创造了一定条件。莆仙话中有一个舌尖中清边擦音声母[ɬ],这个声母在今安徽歙县的黄山话和南山话、广东四邑话和广西桂南话中都还保留着。历史上,汉武帝曾将闽越遗民迁到歙县一带;壮侗语族与古代百越民族有着渊源关系,现代的壮侗语都有[ɬ]辅音。因此,这个[ɬ]辅音可能是古闽越语保留在现代闽语中的"活化石"。北宋初期才从泉州析出莆仙,置兴化军。可以推测,莆仙方言是具有独立特色并且倾向泉州音的方言;或者说,莆仙方言是在闽南方言的基础上受闽东方言影响而产生的富有区域特色的方言。

(二)泉州地区闽南族群和文化的形成历程

历史上泉州是闽南文化形成的起点,泉州话是闽南方言的代表点。就目前所知道的记载,自汉武帝平闽汉人入主福建以来,唯泉州地区没有出现汉人与土著的争战或其他有重大影响的战事。这使得泉州的闽南方言保留了比较完整的古汉语特征。可见,泉州闽南族群的形成与福州及漳、潮、汕的历史进程是不同的。

历史记载,西晋时,闽山片区(即闽北)与闽海片区(即沿海一带)开始分治;南北朝时期,闽海片又分为晋安郡和南安郡,分郡开始预示了福建闽北、闽东、闽南三分走势。在后来的发展中,闽北闽东常被视为一体,与闽南相对而言,构成南北分治的局势。1000多年来,福建南北走上了各显自身特色的道路。上个世纪的闽语曾经分为闽南方言和闽北方言,原因大概出自于此。如果以泉州闽南社会的形成发展为例,根据其影响和特点,大约可分为五个时期:

汉武至唐初:安靖期——这个时期泉州周边的潮汕漳和闽东,不是"蛮獠"抗争,就是政治战争，社会很不稳定。唯有泉州相对安稳，所见史料未有记载战事问题。南北朝开始，泉州与福州按南北分郡而治，社会地位渐次提升。

唐初至宋代：活跃期——这个时期泉州周边环境开始转好，汉人影响力转大，泉州地区闽南人进入活跃期，从科举到商贸，从农耕到海航，闽南文化魅力渐显。

宋代至元朝：扩张期——这是以泉州为中心的闽南文化在世界获得影响力的辉煌时期，泉州刺桐港的兴盛印证了这段历史。

明朝至清朝：奋争期——这个时期泉州闽南人面对海禁，奋起抗争，为生存计，坚持以海为生，在守护祖国海疆的同时，继续创造爱拼敢赢的精神。

晚清至今：拓展期——近代以来，泉州人继续弘扬闽南文化精神，扬帆过海，走向世界，坚韧不拔，寻求生路，开拓创业；接纳新思想，发展新路径，推动泉州经济社会再创辉煌。

闽南文化源于中华文化，自汉末以来，历经2000多年，形成了“重乡崇祖、爱拼敢赢、重义求利、山海交融”的闽南精神[27]。这种精神建构了闽南族群独特的行为模式。

其一，原乡情结。语言、习俗、艺术等方面具有代代传承的特性。这方面的典范要数闽南方言。上古汉语在各个方言的延传各有区别。闽南方言相对其他方言更多地保留了古汉语的特征。当然，闽南方言是发展的，它多次吸纳魏晋以降入闽移民带来汉语雅言（或官话），使自身与官话保持较近的距离。一些传统的文学艺术，如南音、梨园戏、木偶戏、高甲戏等，在闽南驻足生根衍生，依赖闽南方言获得保存发展。中原的民俗进入闽南，同样获得保留传承。如元宵赏花灯、清明祭祖、端午赛龙舟等。典型的家乡情、家族观，强化了衣锦返乡的传统思想，养成了乐于奉献、推崇义气的价值观。

其二，灵活机变。闽南族群善于因时因地制宜，不随波逐流。闽南沿海不宜农耕，闽南族群推崇以海为田，开展海航商贸，一反封建时代“重农轻商”的观念。借助闽南地理特征，从唐朝开始，到宋元时期，在泉州成就了世界最大的通商港口——刺桐港！此后，闽南族群依赖商贸走向世界，成为中华民族联系世界的最重要族群之一。

其三，坚韧不拔。早期入闽移民生存的艰难和家族共渡难关的体验，闽越遗民敢于抗争和善于寻求活路的特性，共同锻造了闽南人坚韧不拔的意志，构成了期望诸神庇护的杂糅信仰，形成了爱拼敢赢的气质。

其四：海纳百川。闽南文化体现海纳百川的特色。闽南人既有开垦拓荒的毅力，又有开发海洋贸易的勇气；既有坚守传统的理念，又有吸纳外来文化的海量；既有漂泊四海的勇气，又有富贵不离祖的乡情[28]。

一种文化的形成，必须基于创造这种文化的族群社会的形成和承载这种文化的语言的形成。语言的差异从一个侧面表明其承载的文化与其他文化的差异；文化的差异与族群的历史有着密切的关系。文化的差异除语言外，最明显的是民俗和心理了。比如闽南人与闽东人、莆仙人的习俗不同,就暗示着彼此族群背景的差别。限于篇幅,本文未能予以展开论述。

从不同角度、不同站位出发,谈论文化的形成,因此产生的差别是正常的。但无论如何,只有开展广泛的探索,允许不同的观点碰撞,才能使问题越来越明朗。这也是本文最想达到的目的。论证过程中出现的错误,是因为本人的学识不足、学养不高。希望能由此获得抛砖引玉!

(作者单位:泉州师范学院)

参考文献

[1]徐晓望:《论隋唐五代福建的开发及其文化特征的形成》,《东南学术》2003年第5期。

[2]张光宇:《论闽方言的形成》,《中国语文》1996年第1期。

[3]刘登翰:《论闽南文化——关于类型、形态、特征的几点辨识》《福建论坛》2003年第5期。

[4]谭其骧:《晋永嘉丧乱后之民族迁徙》,《燕京学报》1934年第15期。

[5]林华东:《闽南方言的形成及其源与流》,《中国语文》2001年第5期。

[6]董达武:《周秦两汉魏晋南北朝方言共同语初探》,天津古籍出版社1992年版。

[7]徐通锵:《历史语言学》,商务印书馆1991年版。

[8]张光宇:《论闽方言的形成》,《中国语文》1996年第1期。

[9]梅祖麟、罗杰瑞:《试论几个闽北方言中的来母s—声字》,《清华学报》1971年新九卷

[10]笔者在《泉州方言研究》(厦门大学出版社2008年)一书中为此提出许多例证,引述如下:语言学史证明,族群的整体迁移能够较好的保留原有的文化和语言。例如,英语随着盎格鲁—撒克逊人扎根于英伦三岛而与西日耳曼语分家,它就没有经历第二次日耳曼语辅音转移的变化。120多年前从中国西部迁居中亚的东干族,保存了中国西北文化传统,他们使用汉语兰银官话进行日常交际。原生活在西亚地区的匈牙利民族于9世纪末集体迁徙到欧洲定居,其语言是亚洲的乌拉尔语系的芬兰—乌拉尔语族。而多瑙河流域及其周围的国家和民族,大都属于印欧语系的拉丁语;匈牙利语没有被拉丁语族的语言同化。清朝统治者为镇压当时新疆的少数民族起义,将整个锡伯族移往新疆戍边屯垦,并以其军事力量控制当地的少数民族。松花江、黑龙江流域的锡伯语就移到了新疆西北部。广西平话据说是宋代狄青西征侬智高时的将士所使用的北方话。这些将士留守广西,自成社会,其语言后世发展为平话。江西上饶市的三清山脚下,至今仍生活着3万多泉州人的后裔。他们的祖先在清康熙年间因迁界封海而集体从安溪、永春、德化、南安等地迁徙到这里。距今随已300余年,但仍说着闽南方言,住闽南风格建筑,沿用闽南人的习俗,连婚嫁也是清一色的闽南传统。

[11]张光宇:《论闽方言的形成》,《中国语文》1996年第1期。

[12]张光宇:《论闽方言的形成》,《中国语文》1996年第1期。

[13]林华东:《闽南方言的形成及其源与流》,《中国语文》2001年第5期。

[14]林宗鸿、郑焕章、黄天柱:《南安丰州西晋太康五年墓》,《泉州文史》1989年第10期。

[15]张光宇:《论闽方言的形成》,《中国语文》1996年第1期。

[16]丁邦新:《Derivation time of Colloquial Min from Archaic Chinese》,《史语所集刊》1983年

第54本。

[17]中括号之内为国际音标，下同。

[18]袁家骅：《汉语方言概要》，文字改革出版社1983年版。

[19]李方桂：《上古音研究》，商务印书馆1980年版。

[20]林华东：《泉州方言文化》，福建人民出版社1998年版。

[21]周振鹤、游汝杰：《方言与中国文化》，上海人民出版社1986年版。

[22]徐晓望：《论隋唐五代福建的开发及其文化特征的形成》，《东南学术》2003年第5期。

[23]据林伦伦教授告诉笔者，在海陆丰，鼻音尾韵和塞音尾韵还比较完整。

[24]目前福建有吴语、闽语、客家话、赣语等多种汉语方言；闽语又分闽东、闽南、闽中、闽北、莆仙等次方言。闽南次方言又分闽南、台湾、潮汕、雷州、海南、浙南等地方话。

[25]薛菁、陈永正：《闽都文化的基本特质与精神》，《光明日报》2008年2月24日。

[26]林华东：《泉州方言研究》，厦门大学出版社2008年版。

[27]林华东：《闽南文化的精神和基本内涵》《光明日报·理论版》2009年11月17日。

[28]林华东：《闽南文化的双重性特征》，《光明日报·理论版》2011年4月21日；林华东：《全球视域下闽南文化的先进性》，《光明日报·理论版》2012年10月22日。

从泉州通淮关岳庙看关帝信仰的理学文化蕴涵

林振礼

关羽(175—219)信仰滥觞于隋唐(山西解州关帝庙始建于隋文帝开皇九年，即公元589年)，而兴盛于明清(著名的荆州帝庙、当阳帝庙、关林帝庙、解州帝庙皆兴盛于嘉靖、万历年间)[1]，与理学文化有着千丝万缕的联系。诸多研究者从不同侧面探讨了关帝信仰与儒、道、释的关系，但对于关帝信仰与宋明理学的关系却鲜有所涉。深入研究两者的关系，才能更为准确、具体而微地阐释宋明理学对关帝信仰渗透及其对世俗社会生活的巨大影响。关帝信仰蕴涵着丰富的理学(陈寅恪称为新儒学)文化。这从闽南泉州通淮关岳庙可以得到印证。

一、继承朱熹《通鉴纲目》，尊蜀汉为正统，使后世接受以“天理”评判历代政权兴替的伦理标准

清季理学家戴希朱(1850年生)[2]题泉州通淮关帝庙联云：“通春秋，如我惟考亭纲目；淮左右，祀公迈岳庙馨香。”[1]上联道出了朱熹的《资治通鉴纲目》，以蜀汉为正统(改曹魏纪年为蜀汉纪年)的思想观念，不但为后世士大夫所尊奉，而且为普通信众所接受的历史事实。而唐宋以降的关帝信仰，以人神沟通的方式，是助推“考亭纲目”之思想观念，得以延续千年深入民间的重要载体。

司马光(1019—1086)超然远览，推本《汉纪》，以为《资治通鉴》，自周威烈王二十三年(前403年)以降，凡1362年史事贯联可考，使《春秋》编年之法始复。然而，在朱熹看来，尽管温公的史学成就可与司马迁相提并论，但其“帝曹魏而寇蜀汉，帝朱梁而寇河东，系武后之年黜中宗之号，与夫屈原、四皓之见削，扬雄、荀彧之见取”[3]，凡此皆与《春秋》惩劝之法未尽同者，犹与“天理”不尽相合。乾道七年(1171)，朱熹给蔡元定的信中说：“《纲目》取一纲众目张之义，条例亦已定矣。三国竟须以蜀汉为正统，方得心安耳。”[4]答蔡季通由此可见，朱熹重新整理温公《资治通鉴》的目的，在于建立以理学理念为旨归，“鉴于往事，资于治道”的历史统绪。朱子“寓述于作”，将自己的正统观及其褒贬贯穿其中，使“明君贤辅，有以昭其功；乱臣贼子，无以逃其罪”[3]。这

种把自己的历史观依附于极有影响力的史学巨著之中的方法，也可称之为“文化嫁接”的方法。朱熹从乾道六年(1170)起，历经20年断断续续的撰写、修改(最初学生与友人参与撰写过)而“成编”，成功地将自己的历史观嫁接于温公的史学巨著之中。《通鉴纲目》的刊刻流布，伴随着朱熹地位的不断被抬升，使后世之士大夫、读书人接受其正统观。

司马迁作《史记》，为平民起义者陈胜立“世家”，以“帝王将相宁有种乎”为卑贱者张目，给敢于造反者一定的历史地位。司马光作《资治通鉴》，继承史迁传统，以曹魏编年——“帝曹魏而寇蜀汉”。然而，朱熹认为，三代以下，“天理”不彰，曹魏、朱梁、武后皆非正统，屈原、四皓之辈不可削，扬雄、荀彧不可取。凡此种种，朱子之最初筹划，当以春秋笔法，字字褒贬，视《纲目》为浩大工程，唯恐“大惧不能卒业以为终身之恨”[5]；后来之编撰践履，则以“天理”据实而书之，同样能令乱臣贼子惧，故舍曲笔为直笔，走出字字褒贬之怪圈，终于完成初稿，可以“缮写首篇草本”，向孝宗皇帝进呈。

朱熹的正统观之源，当追溯至春秋时代邹衍的五德之说(源于五行理论)。邹衍以金、木、水、火、土五行相克的原理揭示历史朝代更迭的规律，第一次将五行(相生相克，周而复始)纳入政治领域。

后世历代帝王革命，遂沿用五德说。北宋欧阳修(1007－1072)的《正统论》将王朝的更迭由“奉天承运”的政治神话变为“居天下之正”的伦理问题，除了强调“大一统”政治前提之外，特别强调道德认同，亦即政权的合法性来源[6]。宋儒的正统之辨，由欧阳修发其端，而由朱子集其成。朱熹通过《通鉴纲目》，以“天理论”重建历史统绪，其正统观念对后世的影响尤为深远。《通鉴纲目》被后人尊奉为“《春秋》后第一书”，明代翰林院编修谢铎说，是书“实经世之大典，帝王之龟鉴”[7]。它不仅仅是一部史学著作，更是一部政治伦理教科书。可以说，朱子《通鉴纲目》所张扬的正统观念基本上主导了元明清三代正统之辨的话语权，故清儒谓“朱子之《纲目》出，而后古今之议正统者定”。

罗贯中(1330－1400)生当距朱熹约200年的元末明初，作为“有志图王”者，曾经参与元末群雄并起的政治军事斗争。后因不得志而弃剑握笔，作“传神稗史”，其文学巨著《三国演义》，既隐喻着反对分裂、重振纲常、建立“大一统”的政治主张，同时也继承了朱熹的正统观念。《三国演义》第一回就为刘备的帝裔身份埋下伏笔：“中山靖王刘胜之后，汉景帝阁下之孙”。尽管最后三国归晋，汉室兴复只能成为悲壮的追忆。但是，“天理”使然的“蜀汉正统”伴随着关羽信仰的世俗化日益深入人心。诚如明嘉靖间(1522－1566)李一得为之慨叹：“侯之知主，犹在诸葛公之右，而以死汉视之，或其汗下于九原哉！”[1]名儒李光缙亦认为关羽崇拜深契朱熹传统，其《汉关前将军汉寿亭侯庙记》说：“候素好《春秋》，是以明正统，仇孙、曹。使其得吾夫子为依归……其或有不忠、不孝、不弟、不友、不信者，无得入此庙。”[1]由此可见，明代缙绅对关羽以蜀汉为正统的认同与颂扬。

二、张扬关羽仁、义、礼、智、忠、勇、廉、节,独高千古的人格型范,使理学(新儒学)臧否人物的伦理观念深入人心

在史家陈寿《三国志》中,关羽与张飞、马超、黄忠、赵云合传,陈寿记其勇武,“为世虎臣”,如为曹操解白马之围,策马“刺杀良于万众之中,斩其首还,绍诸将莫能当者”[8];与曹操部将曹仁、于禁“对垒于樊地”,曹营“七军皆没”,羽“威镇华夏”。记其英雄本色,有“国士之风”,如其虽与刘备结义于桃园,恩若兄弟,但却极明忠君之义:在“稠人广坐”中,则“侍立终日,随之周旋,不避艰险”;在受到曹操“尽封其所”的厚待之际,还奔刘备,“誓与共死”,但也不忘报效曹公,可谓情义兼备;在“刮骨去毒”时,虽“臂血流离”,却能“割炙引酒,言笑自若”。然而,对于关羽“刚而自矜”之短,陈寿也秉笔直书:当其不服诸葛亮高待马超时,则传书质问“超人才可谁比类”?诸葛亮答以“犹未及髯之绝伦逸群也”!关羽“省书大悦,以示宾客”,其自我张大可见一斑。孙权“遣使为子索羽女,羽辱骂其使,不许婚”,孙权“大怒”;部将糜芳、傅士仁“素皆嫌羽轻已”,羽出师而二将“不悉相救”,且阴与孙权勾结,致使关羽在三方会战中丢失盟军与部下,又因失荆州而败退,终被孙权斩首。

陈寿对关羽的评价虽简略却不失公允:“关羽、张飞皆称万人之敌,为世虎臣。羽报效曹公,飞义释严颜,并有国士之风。然羽刚而自矜,飞暴而无思,以短取败,理数之常也。”[8]由此可见,历史上真实的关羽,其地位如同张飞、赵云一般,其封号仅为寿亭侯、壮缪侯而已;其行事既有忠勇竭诚的一面,也有刚愎自用之不足。然而,由于关羽的人物形象具有戏剧性,更加符合各个阶层(从王侯到庶民)的审美需求与价值选择。这种历史的需求与选择所引发的文化形式的具体表述,亦即社会上出现的关羽崇拜,历代统治者通过封官加爵来提升其地位,贩夫走卒则运用民间口碑来演绎传奇故事[9]。

在唐代以降的祭祀中,以配享西周姜尚之武将——蜀前将军汉寿亭侯进入国家级祭奠之列;宋徽宗时,封号由侯而公而王;明代万历由王而帝;清代雍正时,改关帝庙为武庙,称武圣,则由帝而圣取代姜尚,终于登上与文圣孔子并称的殿堂。与封号逐步抬升相应的,是历史人物关羽渐渐被富有传奇色彩的文学形象所取代。元代坊间出现取材于“说话”艺人底本的《三国志平话》,刻意宣传关羽不但受过儒家经传教育(如《左氏传》),深明《春秋》君臣大义,而且原本就有打抱不平,见义勇为的优秀品格。其思想行为与宋元理学家倡导的伦理纲常相契合。

深受宋元理学思想熏陶的小说家罗贯中,以如椽之笔在其《三国演义》中,根据程朱理学“三纲五常”的伦理规范,将关羽“忠、孝、廉、节”之品格描绘得淋漓尽致。《三国志》记载关羽被曹操所擒,仅200余字,《三国演义》却极尽铺扬,从关羽约三事、救白马之围、过关斩将、保得刘备妻室安全,到君臣聚义等一系列活动,写了约2万言。

关羽"降汉不降曹"[10],"身在曹营心在汉","但知刘皇叔去向,不管千里万里,便当辞去"(后果践)。足见其对于汉室与刘备忠贞不贰。曹操以"绫锦及金银器皿相送",关羽"都送与二嫂收贮"。足见其廉(不为外物所诱)。曹操"送美女十人,使侍关公。关公尽送入内门,令伏侍二嫂";曹操"欲乱其君臣之礼,使关公与二嫂共处一室。关公乃秉烛立于户外,自夜达旦"[10]。足见其节("存理灭欲")。因此,罗贯中通过宏阔的历史场景与扣人心弦的人物情节,塑造出符合理学纲常伦理人格型范的关羽形象,伴随着名著《三国演义》的传播,几于家喻户晓。

唐宋以降,关羽信仰演变成为理学落实于人心的民间宗教。关帝庙宇、偶像、碑记、赞诗、楹联、匾额、经书、灵签等等,皆为关羽信仰的重要载体。通过以上诸多文化信息,使关羽的人格魅力,同时也使理学臧否人物的伦理观念深入人心。诚如明代李光缙于万历三十一年(1603)所撰《汉关前将军汉寿亭侯庙记》说:"侯俨然在上,若挈天纲地维以诏人,不言而人心自肃。天下之争祀侯以此,不但以其殉汉而死事也。"[1]今人林瑞珍(香港)为大殿撰联则更是直抒胸臆:"公平正直,入门不拜无妨。诡诈奸刁,到庙倾诚何益。"[1]光绪十三年(1887),泉州府学教谕江葆熙摹刻《关帝圣迹图志全集》卷之五(板藏泉郡玉犀巷文昌祠)有朱熹"篆迹赞":

百圣在目,千古在心。妙者躬践,敖(傲)者口吟。(读好书)

莠言虚妄(蔓),兰言实杯(荄)。九兰一莠,驷追不回。(说好话)

圣狂路口,义利关头。择言(行)若游,急行若邮。(行好事)

孔称成仁(人),孟戒非仁(人)。小人穷冬,巨(钜)人盛春。(做好人)

《新安文献志》(四库本)卷四十七有朱熹《勉学箴》内容大致相同(有7字异文),《朱子全书》不见收录,是佚文抑或伪托,待考。然而,即使是伪托,亦可由此窥见理学文化对关羽信仰的推波助澜。

三、关帝《经书》糅合佛教因果报应,道教摄生养生意涵,阐发《四书》文理,影响世俗社会生活

《四书》(《学》、《庸》、《论》、《孟》)代替《五经》(《易》、《诗》、《书》、《礼》、《春秋》),成为引领封建社会后期六七百年的官方意识形态。历代统治者把关羽奉为忠义神明,并以佛道教争祀关羽为契机,不断追加封号,诏封关氏三代公爵,命天下府州邑各"以庙置主,春秋祭"。关羽的地位被抬升为武圣人,与文圣人孔夫子受到同等规格的膜拜。从清代流行于江南南宋以降的"本系梦与玉泉寺僧,僧醒而传述"[1]的《关帝明圣真经》,与清末收入泉州重刻的《关圣帝君圣迹图志全集》的《圣经考》,以及泉州通淮关岳庙砌于墙上的《觉世真经》(道光间泉州人、四川总督苏廷玉择写)等经书看,其内容皆是理学(新儒学)藉关帝宣传"忠孝修身立命之事,谆谆垂诫世人"之伦理,亦即"积善之家有余庆,积不善之家有余祸"的劝善道理。还有以儒治世为主,以佛治心、以道养生为辅之通俗说教。

先秦儒家就关人性的问题,讨论人性善恶。孟子在批判告子"生之谓性"的基础上建立其人性论,以养吾"浩然之气"作为提升人的道德水准的途径。宋儒则将心性修养方法引向深入:以"天命之性"(人人心中都有)与"气质之性"(可为善也可为恶)区别人性,以"人欲"为挟气质之性以俱来之罪恶。实质是将人性引入宗教的"原罪说"。因此,对于"存理灭欲",提升人们的德性伦理。朱熹通过注解《四书》,综罗先儒的义利之辨,在理气的框架下阐发孟子的"四端"(仁、义、礼、智)"七情"(喜、怒、哀、惧、爱、恶、欲),发越"正气"。同时,以《论语》立其根本,以《大学》"格物穷理"为纲领,发《中庸》之微旨,强化并张扬"诚"、"敬"观念,以体认"天理",达到"众物之表里精粗无不到","吾心之全体大用无不明"的天人合一境界。元代《四书》悬为令甲,成为科举考试教科书,朱子《四书集注》成为读书人的标准答案,取得与经同等的地位。上述关帝经书产生于清代,亦即康熙复兴朱子学之后,出自地方缙绅之手的《经书》无法摆脱理学的藩篱,无论通篇抑或字里行间都洋溢着理学文化。

《圣经考·经注》之"鸿濛章"极言因果报应"鸿濛元始,天地未分,大化佈气,是生万物。……化化生生,乃有伦理,宿命因缘,有善有恶,所作之报,如影逐形。种兰得香,种粟得粮,因人善恶,祸福不爽。"[1]"摄生章"则教人"存理去欲"以养生:"人之戕贼其生,未有不始于欲声色、货利之类,一有溺情,则精耗神疲……惟淡泊宁静,存理遏欲,则心安身逸,可语长生。"[1]"配育章"不超 200 字,将"天理"化为经义凡四出:"人伦中夫妇、父子两端……引之以善念天理也。夫家室永宜,嗣续绵远……而往往不可得者,何也?天理不存故也。天理者何?事亲孝,事君忠,居仁由义而已。苟宅心光明,立身正大,则天理常存。"[1]"气数章"则阐述"气禀"与"为学"的关系:"人禀气数以生,宁无清浊智愚之别,然而补偏救弊,原俟乎人……气数之小在人,如庸凡愚昧之资,学问可得而转移。"[1]"欲界章"则阐发朱熹"心统性情"说:"欲者,情也。情发于性,贵不失其本,若人一经陷溺,则不名欲而名慾,慾炽而失其情,即失其性,并失其统性情之心矣。"[1]朱熹重视关涉心性问题的"四端""七情",也能在其中找到痕迹。凡此种种,不胜枚举。

对于普通百姓而言,离开了理学(新儒学)落实于人心的民间宗教,理学成了毫无着落的学问,犹如四处飘荡的游魂。在关帝信仰的"诵经仪式"中,按民间规则,若一时不及塑画圣像,即用黄纸以朱笔写:"伏魔大帝关圣帝君神位"。斋戒沐浴,点烛上香,鲜果供品,三跪九叩,反复诵读,践履笃实。理学文化伴随着关帝信仰善男信女虔诚的诵经活动而潜移默化深入人心。

四、泉州关岳庙高悬朱熹"正气匾",无独有偶,岳飞故物"正气砚"为清末泉州状元吴鲁所得,"正气"

——理学的价值追求千年薪传

泉州关岳庙内有正气堂,高悬朱熹彰扬抗金的"正气匾"。无独有偶,岳飞故物

“正气砚”，则曾为朱熹的二传门人文天祥和泉州最后一名状元吴鲁所得。千载以下“正气”一脉相传。

“正气”方正斗楷二字，黑匾金字，题款为“朱晦翁”，且有印章。明清时代，泉州七城门附近关帝庙皆长期悬挂“正气匾”。清末后城杨家栋将舍人宫边竖式“正气匾”改为横式匾，悬挂于通淮关岳庙中殿。明代张瑞图“充塞天地”匾额同悬于中殿，两匾合璧为“正气充塞天地”，应是大书法家张氏“敬书”此匾的初衷吧！

陈允敦教授《泉州名匾录》认为，朱熹闻悉抗金前线获得大捷，遂书此“正气”二安彰扬岳飞（时距风波亭冤案20年），以张正气，绍兴三十一年（1161），完颜亮南侵，在扬州为部将所杀，宋军趁机收复一片失地。朱熹书此二大字赠予泉人，吟咏《闻二十八日之报喜而成诗七首》，其二云：

天骄得意任驱驰，太岁乘蛇已应期。

一夜旄头光殒地，饮江胡马未全知。[11]

自此，“正气”一脉，承忠武而启后贤。岳飞之媳（岳霖妻）——泉州晋江石龟村人许氏茹苦含辛教育其子岳珂“诵古今奏议，谓是足壮它日气节”。[12]岳珂集《金陀粹编》等上奏，一门奇冤得以昭雪。[13]

岳飞生前所用之砚，背镌“持坚守白，不磷缁”八字之铭。风波亭事件百年后，砚为谢枋得（1226—1289）收藏，他在岳飞铭文上刻一小记：“枋得家藏岳忠武墨迹，与铭字相若，此盖忠武故物也。”[14]咸淳九年（1273），谢枋得把岳飞砚赠给以“天地正气”为万物之宗的文天祥（1236—1283），把匡扶宋室，挽狂澜于既倒的希望寄托在净友身上。后来谢枋得誓不仕元，绝食死节。文天祥得砚后，百感交集，运力镌跋于铭文之侧：“砚惟非铁磨难穿，心虽非石如其坚，守之弗失道自全。”带着岳飞砚，文天祥追随宋幼主来泉州，曾驻南安朴里（朴兜），手书“朱后文先”[15]赠与抗元学者吕大奎（朱熹的再传弟子），意为俩人同得理学之传，又同守民族气节，吕生于朱熹之后，而居于文天祥之前。从上述及文天祥书“忠孝廉节”（赠傅伯成家族）、“无慚君恩”[15]（吕大奎第三子获封为恭懿侯，以此勉之）等遗迹看，南宋危亡之际，接应这位天涯孤臣的是朱熹理学的传人。抗元兵败后，文天祥以“人生自古谁无死，留取丹心照汗青”的千古绝唱，拒绝投降，并写下那惊天地泣鬼神的《正气歌》，从容就义。

文天祥殉节后，岳飞砚不知几易其主。清康熙间为吏部尚书宋漫堂收藏，宋氏深知此砚意蕴而名之曰“正气砚”。1894年，吴鲁在安徽得此砚，遂以“正气研斋”名其书室，并作“正气砚题记”：

余家藏正气砚，为岳忠武故物。背镌忠武“持坚守白，不磷不缁”八字之铭，旁镌谢叠山先生记。三公皆宋室孤忠，得乾坤之正气者也。旧藏漫堂先生家，因名之曰“正气砚”甲午秋，余得之皖南，如获重宝。[14]

从此，“正气砚”与吴鲁朝夕相伴。1900年，吴鲁在北京亲睹八国联军烧杀掠夺之暴行和清统治者仓皇逃命之丑态，愤时感事而作《百哀诗》以弘扬正气，为后人留下了无可辩驳的历史见证。赵宋孤忠文天祥追随宋幼主来到泉州，得到理学传人的接应。“正气砚”与朱熹“正气匾”交相辉映,与泉州结下不解之缘。由此可见,民国3年(1914)关帝庙“增祀岳忠武王”[1]乃渊源有所自,诚非偶然。

朱熹“正气匾”,至今犹存,岳飞“正气砚”,“文革”中失去。吴鲁季子吴钟善《守砚庵记》云:“其石乃端州所产地也。纵九寸有厅,形圆而不椭,下广而上略狭,莹然而泽,其渥然而焦。望面知其出乎数百年以前也。”近40年过去了,不知砚落谁家。人们期待:岳飞砚,归来兮!

朱熹论理气,有“‘守之勿失’者,以此为正”[16]之语,文天祥以“守之弗失道自全”跋砚,承前启后,一匾一砚,同归“正气”,诚非偶然。朱熹以“正气”抗金御侮、彰扬岳飞;谢枋得以扶植纲常为己任,用生命践其“义高便觉生堪舍,礼重方知死甚轻”的诺言;文天祥毁家纾难,南来泉州,倚理学门庭以抗元,兵败则视死如归,表现了伟大的民族气节;响应天文祥勤王抗元的吕大奎,后因宁死不在蒲寿庚降元的投降书上签名,为蒲氏所杀,时人称其“致身事君,舍生取义”[17];宋漫堂以“正气”名砚,是为心灵之共鸣;吴鲁以宋室孤忠为楷模,奋笔疾书咏“百哀”,抒发了传统文人的浩然正气。

总之,我们认为朱熹题匾“正气”把握着整个时代的价值追求。既与传统的民族精神即“忠君爱国”、“急公尚义”一脉相承,又为重铸儒家文化的价值观念注入新的活力。因此,尽管历经改朝换代的大变迁,“正气”一脉仍应得以薪传。然而,异族侵略之“九一八”国耻殷鉴未远,如今又有了钓鱼岛事件……由此可见,宋明理学家的正气理念及其气节论,至今仍然有着不可磨灭的现实价值。我们呼唤,“正气”归来兮!

(作者单位:泉州师范学院闽南文化生态研究中心)

参考文献

[1]吴幼雄、李少园:《通淮关岳庙志》,中国社会科学出版社2008年版。

[2]戴希朱有理学著作《四书阐义》、《朱子配义》、《朱陆异同论》、《理学源流考》等。

[3]李方子:《资治通鉴纲目后序》,《朱子全书》,上海古籍出版社2002年版。

[4]朱熹:《朱熹集·续集》,四川教育出版社1996年版。

[5]朱熹:《朱熹集·答李滨老》卷四六,四川教育出版社1996年版。

[6]刘浦江:《“五德终始”说之终结——兼论宋代以降传统政治文化的嬗变》,《中国社会科学》2006第3期。

[7]谢铎:《校勘资治通鉴纲目疏》,《御选明臣奏议》卷四,四库全书本。

[8]陈寿:《三国志·蜀志》卷六,四库全书本。

[9]张惠芝、崔凡芝:《试析宋明理学中诚学对关羽形象的影响》,《中国历史博物馆馆刊》1998年第2期。

[10]罗贯中:《三国演义》,岳麓书社2009年版,第175～176页。

[11]朱熹:《朱熹集》卷二,四川教育出版社1996年版。

[12]岳珂:《桯史》,四库全书本。

[13]傅金星:《泉山采璞》,香港华星出版社1992年版,第114页。

[14]参见《泉州文学》1998 年第 6 期,李灿煌文。

[15]陈允敦:《泉州名匾录》,紫禁城出版社 1995 年版,第 35～36 页。

[16]《朱子语类》卷九十八,中华书局 1986 年版。

[17]乾隆《泉州府志》卷四十一《人物》。

闽台社会心理的历史、文化分析

——以两岸闽南人为中心

刘登翰

社会心理是人们在社会生活中发生、并能互相影响的一种普遍的精神现象。人在本质上是一种社会动物;人的生活的社会性,使社会生活环境成为人的社会心理的物质基础。然而社会的形成是历史长期发展的结果,因此,社会环境既是一种现实的关系,同时又潜藏着丰富的历史、文化信息。一般的社会心理,是现实社会环境对生活主体(人)的刺激所产生的反映;而某些具有地域特征的特殊社会心理和文化心态,则更多受到社会进程中地域历史文化因素的影响。本文所将讨论的主要是由历史文化积淀而来的具有地域特征的特殊社会心理和文化心态。由于社会心理具有外现性的特点与功能,居于社会控制和社会行为的中介地位,是社会行为的心理基础。因此,研究和剖析社会心理和社会普遍的文化心态,不仅是深入研究社会的一个重要视角,而且具有重要的现实意义。

福建和台湾都是中原汉族南徙先后建构起来的社会。移民和移民社会,是闽台特殊社会心理和文化心态形成的重要历史背景。特别是台湾社会的形成,是以中原移民在闽南的族裔二度移民入台为主体建构起来的。两岸的闽南人,有着共同的历史、文化背景。尽管闽台移民社会建成的时间不同,后来的社会发展也存在差异,使两岸闽南人渊源于共同历史、文化背景的特殊社会心理和文化心态,有些在福建保留得更多,有些在台湾表现得更突出,有些甚至在此岸或在彼岸已逐渐淡失,但其基本形态及存在的承递关系,并未根本改变,仍是我们追溯闽台文化亲缘关系,分析当前社会的一个学术价值与现实意义并重的研究视角。

以两岸闽南人为中心的闽台特殊的社会心理,突出地表现在以下几个方面。

一、祖根意识和本土认同:移民文化的心理投射

——兼论“中国意识”与“台湾意识”的形成和变化

福建与台湾,都是以中原汉族移民为人口主体而建构起来的社会。只不过福建移民社会的形成,为时更早,是从公元4世纪到12世纪由中原的汉族移民直接进入

的；而台湾，从17世纪中叶开始至19世纪初叶由中原定居闽粤的移民再度迁入。闽台社会历史上共同的移民经历，使闽台文化具有鲜明的移民文化特征。反射在民众的文化心理上，其重要的一个方面，就表现为既不断追问“我从哪里来”，又十分关切“我是在哪里”。这种对于“前在”的追本溯源的祖根意识，和对于“此在”的本土认同，构成了移民文化心态的一体两面。

尊祖敬宗，重视血脉传承，是中国传统文化的核心观念之一。这是因为中国是一个以中原汉族为核心、以农业文明为基础建构起来的国家。农业生产对于土地的依赖性和土地开发需要较长时间的累积性，以及从播种到收获相对稳定的周期性，都要求把人固定在土地上，形成一种稳定的人地关系。它不同于北方游牧民族逐水草而居的流动性，也不同于南方海洋部族“水行而山处”的漂移性，无论在生产方式或生活方式都有很大的区别。土地的开发需要逐代延续进行（如中国古代寓言《愚公移山》所描写的那样），因此土地的继承是农耕民族最重要的财产继承。这种继承，既是收获权的继承，也是经营权和开发权的继承。因为土地是祖业，祖业是不能轻易丢弃的，“安土重迁”便成为以农为本的中国人最重要的行为规范之一。中国的家族制度，便是建立在这种牢固的人地关系基础之上，并以血缘进一步巩固这种人地关系。在家族关系的金字塔式的结构之中，居于塔尖的祖宗，既是血缘延续的源头，也是家族基业的开创者，所谓“开基祖”是也。它形成了一种以血缘关系把人与土地联结在一起的网络结构，成为中国社会构成的一个基本的单元。家国同构，家是国的基础，国是家的扩大，国族是家族的延伸，家族与民族有着天然的关系。不过，在历史的发展中，相对说来，土地是一个常数，而家族人口却是一个不断繁衍的变数。当相对固定的土地不再能够满足人口发展的需要时，必然引发人口向土地更为富裕的地区迁徙（当然人口迁徙还有其他方面的原因，这里姑且不论），这种迁徙必然引起家族的分化。为了维系家族关系的存在，人们便以族谱或其他如姓氏、郡望、堂号、字辈等形式，来表明家族血缘的承袭。于是千百年来，谱牒作为中国社会史的一个侧面——家族史，便成为防止家族失忆的一种有效的手段而繁荣和流行起来。然而，并非所有的家族都能修谱，尤其是一些小姓弱族。而人口外徙往往是这些小姓弱族，或大家族中的弱房为主。于是，原乡记忆便作为家族记忆的补充和扩大，成为聚合散人异乡的“原乡人”的一种更为宽泛的联结方式。原乡的外延可大可小：同一村庄、同一区县，甚至包含几个区县的同一个方言区，都可以是原乡。它从另一个侧面表明了移民追问“我从哪里来”的强烈的祖根意识，这是中华民族从自己生存方式的本根上形成的一种区别于西方民族的传统文化观念。

闽台社会的移民经历，使闽台民众的文化心理中都有强烈的祖根意识。北方南下入闽的中原移民，虽然早者已历千载以上，近者也七、八百年，人口繁衍和变化太大，具体的宗祠族源已无从追溯，但福建人自称来自河南固始，在姓氏郡望上标明中原某某衍派，比比皆是，表明对自己根系的追索不敢忘却。台湾的移民大都发生在近二三百年，在时间上距今较近，家族的记忆、原乡的记忆不易丧失。早期的移民禁带妻眷，往往单身而往，春去冬返，家族的分支形成略晚。后来的移民又大多在各种禁令下以私渡的方式渗透入台，都靠乡亲族人牵引，形成同乡同族聚合而居的村社群落，这使他们把家族观念扩大为原乡观念，与原乡原族保持紧密的联系，一有可能便组织回乡祭祖认宗。而且在清代频频发生的因利益冲突而酿成的分类械斗，也从另一个侧面强化了移民的原乡观念和原乡组织。乙未以后日本殖民者强制进行的以灭绝汉民族文化为目的的殖民同化政策，激起民众的反抗，更是将原乡意识发展成为包容更加广泛的民族意识、祖国意识，祖根已不仅是家族的、原乡的祖根，而且是民族的、祖国的祖根。这一切都表明了清代以来形成的台湾移民社会，祖根意识并由此进一步衍化的民族意识、祖国意识，是民众心理最重要的文化意识之一。

在移民社会向移民定居社会发展的进程中，有两个关键的因素，一是移民后裔人口的自然增长超过了新移民人口的机械增长；二是移民所携带的原乡文化，受到移居地自然环境、生活方式和当地土著文化的影响，产生某种适应新的生存环境的“本土化”变异。文化的这种“本土化”进程，是移民社会普遍存在的一种文化现象；而所谓移民后裔，指的就是在父祖辈所开创的新的移民环境中出生和成长起来的那一代代人。他们与移居地同步成长的历程，使他们在承袭父祖辈的祖根意识的同时，对移居地又有强烈的本土认同。祖根意识是来自父祖辈的一份历史记忆，虽然日渐久远，却是中华民族传统中根深蒂固的一份不可违逆的精神归依；而本土认同却是生存的现实，是每天必须面对的日益强化的一种生活环境。二者共同构成了移民社会精神生活和文化心态的两面。

祖根意识和本土认同并不互相矛盾。祖根意识是对遥远的原乡血亲和民族文化的追认和怀念；而本土认同则是对遥远的血亲在本土延续和原乡（民族）文化在本土延伸中出现的某些本土化特征的承认。二者是一致的，在某种意义上甚至可以说本土认同是以祖根意识为内涵，而祖根意识也包容了本土认同。对祖根意识的追溯也意味着对本土认同的承认。因为这个“本土”，无论在族源上还是文化上，都是祖根延伸而形成的，切断了“祖根”，何来“本土”？没有“祖根”的“本土”，只是无源之水、无本之木。这一点在福建社会和福建文化中，表现得十分清楚。当我们说“我是福建人”，这个“福建”是中国的具体化；而所谓“福建文化”，是中华文化的一种本土形态，既源之于中华文化，也作为中华文化的一部分存在着。

然而在今日台湾社会的现实发展中，反映移民社会文化心态的这两面，却被作为不可调和的对立的矛盾，成为某些政客煽动民众、进行政治斗法的工具。且以近年来为“台独”论者鼓吹最烈的“台湾意识”及与其相对应的“中国意识”为例。所谓“台湾意识”，有时也称为台湾情怀或台湾情结、台湾结，和“中国意识”一样，有时也称为中国情怀或中国情结、中国结，它们都是在不同层面上，反映着对同一问题体验和思考的深度不同。从心理学上说，“情怀”是对历史与现实的体验而形成的一种社会心绪；“情结”则是这种社会心绪在历史积累和现实压抑中造成的一种定向的、执着的（有时甚至是偏执的）社会心态；而“意识”，是指这种心绪或心态由感性的体验经过反省升华为理性思考。因此，反映着认识阶段发展不同的中国情怀、情结和意识，以及台湾情怀、情结和意识，都不是偶然发生的，它们有着各自产生的历史背景和发展过程。

首先，它们是以移民社会普遍的祖根意识和本土认同的社会心态为基础而衍化出来的。在移民社会初期，祖根意识的文化内涵，主要是一种祖籍认同、家族认同和对于祖根文化的认同，它当然也潜在地包含着国家认同和民族认同的内容。闽台移民的特点，是在同一个国家由经济发达、人口密集地区向经济迟缓发展、人口较为稀少地区的移民，而且移民之后，成为移居地社会人口和民族构成的主体，不像西方是由一个国家向另一个国家的移民，夹杂在其他民族之中，因此并不存在需要提出国家认同和民族认同的背景。而本土认同，其实质是一种乡土情怀，是对于包括自己在内的几辈人共同开发，而且还将子子孙孙生死于斯的这块土地的感情和肯认。这种乡土情怀实际上和中国社会普遍存在的各个地区人民对自己故乡土地的感情，并无根本区别；它是祖根文化的一种本土体现，是和祖根意识并行不悖、互相包容的一种历史与现实的同构。

其次，"台湾意识"和"中国意识"问题最初提出，是在日本据台时期。日本殖民者在台湾推行的是旨在将台湾永远纳入它的国土之中的强制同化政策，这一企图从根本上灭绝中华文化的殖民同化政策，既指向中华民族文化，也指向台湾本土文化，唯此才能代之以日本的大和文化。它必然激起台湾人民普遍的反抗。从日据时期台湾人民持续不断的武装斗争到文化抗争，都十分明确所有的抗争都是以对祖国的国家认同、民族认同和文化认同为前提和归指的。只不过限于这一时期的政治压力，不能讲"民族"，只好讲"乡土"，而这个"乡土"是台湾，其背后的实质是中国。这也就是说，日本的殖民统治，造就了与日本殖民者所鼓吹的"皇民意识"相抗衡的"台湾意识"的勃兴。而这时所谓的"台湾意识"，是以民族文化为内涵，民族认同为指向，回归祖国为目标的与"皇民意识"相对立的"中国意识"的同义语。所以，在日本割据背景下，"中国意识"和"台湾意识"表现出很高的同质性。当时社会流传的一首殡歌："我头不戴你天，脚不踩你地，三魂回唐山；七魄归故里"，就表现出日据时期台湾人民与殖民者不共戴天的回归情绪。日据时期"乡土文学"口号的提出，以及一大批具有强烈民族意识的乡土作家和作品的出现，都表现出这一时期"台湾意识"与"中国意识"同质的特点。反映移民社会民众心态的祖根意识和本土认同，具有了一致的国家认同和民族认同的内涵。

再次，二战胜利以后，台湾回归祖国。随着国共战争爆发，迁台的国民党政权，为了维持在台湾统治的合法性和实现"反攻大陆"的梦想，强调拥有整个中国主权的"法统"地位。因此，迁台的国民党政权坚持"一个中国"的理念，承认台湾同胞是中国人，海峡两岸有着共同的血缘和文化；台湾是中国的一部分，不容独立于中国之外。为此它运用政权掌握的各种资源和手段，推广中华文化，使"中国意识"成为主导台湾社会民众心理的重要因素。然而，国民党政权自身存在的重重矛盾难以掩饰它在台湾统治的危机。第一是"反攻大陆"神话的破产和国际地位的衰落，导致了它维持"法统"

地位的严重宪政危机。第二，在其独裁腐败的专权中，加剧了早期台湾移民与随国民党政权进入台湾的后期移民之间的省籍矛盾。第三，在强调“一个中国”的文化认同中，不恰当地忽视和歧视了其实应包括在中华文化认同之中的台湾本土文化；甚至错误地把某些台湾本土文化也当作日本文化的残余进行清除，严重伤害了台湾民众的感情。第四，长期的两岸对峙和疏隔，以及不完整的教育所造成的历史断裂，使年青一代缺乏对于国家、民族的完整理念。这是一个既强调“中国意识”，却又潜伏着国家认同、民族认同和文化认同种种危机的特殊时期。

最后，随着尘嚣甚上的“台独”思潮逐步从理论宣传走向政策实施，“台湾意识”的重新提出，成为“台独”论者煽动民众情绪，鼓吹“独立建国”的一个理论支撑点。只不过“台独”论者的“台湾意识”论，和日据时期不同，不是针对日本殖民者的“皇民意识”，而是针对认同一个中国的“中国意识”提出的。日据时期台湾民众提出的“台湾意识”，具有反抗殖民统治的性质，在国家认同与民族认同上与“中国意识”同质，是以“中国意识”为内涵的。而“台独”论者所谓的“台湾意识”则是作为“中国意识”的对立面。是拒绝一个中国的国家认同和民族认同，而主张把台湾作为一个“独立国家”来进行国家认同和文化认同。“台湾意识”从日据时期的提出到当前的提出，有着不同的历史背景和政治内涵。“台独”论者对“台湾意识”的重新提出，违背了这一概念提出的初衷，正在走向它的历史反面。

“中国意识”与“台湾意识”这一对范畴，来源于移民社会的祖根意识和本土认同，在历史的发展中扩大了它的外延，丰富了它的内涵，是我们认识和分析移民社会普遍性和特殊性的一个关键。过分强调普遍性而忽略特殊性，可能造成对移民群体的情感伤害；而过分强调特殊性，甚至以特殊性来否定普遍性的存在，则又可能走向事物的反面。当前“台独”论者鼓吹的“台湾意识”，就走在这样危险的边缘。普遍性与特殊性互为表里的并存与同构，是事物健康发展的正常规律。在祖根意识与本土认同，以及其所衍化的“中国意识”与“台湾意识”问题，我们都应作如是观。

二、拼搏开拓和冒险犯难：移民拓殖性格的两面

拼搏开拓与冒险犯难，是闽台移民拓殖性格形成互相联系的一体两面。拼搏开拓表现了移民拓展进取的积极创造精神，而冒险犯难则是移民在为实现自己目标时，有时不惜采取非理性的过激手段。二者都来自于闽台移民自身的人生经历和生存经验。闽台移民在其迁徙和创业过程中所遭遇的特殊困难和曲折，为这一复杂性格的形成提供了客观的土壤。

首先，闽台的移民，是充满艰辛的长距离的迁徙。福建的移民，主要来自中原。在古代社会，从中原到福建，是一条艰难的路程。虽然其间曾经有过从江北先移入江南，再转徙南下；但几千里路的山重水复，无论是举族南移，还是单家独户的长途跋

涉,都极为不易,瘴疠疾病,猛兽盗贼,随时都可能让许多移民瘐死途中。而台湾的移民,主要来自闽粤。从闽粤到台湾,虽只隔海相望,但水路不同于陆途,风波险恶,危象丛生。特别清代移民,长时间处于限制入台的政策之中,正常的移渡无法进行,大多以私渡的方式渗透。清吴士功《请准台民搬眷并严禁偷渡疏》述及当时的情况云:"内地穷民在台营生者数十万,其父母、妻子附仰之资,急欲赴台就养,格于禁例,群贿船承顶冒水手姓名,用小渔船夜载出口,私上大船;抵台复有渔船乘夜接载,名曰'灌水'。经汛口觉察,奸艄照例问遣,固刑当其罪;而杖逐回籍之民,室庐抛弃,器物一空矣。更有客头串通习水积匪,用湿漏之船载数百人,挤入舱中,将舱钉封,不使上下。乘黑夜出洋,偶值风涛,尽入鱼腹。比到岸,恐人知觉,遇有沙汕,辄赶骗离船,名曰'放生'。沙汕断头,距岸尚远;行止深处,全身陷入泥淖中,名曰'种竽'。或潮流适涨,随流漂溺,名曰'饵鱼'。穷民迫于饥寒,罔顾行险,相率陷阱,言之痛心。"[1]吴士功以乾隆二十三年(1758年)12月至二十四年(1759年)为例,"一载之中,共盘获偷渡民二十五起,老幼男妇九百九十九名,内溺毙者男妇三十四名口。"这是有据可查的,未入载者尚不知多少。这样的冒死偷渡,较之长途跋涉,若非出于万不得已,当不采此下策,其所需的克难精神与坚忍意志,当也倍于陆途移民。闽台移民所历经的艰辛和付出的代价,恐非其他移民所能比拟。这对于闽台移民坚忍意志的砥砺,有着特别的意义。

其次,闽台移民的性质,主要是从经济开发较早地区向经济开发迟缓地区迁徙的垦殖性移民。这就意味着,无论唐宋时期从中原来到福建,还是明清时期由福建徙人台湾,他们所面对的,基本上是一片较之自己的移出地虽然条件优越,但生存环境更为恶劣的蛮荒土地。他们无可选择所能进行的,只是荜路褴褛、以启山林的农业垦殖工作。这种主要依靠体力劳作的对土地带有原始性质的开发,需要付出更多的艰辛。他们不像现代化进程中由农村向城市的移民,也不同于今日由国内向海外先进国家的移民,出于无奈的长途迁徙,不是去享受社会发展的现成,而是抵手拼足从头开始的生活创造。闽台移民的这种原始状态的农业垦殖,对于闽台移民特殊性格的形成,有着重要的影响。

再次,闽台移民是交错在战争移民与经济移民的复杂转换之中。战争是闽台移民的主要动力之一。一方面是战争引起的动乱,造成北方移民的南徙,如西晋末年的衣冠南渡和中唐安史之乱与北宋末年的靖康之难所引起的北人南下。另一方面是直接的战争行动,如唐初陈元光父子率军人闽平定"獠蛮啸乱",唐末五代王审之兄弟率中州士民入闽征战;明末郑成功率军人台驱荷,建立抗清复明的政治军事基地,也属于这种情况。他们往往出于军事给养的需要,寓兵于农,从事屯垦,同时也在征战初定以后,落籍当地,由政治性的军事移民转变为经济性的开发移民。这种转换,使闽台移民的成分,杂有许多以单身青壮年为主的战争移民。他们的尚武精神和行伍习气,养成了好勇斗狠之风,既敢于舍身克难,也不惜冒死逞强。这种习气对闽台移民这一冒险性格的形成,不能不有着正面与负面兼具的影响。

最后,闽台地区的海洋文化传统,使闽台移民在以土地垦殖为主的农业活动同时,其一部分人也利用海洋优势进行商业活动。朝向大洋的辽阔海上航行,与面对土地的朝夕刻苦经营,赋予了二者不同的思维和视野。前者更富于浪漫想象力的开拓意识,后者更着重于脚踏实地的务实精神。它们都作为闽台移民的不同成分,整合在闽台社会之中。而明清时期闽台海域的商业活动,既在闽台之间互通有无,更与番舶外商进行带有国际性质的贸易。这种与官商的朝贡贸易同时崛起的民间私商的市舶贸易,在明代以来屡遭禁制。但禁而不绝,反倒促使正常的民间贸易发展为私人武装商业集团的走私活动,以福建沿海岛屿和台湾西岸港口为据点,成为控制台湾海峡这一海上贸易黄金通道的巨大力量。海上贸易的厚利和违禁贸易的风险,形成了一个怪圈,推动闽台私商不惜冒险犯难去追逐最大利润。民间私商的兴起和繁荣,是闽台社会发展的重要经济力量,也是影响闽台社会文化心态的一个重要因素。

上述诸方面因素,从闽台移民的性质、类型、成分、习气,以及追逐商业利润的冒险性等,构成闽台移民的特殊经历,赋予了闽台社会人文心态与文化性格的重要特征。其一个方面是拼搏开拓的精神。移民事业是一种开拓性的事业,是移民在相对恶劣的生存环境中寻找和创造发展的机遇。因此,对于移民来说,无论是农业垦殖,还是其他生产活动,都是一个从无到有、从初级到高级的创造过程。在这个过程中,移民所面对的,不仅是迁徙途中遭遇的千辛万苦,还有创业过程必须应对的各种预想不到的困难,这就特别需要移民在吃苦求实的精神基础上,还拥有勇于开拓的远见和智慧。拼搏与开拓,既是对移民精神品质的要求,也是移民从自己人生经历和生存经验中形成的性格特征。另一方面,是移民的冒险犯难精神。移民本身就是一件冒险的事情,移民途中罕见的险阻,移垦过程所需的克难精神,以及移民组合之间复杂的矛盾与冲突,再加上移民构成的复杂成分,这一切都使他们养成了好勇斗狠、冒死逞强,为达目的不惜冒险犯难的精神和习气。这样,闽台移民在形成拼搏开拓的精神品格同时,也很容易使这一品格染有某种失却理性、好勇斗狠、冒险犯难的负面因素。这种带有某种流氓无产者习气的冒险精神,带有两重性,既可能推进移民事业的拓展,也可能造成对社会的破坏。闽台海上商业的武装走私活动,以及有清一代移民长时间存在的分类械斗,从某种程度上就反映着这种逞勇好斗、冒险犯难的盲目性。

拼搏开拓与冒险犯难,是闽台移民从自身经历中形成的拓植性格的两面。它一直作为闽台移民主要的性格特征,影响着闽台社会的发展。从移民社会的初建,直到今天闽台都经历了近代化和现代化的社会转型,仍然潜藏着这一拼搏开拓性格与精神对历史进程的深刻影响。在福建,尤其是与台湾关系密切的闽南地区,民风的豪爽、尚义、重友、经武,以及敢为人先的开创精神,葆有着先辈移民拼搏开拓的精神传统。19世纪以来迫于战乱和灾祸而远走海外谋生创业的福建华侨,实际上也是这一先辈移民精神的海外发扬。他们经历着与开发台湾同样艰辛的创业历程,也收获着海外创业的丰硕成果。20世纪80年代以来,改革开放的政策带来福建经济的腾飞,其最早体现这一业绩的,也是来自沿海具有移民传统的地区,特别是民营企业的迅速发展，与历史形成的这一地区移民创业的拼搏开拓精神不无关系。在台湾，这一精神既体现在最初的土地拓垦上，也表现在今日的经济发展中。由于国民党政权迁台初期对本省人士的政治歧视，把本省人排斥在情治系统之外，促使从“土地改革”中把农业资本转换成为工业资本的一批本省人士投资企业。而在20世纪60年代台湾的经济起飞中，正是这批中小企业者（所谓“山寨企业”）拎着一只皮包，走遍世界去开发市场，从而带来台湾经济的繁荣。这种精神无疑是移民拓展性格与传统的发扬。两岸流行的一首闽南方言歌曲《爱拼才会赢》，准确地抓住了移民开拓精神的这个“拼”的典型性格特征，因此作为民众心声的概括与传递，这首歌曲长久流行不懈。但是必须注意，“拼”只是一种精神的抽象概括，而所有“拼”的精神背后，都有具体的行为内容。抽象地肯定“拼”的精神，也潜隐着移民拓展性格的另一面：冒险犯难。不问为什么而不惜冒险犯难地盲目去“拼”，实际上正是这一移民性格的负面影响，它的盲目性和盲动性，使夹带着许多情绪化成分的这一移民性格的负面，很容易为某些别有用心的人士所利用。历史上的“分类械斗”存在这种情况，今天台湾政坛的某些斗争，也不乏这种利用和煽动，这却是应当为我们所十分警惕的。据传媒报导，在1996年台湾地区领导人的第一次民选中，在我强大军事演习的压力下，某些政界人物却指挥演唱《爱拼才会赢》，以此来煽动民众情绪，便是这一文化性格负面价值的一次拙劣表演。

三、族群观念与帮派意识：移民社会组合方式的心理影响

——兼论清代台湾的分类械斗及其影响

中国的传统社会，是以家庭作为社会基本单元的。家族的形成和发展，是中国传统社会形成和发展的基础。因此，以家族为中心的社会组合方式，构成了中国村社聚落的基本形态。它的重要特征是围绕着血缘的传承与地缘互相涵化。由同姓同宗的家族血缘关系发展起来的村社聚落，极为普遍，查之各省各地的地名辞典，以姓氏冠名的村庄，如张家村、李家庄等等，比比皆是。它反映了这种建立在地缘之上的家族血缘组合，在中国社会聚落构成中据有的重要地位。

然而，这种情况，对于闽台移民社会（其实也包括其他移民社会），稍有不同。一般说来，闽台的移民，除个别特殊时期——如西晋末年豪门巨姓的举族南迁，大多是单门独户甚而是单身独人，或者三五结伴的辗转流徙。家族血缘聚落的形成，并非一开始就可能出现。这种个别的持续不断的移民，往往需要同乡、同族之间的互相牵引和投靠，这就造成了初期移民的组合方式是以地缘性的原乡组合——即聚乡而居为主，比之血缘性的家族组合——即聚族而居，要更为普遍。尽管在地缘性的移民组合中，包括一定的家族关系，但地缘在这一聚落的形成中，起着主导的作用。这个地缘性的原乡，可能是祖籍地的同一个村庄，也可能是同一县府，甚而是同一个方言区。只有到了移民社会后期，随着移民数量的增加和移民后裔的繁衍，新的家族发育起

来，血缘性的家族组合才从地缘性的原乡组合中脱颖而出，逐渐起着主导的作用，成为移民社会向定居社会转化的标志之一。

这种移民组合方式的变化，在福建，由于移民社会出现较早，大抵到了宋代，家族发育已经成熟，社会的组合方式已和中原传统社会没有太大区别，其变化的脉迹已较难追寻。历史上地缘性的社会组合方式留给民众的心理影响，虽渐削弱，但仍可寻。福建方志族谱中屡有族性械斗的记载。此风一直延至民国初年，尚未遏止。在外人眼里，闽人——尤其是闽南人的民性？勇刚烈，尚武重义，其关爱乡土，重视亲谊，无论走到哪里，海内或是海外，各种形式的乡谊组织，蜂拥而出，把闽人分类地聚集在一起，一致对外，对内则时有矛盾冲突发生。凡此等等，都是这一社会组合方式遗存至今的心理影响。

在台湾，由于移民社会出现较晚，一般认为到清代中叶，移民家族新的血缘关系，才逐渐发育成熟，距今不过二百年左右。其由地缘性的原乡组合向血缘性的家族组合的发展痕迹，尚清晰可见。这一社会组合方式所造成的特殊社会心理影响，也愈加鲜明、强烈。我们可从下述三个方面来考察台湾移民社会组合方式的形成、变化及所产生的特殊社会心理与影响。

1.明末由郑氏父子所带动的第一个移民浪潮，并没有造成移民长久的居住。崇祯年间，郑芝龙降明后组织福建灾民渡台垦殖救饥，是一次救急性的移民活动。从当时的人口资料看，据荷兰东印度公司总督的报告：由于大陆战乱和饥馑，台湾的汉人增至二万人，但饥馑过后，约有八千人返回大陆。可见灾后返乡的移民所占比例很大，久居在台湾的移民数量不会太多。郑成功治台时期，台湾人口（包括军队和招抚沿海因“迁界”而流离失所的乡民）发展到最多时在10万以上（葛剑雄主编的《中国移民史》则称“可能达到15万人左右”）。但清政府统一台湾后，强制郑氏官员、兵丁及沿海流民，迁回原籍，台湾人口一下子骤减过半。这一时期的移民，以战争移民和招抚流民为主，多为青壮男丁，少有家族关系；即使郑氏政权治台期间所形成官僚家族：如郑氏家族、陈永华家族等，也在平台以后弥散消失。台湾血缘家族关系的形成，主要在清代持续不断的移民浪潮中出现。由于初期禁止携带家眷渡台，移民多为单身青壮男性，春去冬返。雍正十年（1732年）开始诏许搬眷入台，此后又屡经反复，至光绪初年，才完全开禁。其间民间虽有私渡载眷入台者，但数量不会很多；因此，台湾血缘家族的形成，当在乾隆以后。以现今台湾所谓的“五大家族”看，雾峰林家的第一代传人林石是在乾隆十六年（1750年）才从大陆迁台；基隆颜家的第一代传人颜浩妥是乾隆四十年（1775年）由闽入台；板桥林家的第一代传人林应寅于乾隆四十三年（1778年）才由漳州迁台；而高雄陈家的发迹者陈中和于咸丰三年（1853年）才出生；鹿港辜家则更晚才靠日据时期辜显荣的汉奸生涯发迹的。家族社会的晚成，使移民地缘性的原乡组合，在台湾延续了很长一段时间。这就对移民在原乡组合原则下形成的族群观念产生重要影响。

2.闽粤移民迁入台湾的时间有所前后，其在台湾享有的垦殖开发的权益，并不均等。就闽粤两省而言，明代的台湾移民，主要来自福建；不仅早期对澎湖的开发，主要是泉州府人，明末郑氏父子引领的移民，也主要来自福建。清政府统一台湾以后，将台湾作为一个府置于福建治下，其反复“禁”、“放”的渡台政策，也只开放福建一省，而以粤东之地“素为盗贼渊薮，而积习未忘”为由，“严禁粤中惠、潮之民，不许渡台”。为此广东客家移民人台，不仅人数少、时间也晚。台湾学者林再复在《闽南人》一书中亦称：“清代台湾民间的三大势力是：漳州人、泉州人和客家人(或称粤民)。其中随郑成功来台者大多是泉州人；随施琅征台者大多为漳州人。客家人在台初入清朝版图时，曾被禁止入台，至康熙三十五年，施琅殁后，禁令渐驰，渡台者才渐增多。”[2]文中涉及泉州人与漳州人的来台先后，亦可从泉州人与漳州人移民台湾后居住与垦殖地区的分布得到旁证。泉漳移民虽都比晚来的粤东移民占据条件较好的海滨和平原，但泉州人多在海口，而漳州人多靠近内山。正是这种环境差异所带来的权益不均，造成了各籍移民之间的矛盾。

3. 台湾的垦殖开发是随着移民的增加，逐步由中部向南北两端发展，由沿海向内山发展，它同时也形成了移民沿垦殖路线分布的分类居住。台湾的垦殖，从明郑时代开始，首先在台南地区，一路由台南地区向北发展，另一路则从由中部鹿港登陆，开发彰化平原。康熙以后，才由彰化渡过大肚溪进人台中；雍正初年，以漳州移民为主，由漳化沿八卦台地南拓至南投、草屯至雾峰一带。乾隆年间解除携眷渡台之禁以后，大批移民涌人，则由台中盆地向四方拓展，并有进入丘陵山地的趋势。在台湾北部地区，以清初同安人王世杰请垦竹堑埔(今新竹地区)开始，返乡邀集乡亲百余人台开发；与此同时，泉州移民也进入竹堑，至雍正初年，加入粤东移民。乾隆一朝，竹堑开发，包罗了闽之同安、泉州、惠安、晋江、南安和粤之陆丰、海丰、饶平、惠州诸地移民，达到全盛阶段。桃园的开发，也延及康雍乾三世，以闽之漳邑的诏安、漳浦、龙溪、南靖等各县和粤之饶平、五华、陆丰、梅县等各县移民为主，至嘉庆，才越过东北角山地，进入东部宜兰平原。由于台湾西部平原，多为福建移民所据。晚来的粤东移民，便更多南下进入屏东平原。台湾由南向北、由西向东、由沿海向内山的开发路线，是和移民的迁徙路线，以及先后入台的移民分布地区相叠合的。[3]由此亦可察见，台湾移民以原乡为聚合原则的地缘组合状况。大抵而言，“以南北论，则北淡水，南风山多广民，诸彰二邑多闽户；以内外论，则近海属漳泉之土著，近山多广东客庄。”[4]

台湾移民初期地缘性的原乡社会组合，主要是出于垦殖的需要。它具有三个方面的作用：一是作为移民人台的招引，是渡台初期移民的生活组合方式；二是作为移民拓垦的一种生产组合方式。台湾未经开发的恶劣自然环境，往往非移民个人力量所能战胜，因此需要大家共同协力，原乡组合便起了这样一种生产组织的作用。第三它还是一种移民自卫的组合。移民社会是一个竞争激烈的社会，为土地、为水源、为各种利益冲突，常引起火拼，同样需要集合移民力量，才能保障共同利益不受侵犯。这种自卫性的力量组合，在激烈的矛盾冲突中，往往也可能转化为侵犯他人(他个移民组合)利益的恶性力量。

移民社会的这种地缘性的组合方式,是移民强烈的族群观念形成的社会基础。它基于移民初期个体生命对于群体依赖的生存原则。以原籍乡缘和共同利益为前提建立起来的族群观念,对移民社会的形成和发展,具有积极的意义。但另一方面,狭隘的地域观念和利害关系,也可能使族群意识异化为一种小团体主义的帮派意识,从而走向社会良性发展的反面。清代台湾频频发生的分类械斗,便是这种狭隘的族群——帮派意义的反映。

关于"分类械斗",学术界一般有宽、严两种界定。比较宽泛的界定是把民间械斗,如一般的族姓械斗、职业团体械斗等,以其在台湾亦含有一定的地域背景,都包括在内;比较严格的界定是专指移民以不同祖籍或方言区所形成的地缘性组合之间,因利益冲突而引发的不带政治色彩的民间私斗。这一界定,把"分类械斗"和一般械斗,以及带有政治色彩的被统治者反抗统治者的起义,被剥削者反抗剥削者的阶级斗争区分开来。"严格的界定,对于阐明"分类械斗"的特殊性质,以及突现台湾移民社会的特征当更为有利。不过不可否认,作为"分类械斗"社会基础的台湾移民原乡性的"分类"组合方式,本身也交杂着一定的族姓关系,其所形成的"族群/帮派"的分类意识,也很容易渗透在一般的族姓械斗或带有一定政治色彩的抗争之中,或因分类械斗升级,而扩大为抗官事件,或因官军介入,而转变为反清事件,二者常常互相纠缠和互相转化。而清政府对于移民的抗清斗争,也常常利用畛域矛盾进行分化,闽人倡乱,则以粤人制之,漳人倡乱,则以泉人制之,反之亦然。如康熙六十年(1721 年)闽人朱一贵起义,清政府就利用凤山县下淡水流域的客家各庄,以"拥清"为名,组织粤庄"义民"进行抗衡;又如乾隆五十一年(1786 年)林爽文起义,多以原乡的漳州府移民为部众,清政府又利用漳泉矛盾,组织泉籍"义民"参与镇压,以平定乱局,由此更进一步加深了漳泉两籍的矛盾。在台湾"分类械斗"中,这种带有"族群/帮派"分类意识的泛政治化现象,屡有发生,应当引起我们特别的注意。

有清一代,台湾的各类械斗,频频不断。据陈孔立统计,自乾隆三十三年(1768 年)至光绪十三年(1887 年)的 120 年间,台湾共发生械斗事件 57 起,平均两年一次,其中,属于分类械斗 35 起,一般械斗 22 起。分类械斗中,闽粤 16 起,漳泉 18 起,顶下郊 1 起;一般械斗中,异姓 12 起,同姓 6 起,同业 2 起,兵丁 1 起,不明对象者 1 起。其发生时间基本都在咸丰十年(1860 年)以前,闽粤械斗多在前期,至道光后逐渐减少,而漳泉械斗则在嘉庆、道光、咸丰年间达到高潮。其地点,闽粤械斗多发生在台湾北部或南部凤山一带,漳泉械斗多发生在中部的彰化、嘉义地区。[5]

台湾分类械斗的原因相当复杂,可从三个方面分析:

1. 政治原因:清政府平治台湾后,初期所采取的消极治台政策,导致台湾的吏治败坏,官府无能,班兵制度日见腐化,其对台湾社会的控制力,也更趋薄弱。民间一有纷争,官府无法秉公处断,在诉讼不清、走告无门的情况下,移民便只有率众合族,私相逞斗,以解决争端。而当事关重大,官府则又利用双方矛盾,刻意分化,以致互相焚杀,形成血仇,使本就尖锐的畛域歧见,更趋激烈。政治上的因素,虽不是分类械斗的直接原因，却是产生的背景和酿造的温床；

2. 经济原因：分类械斗的发生往往由于利益的直接冲突所引起，主要涉及土地和水利的争端为多。移民抵台，分类聚居，以农业垦殖为主业。清代初期，可垦之地尚多，因争地所诱发的械斗较少。乾隆中叶以后，彰化、南投、竹堑、淡水已先后开发，在可垦之地日益紧缺的情况下，为争夺土地的垦殖权，各籍移民便形若水火，互不相让。先是闽粤争斗，继有漳泉分类，或则漳人联粤攻泉，或则泉人联粤抗漳。嘉庆四年(1799年)噶玛兰地区漳、泉、粤移民先后共同参与开发，因分地不均而引起械斗，即为典型的例子。其次为争水。台湾地势，中部隆起，两岸临海，山海之间，缺少大片平原过度，以致河流短促，一雨成灾。粤人靠山，闽人近海，形成利害两端。山洪来时，靠山的粤庄急盼速泄，减轻水患，却造成近海的闽村洪水侵入，而深苦其患；闽人为阻遏洪水，则必使之假道粤庄，亦为粤人所难接受。而当少雨枯水时节，上游粤庄阻水灌溉，却使下游闽村缺水无法耕作。《凤山县采访册》曾记："凤山下淡水各溪，发源于傀儡山。瀑，万顷汪洋，倾泻而下，分为数十重，虽地势使然，亦粤民筑坝截围所致也。闻前辈不许截围，欲使山泉顺流而放诸海，不为害于闽庄。惜粤民不肯，几成械斗。因弗果行，遂至溪流浩大，泛滥无常。"[6]经济上的利益冲突是分类械斗产生的直接原因。

3. 社会原因：首先是台湾移民初期以地缘为分类原则的社会组合方式，强化了移民心理上的分类意识，成为台湾分类械斗的社会基础和思想基础。其次，台湾移民社会初成，文教未兴，整个社会的文治程度不高。移民中的豪强之士，以其逞勇好斗成为移民领袖而进入社会领导阶层；而移民所来自的原乡，皆是民间械斗多发的地区，如《清宣宗实录》中所指出的："械斗之案，起于闽省漳泉二属，而粤东潮惠尤甚。"风气沿袭，使台湾移民每遇利益冲突时，动辄聚众，以图解决。其民风强悍，诚如刘传铭所云："一言不合，拔刀相仇。"第三，早期台湾移民由于禁止携眷渡台，多为单身青壮男性，入无天伦之乐，出无家室之累，心理生理的失衡，使之心浮气躁，常以嗜酒赌斗为乐。而移民之中，杂有许多无业游民(俗称"罗汉脚")，本就好事生非，树旗结党，每有冲突，则充当亡命，铤而走险。第四，受上述风气所染，台湾移民中拜盟结会之风十分兴盛。各种名目的同乡会、宗亲会、神明会、祖公会、父母会、兄弟会等，以共同利害关系为纽带，结成地域性、血缘性、行业性的各种帮派团体，其数量之多，常为统治者惊心和警惕。据1919年日本的调查，仅清代成立的带有宗亲性质的神明会和祖公会，就有5159个，占台湾总户数的一半。为此清政府曾以"仁德衰而盟誓生，道德薄而诅咒兴"，谴责"动辄焚香祭酒，称哥呼弟"的拜誓之风为社会"恶俗"，严令取缔，并律例"为首者绞，为从者杖一百，流千里。"[7]其律不可谓不严，但禁者自禁，行者自行，拜盟结会之风未减，且常因利益争端"一言不合，即相仇杀"，而酿成械斗。

清代台湾移民社会的分类械斗，不仅影响于当时，而且流弊于今天。就当时的社会发展而言，频繁的流血械斗，造成民间巨大的损失，其焚街烧屋，杀掠破坏，致使田园荒芜，人口流徙，社会处于极度动荡之中，对经济发展所造成的滞碍和文治社会的建设所带来的祸害，迟缓了台湾社会的发展步伐。对后世而言，分类械斗所形成的帮派意识，渗透在民众的心理之中，成为台湾社会潜在的一个顽症。今日台湾政坛的政党纷争，其性质和方式，都从某些方面让我们联想起昔日的分类械斗，可视作是昔日分类械斗的流弊遗风在今天社会的一种反映。其突出地表现在三个方面：

一是树帮立派的分类意识广泛地渗透在台湾政坛的斗争之中。台湾社会由历史上移民矛盾而遗留下来的族群对立本就十分尖锐，这种以移民原乡为分类的族群观念被泛政治化以后，使新老族群的矛盾都带上政治色彩。首先是所谓“本省人”和“外省人”的“省籍矛盾”，已不再是先后入台的时间差异和地域差异，而是潜藏着外来的国民党政权和本土化政权要求之间的冲突；在所谓“本省人”之中，又存在着汉族移民和先住民的矛盾，以及汉族移民中的福佬与客家的矛盾，还有福佬和客家内部不同派系的矛盾。这一在今天仍不断细化的多重分类，都寻求在政治上表达自己的诉求，使今天台湾政坛上的各种人物都代表着某一部分人的利益和声音。即使在同一政党内，也是党内有派，派中有帮。政党意识中夹杂着小团体的，甚而是个人的利害关系，形成各种利益联盟，一会儿联甲伐乙、一会儿联乙伐丙……不一而足，造成了台湾政坛的各种乱象。被戴上政治光环的帮派意识，实际上常常变成政坛人物以政治为幌子谋取私利的一种手段。台湾政坛政治斗争的质量不高，与这一流弊不能没有关系。

二是台湾政坛上过多的肢体冲突，可以看成是昔日分类械斗现代版。政治斗争本来是一种高级的意识形态的斗争，把政治斗争肢体化、低级化，变成政坛上口水和拳头纷飞的相骂和打架，是台湾政坛传扬于世的丑闻。这种不诉诸政治而诉之拳头的肢体冲突，在本质上和先辈移民以武力解决问题的分类械斗并无不同，是昔日遗风的再现。

三是“黑金”或“白金”政治。以金钱驾驭政治，和以金钱收买打手，然后通过政治或打手(械斗)来实现对利益的最大控制。这种由幕后财团操控的金钱政治，和由豪绅大户公开支持的民间私斗，在本质上并无两样。国民党执政时期屡屡爆出的“黑金”丑闻，和民进党执政以来并不乏见的买票贿选，以及利用政权资源公开进行营私操控，一“黑”一“白”，或者“黑”“白”兼具，都是昔日分类械斗幕后手段的政治再现。

当前台湾政坛的政治乱局，有着复杂的现实背景，也有着深刻的历史根源。分类械斗的现代流弊，是其历史根源的一部分，认识分类械斗，对我们辨析台湾的政治乱象，或许有所助益。

四、边缘心态与“孤儿”意识：自卑与自尊的心理敏感

闽台在中国的地理版图上，都处于中原大陆的边缘：福建在东南濒海的一隅，北隔武夷山脉与中原断开。在交通不便的古代，素有“闽道更比蜀道难”之称，流配福建，视为畏途；而台湾则在大陆东南的海中，以岛屿的形态依附在大陆边缘，比福建距

中原更隔一道海峡，虽称一衣带水，却风波险恶。这种地理环境的边缘位置，也造成了闽台在中国政治版图和文化版图上的边缘状态。在政治版图上，闽台都远离政治中心的中原，是较晚才纳入以中原为政治中枢的实际行政管辖之中，福建大致在汉代封闽越王之后，而台湾则在明末郑氏经营台湾时期。在文化版图上，远离儒教中心的闽台，在汉唐时中原已进入春秋鼎盛时期，还以蛮夷的形象接受来自中原的儒家文化的教化。地理的、政治的、文化的这种边缘状态，使闽台社会无论在政治、经济还是文化，都以中原为中心，形成中心与边缘的一对范畴。中原是天子脚下的中原，是文化先进、经济发达，可以号令天下的中原；而闽台只是天子在“普天之下，莫非王土”的大一统观念下，偶尔抬眼一望的遥远国土的一角，是听命中原和等待中原来开化的附臣之地。这种边缘心态形成了闽台长期来对中原的一种仰望的姿势，一种既是先天而来，也是后天所成的自卑心理。

所谓“先天而来”，主要指的是地理环境因素对人的心理影响。中原的山川形势，其平原辽阔，江河浩荡，四季分明，充满了帝王景象和英雄气概，常使居于丘陵山地，时感平原狭小，河流短促的闽台人民叹为观止；虽然有海，在弄潮儿看来，是通往世界的坦途，但在惧海者面前，却是更为森严的一道壁障。其心胸视野，自然也因两地山川气候的不同而有所差别。这种因客观自然环境因素的影响所成的性格差异，潜藏着闽台对于中原的某种景仰的心理因素。

而“后天所成”，指的是闽台在中原政治版图和文化版图上的边缘位置，使闽台长期处于一种从属性的依附地位，由此而产生对于中原的自卑心理。这是影响闽台文化心态更为重要的因素。一方面是闽台的开发和社会的文治化进程，不仅迟缓于中原地区，而且主要是依靠中原移民，和由中原移民所携带来的中原文化来实现的，它自然形成了闽台自卑于中原的文化心理；另一方面，边缘的从属性和依附性，对于中心而言，其重要性不可同日而语，有时候为了保住中心，边缘是可以牺牲的，从而给边缘带来深重的心灵伤害。乙未割台就是如此。当日军攻陷威海卫，覆灭整个北洋舰队，逼使清政府割地议和时，君臣朝仪，提出以“宗社为重，边徼为轻”的和谈原则，为保住中心而不惜牺牲边陲；在这里，边缘作为中心权衡利弊的一个筹码，在轻重取舍之间，常常是牺牲的对象。中英鸦片战争失败之后，清政府接受英国侵略者提出的开放五口通商的停战条件。这五口，包括福建的厦门和福州，都是远离中心的南方沿海城市。闽台作为中原的边陲省份，近代以来面对蹈海而来的帝国主义列强的侵略和腐败的中央政府“丢卒保帅”的心灵伤害，是共同的。只不过相比起来台湾尤甚。台湾历史的挫折，首先来自日本帝国主义蓄谋已久的侵略，其次是无能的清政府“宗社为重，边徼为轻”的投降政策。对于台湾民众而言，这种无法主宰自己命运的边缘位置和被出卖的心灵伤害，在日本帝国主义的殖民统治下，形成了“孤儿”兼“弃儿”的悲情意识。台湾诗人巫永福在一首题为《祖国》的诗中，表达了在这一历史悲剧中台湾人民对于祖国既爱且怨的复杂感情。他写道：

战败了就送我们去寄养

要我们负起这一罪恶
有祖国不能唤祖国的罪恶
祖国不觉得羞耻吗
祖国在海那边
祖国在眼眸里节

台湾著名小说家吴浊流在长篇小说《亚细亚的孤儿》中，通过主人公胡太明的人生经历，也很典型地表现了台湾人民这种"弃儿"兼"孤儿"的尴尬遭遇与复杂心态。从渊源家学中接受了浓厚中华文化和民族意识的胡太明，无法忍受在殖民地台湾的"二等国民"屈辱，毅然返回大陆；却又因为他的台湾身份，无端为大陆情治当局疑为日本间谍而陷身囹圄。这种两面受困而无所归依的生命历程，是台湾人民普遍的一种生存尴尬。"孤儿"意识的一面是无可归依的漂泊感、飘零感，其另一面是寻找归依而终结漂泊的寻根意识与回归行为。在这里，漂泊是不甘屈服于异族统治的不安心态，而寻根回归却是漂泊的必然发展和最后的归宿。吴浊流《亚细亚的孤儿》中胡太明这一形象的典型价值，就在于他从自己亲身经历中体验了台湾人民这一普遍的尴尬处境，表现出他最终的返回祖国投身抗日斗争的人生抉择，这也是台湾人民最后的抉择。

台湾一个世纪以来的特殊历史遭遇，把本来就处于边缘状态的自卑心理，演化成为日本殖民统治下被遗弃的孤儿意识；这种孤儿意识在台湾光复以后，本应消失，但国民党政权在对待台湾民众和本土文化上的错误政策，把曾经遭受过日本殖民统治视为一种"原罪"，使台湾人民普遍存在一种"狗去肥猪来"的对于自己命运的悲情感慨，而期待有朝一日能够真正当家作做主的"出头天"的到来。这一针对日本殖民统治和国民党专制政权而来的"出头天"思想和悲情心态，本来是在台湾特定历史背景上发生的一种正常的情绪和心态。但它常常为某些别有用心的政客所利用，把台湾民众的悲情心态和"出头天"期待，从针对国民党迁台政权，转向针对整个中国，鼓噪只有从中国分离出去，才有台湾人的"出头天"。这种"台独"挑唆的阴谋极其危险。事实上所有"台独"势力背后，都有帝国主义力量的支持，从中国分离出去的"出头天"，将可能使台湾重新陷入新的殖民控制之中，这是不能不充分警惕的。

自卑和自尊（自大）是一种心理的两面。由特定的地理环境和特殊的历史遭遇所造成的闽台——特别是台湾民众充满悲情的自卑心理，十分敏感而脆弱，很容易在某种刺激下走向反面，成为自大与自尊。闽台山川地理，缺乏中原的辽阔大气，使闽台民众感到自卑，但闽台山水，虽大气不足，却秀丽繁富，在闽台人民的精心治理下，发扬其亚热带气候的山海优势，变得精致繁丽。这种精致繁丽的文化品位，从环境的改造开始向文化的诸多领域扩展，形成了闽台共同的一种文化品格。无论在饮食、信仰、工艺、表演的民俗文化层面，还是近代以来领风气之先地接受西方文化影响，率先走向现代化的进程，都渗透着这种融汇中西的精致的文化品格，常常是闽台夸耀于中原的一种自尊和自大的心理资本。特别是60年代以来，台湾从出口加工业转向以发展资讯工业为中心的经济起飞，在基本上没有多少地下资源的弹丸之地创造的经济奇迹，让台湾人民拥有了空前未有的自豪感。由自卑到自尊这种心理转换在台湾还有着复杂的政治原因，太过长久的不被尊重的历史屈辱，使台湾人民特别需要尊严，也特别看重尊严，这种从自卑到自尊的心理敏感，有时甚至发展为一种偏执心态，为了尊严不惜冒险犯难和不分原则是非。尊严并不是抽象的"面子"，而有其社会内涵，为什么而尊严，怎样建立自己的尊严，这是必须深入追问的。因此这种对尊严带有偏执成分的心理敏感，有时也很容易为某些别有用心的政治人物所挑动，盲目性地走向自己的反面。

台湾一个世纪来备受屈辱的悲情历史，是中华民族近代以来从悲情屈辱走向扬眉吐气历史的一个有机组成部分。站起来的中国人民是有尊严的，中国的经济发展和香港与澳门的相继回归，洗雪了中国人民数百年来压抑心头的耻辱，为中国人民在世界上赢得了尊严，这是包括台湾人民在内的尊严。台湾人民只有站在中国的立场上，便能获得屹立于世界各民族国家之林的扬眉吐气的尊严，这是一种大的民族的尊严，无论在政治上、经济上还是文化上，都能获得巨大的自尊的力量。

五、步中原之后与领风气之先：近代社会的心态变化

中原是汉族的发祥之地，在中国历史的发展上，一直处于中心的、领先的地位。自古以来，最早生存在这一地区的华夏系，东扩西突，南征北战，融合了周边的东夷系、荆吴系、百越系，形成族源多出的汉民族，以黄河流域中下游为基地，发展了高度的农业文明，建构起一个庞大的帝国。中原汉族移民的南徙，带动了南方社会的发展。闽台社会就是在中原汉族移民南徙的背景下，以中原汉族移民为人口主体，按照中原社会的模式建构起来的。闽台社会所谓的传统化、内地化、文治化，实质上就是中原化，是以中原传统社会为模式，来推动闽台由移民社会向定居社会转型的。因此，步中原之后是历史形成的一个客观事实，也是闽台一种普遍而典型的社会心态。它并不意味着落后或自甘落后，相反地，在闽台特定的历史背景下，它还意味着从蛮荒向文治转化的一种社会进步，是由边缘向中心的看齐。对于后发展的闽台地区而言，这是一种自然正常，且带有几分自信自得的文化心态。

然而，近代以来，中国社会发生了极大的变化。一方面，清代中叶以后，持续发展了二千余年的封建社会，开始进入它的末期；强盛一时的清王朝，也由盛入衰。在西方崛起的工业文明面前，封建王朝赖以鼎盛的以中原为发展基础的农业文明，无论在经济实力、政治体制、还是文化意识上，都显出它难以应付世局骤变的软弱无能和陈腐，只能以闭关锁国来守住自己"天朝上国"的美梦。但西方的坚船利炮，强迫轰开了清朝的国门，一连串丧权辱国的不平等条约的签订，不仅暴露了清政府无能卖国的本质，也从根本上动摇了作为帝国象征的中原在民众心目中的地位。中原在现实发展

中尊贵地位的丧失,是闽台社会心态发生变化的重要原因之一。另一方面,西方文明随着殖民者的炮火挤进中国,为中国社会的近代化发展提供了一个契机。由于西方殖民者最先是从中国南方打开缺口,西方文明也较早从这里登陆,"识夷"、"师夷"以"制夷"的观念,便最先从南方提出。中国社会的近代化进程,也首先从南方起步。南方历来只是边缘,只有中原才是中心,步中原之后、向中原看齐一直被视为天经地义的事。但历史的变化却使中心和边缘的关系发生了颠覆性的置换,南方诸省得风气之先,成为中国社会近代化变革的中心。南方的崛起,是闽台社会心态变化的另一个重要原因。

闽台在这一波社会变革中,领风气之先,对中国社会的近代化进程,做出了特出的贡献。

首先,在西方势力不断东来,民族危机日益加深的情况下,福建涌现一批忧时爱国、主张变革的优秀知识分子,推动了中国社会的近代化转折。其最突出的代表,当首推林则徐。作为"亦官亦儒"的封疆大吏,林则徐是在鸦片战争前夕受命两广总督的。在查禁鸦片的斗争中,他清醒意识到,保守的中国所面临的,不仅是西方"船坚炮利"的先进科技的威胁,还有西方文化的严峻挑战。因此他主张必先"识夷"才能"制夷",即通过对"夷情"的了解,来改变满朝文武"只知侈张中华,未睹寰瀛之大"的守旧思想。在他任上,延聘能晓外文的译员,编译汇纳世界各国基本情况的《四洲志》,主持译介西方政治、经济、军事情报的《澳门新闻报》,出版各国对华评论的《华事夷言》等,以求真务实的精神,成为近代以来"睁眼看世界的第一人"。林则徐的思想深刻影响了与他同时代的魏源、徐继畲、姚莹等。魏源将林则徐的"师夷"和"制夷"思想进一步归纳发展为"师夷之长技以制夷",主张"尽转外国之长技为中国之长技""以富国强兵",并且断言"善师四夷者,能制四夷,不善师外夷者,外夷治之。"他继《四洲志》之后所著的《海国图志》,风行一时,甚至远对日本的明治维新发生了重要影响。《海国图志》与曾任福建巡抚的徐继畲所撰的《康洲纪行》等,都为中国认识世界做了重要贡献,成为中西文化交流的第一批成果。继林则徐之后,福建近代史上的另一个重要人物是严复。14岁就考入福建船政局附设的海军学堂,而后派往英国学习海军的严复,意识到西方的强大,与他们的经济、政治、法律制度和人文思想密切相关,便悉心于西方社会科学著作的翻译。其著名译作包括宣传进化与竞存思想的赫胥黎的《天演论》,宣扬自由经济理论的亚当·斯密的《原富》,宣传平等观念的孟德斯鸠的《法意》,宣传自由思想的穆勒的《群已权界论》,介绍西方社会学理论的斯宾塞的《群学肆言》,以及宣传形式逻辑与科学方法的穆勒的《名学》、耶芳斯的《名学浅说》等,全面涉及了政治学、法学、经济学、社会学、逻辑学等各个领域。严复是第一个把林则徐所倡言的"师夷之技"从物质层面推进到精神层面,为中国近代社会的历史转折,提供了西方的理论和文化资源。与严复殊途,虽不懂外文却拥有"译界之王"桂冠的林纾,其一生共翻译西方小说183种,计1200万字,形象地向国人介绍了西方的生活,改变了国人对西方妖魔化的想象,并以西方的小说观念推动了中国传统小说模式的革新。

近代以来，福建涌现的影响于世的文化人之多，可能唯有广东可以比拟。其重要者还有：在英、德获得多个学位，精通六国语言，曾任上海南洋公学校长、担任洋务派张之洞幕府20余年的辜鸿铭，其最重要的贡献之一是将中国儒家经典《论语》、《大学》、《中庸》译成英文，并用英文写了《春秋大义》、《尊王篇》等，向西方介绍中国文化；曾在林则徐家中教读，在鸦片战争爆发后写了《平夷十六策》、《破逆志》的爱国诗人林昌彝；继左宗棠之后担任船政大臣达8年之久，并曾两度抵台指挥抗御日军侵扰并处理善后，对福建和台湾的"洋务"建设多有贡献的沈葆祯；以及在福建船政学堂期间，辅左沈葆祯使之计划得以实现的梁鸣谦、吴仲翔、王元稚、黄维煊、王葆辰、叶文澜、张斯桂等；曾任宣统帝师，以讲臣身份在维护儒学伦理同时，又以了解西方人文历史、风土政情作为皇上必学内容，从而将"师夷制夷"的思想从一般士大夫的层面推向决策最高层的陈宝琛；创办商务印书馆，为推行新学做出重大贡献的高梦旦；毕生从事新闻工作，以犀利文笔介绍西方文化、评说时事、鼓吹革命的著名报人林白水，等等。福建在中国历史上唯有两个时期对中国社会的发展产生过全局性的影响，一在宋代，以朱熹为代表的闽中理学的创建，总儒学之大成，成为南宋以后封建社会发展的思想基础；一在近代，即鸦片战争以来福建文化人在引进西学、推广洋务，促进中国社会的近代化进程，走在了时代前面。如果说，以朱熹为代表的闽中理学的影响，主要是维护封建社会后期发展的延续，那么近世以来以林则徐、严复等为代表的一批人物的影响，则在于促进封建社会的解体，推动中国历史近代化的转折。时代赋予了地僻东南的闽台这一契机，使闽台在中国历史的大转折中扮演了重要角色。

其次，在"师夷之技以制夷"的民族感情与正义理性的认识基础上，闽台成为引进西方科技文明的洋务运动实践最力也收获最大的重要省份。在福建，1865年创办的福建船政局，是当时国内规模最大的一个洋务企业。依时任闽浙总督左宗棠的计划，福建船政局将从国外购买机器、聘请技师，"立限五年，成船一十六号"，以改变国家防务长期落后的局面。此一计划在其后继者沈葆祯兢兢业业的8年努力中，得到了落实。马尾造船厂成为当时远东第一流的造船工业，借鉴当时水平最高的法国的造船技术和英国的驾驶技术，成船40艘；并于船政局内设船政学堂，实行生产与教学相结合，为近代中国培养了一大批人才。如著名的工程师魏瀚、林庆升、池贞铨、林日章、郑清濂、詹天佑等，著名的海军将领邓世昌、刘步蟾等，著名的外交家罗丰禄、陈季同、吴德章等。在洋务运动的同时，福建还吸收西方经验，发展新式教育。福建的近代教育起步于教会学校的创办，如1850年英国伦敦教士施亚力在厦门创办的英华中学，1853年美国公理会在福州创办的格致中学，圣公会创办的三一书院等，都在全国开风气之先；尤其是1918年由教会创办的协和学院，更是福建最早的大学之一。在新学风气的带动下，私人创办的新式学校也纷纷涌现。以1896年创办的福州苍霞精舍为最早，继而有1898年的厦门同文书院，1902年的全闽大学堂等。1905年科举废除之后，退隐在福州的陈宝琛等成立"闽省学会"，后改名"福建教育总会"，为促进新式学校创办和旧式书院的改造，起了重要作用。在中西文化交流的推动下，新闻事业也异军崛起。最初是教会创办的英文报如1858年创刊的《福州府差报》、《厦门钞报》等，以及中文的《郇山使者报》及后来易名的《闽省会报》等，虽多以宗教宣传为主，但兼及时事评议。甲午以后，闽人自办的报纸十分活跃。最早是黄乃裳于1896年4月28日创刊的《闽报》，其后相继出现了《福建白话报》、《福建新闻报》以及后来易名为《福建日报》的厦门《鹭江报》等。数十种报纸的出版，给民众带来了新鲜空气，宣传了维新思想和革命思想，使福建无论在洋务实业，还是文化教育，都走在了全国的前列。

在台湾，近代化的建设，作为全国洋务运动的一个组成部分，肇始于台湾建省前后。早在1874年，福建船政大臣沈葆祯抵台处理日本侵华事件的善后时，就奏准在闽台之间架设水陆电线，在安平、旗后建设新式炮台，并引进国外机器开采基隆煤矿，是对台湾近代化建设的奠基。1876年新任台湾巡抚丁日昌全面提出了包括购战舰、建炮台、开铁路、建电线、买机器、办公司、开矿、招垦等发展计划，并积极予以实施，为台湾的近代化建设奠定了良好基础。1884年刘传铭以福建巡抚督办台湾防务，并于1885年建省后任第一任台湾巡抚，立即整军经武，大兴洋务，把台湾近代化建设全面推开。在军务上增设炮台，设立军械所与火药局，整军练兵，改用洋枪洋炮；在交通上，修建铁路，设电报总局，发行邮票，自办邮局业务；在工业上，置煤务局，办硫黄厂、锯木厂，引进制糖设备，发展樟脑生产，出现了民族资本的近代工业；在商务上设招商局，实行樟脑专卖，购轮船，发展对大陆和海外贸易；在市政上，开街筑路修桥，装设电灯，引自来水，把人口日渐繁密的台北建成为政治、经济、文化中心的近代化城市；而在教育上，创立西学堂，聘任中外教习，培养通晓近代科学的人才。凡此等等，都使台湾在陷日之前，就已后来居上发展成为中国的先进省份之一。

历史转折所提供给予闽台的这份机遇，改变了闽台在中国历史发展上的边缘性和从属性地位，使闽台在此后百余年中国社会的现代化进程中，一直作为敏锐地感应时代风潮，吸收西方先进科技与文化而影响于全局的先发地区。历史地位的这种转变，自然带来闽台社会文化心态的不同。首先，历史上一直以步中原之后为自我规约的追随心理，一跃而成为领风气之先的开创心理，它增加了闽台文化心态上的自信，激发了创造性的心理机制。如果说，以往闽台社会的主导意识集中在如何赶上中原步伐，使闽台社会内地化、传统化、中原化，知识分子的走向是朝着传统政治、文化中心的北方，以求取功名来福祉乡里。那么近世以来，闽台社会的主导意识更多地转向对于外来文化的吸收，以促进社会的近代化和现代化转变。知识分子的动向中，相当一部分走向海外，以学习西方科技和文化来改变中国社会的落后面貌。这种文化心态和文化意识的变化，打上了鲜明的时代烙印。其次，闽台社会文化心态的变化，重新激活了本来就植根于闽台社会生活之中的海洋文化基因。闽台在更多地走向海洋，无论是向海外移民拓展，还是进行海上的商业贸易，都在广泛地接触与吸纳异质文化中，使闽台文化具有了更多的开放性和兼容性的品格。它以灵动机变、善于吸收的文化性格特征，区别于中原建立在悠久博大文化传统基础上的沉隐厚重、执着坚守的文化性格。南北社会的这种文化性格差异，既有着深远的历史因素，也蕴涵着丰富的现实机缘。第三，闽台文化性格的开放性与兼容性，在近代社会中西文化的交融与冲突中，既可能推动中华文化在吸取异质文化的积极成分中走向更新，也可能产生否定民族传统的消极媚外心态，这一文化性格的两重性，在闽台社会屡受外来侵侮的特殊历史遭遇中，表现得十分复杂，应当引起我们深入细致的分析。

当然，无论历史怎样发展，中原地区一直是中国政治、经济、文化的中心和社会发展的重心。近世以来社会的变革，虽然由南方得风气之先，但要影响于全局，还必须进入“中原”这个“中心”和“重心”。这就是为什么从福建的林则徐、严复、林纾、辜鸿铭到广东的梁启超、康有为等灿耀一时的文化名人和革新派人物，都必须从南方走向中原，走向权力核心的北京的原因。但中原文化的博大与厚重，往往销蚀和化解了来自南方的这些更多受到西方文化影响的知识人的革新意志，使他们消融在广大无边的文化传统之中。这也就是为什么一部分革新派人物，从严复、辜鸿铭到康有为、梁启超等，最后都投入保守阵营的深刻的文化原因。领风气之先并不能根本改变中原的传统核心地位，文化转化的复杂性和反复性也深深镌刻在闽台社会的心理感受之中。

（作者单位：福建省社会科学院）

参考文献

[1]《清奏疏选集》，台湾文献丛刊第256种。

[2]林再复：《闽南人》，三民书局1996年版，第211页。

[3]以上有关台湾垦殖的发展路线，可详细参阅林仁川：《大陆与台湾的历史渊源》第三章“清代汉族人民的东移与开发”，文汇出版社1991年版，第69～75页。

[4]《上福节相论台事书》，载《皇朝经世文编》卷八十四。

[5]参阅陈孔立：《清代台湾移民社会研究》，厦门大学出版社1990年版，第251～252、261～262页。

[6]《凤山县采访册》，台湾文献丛刊第73种。

[7]参见陈文达：《台湾县志》卷十，台湾文献丛刊本第103种，第234～235页。

浅析闽南文化之形成与人文特征

刘文波

闽南文化的研究在学界已较为深入,但对其论述则不尽相同。其实,就闽南地理而言,在历史上就不是一直不变的地理范畴。“闽南”一词据称早在北宋初年就已被使用,当时所指地域范围涵盖今泉州、漳州和莆田(时称兴化军),如今闽南在行政地域概念上则指泉州、漳州、厦门三地。但就文化范畴而言,其涵盖的范围则远远超出此范围。就此,林华东先生在《闽南文化的精神和基本内涵》一文中做了很好的表述:“从特征上说,它以闽南方言为载体,存活于闽南方言通行的社会之中。从地域范围说,它发源于福建泉州地区,逐步向漳州地区、潮汕地区和雷州半岛、台湾地区及海南地区扩展;并且随着闽南人的足迹,沿着江河海岸延伸至广西平南玉林地区、浙江平阳地区、东南亚港澳地区,以及内陆的江西上饶周边地区、江苏宜兴以及本省的闽北、闽东和闽中个别地方。从数量上说,国内外认同闽南文化、生活在闽南方言圈的,大约有6000多万人。从历史角度说,闽南文化经历了2000多年的风雨历程,伴随着社会的发展和闽南人的变迁,它的内涵也在不断丰富。”[1]

一、闽南文化形成之历史地理条件

俗话说:“一方土地养育一方人民,一方人民创造一方文化。”各自的地理环境孕育了各异的历史,不同的文化则植根于不同的地域,地域文化乃是地理与历史两者相互作用的结果。闽南文化就是在闽南这一特定地理环境和历史条件下孕育生成的,是中华文明发展史上形成的独具特色的地域文化之一。其中,闽南文化的生成、发展与两个方面的关系尤为密切。

1. 闽南山地丘陵密布、地少人多

福建地处我国东南沿海,三面环山,一面临海,区域内山岭叠嶂,溪流纵横,河谷与盆地交错分布,素有“东南山国”之称。闽南依山面海,地形亦由西北向东南之走向,呈内地向沿海之阶梯状之倾斜。泉州德化境内的戴云山高达1856米,漳州平和

境内的博平岭大芹山高达1544米，是闽南境内两大高峰，闽南以此为界，与闽中、闽西天然分隔。

戴云山—博平岭山带由内陆山区向沿海倾斜，其中，山岭耸峙，低丘起伏，河谷与盆地交错期间。如戴云山在泉州境内形成三大支系：一是从德化延伸到惠安县西北部临海；二是沿安溪、永春及南安的交界，由西北向东南将晋江分为东西溪两大支流；三是由西北向东南直通海岸，在南安石井与厦门翔安交界处延伸入海。由此，闽南地区从西北山地到沿海地带，形成中山—低山—高丘陵—低丘陵—台地—平原依次递变的阶梯形状。在此山地与丘陵之间，分布着狭长的河谷与盆地，间有一些山间冲积平原，它们连同坡度和缓的低丘，构成可供开垦的农地。

闽南适宜耕作的土地主要分布在沿海的冲积平原。在闽南分布有两大水系，即漳州境内的九龙江、泉州境内的晋江，由此形成闽南两大冲积平原，即漳州平原、泉州平原，面积分别为566平方公里、345平方公里。在“八山一水一分田”的福建，闽南沿海冲积平原可以称得上是福建境内耕地分布最集中、耕作条件最好的地方。但与周边省份相比，闽南耕地条件仍是十分有限，漳州、泉州平原在严格意义上并不算“平原”，因为在平原上分布着较多的低缓丘陵，沿海狭长的滨海平原大多不相连系，被丘陵分割成为一小块的沿海冲积平原。以泉州为例，平原面积虽为345平方公里，也仅占陆地面积的21%，山地则占50.5%，丘陵占28.5%，总体呈山多平原少的特点。

与此同时，在唐代仍被中原人视为“蛮夷荒芜之地，瓯越险远之区”的福建，经过五代闽国政权的开发，迎来了社会经济发展的一个重要时期。宋元时期，福建社会经济发展，人口快速增长，已成为国内经济先进之区。就人口而言，据宋人王存《元丰九域志》载：北宋元丰年间（1078—1085）福建992087户，其中泉州201406户，漳州100469户，漳泉二州人口占福建30%。自此引发福建发展史上的“人多地少”的窘境，在闽南沿海地区这种情况尤为突出。

以泉州为例，据梁方仲先生《中国历代人口、田赋、田地统计》记载：这时泉州人口占福建总人口的20%以上，以面积而言，泉州只占福建面积的9%，人口密度已是每平方公里40人以上，大大超过当时全国的平均密度（18.1人）和福建的平均密度16人。而就福建路平均每户耕地亩数10.6亩，相较于亦是人口众多的当时江南地区（35～37.4亩左右）则是差距不小，而人口众多的泉州人均可耕地就更为有限了，仅为户均耕地6亩。到南宋后期，泉州人口又超过25万户，这样，地狭人多的情况更加严重，正如宋人谢履《泉南歌》：“泉州人稠山谷瘠，虽欲就耕无地辟。”[2]

人地矛盾关系的激化直接导致了两个方面的影响：一方面是当地粮食生产难以解决本地的消费需求。据估计，宋代泉州粮食的自给率大约只有40%，因为时任泉州知州的真德秀就曾说过：“虽当上熟不及半年之需。”[3]另一方面则是耕地难以满足劳动力的就业需求。正如南宋人刘克庄所言：“闽人务本亦知书，若不耕樵必业儒。惟有桐城南郭外，朝为原宪暮陶朱。海贾归来富不赀，以身殉货绝堪悲。似闻近日鸡林相，只博黄金不博诗。”[4]当时泉州有相当大的一部分人弃农转而从事海外贸易为生。

因此，特殊的地理形势决定了福建乃至闽南地区可耕的土地资源有限，在人口不断增长的压力下，“人多地少”的生存窘境自宋代以后一直困扰着闽南沿海人民。但是，漳泉地处东南沿海，海岸曲折，港湾众多，拥有广阔的海洋资源，这又为闽南人民提供了良好的谋生出路。因此，闽南人很早就与海洋结下了不解之缘。

2. 闽南海域广阔、海路交通发达

闽南海域广阔，海域面积泉州 11300 平方公里，漳州 18600 平方公里，厦门 344 公里，三地占福建海域总面的 40%以上；陆地面积泉州 11015 平方公里，漳州 12607 平方公里，厦门 1565 平方公里，仅占全省的 20%。总体而言，闽南海域面积略大于陆地面积。

闽南地区海岸曲折，港湾众多。泉州海岸线 541 公里，漳州海岸线 680 公里，而且自北向南分布着港湾大小数十个，较大的有：湄洲湾、泉州湾、围头湾、安海湾、厦门湾、东山湾、诏安湾等，这些港湾内有山峦环卫，外有岛屿屏障，水深港阔，不冻少淤，港口条件十分优越。

素有“东南山国”之称的福建，正缘于福建山多，再加上武夷山横亘于西，仙霞岭阻碍于北，造成了福建与内地交通的隔阂，天然形成面向海之封闭地形。陆上交通，无论是区域内，还是与中原各地都十分不便。直到唐末农民起义，黄巢由浙东入闽，开通了福建著名的出省通道仙霞岭路，福建的陆上交通才得以改善，与周边区域的联系得到了加强。明清时期，福建出省主要通道，除仙霞岭路外，还有出闽北杉关、分水关至江西境内两条通道。但路线迂回曲折，路途遥远，仍是不便。

闽南地处福建东南，如需北上，要克服出省的路途遥远，同时还要经历省内的万般艰辛。就泉州而言，宋代以前泉州往福州，先过仙游白虹山，再过莆田囊山，翻过方山四层大岭，才到福州南门；北宋蔡襄修洛阳桥之后，泉州至莆田可不必走山路，但莆田至福州路段则需由峡南过乌龙江入福州，路途虽缩短不少，但乌龙江至近代一直是令人望而生畏的天堑。

福建陆路交通之不便，却突显了海路交通在福建历史上的地位。福建人民走出大陆，交通四海是有着极其悠久的历史，《山海经》里即载有三千年前的商周时代中原人民就有“闽在海中”的说法。广阔的海域与良好的港湾优势则为福建发展海上交通联系提供了良好的地理条件。

福建历史上，与海外交通贸易联系的有福州、泉州、漳州月港和厦门港，其中后三者都在闽南，尤以宋元时期“东方第一大港”之泉州港最为闻名。

闽南与海外交通联系之始，据称在南朝时期，南梁有印度僧人拘那罗陀经扶南（今柬埔寨）前往南安郡（今泉州南安丰州）翻译佛经。唐代，海路交通逐渐发展，唐初泉州已是“云山百越路，市井十洲人”，外商云集。唐中叶阿拉伯地理学家伊本·胡尔达兹比赫《道里邦国志》一书中就将泉州列为唐代四大贸易港之一。五代闽国时期，

“招宝侍郎”王延彬知泉州，泉州港更是得到了较快的发展，由此为宋元时期泉州港的鼎盛奠定了基础。北宋元祐二年（1087），泉州市舶司的设置，确立了泉州港在海外贸易中的地位，福建与海外贸易联系乃空前发展。从蔡襄到赵汝适，历任泉州的地方官员在其著作中都留下了泉州与海外联系的一笔，从“通互市于海外者，其国以十数”[5]。到“暇日阅诸蕃图……俾列其国名”达58处，[6]这些国家不仅涵盖高丽、日本、南洋诸国，还远及阿拉伯、东非。元代旅行家汪大渊《岛夷志略》记载的与泉州有着海路交通贸易联系的国家则更是多达98个。基于此，宋元时期泉州已是我国海上交通枢纽与门户，由此享有“东方第一大港”之美誉。

明清时期政府虽厉行海禁，但私人海上贸易的兴盛，处于闽南的漳州月港、厦门港先后崛起，闽南地区不仅没有受到影响，对外交通联系更为繁忙，联系的国家更多。

基于上述两个因素，历史上的闽南人民在“人多地少”、陆路交通不便的窘境中，很早就选择了发展海洋事业的道路，以海为田，大力发展海上交通和海外贸易，与大海结下了不解之缘。

二、闽南文化的人文特征

闽南文化的形成与发展，是中原文化伴随着汉人南移而植根于福建，中原文化的主体性不能动摇，但也深受迁移地的环境、当地人民的经济活动方式的影响，随着时间的推移而潜移默化，深深地打上地域的烙印。因此，闽南地域远离中原的边缘地理，以及闽南面向海洋、闽南人民与海洋的亲缘关系，都使闽南文化呈现出一些与中原主流文化相异的独特表现形式。这种独特性也极大地弥补了中原文化的大陆性，增强了中华文化的多样性。

众多学者对闽南文化做了深入分析以揭示其精神内涵。其实，就闽南文化的独特表现而言，其人文精神与海是有着密不可分的联系。主要体现为以下四个方面的特征：

1. 开拓拼搏精神

缘于宋元时期海外贸易和明清时期犯禁下海走私的传统，闽南人民更富于“敢拼爱赢”的商业冒险精神。因此，闽南民间普遍信奉“三分天注定，七分靠打拼”、崇尚“少年不打拼，老来无名声”、“三分本事，七分胆”，更具开放和向外开拓意识。

2. 重商务实观念

早期闽南人民缘于生计被迫入海从事贸易，明清时期商品经济的发展对福建沿海人民的价值观念造成了极大的冲击，人们从业观念上不再局限于农业，重商逐利更为人们所崇尚，形成宋时人所言“只博黄金不博诗”重商务实的典型商业观。

3. 兼容并蓄心态

闽南文化是由古越族文化与中原文化融合而成，而且地处东南沿海，无论是宋元时期的“海上丝绸之路的起点”，还是清代的五口通商口岸，都更易于接触外来文化。多种文化的交接使闽南人民具备兼容并蓄、善于学习的开放心态。

4. 恋祖爱乡情结

移民的传统以及往南洋谋生的历史使闽南人民更重视血缘与地缘的关系，在商业经营中习惯于以血缘与地缘为纽带组建商业网络，采取家族经营模式发展壮大企业。同时，在事业有成后，乐于回馈桑梓，致力于家乡建设。

以上闽南文化在人文精神特征方面的体现，都是基于地域环境与历史条件形成的，四者之间是相互联系与依存，其形成都与闽南人民长期与海洋的联系分不开的。同时，闽南文化的发展与成型，反过来又会成为闽南地区社会经济发展的动力之源，推动整个区域社会的发展与进步。

（作者单位：泉州师范学院）

参考文献

[1] 林华东：《闽南文化的精神和基本内涵》，《光明日报》2010年5月5日。

[2] 王象之：《舆地纪胜》卷一三〇《泉州》。

[3] 真德秀：《西山先生真文忠公文集》卷一五《奏乞拨平江百万仓赈粜福建四州状》。

[4] 刘克庄：《后村先生大全集》卷一二《泉州南郭二首》。

[5] 林之奇：《拙斋文集》卷一五《泉州东坂葬番商记》。

[6] 赵汝适：《诸蕃志校注·自序》。

闽台关系的文化想象与文学叙事
——林那北长篇小说《我的唐山》论

刘小新　朱立立

进入新世纪，闽籍作家林那北小说创作的葱茏蓬勃上升之势令人瞩目，《寻找妻子苦菜花》、《请你表扬》、《风火墙》和《埔之上》等数量可观的精品佳作表明：作者不仅娴熟于中短篇叙事技艺，在长篇小说的经营探索上也日渐可观。2011 年底，她推出了一部近 40 万字的长篇小说《我的唐山》，被评论界认为是中国大陆第一部史诗性再现唐山过台湾（即大陆移民到台湾开基）历史的鸿篇巨制。这部小说兼具恢弘壮阔的艺术视域和温暖细腻的性情笔触，小说纵横捭阖于虚构故事与历史地志之间，其沉郁深挚的描摹咏叹，荡气回肠的情感波涌，每每让人动容感怀。在这部小说中，作者深情回溯且理性观照那深邃绵渺的时光通道中风雨如晦、云诡波谲的一段历史岁月：光绪元年（乙亥，1875）至光绪二十年（乙未，1895），聚焦于晚清 20 余载历史时空中闽台先民跌宕起伏、动人心魄的人生传奇。

一、小人物与大历史

《我的唐山》这个命名似乎颇易引起误读，部分读者理解将“唐山”理解为为中国北方曾经发生过大地震的那个同名城市。[1]事实上，此处的唐山并非河北省唐山市，而是台港澳的中国人及海外华人对中华故土的一种称谓，泛指“大唐江山”，简称“唐山”。这个简洁的称呼里积淀着漫长岁月里海外华人华裔丰富醇厚如五味陈酿的历史记忆，更镂刻着海外华人深沉的原乡祖根情怀与中华民族身份认同。数百年来大陆沿海居民前往台湾开基拓垦，则谓之“唐山过台湾”，他们同样习惯于以唐山指代大陆原乡。历史上越过海峡去台湾的移民中，以闽籍人士为众，据成书于清末的《安平杂记》记载：台湾人口中绝大部分为汉人，而汉人中，“隶漳、泉籍者十分之七八，是曰闽籍；隶嘉应、潮州籍者十分之二，是曰粤籍。”[2]闽地居民祖上又多为中原移民，“晋、唐、宋时期，河洛人南下闽中，构成了闽人的主体，河洛文化也因而移植到福建，对闽文化的崛起起着莫大的作用。”[3]闽台两地存在着地缘近、血缘亲、俗缘深、物缘广、情缘久等多重根脉相连的亲缘关系，而闽台文化追根寻源又可上溯至内陆中原。唐山过台湾的移民史及其间蕴含的闽台缘两岸情值得浓墨书写,命名不无史诗意味的《我的唐山》正是一部能深入展现这段历史的诚意之作,作者曾为纪录片《过台湾》撰写过解说词全文,对于这段丰饶、斑驳的历史下过扎实的田野考据功夫,对相关的历史背景有深度的了解认知。与纪录片相比,小说《我的唐山》更充分全面地调动了作者的艺术想象与创造力,写作过程深耕细作犹如"蚯蚓般穿过那段历史"(《我的唐山·后记》),作品通过晚清时期闽台的一群黎庶小民辗转于海峡两岸的生命浮沉来生动呈现唐山过台湾波澜壮阔的历史场景。

"史诗性的长篇小说主要不在于抒发创作主体的情感意识,也不重在抒发创作主体的欢悦或忧伤、惆怅或感慨,它的笔触所及总是关注于社会的公共生活、总是联系着影响历史进程的事件。创作思维的外向性、作品内容的客观性,是史诗性长篇小说的基本特征。"[4]如果我们认同这样的界定,那么《我的唐山》确实具有史诗性叙事的部分特色,它主要不是凝定于创作主体的内在情感和主观感受,而是外向性客观性地将视域投向晚清时代风云以及闽台庶民百姓的生存状态;但是,它又与我们所习见的史诗性历史小说的宏大叙事存在着明显差异。谈及《我的唐山》的历史叙事,林那北这样说:"历史小说可有多种写法,帝王将相是一种路数,才子佳人也是一种路数。而我写的人物却是生活在社会最底层的戏班子艺人、流亡的逃犯之类。在历史长河中,人类其实非常渺小无助,但每一个人都会有在历史中留下自己的脚印,带着各自的体温与视角。……而让小人物来映衬大历史,历史因此会变得更具体可感。"[5]这段话朴素而明晰地表达了作者对当今历史小说写作多元性现状的认知以及自我创作的明确定位,从中也可以感受到作者的历史意识带有感性、温情、包容的倾向:她向读者召唤的不仅仅是对历史巨像景观的理性辨析与宏观思考,同时更是对历史波潮中寻常个体生命价值的凝视、亲近、理解、尊重与关注。叙述小人物与大历史之间相互嵌合、缠绕、映照、反衬等等复杂奇妙的种种关联,形成《我的唐山》历史叙事的重要表征。

不难看到,《我的唐山》直观展示或间接叙述了明郑至晚清的闽台大历史尤其是与台湾岛命运攸关的大事件,如明郑王朝驱逐荷兰侵略者收复台湾的历史功勋,中法战争(清法战争)中马江战役爆发后的悲壮惨烈现场,刘铭传抗法事迹及出任台湾首任巡抚后的近代化建设,黑旗军的抗法、抗日斗争,甲午战争及中日《马关条约》的签订,国号永清的"台湾民主国"的建立和覆亡,不甘为倭奴的台湾人民的英勇抗争与悲屈无奈……一部内忧外患的晚清史构成了小说硝烟弥漫的巨大背景。郑成功、施琅、沈有容、林则徐、张佩纶、刘铭传、沈葆桢、唐景崧、刘永福、冯子材、岑毓英、丘逢甲、施世榜、吴沙等等明清时期的历史人物也在小说中以各种形式登台"现身",这些真实的历史人物有些因年代久远仅留下一个高大的背影让人瞻望遐想,如明代抗倭名将沈有容;如船工阿福口中有些神化的"国姓爷"郑成功;有些只在小说中偶尔被提及,如在台"开山抚番"的钦差大臣、福州船政大臣沈葆桢,再如康熙年间来台湾彰化修建施厝圳的泉州人施世榜,以及被尊称为"宜兰始祖"的漳浦人吴沙等等。

这些真实历史人物的有关叙述并非闲笔，他们的姓名和事迹不仅有助于小说历史氛围的铺陈与经营，有些也被巧妙地编织进小说中，与虚构人物的人生发生种种联系，成为小说人物性格的注解或情节发展的推力。比如“国姓爷”身上的血性刚勇铸就了船工阿福这个底层小人物的侠肝义胆和爱国情怀：“番仔跑到我们家门口来欺侮人，我们气不过，所以帮朝廷，帮台湾！我们这些船户，提着脑袋在海上跑，不是为了钱，没人为了钱！”而刘铭传（刘六麻子）的主政台湾，则决定了作品中夏本清与陈浩年这两个小说人物远赴南洋筹资回台修建铁路的生命历程。而福州历史名人沈葆桢则成了小说人物朱墨轩的多年老友，两人交情甚厚，“如果不是沈葆桢，朱墨轩不会来安渠县任职”，自然也就没有后面的故事；还有，唐景崧举荐朱墨轩为明海书院山长。岑毓英是小说中台湾儒学教授董鄂川的老友，影响了小说中陈浩月这个人物后半生的行迹。甚至，真实历史人物和相关的场景被活现于读者眼前：如《马关条约》签订后全台一片悲愤抗议之声，衙署门前汇聚了群情沸腾的民众，小说安排衰老病弱的朱墨轩亲眼目睹丘逢甲咬破手指血书“抗倭守土”的激越场景，国难当头，朱墨轩想象中原本只是一介书生的丘逢甲却出人意料地迸发了贲张血性，发出振聋发聩的呐喊：“桑梓之地，义与存亡，誓不服倭！”这个场景的细描，与小说尾声里朱墨轩拖着病体回大陆却不幸死在船上的悲凉一幕两相呼应，给人留下深刻印象。在此，真实历史人物与小说虚构人物的命运变得如此水乳交融难以区隔。这种虚实相生、寓实于虚的写法强化了《我的唐山》历史叙事的真实感与感染力，不失为以虚构人物为主的历史文学书写的一种有效途径。当然，“这种情理之真与事实之真的统一，是中国历史典籍的普遍现象。”[6]只不过在艺术虚构为主体的小说创作中，小说家更应注重的是情理之真。必须指出的是，经过后现代思潮及新历史主义洗礼后的今人或多或少会认同历史叙事也是话语建构的意识，难以相信有历史真相及其被再现还原的可能。此语境下，人们开始警惕历史话语建构中的权力渗透和交锋，不过，弥漫着怀疑虚无意识的历史叙事以及纯粹娱乐化的戏说穿越之风也得以盛行，某种程度上，“历史已经不是我们怀念、感知久远的祖先的那种历史，历史已经成为我们消费的对象。”[7]相形之下，林那北对历史和真实人生所抱持的敬畏、尊重、严谨和审慎的态度更显难能可贵。

面对历史材料的繁复混杂、纷乱无序，作者同情并理解治史者“羽翼信史”考古求真之艰困；但是，作为小说家的林南北也敏锐意识到一种悖论的存在：历史学家的难局或许正是文学家的机遇所在：“回首望去，有那么多的歧义和纷乱错综横陈，这些对治史者而言是不幸，对文学而言却是万幸，它无疑提供了想象的可能，也腾出了创造的空间。”（《我的唐山·后记》）这里我们看到了作者挣脱历史材料的困囿得以自由舞蹈的文学叙事自觉。小说家打开想象创造之门，笔端涌出的是晚清南国那一群活泼泼的生命和他们离散飘零悲欣交集的人生故事。陈浩年与陈浩月，一对形似神异的同胞兄弟；曲普莲和秦海庭，两个可歌可泣的传奇女子；几个主要人物曲折辗转的生命历程构成了小说最重要的叙事线索。此外，小说还塑造了曲普圣、朱墨轩、夏本清、丁范忠、娥娘、黄有胜、曲玉堂、秦维汉、陈贵、夏禹、余一声、二声、三声、董鄂川、陈老汉、阿福、蛋亨仔等形态各异、分量不等的几十个人物群像。这些角色中有官员、商人、士绅、垦首，也有戏子、班主、流浪艺人、开药铺的医生、书生、农民、渔民、船主、船工、土匪、乞丐……几乎包括了那个时代闽台地区不同社会阶层的各色人等。作者着墨最多的还是那些在正史中难以占据主角位置的底层小民，不受正史亲睐的小人物们在林南北的笔下却个性鲜明、性格饱满、命运堪叹。主人公陈浩年出身寒微，且身为不入九流的戏子和逃犯，但小说中的他容貌俊美，风姿秀逸，唱腔绝佳，恋戏成痴；他身世飘零、历尽坎坷，却始终克己修身，重然诺、守信用。陈浩月冒名顶替弟弟入监，虽是无名小辈却自有一股英雄豪情，他武艺高强，勇毅大度，最后在抗日保台的战斗中壮烈牺牲。即便是曲普圣这样有着同性恋性向而被世人歧视的边缘人，也得到了叙述者充分的尊重、理解和同情，他那艰苦卓绝违背常规的爱以及最后的毅然赴死同样震撼人心……在展示每个人物各自的命运轨迹和性格逻辑的同时，小说也揭示着人性的多维、历史的面相与民族的精神。如南帆所言："文学不一定能清楚地判断历史，但是文学力图揭示历史、社会和人性的复杂。"[8]《我的唐山》以追踪个体生命成长以及命运走向的方式去理解并贴近历史。相对于那些对民族国家和历史发展产生巨大影响力的大人物们（譬如帝王将相、英雄豪杰），《我的唐山》中的陈浩年、曲普莲这些活着尚属不易的小民对民族国家历史这些宏大话语或许较难发生切身感触，更难有高屋建瓴的理性认识；然而这些有血有肉的微末生命的悲欢苦欣，却终究是与民族国家的大历史紧紧纠缠于一体的。戏疯子陈浩年在法国人封锁海面的困顿焦虑中方才恍然："国与家如此密不可分地相扣相关，这是陈浩年第一次遭遇到。不过草民一介，他原先以为天下万千起伏，都与自己隔山隔水，但眨眼间却如此齿寒唇亡了。"而夏本清何尝不是在马江战役突如其来夺走儿子年轻生命后才痛感国与家的苦难的一体性？包括曲普莲在内的台湾百姓为了抗击日本殖民者自发的倾囊捐款、浩年浩月和余一声等人奋不顾身以弱敌强的拼死一战，更是升斗小民痛感国家命运与个人生命紧密相连时身体力行的血性表达，如浩月所说："如果战死，我就埋在这里了，这里是我们自己的疆土，埋下了，做鬼再扰得倭人不得安宁。"

读者或许会留意到一个细节，主人公陈浩年在逃亡途中曾经化名为"唐山"，他以此为名在澎湖和台湾岛内四处流浪。这种刻意的安排当然隐含着一种强烈的主体认同：表面看似乎只是人物随意的自我命名，实际上却是一个流散他乡隐姓埋名的漂泊者对故土绵长乡愁的本能确认。有趣的是，这个细节不仅让小说"我的中国"的宏大主题呼之欲出，同时也无意间投射了另一种小视角的柔情想象。对于澎湖女子秦海庭而言，"唐山"这两个汉字是她心中要托付终身的良人的姓名：那个从海上飘来的神秘俊秀男子，那个没办法留住却一直惦念的优雅男人。"我的唐山"，不也正是这个始终被辜负的痴情女子对所爱之人的呼唤么？小说壮阔雄浑的历史书写中油然生出一缕女性叙事的柔婉深情。

二、生命传奇与地志书写

吉利恩·比尔指出:"所有优秀的小说都必须带有传奇的一些特质:小说创作一个首尾连贯的幻影,它创造一个引人入胜的想象的世界,这个世界由详细的情节组成,以暗示理想的强烈程度为人们领悟;它靠作家的主观想象支撑。就最普遍和持久的层次而言,也许这样理解现实主义小说更为准确,它是传奇的变种而不是取代了传奇。"[9]如果认可这一叙述,那么,倾力叙述遥远年代边陲之地小人物人生故事的《我的唐山》完全可以被称为一部具有传奇特质的小说。作者立足于厚实的现实主义根基,同时以文字与想象建构起一部充满偶然和乖戾、惊险与奇遇的生命传奇:变幻起伏的情节,引人入胜的想象,充满恩怨情仇、悲欢离合的戏剧性,以及主人公崎岖多舛、路转峰回的人生道路……都可为之印证。

"人生道路"这个有些陈旧的隐喻性修辞在长篇小说中往往通过人物的逃亡、行走、寻找、奇遇、成长、受难等等奇特独异的经验变得具体而鲜活,它是生命时间流程与人生活动空间两者的紧密结合。如同巴赫金所言:"人在空间中的移动,人的流浪漫游……空间充满充实的生活意义,变得对主人公的命运至关重要。所以像相逢、分别、相遇、逃跑等因素在其中都具有了新的意义,比过去远为具体的意义,远为深刻的时空体意义。"[10]《我的唐山》中,主人公的人生之路是一个逃亡、离散、寻找、相逢、失落、磨难、牺牲与救赎等动作连续或混杂交融的饱满时空体,二十余年的清末光阴和海疆边陲的两岸水土构成了小说时空体的双维幅度。小说的传奇结构始于一个离散的起点,结于一个回归的终点。起始和收束之间,是循环往复的乖违命运和山重水复的谜样情节。我们暂时认定这只是一场爱情的传奇,那么曲普莲和陈浩年之间擦出爱的火花的那神秘一瞬可以被视为传奇的起点,而尾声里二人同船离开日据台湾回归大陆则应该是传奇结构合情合理的终局。从逃亡、离散、相逢、变故,其间历经沧桑,到最终的携手同归(暗示二人结合的可能性),完成了感人至深的爱情传奇结构。

然而,传奇叙事中最为重要的也许并非起点和终点,更是两点之间曲折漫长的历程。历史上闽人过台湾的原因多样,大多是迫于生存压力而冒险闯荡天涯,《我的唐山》也交代了浩年父祖辈们作为底层边民过台湾的家族传统。但浩年和普莲过台湾的直接原因则是二人越轨恋情的暴露,与求生的现实考量相比,追求爱情(且还是违背传统伦理道德、并大胆触碰权力的出格爱情)自然更有传奇特质。一个是风靡闽南各地的舞台名伶,一个则是半百知县新娶的风姿嫣然的16岁小妾,二人的大胆约会和私奔成了新闻事件,也足以成罪。他们必须远离惹祸现场,尽快逃往海峡彼岸:此岸权力无法鞭及之地。逃离一种危险和灾难,又遭遇诸多未知的挑战与风险。小说张弛有度地分头叙述了两人不同的逃亡与离散经验。曾经风流婉转、柔弱俊逸的舞台优伶陈浩年渡海逃亡,途中遭遇灭顶风暴,险些葬身大海,幸而为澎湖居民秦维汉一家所救;辗转来到台湾本岛后,又历经千辛万苦,甚至沦落为肮脏邋遢衣不蔽体的乞丐,靠乞讨、卖艺为生。经年的流浪他乡,既是迫不得已的逃亡,也是苦心孤诣的寻找,为的是那个自己魂牵梦萦的女人,爱情为他孤寂狼狈的逃亡生涯赋予了值得期盼的生存意义。难以理喻的情爱,伤害爱人的负疚心理,这两种动因都化为执拗的寻找。遗憾的是,误解和任性让年轻的普莲做出了错误决定:嫁给浩年的哥哥浩月,以此报复“负心人”。因此,鹿港的戏剧性相逢变得尴尬、苦涩、五味杂陈。期盼落空后的浩年变更了萍踪浪迹的方向:一是为了自己安身立命的戏艺,再就是替母亲寻找到父亲。个人爱欲受到打击和阻遏,小说转而突出浩年作为戏疯子的这一面相,情感失意的浩年沉迷于戏曲艺术中,浪游的路线自鹿港至宜兰再到台北,他创办了与闽南戏班子“茂兴堂”遥遥呼应的“长兴堂”,带出了一声、二声、三声等高徒,根在闽南的戏曲文化在台湾岛得到了传扬和光大,个体生命意义随着时光流转、空间变幻也逐渐展开:“他是安渠人,但也是台湾人了。从光绪元年仓促东去,这么多年,那里的山水浸润而来,他从南部一直踏到北部,双脚一层层粘着那些肥得流油的泥土,而他,也早已成了岛上的一棵树,一丛根须纵横的青藤。”至此可见,《我的唐山》的传奇性其实远不止于浩年和普莲之间曲折多舛的爱情。传奇起点处的纯粹个人生命事件,到终点时已经不再那么单纯,小说终篇浩年普莲等人的回归大陆,是因为生命寄居的美丽岛屿已被日帝铁蹄践踏,回归其实是又一次流离动荡的开始。毕竟,他们的青春和盛年在台湾度过,那片热土留下了他们20余年悲欢离合的岁月,那里有他们父祖辈开疆辟土的足迹,那里也留下了他们活着的和已经死去的亲友,那里有他们永难忘怀的记忆。带着长兴堂戏班子到厦门演出时,陈浩年不禁感叹:“‘回’这个字眼对他而言已经有了双向的意义,过台湾是回,来内陆唐山也是回。”而这种由衷的感慨也从小民的角度道出了闽台之间的血肉联系。

《我的唐山》的传奇特质还表现在人物的精心设计与细致刻画上,从中可见作者的巧妙用心,也能窥见某种人性观和价值建构倾向。如浩年浩月这两个形似神离的兄弟,外貌酷肖而性情迥异,一个文弱纤细,一个强壮孔武,一文一武,两相辉映,这样的人物设计自然有助于故事的戏剧性生成,而在波澜起伏的戏剧性情境中两个熠熠闪光的男儿性格被凸现出来。陈浩年文弱清秀,却执着、重诺、守信、一诺千金。他对普莲的不懈找寻,既是补偿歉疚的赎罪之行,更是言而有信的无悔践诺;后文描写他接受邀请回厦门唱戏的章节里,浩年耿直倔强守信近乎迂的性格又一次得到浓墨重彩的渲染。陈浩月自早年代弟顶罪,直至最终掩护浩年、自己与敌同归于尽,足以体现人物的手足情深和英雄本色。小说中的两个主要女性人物写得同样有声有色、可圈可点。曲普莲这个女子不仅音容形貌美丽可爱,更有超出常人的倔强、果敢、胆量和魄力,人生的每一次转折既有偶然的因素,也打上了她独异个性的烙印:幼时激烈反抗裹小脚而赢得了天足行走的自由,16岁时为救兄长毅然嫁给年过半百的知县成为朱墨轩的小妾,爱上风姿绰约的陈浩年后即大胆赴约准备与情人私奔以致被捕受刑,以为被浩年欺骗她便断然决定嫁给浩月以为报复,浩月因刺杀朱墨轩而逃亡后她卖掉鹿港的住房和土地来到大稻埕做茶叶生意，海庭难产而死又是她主动去抚养庭心……这个有着波斯人和女真血统的闽南女子，从一个不谙世事却敢爱敢恨的个性女孩，成长为刚强勇毅侠义肝胆的成熟女性，是小说中散发着迷人魅力的可亲可敬的人物形象。作品里另一位女主角秦海庭也是美与善的化身，她温柔善良，善解人意，总是以灿烂的笑容去面对苦难和悲哀，不计得失地默默奉献："秦海庭是水，那么柔那么舒缓无声地静静流着，有着与世无争的绵软与无助，内里却挟裹着一股那么汹涌的、坚定的、激越的蓬勃力量。"这两个奇女子都以自己的方式深爱着浩年，但并不相互妒恨，反而一见如故成为知心姐妹，她们处事大气，有母性的包容和承担，她们的身上洋溢着温暖、朴实而高贵的人性力量。

细心琢磨，就会发觉作者对人性的认识也颇为理性、包容，特别是对常民生态中的复杂人性有着足够的同情和理解。《我的唐山》中的几十个人物里几乎没有一个完美的好人，也没有一个彻底的恶人，他们更多地是被放在具体的境遇里来考察其行为和反应的，因此，我们才会看到人性的真实和复杂。比如曲普莲固然美丽善良可亲可爱，但也有任性、固执等人性的弱点；浩年长相秀气、唱功好、嗓子柔亮、守信、克己、爱戏如命，可他有时非常软弱。朱墨轩这个人物的多面性尤其值得一提：作为一个年过半百且妻妾成群的男人，利用身为知县的权力娶回自己心动的少女，这种行为虽在封建父权时代并不罕见，但却带有明显的压迫性和丑恶性；后来朱墨轩过台湾来彰化任职时还继续利用权力打压"情敌"浩年，以致于浩年永远失去了赖以安身立命的好嗓子。不过，作者在塑造这个人物时并未完全否定，而是充分注意到人性的多面和人格的成长。她笔下的人物总是在时空体中逐渐成长、变化，朱墨轩也不例外，他承继了祖上丰厚家产，为官不贪财，与同僚相比，算得上执政清廉，淡泊无争，闲暇时爱读书听戏，颇有些文人雅士的风度，来台后还任职书院山长，对于中华传统文化恪守了保护与阐扬之责，心底里，采菊东篱闲云野鹤才是他的人生理想境界；他对普莲的欲望和情爱，称得上是真心和负责，失尽颜面后恼羞成怒的打击报复也并非全然邪恶；老年的他反躬自省，昔日私仇已然化为乌有，反为曾经的罪过深感歉疚，默默资助长兴堂。正因为对这个人物的多面性和复杂人格有着丰富多维的表现，所以他得到"仇敌"的宽宥和接纳，也就显得合乎情理且令人感动。怨恨情仇漂洋过海持续经年，有朝一日终恩怨尽释，而非执意将仇恨进行到底，这样的描写显露出一种宽容大度的人性观。朱墨轩与浩年普莲的最终和解，江湖一笑泯恩仇，也是作者所赞赏的一种生命境界。即便是打开城门放日本兵进台北的黄有胜这样的负面角色，小说也并未简单化地处理。这个可以找到历史本事的触目情节，作者既通过普莲对黄有胜的辛辣讽刺("你不怕我在茶里下了毒?"表达了鲜明的好恶立场；但也铺垫了黄有胜开城行为的心理依据，他曾焦虑地向浩年叙述原乡同安当年的清兵屠城史，也曾真实地表达对刘铭传治下台北城的留恋，最重要的是"宁为太平犬，不为乱世人"的保命哲学驱使他走出了令人不齿的那一步。对此，浩年明白自己绝不会像黄有胜那样，"做不出来。"但他也感叹："世道不是被黄有胜弄成如此险恶的，危巢之下，黄友胜只是想活下去，让自己和更多的人平安地活，活着有什么罪呢？”浩年的想法显然属于无辜的广大的普罗大众。与前文叙述浩年对“朝廷里都是些什么人”的疑问相联系，显然，《我的唐山》里有一种常民的思维和立场，这应该是作者同情和理解的立场，也隐含着一种批评和质询的态度。

与对封建体制和孱弱朝廷的批评嘲讽相对应，作者对笔下那群顽强坚韧的小民则不乏感喟、喜爱和赞佩。作品中的一干重要人物形貌性情人生轨迹各异，却多属性情中人。给人深刻印象的是，重情、专情、痴情，这些似乎过时的古典化情感追求，却是陈浩年、曲普莲、秦海庭、曲普圣、丁范忠、娥娘等人身上饶有意味的共同之处。浩年专情于普莲以及用情于戏，海庭普莲专情于浩年，丁范忠专情于娥娘，娥娘专情于陈贵，普圣专情于浩年……事实上，小说为我们提供了一连串重情重义（艺）而近乎痴的人物形象。其中，浩年、浩月的母亲娥娘和丁范忠这两个长辈形象尤其令人动容。娥娘是闽南传统女性的典型，她的一生都在默默劳作、养育儿女以及孤独的等待中度过：“母亲先是为了等父母兄弟，然后是她的丈夫，接着就是等两个儿子了。她生来仿佛就是为了伫立在那里等待，等一个个动荡颠簸的亲人，望眼欲穿。”“母亲的一生犹如一场漫长的苦役，”直到死，她始终保持着对一去不返的丈夫陈贵的忠诚。小说用饱含悲悯的精细文字来表现这个女子所承受的痛苦：“母亲脸上却已经有了暮色，岁月没有滋润她，只是将陈贵甩下的担子都撂给她，她独自行走了二十年，像一株干透的植物，单薄、枯萎、萧瑟，眼角那些放射状的皱纹，不经意就一扯一扯地抖动。”戏班班主丁范忠痴情重义，用生命来完成娥娘的两个嘱托：精心培养浩年成材，到台湾寻找陈贵，直到死。普圣对浩年的爱尽管不合世俗，却是不计得失的付出，那种此生无缘留待来世的决绝让人为之叹息。可以说，《我的唐山》的传奇性是由这些寻常小民用他们的真爱和至情至性谱写成章的。此外，小说在突出真纯情感价值的同时也彰显了部分的传统道德价值。如对信义的肯定，老子《道德经》曰：“轻诺必寡信”，《论语》中将“言必信，行必果”视为“士”的必备条件之一，林那北笔下的民间艺人尽管身份卑微、不入九流，却具有传统士人重信义的操守和人格。而小说中也表达了对任侠之风的欣赏。任侠的历史渊源可上溯至墨家，《墨子·经上》曰：“任，士损己而益所为也。”[11]《墨子·经说上》则云：“任，为身之所恶，以成人之所急。”[12]《我的唐山》中的丁范忠、普圣、浩年、浩月、海庭、普莲、夏本清等人都曾为了成人之急、救人之难而不计得失乃至死不旋踵，非常符合墨家的主张。寻找陈贵是小说的一条不可忽略的情节线索，也是浩年浩月两兄弟的一种心结，父亲早年过台湾，两人对父亲只有遥远、陌生的印象，却一直在不懈寻找。寻父不仅是为了了却母亲的心愿，也表现出中国人传统的敬祖心态，“崇拜祖先是一个世袭观念所衍生的‘慎终追远’行为的表现。”[13]

阅读《我的唐山》，让我们自然联想起台湾作家施叔青相似题材的长篇小说《行过洛津》，此作旨在“以小说为清代的台湾作传”（《行过洛津》后记），描写清末嘉庆年间福建七子戏艺人许情三次搭船到洛津（今之鹿港）的生平遭际，从中见证洛津五十年兴衰变迁。对读《行过洛津》和《我的唐山》，固然二者的文字风格和审美旨趣有别，但在处理相似命题时的手法和趣味却又有略同处，如对民俗文化的细意摩挲就是两部作品的共同点。刘登翰先生曾敏锐指出："《行过洛津》另一个让我们不能忘怀的是作者深入细腻地刻绘出一个'民俗台湾'。随同大陆移民携带而来的汉民族文化在台湾的传承，实际上沿着两条互相渗透和抵牾的渠道：一是以士人为代表的来自官方上层的精雅文化，体现在《行过洛津》中的朱士光和陈盛元身上；另一个是以俗民为代表的来自下层民间的世俗文化，它构成了整部《行过洛津》的民俗生活基础，敷展在许多民俗节日、民间信仰、戏曲、说唱和传说故事之中。民俗的形成，也是移民社会走向定居的标志之一。"[14]而林那北的《我的唐山》留给我们同样的深刻印象：小说充满浓郁的闽台地方生活气息，处处可见对闽台地区自然环境、日常生活、文化习俗、民间风物的细致生动描摹，作者曾言："对土地与往事的好奇，这可能跟我编过地方志有关。"[15]编撰地方志所需要的耐心细致的观察力与作家的敏感灵慧相碰撞，流泻于笔端的就是一幕幕鲜活灵动的晚清闽台民间生活图志。因而，阅读小说的过程又仿若一次穿越时空、移步换景的晚清闽台之旅，作品有效地唤起了一种"地方感"："文学的想象与叙事广泛而有效地参与了'地方感'的编码与建构，参与了地理空间的生产。"[16]从这个意义上说，《我的唐山》无疑是一篇饱满充实而有风致的闽台常民文化地志书写。作者之前阅读了大量的相关文献史料，在闽台历史和乡情民俗方面下足功夫，小说对闽台地区的婚丧嫁娶、四时节庆充满兴致勃勃的描画与点染，从中可以充分感受到两岸生活习俗、风土人情的同根同源。如描述闽南人的婚礼习俗："男婚女嫁得先探家风，再求庚，然后把庚帖置于神明、祖先案上卜卦，再在供桌的香炉上放置三天，三天中人畜平安，没惹是非，称得上是'三日圆'，然后才能请算命先生'合婚'，凭生辰八字测断双方是否适于婚嫁。秦家在澎湖已经生活几代，种种习俗却仍是与闽南一致的。"对闽南建筑的描绘："房子仍立在村口，红砖黑瓦，墙的勒脚处刻有马踏祥云图案，檐边饰上梁山泊人物画，门外的埸寿特地修得比别人家都更宽敞更平整，这是为娥娘修的，娥娘常要站在门外眺望哩，望什么她不说，但既然她爱站，就得有一块地，让她雨天不被淋，夏天不被晒。……好多年以后，它仍然是陈厝村最漂亮的房子。"此外，像两岸中秋节都盛行的"博饼"习俗，梨园戏、宜兰小曲、车鼓阵、茶文化、（埸寿、镜墙）住宅村落袭用大陆的名称等、"划水仙"、清代台湾民间的"垦首"制度、乡村械斗《我的唐山》不乏地志书写的田野气韵，民间文化形态的细腻展示意味着作者民间立场的自觉。

法国文论家郎松认为："文学史是文化史的一部分，它记录了民族生活在思想感情方面漫长而丰富多彩的发展，并且记录了民族未能在行为世界中实现的苦痛或梦想。"[17]《我的唐山》中的真实与虚构，瑰丽传奇、自由无羁的文学想象与历史材料、文化习俗的考据、征引相互嵌合、呼应与激荡，产生了真幻相依虚实相伴的富有张力的审美效果。

（作者单位：福建省社会科学院）

参考文献

[1]参见“蚯蚓般穿过那段历史:长篇小说《我的唐山》阅读沙龙精彩对话”中有关“唐山”之名引发误解的描述,甚至书名作者的籍贯也被人猜测是河北唐山市。自“新华网·福建频道”http://www.fj.xinhuanet.com/nwh/2012-02/08/content_24665173.htm.

[2]《安平县杂记》,第23页,台湾文献丛刊本;转引自杨彦杰:《闽南移民与闽台区域文化》,《福建论坛》2003年第3期。

[3]徐晓望:《闽文化的崛起与河洛文化南传》,《寻根》1994年第1期。

[4]胡良桂:《史诗与史诗性的长篇小说》,《文艺理论与批评》1990年第2期。

[5]吴海虹:《林那北新作〈我的唐山〉带我们去对岸寻亲人》,“人民网-福建频道”,2012年2月21日,http://fujian.people.com.cn/n/2012/0221/c234782-16772477-5.html.

[6]汪道伦:《从踵事增华到虚实相生——中国古典小说与史传文学艺术渊源探微》,《齐鲁学刊》1985年第4期。

[7]南帆:《想象与叙事的文学——在上海市作协的演讲》,左岸文化网,http://www.eduww.com.

[8]南帆:《想象与叙事的文学——在上海市作协的演讲》,左岸文化网,http://www.eduww.com.

[9][英]吉利恩·比尔著,肖遥、邹孜彦译:《传奇》,昆仑出版社1993年版,第70页。

[10]巴赫金著,白春仁、晓河译:《小说的时间形式和时空体形式》,《巴赫金文集》第3卷,河北教育出版社1998年版,第314页。

[11][清]孙诒让:《墨子间诂》,《新编诸子集成》本,中华书局2001年版,第314页

[12][清]孙诒让:《墨子间诂》,《新编诸子集成》本,中华书局2001年版,第337页。

[13]李亦园:《近代中国家庭的变迁》,《李亦园自选集》,上海教育出版社2002年版,第154页。

[14]刘登翰:《施叔青:香港经验和台湾叙事——兼说世界华文创作中的“施叔青现象”》,《台湾文学集刊》2005年第5期。

[15]南帆、北北:《文学不必男女有别》,《厦门文学》2003年第8期。

[16]刘小新:《文学地理学:从决定论到批判的地域主义》,《福建论坛》2010年第10期。

[17]昂利·拜尔编,徐继曾译:《方法、批评及文学史:郎松文论选》,中国社会科学出版社1992年版,第3页。

台湾的闽南家族观念

苏黎明

台湾的汉族同胞，80％左右祖籍闽南，是闽南各个家族的裔孙，仅此一点就表明了台湾与闽南的特殊关系。在台湾与闽南诸多难以割断的纽带中，家族观念乃是最为坚韧的一条，无论历史或者现实都是如此。闽南人根深蒂固的家族观念，伴随着历史上大批闽南人渡台而播迁台湾，弥散于在台的闽南宗亲社会中，对闽台关系产生了广泛且深远的影响。

闽南家族观念播迁台湾的缘由

闽南家族观念是闽南家族文化的观念形态，是闽南传统家族社会积淀的社会意识与心态。闽南是福建乃至中国家族文化最为兴盛的一个地区，传统家族文化有不少鲜明的特点，极为浓烈的家族观念，就是当中之一。它那丰富的内涵，跨时代的社会功能，不仅深深影响了一代代闽南人的思维方式、价值取向与行为方式，且随着各个家族大批族人外迁而传播到他乡异域。

闽南家族族人最早迁移台湾，现有文字记载的是在北宋末至南宋初。大量迁移则始于明代末年。明末郑芝龙据台时期，清初郑成功复台后的郑氏政权时期，清政府统一台湾后的康、雍、乾、嘉时期，是三个最重要时段，出现了各个家族族人大批渡台的三次移民高潮。在这个过程中，闽南人浓烈的家族观念，基于多种因素的交互影响，也随之被播迁到台湾。

家族祖地族化烙印。家族观念作为家族意识形态，是家族体制和家族行为赖以存在并不断延续的思想支撑。历史上闽南各个家族组织，于此无不高度重视，总是通过各种方式和手段，对不断产生和成长起来的新一代族人反复灌输家族观念，以维持家族既定秩序。这种观念教化，亦可称为族化教育。渡台的族人，从小生活在这种家族文化环境中，不断聆听来自长辈的各种教诲，不断参加家族的各种活动，久而久之，也就逐渐被族化了。长期的耳濡目染，使他们对家族的认同感和向心力不断增强，家族人格意识逐渐被塑造出来，自觉不自觉地接受了以宗族秩序观念为核心的一整套家族观念,成为一种心理积淀,成为行为的指导思想。成年后的族人,依然继续不断接受着这种教育,在各类家族活动中不断巩固着自己的家族意识,不断强化着业已认同的家族观念。家族祖地的这种族化经历,不能不在渡台族人的思想中打下深刻烙印,不能不对他们日后的生活发生重大影响。当他们离开闽南祖地,前往台湾寻找新的发展空间时,这些从祖地带去的已经颇为牢固的传统家族观念,不可能因此烟消云散,从脑海中被剔除出去,依然要相伴相随,并由于某些外部因素的刺激而继续得到不断强化,在很大程度上继续影响着他们的思维方式与价值取向。

家族祖地诸多挂牵。闽南各个家族大批族人渡台后,甚至在台湾定居下来繁衍子孙后,与家族祖地的关系并没有因此而终结,至少仍有三条重要纽带。一是浓烈的亲属之情。渡台族人无论孤身前往,还是兄弟同行,父子相率,夫妻相携,家族祖地仍均有不少亲人。不仅有数量众多的宗亲,且往往还有不少关系极为密切的家庭亲属。即使远在海峡彼岸,也不能不深深挂牵与眷念。二是家族组织的纽带。明清时期,闽南家族组织已相当完备。这种血缘组织中,每个族员均被赋予一定的身份地位,在享有某些权利的同时必须履行某些义务。即使离开族居地,义务与权利并没有因此不复存在。同时,家族组织中的各种有形物,亦是无法割断的纽带。诸如,祠堂供奉着列祖列宗的神主,神庙供奉的保护神保佑的是包括自身在内的所有族员,族谱记录的是包括自身在内的整个家族的历史。三是家族组织的活动。家族围绕各种有形物开展的各种活动,建祠堂造神庙,修造祖坟,祭祀祖先,修撰族谱,开办族塾,举办家族公益事业,无不明确要求所有族人积极履行责任与义务。这些活动既与祖先直接关联,与家庭和亲属直接关联,亦与自身在家族中的声誉直接关联,渡台族人不可能全然置之度外。这些割不断的联系,亦使渡台族人不仅无法抛弃家族观念,反而因身居异地思乡怀祖显得更为浓烈。

宗亲在台生存需要。渡台的宗亲,背井离乡,跨越海峡,大多是为寻求新的较适宜于生存发展的空间,尤其是土地这一赖以生存的基本资源。台湾可供开垦的大片沃野及其他方面的发展机遇,对于他们来说,无疑具有巨大吸引力。可是,无论在移居过程中,还是在台湾新的居住地,宗亲们都必须面对各种严峻挑战,充满险阻与艰难。单个移民甚至单个移民家庭往往势单力薄,既难以成片开垦土地和兴修水利,也无力应付四面八方的移民群的争夺,需要结成更有实力的群体,才能维护自己的生存空间,在接连不断爆发的“分类械斗”中生存下来。在没有可靠的外部力量得以依靠的情况下,移民们最可靠的依靠对象,最容易结成的群体,首先无疑是有血缘关系的宗亲。在此背景下,宗亲们从祖家带去的家族观念,它的重要的现实意义再次显现出来。宗亲们以血缘关系结成的群体,倘要具有更大的凝聚力,使所有宗亲更紧密地团结起来,构成实力强大的整体,无疑亦需要浓厚的家族观念为纽带。家族观念缺失,或者观念淡薄,这样的群体组织很难构建,即使建立起来也会显得涣散,软弱无力,无法真正形成合力。如此,也使渡台的宗亲们到了台湾后,不仅不可能抛弃从祖家带去的家族观念,相反,需要使这些观念得到进一步强化。

移民内部相互传播。渡台的闽南宗亲本身浓烈的家族观念，渡台后与祖家仍然存在的各种关联，以及生存的现实需要，使这些观念的持续传播有着强大的内在推动力。渡台的宗亲们，不仅自身始终不渝固守这些观念，且通过人际传播和代际传播的方式，在台湾的宗亲中不断传递着这些观念。一是人际传播。在台的宗亲内部，彼此之间频繁的日常生产生活交往活动中，往往自觉不自觉地相互传递着某些家族观念，使彼此之间对这些观念有更深刻的感悟，更高程度的认同。家族支派组织开展的各种家族活动，更是借此大张旗鼓地宣扬家族观念，实际上这也是家族支派内部的一种人际传播。二是代际传播。渡台的宗亲，很注意子孙后裔的家族观念教育。他们往往利用各种场合，通过各种方式，不断地向子孙后裔灌输家族观念，要求铭记这些观念，并作为重要的行为准则。移民的后裔接受了这些观念，并且也把这些观念传递给下一代。移民内部这种人际传播与代际传播，使宗亲们从闽南带去的家族观念，不仅自身得到不断的巩固，而且也在他们的后裔中广泛绵延开来。

正是上述多种因素的交互作用，闽南传统的家族观念，随着闽南各个家族大批宗亲渡台后，在台湾深深地扎下根来，成为在台的闽南宗亲社会生活的重要观念。

闽南家族观念播迁台湾的体现

渡台的闽南宗亲从祖地带去的家族观念，具体而言有相互关联的多种观念，就其与祖地家族关系仍有重大影响的，主要有尊宗敬祖观、摇篮血迹观、延续香火观、光宗耀祖观、敦亲睦族观等。这些重要观念，无不在渡台的闽南宗亲社会中表现得非常突出。

尊宗敬祖观。亦可称为木本水源观，是闽南家族观念体系中的核心观念。这种观念的产生，乃是血缘关系的基本逻辑。既然祖宗是木之本水之源，那么对它的尊崇顺理成章。而这种观念的强化，则与家族教化有很大关系。家族组织无不强调尊宗敬祖，并上升到孝道的高度，尊宗敬祖是孝，否则就是不孝。尊宗敬祖是不受时空限制的，无论在祖传居地，或已迁居异地他乡。这种观念，深深扎根于渡台族人的思想深处。他们始终认定，尊宗敬祖是必须恪守的基本准则，始终对祖地祖宗念念不忘，惟诚惟敬，怀有高度尊崇之情。他们同样把尊宗敬祖作为族规族训，且载入家族支派谱牒中，作为裔孙务必遵循的重要准则。源出于平和葛竹赖氏的台北新埔赖氏家族支派，编纂的《台湾颍川赖氏族谱》序称："人之有祖犹水之有源木之有本也，木本水源不清则子孙如飘枝走鹿，莫知所始，莫知所终，将何以尊祖而敬宗乎？"源出于南靖梅林简氏的台湾丰乐里简氏家族支派，编纂的《丰乐里简氏家谱》中，载入祖家作为祖训的一首诗，亦作为在台宗亲的祖训，表达对祖地祖宗的缅怀。诗曰："江波源派向东流，寻溯源泉不见休。举眼纷纭南驿路，寄身寂寞古梅州。一行音讯烦君达，片纸家书为我酬。本欲归乡谒我祖，元龟未卜是何秋。"渡台的宗亲，在台建造家族支派祠堂，供奉祖地祖先神主，按照祖家传统习俗依时祭祀。祖家造祠堂修祖墓，修族谱设祭田，渡台宗亲或主动发起，或积极响应，表现出高昂热情。祖家每年祭祖典礼，他们总要克服困难返回参加，实在回不来了，也要想办法将祭费集中起来寄回祖家，表达一点心意。所有这些，都是浓烈的尊宗敬祖观念的体现。

摇篮血迹观。这也是闽南很浓厚的一种家族观念。这种观念的长期延续，既在于族人对生于斯长于斯之地总不免有种特殊情感，同样亦与家族弘扬有很大关系。在家族组织看来，摇篮血迹有着更重要的含义，它是家族的肇基地，是列祖列宗居住过的地方，亦是拢聚族裔的主要地盘。家族组织总是高调宣扬，族人无论身居何处，不可忘记这神圣的“根”，否则也是“忘祖”、“背祖”。这种被高度认同的观念，对仍居祖地的族人来说，或许更多地只是存于脑海中，而对背井离乡的渡台族人来说，影响就大不一样了。宗亲们渡台后，依然念念不忘遥远的故土，依恋之情始终非常浓厚，摇篮血迹观变得极为鲜明。宗亲们在台湾形成的聚落，许多直接以祖地地名命名，如双溪村、苏厝村、林口村、院里村、铺锦村、白沙村、枫树村、小洋坑村、潘湖头村等，正是摇篮血迹观的体现。不少宗亲渡台后，克服种种艰难困苦，经常返回故土。不少宗亲渡台后，辛苦拼搏多年，年老时又回祖地度过晚年。也有不少宗亲，生前未能叶落归根，去世之前交代亲属，将骨骸送回祖家安葬。这样的例子，闽南族谱中有许多记载。这种观念，即使到了现代，许多渡台宗亲依然非常浓烈。泉州延陵吴氏的吴树，新中国成立前渡台，两岸的人为阻隔使他再未回过家乡，魂牵梦绕，在台三次举家搬迁，从台北到基隆、新竹、台中，每搬一次就离故乡更近一点。1988 年带着深深遗憾离开人世前，嘱咐儿子将自己的骨灰送回故乡安葬。2010 年，儿子吴国荣为完成父亲夙愿，四个月内三次来泉州。他说：“叶落归根是父亲生前最大的愿望。”[1]

延续香火观。亦可称为传宗接代观，也是闽南根深蒂固的一种家族观念。这种观念的发生，既与生存的现实需要有关，即不断繁衍出男性后代，延续家庭，使家庭老人得以赡养，亦与家族祭祀有很大关系，即保障家族香火绵延不绝。按照家族血缘逻辑，女性后代要嫁给外姓，只有男性后代才能承接香火。所以，家庭必须有男性后代，否则祖宗无人祭祀，对不起列祖列宗在天之灵。所谓“不孝有三，无后为大”，表明的正是这种道理。如此，家庭和家族都把没有子嗣视为大患。渡台宗亲带去了这种观念，而渡台后生产与生活的需要，更使他们不可能抛弃这种观念。早期渡台的宗亲，性别比例严重失衡，没有男嗣的情况颇为严重。于是，纷纷在祖地宗亲中寻找承嗣。闽南族谱中，这样的记载比比皆是，仅石狮莲埭林氏家族，漳州平和何氏家族，南安霞锦洪氏家族，就分别有十五位、二十五位、二十八位渡台宗亲因无嗣而由祖家宗亲予以继嗣。笔者曾在《家族缘：闽南与台湾》一书中，对此作过专章的阐述。[2]这些嗣子，大多居留祖家承接香火。有些渡台宗亲，当祖家有宗亲无嗣时，亦将男性后代过继为之作嗣子。有些宗亲渡台，往往得留个儿子在祖家。石狮蚶江欧阳氏的欧阳彰阔，据《锦江欧阳氏三房宗谱》载，于祖家生下五个儿子，渡台继承父业时把四个儿子带往台湾，小儿子欧阳祖涵则留在蚶江，延续香火。也有宗亲在台湾生了几个儿子，为了祖地香火，又把某个儿子再送回祖家。晋江青阳蔡氏的蔡念川，清光绪末年渡台定居清水街，十几年后又特将儿子蔡裕成送回青阳，承接祭祀香火。[3]所有这些，正是家族香火观的突出体现。

光宗耀祖观。也是闽南颇为浓厚的一种家族观念。它的普遍存在既与尊宗敬祖不无关联，更与提高家族地位的动机有密切关系。家族组织在锲而不舍灌输尊宗敬祖观的同时，亦不遗余力宣扬光宗耀祖的观念，要求子孙勤奋努力，建功立业，给家族增光，为老祖宗争气。为此，往往还辅之以各种家族褒奖手段，如对那些可光宗耀祖的族人，在祠堂祭祖时给予特殊待遇，甚至树碑立传，并将其耀眼业绩载入族谱等。这种观念对于渡台宗亲来说，同样产生了深刻影响。宗亲们渡海赴台辛勤拼搏，首先无疑是为个人的生存和发展，然而也不乏光宗耀祖的动机。当他们在台湾取得不凡成就，发家致富了或登科中举了，往往要返回祖家，以某种方式予以宣示。石狮玉浦蔡氏渡台宗亲蔡枢南，清光绪年间考中进士后，多次返回祖家，并建了座名闻遐迩的"台湾进士第"。晋江池店鉴湖张氏渡台族人张士箱，乾隆年间在台发家致富后，财富大量带回祖家，广置田宅的同时，新建家族大小宗祠，整修家族祖墓，重修家谱，为家族增置了大量祭田，使鉴湖张氏在当地拥有更高的声望与地位。南靖梅林魏氏族人魏德修，渡台定居台中员林镇，事业有成后，民国年间返回梅林，在祠堂隆重祭祖，又在泰和楼摆了三十八桌酒席，大宴宗亲，分享喜悦。长泰江都连氏族人连日春，清光绪初年在台中了举人后，随即带领子女们返回江都，庄重地前往祖祠瞻依堂，向列祖列宗报喜祭拜，并在祖祠前竖旗张匾，亲笔写下了"国土升华光世德，惟思懋建永昌宗"的句子。[4]这些行为，无疑与光宗耀祖观有着密切关系。

敦亲睦族观。也是闽南颇为突出的一种家族观念。这种观念的存续，既有血缘的自然秉性，同样亦与家族播扬有很大关系。家族组织出于拢聚族众增强家族生存和发展能力的需要，无不竭力倡导"守望相助，患难相恤"的家族观念，作为必须遵循的家族道德。对于表现优异的族人，同样以各种形式大肆褒扬，甚至载入族谱作为裔孙的榜样。这种观念在渡台宗亲中，同样颇为浓烈。祖家后来渡台宗亲在台贫困不能举火者，孤寡残疾无助者，无力婚娶及无力营丧葬者，因灾荒及其他不测事件濒临破产者，先前渡台宗亲总是给予扶助；祖地宗亲往台湾读书，在台宗亲提供各种方便，甚至甘冒风险，为冒籍应考宗亲提供庇护；祖家族塾或学堂，渡台宗亲或亲自返回创办，或主动发起创办，或大力资助；祖家各种家族公益，挖池塘修水渠，修桥造路等，渡台宗亲亦总是慷慨解囊，甚至独力举办。两岸宗亲编纂的族谱中，这方面记载比比皆是。漳州白石丁氏渡台族人丁品石，"族人来投，皆善遇之"。[5]安溪芦田林氏渡台族人林鹤年，于祖家创办族塾，置育才田，设立义仓。[6]石狮铺锦黄氏渡台族人黄汝铸、黄树珍，据《龟湖铺锦黄氏族谱》载，捐巨资修建祖家龟湖塘及桥梁道路。晋江西霞蔡氏的蔡远众，衙口粘氏的粘传江，石狮蚶江欧阳氏的欧阳兆瑛，永宁高氏的高启根，岑兜李氏的李锡金，南安炉内潘氏的潘伟仲，华美郭氏的郭严明，永春官林李氏的李克岩，龙溪莆山林氏的林平侯，这些渡台族人，亦都是这方面的典型。渡台宗亲在这方面表现出的浓浓亲情,就精神底蕴而言,主要正是敦亲睦族的观念。

此外,闽南家族中的辈分观念、等级观念、权利与义务观念、家族神祇观念等,在渡台宗亲中同样有突出体现。总之,闽南各种家族观念,在渡台宗亲社会中,无不得到充分的甚至可以说是淋漓尽致的再现。

闽南家族观念播迁台湾的影响

渡台闽南宗亲的家族观念,形成于封闭的家族文化环境中,不可否认有狭隘与保守的消极成分,然而,无论从历史和现实的角度看,也有不少值得肯定的社会影响。

推动台湾移民文化发展。台湾文化,可分为汉族移民文化与原住民文化。原住民文化又称土著文化,明代中期以前在台湾居主导地位。从明代中期开始,随着大陆沿海大批移民迁居台湾,汉族移民文化很快在台湾占据导主导地位。汉族移民文化中,家族文化作为传统文化的组成部分,作为传统社会基层一种影响力巨大的文化形态,占有极为重要的位置,亦是最为直观的体现。正是从明代中叶开始,台湾家族文化迅速发展起来。这种引人注目的文化现象的出现,渡台闽南宗亲的家族观念,起了极为重要的推动作用。大批闽南宗亲渡台后,在强烈的家族观念支配下,加之生存的现实需要,即以祖地家族传统为蓝本,建立家族支派组织,重构以血缘辈分等级制度为核心的家族制度,造祠堂建神庙,祭祖祀神,编纂族谱,设置祭田,开办族塾,举办各种家族公益,使闽南家族文化全面移植台湾,在渡台闽南人社会中复生与蔓延。台湾的汉族移民,闽南人占大多数,闽南移民社会家族文化的发展,很大程度上标志着台湾汉族移民家族文化的发展。如此,也可以说,渡台闽南人的家族观念,推动了汉族移民文化的发展,亦为台湾文化增添了丰富内容与斑斓色彩。

提升宗亲群体的凝聚力。渡台闽南宗亲的各种家族观念,从根本上说乃是血缘关系的产物,然而,这些观念在台湾的存续,反过来进一步拉紧了在台宗亲之间的血缘关系纽带。普遍存在的家族观念,使宗亲们在处理彼此之间关系的问题上,相当程度上有着共同的价值取向。人们对于共祖同宗血脉相通的宗亲含义,有着更为深刻的理解,对于自身的各种责任与义务,有着更为明确的体认与自觉的意识,从而使宗亲关系带有颇为浓厚的情感色彩。这种情感色彩,有助于家族支派内部的统一与团结,协调利益诉求,排解纷争纠葛,济急解危,扶弱救难,增加信息交流,提供机会分享,共同抵御来自外部的侵扰,防范和抗击各种突发的灾害,保障宗亲群体生命财产的安全,从而增强家族支派的凝聚力,使之构成一个联系紧密的整体。这种凝聚力,对于移民宗亲群体来说,无疑意味着更为强大的生存能力,使之能在竞争激烈的社会中占有一席之地,获得更多的经济和政治利益,得以生存并不断发展。这种具有较大合力的团体,也有利于明清时期台湾大规模的土地垦殖,以及对农业生产有重大影响的水利兴修,从而促进了台湾农业的迅速发展,促进了台湾社会经济的繁荣。

增进移民对祖家的感情。渡台闽南宗亲的家族观念,它的核心内容,或者说最主要部分,乃是"木本水源"与"敬宗睦族"的思想观念,亦是中国社会几千年绵延下来的慎终追远的传统。这些传统观念,对于渡台宗亲而言,无疑又被赋予一层新的特殊意义,即极大地增强了思乡怀祖的感情。无论是木本水源的观念,还是敬宗睦族的观念,都无法抛离祖家,不能不与祖家紧密联结在一起。宗亲们的祖家情结,就是这样凝成的,且因此具有极为坚韧的生命力,弥经久远长盛不衰。宗亲们对祖家始终有难以了断的挂牵,有绵绵不尽的眷念,有深深的情感依恋。这种眷念与依恋,在他们的情感家园中,始终占有极为重要的位置。无论是辛勤拼搏的时候,还是艰难困顿的时候,或者兴旺发达的时候,这种感情总是与之相伴相随。他们从中寻觅精神的支持,求得心灵的寄托。移民们在台湾,依然始终对祖地祖宗的事极为关心,对祖地宗亲的事极为热情,对祖家各种公益事业极为热心,无不都是这种强烈感情的外化。这里,家族观念已深深渗入了对祖家的依恋,很大程度上反映为思乡怀祖之情。移民们以如此浓烈的情感倾注其中,无疑拉紧了与祖家的关系,使之始终与祖家保持紧密的联系。

闽台关系割不断的纽带。渡台闽南宗亲的家族观念,对在台裔孙产生了极为深远的影响。一代又一代的移民后裔们,承继了这些观念,发扬先辈传统,依然与闽南祖地保持密切联系,频繁回到祖地,热情参与各种家族活动。尽管随着时间的流逝,移民社会家族观念的存在环境发生了巨大变化,传统家族观念的不少成分亦已渐渐消解,然而由于观念形态本身的相对独立性与稳定性,更由于血缘关系和亲属关系这两个基本前提没有也不可能从根本上瓦解,甚至家族的某些功能及不少习俗亦依然存在,因此,几百年积淀下来的家族观念仍在延续,并没有烟消云散。时至今日,闽南各个家族在台的宗亲,包括渡台宗亲及在台繁衍的众多裔孙,仍然络绎不绝来到闽南,寻根谒祖,修谱修祠,畅叙亲情,举办公益。这些行为并非基于功利追求,而是祖宗认同的思维取向,是依然不泯的家族观念在起作用。毫无疑义,这是闽台关系一条极为重要的精神纽带。这条纽带尽管是无形的,却是非常强大有力的,它跨越宽阔的海峡,把两岸宗亲的意识、情感、行为继续紧紧联结在一起,无论什么样的外部力量,也无法将它彻底割断。这条永远割不断的纽带,无疑将继续对闽台关系以至整个两岸关系产生深远的积极影响。

(作者单位:泉州师范学院)

参考文献

[1]《泉州晚报》2010 年 8 月 13 日。

[2]苏黎明:《家族缘:闽南与台湾》第四章"承嗣的族人",厦门大学出版社 2011 年版。

[3]台湾姓氏探源编辑室编:《台湾姓氏探源》,1988 年,第 92 页。

[4]台湾姓氏探源编辑室编:《台湾姓氏探源》,1988 年,第 169、81 页。

[5]丁仰高编:《漳州白石丁氏古谱》,清嘉庆二年(1797 年)抄本,第 117 页。

[6]安溪县地方志编纂委员会编:《安溪县人物志》,1992 年,第 56 页。

金门传统寺庙装饰形式的传统继承与现代发展

唐蕙韵　王怡超

前　言

位于九龙江出海口与厦门相望的金门，自古与大陆往来密切，1949 年以后，因两岸对峙全岛戒严，断绝对外往来达半世纪，迫使金门在地匠师在这段期间自行由过去的经验继承与既存现象的模仿学习中，完成在地建筑的工艺实践——尤其是以传统建筑形式与结构持续进行修复和建造的传统寺庙。金门传统寺庙及其装饰也因而在外界各因文化革命的时代剧变或工商改革的现代转型中，因封闭而普遍性的保存了闽南传统寺庙的形制与装饰风格。

1992 年解严并随即开放对台和与对岸的往来后，新式的建筑体制与法令规范和建材产品，随着更善于应变体制的营造商与相对廉价于传统工艺的新建材和装饰材料，也在开放后的二十年间，渐渐改变金门传统寺庙的建筑与装饰风貌。本文透过对金门传统寺庙的全面调查，针对金门传统寺庙从戒严到解严期间修建所呈现的各样风貌，指出因物力、人力背景而继承或变化的发展，及其间反映的修建时期之信众财力、物料环境、工匠素养和时人的审美品味。

截至 2010 年的调查统计，金门现存传统寺庙共 252 座[1]，创建年代可考者自 300 余年至数十年间不等，锁岛期间兴工者多于旧制旧建基础上修建，近年兴工者则多有依旧制全面翻新或整体改制扩建之举。以下就目前所见金门传统寺庙形制及装饰工艺分期特征略述目前所见。

一、金门传统寺庙的形制与装饰布局

金门传统寺庙空间配置原则，大抵与传统住宅空间分配所依循的尊卑次序和精神一致，以左为尊而文祀配左，右则配以武祀，亦有少数例外。风水观念中所谓左青龙、右白虎的格局，在寺庙建筑中，则具象化为庙门进殿前廊左、右侧壁面必有的左龙、右虎装饰，是谓龙虎堵。从平面外观看，金门传统寺庙建筑形制有传统闽南建筑之单进式、二进式及三进式，其中又以二进、单进最为常见，其他建筑形式有传统阁楼一间[2]，近年改建之新式建筑寺庙一二间[3]。各式建筑体的空间单元，常见基本形制为：单进式单正殿、二进式一正殿一拜殿、三进式二正殿一拜殿。此外，尚有单进式加前拜亭、二进式加前拜亭等形制。庙殿主体外，二进式寺庙常搭配有单边护龙，或在庙旁加建一小间建筑，方言称为“室仔寺”，存放庙物工具、香油金纸等，兼作庙事人员议事或闲谈处。主体建筑以外，传统寺庙的基本配置，还有置于主殿门外数步的落地天公炉，以及通常在殿外侧前方的金炉。

图 1　单进式传统村落宫庙外观
（烈屿乡田埔村保障宫，1969 年）

图 2　二进式传统村落宫庙外观
（金宁乡下后垵村顺天宫，年代未详）

图 3　三进式传统寺庙外观
（金城镇庵前村牧马侯祠）

图 4　传统阁楼建筑文庙
（金城镇后浦奎阁）

图 5　新式建筑寺庙(1)
(金宁乡顶堡紫玄宫，2009 年)

图 6　新式建筑寺庙(2)
(金沙镇沙美涵源宫，2009 年)

金门传统寺庙无论建筑格局大小，主要装饰均集中于门面及内殿，庙外身则在脊坠及脊梁间有吉祥物品点缀装饰。庙殿装饰可依信众谒庙的入目视野，依序分为八处主要施饰位置：(1)外顶屋脊。(2)规壁(山墙)。(3)建筑立面，包括：顶堵、水车堵、腰堵、群堵及龙虎堵。(4)门窗。(5)梁柱。(6)神龛装饰。(7)内殿壁面。分布在内殿左右壁、门梁上壁及神龛内壁。(8)殿内顶部。各部位的施饰题材及其规则，约可归纳胪列如下：

(一)外顶屋脊

金门传统庙宇屋脊，常见交趾陶制福禄寿三公或双龙抢塔独座脊央(如图)，简单朴实，远观几与一般传统民宅无异。近年全新重建庙宇，则加饰各种剪黏及彩龙布满脊身，显得华丽喧闹。

图 7　传统屋脊装饰(1)
(金城镇庵前牧马侯祠，1997 年修)

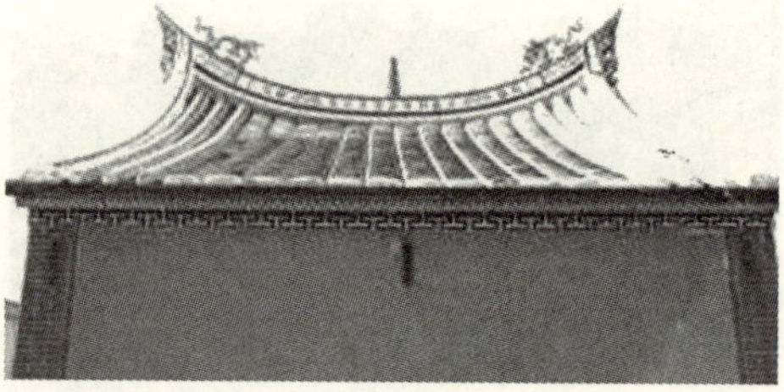

图 8　传统屋脊装饰(2)
(金湖镇下庄村恩主庙，1986 年)

(二)规壁:或称山墙

此处装饰常以泥塑浮雕造型图案和吉祥图饰取胜。凡寺庙几乎都有规壁装饰，一般传统民居建筑只在富丽或讲究雕饰之家见之。

图 9　泥塑上彩吉祥物规壁

(金宁乡埔后村双忠庙,1973 年)

图 10　浮雕上彩加立体泥塑人物规壁

(金城西门睢阳节著庙,1989 年)

(三)建筑立面:可分顶堵、水车堵、身堵及龙虎堵

金门传统建筑的装饰图纹多集中于建筑正立面,精彩特色尤其着重表现在顶堵及水车堵上。[4]顶堵是庙名匾额所在处,庙额两侧壁堵以彩绘为主,常见题材为故事图画,如礼聘贤士、三英战吕布等。

图 11　顶堵(庙额上方)及水车堵(庙额左右两侧间壁)装饰(古宁头南山伍德宫,1993 年)

水车堵饰作材质多变而题材广,图绘之外,常有立体泥塑及连环浮雕等,常见题

材有八仙、带骑人物，以及连贯不断的波浪纹、钱币纹及螭虎龙纹等。从视线角度来看，顶堵及水车堵位置落于谒庙者自外至庙前的 45 度仰角，其装饰之多彩，适为谒庙者抬头见庙额之触目间最佳观赏角度的诠释。

图 12　交趾陶水车堵装饰

（金沙镇刘澳村奎山宫，1985 年）

图 13　彩绘水车堵装饰

（金湖镇料罗村代天巡授，1970 年）

(四)门　窗

传统旧庙正门都施以彩绘门神，近年间新修庙宇渐有高浮雕立体门神。

图 14　传统彩绘门神

（金城镇金门城西门睢阳节著，1989 年）

图 15　高浮雕立体门神

（金湖镇新头村伍德宫，2003 年）

窗饰则与传统建筑常见之螭虎团炉、竹节、四蝠等吉祥装饰同，窗材仍以木窗、石窗等传统窗材用料为主。

图 16　螭虎团炉石窗

（烈屿乡黄厝村关帝庙，1995 年）

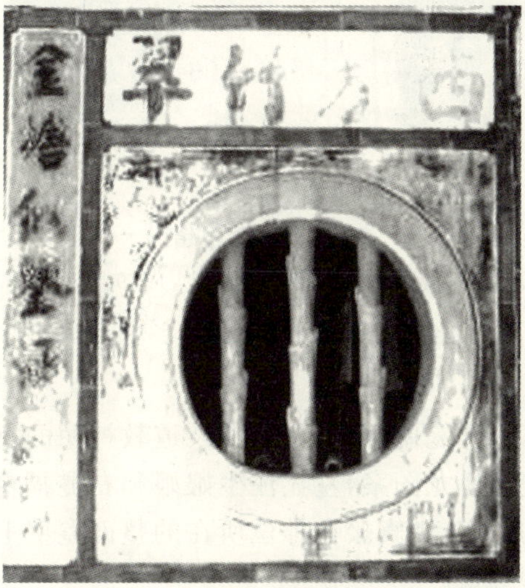

图 17　竹节窗

（金沙镇塘头村金莲寺，1975 年）

(五)梁　　柱

金门传统寺庙殿柱多朴素无饰,仅施以素面红漆涂饰,或刻划书法联对。石雕龙柱极少入殿,从空间的实际面看,金门寺庙基地大多不广,庙殿不大,素面漆柱在庙殿的四面雕饰中反能调和空间视觉,并衬托其他装饰。

庙殿正中的中脊主梁正中恒有太极、八卦、洛书等具符镇象征的图案。二进式的拜殿中堵及梁楣的装饰则为传统寺庙常见施饰所在。与庙前看水车堵的视角一样,入庙所见中梁处,也是视线45度仰角落点,装饰题材通常是龙、凤、鹤、八仙等传统吉祥事物。其他横梁和步通梁架,因施画面积小,多以花鸟瓜果等小品绘图为主。

图18　主梁正中太极图绘

(金湖镇后垄村保安庙,1984年)

图19　拜殿中堵

(金沙镇青屿村金山道殿,1979年)

图20　梁楣

(金城镇水头村金水寺,1993年)

(六)神龛装饰

神龛内部:奉祀王爷及道教神明的宫庙,在主祀神背后的正龛壁面,绘有填满龛壁的蟒龙图案,左龛注生娘娘和右龛福德正神则分别绘麒麟和凤凰。有些早期修建的旧庙,则直接在神位所在的整面龛壁上,图绘全幅注生娘娘及福德正神像以取代雕塑神像。

神龛外部:主要施饰于神龛外围正面周框及其上壁,从神案前向神龛跪拜的抬头视线看,其施饰处也在视线仰角45度左右。

图 21　跪在神案桌前仰望神龛的视线所见

（金沙镇浦边村莲法宫，1991 年）

（七）庙内壁面

除神龛内壁的定式图绘外，庙内正殿壁面是寺庙最显眼而重要的装饰重心，主要装饰表现是图绘，图绘题材较自由而不拘定式，大多数故事题材均集中在此。内殿壁面图绘作品分布在正殿左、右两壁之腰堵以上至屋顶的半面全墙上，以及各个出入门（正门、左侧门、右侧门，庙例无后门）之门楣内壁和内梁壁间（神明视线仰角处）。

图 22　单进式庙内壁面图绘

（烈屿乡前埔村保障宫，1969 年）

图 23　二进式庙内壁面图绘

（金沙镇刘澳村奎山宫，1985 年）

(八)殿内顶部

金门传统寺庙内殿顶部除正殿主梁必画八卦太极为符镇外,少有其余装饰。正殿不施横梁而以顶部藻井高拱太极镇符者,1990 年以前,只见于金城后浦之阁楼式魁星庙“奎阁”(1836 年建,1955、1963、1986 年迭次重修,见前文图 4);1990 年以后重建庙,始陆续见顶部藻井寺庙建筑,惟仍属极少数。

二、金门传统寺庙图绘式样

金门寺庙装饰的图绘包括:壁上彩绘、墨绘及瓷砖彩绘等。各式图绘随寺庙修建年代呈现明显的工艺背景与环境条件同步变化的转移趋势:徒手墨绘的壁画仅见于 20 世纪六七十年代修建的寺庙;瓷砖彩绘盛行于 20 世纪 80 年代;2000 年以后出现产自大陆泉州以科技量产的石砖影雕仿传统墨绘笔意的石砖画为常见。以下据其工艺形式,略举数例以说明其式样特征和盛行时期。

(一)传统墨绘

图 24　庙中建醮庆典时,庙中坐殿妈祖神像移出庙外巡境,得见神像身后龛壁全幅一蟒龙与侍女(2008 年龙凤宫广泽尊王诞辰庆醮期间拍摄)**金沙镇官澳村“龙凤宫”妈祖正龛后墨绘壁画**(1975 年修,2011 年全庙翻修重建,此图绘已随原庙壁埋灭)

墨绘应是金门现存寺庙装饰中,最具传统特色与手绘工艺代表性的装饰作品。传统寺庙壁画的施作,先要在施画部位打上白色粉底,粉底是以石灰与石棉糖水混合、捣细后,平涂在施画壁面上,须抢在粉底将干未干之际,以墨或矿物色料沾水画上壁面,底灰太湿则无法着画,太干则画色不易施展,[5]故需具备相当的绘画功力及熟练的技巧,才能成功完成壁画施作。现当代的彩绘壁画已改用水泥漆打底,以塑料色漆上彩施画,不需如石灰粉底般争于干湿时间限时完画。然而粉壁墙面与墨绘笔触相衬而特有的绘画效果，非传统粉底及其水墨运笔不能传其单色调内蕴之生动，近年修建寺庙中，传统墨绘已几近绝迹。

金门寺庙墨绘图像，主要见在主祀神座位后方的蟒龙图（如图 24 所示）。

及陪祀神注生娘娘及福德正神画像。在同一匠师施绘的寺庙中，亦可见于门前左右龙虎堵的墨绘龙、虎，如烈屿乡东林“佛祖庙”。

图 25　墨绘福德正神及注生娘娘（烈屿乡田埔村保障宫，1969 年）

图像之外，叙事性的墨绘图画，主要在正殿左右两面山墙至腰堵的墙壁上，绘画题材除传统寺庙常见的三十六官将图像外，主要是以演义故事为本的格子图[6]。

2010 年在金门所见庙宇墨绘格子图，仅见于大金门的金沙镇官澳村龙凤宫（1975 年修，今已重建，原绘不见）、官澳村邻近的塘头村金莲寺（1976 年修），小金门岛有烈屿乡田埔村保障宫（1969 年重建）、东林佛祖庙（约 1969 年）及黄厝关公庙（1998 年重建，此前重建于 1972 年）等五座庙宇。所有墨绘作品均未见落款，据乡人报导及学者考察，可信前四座寺庙所有墨绘格子图，主要绘制者是烈屿乡匠师林天助[7]。

图 26　传统匠师墨绘老虎图（烈屿乡东林佛祖宫虎堵，图外上方为认捐者姓名。庙约 1970 年代修）

图 27　烈屿乡林天助师手绘金沙镇官澳村龙凤宫壁画(1975 年)

图 28　烈屿乡林天助师烈屿乡田埔保障宫壁画(1969 年)

传统墨绘需要相当的绘画功力和经验技巧才能展现墨绘意趣,功力深厚的匠师可以墨绘白描画出构图简单而笔触细腻能展现叙事趣味的格子演义图,也能用浓淡皴法表现动物形象,写实生动更胜彩绘或雕塑。

另一座黄厝关公庙墨绘格子图则形似而笔法风格大不似林师,可能是旧庙重建时他人仿林师旧庙图照所描绘,壁面以水泥漆打底以黑线(应亦是漆)描图其上,图形构图似前见传统墨绘,唯限于材质未能显见传统墨绘点染着墨的意趣。

图 29　水泥漆打底的墨线格子图——烈屿乡黄厝村关公庙

(1998 年重建,此前重建于 1972 年)

今所见金门寺庙墨绘装饰多创作于20世纪60—70年代，以传统工法石灰糖水伴合为底的壁面，历经三四十年，均已出现受潮剥落或掉色斑驳的现象，其中金沙镇官澳村龙凤宫（1975年修）已于2011年全面翻新重建，壁上墨绘尽付尘泥。

（二）彩绘及瓷砖彩绘

金门庙宇彩绘多施作于建筑立面顶堵、庙内两壁、中梁及神龛上堵，题材以古典小说人物及其故事为主，与庙祀神祇有关的叙事图或传统教化故事常见于此。

现存金门寺庙的彩绘装饰，可依寺庙修建年代及其彩绘风格，略分为三期概述之：(1)1961—1980年，以传统书画工艺为主的彩绘。(2)1981—2000年，在地匠师自学并创新的彩绘形式。(3)1995—2009年，以台湾工匠为主和大陆石材为主料的施作。

1. 古画风格的工笔彩绘：20世纪60—70年代

此种彩绘风格类似国画的工笔彩绘，可细腻将人物表情描摹，一人头戴巾帽身穿儒服，一人头戴乌纱帽身穿红色官袍，穿红色官袍者引介着儒服者与三位在野地吃饭的乡民作揖。

图30　古画风格的工笔彩绘

图30画面生动，穿儒服长者表情温文儒雅似在垂询问候，三位乡民一位起立邀请，两位只顾吃饭，表达乡民的纯朴自在。同样具工笔国画色彩的梁上彩绘，可见于金湖镇西村“保莲殿”（1969年修）的神龛彩绘，画面虽经香火久熏而模糊，仍可见所绘人物笔触细腻，设色淡雅。

图 31-1 金湖镇西村保莲殿左神龛彩绘(1969 年修)

图 31-2 金湖镇西村保莲殿右神龛彩绘(1969 年修)

除了传统古画的工笔技巧外,金门早期寺庙装饰彩绘的另一种古画风格表现在绘画题材上。日常生活与庶民风景是宋代城市经济发展以后盛行的绘画题材,也见于古代墓室及寺庙壁画中。[8]的买鱼贩卜图以及居家育婴图,以生活题材和古典构图回应了这种深具世俗色彩的古画风格。

图 32-1 彩绘负婴买鱼图

(金宁乡北山村镇西宫神龛彩绘,1972 年建,1993 年修)

图 32-2 彩绘指路卖卜图

(金宁乡北山村镇西宫神龛彩绘,1972 年建,1993 年修)

图 32-3 彩绘居家育婴图——金沙镇后浦头慈德宫

(1978、1980 年修,2006 年古迹修复)

图 32 古画风格的生活图景彩绘

此期的寺庙彩绘自然,题材丰盛,叙事性故事题材与墨绘格子画来源大抵一致,以通俗演义小说为主，除三国、封神等至今新修雕绘装饰常用题材之外，还有隋唐演义、说岳全传、狄青演义等，惟此期彩绘叙事多以较大或长形篇幅写于门立面顶堵或水车堵，不论绘画技法是否成熟，仍有传统绘画图面景深构图的用笔，墨绘格子图式省略景深的平面构图，尚非此期常见的彩绘叙事法。相对于此期图绘题材的多样性，20 世纪 80 年代以后兴修的寺庙则常见以程序化的典故图案（如渭水聘贤、米芾爱石等）取代前述具创作特征的生活描写或构图细腻的叙事作品了。

2. 在地匠师自学和创新的彩绘形式：20 世纪 80—90 年代

金门地区寺庙于 20 世纪 80 年代开始出现大量兴修重建潮，在对外往来封锁的情况下，许多在地自学出身的雕绘匠师应时所需而起，在同时期大量施作于金门各地村落寺庙的作品中，创出颇能反映此期金门传统寺庙彩绘之匠师自学背景和材料变通下的形式与风格。

施作材质方面，墨绘格子图在此时期改以瓷砖彩绘格子图贴上庙壁，改善墨绘易受潮而剥落的缺点，也因瓷砖涂绘较徒壁施工简便，匠师施彩较易，而丰富了格子图的色彩和叙事空间，现存瓷砖彩绘格子图，大多为此时期作品。

图 33　瓷砖彩绘格子图——三国演义

（烈屿乡罗厝村西湖古庙，1987 年）

图 34　庙壁全幅瓷砖彩绘——睢阳城之役
（金沙镇后浦头川德宫，1985 年）

瓷绘格子图在 20 世纪 80—90 年代间，频见于小金门（烈屿乡）地区，全乡 46 座庙宇中，有 25 座庙宇壁画均以瓷砖彩绘施作于此一时期。据烈屿乡人报导及地方文史工作者 1998 年间的调查访问，瓷砖彩绘格子图应为金门地方烈屿籍自学出身的林天助师，应“寺庙主事者为求光彩艳丽，一劳永逸”，而将庙宇壁画“换成彩磁，以色料画成后，再经电炉烘焙，求能耐久”。[9]

瓷砖彩绘并不仅限于庙壁格子图，水车堵、庙脊等处亦可见二十四孝、八仙过海等彩绘题材，惟于此时期出现的大幅新创，除上述彩瓷格子图外，还有以整幅庙壁以瓷砖组合的大幅彩绘，所在地区也是金沙镇寺庙，主祀张巡的后浦头“川德宫”庙壁瓷砖彩绘“睢阳城役”，落款绘制者为金门陶瓷厂，可谓地方产业与宫庙文化结合的佳美之作。

图 35　鼎鼎轩叙事彩绘——李白醉写番表
（金城镇吴厝村仰峰宫门内顶堵，1985 年）

瓷砖彩绘之富丽与方便，在林天助师之后，也为金门其他在地彩绘匠师于此时期修建的庙宇中多方采用。以“鼎鼎轩作坊”落款的吴鼎文、吴鼎信兄弟施作的彩绘作品，大量出现于此期间修建的寺庙，擅长作品为三十六关将图像彩绘[10]，叙事图绘则以平面构图为主，线条朴素，而亦能把握叙事意趣，“李白醉写番表”彩绘，颇能表达冯梦龙《警世通言》之叙事场面及其情节意趣。

在题材特征方面，此时期的彩绘不复见即兴式的生活题材，多以演义故事及表现为程序化图案的典故小品、概念性历史人物为主，如关公护嫂、蜀吴缔盟、六国封相、钟馗、华佗、四聘、八爱、八仙、郭子仪拜寿、文王拖车、老子出关、东方朔偷桃等。

图 36-1　苏秦封相荣归(金沙镇田墩村西岳庙三川殿水车堵,1990 年修)

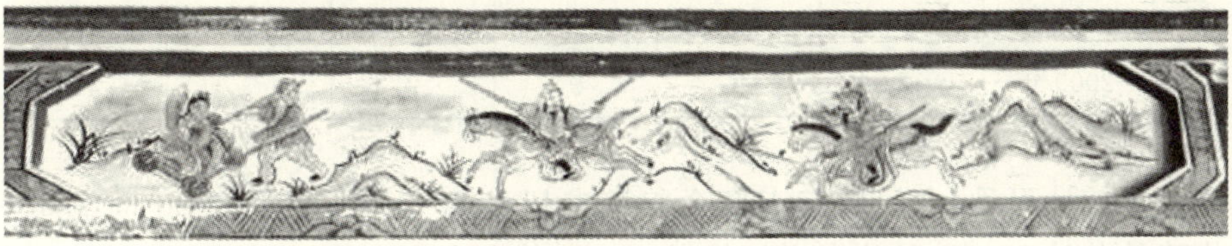

图 36-2　关公护嫂(金沙镇田墩村天后宫三川殿水车堵)

图 36　20 世纪 80—90 年代叙事彩绘

3.20 世纪 90 年代后期至近年间

程序化图案的小品在 20 世纪 80、90 年代多表现于梁上彩绘,至 20 世纪 90 年代后新建庙宇渐以石雕装饰为主时,原本只为梁上装饰的程序小品,渐渐又成为门面雕刻的主要题材了,某些全水泥重建的新庙,甚至已省略了庙殿两壁的壁画,只存具有保护梁木作用的梁上彩绘,图绘内容也愈趋不拘形式了。

图 37　抽象图(金城镇后浦"浯岛城隍庙",1995 年)

三、金门寺庙装饰风格与工艺条件和时代背景的关系

金门目前所见寺庙现貌,有最近期修建年代记载可考者,修建时间最早的是肇建于 1953 年的古宁头战役阵亡军官李光前庙(金宁乡西浦头村)。然更多肇建时代更古、重修历史更久远,貌具古意而未详年代者,则超过 20 座。据可考年份之今庙修建时间,以十年为一期,约可分期计数如下表:

表1　金门寺庙今貌修建年代统计表

年代＼乡镇	金沙镇	金湖镇	金宁乡	金城镇	烈屿乡	共计
未详年代	7	3	7	3	2	22
1960—1969年	0	4	2	2	1	9
1970—1979年	9	4	7	5	0	25
1980—1989年	23	9	11	11	19	73
1990—1999年	10	12	15	21	14	72
2000—2009年	12	5	9	12	7	45

据表1统计可见,金门现有寺庙今貌存在超过30年者,至少有20世纪60—70年代修建的共计34座,以及未详年代者22座;其余寺庙今貌,多数出现于1980年代和1990年代的修建高峰期,平均每年修建7座以上;以及近十年间修建的45座,平均每年修建5座。

闽南传统屋宅之兴修起建,讲究以堪舆家所谓"利年"用事,就是以建筑座向于罗盘所指方位干支与年度干支相合,两者于五行生克之衍有相生之利者,即当年度"有利"。[11]金门以传统木架构为主的寺庙,视屋况及利年周期,平均约20~30年整修一次。[12]

金门民间笃信村里乡社有宫庙神明护守,能保居民平安并事业顺遂,方言有谓"有宫才成乡"、"有宫才会兴"之谚。1949年至1958年间,金门历经连年战火及八二三炮战,房舍毁损无数,宫庙亦难幸免。20世纪60—70年代,战事稍缓,居民修葺屋舍之余,稍有余力,即勉力修建宫庙,此时物力财资普遍缺乏,宫庙整建大多为重修而少重建。此期间金门在封锁性的军事管制下,[13]修建工匠均为金门在地匠司,其匠艺自传统师徒教习出身者,传艺师有大陆来金师傅、有金门在地师傅,亦有长年在工地打零工者就地自学而自立者,修建工法主要承袭自传统工匠。

1992年金门解除战地政务以后,民间与台湾各界往来不再受出入境管制,台湾工程厂商开始进入金门寻觅开发商机。金门朝向现代性商业开发与建设的同时,传统民宅普遍翻建为新式住宅,传统宫庙也陆续以传统建筑外貌包覆现代水泥结构重修或重建。此时宫庙修建的工匠有20世纪60、70年代以来在地执业的匠师,也有台湾厂商来承包工程带来的台式宫庙建筑匠师。又由于商业竞争与建筑法令的相关管理规定,过去以专业技术建立声名独立承接工作的匠师,现须投入营造厂商麾下始得合法作业,不耐或不谙新制法规的传统匠师,往往顺势兼以届龄自行退休。

随着两岸政局开放和愈趋热络的经贸往来,过去以质优艺佳占据本地市场的大陆建筑材料及构件,今以低廉人工和机器量产的市场优势再度普及本地,许多在地传统匠师以传统工法制作生产的匠艺及产品,其人工斧凿之质及经验层积之美显得相对可贵，然终不敌工料成本悬殊的市场竞争而纷纷退场或边缘化。近十年来，金门宫庙陆续又逢利年或因木构蚁蚀壁剥等整建之必要，纷纷进行全面整修或重建，又因地方经济活络及互相竞美的趋势，整建方式几皆为重建乃至扩建，将原庙全面夷平后原址重建新宇是为常见惯例，其庙宇外观与内部装饰风格，与旧庙朴静气质大不同，而与台式庙宇重檐华盖相类。

图 38　金城镇东门代天府，1991 年

此期新庙开始模仿台湾重檐迭架的庙宇形式，代瓷砖装饰而起成为潮流的是机具石雕作品、繁复的剪黏以及金碧辉煌的木雕，尤以石雕装饰为主流，金城镇后浦东门代天府的建筑及装饰风格为此期新建宫庙最早的典型之作。

在金门地区寺庙基地普遍不若台湾地区寺庙基地广而大的建地限制下，狭面重檐华盖下的新建寺庙，远观虽然醒目而知寺庙所在，近玩则不免垂重之感，高座昂扬的堂皇神殿，与如家宅平易、宛如神人共界的旧庙原貌，风格殊异。闽式旧貌渐换为台式外观，孰风为尚、孰貌为宜，是与传统建筑随工艺环境变化和时代背景一般与时俱进；或是在环境变化的世代交替间，从物项与人力尚存世的样本与典范，求其传统文化风貌元素保存途径，以告他方以及未来之来者，传统闽南宫庙在金门，有历史由来之传统之风情存焉，有地域特色在焉？

（作者单位：金门大学）

参考文献

[1]参见唐蕙韵、王怡超：《金门县寺庙装饰故事调查研究》，金门县文化局，2009 年。该书于 2007 至 2008 年间，针对寺庙装饰及其故事，调查记录大、小金门岛内寺庙共 246 座，时因金宁乡古宁头双鲤古地（主祀关公）、金湖镇山外忠义庙（主祀关公）修建中未入调查，另有小金门岛内村庙四座：烈屿乡青岐村清水祖师庙、黄厝村李将军庙、湖下村黄府将军庙、东坑村福德正神宫等。至 2010 年止，金门传统寺庙（不含近年新兴修行道场及家宅神坛）共 252 座。

[2]清道光十六年建于金城镇后浦堡，主祀魁星爷之“奎阁”。

[3]由传统建筑形制旧庙完全翻新改建为新式建筑样式者，有 2008 年年底落成之金沙镇沙美“涵源宫”，主奉土地公，据云为沙美万安堂旧址，亦其祭祀圈内的地方公庙，由万安堂庙主委主持设计及兴建。新建之新式建筑样式寺庙，有金城镇顶堡村至后盘山村间的“紫玄宫”，主奉观音佛祖，为当地居民自建，供四方信众自往诵经修行或问事之开放性私庙。

[4]金门传统建筑彩绘匠师梁文勇师傅称：金门建筑最有地区特色的精彩之处，就是在水车堵的装饰。2008 年 10 月笔者访梁师傅口述。

[5]参见刘文三:《台湾宗教艺术》,台湾雄狮图书公司 1976 年版,第 178 页。

[6]分格连环壁画为早昔闽南传统宫庙常见的壁画形式,惟今存无多。据笔者考察,特常见于闽南地区的格子图壁画形式很可能与闽南传统庙会仪式中,出嫁女儿对娘家村落宫庙的献供习俗有关,其习俗又与"花园"观念等与子息生育相关的民间信仰有关。详见唐蕙韵:《从金门民俗看以信仰为载体的闽南风俗》,收录于俞兆平、林蔚文主编:《海峡文缘 · 厦门论坛论文集》,海风出版社 2011 年版,第 407～419 页。

[7]据笔者访官澳龙凤宫及塘头金莲寺之庙主事及在地 70 岁以上乡老云,其庙壁画均出自烈屿天助师之手。林天助,祖籍福建南安,1914 年三月生于烈屿乡中墩村,今已仙逝多年。据金门资深文史工作者许维民(现任金门县金宁中小学校长)"人文采风"网页刊布之采访照片及报导,林师至受访当时八十四高龄(推算其时约当 1998 年)仍作画不辍。报导云:"天助师早期的壁画作品,是直接在庙壁上以墨笔作画……这些黑墨画,因是天助师壮年之作,因此功力深厚扎实,美观耐看。晚近,寺庙主事者为求光彩艳丽,一劳永逸,庙宇壁画也都换成彩磁,以色料画成后,再经电炉烘焙,求能耐久。……天助师并没有受过正统的学校美术教育,他的绘画能力完全来自自学……手艺来自观摩大陆厦门、同安等地的庙宇壁画,以及查阅一些附有插画的绣像通俗小说,或是观赏通俗戏曲,从中获取人物造型的灵感。因为没有师承,所以画时全凭己意去揣摩想象,即使不同庙宇,相同故事情节,所表现的图像仍多所变化。"详见许维民"人文采风"之"人物篇——林天助",http://www.jhes.km.edu.tw/902005/contg/person/lin/lin.htm。

[8]参见《中国美术全集·绘画编·寺观壁画》,台湾锦绣出版社 1994 年版,第 84、85 页。

[9]详见许维民"人文采风"之"人物篇——林天助",http://www.jhes.km.edu.tw/902005/contg/person/lin/lin.htm。

[10]据笔者 2008 年 10 月拜访已改行从事铁雕创作的吴鼎信师(时年 52 岁),师自云 5 岁丧父,其父本行为绘师,鼎鼎轩关将图绘即据其父遗手稿为本所绘。

[11]民间通书均载有当年度利年座向,传统建筑实作参考用书《鲁班经》亦有"起造择日法"的说明,参见[清]午荣汇编《绘图鲁班经》,台湾竹林书局 1990 年版。

[12]参见《金门县寺庙装饰故事调查研究》一书之附录"金门乡镇寺庙修建年代暨装饰故事题材总表"。

[13]依"戡乱时期台湾与金马地区往返申请办理办法规定",金马地区民众赴台须办理赴台手续,出境逾 6 个月以上者,即通知其家属或邻长将其户籍代办迁出。社团、民间厂商行号,向台聘(邀)雇人员来金,须先报请核准。参见 1991 年增修《金门县志》卷四《政事志》,金门县政府,1991 年,第 733 页。

闽台文化传承平台的创新人才培养模式研究

王丹丹

2009年，联合国教科文组织将泉州南音列入世界人类非物质文化遗产代表作名录。泉州南音作为华夏传统音乐的“活化石”，其传承保护和发展现状不容乐观。2003年秋季，作为区域文化传承平台的泉州师范学院开设了音乐学(南音方向)，此专业的设置不仅开创了以泉州地方民间乐种作为高等院校专业设置的先河，更是深化本科教育改革、创新人才培养模式的新举措，为我国传统音乐的继承、保护和发展，为培养国家文化传承急需的复合型创新人才发挥重要作用。

一、人才培养方案复合型创新特色

泉州南音作为地方民间乐种引入高校专业设置，创新性复合式人才培养模式在本科音乐教育中需得到具体体现。鉴于此，南音人才培养方案的实施、特色课程的设置在特色专业的学习过程中发挥不可或缺的作用。

(一)创新人才培养方案的制订和实施

基于对南音特色专业培养目标的定位，制定了创新人才培养方案，使之成为特色专业人才培养的重要核心。而人才培养方案中，培养目标及要求则需要通过占主导地位的课程实施体现。在南音专业的教学计划中，课程结构基本分为四大部分：通识课程、学科基础课程、专业方向课程和集中实践课程。其中，通识教程46学分；学科基础课程33学分，专业方向课程61分，集中实践课程15分。

在人才培养方案中，设置了19门必修专业课程，其中有南音方向的视唱练耳与工尺谱视读、南音史论和乐学理论、南音演唱、南音乐器演奏(南琶、二弦、三弦、洞箫)、合奏(南音)、泉州方音、曲式作品分析与南音作品分析共7门专业课程，与音乐学专业理论和技能相关的基本乐理、中国音乐史、外国音乐史、和声学、中国传统音乐、形体与舞蹈、合唱与指挥、钢琴伴奏、声乐、钢琴等12门课程，形成了集传统与现代音乐理论、技能的创新性复合型教学方案特色，既设置加强南音基础知识和基本技能训练的课程,也设置符合需要的音乐学科课程,体现了专业课程设置的文化多元性及学科专业性。

(二)复合式特色课程设置

在专业必修课程中,开设的“视唱练耳与工乂谱视读”课程,是将高师音乐院校中的视唱练耳课程内容与传统南音工乂谱识读相互融合、渗透的复合式课程。“工乂谱”是传统南音在民间广为传用的一种记录音乐语言的汉字代表性乐谱,课程的设置使受教者掌握了南音工乂谱、简谱、五线谱的视读,并将三种谱型融会贯通,同时根据不同需要,随时识、记、翻译南音传统工乂谱与五线谱、简谱谱例,增强了传统与现代的音乐素养和创造意识;“曲式作品与南音作品分析”课程融合了传统南音与现代音乐作品,在初步掌握曲式作品分析的基础知识、音乐的构成和各种曲式的类型的基础上,对典型作品进行分析,了解其作品曲式结构的变化和发展,在南音经典作品及不同类型、体裁的音乐作品的分析中,对南音作品结构有一定的认知并具备了一定的作品分析能力。

“泉州方音”课程的设置,让平时操着南腔北调、口语中夹杂着闽南各地乡腔的受教者,掌握了方言的准确咬字,运用纯正的泉州音进行演唱;声乐课程的设置,使受教者通过声音的科学基础训练之后,在南音演唱中找到其“磨合点”,并能学以致用;“南音演唱”为方向核心课程,首先教师根据学生的专业素质和能力,一般以 1∶6 或 1∶7 的分组方式进行授课。为了使课程教学良好实施,学院聘请了国家级、省级南音传承人和具有深厚南音传统技艺的民间艺人、南音专业团体优秀的演唱员,组成了南音演唱课程师资队伍。在教学上,民间艺人用“口传心授”的传统教学方法,将“原汁原味”的传统演唱技艺传授于学生;而南音专业团体的演唱员具有较扎实的南音演唱功底,且在艺术舞台实践中积累了丰厚的艺术演绎经验,在指导中强化运用肢体语言融入表演状态,使演唱获得“声情并茂”的效果,这种民间性、系统性“双管齐下”的多元训练使学生获得了综合演唱音乐素养和能力。

器乐课程中,不仅设置了钢琴、钢琴伴奏等音乐学专业基础课程,也设置了“南音琵琶”(必修)和南音传统乐器课程(选修二弦、三弦、洞箫)的学习。南音琵琶是泉州南音合奏及伴奏的主要乐器,它作为不可缺少的教学工具,是南音“工乂谱”最准确、最直观的声音载体,是受教者必须掌握的一件乐器;而传统乐器课程学习中受教者可以三选一的方式选择感兴趣的乐器学习,使受教者在掌握南音乐器演奏技巧的同时,为乐器的多样性学习获得更大空间。

在音乐史学理论方面,不仅设置了中外音乐史、中国民族民间音乐概论等课程,也设置了“南音史论”等南音传统乐论的课程,两者的相互融合,使受教者了解人类音乐文化的发展历程,领略中国传统音乐的精粹;在选修课程设置中,对闽南地区的梨园戏、高甲戏、提线木偶等优秀的地方剧种的学习,了解闽南优秀传统文化,在中国民族民间音乐课程中,了解了昆剧、京戏、黄梅戏及花儿、信天游等剧种和地方民歌,粗略了解和学习世界的民族民间音乐，构建多元音乐文化的理念。通过课程复合式的学习、实践，思维、知识面从单一的认识转变为多元文化内涵的理解，复合式课程模式不仅使受教者掌握了传统文化的传承能力，同时也掌握了音乐学科专业综合能力。

二、创新与艺术实践能力的复合式培养

艺术实践是专业学习的重要环节，是课堂教学的延伸与扩充。在创新性的复合式模式学习中，培养学生的演唱演奏能力，每学期举办了“南音专业周末习唱习奏会”，演唱包括表演唱、对唱、个人清唱、琵琶自弹唱等多种表现形式，习奏会曲目一般为“指套、名谱”，习唱会的曲目多为传统南音名曲，在积累更多的演唱、演奏曲目的基础上，既丰富了舞台表演经验与南音艺术表现力，又培养学生投入传承弘扬传统文化的自觉性。创建激活创新思维的“南音大学生辩论赛”平台，辩论会正、反双方从辩论主题展开激烈讨论，使受教者站在更理性、多维的角度对传统文化的生存现状、保护、传承和发展进行分析和表达看法，组织参加了“海峡两岸南音艺术研讨会”、“中国音乐史年会”等学术活动，不断提高科研与创新能力，2006 年以来专业学生获得了省、校级大学生创新创业实验项目、大学生科研基金项目、开放实验项目立项共三十几项。在南音创新人才培养模式中，加强了多元文化的教育，学生到民间采风、考察，并与民间南音社团进行拜馆交流。组织毕业生进行专场毕业汇报演出，节目分为传统南音与音乐表演两大部分，既体现了南音专业传统表演形式，又展示受教者多面综合的音乐表演能力，获得了社会各界的赞誉。

2003 年以来，学生参与海外南音文化交流活动日渐增多，多次组团参加了“泉州国际南音大会唱”、“马尼拉国际南音大会唱”、“澳门国际南音大会唱”、“新加坡南音之夜”等多项大型海外南音艺术交流活动，与菲律宾、新加坡、马来西亚等国家和港澳台地区的南音社团、乐坊拜馆交流，展示了南音办学成果，扩大了南音对外影响力，推动了南音文化在海内外的传播。学生表演的节目传统南音名谱《八骏马》参加了在北京举行的“第 29 届世界音乐教育大会”开幕式“五彩丝路”大型多媒体音乐会的演出，获得了世界各国音乐家、音乐教育家的高度赞誉。2011 年参加由中共福建省教育工委主办的“相约春天 2011”福建省艺术院校新春音乐会，表演的南音节目《八骏马》获省教育厅通报嘉奖，2012 年、2013 年两度受新加坡城隍艺术学院邀请，组团赴新加坡参加“南音之夜”专场演出，获得海外华人及弦友的好评。

三、毕业生就业工作现状

2007 年以来，南音专业至今已毕业了六届的南音本科生。目前就业状况如何？

从事什么职业?都是值得持续关注的问题。为此,针对2007—2010届南音毕业生做了大量就业状况调查。

根据调查,2007、2008、2009届的毕业生求职时需到各县、区教育局报名参加文化统一招考,笔试通过者即可进入各县、区进行专业面试。2010年以来福建省采取了文化统考方式之后,即往届、应届毕业生需通过福建省教育厅组织统一文化考试,考试内容分为两大部分:教育综合(教育学、心理学、教育法律法规、教师职业道德和时事政治)与学科专业知识。根据各县、区文化成绩的录取要求,进行专业面试,毕业生面临的就业考试形式有所不同。据了解,在2010年福建省中小学教师招聘中,泉州市鲤城区为加强中小学南音师资队伍建设,进一步优化教师队伍结构,传承闽南文化,在招聘的3名中小学音乐教师中,特设了2个(南音方向)专任教师名额,2006届有两名同学顺利通过考试录取。

据调查显示,南音专业毕业生的就业状况较为理想:2007—2010届音乐学(南音方向)毕业生总人数75人,其中在中、小学校任职从事中小学音乐教学的有40人,占总人数的53.3%;从事南音表演工作的有6人,占总人数的8.0%;在海内外中、高等学校从事音乐及南音教学的有9人,占总人数的12%;在读硕士生1人,占总人数1.3%;从事其他行业的有19人,占总人数的25.3%。

统计结果显示:南音班毕业生就业范围相对广泛,74.6%的南音班毕业生从事中小学音乐教学及南音表演工作,且在工作领域中继续为传承泉州南音尽一分心力,体现了创新性人才培养模式的特色。2007届的蔡雅艺同学毕业后以优异的成绩留校进行高校南音教学工作。在从事一学期的南音教学工作之后,作为传统文化人才引进赴新加坡"湘灵音乐社"担任艺术总监,为海外南音传承开拓新的途径。2010年受新加坡城隍艺术学院邀请,到其学院担任艺术总监,并在海外南音社及艺术院校从事南音教学与表演期间参加了众多重要比赛及学术活动,于2009年4月,与湘灵音乐社赴印尼参加Singapore Showcase Cultural Crossings • Best of ASEAN Performing Arts;2010年2月,赴中国参加首届闽南文化节暨泉州国际南音大会唱;2010年3月,赴美国费城参加"CHINOPERL年会",并用英语宣读论文——《南音在新加坡的传承》;2010年7月,赴英国北威尔斯,获"兰格冷国际音乐比赛"(Llangollen International Musical Eisteddfod)获民间音乐独唱与独奏组第一名;2010年10月,赴中国南京参加第十六届"中国传统音乐学会"年会,发表《FUSION——"世遗"南音的兼容性》;2010年11月,赴瑞士巴塞尔参加CHIME会,演讲并表演南音,在海内外的南音传承工作中获得较高的荣誉。

传统乐种必须在其蕴含丰富的地方文化中传承才能实现真正意义上的活态传承,以地方高等院校作为区域文化传承的平台,将地方民间乐种"泉州南音"作为传承对象纳入其中,使其在本科教育中得到更好地继承和发展,获得真正意义上的活态传承。受教者通过创新人才培养模式的学习,丰富了传统文化底蕴,获得了创新能力与实践能力,构建了适应社会文化发展需要的知识、能力结构,并不断在从事与本专业相关的行业领域中积极传承与发扬传统音乐文化，使泉州南音在区域文化传承平台获得更科学、更全面地传承与保护。

（作者单位：泉州师范学院）

闽南戏曲的现代性重访
——基于接受美学的公共观演论述

王　伟

一、闽南戏曲传播的观演主体

“一部戏文稽古史,千秋事业待今人。”[1]闽南戏曲文化史的当下编撰,应该超越传统形式主义、历史主义、实证主义等以实体性本质主义为论述基础的撰写思路,真正从主体间性的审美对话观出发,将其“当作一个交流过程来表现的任务,重现在接受关系和文化交流中理解的积极作用”[2]。换而言之,如果要让波澜不惊的地方戏曲史论焕发活力,就必须摒弃历史本质主义的传统底色和客观幻象,反思质疑建立在主客二分美学基础之上的研究进径,将重建更新戏曲史论的立足点,真正放在接受美学和影响美学之上。具体到本文的对话对象,曾经作为华夏文化支脉的闽南戏曲,其历史性研究并不局限于对那些业已成形、口耳相传的戏文经典(如“一脉相承五百年”[3]的《荔镜记》),进行信而有征、言而有据的组合编撰,更在于辨明其传播主体的先在观演经验,即前代阅听人对诸多文本持续不断、绵延不绝的审美体验。质而言之,借重这种中心游动、边缘再置的繁复关系,进而形成主体间性的相互对话关系,用以作为重构戏文的历史始基。细化到专治闽南戏文的史家而言,不管是为旧种子再萌芽、老树重开花,抑或是为刨去旧根以点播新种、另开疆域,都要求其在将某一个特定文本进行归类整理以及对自己的所谓评价进行判断之前,须根据戏剧公共观演活动在现代性结构中所处的现时位置,再次将自我当成处身其中往来盘桓、穿梭耕耘的阅听者。

平心而论,运用实证史观来研究闽南戏曲的孱弱失误之处,就在于其放逐戏曲交往的对话之维,执迷于客观中立地再现复原一系列孤立的既往事件,从而将戏曲文本的审美特征和特殊历史性置于一旁而不顾。如果借用著名艺术史家R. G.柯林伍德在《历史观念》中“历史只不过是历史学家在其思想中重演过去思想”[4]的醒世名言,可见这种泛滥在世、充溢于时的客体性观念迷思已在西方史家那里得到适时反思。

正如接受文学史家姚斯所形象譬喻，文本就如同一曲永远在接受主体心中激起新异回响的乐舞存在，而不是如实证论者所理解的那样，只是一座喃喃独白、自言自叙其自身之无时间性本质的物化丰碑。这也提示着闽南戏曲的研究者，所谓闽南戏文绝非形单影只、孤独静立在那处，而将多年不换的同幅面孔，展现给每一个时代的每一个读者的沉寂客体。如果说特定时空中的静态戏文，需要表演者的动态演绎，那么尘封已久的闽南戏曲也渴望更多观众的参与互动。质而言之，唯有"play"方能将闽南戏曲文本，从一堆物质形态的言辞材料中解脱释放出来，赋予其主体间性的本真存在。显然，"言辞在向人们诉说的同时，也必须创造出一个能够理解之的对话者"[5]。而闽南戏曲作为闽地族群面向故土之想象性的对话创建，决定了传播主体的理解和戏曲文本处在持续不断的相互激荡中，而不能将之取舍化约为关乎事实的客观知识。概而论之，方言学的理解总是和阐释解读互相对应、密切关联，而主体间性的阐释活动所设定的读解目标，除了在现代性的想象层面理解对象，还包括反思描述现代性知识如何可能完善，并且将其作为一种新的理解的起点开端。

细而思之，审美接受和审美生产同是闽南戏曲传播进程之难以割舍的一体两面，而且这一公共空间的审美交往，是由诸种主体(陷入迷狂的阅听人、理智清醒的批评家和以此为生的创作者)在戏剧仪式的话语狂欢中生发而成。由此可见，现代性视阈下的闽南戏曲文化，应该是在主体间性交往基础上创作史和接受史的和谐统一。然而传统地方戏曲史论，却热衷在那些纠缠不清、不断堆积的所谓数据资料，殊不知其充其量只是游戏过程的残留遗存，即其只不过是对往昔的罗列搜集、归档分类，因此根本不能算成历史而应该被看作是"拟历史"(pseudo-history)。毋庸置喙，观察者/欣赏者相分离隔绝并且事实性独立的一系列资料数据，只是"描述一个地方剧种前世今生"[6]的史料基础，如果将其直接等同于戏曲史，那就消弭戏剧活动的事件性特征和一般历史事实之就事论事、不着感情的本质区别，毕竟前者经由主体间交往对话而动态生成、充满变数，而后者属于现实层面显然不允许主观撰述。戏曲文化作为民间性的重要表征，同在现实层面发生的政治事件有所不同，前者并不没有造成让后起世代无法规避、难以抗拒、必须直面的诸种结果，也就是说唯有未来一代依然回应抑或重新发现，其方能具有效应。职是之故，根据诸种事件组织的区域戏曲史论，主要是在当代艺术标准、后来观者、后生批评家、后起创作者中连贯整合而成，而能否用专门特别的历史性来理解呈现其整体图景，取决于上述标准是否被充分对象化与进行现代性转换。正是在此意义上，本文主张必须用闽南戏曲在现代性历史语境中的交往史，来更替革新传统意义的创作史和审美表现史，"用接受过程的描述去代替艺术事实的编年史式的罗列"[7]。

二、闽南戏曲传播的审美距离

闽南戏曲的改革创新需要观众参与，缘此必然引申到审美距离的主体间性探寻。依据接受美学，所谓的现代性审美距离，就是对戏曲新作（含旧戏重排）与既定期待视野之间的不甚一致甚或南辕北辙的刻画描绘。这就意味新鲜出炉、锋芒初试的新编剧目（如王仁杰先生那些具有女性主义色调的梨园新作），所带来令人耳目为之一变的视阈转化，正是建立在否定颠覆那些了无新意、陈陈相因的前现代方言经验，从而将前所未闻的现代性共通经验，巧妙提升到主体意识层次的诗性基础之上。更重要的是，根植于主体间性交往过程中的审美距离，绝非一成不变、刻板不动，而是不断调整、因势而化，即其能够根据戏曲普通观众的响应反馈和戏曲批评家的评价判断（包括出其不意的自发成功、稀稀落落的零散赞同、滞后缓慢的渐次理解诸如此类），而在历史现代性的审美交往中对象化。

传统地方戏文史论之按部就班的程式讲述，往往基于固有作品意图和特定社群期待的契合程度，而对戏文艺术创新与社会成就品头论足，然而这一客观主义叙述路径，不免有心无力回答上述作品何以具有超越性（语言之穿透与时空之跨界）的后续影响和持续效应，从而将戏曲社会学研究范式引入两难困窘。质而言之，上述貌似井然有序的套路做法，尽管在历史表象上高谈戏曲存在的审美互动论，但囿于学科阈限，只是根据某些片面的社会事实，将复杂问题简单化、多维问题单层化，即仿佛每部作品都有专门特定的历史性定向受众，好像每个创作者都被观众的周身环境、观点见解、观念形态所决定，似乎处在边缘的地方戏曲，要想成功就必须"表现群体所期待的东西，为该群体描绘其自身的肖像"[8]。

实而言之，耳濡目染于传统社会学批评的文艺社会学家们，将地方性的戏曲活动视为社会化的传播过程，以现实制度的历史变迁及其内在矛盾冲突为切入点，在不期然间将民族志和戏曲学杂糅一块，用以讨论地方戏曲的生产机制、表演行为、观看消费等现实层面问题。尽管当中的观念探索对重述戏曲历史有所助益，成为当下另类现代性改造方案的生动标本，但是其失误不仅在于迷信所谓的田野调查方法，更在于其只将研究目光逡巡在闽南戏曲传播的现实层面，笃信"超越了一部作品的第一个社会性的确定读者的所有接受，只不过是一种'歪曲的回声'，一种'主观神话'的结果，自身并不具有已接受作品作为后来理解的限度和可能性的客观的先在前提"[9]。进而言之，关于闽南戏曲的文艺社会学研究进路，只是片面而非辩证地决定"传播者—文本—受众"的单向流动。其实这些学者或许已然忘却公共观演空间中的交往关系远非如此直接，当中还存在着难以明言却不容忽视的交往可逆性。君不见，台湾改良歌仔戏运动中的移植佳作（特别是某些不落窠臼之先锋性质的实验文本）在其问世之时，恐怕并非如艺术社会学家所想当然的那样，精确纯粹地指向服务于特定专门的观看群体，而是以其惊世骇俗、睥睨一切之现代性断裂姿态，彻头彻尾地颠覆当地受众原有熟悉亲切的期待视野，迫使手足无措、毫无准备的本土观众，在经历相当时期的接触发展才能适应之、欣赏之。斗转星移、沧海桑田。只有当从前春风得意、风光一时之成功力作的审美经验已然消逝，原先被万千戏迷所如痴如醉、乐而忘返的欣赏价值所剩无几、荡然无存之黯淡退场的清寂时分，新的期待视野方能真正臻至更多更广的普遍交流水平，也才具有更新审美标准与艺术规范的充足力量。

三、闽南戏曲传播的历时性与共时性

闽南戏曲史论的新近编撰，同时要体现对形式美学的继承关系，当然这种承继是建立在“批判的发展”和“发展的批判”之上。承前所论，形式主义美学的新变论，对于研究“梨园戏、高甲戏和歌仔戏的代嬗兴替”[10]，无疑具有不可估量的重要作用，也使得今人在接受美学之更高层次上进行综合成为最终可能。倘若参考传学大家的归纳，其心力贯注的具体表现如下。

其一，实证主义的传统戏曲史论，缺乏现代性学术想象力，往往以时间路线串联起不同样式的戏曲作品，耐心补缀出一幅貌似完整、实则支离破碎的剧种拼图。具体而言，其将个别戏曲作品按照时间先后排序，机械僵硬地嵌入戏曲年表之中，这一将戏曲文本降格还原到事实层面的陈腐做法，说穿了就是用一个总年表来松散地堆砌诸种审美范畴，在当中只能瞥见镶嵌华丽的戏曲文化碎珠，但却是目无关系、毫无规律而言。而形式美学则在关系把握上有所突破，其借助戏曲语言之演化原则的运用之妙，将诸种审美范畴在戏曲史的明暗联系推向新的极致。

其二，从前的地方戏曲史论是建立在目的论基础之上，因而具有内在的古典性。与之相应成趣的是，形式美学不但不是在一个人为设定的终点上回溯事件，反而提出“新兴形式的辩证自生”，呈现出一道与目的论神学相对而生的别样风景。

其三，形式美学还能消除区域戏曲史论对戏曲文本选择的两难窘境。

其四，“新颖性既是美学标准，又是历史标准”[11]，缘此本体研究的戏曲史论，能够在相当程度上将历史意义和艺术意义结合起来，从而在现代性的基础上对戏曲历史与符号美学进行有限度的折中调和。

然而话说回来，令人遗憾的是，踯躅徘徊于“自动化”、过分强调自律性的戏曲形式论者，因缺乏主体间性交往美学视角而始终不得而入，缺乏“殊途同归、一致百虑”的宽容性和包容性。质而言之，其没有将闽南戏曲辗转曲折的演进成长，和生活世界的风云变幻联系起来整体把握，只是满足于钻研深究那些不足以单独构成闽南戏曲艺术特征的否定对立与审美变化，显然无力涉足古往今来剧种形式创新流变的方向问题。

深层考辨闽南戏剧的多元进化，如果以接受美学为厚实地基，不仅能够复建历史发展方向,这一已被传统史家所牺牲丢弃的前进据点,而且还能够在主体间互动交往的基础上,显现出戏曲文本的实在意义和现实意义之间的距离变量,从而在根本上扩展戏文经验的时间纵深。这就意味着,在初次显现的公众视野,是无法优游自如地立即感知一部初次上演之梨园新作的美学特征与艺术特性,更遑论在新旧形式的矛盾冲突、中西文化二元对立中穷尽其意味潜能。可以想象,那些被后世奉为历史经典、开一代文坛风气之先的戏曲文本在其呱呱坠地、啼声初试之时,往往因其不愿自甘颓废、不屑惫懒因袭,而与彼时首批读者的审美期待之间,存有难以想象的深层断裂与无以名之的巨大差距,以"为远方未来的读者而写作,为下个世纪而表演"的艺术姿态,远远超越那时那地的整体接受层次。有鉴于此,这种挑战当时闽地观众的美学惯习和智力限度之标奇立异剧坛新作,理所应当地需要一个相当漫长、曲折蜿蜒的接受过程,甚至冒着时人珠玉未识而一时蒙尘,毕竟在初次视野中消化体悟这些非比寻常、意料之外的花样面孔,并非轻而易举、一蹴而就。

缘此,闽南戏曲看似平淡无奇之文本基本意义,就要经过相当时间的等待过程和蛰伏阶段,待到戏曲演进借由更新的形式的现实化苏生,来达到文本视野和观众视野进一步的融合提升,从而使得包括非操持本地方言在内的观众,能够在新的语言交往地平线上仰望敞视,理解谛听那些在往昔岁月中被一再误解的既有诗学形式。在闽南戏曲的现代接受史上,那些通向封尘已久、打入冷宫之戏曲作品的路径管道,让新的戏曲形式重新疏通和猛然发现,实在是不胜枚举、数不胜数。由是观之,现代性之"新"(the new),就不是形式美学所反复标榜的那样,仅仅关注诸如惊人耳目、重组安置、创新疏离等符号因素的纯粹美学范畴,而是一个历史范畴,而唯有接受史方能真正实现美学与历史的辩证统一。

四、闽南戏曲传播的社会功能

完善健全且脉络明晰之闽南戏曲史论的系统建立与完整书写,不能将眼界止步于闽南一隅之内,自我设限于系统内部之历时性和共时性的勾绘表现,从而将区域戏曲的历史理解,视为似乎能够独立自主于世界历史的社会舞台之外。与之相反,闽南戏曲接受史的全景式构建,必须筑基于戏曲历史和一般社会历史的互动关系之上,毕竟戏曲文本(作为时代欲望掩映、现实记忆解构之所在,抑或是政治潜意识之美学表征)比之历史文本(作为身体、权力、知识不休争逐之时空场域,抑或是作为庞大无比之叙事符码构架),存在诸多不言自显的交汇点,彰显闽南族裔的主体经验、集体记忆与历史迷魅之纠结复杂的因应互动。归根到底,无论是"联络海外乡亲、传播中华文化",还是"促进经济发展、保护文化遗产"[12],闽南戏曲的海内外传播史,就是闽南族群之体验现代性的主体间性交往史,缘此其写作目光,就始终不能离开"交往的主体"和"主体的交往"。缘此任何充满天职感的戏曲论者,在其为闽南戏曲撰写历史的过程追索之中，必然要复现如下中心议题，即美学/历史在现代性张力结构中的辩证关系。

需要提醒的是，无论是作为“南戏遗响”之梨园戏的轻歌曼舞、“海峡悲歌”之歌仔戏的如泣如诉，还是“生动活泼”之高甲戏的粗犷雄浑，“精妙绝伦”之傀儡戏的悠远神奇，着意强调闽南戏曲的造型功能，反复申明闽南戏曲与社会系统的复合关系并非终结于如下客体性的反映论，即戏曲中似乎能够发现“社会存在的典型的、讽刺的或乌托邦式的肖像”[13]。恰恰相反，戏曲史家应该较之以往更加敬谨沉潜地指出，闽南戏曲海外传播所专有的审美功能和社会效用，绝不仅仅局限在现实层面之巨细靡遗地再现华人历史与反映华人生活，而是具有指向自由之超越现实的审美品性。毋庸置疑，在风雨沧桑的艺文接受历程中，作为通达人类创造、幸福和社会正义之共通路径的戏剧狂欢仪式，以主客同一的戏剧狂欢活动，用美学想象力弥补世俗现代性的偏执不足，用美的希望明朗照亮知识原则。其以没有最终答案的答案回应经验之外的价值陷落，屡屡打破在社会生活中占据统治地位之诸多不道德的道德禁忌，改变日常生存层面之沉积日久的陈规陋习，为新一代道德风尚的确立稳固和自由理念的普遍提升修道架桥、开山辟路，进而使其在相互作用、互相荡涤之同情式的交往基础上，达到为包括所有接受者在内的社会舆论所广泛认同，最终促成主体对世界以及主体和主体之间关系的再理解、新认知、更团结。有鉴于此，现代性语境中的闽南戏曲史论，应该站在主体间性交往论的高度，以如虹气势做出如下鸟瞰性的统摄结论。闽南戏曲史论不仅仅是在对浩如烟海、灿若繁星之戏曲作品的一再反思中描述历史现代性的一般过程，而是在波浪般演进之戏曲演化的总体进程中，发现独属于闽南戏曲之社会构形的超拔功能，进而澄明闽南戏曲与其他艺术门类和社会力量一起联手，同舟共济、齐心协力地将四处漂泊的离散族群，从不由自主且令人生畏的自然规驯、强大无形又无孔不入的信念幔帐、无所不在并根深蒂固的现实樊笼中彻底解放出来的社会功能。惟其如此，今人才能在文学和社会辩证统一、美学智慧与历史知识有机结合的基础上，“重新测绘地方传统剧种的理论图谱”[14]。

（作者单位：泉州师范学院）

参考文献

[1]王仁杰：《含英咀华品古戏 写在首届四大古老剧种同台联袂演出之后》，《中国戏剧》2010年第7期。

[2]张廷琛：《接受理论》，四川文艺出版社1989年版，第194～195页。

[3]郑国权：《荔镜奇缘古今谈》，中国戏剧出版社2011年版，第7页。

[4]Collingwood, R. G. *The Idea of History*. New York: Oxford University Press, 1956, p. 228.

[5]Gaëtan Picon. *Introduction à une esthétique de la littérature*, Paris: Gallimarde, 1966, p. 34.

[6]陈瑞统:《泉州戏曲漫笔》,中国文联出版社 2006 年版,第 4 页。

[7]赵宪章:《二十世纪外国美学文艺学名著精义》,江苏文艺出版社 1987 年版,第 463 页。

[8]Robert Escarpit. *Sociologie de la littérature*, Paris: Presses Universitaires de France, 1958, p. 116.

[9]姚斯:《走向接受美学》,周宁、金元浦译,辽宁人民出版社 1987 年,第 33 页。

[10]庄长江:《泉州戏班》,福建人民出版社 2006 年版,第 7 页。

[11]霍拉勃:《接受理论》,周宁、金元浦译,辽宁人民出版社 1987 年版,第 346 页。

[12]王汉民:《福建戏曲海外传播研究》,中国社会科学出版社 2011 年版,第 159 页。

[13]杨冬:《文学理论:从柏拉图到德里达》,北京大学出版社 2009 年版,第 376 页。

[14]王伟:《跨界的想象:当下梨园戏研究范式述评》,《福建论坛》2012 年第 3 期。

开埠前后的闽台郊商

吴鸿丽

郊为清代闽台地区设在江边海滨的商行，主要从事闽台海洋贸易的商贸组织，经营者则为郊商。它随着清政府海洋政策由禁海至开海的转变和台湾的开发而发展壮大，同时郊的发展也离不开近代通商口岸城市的勃兴与地方社会经济的进步。开埠之后的闽台两地贸易并未出现一般认为的衰落情景，而是较快地发展，继续为闽台两地经济的繁荣发挥重要作用，并呈现近代社会转型的某些特征。本文拟以开埠前后的闽台郊行、郊商为论述主要对象，对上述问题做一初步探讨。

一、郊的发展状况

清初，为切断东南沿海居民与台湾郑氏政权的联系，清朝实施严厉的禁海政策，迁界移民，荒墟沿海田园，"片板不许入海"，严禁通商贸易，然台湾"国虽以农为本，而无商以通之，则男有余粟，女有余布，利不足以及远，物不足以相供而货殖之途塞矣"[1]。因此清康熙二十二年(1683 年)清政府统一台湾，第二年即被迫宣布解除海禁，允准商民出海，规定福建厦门与台湾鹿耳门两港为大陆与台湾对渡直航的口岸，台湾岛内各地物产的出口，大陆各种物品的进口，皆需经鹿耳门方可成行。这使得鹿耳门逐渐百货汇集，商贸日盛，经营大陆与台湾两岸贸易的商行也不断增多，商业竞争亦日趋激烈。两岸各行业进出口商行急需加强同行业商人间的协作，协调贸易纠纷，排除内耗，实现平竞争，于是雍正初年独具特色的行会性商业团体一"郊"的民间组织应时而生。

据地方文献中记载，厦门于嘉庆八年(1803)"建盖大小担山寨城记略"的碑刻中已出现鹿郊、台郊、广郊，在建盖大小担山寨城中捐款的记载。[2]此外，清嘉庆二十四年(1819)岁次己卯年梅月。普光寺碑记，也有"蔗郊郑广冒……各捐银三十元……台郊陈恒益、□□杨郁观各二十五元；……台郊陈鳌霞、鹿郊陈鹤吉、金怡昌、金恒合……各捐良十二元；麻郊石顺记、林荣发、广郊叶成芳、金益成、苏胜春、曹德芳、金通利……衫郊梁舟记、梁金盛、金叶茂……各捐艮十元……杉郊郑长泰、李开泰、李开盛、李开荣、金大振……各捐艮六元；广郊金德□……台郊金永顺捐艮三十元"[3]的捐款记载。在嘉庆十三年重修安平桥泉郡捐题姓名 也出现"乾味郊合捐银贰百元……"的记载。[4]为适应闽台两地扩大贸易的要求。清朝于乾隆四十九年(1784)加开鹿港与蚶江对渡，五十三年(1788)，再开淡水厅所辖八里岔口对渡五虎门、斜对蚶江。蚶江自被指定为与台贸易的对渡口岸后，即设有海关、营盘、厘金(税务)等机构，泉州府下属的晋江、南安、惠安、同安、安溪、永春、德化各县，其对台贸易均需经蚶江出入，时称"大小渔商，往来利涉，利之所在，群趋若鹜"。[5]这样，分列台湾西海岸南、中、北三处的鹿耳门、鹿港、八里岔口三港，成为台湾重要的货物集散地，有力地促进了闽台贸易的发展。道光朝于四年(1824)，又开彰化县五条港与蚶江对渡，噶玛兰厅的乌石港与五虎门对渡。至此，台湾形成与大陆的五口对渡之势，两岸贸易进一步发展。

郊行主要有两类组织形式：一类是经营同一种或同一类货物商行组织的郊行，诸如米郊、布郊、绸缎郊、丝线郊、纸郊、药材郊、杉郊、苎仔郊、油钉铁郊、茶郊、磁仔郊等；一类是专门前往同一方向或地区进行贸易的商号组织的郊行，诸如泉郊、鹿(港)郊、宁郊、申郊、厦郊、淡(水)郊、大北郊(经营东北、华北地区)、小北郊(经营申、宁、温、福)等。

台湾各主要商业市镇皆有郊行组织。为了适应闽台贸易的需要，两地都有行郊的组织。在台湾，行郊以其贩运地区之不同而分为三类：一为北郊，以其贩运地区在台湾之北(或谓上海以北)；一为南郊，以其贩运地区在台湾之南(或谓上海以南，泉州即在此贩运范围)；一为港郊，在台湾各口岸间来往采籴者。"洎乾隆间，贸易甚盛，出入之货岁率数百万元，而三郊为之主。三郊者，南郊苏万利，北郊李胜兴，糖郊金永顺也，各拥巨资，以操胜算。"[6]

闽台郊商的主体是闽南商人。台湾商船"皆漳、泉富民所造，有糖船横洋船，材坚而巨，大者可载六七千石，南至南详，北至宁波、上海、天津、牛庄，贩运之利，颇操其益，故郡中商务一时称盛"。[7]泉郊最盛时商号多达200余家。据庄为玑、王连茂编著的《闽台关系族谱资料选编》记载，仅泉州鹿港郊道光年间即有商行46家。说明这一时期台湾有实力的郊商集团，实际上皆为闽南商人。

闽台郊商主要从本地搜集土特产品运到外地售卖，到外地采购输入本地所需的物品，互通有无，以济所需。雍正年间闽浙总督高其华奏言"闽省福、兴、漳、泉、汀五府，地狭人稠，自平定台湾以来生齿日增，本地所产，不敷食用。惟开洋一途，藉贸易之赢余，佐耕耘之不足，贫富均有碑益"。[8]台湾在清代属于新开发的地区，沃野千里，土地肥腴，粮食产量极高，源源不断输往大陆，特别是福建，台湾成为了"内地第一大粮仓"。粮食与砂糖、油成为清代台湾输运大陆的大宗货物。而清代台湾手工制造业极不发达，虽然"台湾天气和燠，撅土黑坟，最宜蚕桑，而开辟以来，尚少兴者。台人习尚奢华，绸缎纱罗之属，多来自江、浙，棉布之类消用尤广，岁值百数十万金。其布为宁波、福州、泉州所出，商船贸易，此为大宗"。甚至"台湾滨海之地，煮水为盐，其利甚溥。前时盐味苦涩，不适于用，多自漳、泉运入"[9]。纺织品及食物、日用杂货等成为大陆输入台湾的主要货物。如福州、漳州的生厚烟、泉州棉布、漳州药材、德化瓷器、永春葛麻、龙岩纸品、海澄丝线、福州杉木、深沪咸鱼、闽南砖瓦杂货等。当时台湾岛内外的所有航运及贸易往来，几乎全部为郊商所包揽。

在郊行和郊商的推动下，台湾与祖国大陆之间的贸易往来日渐兴旺，台湾这一"新开发的地区"与祖国大陆沿海"已开发地区"之间形成一方提供农产品、一方提供手工业品的互通有无、互惠互利的经济关系，并不断加强。台湾市场日益成为全国市场的一个重要组成部分，台湾的地方经济逐渐，成为全国经济链条上不可或缺的一个环节。

二、开埠之后的闽台郊商

郊的发展离不开近代通商口岸城市的勃兴与地方社会经济的进步。开埠之后的闽台两地贸易并未出现一般认为的衰落情景，而是较快地发展，继续为闽台两地经济的繁荣发挥重要作用，并呈现近代社会转型的某些特征。

开埠之后，两岸贸易全面发展，进入兴盛阶段。1860 年台湾被迫对外开港后，大批货物进出淡水、鸡笼、打狗和安平等港口。"台湾农产，以米为首，糖次之，茶又次之，其所以裨益国计民生者至深至大。"[10]这一时期台湾主要农产品，通过郊行的内产外销都有很大的发展。例"迨同治三年，沪尾开口，外商渐至。时英人德克来设德记洋行，贩运阿片、樟脑，深知茶业有利，四年，乃自安溪配至茶种，劝农分植，而贷其费。收成之时，悉为采买，运售海外……自是以来，茶业大兴，岁可值银二百数十万圆。厦、汕商人之来者，设茶行二三十家……台北市况为之一振。"[11]当时台湾"每年运往华中、华北的蔗糖量，也维持在开港之初的水平——20 万担至 30 万担之间。"1860 至 1894 年，台湾进口大陆货物量增加了 3.27 倍，台湾北部因茶、樟脑等经济作物种植业的发展，人口增加，粮食需求量大增，由原来运米至大陆，转而渐需由大陆供应，"量多时亦达 20 万担"。"台湾中部每年又有 50 万担米出口到大陆。"据台湾外国贸易表，统计，在台湾的岛外贸易中，台湾进出口总货值，同治二年(1863 年)为 595233 海关两，13 年为。3930174 海关两，光绪元年为 4121691 海关两，十九年为 11176073 海关两。[12]此外还有为数不少的帆船贸易。台湾开始卷入世界经济体系的运作之中"光绪十三年，藩署亦设通商总局，归布政使，而台南仍归道。当是时，贸易虽少，而递年增加，洎光绪十九年，竟至一千一百十七万余两，可谓盛矣。"[13]与此同时，开埠之后，虽然大陆郊商的对台贸易，受到外国资本的打击，但两岸城乡商品经济发展，仍然给大陆郊商一定的发展机遇和活动空间，1860 年到甲午战争前后，两岸郊行的贸易更加繁荣。从大量的碑刻实物和资料记载，都证明这一点。清代光绪辛巳七年冬月(1881 年)《重修七星桥碑》现保存在蚶江莲埭村龙津寺东。"龙津寺重修七星桥碑"碑文所载捐资者商号和个人，体现清代后期蚶江—鹿港对渡和蚶江对台港贸易的繁荣情况。

锦铺监生黄景辰捐银六拾大圆，鹿港林慎泰、莲埭林谋泰、各捐银二十大圆，蚶鹿林协舆捐银壹拾伍大圆，蚶鹿王顺安捐银柒大圆，石壁林德泰捐银陆大圆，洪尾蔡通靓捐灰贰拾担，蚶江林恭记捐银壹拾伍大圆，浙绍吴葆坤、林合益各捐银陆大圆，马巷诸布郊、安海崇盛芙蓉守善堂、各捐银壹拾大圆，鹿港林振爨、前吴治篇、蚶江林泉记各捐银伍大圆，林迪源捐银隆大圆，安海林述远、蚶江林士淮、莲埭林束昌各捐银肆大圆，鹿港施进益、梁新荣、欧成泰、亭下王捷益、青阳李进利、山仔吴锦舆、蚶江王嫣阵、林裕益、纪义记、各捐银三大圆，鹿港黄绵源、谦益鋐、锦美鋐、复盛鋐、利源鋐、顺利鋐洪瑞虔、协春鋐、王万成、水头王则保、王则钟、王则振、王则明、王玉佩、王道万、洪进源、洪复舆、洪源昌、蚶江林协源、林福源、林顺爨、林锦珍、林羲泰、王金锭、欧协益、纪经铨、存德党、珍裕鋐、黄长春、蔡源顺、蔡崇舆、纪羲合、各捐银贰大圆。捐一元以下略。[14]此外，在光绪五年，晋江安平镇龙山寺重兴碑记，也有大量郊商捐款的记载，例安平干果郊、安海台郊公、台郡泉郊公等捐银百元的记载。光绪十六年，安海重修朝天宫芳名录，也有大量郊行、郊商捐款的记载。咸丰八年台湾天后宫铸钟缘起碑记，也有厦郊金正顺、泉郊金合顺、糖郊金兴顺共捐银一百二十大圆的记载。据张炳南先生《鹿港开港史》，记鹿港八郊贸易，最盛时期在道光咸丰年间，仅泉郊就达到200家，与蚶江、深沪、獭窟、崇武对渡，从事泉州地区贸易，大宗所进口货物有石材、木材、丝布、白布、药材。厦郊也达100多家，从事厦门、金门、漳州，地区贸易，兼营布郊、糖郊。[15]“台湾新竹县志记，咸丰四年(1854)后，行郊多设栈于此，船舶往来日见增加，该港开发日渐兴盛，其贸易地区自对岸各地，扩及天津、牛庄，更进而至日本、朝鲜、吕宋、暹罗。”[16]

三、两岸间郊商贸易活动新的特点

两岸郊行贸易由两地活动朝多元状况发展。自清政府统一管理台湾后，两岸贸易均在大陆与台湾商人间进行。但自鸦片战争后，随着英、美等国洋行和商人的介入，两岸郊行贸易由单纯的两地间商人的活动向多元状况发展。“连横曰：外舅沈德墨先生为台湾商界巨子，惨淡经营，以兴脑业……数来台湾，贩运糖茶，贾于天津、上海，而获其利。同治五年，寄籍郡城，遂家焉。素音英语，与英人合资建商行，既又与德人经营，采办洋货，分售南北，而以台货赴西洋。”[17]

当时两岸传统的郊行贸易，要面对的竞争，有英美商人直接在两岸港口进行的洋货转口贸易和土货贸易，再有外商利用买办，采取货款预购等手段进行的两岸贸易。当时台湾出现一批买办经营两岸贸易，“李春生，福建厦门人。少入乡塾，家贫不能卒业，改习经纪。年十五，随父入耶稣教，信道甚笃。遂学英语，为英人役，间读报纸，因得以知外国大势。同治四年来台，为淡水宝顺洋行买办。淡水为台北互市之埠，出口之货以煤、脑、米、茶为大宗，而入口则煤油、布匹，春生懋迁其间，商务日进”[18]。他们在推销洋货的同时又为外商收购土货，许多买办还利用职务之便，由轮船或民船载运，兼营两岸贸易。另外，还有外国轮船运输的巨大冲击。但“海通以来，外商日至，而台人与之贸易。以吾所闻，非无二三杰出之才，足与抗衡”[19]。虽然鸦片战争后，帆船业虽遭外商冲击，1860 年以后，以英美等国为主的轮船运输逐渐控制了两岸贸易，包括两岸港口进行的洋货转口贸易和土货进出口贸易。中国帆船只能够进入台湾岛内的小港口，但仍在一定的范围内活动着。例“东石港史研究资料载：玉记开创于咸丰八年，初只置船瑞合号，至同治十三年连续增置了同春、万春、茂春三艘大帆船，北上天津、牛庄、烟台，南下新加坡等东南亚地区贸易，尤其是从事泉州、厦门至台湾贸易。最盛时拥有 14 艘载重七八千担的大乌槽，每船有 20－30 名船工。”[20]北京据日据时期的《旧惯调查会经济资料调查报告》指出，直至 1896 年，“每年仍有二千八百艘左右的中国式帆船进出台湾与大陆之间，就船数而言，未少于初清之一二千艘”。[21]“这一年厦门“有 40 家中国商行从事与台湾的贸易往来”。[22]台湾官府也站在郊行的立场上，光绪七年台湾巡抚毓英置官办之船琛航、永保两轮“循环来往，以速文报，并准商人配货。……其搭客自安平至厦门，或自基隆、沪尾、艋舺至福州，每人三圆，自安平至福州及由台北至厦门者五圆，又自台南至台北者亦三圆。货物之载，则照招商局所定，酌减二成，一时颇杀外船之利。”[23]

鸦片战争以后，闽台口岸地区，社会经济发生了很大变化，例泉州著名的黄宗汉家族其店面出租的对象，其时大部分为商行，房客来自泉州各县及福州、建宁等外府县，甚至江西、江苏等外省。这种现象表明开埠之后，沿海城市工商业的发展。随之而来的“首先反映的是社会运行过程中社会结构的变动和发展。……社会群体结构开始了由传统向近代转型”[24]。“近代福建社会观念更新的一个最显著的特点是注重工商，讲求实学。”[25]开埠后开始出现一个特殊的新士绅群体，包括一些脱离传统科举道路而转入新式商业和文化事业的读书人，这部分闽台士绅最先感受到了欧风美雨之信息，加入到商绅的行列，以泉州为例，1908 年，日本人设在厦门的“三五公司”曾派出职员到晋江县作过社会调查，在其后所编印的《债建情况调查报告》中，列举有当时晋江县的“乡绅豪富”42 人，身份注明为翰林、进士、举人等的达 38 人。[26]黄宗汉家族十三世黄贻檀，“嘉庆己卯科举人福州府学训导……悉以家政委之，嗣商于福州、于宁波，拮据造船，岁入渐裕……”[27]再如光绪年间，泉州东石珠泽户蔡氏族谱记“蔡观辰，好文事工书法，渡台为商郊司笔札，与苏浙郊递写往来，一时荐绅先生见之，莫不悦服，以为才子名士蔑以加也。且也雅量高致，仗义疏材。”[28]四川总督苏廷玉晚年曾给他的子孙制定了《家诫》八条，其一曰：人必有本业方不是游民、惰民，士农工商，四民之业也，四者之中，惟士、商二途最宽。士或致身通显，商或致赀千万，皆不可限量，农工则仅自给而已。……至制科以诗文，特藉此为进身之阶耳。若科第有命存焉，听其自然可也。[29]反映近代以来，口岸城市“士农工商”的传统社会等级结构首先出现错位，由四民之首末的“士”和“商”长期互动交融而形成的缙商阶层，被社会普遍认可。它也不可避免地影响近代闽台士绅的价值取向。因此士绅加入郊商行列也就不足为奇了。

以泉州为例,这一时期泉州据有士绅身份的郊商经商,有如下特点:

首先表现在通过郊商垄断市场。郊商是大宗批发南北各埠土特产的商行,清道光至同治年间,经营郊商的多为绅商,中规模最大,财力最厚的为宁波郊。晚清泉州势力较大的绅商多为宁波郊的行东,如观口黄(两广总督黄宗汉家)、通政巷苏(四川总督苏廷玉家)、象峰陈(翰林陈棨仁家)、钱头吴(状元吴鲁家)以及万厝埕王、后城何等官绅豪族。宁波郊商每户都拥有大帆船一至数艘,川驶于泉州、宁波间,有的还扩展到青岛、烟台、天津、大连、牛庄、营口等港口,交流南北土特产。宁波郊会馆的馆址设在泉州南门天妃宫,以每年农历三月廿三日的天妃诞辰日为本途行东的集会日,其时与会者多为穿花袍戴圆顶有官阶有功名的人,白衣虽富也无资格参加,故泉州人称之为“五花袍郊行”。黄宗汉胞侄黄贻檀(长合号宁波郊行东)在世时,就是该会馆的领袖。[30]

其次,绅商们除经营宁波郊本行外,还可运用其背景势力及其雄厚的资本,控制一些进出口行业,“如通过北郊、梧栖郊(台湾)。厦门郊,以及米郊和各种‘九八行’(丹麻行、鱼行、艚行、大猪牙行、小猪牙行等有牌照的专利行业)的营业,从而垄断了出口的大宗桂圆、蔗糖、丹麻、锅鼎、农具等本地土特产和手工业品;人口的棉花、大米、油、豆等北方土特产。例如泉州出口量最大的土特产桂圆(鲜果叫龙眼,烘干后称桂圆)和蔗糖,其收购的日期及价格,均得郊商行东开会公议决定,任何人不得破例收购。货物出口后如发现问题,要追究勒赔,重则通知各郊户一律停止向该农户收购,以断其生机。”[31]

再次是商品经营资本和货币经营资本相互支持,混合生长。商品经营资本和货币经营资本是商人资本的两个形式,晚清泉州郊商在经营商行的同时,也经营高利贷的典当业,规模较大的有黄宗汉、苏廷玉、庄俊元(道台)、张瑞(翰林)等家所开的当铺,其中以黄宗汉家族最多,除泉州城内外,在南安、安溪以及晋江的安海、河市等地都有。当铺以质物贷钱,计月取息,营利最稳,有赚无蚀。商行方面也以黄宗汉家族最多,营业面相当广阔,包括郊商、绸缎店、布店、香店、金纸店、纸行、碗行等,其中长合号宁波郊和晋源号绸缎店,分别为泉州城内同行业中资本最大的。在厦门也有黄家开设的商行,包括自营和合股,一般均雇请熟悉业务的人为掌柜和经理,而派家族子弟前往巡视监督。雄厚的商品经营资本和货币经营资本及其两者之间的相互支持,相互渗透,使黄家的商人资本得到较大的发展,从而获得了较高的商业利润,并得以经营捐助地方公益事业和捐买官阶官衔。

另外,敢于和清政府的不合理税金叫板,及和外国人争利,反映了新兴民族资本,阶级意识和民族意识的勃兴。泉州清末状元吴鲁,也是清末泉州著名的郊商。1982年在晋江南关港的溜石湾一带,发现清代沉船,据称这是吴鲁家族运载“美孚”油料的商船。[32]吴鲁敢于对清朝的厘金制度,持批判的态度。

清朝的厘金制度,弊端丛生,苛扰繁重,商民苦累不胜,自厘金开征以来,饱受厘金之苦累的是本国商民。根据不平等条约，外国货进口税，我国海关只抽5%，再加2.5%的子口税，即可通行全国。而国货厘金税率初始较低，后渐增高，一般为4%至10%，最高达20%以上，而且厘金一般不止征收一次，遇卡抽厘，运销逾远，则应纳厘金逾多，有时税款累计甚至高出货值数倍。与外国进口货仅抽5%的关税和2.5%子口税相比，国货显然无法与外货竞争。吴鲁在《正气研斋汇稿》卷二"加税免厘得失策"。指出"中国商务之颓坏，实由于此。"1902年，清政府和列强代表在上海会谈，以酌改商务条约。对于英使有条件地提议的"加税免厘"一条，当时国内许多人认为有得无失，而吴鲁也在《正气研斋汇稿》卷二"加税免厘得失策"。中有不同看法："(余)独以为不然，何以言之？观英使于加税一条，语多游移，一则曰五年以后如或西商受病，即须更订约章；再则曰十年以后，仍须递减至值百抽五。细择其意，是直以加税为免厘之饵也。至于免厘一条，一则曰中国须有实在确据；再则曰免厘以后，中国不得另立名目，藉端抽收。细择其意，是将以免厘夺中国自主之权也。……况英使于内地通商、内地制造两条，矢口力争，其心尤为叵测。前者以外洋货物输于中国，故不愿其税之加；今以内地制造之货物输于中国，故甚愿乎厘之免。数年之后，中国所出之土货，不敌外人所制之洋货，势必洋货胜而土货败。夫两利相权，则取其免厘一节，由裁革而免之，失在上而得在民；由加税而免之，失在我而得在彼。"吴鲁对清朝厘金制度损害民族利益的批判，可谓一针见血。

清末闽台贸易的发展，促进了郊行和郊商的形成，及闽台经济贸易的日趋兴旺，同时郊行和郊商的出现又有力地推动了清末开埠前后，闽台贸易的发展，为繁荣海峡两岸的经贸文化交流作出了重要的贡献。在海峡西岸经济区提出的今天，探讨这一问题有其历史与现实的意义。

(作者单位：泉州师范学院)

参考文献

[1]连横：《台湾通史》，九州出版社2008年版，第613页。
[2]何丙仲：《厦门碑志汇编》，中国广播电视出版社2004年版，第116页。
[3]何丙仲：《厦门碑志汇编》，中国广播电视出版社2004年版，第236页。
[4]许著华：《安平碑拓》，风雅图书出版有限公司2010年版，第37页。
[5]林永强、林为兴：《蚶江志略》，香港华星出版社1993年版，第61页。
[6]连横：《台湾通史》，九州出版社2008年版，第385页。
[7]连横：《台湾通史》，九州出版社2008年版，第325页。
[8]连横：《台湾通史》，九州出版社2008年版，第385页。
[9]连横：《台湾通史》，九州出版社2008年版，第393页。
[10]连横：《台湾通史》，九州出版社2008年版，第403页。
[11]连横：《台湾通史》，九州出版社2008年版，第402～403页。
[12]连横：《台湾通史》，九州出版社2008年版，第388～389页。

[13]连横:《台湾通史》,九州出版社 2008 年版,第 402~403 页。

[14]吴鸿丽、刘新慧:《泉州古桥古塔》,中国文联出版社 2006 年版,第 36~37 页。

[15]卓克华:《清代台湾行郊研究》,福建人民出版社 2006 年版,第 70 页。

[16]卓克华:《清代台湾行郊研究》,福建人民出版社 2006 年版,第 70~72 页。

[17]连横:《台湾通史》,九州出版社 2008 年版,第 615 页。

[18]连横:《台湾通史》,九州出版社 2008 年版,第 614~615 页。

[19]连横:《台湾通史》,九州出版社 2008 年版,第 614 页。

[20]陈支平:《民间文书与明清东南族商研究》,中华书局 2009 年版,第 80 页。

[21]林满红:《四百年来的两岸分合》,台湾自立晚报出版社 1994 年版,第 614 页。

[22]转引史伟:《近代厦门社会经济概况》,《清代郊商与海洋文化》,《中国社会经济史研究》,2007 年版,第 4 页。

[23]连横:《台湾通史》,九州出版社 2008 年版,第 326 页。

[24]徐晓望:《福建通史》第 5 卷,福建人民出版社 2006 年版,第 273 页。

[25]徐晓望:《福建通史》第 5 卷,福建人民出版社 2006 年版,第 293 页。

[26]王连茂、庄景辉编译:《1908 年泉州社会调查资料辑录》,《泉州工商史料》第 2 辑,1983 年。

[27]黄贻檀:《香蒲自传圹志》,转引陈支平:《民间文书与明清东南族商研究》,中华书局 2009 年版,第 80~81 页。

[28]黄贻檀:《香蒲自传圹志》,转引陈支平:《民间文书与明清东南族商研究》,中华书局 2009 年版,第 80~81 页。

[29]苏廷玉:《从政杂录·家诫》,转引自陈桂柄:《泉州学散论》,华夏出版社 2009 年版,第 341 页。

[30]陈盛明:《晚清泉州一个典型的世家——黄宗汉家族试探》,《泉州文史》1983 年第 8 期。

[31]泉州市工商联工商史整理组:《近代泉州南北土产批发商史略》,《泉州工商史料》第 1 辑,1983 年。

[32]戴泉明:《刺桐港考证及其申报"世遗"的文化意义》,《泉州文化与海上丝绸之路》,社会科学文献出版社 2007 年版。

台湾闽南语中"盐"的词语、作品和文化

谢菁玉

一、前　言

"盐"除了是调味圣品，在烹调上举足轻重之外，在文化上也扮演着重要角色。它与口味，烹调方式，以及社会上人和人的距离有关，是文明的产物(Adshead,1992)。在语言中，"盐"也占了一席之地，它不仅能加入表情达意的行列，也诉说了许多文化故事。本文就从台湾闽南语中"盐"的词语，以及和"盐"相关的作品出发，来探讨其中的文化讯息。

首先我们先简单说明一下"台湾闽南语"的发源和使用地区。17世纪初期，中国大陆福建省的福州和漳州人民开始移民台湾这个岛屿，一直到清朝中叶(大约是在18—19世纪的时间)大量的福建居民移至台湾，这样将近300年的移民浪潮中，台湾逐渐成为闽南民系人口最多的聚集区。他们驱赶荷兰人，定居和转化，慢慢地形成了台湾特有的闽南文化(许极炖 1988：69)。黄宣范(1993:21)统计台湾的语言人口分布，其中73.3%属于闽南人，所以闽南语在台湾是一个多数人所讲、所用的语言。本文的取材即来自这样的闽南文化下的"台湾闽南语"，以下或称"闽南语"。

闽南语正字的问题尚无定论，本文所列和"盐"相关的词语或诗作，在采得语料后不做字面上的更动，故像"做官若清廉，食饭着搅盐"这个说法在不同的语料来源中可能会出现"食饭甘愿搅盐——做官必须清廉"、"做官清廉，食饭搵盐"或"做官若清廉，呷饭得搅盐"等不同的写法，我们不加以统一。

二、"盐"的词语或谚语

"盐"的词语或谚语语料丰富，我们的语料是从几部在线闽南语语料库或辞典中

收集的,虽然这几部都不是针对“盐”而编订,我们仍应介绍一下现今台湾闽南语这些语料的来源。分别有“教育部”台湾闽南语常用词辞典(“教育部”2008)、“台语”线顶字典(杨允言、甘为霖,2012)、台湾俗语咸酸甜(杨允言,2012)、“台语”文语词检索(杨允言,2012)、台日大辞典“台语”译本(“中央研究院”2008),以及台湾谚语(罗凤珠等,2012)等。

“教育部”台湾闽南语常用词辞典是由“教育部”所计划、推行,搜集了台湾的中小学生在生活中的常用词及熟语,并以汉字为基础,加注台罗拼音音读,可直接搜寻词目音读、对应华语及条目全文来搜集语料,界面与解释皆使用汉字系统,并有发音范例。

闽南话线顶字典是由台东大学华语系助教杨允言所设计,采用苏格兰传教士甘为霖的《厦门音新字典》为主要的资料来源,界面为汉罗混用,可以于查询单字发音,音读使用白话字系统。杨允言教授也创建有台湾俗语咸酸甜网站,界面使用汉罗混用系统,是将萧平治的同名书籍(1999)数字化的成果,检索结果附有配合情境的短文、词汇、比喻注解。“台语”文语词检索也是由杨允言所创建,界面采用汉罗混用系统,采用有《平民 ê 基督传》、《天路指南》等汉罗混用文章十篇与 *Bí—jîn—hî*、*Sat—hu—sun—tai káng—tō chip* 等白话文章,可查询特定文句在这些文章中的分布情形,并可设定“中央研究院”所建制的平衡语料前后的字数。

台日大辞典的闽南话译本是“中央研究院”语言学研究所的“闽客语典藏”计划成果之一,将 1931 年由日人小川尚义所出版的台日大辞典数字化并翻译,界面使用汉字系统,有闽南语(对应白话字拼音系统)来对应白话字拼音系统,附注汉字,有汉字、解释(汉罗混用系统)、例句(汉罗混用系统)等五种查询,查询结果也附有原册扫描。

台湾谚语是由元智大学中国文学系教授罗凤珠所主持“荔镜记:荔镜姻,河洛源:闽南语第一名著荔镜记多媒体教学”计划的衍生成果,搜集有流行台湾的闽客语相关谚语资料,界面、条目和解释都使用汉字系统。

这样简单介绍了几部台湾闽南语的语料来源之后,以下我们先列举几个闽南语“盐”词语,一一介绍这些词语的意思,再来是分出几个类别来讨论,进一步再做一个综合的分析。

“拿盐,渍心肝”意思是“打击别人心中的向往与期待”。“盐舌钫皮老爹”比喻“吝啬”。“搵盐,咬姜”比喻“生活贫困”。“盐到,鲑腐”形容“做事慢半拍,缓不济急常会误事”。“面线掺盐汝也骂,豆签无掺盐汝也骂”勉励“人做事要讲究方法,做错事不要怕人责骂,要思考一下自己应该改进的地方”。“头代油盐酱醋,二代长衫毵裤,三代典田卖租,四代卖子卖妻,五代卖公婆香炉”亦陈诉着一个令人唏嘘的家庭世代轮替。这个谚语说的是一个家族富不过三代的故事,开始时的第一代生活节俭,努力赚取积累财富,第二代却开始养成奢侈的坏习性,过了三代以后的生活就是贩卖家产,最后过分到甚至抛弃了中国传统道德的孝道。

若分类来看“盐”词语的话,闽南语中带有“盐”的词语有许多是从“盐”作为调味或者保存食物的功用而来，有的或从制盐而来，或者是制盐地区的特殊景致的描述。以下我们举例说明。

从“盐”作为调味或者保存食物的功用而来，从中衍申出了一些与料理食物相关的词语如“豉盐”，指的是用盐来腌渍食物。从腌渍出发的语式尚有“盐到鲑腐”，有些地方也说成“盐到鲑臭”，语式中的“鲑”并不是我们现在使用的汉字中所指的鲑鱼，根据台日大辞典“台语”译本(2008)，闽南语中的鲑有指用“盐”腌渍来保存的鱼肉的说法，因此语式的意思是要腌鱼时才去找盐，等找到盐时鱼都已经腐臭了。从此引申出几个意义，一是远处的“盐”没办法保存手上的鱼，也就是远水救不了近火的意思。也或者是假设没有盐时就像邻居借就好，等到远方亲友将“盐”送来，鱼早就腐臭了，用这样来比喻远亲不如近邻。再者，也有人将这个语式用来形容在未抓鱼前就先要准备盐的人，也就是思虑搞不清楚的冒失鬼。

另外，“搵盐，咬姜”这一语式，就从“盐”作为调味料的角度出发，用饮食只有“盐”和姜作为调味料和配菜，引申出生活清苦的意思。另一个词语“官若清廉，食饭着搅盐”的语意出发点也相似，意思是如果要清廉从政，生活就会过得清苦，进一步讽刺无官不贪的可能弊病。

除此之外，闽南语中也有许多和制盐相关的词语，反映了台闽地区因临海而发达的盐业。如“盐灶”是煮盐的灶、“盐田”是晒盐的田地、“盐寮”是制盐地点所在的房子，都是一些功能性显著的词。而从台湾的地名里，也可以看到台湾制盐历史的痕迹，比如说屏东的盐埔乡、高雄的盐埕区、彰化的埔盐乡。“埔”根据“教育部”闽南语常用词辞典指的是平坦的地方，“埕”指的则是晒物场，因此“盐埔”、“盐埕”、“埔盐”指的都是晒盐的区域。其他像“盐船”和“盐仓”让我们看到制盐地区的特殊运输工具或特殊储藏设备，“盐山”和“盐田”呈现出这个地带的特殊景观，“盐耙”则是非制盐地区难得看到的工具。

再进一步看，“盐”的比喻词丰富，同时表达了闽南语所赋有的语意。“盐”可以表达“钱有负面形象”的概念，比如“咸价”代表“高价”。若表达“辛苦的日子”的概念，就可以说“咬姜，搵盐”，意指“饮食中只用盐调味，只吃姜当配菜，意谓生活贫困、节俭克难以至吝啬、勤俭辛苦”，而另外一个语式“咸酸苦涩”则是形容“餐点相当粗俗难吃”；这两个词语都从盐是生活必需品的角度来出发，进而衍生出吃饭时唯一的配菜是盐，吃不起其他精致的食品的清苦生活。

从“盐”所带来的咸味，也表达了“味道”，比如“无咸无纤”，用来形容“食物淡而无味，过于清淡”，另外一个词语“试咸泔”则适用试咸淡来表示“试味道”，语式“重咸”则是用来形容“重口味”；这些词语的皆以盐的咸味代表了“味道”。另外，盐的咸味也用来形容“个性”，比如“咸阁涩”、“咸龟”、“咸笃笃”、“钱、咸，siau. 黏”等词语，都被用来形容“吝啬”。最后，有些“盐”的词语也表达了“功用”，比如“沤咸菜”的意思是“把芥菜制成咸菜”，只不过这个语式目前多被用来“讥笑人不整理衣服，衣服乱乱的皱成一团”，另一个词语“豉盐”的意思则是“用盐腌渍食物”。这些语式都与盐可以腌渍食物，以利保存而发展出来的比喻词。

三、有关“盐”的诗

接下来我们来看看有关“盐”的诗。盐的诗作所在多有。唐诗中就有许多与盐相关的作品，如白居易《盐商妇》，描写盐商妻子的生活形态，也反应盐商剥削百姓，中饱私囊，说出了唐代商贾造成的社会问题。当中的“盐”亦象征财富，有利民与害民的两面性，商贾若掌握“盐”象征的财富地位，有可能利用它来剥削下层人民，或在商业行为中有不利之图。

由于台湾的地理位置四面环海又制盐业发达，因此在文学的创作过程中，有许多诗人很自然地就选择了盐作为题材，将制盐情景或盐田景色写入作品里。基督教长老教会牧师颜信星也写有一首《盐埕》：“炎热的三月天／贴心的咸湿味／随风飘置无树木遮阴的海墘／当逼人的热气／逼甲连海鸟都去走匿／对恁来讲，造盐的人啊／生活拄拄才开始／置恬恬的世界／逐日面对无言的大海／置无色的暗暝／孤寂咬新的滋味啥人知／只有头顶的草笠／手中的土耙／恬恬陪恁耙出一片闪光的天地当身躯的汗热／换作一粒一粒若晶的白沙／置台湾西南的海岸／吟出彼首盘古以来就有的诗歌／一个有味的社会／对遐渐渐来生炭。”此诗收入在诗人向阳所编的《太平洋的风》中。颜信星在这首诗中借着天气和晒盐区的景色正映衬出晒盐人的辛勤。

知名的书法家周水生（又名周鸿涛）、鹿港半闲吟社的诗人施文炳、大冶吟社的许遂园都曾经写过以《咏盐田》为题的古诗，诗中鲜少使用含“盐”字，而是运用比喻的手法来指盐。另外也还有几位诗人著有《咏盐田》，周水生写：“结晶粒粒白如霜／日丽云蒸斥卤忙／疆场区分同畎亩／利民利国水流长。”施文炳也写：“引潮恰似灌田畴／日晒堆成洁可收／一片翻来如白雪／欲调鼎鼐此中求”。许遂园写：“丽日当天水满畴/晒来如雪喜丰收／耕田毕竟输耕海／箇里从无旱魃忧”。痖弦的诗，名《盐》中，“盐”代表生活必需品，映射的是民国以前缺乏生活基本粮食的社会问题，“盐”在此指代生活的基本需求。在早期交通不便，中国内陆及北方地区原物料难以送达，百姓生活困苦，求助无门，着诗舒发情感。此诗以“盐”为意象，亦反映社会问题。

另外，许正勋的《曝盐》则写出制盐的辛苦：

日头赤焱焱
照着一格一格的盐埕
双跤踏水车
一下悬一下低一直拚
引海水入浅坪
盐耙仔拖了搁再拖

盐堆亲像一支山
盐担铁肩拼命担
一担过一担
日曝盐会闪炽(sīh)
日曝人汗水滴
滴啊滴　滴啊滴
滴袂离
盐粒内底有汗味
敢有通买番薯
敢会当配咸鱼
敢有法度籴(diah)一寡仔米
啊,犹原爱看天

在诗中,诗人以他的故乡台南七股的盐田为主轴,将晒盐人家劳动的过程写成这首闽南话现代诗。诗中细致地描写盐田人家在艳阳下辛勤工作的情景,让读者了解制盐业的辛劳。诗的后半部则刻画盐田人家在自然气候面前的卑微,辛劳的工作是否有收获,得仰赖天气的好坏,他们的无奈与不安,令人叹怜。

四、有关"盐"的书籍作品

Strässle(2009)著书检视了德语、希腊语、拉丁等数种语言中的"盐"在化学、宗教、语言、身体、文学以及生活交际中所扮演的角色。其中他对文学作品中"盐"所带的比喻多所着墨。比如他认为在格林童话、莎士比亚的作品、希腊神话中"盐"就有多种的比喻意义,就像在鼠皮公主(Prinzessin Mäusehaut)的童话故事中,小公主对国王的亲情如同"盐"一般,就令国王从不解到生气,最后又逆转为大受感动。

在台湾,朱西甯的短篇小说《铁浆》,描写两个互相仇视的家族——孟家与沈家,争夺官盐经营权的故事,影射了那个时代的社会现象及其弊病。小说中"盐"象征了财富与地位,两个家族都想透过获得官盐的经营权来获得财力与社会地位的提升,以期待其家族的命运能够因此改写。他们以各种激烈的手段竞争。角色孟昭有不惜刺小腿、剁手指的自残举动,不久镇上火车通车,在火车的影响下,孟家夺得经营权,却反而使儿子孟宪贵染上鸦片瘾,将家产败尽,最后落魄横死街头。为了争夺盐所象征的财富地位,沈家主人愿意付出伤及自身甚至死亡的惨痛代价,成功之后,盐所创造的财富却使儿子堕落,身家败尽,最后亦赔上性命。小说中"盐"扮演的是毁灭人性的角色,以两个家庭争夺官盐授权来影射时代的变迁。

蔡素芬的《盐田儿女》,则叙述盐村出生的女子明月的境遇,隐喻台湾社会中女性辛劳、辛酸的处境。小说女主人公明月出生在一个四女一子的家族,不幸的是长女早逝，生活重担全落在明月身上，盐田的工作变为生活负担的象征。母亲坚持要明月招赘，但其青梅竹马的大方身为家中长子，无法接受入赘，被逼与明月分开，明月另嫁嗜赌成性的庆生，从此命运坎坷。在这部小说中，反映了“盐”作为一种一个家族的生计来源，也是大众基本需求，生产者为了大众利益只能自我牺牲的状态。

萧红的《黑“列巴”和白盐》是一篇极短篇小说，描绘一对新婚夫妻的贫穷生活，只吃得起黑面包抹盐巴。在此“盐”象征廉价的生活必需品，扮演着济贫与救急的角色，小说中的夫妻除了以“盐”为面包调味之外，也将其视为清苦生活的调剂品。

我们不一一介绍其他和“盐”有关的书籍了。“盐分地带”是在台湾一个重要的盐产地，甚至在文学派别上有其特殊性，以下我们特别介绍从当地产出的作品。

五、以“盐分地带”为主轴的作品

“盐分地带”一词，系指日据时代的台南州“北门郡”而言，当时的北门郡包括现在的佳里、学甲、北门、将军、七股、西港等六个乡镇。除佳里镇以外，由于地理环境处于滨海、溪埔地带，土壤多少含有盐分，七股、北门乡又以产盐闻名。

“盐分地带”这四个字在台湾不但代表一种产业，也与文学相牵连。根据羊子乔(1994)的说法盐分地带的生活本是靠海食海，从这里出发的文学风格带有踏实、刻苦、认分但不认命的“盐味苦咸气息”，带有人道主义色彩，同时对盐村情景有所描写。

盐分地带的文学家中前期以吴新荣、林芳年等北门七子为代表，因时代介于日治一光复，所以有汉语也有日文作品。后期有黄劲连、羊子乔等，并致力推动闽南语文学，因此有汉语也有闽南语作品。作品刊载有《林芳年选集》、《自立晚报》、《南瀛文献》、《光复前台湾文学全集》等，或检阅台湾日治时期的文艺杂志。

王秀珠(2004)及庄晓明(2008)等人着有和盐分地带相关的硕士论文，是文学方面的论著。羊子乔(2004)在《台湾史料研究》中刊有《盐田里的诗魂——日治时期台湾写实文学的重镇“盐分地带”》，黄之绿(2011)在《海翁闽南话文学》写了《盐分地带已经无曝盐——当代盐分地带作家“台语”诗内底的家乡书写》，许献平(2005)也著有《盐分地带新文学拓荒者——北门七子》，刊于《南瀛文献》。

台湾台南的台湾文学馆在2011年举行了一场“2011盐分地带文学学术研会”，在此次研讨会中数篇有关盐分地带的文学探论，诸如《“盐分地带”概念的形成与接受》、《盐分地带文学的精神系谱初探》、《盐分地带的传统诗社》、《南瀛文学香火之传承——从盐分地带文学到南瀛文学奖》、《就三个面向来论盐分地带文艺营对台湾文学的贡献》。这些论文收录在《2011盐分地带文学学术研讨会论文集》并于2011年9月由台湾文学馆出版。

六、文化探讨与总结

以上我们分别探索了"盐"的词语或谚语、有关"盐"的诗、以"盐"为主题的文章书籍、盐分地带的作品，最后在这里做一相关的文化探讨与总结。

Adshead (1992)认为"盐"的生产、消费和分布在社会及文化层面都属必要；"盐"是我们社会文明的催化剂。"盐"的词语或谚语来看，若分类来看"盐"词语的话，闽南语中带有"盐"的词语有许多是从"盐"作为调味或者保存食物的功用而来，有的或从制盐而来，或者是制盐地区的特殊景致的描述。根据谢菁玉(2013)的研究显示，闽南语的"咸"在社交沟通中有丰富的比喻现象。"咸疡"指代"汗臭味"、"吐咸泈"意思是"挖苦"。闽南语的"咸 ge 涩"特指"吝啬"，表达人格特质。在生命哲理方面，闽南语说"食甜食咸，臭跤鼻臁"是用于劝诫人"饮食要有节度"，是对饮食喜好的规劝。至于批判方面则有"无咸无纤"来形容食物"淡而无味，过于清淡"，是对食物的评价。其他还有人生境遇("吐咸泈"意思是"挖苦")、形容昂贵的价格("咸价" 意为"高价")等等，这些是属社交沟通中的一环。

有关"盐"的诗和以"盐"为主题的文章书籍更表现出制盐的辛苦和盐利可图，甚至到家庭社会地位的兴衰、人心的争竞等等。谢菁玉(2012)比较了闽南语和德语的"盐"语式，其研究结果看出"盐"在德国医药与健康产品领域的应用很广泛，而闽南语"盐"语式则反映了该地区盐业的发达。闽南语中很少看到"盐"应用在医药方面的情况。这也许是因为中华传统医学几乎都使用植物和动物为元件。盐在闽南地区通常拥有量产和贸易的经济价值。

最后，讲到盐文化，我们也心介绍台湾盐博物馆。台湾盐博物馆位于台湾台南县七股乡盐埕村。其官网载明台湾晒盐有将近 350 年的历史，在博物馆的这群文化盐工的守护下，都收藏在这个七股乡的台湾盐博物馆。此博物馆是目前台湾唯一有关盐产业的主题博物馆，兴建的主要目的是保存台湾数百年的盐业文化资产。盐为盐工汗水与泪水的结晶，盐堆状的外形格外有特色，远望感觉就像两座白色金字塔矗立在盐田里。博物馆的造型本身也反应盐文化。建筑表面仿粗盐颗粒的涂料，搭配白色的石英板，塑造白色盐山，颇具质感。整个博物馆的建筑将"盐"融入设计中，四周景色也都是与盐业有关的事物，每一部分的设计都与"盐"环环相扣。

台湾盐博物馆从事研究、典藏、展示、教育的工作，也期望发挥典藏研究的价值、提供地方知识分子参与社区营造、守护嘉南高沿海的盐业史迹，以及作为文化创意产业的能量工厂。

"盐"在字典上就记载道是一种有咸味的重要调味品，主要为食用提供咸味，也是不可缺少的营养物质。从本文我们看到盐是家庭主妇准备食品的必需品(腌渍)，厨房、餐桌上都少不了盐，当人们围在餐桌旁笑谈时，"盐"也出现在这时的词语中。休闲时看的诗、书、文中,“盐”是良友,更在博物馆里记录了完整的台湾盐的历史与文化。盐的角色令人注目。

(作者单位:台湾成功大学)

参考文献

[1]“中央研究院”语言学研究所,2008,《“台语”辞典(台日大辞典“台语”译本)在线查询》“闽客语典藏计划”。“中央研究院”,http://taigi.fhl.net/dict/.

[2]王秀珠:《日治时期盐分地带诗作析论—以吴新荣、郭水潭、王登山为主》,高雄师范大学国文教学硕士班,硕士论文。方耀干,2011,《南方文艺复兴:论“战后盐分地带”“台语”文学的形成发展》,《海翁“台语”文学》第119期。

[3]朱西甯,1963,《铁浆》,2006年11月27日,文星书店。

[4]羊子乔,1994,《从“盐分地带”追忆吴新荣》,《郭水潭集》,第251页。

[5]羊子乔,2004,《盐田里的诗魂——日治时期台湾写实文学的重镇“盐分地带”》,《台湾史料研究》,第23期,等等。

[6]吕兴昌等,2011,《盐分地带文学学术研讨会论文集》,台湾文学馆。

[7]徐福全,1996,《与饮食有关的台湾谚语——兼论台湾的传统饮食文化》(上),《台北文献》,第3期。

[8]“教育部国语推行委员会”,2008《台湾闽南语常用词辞典》网络版,“教育部”,http://tw-blg.dict.edu.tw/holodict_new/index.html.

[9]庄晓明,2008,《日治时期盐分地带诗人群和风车诗社诗风之比较研究》,台北教育大学台湾文化研究所硕士论文。

[10]许献平,2005,《盐分地带新文学拓荒者——北门七子》,《南瀛文献》第4期。

[11]陈芳明,2002,《后殖民台湾:文学史论及其周边》,台湾麦田出版社。

[12]游素锦、陈汉瑛,2007,《台湾闽南语谚语中饮食文化与健康观之研究》,《学校卫生》第51期。

[13]黄之绿,2011,《盐分地带已经无曝盐——当代盐分地带作家“台语”诗内底的家乡书写》,《海翁“台语”文学》第117期。

[14]黄居仁,2009:《从词汇看认知:词汇语意学研究的趣味》,苏以文、毕永峨编:《语言与认知》,台大出版中心。

[15]杨允言、甘为霖, 2012,《“台语”线顶字典》,http://210.240.194.97/TG/jitian/tgjt.asp.

[16]杨允言,2012,《台湾俗语咸酸甜》,http://210.240.194.97/tg/chu/KiamsngtiN/kiamsng-tiN.asp.

[17]“经济部”水利署、时报文教基金会,2002,《河川谚语集》,台北。

[18]蔡素芬,1994,《盐田儿女》,联经出版社。

[19]萧红,2010,《黑“列巴”和白盐》,《萧红精品集》,膳书堂文化、中国画报出版社。

[20]谢菁玉,2012,《闽南语和德语中的盐语式》,《两岸闽南文化的传承创新与社会发展》学术研讨会论文集,泉州师范学院,第421~434页。

[21]罗凤珠、杨秀芳、胡顺萍、黄居仁、曾淑娟、萧惠君,2002,“荔镜姻,河洛源”——闽南语第

一名著《荔镜记》的数位博物馆(搜文解字三),2001 年 4 月 1 日至 2002 年 3 月 31 日,计划编号:NSC90－2750－H－155－060。http://cls. hs. yzu. edu. tw/LM/Lm_home. asp.

[22]Adshead, S. A. M. 1992. *Salt and Civilization*. New York: St. Martin's Press.

[23]Bonvillain, Nancy. 2003. *Language, Culture, and Communication: The Meaning of Messages* (4th ed.). Upper Saddle River, New Jersey : Prentice Hall.

[24]Hsieh, Shelley Ching－yu. 2013. A Contrastive Linguistic study of Salty. *International Contrastive Linguistics Conference 7 － Using Corpora in Contrastive and Translation Studies* 3 (ICLC7－UCCTS3), Ghent, Belgium, 10－13 July.

[25]Hsu, Ji－duen. 1988. A Study of the "Taiwanese Sound" Pattern Representation and Orthography. "In *The Structure of Taiwanese: A Modern Synthesis*, R. L. Cheng and Shuanfan Huang(eds.). Taipei: Crane.

[26]Huang, Shuanfan. 1993. Yuyian, Shehei Yu Zuqun Yishi － Taiwan Yuyian Sheheixue De Yanjiu. (Language, Society and Population Conscious － A Sociolinguistic Study in Taiwan). Taipei: Crane.

[27]Kurlansky, Mark. 2003. *Salt: A World History*. New York: Penguins Books.

[28]Strässle, Thomas. 2009. *Salz: Eine Literaturgeschichte*. München: Carl Hanser Verlag.

闽南古代戏曲演出与鬼神信仰及习俗的因缘

谢　英　陈雅谦

闽南古代戏曲的演出，与鬼神信仰、与习俗有着十分密切的因缘，并由于这种因缘而逐步赋予了自己比较独特的属性和特色。不了解这一点，可能就难以深入地理解和阐释闽南古代戏曲及其演出。本文拟就此做些初步探讨。

一、演戏与酬神酬鬼活动

在古代，闽南人生活中的各个方面都渗透了鬼神信仰。闽南人的一个比较普遍的想法就是"有烧香就有保庇"。正如清周凯纂《厦门志》评论厦门人时所说的那样："邪怪交作，石狮无言而称爷，大树无故而立祀；木偶漂拾，古柩嘶风，猜神疑仙，一倡百和；酒肉香纸，男女狂趋。"[1]P650 清南安人吴增在《泉俗刺激篇·多淫祠》一诗中也说泉州人："淫祠无多算，有宫又有馆，捏造名号千百款，禽兽与水族，朽骨与枯木，塑像便求福。"[2]P22 这样一种普遍的民间鬼神信仰，导致古代的闽南人，一年四季，寻找各种名目来酬神酬鬼。而酬神酬鬼之时，又常常伴有戏曲演出。

一般而言，在下述几种与鬼神信仰相关的活动中，闽南人常常演戏：

第一，众多的神祇纪念日及"神事"活动。

闽南人崇信各种神。就正宗的宗教来说，仅泉州一地，便云集了道教、佛教、伊斯兰教、基督教、伊斯兰教、印度教、摩尼教、日本教等多种宗教，1000 多年来相继建造了各种名称的寺庙宫观达 1000 多座，因而被称为"世界宗教博物馆"。闽南人还信奉众多的地方保护神。仅泉州城厢，百姓奉祀的神灵就达 126 个。[3]P24－25 还信奉诸如地基主、土地公、船公、车公、灶君司令、门口公、田头公、芒种神、番薯王、牛舍猪栏羊圈等厩(朝)公，以及风雨雷电诸神和龙王等等。

这众多的神灵都得罪不起，都需要以某种仪式来祭祀，都需要以演戏来愉悦来敬谢。罗金满先生介绍说，在闽南，酬神谢神演出，次数最频的要数地方保护神诞辰即"佛诞日"的演出。神灵诞辰整整占了 100 天。每逢"佛诞日"，"基本上都有演戏"。[3]P24 陈世雄、曾永义主编的《闽南戏剧》也指出了闽南这种酬神谢神演出的普遍性："由于民间信仰的神系十分复杂，各村敬奉的神系也各不相同，但都有一个主要的保护神和许多较次要的神。每个神都有两个或两个以上的生日，每个佛生日都要演出几天戏，少则两三天，多则三五天，甚至连演几个月……"[4]P29 闽南人称这类的酬神戏为"菩萨戏"。

古代文献对闽南酬神演戏也有记载。据清陈德高《温陵旧事》载："奇仕里临济夫人宫，香火极盛……神于仲秋之月，必至东岳行宫进香，为郡人消灾迎福。是日，远近男妇，乘舆徒步者踵相接；小儿衣冠骑马，或执旌旗，或持鼓吹随之。叩拜者肩相摩，壳相击。奇仕宫中，金纸齐山，花香委地。江南班，七子班，丝竹管弦，极其热闹焉。"[5]引文中的"江南班"和"七子班"，都是当时十分活跃的梨园戏班。从中也可见酬神谢神演出之盛。

酬神演出，还包括酬海神演出。荷兰学者龙彼得在《古代闽南戏曲与弦管——明刊三种选本之研究》中记载了两个发生于16世纪末17世纪初的例子，说的就是闽南船员在海外酬海神演出的事。一个例子发生于马尼拉。我国船员每逢年节或"为安全到达外埠"，即使面对西班牙代理主教的通告禁止，也要演戏。所演之戏，"总掺杂着迷信、偶像崇拜，而且总是谢神感恩，或者是求神保佑"。另一个例子发生在爪哇万丹埠。一个叫埃德蒙·斯考特的英国人记载说：中国船员"爱好演戏、唱歌……他们演戏以祀神：演戏之前往往烧祭品，法师一一再拜跪，接连叩头着地三番。只要他们认为船只已从中国起航就演戏；船到万丹，或从万丹返航也同样演戏。"[6]P21－22

上述记载都说明，酬神而演戏，在闽南不但历史悠久，还在十分狂热中衍化成了一种习俗。

第二，普度祭祀活动。

像信神一样，闽南人还虔诚地信鬼，有许多岁时节日都与信鬼扯到了一起。鬼与神一样得罪不起，信神要演戏，信鬼也不例外。

在酬鬼演出中，闽南人的普度是最突出的。"目连救母"故事的传播，导致我国很多地方形成了一种习俗，即农历七月十五道教中元节、佛教盂兰盆会之时，祭祀列祖列宗并及地基主、土地公以及有关神祇，祭祀孤魂野鬼。这种习俗，尤以闽南为甚。

古代文献对此也多有记载。据清乾隆《泉州府志》"风俗篇"载："中元祀先……寺观作盂兰盆会……家家户户具斋供罗于门外或埛衢，祝祀伤亡野鬼……"[7]清光绪《漳州府志》卷三八载："七月半作盂兰会，延僧设食，祀无祀之鬼。夜以竹竿燃灯天际，连缀数枝，如滴如坠，望之若星，谓之作中元。"[8]清施鸿保在《闽杂记》中也记载说："吾乡于七月祀孤，谓之'兰盆会'，承盂兰盆之称也。闽俗谓之'普度'，各郡皆然。泉州等处，则分社轮日，沿街演戏，昼夜相继。人家皆具肴馔，延亲友，彼此往来，互相馈遗，弥月方止……"[9]P29

闽南普度演戏，规模同样盛大。刘浩然先生在《闽南侨乡风情录》一书中对此多有介绍。此时，闽南侨乡，在大宫口或祠堂前之广场上搭起普度坛，"神坛对面，搭起戏台，搬演傀儡、戏仔及稍后的九甲戏，傀儡则演《目连救母》……"[10]P189 八月中下旬，龟湖大普,“请了三四十台傀儡、戏仔、老戏和九甲戏等等戏曲在乡里演出”。[10]P190 八月初十,金井镇南沙岗村做水普,摆坛设香案,“神坛对面搭戏台,演戏酬神”。[10]P193

闽南的普度,按照某种历史上形成的地域区分,轮流举办。正常的是,整个农历七月“冥府开禁,鬼魂过年”。但某些地方一直延续到农历八月中旬,还有的甚至从农历六月中旬即开始。每逢这个时候,大吃大喝一通不算,还一定要以演戏来酬鬼娱鬼。于是,各类大小戏班抓住时机,纷纷出场,大演一通,大赚一把。《闽南乡土民俗》一书说,闽南还曾出现过芗剧、高甲戏、梨园戏、打城戏、提线木偶戏、布袋木偶戏、铁枝木偶戏、竹马戏等戏班拼戏的热闹场面。[11]P43

但普度主要是由傀儡戏班搬演“目连救母”故事。在泉州地区,傀儡戏搬演《目连救母》,由于加进了唐太宗魂游地府、唐三藏西天取经等内容,成为连台本戏,竟至连演七天七夜,热闹至极。[12]P62

吴增作《泉俗刺激篇·盂兰会》诗,在对普度演戏之俗予以讽喻的同时,也反映出闽南普度演戏之盛:“流俗多喜怪,不怕天诛怕鬼害,七月竞作盂兰会。盂兰会,年年忙,纸满筐,酒满觞,刳鱼鳖,宰猪羊,僧拜忏,戏登场,烟花彻夜光。小乡钱用数百万,大乡钱用千万强。”[2]P20

上述例子说明,闽南酬鬼演戏,与酬神演戏一样历史悠久,也在十分狂热中衍化成了一种民俗。

第三,丧事祭奠活动。

闽南人遵从儒家伦理,讲孝道,也颇为虚荣,丧葬“以俭薄为耻”[7]。因此,老人去世,除了按严格的仪式祭奠、安葬之外,有时也有设醮做法事以及相关的戏曲演出活动。

据刘浩然先生介绍,老人出殡之后,当天晚上做完功德,往往接着要演一场“道士戏”,也称“打桌头戏”,内容颇似《目连救母》中的有关故事,如“捉查某鬼”等。这种形式后来衍化成为泉州特有的“打城戏”剧种。此后又有“解愿”等仪式。[10]P94《闽南乡土民俗》[11]P208 和《福建民俗》[13]P258 二书还提到,人死后烧三七,在做功德时也常有“打虎练度”和“目连救母”等表演。

古人对此也有记载。清薛起凤纂《鹭江志》曾不无贬抑地说:“丧礼之失,尤不可言。贫者敛用布素成服,以后朝暮致奠,作七亦不过薄具牲礼,以表厥心而已。富者则殡用绸缎,棺用佳木,成服必以浮屠。每逢作七,礼佛拜忏,甚至打血盆地狱,以游手之人为猴与和尚,搭台唱戏,取笑男女。其尤甚者,用数十人妆鬼作神,同和尚猪猴搬演彻夜,名曰杂出。男妇老幼拥挤观看,不成体统。而居丧者自为体面,灭绝天理至此极矣。”[14]清周凯纂《厦门志》也表达了相近的贬抑倾向:“初丧置酒召客,演剧喧哗,以为送死之礼。大祥前三四月,择日致祭除服,云为儿孙作采。至于延僧道礼忏,有所谓开冥路、荐血盆、打地狱、弄铙钹、普度诸名目,云为死者减罪资福。……居丧作浮屠已属非礼,厦俗竟至演戏,俗呼杂出,以目连救母为题,杂以猪猴神鬼诸出;甚至削发之僧亦有逐队扮演,丑态秽语,百端呈露,男女聚观,毫无顾忌。丧家以为体

面，亲友反加称羡，悖理乱常，伤风败俗，莫此为甚。”[1]P645—646

丧事演戏甚至让福州人都感到匪夷所思。清末民初，林纾在《畏庐琐记》中说，泉郡人“礼忏之末日，僧为《目连救母》之剧，合梨园演唱，至天明而止，名之曰‘和尚戏’。此皆余闻所未闻者也。”[15]P124

与此相连的，有时祭祖也演戏。有的家族甚至在族谱中记述祭祖演戏的热闹，规约后世子孙延续传统。[16]P387

上述例子同样说明，闽南在丧事祭奠活动中酬鬼演戏，与酬神以及一般的酬鬼演戏一样历史悠久，虽未衍化成一种民俗，却也蔚为风气。

除以上三种情况下要以演戏来酬神酬鬼外，闽南人还有还愿演戏的风俗。

上述文献所载和学者所举实例，都实证了闽南人生活中的一个重要内容——简直是铺天盖地一般的在酬神酬鬼活动中演戏。一年之中，有众多的岁时节日、众多的“佛诞日”，还有长达一个月的普度，再加上其他习俗和丧葬活动，演戏如同“穆桂英大破天门阵”（阵阵离不了）一样，融入了闽南人的日常生活之中。如果说，出于鬼神信仰，闽南人经常不断地酬神酬鬼，那么，在酬神酬鬼等活动中，闽南人也不厌其烦地演戏；而不断地酬神酬鬼、不厌其烦地演戏，又使闽南形成了以鬼神信仰为基础的各种节日民俗。

甚至，由于某些祭祀神鬼戏曲的年深月久的影响，闽南还形成了某些特殊的习俗。比如正月廿九日的“拗九节”，就源于傀儡戏《目连救母》。该剧中，罗卜孝母心切，用荸荠、花生、红枣、芝麻和红糖等物熬成稀粥给母亲吃。闽南人仿之，煮出稀粥“一敬神二敬人”，供奉祖先和父母。《目连救母》中有“诉血盆”一段，备述妇女十月怀胎一朝分娩之苦。拗九节中，也有女儿另备猪脚、面线鸡蛋等物送给父母，以表孝心。[10]P165

这样，演戏便成了与酬神酬鬼、与习俗“三而一”的古代闽南文化的一个重要内涵了。换言之，在酬神酬鬼演戏活动中，或者说在闽南的某种习俗中，演戏已经与酬神、与习俗合而为一，成为鬼神信仰的一部分，成为习俗的不可分割的一部分。

闽南戏曲与闽南民间鬼神信仰与习俗之间的因缘，还反映在其他方面，如戏曲文本的宗教性内容、演出活动中的宗教性仪式、某些表演者的宗教身份，以及某些演出团体的宗教性质等等。笔者拟另行文探讨，此不赘述。

二、酬神酬鬼中演戏之风形成并禁而益衍的深层原因

马克思在论古希腊神话时，说神话是“通过人民的幻想用一种不自觉的艺术方式加工过的自然和社会形式本身”[17]P761。马克思的话揭示出，从内在本质属性方面说，神话是对自然和社会的一种解释，也是原始初民实现“天人合一”或者控制自然、支配自然的一种方式。

同理,我们认为,闽南人在酬神酬鬼中演戏的活动,也是闽南人试图控制自然、支配自然的一种方式。闽南人的酬神酬鬼演戏活动,不仅仅是娱神娱鬼甚至媚神媚鬼,也不仅是自娱娱人,它还是搬演者主体意识的独特释放。搬演者借助这种释放,以期实现某种可能并不切合实际(或曰虚无缥缈)的强烈愿望:一是祈求得到神鬼的庇护,诸事平安,避免海难、瘟疫等灾祸;另一个就是期冀家道兴隆,发财致富。只不过,受闽南独特的地理和社会环境的影响,它实际上最终所变成的是一种畸形的同时又是十分顽固的"习惯势力"。

这种畸形的同时又是十分顽固的"习惯势力",甚至连皇帝、连封建官府的禁令都动摇不了。

清代之前,曾出现过几次禁戏,所禁多是"淫戏"、"百戏"、"夜戏"以及讽刺官场的《白练裙》等[15]P21-22、36、116、79。对酬神酬鬼演戏的禁止,史料只记载了南宋朱熹一例。朱熹知漳州时,曾在《郡守朱子谕》中严令:"约束城市乡村,不得以禳灾祈福为名,敛掠钱物,装弄傀儡。"[18]三十年之后,朱熹的弟子陈淳在《朱子守漳实迹纪》中,提到了朱熹此次禁戏及其明显效果:"朱先生守临漳,未至之始,阖郡吏民得于所素,竦然望之如神明。俗之淫荡于优戏者,在悉屏戢奔遁;及下班莅政,究严合宜,不事少惠。"[19]陈淳之时,也曾写信给漳州太守傅壅,要求禁戏,但结果如何,史料并未记载。

几百年过去了,朱熹禁戏之效也随着岁月的烟云"俱往矣",演戏以酬神酬鬼之风于是逐渐地"死灰复燃"。《福建戏史录》录有几则史料,透露出一些这方面的信息。明晋江人何乔远(1558—1631)著《闽书》(万历四十八年,即 1620 年脱稿)载,万历年间,漳州民间元夕初十有"闹伞"之俗,"神祠用鳌山,置傀儡搬弄"[15]P45-46。陈懋仁于明万历间官泉州府经历时,在所著《泉南杂志》中也说,泉州当时流行"土腔"戏(即"七子班"),而且迎神赛会之时"以姣童妆扮故事"。[15]P48-49《闽书》也说,"泉中上元后数日为关圣会,大赛神像,妆扮故事……一国若狂"。[15]P49 这三则史料可能就是对酬神酬鬼中演戏活动在朱熹禁戏之后又"死灰复燃"的较早记载了。此后,清嘉庆年刊《晋江县志》有闽南流行"七子班"、"木头戏"(傀儡戏)、"布袋戏"的记载。[15]P103 清道光二十三年癸卯,泉州元妙观有建戏棚的碑文。[15]P131-132 施鸿保(? —1871)于清同治年间所著《闽杂记》有"兴、泉、漳诸处,有'七子班'"[15]P108,以及普度之时,"泉州等处,则分社轮日,沿街演戏,昼夜相继"的记载。[15]P114 再后则有林纾(1852—1924)关于泉人"其丧礼甚奇","礼忏之末日,僧为《目连救母》之剧,合梨园演唱,至天明而止"[15]P123-124的评论和感叹。可见,在酬神酬鬼中演戏之风,自南宋起,朱熹禁戏之后出现了三百年消歇,但至明则"死灰复燃",此后至清至民国,一直未曾衰减。

有清一代,禁锢颇严。朝廷曾多次下旨,地方政府也曾多次下达政令,禁止在酬神酬鬼中演戏的活动。但所禁之地多为江浙、江西一带,并无闽南。上述史料证明,闽南之地似乎"天高皇帝远",诸多的禁令对它并没起多大的作用。

那么,是什么原因使得闽南酬神酬鬼中演戏之风如此兴盛,甚至禁而益衍呢?

道理实际上是十分简单的,就是以狂热的鬼神信仰为基础所形成的民俗使然。

叶明生在论傀儡戏的时候说:“……正是由于傀儡戏所具有的祭祀仪式文化特质,使这种融合宗教与艺术文化于一体的民间艺术,在各种复杂的历史社会条件下历劫不磨,至今在民间社会仍具顽强的生命力。”[20]我们认为,这种说法可能只说对了一部分,因为“融合宗教与艺术于一体”并不是傀儡戏“历劫不磨”的深层原因。其深层的原因在民俗方面,民俗的力量才是最为强大的。傀儡戏以及闽南戏曲在与闽南狂热的鬼神信仰以及以狂热的鬼神信仰为基础所形成的民俗“融为一体”(“三合一”)的过程中,才获得了强大的禁而益衍的生命力。

(作者单位:泉州师范学院)

参考文献

[1]周凯:《厦门志》(卷十五),台湾大通书局1984年版。

[2]陈盛明:《从〈泉俗刺激篇〉看清末泉州社会黑暗面》,《泉州文史》1981年第5期。

[3]罗金满:《梨园戏与泉州民间信仰酬神演出》,《福建艺术》2008年第4期。

[4]陈世雄、曾永义:《闽南戏剧》,福建人民出版社2008年版。

[5]陈德高:《温陵旧事》,罗金满:《梨园戏与泉州民间信仰酬神演出》,《福建艺术》2008年第4期。

[6][荷]龙彼得:《古代闽南戏曲与弦管——明刊三种选本之研究》,[荷]龙彼得:《明刊戏曲弦管选集》,中国戏剧出版社2003年版,第21～22页。

[7]黄任、郭赓武:《乾隆泉州府志》,上海书店出版社2000年版。

[8]李维钰:《光绪漳州府志》,上海书店出版社2000年版。

[9]施鸿保:《闽杂记》,陈世雄、曾永义:《闽南戏剧》,福建人民出版社2008年版。

[10]刘浩然:《闽南侨乡风情录》,香港闽南人出版有限公司2006年版。

[11]石奕龙、余光弘:《闽南乡土民俗》,福建人民出版社2007年版。

[12]刘浩然:《泉腔南戏简论》,泉南文化杂志社1999年版。

[13]林蔚林:《福建民俗》,甘肃人民出版社1983年版。

[14]薛起凤:《鹭江志》,鹭江出版社1998年版。

[15]林庆熙,郑清水,刘湘如:《福建戏史录》,福建人民出版社1983年版。

[16]方宝璋:《闽台民间习俗》,福建人民出版社2003年版。

[17]马克思:《政治经济学批判·导言》,《马克思恩格斯全集》(12),人民出版社1962年版。

[18]沈定均:《漳州府志》卷三十八,光绪丁丑芝山书院版。

[19]陈淳:《北溪陈先生全集》(第四门卷二十七),光绪辛巳年新镌本种香别业藏版。

[20]叶明生:《论福建民间傀儡戏的祭仪文化特质》,《戏剧研究》2010年第6期。

李光地对朱子学的承接与调修

许明珠

一、前言："伪理学"或是"儒学巨擘"？

李光地，生于明崇祯十四年(1642)，卒于清康熙五十六年(1718)。字晋卿，号厚庵，又号榕村，福建泉州安溪湖头人。康熙九年(1670)进士，官至直隶巡抚、吏部尚书、文渊阁大学士。早年曾钻研陆王学说，后渐转向朱学，是清初著名的政治人物与理学家。同时代的学者尊称为"安溪先生"，或"安溪李相国"。

先是得到熊赐履向康熙推荐，曰："学问在实践，不在空讲。……(李光地)俱有志于理学。"[1]后于康熙十四年，因为上"蜡丸疏"助清朝击退耿精忠叛军，得到康熙帝青睐。不仅如此，李光地受到重用亦与他能够把握并顺应当政者心意有关，于康熙二十五年(1686)答"正统"问题，认为《续纲目》未承认元朝正统是不合理的，曰："《续纲目》于元而夺之统不允，元已百年君天下矣。宋之臣子若举兵起事，还可以忠孝解说，凡百姓有一作乱者，即谓之起兵，已为元之子民而乃以叛民为义士可乎？"[2]以为应以朱熹《纲目》义例"以天下无主，有以主之者，便以统归之"为判，承认元人正统才是。此说对于同是异族而君天下的康熙而言，不啻提供一有力的治统依据，因而深获康熙赏识。自此事后，康熙便常召他问事，多达五十七件，相较于问明珠止廿余件，他者多过十余件，一汉臣受如此青睐，在当时的确特异，"举朝震悚以为殊异"。[3]

居文渊阁大学士时，康熙帝潜心理学[4]，亲自点校《朱子全书》及《周易折中》、《性理精义》诸书，皆命李光地理校，君主研讨尤勤，颇为相得。至李光地年七十七卒，康熙说他："谨慎清勤，始终一节，学问渊博。朕知之最真，知朕亦无过光地者！"[5]博学深思且位高权重，于理学的推广应有莫大影响力。然其后世评价毁誉参半，如全祖望(1705—1755)抨击他的人品："为当时所共指，万无可逃者。其初年则卖友，中年则夺情，暮年则居然以外妇之子来归，足称三案。"[6]又如，张舜徽(1911—1992)贬斥李光地"其一生论文，亦惟视人主之意为转移……乃耳食之人，震于其位秩之隆，门墙之盛，相与推为理学名儒，亦衹得为伪理学耳。"[7]于道德、学问评价极负面。然而，另有一些人则对李光地赞誉有加，如《四库全书总目提要》："光地所长，在于理学经术……数十年来，屹然为儒学巨擘，实以学问胜，不以词华胜也。"[8]又如，徐世昌（1855—1939）民国初年编《清儒学案》："安溪学博而精，以朱子为依归，而不拘门户之见。"[9]

细审以上评价，全祖望所谓"三案"，出卖陈梦雷一事应为不假[10]，而在京守制，未奔母丧则因朝廷内斗激烈，处境艰难或可宽宥，然作为儒学门生，于道德于学问，两面都必须接受检验。李光地中年于私德或许有亏，然学术成就却可获公评。《四库全书总目提要》曾说他的学问源于朱子，"而能心知其意，得所变通，故不拘墟于门户之见。其诂经兼取汉唐之说，其讲学亦酌采陆王之义，而于其是非得失，毫厘千里之介，则辨之甚明，往往一语而决疑似。"小文希望考察李光地晚年以朱学为归，对朱学消化融受之后，有所调节，究竟对朱学得失有何补益。

由于他的著述、编纂作品繁多，早年学思亦不限朱子学，本文以《榕村语录》、《榕村语录续编》作为李光地学思主要的文献，旁及他书。乃李光地学生徐用锡（康熙三十三年入门）纪录老师言行著作，反映李光地五十岁以后的思想，以此为学思评断根据为宜。

二、李光地对朱子学的承接

李光地曾严词反对王学之流束书不观，曰：

> 所恶于姚江者为其以四书六经皆是闲赈，直指人心立地成佛耳，其流毒无穷。王龙溪已不像样，万历以后鬼怪百出，姚江作俑也。读书人不思经义，株守传注，字字胶执，牵经合传，甚至并传意亦失之，姚江因厌薄此等故，反其道以治之，不思此等固陋处，但就其说以破之足矣，何至大决藩篱而不顾耶？[11]

他认为读书人读经典不去思考经典传达的意义，只知株守传注，固然有碍成圣，然王阳明、王龙溪尽弃经典，过犹不及。查李光地著作，有《周易通论》4卷、《周易观象》12卷、《尚书解义》1卷、《洪范新旧说》2卷、《诗所》8卷、《朱子礼纂》5卷、《春秋毁余》4卷、《大学古本说》1卷、《中庸章段》1卷、《中庸余论》1卷、《中庸四记》1卷、《读孟子札记》2卷、《读论语札记》2卷、《礼记述注》28卷、《注解正蒙》2卷、《古乐经传》5卷、《榕村韵书》5卷、《韵笺》3卷、《离骚经注》1卷、《九歌注》1卷、《参同契注》3卷、《阴符经注》1卷、《握奇经注》1卷、《韩子粹言》2卷、《古文精藻》2卷、《大司乐释义》2卷、《榕村讲授》3卷、《星历考原》6卷、《榕村语录》30卷、《榕村续语录》20卷、《榕村全集》40卷、《卜书补义》1卷、《等韵便览》1卷。

此外，另编纂书籍：《周易折中》23卷、《朱子全书》66卷、《诗经传说》11卷、《春秋传说》15卷、《性理精义》12卷、《四经六经解说》33卷、《音韵阐微》18卷、《月令辑要》

25卷、《星历考原》6卷。

“所撰、纂、辑、校、编、注、刊刻之书共达七十余种,五百余卷之巨。”[12]其中经学类19种,四书类7种,宋儒著作12种,语录2种,韵书3种,集部注5种,文集8种,星算3种,其他如道教、程墨、书画、歌诀等相关著作十余种[13]。遍及经学、理学、音韵、历算天文、艺术许多层面。

其阅览广博,然不拘泥经传文字,学术风格于朱子为近。在《榕村语录》更自表为学宗旨,曰:

吾学大纲有三:“一曰存实心,二曰明实理,三曰行实事。”[14]

所谓“实心”、“实理”、“实事”亦不离朱学精神,朱子常言“实”,其所谓“实”者,乃反对于空言泛谈,专务义理之实践,多指人间道德伦常、内在品性涵养,不脱忠孝悌信、诚意正心,如:

盖性中所有道理,只是仁义礼智,便是实理。[15]

问:“‘思无邪,诚也。’所思皆无邪,则便是实理。”曰:“下‘实理’字不得,只得下‘实心’字。言无邪,也未见得是实;行无邪,也未见得是实。惟‘思无邪’,则见得透底是实。”[16]

若平日讲说到忠信,且只是文。到得尽此忠信二节,全在学者自去做。如讲说如何是孝,如何是弟,这都只是文。去行其所谓孝,所谓弟,方始是实事。[17]

李光地诸多撰著传注之中,于朱学多有取用,以下列理气、心性两部分分述之。

(一)对理气的解释

李光地早期学思不限朱学,康熙十九年(1680),李光地曾向康熙说:“臣之学则仰体皇上之学也,近不背程朱,远不违孔孟。诵师说,守章句,佩服儒者,摒除异端。”[18]很明显是为讨好附和君主而有此语,康熙曾说:“许三礼、汤斌、李光地俱言王守仁道学,熊赐履惟宗朱熹,伊等学问不同。”[19]李光地在中壮年时给人的印象乃王学之流。以朱学为专,是五十岁以后。李光地之孙李清馥《谱录合考》云:“公尝言五十岁以前,亦不免疑朱子理先于气之说,至五十一岁后乃悟蔡罗诸说之差。”[20]李光地曾批评道:“议朱子之言理气者,有整庵罗氏,有虚斋蔡氏。盖曰天下一气而已,而其行而不偏散而有条者理也。乌有所谓理先气后者乎?……由罗蔡之说,是气莫为之主者也,其弊也以气为理。”[21]

蔡虚斋虽也是朱子学者,然对朱子理气说多所质疑:“以愚管见论之,尽六合皆气也,理则只是此气之理耳。先儒(指朱子)‘必先有理而后有气’及‘理生气’之说,愚实有所未解。”[22]

罗钦顺主张“理气为一物”、“即气即理”,反对朱子将“理”“气”二分,“理”被抬高到超越层,似与“气”不相应。在罗钦顺看来,“理即气之理”[23],“理”是“气”的属性[24],“初非别有一物,依于气而立,附于气以行也”[25],这与朱学强调“理”为“气”之主导的理气观有绝大差异。

李光地否定“理气合一”，解释朱子“理先气后”之义：

先有理而后有气，不是今日有了理，明日才有气，如形而上者为道，形而下者为器，岂判然分作两截。只是论等级毕竟道属上，器属下；论层次毕竟理在先，气在后。理能生气，气不能生理。……即所谓气滚作一团其不乱者即理，到底有所以不乱者在；谓气流行不已其转折处即理，到底有所以转折者在。[26]

就理气论而言，李光地的解释的确没有越出朱学之外。朱子处处强调“理”之纯净无杂，其理先气后之说不免令人产生理气绝不相融的印象。但朱子几处说明，却如同李光地所言，理气未有时间先后之差，却有理路上先后之别。如：

问：“先有理，抑先有气？”曰：“理未尝离乎气。然理形而上者，气形而下者。自形而上下言，岂无先后！理无形，气便粗，有渣滓。”[27]

可见李光地于朱学的确用心着力，未有轻率。

（二）心性论及其补充：理即性

道德修养必谈及心、性，心性论涉及知识论与工夫论：

性实心虚。[28]

性是郛廓，心如物之皮壳，性是皮壳中包裹的。[29]

性之所以为性者，善而已矣；性之所以为善者，仁而已矣。在天地则为生物之本体，所谓大德曰生者也。性从心从生，说者谓与心俱生，非也。谓心乃能生者，心之所以能生，是之谓性焉。[30]

主张性为人之本体，其质地为善：“仁而已矣”，然此善性内含在“心”，“心”犹如一皮壳，包覆“（善）性”。“心之所以能生”说明“心”具道德实践之动能，其动能根源于“（善）性”。此说有取自朱子，曰：

邵尧夫说：“性者，道之形体；心者，性之郛郭。”此说甚好。盖道无形体，只性便是道之形体。然若无箇心，却将性在甚处！须是有箇心，便收拾得这性，发用出来。[31]

心作为道德实践的动能，必须把善性发用出来。

李光地曾就心性论分判道、释、儒三教，认为儒学之深广能综摄道、释，并以“理即性，性即命”提要儒家心性论：

道家言性，吾所谓神；道家言命，吾所谓气；释氏言心，吾所谓意；释氏言性，吾所谓心；二氏所谓心、性、命者如此。儒者之教，正其心未尝不知有心也，诚其意未尝不知有意也，养其气未尝不知有气也，然其所以一以贯之者理也。理即性，性即命，吾儒所谓心性命者如此。[32]

依上引言，道家之“性”、“命”，佛教之“心”、“性”皆为儒家义理“正心”、“诚意”、“养气”所收拢，统摄在一以贯之之“理”。曰“理即性，性即命”即儒者心性论之要旨。这一观点，亦取自朱子，见《语类》：

问:“天与命,性与理,四者之别;天则就其自然者言之,命则就其流行而赋予物者言之,性则就其全体而万物所得以为生者言之,理则就其事事物物各有其则者言之。到得合而言之,则天即理也,命即性也,性即理也,是如此否?”曰:“然。”[33]

上引两段文献,虽然可以看到朱子与李光地将天、命、性、理皆统摄于一,然细细理校,仍会发现李光地将程、朱之“性即理”,改为“理即性”,这并非文字上不经意的改动。有学者以为“理即性”是对“性即理”的修正,更准确地说,“理即性”是“性即理”的补充。李光地谈“理即性”:

程子言“性即理也”,今当言理即性也。不知性之即理,则以习为性,而混于善恶;以空为性,而人于虚无。不知理之即性,则求高深之理,而差于日用;溺泛滥之理,而昧于本源。性即理也,是天命之无妄也;理即性也,是万物之皆备也。

他认为“性即理”之外,应再言“理即性”,若只曰“性即理”,此“性”未免向形而上处求寻,以至于高蹈而疏于人事,若补此“性即理”又为“理即性”,则天上人间不再间隔,天理与人欲皆在理序之中,皆在正道中。故曰:

天下无性外之物而性无不在,故浑然太极之全体无不各具一物之中,诚也,性也……由是而赋予万物,散于万事,皆此理尔,此性尔。[34]

“理即性”将高蹈抽象的“理”,下落归到万物、归到自己,因为“性”俱在万物心体之中,道德修养于此更具切身之感。他曾说明程、朱“性即理”一说的历史源流:

自汉以下儒者以气质为性,故程子为之说曰性即理也,言气之中有亘古今不易之理,是之谓性,不可以气为性也。自是至今日,虽人能言理,实未免于以气为理。故宜为之说曰理即性也,言气之中有亘古今不易之性,是之谓理,不可以气为理也。[35]

榕村补充“理即性”,其实是吸纳了泰州学派以“百姓日用即道”的主张,将“理”落入到人伦日常之中,故曰“理即性也,是万物之皆备也”,切合前述心性观。说明“性即理”产生的历史背景,是为了反对蔡虚斋、罗钦顺等将“性即理”导向“即气即理”。

此说亦合于程、朱。朱子曰:“性是实理,仁义礼智皆具。”[36]“性”作为人内在之资质,先天已具道德质量,故曰“性即理”,此“理”之载具即是“气”,因而万物有资质、气禀等差异。

性即理也。当然之理,无有不善者。故孟子之言性,指性之本而言。然必有所依而立,故气质之禀不能无浅深厚薄之别。孔子曰“性相近也”,兼气质而言。[37]

既知万物气禀有异,皆未臻至善境界,进一步须论及工夫修养。然而,这个部份,李光地与朱熹便有根本上的差异,本文以为,工夫的差异,主要表现在对“人欲”的认知差异上。“人欲”为儒学学者所要戡治的对象,对人欲的理解不同,也就有了不同的修养工夫。

三、李光地对朱子学的调修：人欲的非恶化

李光地并非一开始就崇尚朱子学，其为学过程，亦曾放眼王学，中年时兼容并蓄兼采两家之长。这一段两端激荡的过程，让他能够面对朱子学的理论短处，有所补充调整，其中关键在他对人欲的去恶化。

（一）人欲非恶

朱熹曾云："饮食者，天理也；要求美味，人欲也。"[38]李光地曾自记此语，[39]可见他对朱熹这判定颇为重视。然而"要求美味"这一人欲，在李光地看来，不像朱熹所以为的那么可恶。

在他看来"人欲"是中性的，没有善、恶之分：

> 人心惟危，人欲也。人欲者，耳目口鼻四肢之欲，是皆不能无者，非恶也。徇而流焉，则恶矣，故日危。所以谓之人者，以其生于耳目口鼻，是形气之私也。然而恭从明聪亦不外于耳目口鼻，而不谓之人，何也？曰：夫恭从明聪者，岂有资于物而以为耳目口鼻之利哉？[40]

依其说，人生耳目口鼻，不得不有，只怕顺着欲望无所节制，才是恶。耳目口鼻之欲日日发用，故曰"日危"，才造成心上道德判断之危疑。然人皆有耳目口鼻，有的限于"形气之私"，有的则"恭从明聪"，并非恭从明聪者藉外物之资助，或逞耳目口鼻之利。恐怕"形气之私"、"恭从明聪"差异还是对人欲的节制。他又说：

> 一切欲心都从形体上生来，如鼻欲闻好香，口要吃好味之类，凡此非即恶也。中节仍是善，惟过则恶耳。虞廷说"道心"，是从天理而发者，说"人心"，是从形体而发者。饥渴之于饮食，是人心也；嗟蹴不受，则仍道心也。人心、道心，大体、小体，都从此分别。能中节，则人心与道心一矣。[41]

他进一步说闻好香、吃好味，并非就是恶，若此欲受到节制，闻好香、吃好味仍是可善，只太过分踰矩，才成恶。更引虞廷说"道心"、"人心"说欲望之中节，"人心"即是"道心"。"中节"即是合于"礼"，而"礼"的界限又如何订定？它首先必须意识到自我与群体之异，是以人欲之发用有"公"、"私"之别，曰"公天下之欲，不为恶"，欲望满足只为了私我，才出问题：

> 夫公天下之欲，不为恶。惟有已，则私耳。理涵于心之谓性，见乎事物则为礼而可循，而理斯实矣。[42]

> 或公或私，或天理或人欲，在内心合于理者即"性"，发于外能依循礼节，则是此理之外现。

顺上，李光地对"人欲"的容纳度较朱子高，但仍强调"人欲"不归属"性"，而归属于"心"，批评世人"皆以人心为性"，低估了"性"体的纯善不杂，行为流于放恣，人格不

能挺立。曰:

> 耳目口鼻,四肢之欲,人心也,非正性也。质之昏明强弱,遇之多寡厚薄,气禀也,非正命也。世人皆以人心为性,恣而不相非;皆以气禀为命,委而不自勉。[43]

综合上述,李光地的人欲观不似二程朱子"存天理、去人欲",这般紧张对立。朱子曰:

> 孔子所谓"克己复礼",《中庸》所谓"致中和","尊德性","道问学",《大学》所谓"明明德",《书》曰"人心惟危,道心惟微,惟精惟一,允执厥中":圣贤千言万语,只是教人明天理,灭人欲。[44]

朱子认为圣贤诸书,皆在提示"明天理,灭人欲"。"明天理灭人欲"不仅重要,同时也是克煞的工夫,他说:

> 或问"克己之私有三:气禀,耳目鼻口之欲,及人我是也。不知那箇是夫子所指者?"曰:"三者皆在里。然非礼勿视听言动,则耳目口鼻之欲较多。"又问:"'克者,胜也',不如以克训治较稳。"曰:"治字缓了。且如捱得一分,也是治;捱得二分,也是治。胜,便是打叠杀了他。"[45]

依上引文,可见朱门对人欲问题的重视,将人欲分成"气禀,耳目鼻口之欲,及人我"三种,朱子以为较常遇到的状况是"耳目口鼻之欲"。又说对治此"耳目口鼻之欲"不能只是"治",而是"杀了他"。这般嫉欲如仇的气概,为李光地所无。由此可见朱学格治之学强劲。

那么,"存天理去人欲"的修养工夫,又怎么做呢?朱熹以"格物致知"涵养自身,到得道德抉择临到眼前,方能立可判断。《语类》有语:

> 问:"知至到意诚之间,意自不联属。须是别识得天理人欲分明,尽去人欲,全是天理,方诚。"曰:"固是。这事不易言。须是格物精熟,方到此。居常无事,天理实然,有纤毫私欲,便能识破他,自来点检惯了。譬有贼来,便识得,便捉得他。不曾用工底,与贼同眠同食也不知!"[46]

"知至"是内在涵养,"意诚"是心念起动,学子以为"知至"到"意诚"之间,没有必然的联系,知善不必然起善念,认为应该尽去人欲,意自然诚。朱子认同此说,然不忘提点,须是"格物精熟",有丝毫私欲,即可马上把抓。所谓"格物":

> 自家若得知是人欲蔽了便是明处,只是这上便紧紧着力主定,一面格物。今日格一物,明日格一物。正如游兵攻围拔守人欲自消铄去。[47]

若知私欲蔽障之处,此处也可说道德意识之清明,但不止如此,然朱子"格物"不止如此还要在这点意识上"紧紧着力主定",且不容稍歇:"今日格一物明日格一物。"

以下一小节接着对比李光地格物工夫。

(二)"性"为首出,格物知本

李光地之"格物"大不同于朱子。不仅如此,"天理"与"人欲"紧张对立乃朱子有绝高之“天理”在上，而李光地主张则以“（善）性”为道德主导地位，“天理”与“人欲”拉扯的强度减弱。

在朱子，“天理”是道德实践的指导者，“穷理”乃为了穷尽外物之理，日久积存而得“天理”，以此“天理”加诸自身，对治人欲。反观李光地，首重“性”的主导地位，申明“尽性”之义。曰：“性为之主，理者，其流也，命者，其源也，学者缘流以泝源。故曰穷理尽性以至于命。”[48]依其说，“理”反成为“性”于事物上的体现，它是由“性”所呈现，吾人不必上穷“天理”，而可于自家体会。依此，“性”说必依着“性善论”而发道德实践。依“理即性”申说：

> 天下之理皆是吾性，所谓择善者，如申生之孝可谓非善乎？但不能中庸不可谓至善，于善之中择其尤善者，即中庸也[49]。故又云：择乎中庸，择善而后能明善，见得此理内外无间，天地万物与我同一仁义礼智，便是格物致知，便是明善知性。[50]

曰“天下之理皆是吾性”，“择善”而可知善知理，知“天地万物与我同一仁义礼智”。若此，将道德涵养回归到天地与我同一之“（善）性”这一基础，“格物致知”之义为格此内具之善性以知善。

他认为二程、朱熹“格物”以穷理，乃舍本逐末，不合《大学》本旨。陆象山说善恶之分判，于起心动念间立刻判定，因陆象山将“格物致知”与“知本”扣在一起，“致知”乃知为学“本末”，符合《大学》旨意。他说：

> （象山）曰：“学问固无穷止，然端绪得失则当早辨，是非向背可以立决，物有本末，事有终始，知所先后，则近道矣……”愚谓陆子之意，盖以物有本末，知所先后，连格物致知以成文，其于古人之旨既合，而警学之理尤极深切，视之诸家，似乎最优，未可以平白议论异于朱子而忽之也。[51]

李光地说象山将“物有本末，知所先后”与“格物致知”联系在一起，既与古人学说意旨相合，于警示学者也能深刻，大赞象山学“视之诸家，似乎最优”。由于此“我”之“善性”乃成德成圣之本，李光地有取于象山，转将“格物”联系到“知本”。何谓“知本”？依前说“格物”，乃格内具之善性以“知善”：

> 性者，善而已矣。物之性，犹人之性，人之性犹我之性，知其性善之同而尽之之本在我，此所以为知性明善也，此所以为知本也。[52]

依其说，“知其性善之同而尽之之本在我”，“格物”就是“知本”，“知本”即“知知性明善”，即明此“善性”之本在“我”。顺此，李光地自然不能接受朱子对“尽性”[53]的理解，他说：“至诚尽性一章以下朱子分天道人道都是硬派不甚贴合”[54]，接着说：

> 至诚便能尽性。以诚者人之所以自成而道者人之所当自行也，人无实心便不成其为人，有实心则道自行。如实心，孝自事亲尽其道，实心，忠自事君尽其道，可见惟至诚为能尽其性。[55]

综上，李光地以“格物致知”即是“明善知性”，将朱学原来的格外物之知，穷外物之理，回归到“我”自身，是以格物、致知、诚意、正心、尽性、知命等为学工夫皆与朱子不同,曰"实心,孝自事亲尽其道,实心,忠自事君尽其道"反有近于象山。

四、结论:李光地之后朱学未产生实质推进

综合上述,李光地以"实心"、"实理"、"实事"之实学精神承接朱学。不仅接受了朱子的理气观,更以"理即性"补充程朱"性即理"说。然李光地虽然以朱学为宗,却反对"元明以来诸儒仅守朱说"[56],就这一点而言,李光地治学风格亦与朱子相近。如朱子虽与象山于鹅湖争辩为学工夫,从历史结果看来,二人之论争终究不能兼容,朱子却因此意识到自己为学方法有待调整:

> 大抵子思以来,教人之法,惟以尊德性、道问学两事为用力之要。今子静所说专是尊德性事,而熹平日所论却是问学上多了。所以为彼学者,多持守可观,而看得义理全不仔细,又别说一种杜撰道理遮盖,不肯放下。而熹自觉虽于义理上不敢乱说,却于紧要为己为人上多不得力。今当反身用力,去短集长,庶几不堕一边耳。[57]

从李光地补益"理即性"以及对人欲的宽容,弃"今日格一物,明日格一物"走向"知本",正是"反身用力,去短集长,庶几不堕一边"。

然而,纵使李光地同朱子一般纂著繁盛,亦有所补益于朱学,然论清初学术史,多着眼明末清初儒学之会整与转向,或是清代中期兴盛的考据之学,少提及李光地。这是因为李光地大体上的学问于朱学未有义理上的跃进,只可谓有补充,是以少有注目者。

且其"理即性"说纵使于有所道学补助,亦因时政风气所致,未有后学开拓深化。明末清初儒者遭逢异族入侵、改朝换代之天崩地裂,面对的问题是何以儒学不能确保天下,如顾炎武、黄宗羲、王夫之等大儒,皆将病灶指向王学,反对空谈心性,甚至不约而同在"心"、"理"之外,强调"气"的作用性,主张道器不离。再加上清朝在上位者对朱学的推崇,尤其康熙帝治朱尤勤,学风转向朴实经世。随着三藩平定、明郑灭亡,外患亦渐消弭,清政局慢慢趋向稳定统一,然而内部满汉的矛盾仍尖锐紧张,文字狱迭起,士人噤寒。

清帝国表面上和谐统一,事实上却是逐渐在分裂。这分裂表现在理学的衰亡、考据学的崛起。在以程朱学为真理的意识笼罩之下,知识分子失去思想的自由,导致"私人生活"与"公众生活"、"私人话语"与"公众话语"的分裂,理学儒学成为应付科举考试、官场应对的资源,义理之学因此架空,学术的场域不得不让位于"知识表演与智力演练"[58]的考据学。

可惜李光地虽以"理即性"将理学涵入生活之中,在学理上提供道德实践一更亲切的理据,可惜在清初特殊的时代背景下,仍然无法产生实质影响。

(作者单位:台湾成功大学)

参考文献

[1]《康熙起居注》，十一年壬子八月，中华书局 1984 年版，第 52 页。

[2]李清馥：《谱录合考》，第 469 页。

[3]参考杨菁：《李光地与清初理学》，台湾花木兰文化出版社 2008 年版，第 52 页。“举朝震悚以为殊异”一句出自李清馥《谱录合考》，第 469 页。

[4]康熙于《周易折中》序云：“朕自弱龄，留心经义五十余年，未尝少辍，但知诸书、《大全》之驳杂，奈非专经之纯熟。”可见康熙对经学关注持之有年。《清史稿·列传四十九》：“四十四年，拜文渊阁大学士。时上潜心理学，旁阐六艺，御纂硃子全书及周易折中、性理精义诸书，皆命光地校理，日召入便殿研求探讨。”http://www.njmuseum.com/rbbook/gb/25/qingshigao/qsg.htm

[5]《清史稿·列传四十九》。

[6]全祖望：《答诸生问榕村学术帖子》，《鲒埼亭集》外编，卷四十四，《四部丛刊初编》，台湾商务印书馆 1966 年版，第 993～994 页。

[7]张舜徽：《清人文集别录》卷三，中华书局 1963 年版，第 84～85 页。

[8]李光地：《榕村集》，《四库全书总目提要》卷一七三，集部别集类廿六，第 1527 页。

[9]徐世昌：《清儒学案》，《安溪学案》卷四十。

[10]参王雪梅、瞿敬源：《流人陈梦雷与李光地的“蜡丸案”》，《前沿》2011 年总第 300 期。

[11]《榕村语录》卷二十。

[12]杨菁：《李光地与清初理学》，第 91～97 页。

[13]参高令印、陈其芳：《福建朱子学》，福建人民出版社 1986 年版。

[14]《榕村语录》卷二十三。

[15]《朱子语类》卷四，性理一。

[16]《朱子语类》卷二十三，论语五。

[17]《朱子语类》卷三十四，论语十六。

[18]《进读书笔记及论说序记杂文序》，《榕村全集》卷十，第 524 页。

[19]《康熙起居注》二十八年(1689)。

[20]李清馥：《谱录合考》，第 547 页。

[21]《观澜录·诸儒》，《榕村集》卷一。

[22]《蔡文庄公集》，《四库全书存目丛书·集部》，台湾庄严文化 1997 年版，第 44～45 页。

[23]《困知记》，附录，《答陆黄门浚明》，中华书局 1990 年版，第 42 页。

[24]参罗钦顺：《困知记》卷上，第 5 页；卷下，第 29 页。

[25]罗钦顺：《困知记》卷上，第 5 页。

[26]《榕村语录》卷二十六。

[27]《朱子语类》卷一，理气上。

[28]《榕村全集》卷二十。

[29]《榕村语录》卷二十五。

[30]《初夏录二·人心篇》，《榕村集》卷七。

[31]《朱子语类》卷四，性理一。

[32]《经书笔记》，《榕村集》卷二。

[33]《朱子语类》卷五性理二。

[34]《榕村语录》卷二十六。

[35]《初夏录二·人心篇》,《榕村集》卷七。

[36]《朱子语类》卷五,性理二。

[37]《朱子语类》卷四,性理一。

[38]《朱子语类》卷十三,学七。

[39] 参《榕村语录续集》,卷十七:“朱子云:饮食,天理也,要求美味,人欲也。只如此分别人心、道心截然。”

[40]《经书笔记》,《榕村集》卷二。

[41]《榕村语录》卷二十五。

[42]《初夏录二·性命篇》,《榕村集》卷七。

[43]《榕村集·性命》,卷七。

[44]《朱子语类》卷十二,学六。

[45]《朱子语类》卷四十一,论语二十三。

[46]《朱子语类》卷十五,大学二。

[47]《朱子语类》卷一百一十七,朱子十四。

[48] 李光地:《经书笔记》,《榕村全集》卷二,文渊阁四库全书本。

[49] 以“中庸”乃“于善之中择其尤善”,是满特殊的说法。为依题旨,在此暂不讨论。

[50]《榕村语录》卷一,大学。

[51]《初夏录》卷七。

[52]《初夏录·大学篇》,《榕村集》卷六。

[53]《朱子语录》:“尽心就所知上说,尽性就事物上说。事事物物上各要尽得他道理,较零碎,尽心则浑沦。”(卷六十四,中庸三)

[54]《榕村全集》卷八,中庸二。

[55]《榕村全集》卷八,中庸二。

[56]《榕村全集》卷十,大学古本私记序,第10页。

[57]《朱子大全》第七册,《朱文公文集》卷五十四,《答项平父》第二书。

[58]参葛兆光:《中国思想史》,复旦大学出版社2004年版,第380页。

新加坡汉传佛教文物辩证

——以碑铭与匾额为中心

许源泰

新加坡虽已发展成高度现代化的国际大都会,却仍有33.3%的新加坡总人口是佛教徒,即1032879位新加坡公民信仰佛教,属于全新加坡宗教徒之榜首,[1]显示着佛教信仰在21世纪的新加坡,依然彰显着旺盛的生命力。在这群以华族公民为主体的新加坡佛教徒中,又以来自闽南的高僧和居士为核心主流,更显示了闽南佛教文化在新加坡的重要影响。换言之,从汉传佛教传入新加坡伊始,闽南移民僧俗大德便积极在这块小岛上开辟了另一个佛教文化空间。本文将回顾学者和教内人士分析汉传佛教传入新加坡之起源,以及根据近年来与国际闻名的加拿大道教专家丁荷生教授(Professor Kenneth Dean, McGill University, Canada)一起走访全岛各地800余座城乡庙宇所搜集到的石碑、匾额等至少600余块历史文献资料,辩证和分析新加坡汉传佛教之起源、刘金榜居士创建汉传佛教第一丛林之社会因素,以及早期汉传佛教僧侣的身份职务。

一、关于汉传佛教传入新加坡的最早时期

汉传佛教信仰是从什么年代便开始传入新加坡?著名的澳洲历史学家颜清湟教授在其大作《新马华人社会史》中,曾经针对这道问题提出一些见解。颜清湟教授是先从宏观的角度来看待这道问题,如下:

> 探讨新马华人社会的形成,如果不提及宗教生活,是不完整的。中国移民非常清楚地意识到,在新的土地上需要宗教信仰。由于前途未卜及航海中的危险无法预料,宗教信仰便成为他们精神生活的最重要部分。[2]

短短数言,颜清湟教授便将新马华人移民对于宗教信仰之迫切需要给概括了出来了。为了论证这个观点,颜清湟教授接着便提出了以下的论据,并进一步推论19世纪初的新加坡华人社会,已是崇信佛教的移民社会。

绝大多数中国人信奉佛教,移民们便按照佛教的习俗在寺庙中烧香焚纸,祭祀神灵。19世纪20年代后期,这些神器的大量进口,为早期新加坡存在佛教习俗提供了

证据。19 世纪后半叶海峡殖民地神香和钱纸消费的增长,就说明了华人社会崇信佛教。[3]

颜清湟教授所说的神器、神香和钱纸等大量增长,都是有根有据的,那是根据两份报告书的详细记载。第一份报告书是《1829—1830 年度新加坡进口财务报告书》,转载于 1830 年 10 月 7 日的《新加坡大事记》。根据这份报告书的记载,于 1829 年到 1830 年间,新加坡总共进口了 144 包香纸和 734 捆神香。估计这些神器的采购费为 11630 元叻币。第二份报告书是《进口大宗物品财务比较报告 1879 年海关署年度报告,1880 年 4 月 21 日》,转载于《海峡殖民地立法委员会会议记录汇编》,附录 23。根据这份报告书的记载,于 1878 年,从香港进口到海峡殖民地的神香价额为 84863 元叻币,香纸价额为 125017 叻币。1879 年神香的价额增至 93445 元叻币,香纸为 135,431 元叻币。

这是一位学术界前辈所作出的论断,新加坡佛教界的领导层对于这道问题,也提出了时期相近的看法,不过,他们所提出的论据是另一个版本。详细提出这个见解的新加坡佛教领袖,正是前新加坡佛教总会主席隆根法师,他在 1970 年便如是指出:

> 华人来本岛,也带来祖国的信仰,创建了金兰庙与妈祖庙,这是华人最早建的寺庙。光绪七年,有"重建金兰庙碑记"。这是以纪念金兰结义为主体的神庙。有清道光十年所立的"德被民生"之匾额,为"金兰雅契众弟子敬立"。这是 1830 年。其右有地藏王庙,不知是否由金兰庙分出?内奉地藏菩萨像。另外传说妈祖宫建于道光二十年,本是神庙,后也供观音,建筑古雅,宽大。从上古庙中供奉之地藏菩萨与观音大士说,才明显地表现了佛教信仰。[4]

时隔近 30 年,在 1997 年撰写《新加坡佛教发展史》的传发法师便根据隆根法师的说辞,因袭记载:新加坡开始有佛教传入的依据,须依福建会馆所属的金兰庙内奉有地藏菩萨始。[5] 6 年后,当隆根老和尚在卸下新加坡佛教总会主席的荣衔之前,于菩提学校大礼堂向佛教徒介绍新加坡佛教的起源,更斩钉截铁地加强自己原有的见解:

> 佛教正式传入,应从有寺庙与僧伽算起。新加坡最早的佛教庙宇应说是大清道光年间成立的金兰庙旁地藏庙,内供地藏菩萨。这是属于福建会馆修建的,庙址原在丹绒北角地区,有庙而无僧。现在已不存在,地方改为公园了。[6]

前者是学术界的前辈,后者是佛教界的领袖,两者所引述的论据虽有不同,但都是有根有据,而且年代相近,佛教是在 19 世纪 30 年代便已出现于新加坡,似乎是已可成为定论。然而,事实的真相是不是如此呢?

让我们回到原点。颜清湟教授提出的论据是 19 世纪初、中叶的新加坡进口财务报告书中的神香与香纸等神器之入口。我在这里所要提出的问题关键,不在于颜清湟教授所引证的文献论据是不是错误或伪造的,而是要问:进口神香与香纸等神器是不是就可以简单地、直接地和崇信佛教画上等号?换言之,神香、香纸等神器,就一定是佛教信仰仪轨中所需要的供品吗?

实际上不然，因为在传统的汉传佛教信仰与规范礼仪中，虽然有点燃神香，敬仰膜拜，却不存在着焚烧大金、小金或银纸之类香纸的作法。佛教信仰只允许焚香膜拜，奉献鲜花水果，不赞成焚烧香纸等神器，这是一个基本的佛教常识，也是新加坡各大传统佛寺所遵循的基本寺规。此其一。

其二，中国华人移民祭拜天地、祖先，乃至是鬼神等等，也有点燃神香，也才需要焚烧大量的香纸，可这只能说明他们是民间宗教信仰者，不能将这些民间宗教习俗就直接等同于佛教信仰。因此，若以这些神器的大量进口作为19世纪初的新加坡已经存在佛教习俗的证据，或说明了当时的新加坡华人社会已经崇信佛教，恐怕是过于简单化的误差了。实际上，若我们以传统的汉传佛教常识来重新评估颜清湟教授所提出的两条论据，严格来说也只能证明当时的闽、粤移民有从中国故乡带来了他们的民间宗教信仰习俗。由于大海茫茫，前途未卜，他们在一个未知的大海和土地上，绝对需要更强烈的精神寄托，于是他们直接沿用了世世代代在闽粤农村盛行的民间信仰习俗。

相对之下，熟悉汉传佛教常识的隆根法师是不会以这些神纸的进口作为佛教很早就传入新加坡的论据，然而，即使是教内权威所引证的论据，是不是就完全可靠？我在这里要提出的第一个疑问是：金兰庙存有清朝道光十年（1830年）所立的“德被民生”之匾额，是不是就可以将这个年代直接等同于地藏王庙所建立的年代？第二个疑问是，地藏王庙是不是只供奉佛教经典所记载的佛菩萨像，没有掺杂其他民间宗教信仰的多种神像？

很遗憾的是，地藏王庙已经在20世纪70年代被拆除了。然而，在地藏王庙被新加坡政府拆除之前，文史学者林孝胜先生曾经前往该庙做实地的田野考查，其文章记载着地藏王庙的正门上，其实有高挂着另一个牌匾，上刻“地藏王古佛”五个字，但年代不是在道光十年，而是光绪三十三年（1907年）。在入内殿的右偏门墙壁上所刻的“倡建地藏王庙碑记”，则立于光绪乙已年冬月（1905年）。[7]

目前，“地藏王古佛”牌匾已被销毁，但我们发现“倡建地藏王庙碑记”已被迁置于新建的金兰庙后院。总之，这块匾额和石碑所记载的年代，与记载金兰庙是创建于1830年的碑记其实是相差了75年以上，清清楚楚地显示了地藏王庙不是与金兰庙同一时期所兴建，但隆根法师只引用了金兰庙的牌匾年代，却不引用“倡建地藏王庙碑记”，恐怕会以不够仔细的文献资料来建构新加坡佛教史。

根据林孝胜的考察报告，地藏王庙的正殿虽是供奉地藏王菩萨，左边较小的神坛却供奉着明朝章回小说《西游记》的主角孙悟空，另一神坛则供奉儒家圣人孔夫子，在庙外空地尽头处更立有“阖坡社稷之神”之石碑，其旁另立了一大伯公之神位。[8]类似这种将不同信仰的地方神明和佛教菩萨共处一庙之方式，在早期的新加坡是屡见不鲜，这正是民间宗教信仰的典型模式，我们不能因为这些信仰模式有掺杂一部分的佛教因素，便认为这就是佛教信仰。例如，新加坡福建会馆之前身——天福宫，虽以“妈祖”作为在正殿祭祀的主神，却也以佛教信仰的观世音菩萨作为后殿的配祀神，以及以关圣帝君和保生大帝作为偏殿的配祀神。南安人兴建的凤山寺,除了在其正殿供奉地方神广泽尊王以外,其左侧也同时供奉城隍公,大哥爷(一见大吉)、二哥爷(见我发财);右侧则供奉大伯公、太阳公、黑虎将军、下坛元帅、八部差官等。至于左殿更供奉着佛教的观世音菩萨,右殿则有该寺早年住持瑞于上人等人的画像。这正是华族民间信仰与传统宗教的大融汇。

由福建帮领袖长泰人章芳琳斥资独建的合洛路玉皇殿所供奉之神像,更是三教大合流的典型例子。里面有道教神明:玉皇上帝、南斗六星、北斗九星、二十四天将与三元大帝;佛教菩萨:观世音菩萨、地藏王菩萨、释迦牟尼佛、阿弥陀佛、弥勒尊佛与普渡爷。儒教神明:孔圣夫子与信徒祖先之神主牌。民间沐拜的地方神:大伯公、灶君、天后圣母、太阳神、太阴神与注生娘娘。其他方言群广肇邑人创建的广福古庙亦为一例。该庙中坛祀奉着道教的七位太岁,左边则奉祀白虎、马头将军等,右前方则供奉儒教的文昌神、包公爷;道教的关圣帝君、张天师、注生娘娘和佛教的观世音菩萨。另有手持元宝、宫印、葫芦和毛笔的四小童。在左边入门处,则奉祀新马社会独有的大伯公。[9]

本文之所以列举这些至今还在各方言群庙宇供奉着的多元神明混杂的实例,主要是通过另一些论据来澄清一件事实:就算是早在19世纪初期,已有神祠庙宇供奉着佛教的佛菩萨像,然而,这些佛菩萨不是被视为佛教信仰中的觉悟者来敬仰和学习,仅是中国移民漂洋过海南渡时,顺道从中国乡村带来的多重神明信仰之一,是保障华族移民在异乡生活平安顺利的其中一位神祇。正如颜清湟教授所分析的:

> 新马移民社会以不稳定为其特征,运气被认为是非常重要的。由于大多数来到海外的移民都想碰运气赚钱发财,他们无一例外地都求神庇护;那些已经略有积蓄并想从事合股生意的人,也要求神问卜。此外,现代医药的缺乏,也使宗教崇拜更为流行。中国移民在生病时,也要到庙中许愿,乞求神明用他们那无边的法力,来治愈他们的疾病。[10]

这似乎也可以解释,为什么19世纪初、中叶的华族移民并不计较自己所崇祀的神明究竟属于哪一个宗教体系。尤其是19世纪的闽、粤移民大多是文化水平较低的劳工阶级,对于真正的佛教旨趣不求甚解。他们热衷于供奉满天神佛,见神即跪,入庙即拜,只是寻求精神上的寄托,目的是求好运,求平安、求发财、求升官、求长寿,是希望借助着冥冥中的超自然力量来达到自身的目的,没与传统佛教信仰有必然的联系。因此,我们不能因为有一两尊佛菩萨的塑像出现于19世纪的道教神祠或民间庙宇,便认为这就是早期新加坡华社存在着佛教习俗的证据,或就此判断19世纪的新加坡华社已是崇信佛教的社会。

若说颜清湟教授是教外人士,误将民间宗教信仰习俗理解为佛教信仰习俗,是因为不太熟悉佛教常识所使然,那佛教界权威的隆根长老,只提出金兰庙的牌匾年代和地藏王庙内奉有地藏菩萨像,却完全不提地藏王庙本身有不同年代的牌匾与碑文,以及地藏王庙内其实还供奉着其他民间信仰的神像,就以此作为论证新加坡在19世纪

30年代便有了佛教信仰的论据，这种重构新加坡佛教史的方式，恐怕有欠严谨。后来的年轻学僧传发法师在1997年编撰《新加坡佛教发展史》时，便是直接根据隆根长老的论断来追溯佛教传入新加坡的最早期，便显示了因袭相承的弊病。

二、关于刘金榜创建新加坡第一座汉传佛寺的原因

虽然我们否定了地藏王庙是显现狮城佛教信仰之始，却也在"倡建地藏王庙碑记"的数十个捐款芳名中，发现了19世纪末的福建帮侨领刘金榜(1838—1909)是该庙的捐款者之一。[11]刘金榜不但在20世纪初捐款筹建了这座地藏王庙，也已在该庙成立之前七年，创建了新加坡第一幢北传佛教寺院——双林禅寺。

创立于1898年的双林禅寺位于大巴窑金吉路。在双林寺天王殿内坐北朝南的左侧墙壁上，目前还立有一座"募建莲山双林禅寺碑记"，是著名的星洲寓公邱菽园居士所撰写，其内容摘要如下：

> 星洲在昔本无丛林之建筑物，有之则自莲山双林禅寺始也。初发心于刘金榜长者，献地布金，迎僧临济宋怡山派之性慧禅师来开山。师皆为性慧全眷出家有名，戊戌先成后院，以俾安禅……[12]

邱菽园于1920年出任双林寺董事，[13]也是后来的新加坡佛教居士林的创办人之一，[14]这块"募建莲山双林禅寺碑记"即刻于是年。邱氏既是20世纪上半叶之新华文人雅士，也相当活跃于初萌芽的新加坡佛教圈，对于当时的佛教寺院应是了如指掌。因此，邱氏在该石碑中指出星洲之丛林建筑物始自双林寺，当可采信。本文所要质疑的，不是这座佛寺究竟是不是新加坡第一座汉传佛教寺院，而是福建南靖移民刘金榜当年倾资兴建这座佛寺的社会因素。

双林寺内有另外一座非常具有历史意义的碑记，即"莲山双林禅寺缘起"。这块碑记为慈妙尼师在两位儿子贤慧禅师与性慧禅师先后圆寂后，决定举家回返中国大陆之前所立。虽然此碑目前已经不翼而飞，但幸亏有陈荆和与陈育崧老教授在70年代编辑了《新加坡华文碑铭辑录》，收编了这块石碑的内容，有助于我们从原始资料中了解刘金榜当年创建新加坡第一座百年佛教古刹的创建因缘，谨摘要如下：

> 余泉州惠邑人也，俗姓萧，一家团圆颇裕田园之乐。缘吾二子觉悟浮生如梦，劝请安素从缁，于任辰年率合家男女一十有二人，航海到高浪雾，在楞伽山岩栖六载。至戊戌年季春下山，遍游佛国后，因游槟过叻，拟回古国。蒙刘姓施主喜舍此山，故吾长子贤慧在此创建双林禅寺，并拟于大殿之后结构珠琳庵一区，以为余并吾长女尼禅慧及吾甥女尼月光三人栖身之所……光绪任寅年秋吉旦比丘尼慈妙立。[15]

慈妙尼师在碑记中所提到的儿子贤慧禅师，便是新加坡双林寺的开山住持。正如石碑所记载，于1892年，贤慧禅师，其弟性慧禅师、母慈妙尼师、妹禅慧尼师与表妹

月光尼师等十二人航行到佛国锡兰朝圣，在楞伽山修道六年，1898 年回国时先后途经槟城和新加坡。根据中国福州怡山西禅寺的文献记载，新加坡的刘金榜父子同时梦见金人西来，恰逢贤慧禅师一家人从槟城回国途经新加坡，刘氏疑即梦中金人出现，随即迎接贤慧禅师一家人驻锡星洲，并在马里士他平地的金吉路尽头兴建双林寺。同时，刘氏也捐资聘请中国名师巧匠南来星洲，仿福州怡山西禅寺之丛林格局兴建该寺，使之成为新加坡最早期、最宏伟的中国式佛教建筑，借以迎请贤慧禅师主持。这项建寺工程于 1898 年正式启动，于 1909 年竣工，前后历时十一载，耗资近 50 万元叻币。[16]

站在佛教徒的立场而言，双林寺的建寺因缘，是新加坡佛教史上的一段佳话，为新加坡汉传佛教的来源增添了一抹神秘又瑰丽之色彩。隆根法师在追溯这件往事时便如是注解：

> 这一建寺动机，亦仿佛往昔须达多长者建祇园精舍请佛前往留住弘法之情相似，不同者须达多未有金人之兆，刘氏父子却有同汉明帝之梦，古今虽异，有感则灵。为留师，为弘法，肇兴双林，其因缘如是，亦可谓事不寻常。想当年的狮城，显然有狮窟的空乏，所以一旦遇有高僧贤慧狮子的西来，故营双林狮窟以容之，好令狮城常闻狮吼之音，以启正法兴隆之基。[17]

这段话提出了两个佛教典故，一个是往昔的印度富豪须达多长者献地布金建立祇园精舍，迎接释迦牟尼佛移驾到南部第一座佛寺教化之往事。另一个则是汉明帝夜梦金人飞来，所以派人往西迎接竺法兰等印度高僧将佛法传入中国，并且建立了中国的第一座佛寺“白马寺”之传说。这两个典故的同时运用，正是新加坡佛教界对于岛国第一座汉传佛教寺院成立背景的美丽回溯。

然而，我要在这里苛刻地提出一道疑问：刘金榜倾注巨资兴建莲山双林寺的真正原因，确实是仅止于神话式的美丽传说吗？当然，我们无法追查到刘金榜父子俩是否真的同时都梦见金人西来，但我们若撇开主观的宗教情感，试将刘金榜献地布金以建立双林寺的善举置回 19 世纪末的时空中，或能以更全面的客观角度来看到这段新加坡佛教轶事背后的多面社会意义。

让我们先来看一看刘金榜的个人身份。

刘金榜出生于中国福建省南靖县，原名城正，号文超，官名元勋，金榜为其乳名。[18]他于 1858 年南来新加坡经商。初创万山行经营中药，后集资开设福南银号，跻身金融界。后来成为新加坡中华商务总会发起人之一，历任新加坡中华商务总会董事、新加坡福建会馆董事、华人参事局委员、保良局委员和皇家艺术会会员。[19]我们从这份履历简介中可以看出，与当时的华侨富商都会运用手上的资金来攀爬社会阶梯一样，刘金榜在经商致富后也是积极参与新加坡华族移民社会的建设工作，然后跻身进入当时的华社上层圈子。

我们再来看一看刘金榜所处的社会背景。

19 世纪初中叶，是闽粤移民大规模迁移到新加坡的时期，浓厚的华族民间信仰便开始弥漫着整个小岛，神祠庙宇也几乎成了早期新华社会的活动中心。在这样的时空背景之下，积极参与神祠庙宇之一系列活动，如建庙、修葺或管理庙宇等等，就正如20世纪初中叶的新华侨领积极参与建设华校之一系列活动一样，是19世纪侨领进入华族社会领导层的必备条件之一。正因为如此，华族侨领在重要庙宇之领导地位，几乎与他们在方言帮派之领导地位成正比例。新加坡最大方言帮派福建帮之首领，都先后在19世纪内的不同时代出任重要庙宇之大董事便是一个铁证。

例如，在1830年代，从马六甲南来星洲的闽帮首领薛佛记(1793—1847)，便创建了恒山亭作为新加坡福建帮的总机构，同时自己也出掌恒山亭的大董事。后来薛佛记的儿子薛茂元(？—1879)继承父志，也出任了恒山亭大董事的首位，率众重修恒山亭。至于继薛佛记之后的福建帮大首领，陈笃生(1798—1850)为了突破帮派界限，将自己塑造为全星华社首领的形象，不但于1844年建立了陈笃生贫民医院，还与儿子陈金钟(1829—1892年)先后于40和50年代出任天福宫的大董事一职，并且大规模重修天福宫作为新加坡福建帮的总部。[20]至于原本是在福建帮领导层外围的长泰人章芳琳(1825—1893)，除了积极投入殖民地时代的公共事业以外，也是依靠在1860至1890年代陆续献地、兴建或重修了海唇福德祠、巴西班让双狮头大伯公庙、清元真君庙、玉皇殿和金兰庙等努力，才正式在新加坡福建帮和华社中建立起卓越的领导地位。[21]

这些依靠创建或修葺神庙来攀爬社会阶梯的特殊现象，正如陈育崧先生所分析的，是因为那个年代的福建帮先驱们处于英国殖民地政府统治下的移民社会，利用创办庙宇的途径就可以建立起一个一统的“神权”，接着可以凭借这个“神权”来建立起“绅权”，再运用“绅权”来领导一帮，进而至于超帮。于是再倒过来达到运用“绅权”促使“帮权”合法化的目的。[22]当我们明白了19世纪的华社领导人在建立起本身的帮权帮威的模式时，再回过头来看福建人刘金榜为什么在经商致富后，会积极倾资于兴建莲山双林寺，便不难理解其原因之一二了。

我们还能从另一些证据来了解刘金榜努力增进其社会地位的苦心。当时的其他新马侨领如章芳琳、陈金钟与张弼士等大富豪除了积极投入公共社会服务以获取殖民地政府的肯定以外，也纷纷向中国清廷捐官鬻爵以进一步提升自己的社会地位，刘金榜便是这些大富豪之一。在创建新加坡第一座北传佛寺的同时，刘金榜便先后于1890年与1903年向清廷捐官，获“同知”与“道员”衔，[23]为全星马50名少数购买较高官衔的捐官者之一。[24]今日，位于双林寺法堂西侧的长者堂，仍然供奉着刘氏当年身披清廷官袍之塑像，便是这项历史真相的重要佐证。

以投资巨额捐得官爵的刘金榜，在创办双林寺时便常以“官衔”标榜“独建”之殊荣，这在全新加坡的大小庙宇内是绝无仅有的现象。例如，在寺内天王殿的梁木上，便镶有“赏戴花翎钦加二品顶戴漳州南靖刘印金榜独建”之木刻；其他以“大清国福建省漳州府南靖县大檀越刘金榜”、“大总理南靖刘金榜”之类的名分具名镌刻之石雕对联更是遍布全寺周围。刘金榜将个人的符号及官爵等标志镌刻于寺内周围，正是进一步以神权来建立绅权的重要途径之一。

因此，或许刘金榜当年创建双林寺之前，确实有夜梦金人西来之祥瑞，所以造就了本身献地布金、迎接贤慧大师入主双林寺的善举，但我们也不能忽略了他有借此善举来提升自己在新加坡的华族社会地位之潜在用意。在回溯同样一段的历史记载时，或许圈外人士林孝胜就能比圈内人更客观地看出其中的微妙因素：

> 刘金榜在1898年已是福建帮领导层人物，其在是年积极倡建双林寺，正是继承了这一传统，也表现了他努力增进其社会地位的苦心。刘金榜之倡建双林寺，也说明庙宇在19世纪末期华族社会的地位仍旧是很重要的。[25]

虽然我们近乎苛刻地捅破了这层梦幻般的神话因素，却毫无影响我们在21世纪的今日来正面评价刘金榜当年创建佛寺的巨大贡献，反而更能以客观的角度来回溯和重新书写这段佛教史。因为上演于19世纪初中叶的新华上流社会的种种活动，正是促成汉传佛教从中国大陆越洋落户于星洲的重要外缘之一。刘金榜虽是为了进一步提升本身的社会地位来给予积极配合，而这些用意正是这其中不可或缺的传播齿轮，具有推手般的历史性作用。此其一。

其二，刘金榜在双林禅寺内所供奉的塑像，不论是“大雄宝殿”内的三世佛、观世音菩萨、大迦叶和阿难陀尊者，或是“天王殿”内的弥勒尊佛、四大天王和韦驮天，[26]清一色都是佛教经典内所记载的人物，与19及20世纪之交的其他侨领所筹建的神祠庙宇完全迥异，不再兼供道教、儒教或民间信仰的各类神像，为汉传佛教正式在新加坡落户的完整性、正统性提供了强而有力的证据。

其三，由于中国福建省是个多山阻隔，百姓难以往来之地区，因此该省内的各别县府之古刹风貌便各具特色，少有相互融合之现象。反而是福建省以外的新加坡双林禅寺，因为刘金榜是福建省漳州府人士，开山住持贤慧禅师是福建省泉州府，同时又是福建省福州府怡山西禅寺的传人，其他响应刘金榜建寺呼吁之新华移民，也不乏漳州、泉州与福州的大陆移民，因此这些福建先驱们便从福建三洲府迎请而来的建筑师傅与能工巧匠，采用了各自家乡运来的建筑材料，发挥了各自的传统工艺技巧，使双林寺具备了兼容福建漳州、泉州与福州三大特色的古刹风格。[27]这种特殊的建筑结构，不但为它在20世纪80年代末赢得了新加坡古迹保存局宣布为国家古迹之一，使之成为唯一被列为新加坡古迹的佛教寺院，[28]也使贯串于整个新加坡佛教史的“大融合”主题于该建筑物上初露迹象。

当我们跳出了神话式的历史框架时，这段新加坡佛教史的书写方式就不再局限于一味美化的狭隘视野，反而更能客观地、多面地从刘金榜建寺的身上发掘出更多的现实意义，使这段历史再度呈现于世人的面前时，更能贴近真相，更具有说服力。

三、关于早期汉传佛教僧侣的身份职务

即使是汉传佛教僧侣很早就随着闽粤移民南来新加坡，却并不意味着他们在新加坡出现，就等于他们已开始在新加坡传播佛教教义。实际上，我们可以从以下的两件历史文献记载看出，早期的汉传佛教僧侣(闽南籍)在新加坡，还不具备正式传教的条件。

由福建帮首领薛佛记兴建于1828年的恒山亭，立有一块木碑，上刻“恒山亭重议规约五条”。虽然恒山亭已被烧毁，亭内所有佛像和石碑也已化为灰烬，但幸亏这块木碑事先已被带去南安会馆收藏，我们还是可以清除地看到这块木碑内容。这块木碑所记载的一些规约，清楚注明了该亭的负责人是“和尚”。我们可以从这块石碑来了解当时所谓的“和尚”，是在执行什么样的任务？如下：

第三条：中秋佳节，头家炉主捐缘金备办牲醴物件祀神，既彻可将福物收在炉主之家，邀请众头家同享神歆之福。所捐缘金，开费之外有存银员，概交本亭和尚收为备办红烟老叶茶等件，以供炉主全年祭祀及待客不时之需。凡值清明普渡二次出榜者，和尚当自办便以待……

第五条：恒山亭之香资，和尚于每月朔望日落坡(即到市上去)捐化。而逐年唐船、暹船、安南船及外州郡之舢板船，双层船等平安抵叻者，公议唐船凡属漳泉者，每只船捐香资宋银(即菲律宾吕宋银元)四大员……倘有船主不遵者，若遇其船中头目、伙计，或有身故者，公议不许附葬本冢山，着本亭和尚阻止。如漳泉人等有身故，要附葬本冢山者，务必对值年炉主处取单，带交与本亭和尚为凭。如无取单为凭，亦着和尚阻止。

由此可见，虽然早在开埠初期，已有闽南僧侣出任恒山亭之庙祝，然而，在佛教僧侣的背后，其实是当时的新加坡第一大帮闽帮领导层，故僧侣的宗教任务摆明是替闽帮领导服务，负责筹募香资和管理中秋节等庆典所余之经费。若我们进一步推论这些僧侣同时也必须看顾恒山亭之香火，或为漳、泉同乡举办一些简单的丧葬超度仪式，相信不会有太大的异议。然而，这些工作都与正式传播汉传佛教没有直接联系。实际上，这些和尚的社会地位都相当低下，形象也不太正派，似有售卖鸦片之嫌，故其地位不仅不比一般帮众超然脱俗，还处处面临着会被福建帮首领革出或遭受体罚的制裁。“恒山亭重议规约五条”的第三与第四条规约便强烈地透露出这些事实：

第三条：……凡值清明普渡二次出榜者，和尚当自办便以待。至于本冢山之坟墓，宜早晚照顾巡查，免被禽兽败坏。如是不遵者，或体罚，或革出，皆从公议，决不宽情。

第四条：……又不许亭内和尚设卖鸦片烟，并不许在亭边左右设卖鸦片烟馆。如有妄行不遵者，被众查知，将和尚革出，对烟馆折毁，绝不宽恕。

其实,恒山亭是配合早年新加坡华族移民社会发展而设立的公冢。正如碑文上清楚说明的:“恒山之左,叠叠佳城,累累丘墟”,其兴建是一种迫切需要,其目的是让那些旅居星洲之华人,尤其是漳泉人士,因家乡远阻,吊祭不至,精魄有所依,以便连年祭祀。因此,恒山亭从一开始就不是一座佛寺,亭内不但完全没有供奉佛教经典记载的佛菩萨像,其主神还是星马华人都普遍信仰的福德正神,俗称大伯公,左右两侧是道教民间信仰的城隍爷和注生娘娘。[29]足见其庙祝虽有“和尚”之名,却毫无佛教内涵之实。此其一。

其二,类似恒山亭由“和尚”主持却与传播汉传佛教并无直接关系的例子甚多,而且几乎是早期大陆佛教僧侣落脚于新加坡的一种惯例。例如,由福建南安人兴建的凤山寺,虽以地方神广泽尊王为主神,城隍爷、大哥爷、二哥爷、大伯公、太阳公、黑虎将军、下坛元帅和八部差官等为配祀神,[30]然而,先后来自大陆的卧云法师和广法法师都曾经出任此寺的住持。[31]福建总会的前身直落亚逸街天福宫虽以天后圣母为主神,著名的南普陀高僧转道老和尚却也被福建同乡们请到天福宫任住持,[32]达明老和尚后来从梅峰祖寺南来,也是驻锡在直落亚逸街的天福宫。[33]这种由大陆佛教僧人出任非佛教庙宇住持之模式,反映了迄至20世纪初期,即使已有了双林禅寺的正式创立,新加坡的佛教文化仍然处于与儒、道二教杂糅不分的阶段。这种模式到了瑞于禅师的身上,更为显著。

瑞于禅师(1867—1953)本为前清贡生,20岁至漳州龙溪南山寺出家。据说瑞于初来新加坡时,因人地生疏,乃设摊路旁为人卜卦,为邱菽园所闻,乘其华丽马车前往问卜而订交,并为他斥资建庙以供静修。[34]然而,邱氏虽是贵为双林禅寺董事与新加坡佛教居士林创办人之一,当他为新交瑞于禅师所修建的庙宇,竟然不是佛教寺院,而是源自中国民间信仰的城隍庙,而且是传说中地位最高的“都城隍神”,握有统领新加坡全岛各城隍爷之实权。这种由佛教和尚主持道教庙之现象,蔚为奇观,正如张清江先生的注解:

> 城隍庙在中国,都由道士主持,(新加坡)柏城街的城隍庙却是由佛教徒创建而主持,又是一个特色。[35]

至于极负盛名的天福宫在建立后,日常的香火打理不可能由商人自行处理。有趣的是,天福宫的香火管理是通过公开招标进行的,与一般的商业活动没有差别,足见天福宫的管理层是以在商言商的心态处理庙务。我们可以从以下的两则《叻报》报道进一步了解这些细节。第一则是“天福宫——招人承充香火事”:

> 该宫(即天福宫)为本坡闽籍全省公众香火所关颇巨其料理之人臧否实为闽省商民耳目所览祈愿诸君踊跃赴庙。[36]

另一则“天福宫告白”更有趣,显示了住持僧人也玩“失踪游戏”!

> 兹因本坡天福宫住持僧人擅自回唐 本宫香炉另招僧人投充一年为期……[37]

迈入了20世纪的50年代,天福宫的香火仍然是由僧人管理,但似乎已变成比较有竞争性，参与投标的僧人也似乎有所增加。结果，最后成功获标的僧人不是以“方丈”或“住持”居之，而是成了“承包者”！非常典型的商业交易性质！

该宫（即天福宫）既为福建会馆之产业，承包香火者，以其投标价格最多者得之。现承包者为转解老和尚，亦普济寺及香莲寺之创办人也。[38]

总结

我们可以从本文的探讨中获得以下的两点结论：

第一，新加坡的汉传佛教不是孤立存在的，其发展先是受植根于祖籍地的文化和政治情感的影响，后则受到新加坡移民社会和城市环境的制约。

举些实例作为概括性的补充。当年中华民国成立之初，民困国贫，千里之遥的新加坡“中华商务总会”特地为此发动了一场“中华民国捐”运动，以助中华民国解决财政困难。当时连旅居新加坡的大陆法师也热心响应，因此出现了“南洋佛教社”主催的表演杂技以筹助“民国捐”之盛举。由成立仅数年的莲山双林寺，联合了由其他闽南移民创办的金兰庙、天福宫、都城隍庙、槟城极乐寺、马六甲青云亭和廖内妈祖宫，共同响应这次的筹募事宜。这场由星马七大寺庙发起的筹款爱国运动，是由旅居星马的僧伽于隔年7月20日与21日在牛车水豆腐街口“新舞台戏园”呈现杂技表演。所收善款系数拨充“中华国民捐”。[39]隔日，《南侨日报》详细报道了当晚的空前盛况：

> 园外陈设花草，以各色纸造一横额，文曰“同心报国”；又一联曰“少林聊献技，卜式愿输财”；头门上又一横额，以生花砌成四字，曰“五真色空”。及入场，则座位已满，八点余钟，首由僧人宣布开演理由，次则陆续演技，并有本坡热心人士，登场助演杂技……[40]

这是迄今为止，有文献资料显示的狮城佛教界之第一场大型慈善筹款活动。我们需要留意的是，其“同心报国”的“国”字，不是指殖民地时代的新加坡，而是华族移民心目中的祖国“中华民国”，其身份认同与今日的狮城佛教徒截然不同。

即使是在31年后，新加坡沦陷，由福建永春人李俊承率领的新加坡佛教居士林和其他佛教徒组成“佛教救恤会”，以在直落亚逸天福宫等十余所寺庙倡办赠医施粥等善举，还是冠上了“中华”的名称，全名为“中华佛教救恤会”。因此，看在海峡殖民地政府的眼里，这两场由“南洋佛教社”和“中华佛教救恤会”主催的筹款和慈善活动，对协助他们统治新加坡这块殖民地没有直接关系。正因为如此，当全新加坡佛教界团体联署要求殖民地政府批准将释迦牟尼佛诞生日定为公共假日，当时的新加坡自治政府首席部长马绍尔却表示：“佛教对社会没有什么贡献，要假日作什么？”[41]自治政府的公开表态，显示了一个外来宗教若太执著于祖籍地的文化和政治情感，必然会导致本土社会之边缘化而被隔离于主流社会之外。

迄至福建南安人广恰法师与其他佛教同仁承诺会以救济贫穷的新加坡市民之方式庆

祝卫塞节后，海峡殖民地政府才于 1956 年颁布每年卫塞节为公共假日，并且委派殖民地政府官员出席由世界佛教友谊会新加坡区分会假维多利亚纪念堂举行的南、北传佛教徒共同庆祝卫塞节之盛会。[42]盛会之后，广恰法师等人也遵守诺言，经常将所筹得的款项捐给新加坡的四十多个慈善团体，其中有回教妇女协会、印度教孤儿院、红十字会残废儿童医院、同济医院、盲童学校和聋人学校等等。[43]随着时代变迁和社会发展，许多服务群众的社会功能都由人民行动党政府直接承担，然而，汉传佛教团体的责任感并无丝毫减弱，他们仍以有限的香油资源，继续通过发放助学金、乐龄度岁金，开设佛教施诊所、佛教慈善医院和智障儿童学校等方式来关怀社会、造福社群。

从上述实例可见，虽然汉传佛教在传播初期深受祖籍地的文化和政治等情感的影响，然而，随着时间的推移和空间的转换，汉传佛教为了适应全新的移民社会，必然要逐渐摆脱祖籍地的政治和文化体系，转而接受新加坡的自然与人文环境之制约。因此，汉传佛教其实是在新的社会环境中不断调适、演化和发展起来的。从这个角度而言，新加坡佛教对于新加坡的重要意义，不仅在于它是由多个地域、多元民族（大陆、台湾、香港、印度、斯里兰卡、缅甸、泰国）传承而来的宗教文化资源之一，更重要的是，经过了整百年的随机调整，在新加坡移民社会和城市文化的脉络下，多支传统佛教文化（南传、北传、藏传）已经逐渐酝酿出带有本土色彩的新加坡佛教。

第二，新加坡汉传佛教的传播沿革，其实是个“无心插柳柳成荫”的美丽发展，亦可视为大陆移民僧南来狮城的本土化过程。

正如本文第二节所述，刘金榜倡办双林寺之初衷，夹杂着借此善举以攀登社会阶梯的动机；贤慧禅师之所以出任双林寺之开山祖师，只因为在锡兰楞伽山修道六年后回返大陆时途经新加坡，被刘金榜劝请驻锡。至于有“狮城佛教鼻祖”之称的转道法师，其南来新加坡其实也是为了替大陆的南普陀寺之僧伽学院筹募经费。只因他在新加坡期间深受福建移民的欢迎，除了被同乡请到天福宫出任住持以外，还捐款为他购买一块面积三亩多的土地兴建南洋的“普陀寺”，以此殊胜机缘，他才决定在新加坡长期定居下来。即使是在狮城驻锡期间，其心还是牵挂着大陆佛教的发展前景，不但将狮城信众供养之数万元钵资，系数用于唐代匡护祖师所建的闽南开元寺之修缮工程，复于寺内创办慈儿院和准提院，专收无依无靠的孤儿和老迈妇女。凡此寺院出现经费不敷之开支，皆由他在新加坡劝募补助。[44]

北传佛教的第二代领袖，如福建移民宏船、常凯和广恰等人之所以会出现于南洋，本来也只是为了躲避中国大陆的连年战乱。当大陆改革开放后，他们都纷纷回国资助当地的佛寺修缮工程。演培法师在纪念广恰长老圆寂两周年的回忆文章中，更直接坦白追述当年本身南来弘法之本意，是为了替自己计划在越南创建的寺庙筹款：

> 当时来星说是参访，而实亦向诸善知识募化资金到越南建小道场。因越南边和侨领朱帮长，赠我一块不小地皮，让我建一中国寺庙，在越华裔学佛人士，都说助我建寺庙，但因越南战乱多时，经济不如想象的好，如能在星筹得多少，回越建筑轻松得多。当我往来星马各地说法期间，越南局势一天天的恶化，我要建寺

的边和，已受越共的炮轰……到越共侵入西贡，不说不能去建寺，在越的剃度徒及诸信众，也纷纷的离开西贡。正在这个时候，慧圆大德尼(时为林达坚居士)善意要将灵峰送我作弘法基地，各方都很赞成，因而在星住下……[45]

当初这些大陆法师或为了筹募建庙资金而来，或为了逃避战火而来，都是把自己在新加坡的身份定位为“过客般的云游僧”、“狮城佛教的观察者”，纯粹是个属于“他”者的圈外角色。然而，当他们因为种种因素而决定居留下来后，在参与佛教传播和慈善福利等工作的过程中，无意中完成了他们在新加坡接受“本土化”之洗礼。这是一个非刻意选择的喜剧结局，与他们仍然对祖籍地怀有强烈的归属感毫不矛盾。

另一方面，若从世俗的角度来看，狮城佛教僧团其实就是一个社会群体，既有虚拟式的血缘性，也带着浓厚的业缘性和地缘性。虚拟式的血缘性是指所有的僧伽皆有各自的法脉传承，禅、律、密、净，源远流长；业缘性是指在狮城传播的各大传统佛教僧伽皆以荷担如来家业为统一性的终生事业，所有的慈善、教育和文化传播，都是服务于弘扬佛教的大方向；地缘性则是指各民族的僧伽亦未能免俗，多以世俗祖国或方言籍贯作为集聚缘。例如，旅居新加坡的斯里兰卡佛教徒皆以 Sri Lanka Ramaya 或 Mangala Vihar 为集聚处，缅甸和泰国佛教徒移民则分别以 Burmese Buddhist Temple 和各大泰国佛寺作为宗教仪式和群众集合之中心。至于占全新加坡多元佛教徒之大多数比例的华族佛教徒，则可再以方言籍贯作为更细密的聚集缘。这与十九世纪末的新加坡华族方言籍贯之人口比例息息相关。请见附表 1。

其实，大部分的海峡侨生(峇峇)都是由马六甲移民过来的漳泉人后裔，故表中的海峡侨生也应纳入闽籍。由此可见，十九世纪末的新加坡华社五大帮(闽、潮、广、琼、客)是以福建帮为主，这与新加坡北传佛教界的第一代和第二代领导层都是来自大陆福建省之移民僧俗相映成趣。请见附表 2 与表 3。

表 1　1881 年新加坡人口统计的大陆方言籍贯分布

福建人	24981	琼州人	8319
潮州人	22644	客家人	6170
广府人	14853	其他	272
海峡侨生	9527	总数	86766

资料来源：Maurice freedman, Immigrants and Associations: Chinese in Nineteenth century Singapore: Comparative Studies in Society and History, Vol. Ⅲ, No. 1, 1960.

表 2　新加坡汉传佛教之第一代领袖

筹建狮城古刹莲山双林寺	刘金榜居士	福建省南靖县
莲山双林寺开山祖师	贤慧禅师	福建省惠安县
光明山普觉寺开山祖师	转道和尚	福建省南安县

表3 新加坡汉传佛教之第二代领袖

新加坡佛教总会创办人新加坡佛教居士林创办人	李俊承居士	福建省永春县
新加坡佛总第二任主席光明山普觉寺前任住持	宏船法师	福建省晋江县
新加坡佛总第三任主席新加坡佛教施诊所创办人	常凯法师	福建省泉州府
新加坡佛教第四任主席弥陀学校创办人	广洽法师	福建省南安县

19世纪至20世纪的新华人口中的闽帮,是以操厦门语音系的漳州府、泉州府和永春州的福建人为代表,在业缘上属于商人阶级。在莱佛士建立新加坡的蓝图里,商人阶级凌驾于工、农之上。因此,在那段期间的新华社会里,闽帮不仅在人数上超越其余各帮,也是财富最为雄厚的大帮。然而,这些都与新加坡汉传佛教没有太直接的关系,因为19世纪的闽帮主流领袖所热衷的社会活动,是以筹建民间多神信仰的神庙和地缘组织的会馆为主,20世纪的闽帮领袖则热衷于兴建学校、医院等教育和福利事业,推动佛教传播并不在他们的议程内。从严格意义上来说,出资筹建莲山双林寺的刘金榜和新加坡佛教总会创办人李俊承,虽然也是20世纪初、中叶之闽帮领袖,但还未挤入新华社会阶梯之巅,只能说是闽帮的非核心领袖。然而,北传佛教有这两位闽帮人物出资又出力,便足以在狮城找到拓展的契机矣。

如本文第三章所述,自1949年成立新加坡佛教总会伊始,这个代表全新加坡佛教徒的最高机构之主席职位是由李俊承担任,前后长达15年之久。这种由一介白衣之居士身连续七届蝉联全新佛教僧俗之领袖的局面,为1964年之后不再出现,堪称空前绝后。新加坡北传佛教的第一代领袖是以转道和尚为主轴,即使是转道法师圆寂后已由宏船法师继任普觉寺住持,然而,当海峡殖民地政府的华民政务司指示新加坡佛教界筹创佛教总会时,却是直接联络俗家佛教徒李俊承,而非出家僧伽。这种现象进一步反映了狮城佛教的起步与新加坡是个商业大都会有密切关系。李俊承是一位实业家,不但自己购置太丰饼干厂、开创太安实业有限公司,也出任和丰银行之总理,倡议和丰、华侨、华商三所银行合并,而为今日之华侨银行总机构。与出家僧伽并排而论,有社会地位和财力背景之虔诚佛教徒,自然是海峡殖民地政府比较乐于接近和对话的人选。

换言之,在20世纪的五六十年代里,新加坡佛教界最高机构的领导权是由创办新加坡佛教居士林之居士长期垄断,而非双林寺或普觉寺之住持和尚,显示了商业都市重视社会地位和财力背景的特性也波及方外的佛教圈,亦反映了狮城佛教的发展经常会受制于新加坡的人文环境。然而,传统佛教界向来强调僧主俗从、僧尊俗卑之大方向,从大陆移民南来的僧伽队伍又如何看待这件事呢?僧伽与居士之间尊主卑从的角色大逆转,会不会令双方都陷于尴尬的局面?再进一步探讨,今日的新加坡北传佛教之诸山长老和居士领袖虽是各有所成,却都各朝自己的方向发展,削弱了彼此之间的凝聚力,以致狮城的佛教徒人数虽居全国宗教徒之冠,却迟至近年来才有足够财力筹办一幢专属新加坡佛教总会的建筑物，由新加坡佛教界共同承办的世俗教育学府之数量也远远落后于基督教等团体，早期的僧俗主从之角色对调是不是潜在因素呢？这些都是相当值得玩味的历史性问题，也间接反映出汉传佛教在实践其“本土化”的进程中曾经存在着僧俗矛盾之可能性。

（作者单位：新加坡南洋理工大学）

参考文献

[1] Census of population 2010 — Statistical Release 1：Demographic Characteristics，Education，Language and Religion，Singapore：Singapore Department of Statistics，2010，p. 13.

[2]颜清湟著，粟明鲜等译：《新马华人社会史》，中国华侨出版公司 1991 年版，第 10 页。

[3]颜清湟著，粟明鲜等译：《新马华人社会史》，中国华侨出版公司 1991 年版，第 10 页。

[4]隆根：《无声话集》，新加坡南洋佛学书局 1984 年版，第 104 页。

[5]传发：《新加坡佛教发展史》，新加坡佛教居士林 1997 年版，第 55 页。

[6]隆根：《新加坡佛教漫谈》，载《南洋佛教》第 412 期，新加坡佛教总会，2003 年，第 3 页。

[7]林孝胜：《金兰庙的沧桑》，载林孝胜等：《石叻古迹》，新加坡南洋学会，1975 年，第 70 页。

[8]林孝胜：《金兰庙的沧桑》，载林孝胜等：《石叻古迹》，新加坡南洋学会，1975 年，第 70 页。

[9]张清江：《行业色彩浓厚的广福古庙》，载林孝胜等：《石叻古迹》，新加坡南洋学会 1975 年版，第 76 页。

[10]颜清湟著，粟明鲜等译：《新马华人社会史》，中国华侨出版公司 1991 年版，第 12 页。

[11]陈荆和、陈育崧编：《新加坡华文碑铭集录》，香港中文大学 1970 年版，第 157 页。

[12]陈荆和、陈育崧编：《新加坡华文碑铭集录》，香港中文大学 1970 年版，第 157 页。

[13]柯木林：《新华历史人物列传》，新加坡宗乡会馆联合总会，1995 年，第 102 页。

[14]柯木林：《新华历史人物列传》，新加坡宗乡会馆联合总会，1995 年，第 138 页。

[15]陈荆和、陈育崧编：《新加坡华文碑铭集录》，香港中文大学 1970 年版，第 155～156 页。

[16]释能度等编：《莲山双林寺》，新加坡莲山双林寺 2001 年版，第 15 页。

[17]隆根：《无声话集》，新加坡南洋佛学书局 1984 年版，第 104 页。

[18]柯木林：《新华历史人物列传》，新加坡宗乡会馆联合总会，1995 年，第 102 页。

[19]宋旺相：《新加坡华人百年史》，新加坡中华总商会，1993 年，第 90 页。

[20]林孝胜：《19 世纪星华社会的帮权政治》，载林孝胜等：《石叻古迹》，新加坡南洋学会，1975 年，第 17 页。

[21]林孝胜：《金兰庙的沧桑》，载林孝胜等：《石叻古迹》，新加坡南洋学会，1975 年，第 18 页。

[22]陈育崧：《序》，载林孝胜等：《石叻古迹》，新加坡南洋学会，1975 年，第 i～ii 页。

[23]颜清湟：《清朝鬻官制度与星马华族领导层》，载颜清湟著，张清江译：《海外华人史研究》，新加坡亚洲研究学会，1992 年，第 29 页。

[24]颜清湟：《鬻官》，第 8 页。据颜清湟教授的研究，在 1877 年至 1912 年间，向清廷捐官鬻爵的星马华侨计 295 名，而购买较高官衔者仅 50 位，约于 17.2%。在这 50 名购买教高官衔者中，有 17 名是属于极为富有的星马华侨，刘金榜便是其中一位。

[25]林孝胜：《古刹钟声细说双林》，载林孝胜等：《石叻古迹》，南洋学会，1975 年，第 138 页。

[26]释能度等编:《莲山双林寺》,新加坡莲山双林寺2001年版,第15页。

[27]释能度等编:《莲山双林寺》,新加坡莲山双林寺2001年版,第15页。

[28]释能度等编:《莲山双林寺》,新加坡莲山双林寺2001年版,第15页。

[29]张夏帏:《开埠初期扮演重要角色的恒山亭》,载《石叻古迹》,新加坡南洋学会。

[30]张清江:《星洲有寺名凤山》,载林孝胜等:《石叻古迹》,新加坡南洋学会,1975年,第79页。

[31]传发:《新加坡佛教发展史》,新加坡佛教居士林,1997年,第51页。

[32]于凌波:《中国现代佛教人物志》,宗教文化出版社1995年版,第47页。

[33]《新加坡佛教总会会务报告——1966年1月1日至12月31日》,新加坡佛教总会,1967年,第28页。

[34]柯木林:《新华历史人物列传》,新加坡宗乡会馆联合总会,1995年,第201页。

[35]张清江:《城隍庙里话城隍》,载《石叻古迹》,新加坡南洋学会,1975年,第130页。

[36]《天福宫——招人承充香火事》,见《叻报》(新加坡)1897年4月3日。

[37]《天福宫告白》,见《叻报》(新加坡)1897年4月30日。

[38]《天福宫》,见《新嘉坡庙宇概览》,新加坡南风商业出版社1951年版,第27页。

[39]柯木林:《豆腐街昔日繁华今何在》,载林孝胜等:《石叻古迹》,新加坡南洋学会,1975年,第244页。

[40]《南侨日报》1912年7月22日。

[41] 传发:《新加坡佛教发展史》,新加坡佛教居士林,1997年,第128页。

[42] Buddhist Anniversary Celebration Souvenir 2502 (Singapore: The Singapore Regional Centre of the World Fellowship of Buddhists, 1958), pp. 6～7.

[43]毕俊辉:《我的一生》,载《菩提学校创校四十周年》,新加坡菩提学校,1989年,第15页。

[44]余凌波:《中国现代佛教人物志》,宗教文化出版社1995年版,第47～48页。

[45]演培:《敬悼我最尊敬的洽公长老》,《广洽老和尚纪念集》,新加坡龙山寺,1996年,第26～27页。

闽台民俗武艺"刣狮"源流、特征及传承的当代价值研究

于海滨

面临着全球化、现代化和社会结构急剧变化的挑战，民俗民间传统文化生存环境急剧恶化，传承状况堪忧[1]。针对民俗民间文化生存面临的严峻形势，采取积极措施，加强民俗民间传统文化的保护传承，有其紧迫性和现实意义，而流传于我国福建闽南地区及台湾地区的"刣狮"正是一种亟待保护的民俗民间武术艺术，也是一种被边缘化、被遗忘的武术练习形式。

一、刣狮的源流探析

（一）刣狮的概念界定

刣狮，闽南话"刣"为"杀"，也就是"杀狮子"，又叫"舞狮"、"弄狮"，是闽南地区武术与狮子舞蹈的完美结合，是中原武术和闽南文化交融的结晶，作为武术项目完整保存了我国少林五祖拳的传统技艺的精髓。泉州刣狮的武术源自明代抗倭名将、泉州人俞大猷所传。表演时，由两人套上狮头、狮衣、狮尾扮成狮子，其他人徒手或手持十八般器械扮成武士，围着狮子攻防进退、大展拳脚，狮子则时而散展腾挪躲避进攻；时而奋起还击，伴着鼓乐，杀气腾腾，吼声阵阵，惊心动魄。而台湾地区因社会发展需要，将刣狮与宋江阵相结合，在庙会庆典中常以舞蹈、戏剧形式展现。

（二）刣狮的争议起源

关于刣狮的起源问题，因历史悠久和社会变迁等原因，民间争议较大，说辞较为含糊。较为认同的说法是刣狮是隐藏的武术流派，亦是军事武术。学者们研究有不同说法：(1)清朝皇帝下令围攻和火烧嵩山少林寺。一元师父闯出重围隐居于泉州晋江、南安一带，广收门徒，传授五祖拳等拳术。由于清政府明令不得聚众习武，遂将武功技艺隐藏在刣狮中。(2)另据清抄本《西山杂志》载，清廷为了铲除福建沿海的反清力量，降诏焚毁泉州南少林，逃匿的少林寺僧在寺庙或山村乡野传授少林武功，以

刣狮馆的名目创建武术馆。

刣狮据调查起源于福建省石狮市锦尚镇卢厝村，一个沿海偏僻的小村，为防盗寇保家园，特聘少林师父教习武术，并成立刣狮队，其历史有一百三四十年时间。表面为强身健体，娱乐庆典的队伍，实为乡村的地方武装队。之后扩展到邻近乡村。卢厝刣狮队曾为中共闽南第一党支部地下斗争做出重要贡献。后来，为了庙会及表演的需要，村民们就将刣狮融合阵法创造出刣狮阵势。20 世纪 80 年代，旅菲侨胞申请政府批文，将家乡刣狮队更名为泉州卢厝少林南狮队。1992 年，南少林国际艺术节中，卢厝刣狮队以勇猛刚烈的风格及壮观场面表演，倾倒了海内外观众。2008 年，卢厝狮阵入选省非遗保护名录，并在海峡两岸文化节上大放光彩，引起两岸的关注。

综合上诉观点，认为南少林所在地泉州、漳州民风彪悍习武成风，清政府禁止聚众习武。少林拳技改头换面，以岁时祭神的名义结合杀狮来表演，实际上仍是暗中练武。由少林寺武艺高强的武僧在闽南沿海偏僻的小渔村所传授。明末清初，随郑氏来台的兵士也加入开垦的行列[2]，民俗刣狮随着这些人在台湾南部地区发展起来。

二、刣狮的表演形式和特色

(一)刣狮的表演形式

刣狮是以舞蹈的形式习练武功，表演时一般分为舞狮、弄狮、刣狮、空弄四种形式，十八般武器件件俱全，刣狮有多种套路器械表演方式，有两人、四人、十几人、几十人等等的表演阵势，最为出众的是宋江阵表演阵法。宋江阵最早出现在于明末清初[3]，俗称“套宋江”，即在刣狮的同时，有“交阵”变“内外环”，“面线拗”(迭圈)、“双打”、“群打”、“穿针”、“环螺圈”、“长蛇”等武术套路攻防。套路各异，人数灵活，可多可少，但以 108 为大忌，据说是不满梁山好汉被招安的结局，表演者穿着一律对襟汉装，腰佩带饰，脚穿草鞋，20 世纪 60 年代后也有改为运动服饰演练表演的。

(二)刣狮的道具展示

刣狮的狮头由竹片做成框架、牛皮制成，一人两手握住伴演，身、尾用 2.5 米左右的麻布与头相连，一人弯腰呈狮的后半部形状，表演中狮头与狮尾分工不同，狮头、狮衣、狮尾、眼睛都可以动，讲究整体协调、步调一致。人物源自于水浒传故事的宋江阵，表演时主要人物大多仿照小说人物的特征。所使用的器械包括头旗、双斧、齐眉棍、月牙铲、跶刀、藤牌短刀、云南斩马刀(扫刀)、钩(钩镰刀)、钗、双刀、双剑、关刀、铁尺、双锏、伞、耙、鸡帚、丈二等，演练时通过大鼓和五音铜击乐器来伴奏。

藤牌和短刀藤牌是山藤编制而成，油浸过的藤牌防弓箭挡鸟枪，在雅克萨打俄国人立了战功。齐眉棍是少林兵器代表，常以白蜡杆制成，粗有盈把，棍竖直与人眉高度齐，自十三棍僧救唐王之后，少林棍名扬天下。舞棍时，挑、刺、劈、撩、扫，交替变化，使敌防不胜防，其乱棍猛击是制敌取胜。刣狮阵中兵器的特色与俞大猷兵农合一、寓兵于农的训练有关。如鸡帚是农家扫除尘土、垃圾的用具；耙是农业生产中传统的翻地农具，后演变为最厉害的武器；棍是人类有史以来最常用的生产生活用具，后演变为百兵之首；刀、斧是农家普遍使用的工具。从不少兵器来自生活中随手可得的用具来看，刣狮阵演出，蕴含着浓厚的民间、民俗气息，是农业生活和军事战争的有机结合。

（三）刣狮的阵式演排

器械的使用是刣狮明显的特色之外，阵型的演练也是重要的一环。武狮阵分为四个阵形，即八卦阵、一字长蛇阵、蜈蚣阵和蝴蝶阵，演排时以师祖、泉州少林五祖拳师蔡玉明的头旗为前导，头旗是总司令旗，是由"宋江"角色所持，它在阵的兵器装备中是领导指挥的中心。接着先出演双斧（即开旗斧），武艺较高强的拿双斧的人就是"黑旋风李逵"，站在头旗的旁边，有保护头旗的功用。随后由器械单行、器械对练、徒手双练，穿插进行武术表演，最后由集体藤牌和齐眉棍压阵结场。

武狮按武艺高低分等级，其中以号称"青面白目眉，要打任你来"武技为最高强，一出阵就必须经得起各路武林高手的挑战。明末清初，在福建泉州德化有一种"戏狮"习俗，俗称"拼馆"，即舞狮队之间的竞技活动，其目的是切磋武艺，或者是对付外来的挑战者。"戏狮"设有五个关卡，包括迎狮、接礼、文会、演技和武比，各个关卡都有约定俗成的规矩[4]，甚至最后还有可能要通过械斗定输赢。因此，即使武艺高超者也不敢轻易以"青狮白目眉"出阵。

（四）刣狮的精彩演练

闽南"八山一水一分田"的地理环境和"十里不同风"的民俗氛围，造就了多元的文化和不同的体育民俗，民俗武艺刣狮的演练因地域和风俗不同而有所区别。

如泉州晋江狮阵表演是民间依照旧时官兵操练的模式，健身抵御匪寇入侵的群众传统体育运动，每一狮阵仅有一只由两人操作的雄狮。演练时多种拳术套路、器械方法、军事阵型等形式的队员之间、队员与狮格斗的场面，严谨壮观，颇具古时作战气息。泉州德化县的舞狮基于本地流传的武术功法，演练时有单演和对打表演两类，表演方式有长套和短套两种。单演即狮独立展演，对打即狮与人格斗。使用不同器械时，表演的套路各具独特点，丰富多彩。而台湾地区将舞狮与阵法融合，为庙会的神诞庆典表演助兴，颇具戏剧性、表演性和观赏性。

随着时间的推移，社会的变迁，人们交流沟通的灵活普遍，闽南和台湾地区的刣狮已基本同化，已形成主流演练形式风格。刣狮阵是宋江武狮阵的俗称，主要有阵型演化、技击攻防与杀狮三部分组成[5]。演练时，由大鼓和五音铜击乐器指挥，先以师祖、泉州少林五祖拳师蔡玉明的遗旗为先导，队员一律对襟汉装，腰佩带饰，武行打扮。然后是真刀真枪的长、短兵器,最后以齐眉棍压阵,队列大部分以两人为对。打狮的拳法和器械套路丰富,一般为闪展腾挪、拽拳踢腿、动迅静定、变化矫健、拳脚齐动等,多包含着由五祖拳技击法则形成的伸屈、进退、平衡、跳跃、跌扑、滚翻等动作,对器械的打法严格遵守攻防兼备又激烈活跃态势。

三、刣狮发展现状及面临的困难

(一)刣狮发展现状堪忧

在明末清初及民国期间刣狮广泛流行,在闽南地区有的村落拥有数队。刣狮这项融合了武术与舞蹈的传统的民俗武艺,目前只在我国闽南和台湾地区传承[6]。闽南地区刣狮表演时,刀光剑影,吼声阵阵,惊心动魄。处处体现着闽南传统武术的技击特点和攻防方法,保留着传统武术的精髓文化,是习练闽南武术的高级阶段和较好方法。1930年,卢厝刣狮队为中共闽南第一支党支部保驾护航作出重要贡献。1953年以来,政府曾组织过刣狮队观摩会演及节日踩街活动,深受群众欢迎。在古代卢厝村,基本上是人人参与刣狮阵。20世纪60—70年代,闽南一代还有很多表演者。1982年前后,刣狮阵开始复兴,但近年来的表演次数屈指可数由于种种原因,这一珍贵的民俗文化目前在祖国大陆面临着资金短缺和人才匮乏的困境,已经到了濒临灭绝的险境。

大陆地区刣狮的没落,使台湾一跃而成为全世界保留全套刣狮最完整的地方。台湾地区将刣狮与宋江阵法结合演变成宋江狮阵,使这项民俗武艺更具戏剧性、表演性和观赏性,刣狮阵的分布以台南县及高雄县最多。刣狮阵大都附属于宫庙,因庙会的神诞祭典而成立,也仅为庙会神诞祭典而表演[7]。刣狮表演经费主要来源是庙里资助或地方自行筹措。目前,台湾地区刣狮的延续主要依靠宫庙的庆典活动,仅在庙会前一两个月左右集训,庙会过后即解散不再练习[8]。遇到庆典的时候,有些成员因居住外地或工作繁忙,训练时间非常有限,出场演出相当仓促,导致很大的困扰。因此,刣狮阵在我国台湾地区的发展也是困难重重,前景堪忧。

(二)刣狮发展趋势不容乐观

刣狮起源于中国传统农业经济社会,其形式和功能不可避免地与日新月异的当今社会发展存在不相适应的问题。面临着全球化、现代化和社会结构急剧变化的形势下,刣狮的生存环境日趋恶化,其时代价值被消耗殆尽,其传承机制陷入困境之中。

例如刣狮的功能主要包括[9]:(1)凝聚乡民增强防卫能力;(2)娱心健身;(3)娱神祭祖,驱邪保安;(4)加强宗族意识,传承区域文化。社会的发展变迁使得这些功能的价值大打折扣。甚至,某些功能还影响了它的发展。刣狮表演的某些仪式让人联想起“封建迷信”、“江湖义气”,进而影响到刣狮的文化定位和社会价值。这一点在我国大陆闽南地区表现尤为明显。“文革”期间,刣狮就被作为“封建迷信活动”而禁止,近乎消失,导致了刣狮在祖国大陆闽南地区一蹶不振。而在台湾地区,刣狮是中华民族文化传承下来的一颗明珠,是“台湾、闽南武艺同根同源”[10]、“台湾和大陆同属一个中国”的“铁证”。

从刣狮个案调查来看,民俗刣狮文化在社会历史进程中的作用主要在于它是一种社会再生产机制[11],包括:社会经济、社会教育、社会心理、社会空间、社会关系、社会等级、社会空间及文化身份再生产机制,最终成为社会秩序再生产机制,由此当地社会得以建构和发展。刣狮蕴涵着我们民族特有的时代价值、精神内涵、思维方式、想象力和文化意识,在经济全球化和社会现代化步伐不断加快的今天,刣狮确实到了要保护的关键时期。刣狮民俗文化既有精华,亦有糟粕,因此,在研究内容的价值取向上,要深入挖掘刣狮民俗文化自身所蕴涵的对现代社会和谐发展具有启迪意义的精神价值和健身价值。刣狮的生存、保护要有一个可持续的发展,除了政府的重视政策和资金支持外,还需要社会各界的关注,尤其是闽南和台湾地区的双向交流和一致努力。

四、刣狮的当代价值

(一)当代社会的多元文化需求

全球化程度最高的社会现象之一的体育运动,以其国际化、规则化和标准化而彰显其全球组织、全球营销、全球传播、全球活动而占据了主流的体育时空资源,而以追求商业利益、政治目的和同质化的当代体育日益浅表化,其文化含量越来越低,多追求满足人们表层的和感官的刺激层次,无法深入人心满足人们内心的文化需求。闽台民俗武艺刣狮以其长期的历史积淀和深厚的文化内涵,在多元文化需求的当代,强调文化生态的重要性为刣狮的复兴和发展提供价值条件。

(二)跨文化交流的沟通手段

由于各区域经济、语言和风俗的差异,使得区域间的沟通手段,尤其是民间交流的沟通手段极其缺乏,一个悠久历史的民族,其传统文化常常是抽象和复杂的,其最具地域特色的文化精髓是不易被其他地域理解和接受的。刣狮是用身体语言直观表达的动作系统,是一整套肢体语言表示丰富的文化含义。刣狮是闽南和台湾南部地区民俗文化的直观、形象而全面自然的诠释。学习掌握一个区域民俗体育的过程,就是学习和理解接受该民族的文化学习过程。从这个意义讲,闽南和台湾地区的刣狮确实为跨文化的交流学习创造了一条捷径。

(三)传统文化价值的载体

民俗体育承载着丰富而深刻的民族文化内涵,其所彰显的文化信息和肢体语言的多彩和深厚程度是令人称奇的。刣狮不仅反映了闽南人的社会价值[12],如既海纳百川,又爱拼敢赢;既中庸和合,又推陈出新;既重乡土,又勇开拓;既尚名义,又敢逐利。而且蕴含着中国哲学的基本概念,如阴阳五行、天人合一。

(四)现代体育发展的源泉

现代体育强调标准化、统一化,消除差异。这种模式在根本上必然与多元文化生态的民俗体育相悖[13]。当所有的民俗体育形态消失时,现代体育自身也发展到了极点,不会再有太大前途,必然走向没落,正如一些运动项目退出现代奥运会的舞台一样。因此,保持一个多元而平衡的文化生态对现代体育的可持续发展是必需的。研究刣狮运动既是保护历史文化遗产的需要,也是广泛联系海峡两岸闽南人共同开发民俗体育资源的需要;既是当前弘扬先进文化的题中之意,也是建设海峡两岸和谐体育文化交流发展的重要内容。

五、结 论

从刣狮的起源和特征看,与闽南地区的武术是同根同源的,与其说刣狮是被遗忘的一种明清时期闽南军事武术形式,不如说是中原武术与闽南地区文化相结合的产物。其古朴传统特征,结合现代社会需要,通过学校推广或是民间节庆、庙会,引起人们关注,幽古思今,扩大其社会影响力。

刣狮运动是民俗体育大家庭的一员,它的运动形式、表演特征与刚健有为、自强不息的奋斗精神完全契合,于是这些信息被刣狮运动很好地传达出来。尽管人们个体的感受程度不尽相同,但作为一种集体意识的反映,刣狮运动承载着爱拼敢赢的精神追求、奋发有为的精神寄托和坚强刚毅的精神理念。当前重构农村民俗刣狮文化要注意几点[14]:更新观念,突破现状,创新发展;遵循其表演形式和特色;转换其当代价值功能;突出自身的特色,选择不同发展路径,以符合民众的需求和促进世界体育文化发展为重构目标。全世界仅有闽南和台湾地区保留这种古老的民俗武艺,面临着全球化、现代化和社会结构的急剧变化,刣狮这项传统技艺的保留和发展面临着极大的挑战和消失的危险。

(作者单位:泉州师范学院)

参考文献

[1]陈少坚:《闽台两地体育文化及其交流现状和发展前瞻》,《体育科学》,2006年第7期。

[2]吴腾达:《宋江阵研究》,台湾省“文化处”编印,1998年,第3～6页。

[3]张银行、郭志禹:《台湾地区宋江阵运动发展研究》,《体育文化导刊》2011年第6期。

[4]费孝通:《乡土中国》,人民出版社2012年版,第58～66页。

[5]周焜民:《五祖门研究》,紫禁城出版社1998年版,第417～422页。

[6]王念龙:《从台湾民俗体育看闽台传统文化渊源》,《体育文化导刊》2005年第3期。

[7]万义:《村落少数民族传统体育发展的文化生态学研究》,《体育科学》2011年第9期。

[8]常朝阳:《传统节日体育再现“文化记忆”活态存在及其价值走向》,《天津体育学院学报》,2011年第3期。

[9]王若光等:《我国民俗体育功能的现代化演进》,《武汉体育学院学报》2011年第11期。

[10]谢军等:《闽台民众体育交流方式、内容及意义的调查分析》,《体育科学研究》2011年第9期。

[11]李志清:《乡土中国的仪式性少数民族体育:以桂北侗乡抢花炮为个案的研究》,中国社会科学出版社2008年版,第362～390页。

[12]林华东:《闽南文化的精神和基本内涵》,《光明日报》2009年11月17日。

[13]盛琦编著:《中外体育民俗文化》,北京体育大学出版社2011年版,第77～83页。

[14]涂传飞:《农村民俗体育文化的变迁:一个村落舞龙活动变迁的启示》,北京体育大学出版社2011年版,第152～155页。

文化传承视野下的闽南侨批

张 静 黄清海

闽南方言称信为“批”，侨批俗称“番批”或华侨银信，是一种以“银信合封”为基本特征的特殊通讯方式，是华人华侨与国内眷属之间汇款及书信沟通的载体，是珍贵的民间档案文献。她由清代以来海外侨胞通过民间渠道及后来的金融邮政机构寄回国内附有款项的家书及其回文，或简单附言的汇款凭证及其回执，以及相关文献组成。本文例举的闽南侨批涉及地域包括闽南厦门、漳州、泉州三市及东南亚各国的侨批来源地。[1]图1形象地展示了侨批时代的闽南侨批派送与接收情形，侨批的来源地遍及东南亚各地，侨批的落地点包括闽南各地。其中晋江侨批多来自菲律宾。[2]

“侨批”这种以文字记录为主的纸质载体、亦汇亦信的跨国通讯汇款形式，是一种特定的历史时代、特定的地域、一群特定的族群所形成的真实的历史记录与记忆遗存，她架起了华人华侨与国内侨眷之间双向交流之桥梁，促进了侨居国与祖国之间的友好交往，传播与共享了人类科技与社会文明之成果，为那个时期的社会经济文化发展做出了历史性的贡献。众多“闽南人”出国东南亚等地，带去人力资源，带去科学技术，传播中华文化、民族风俗、宗教体育等等，积极参与侨居国建设，对居住国的经济、政治、文化等做出了巨大的贡献。与此同时，华侨华人通过“侨批”等渠道，传输侨汇侨资，双向交流传递侨居国与祖国之间的科技与社会文明，为祖国也做出了积极的贡献。

由于“侨批”具有其独特的历史文献和记忆遗产价值，而被国家档案部门与联合国科教文组织所重视，并成为一种机构和个人收藏、保护以及开发利用的项目。包括《福建(闽南)侨批》在内的《侨批档案》项目在继2010年2月入选第三批《中国档案文献遗产名录》之后，2012年5月选入《世界记忆亚太地区名录》，2013年6月19日入选《世界记忆名录》。[3]本文就遗存的闽南侨批实物，纵观其发展历程，阐述其传播渠道，并综合分析其对闽南文化的传承作用。

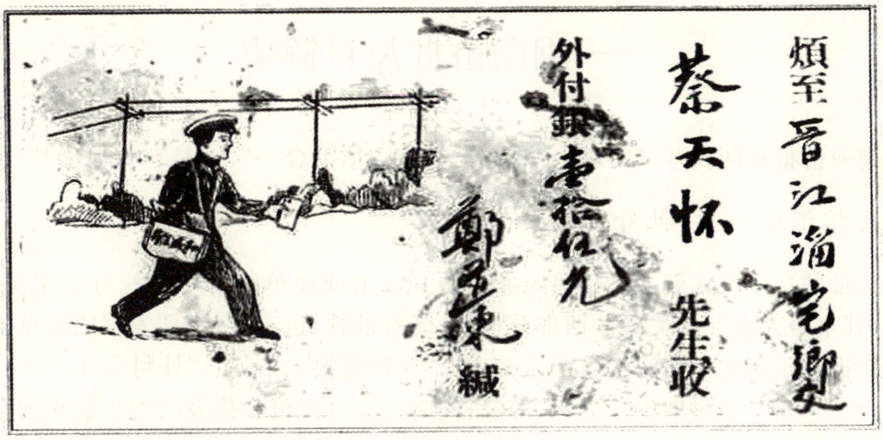

烽火连三月,家书抵万金

信差肩背信包,手拿“侨批”,大跨步地走来——迅传乡音,速送批信,给侨眷及小孩带来喜悦,其足迹留遍了南洋与闽南大地

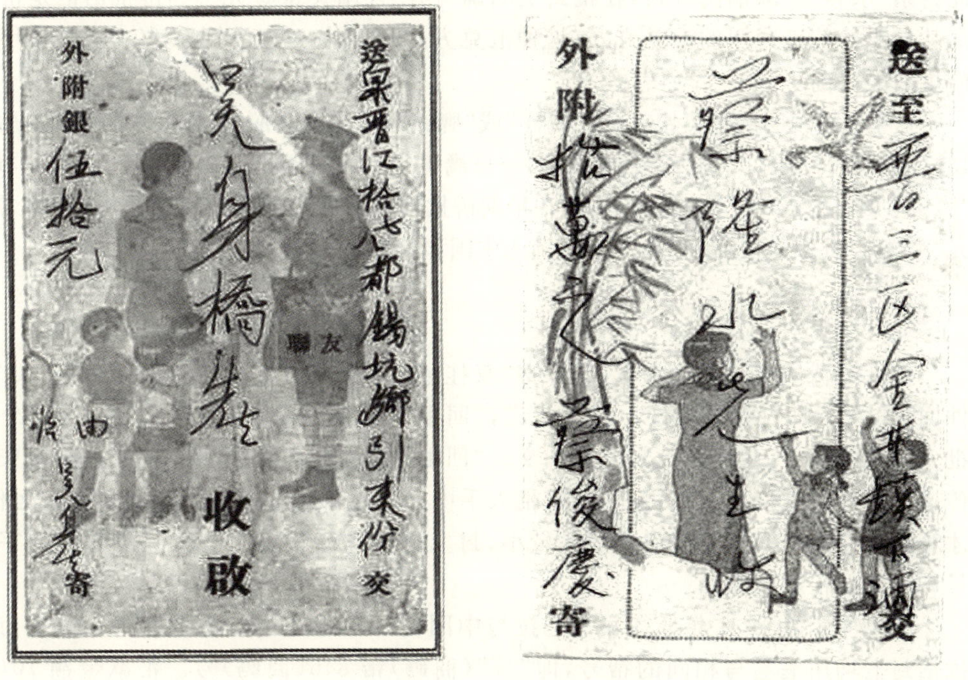

图 1　闽南侨批派送与接收情形

一、闽南侨批及其简史

闽南侨批有两大基本特征:一是亦汇亦信,“信汇合一”;二是有侨批也要有回批。

1. 信汇合一,即批外汇款

侨批的这一方式就是华侨将赡家款项和家书或简单附言一起托寄给家乡亲人。因此,其本身就由互相关联的两部分构成,既有批款,也有批信(即家书或简单附言)。一般在批封正面左上角写明寄款金额,如“外付英银××元”“外付大洋××元”“外付国币××元”“外付港币××元”等等,同时一般与内信中提及的寄去款项的金额相同。另外,在批封背面(或正面)往往盖有或写有侨批信局的戳记、宣传章、字帮号、邮戳等等。

图 2 中间之图所示为 1898 年由新加坡寄福建永春大路头的侨批封,封上文字左读:“烦至永春大路头呈交 / 李府印种德舍家中收 / 外附英银壹元 由叻弟淑信托”。此封系“水客”[4]邱铜携带封,在批封上明确写有“外附英银壹元”。[5]侨批信汇是侨批汇款最原始的最通用的汇兑方式,这种汇兑方式从清末一直沿用至 20 世纪 90 年代侨批消失之前。

这里还要说明的是英银,应为“鹰洋”或“鹰银”,是墨西哥脱离西班牙殖民统治后于 1823 年开始铸造的,币面为墨西哥国徽,一只鹰嘴中叼着一条蛇站在仙人掌上,民间习称“鹰银”,因闽南语“英”与“鹰”同音,故在早期侨批封上常见的“英银”“英洋”均指墨西哥银元“鹰洋”。此银元在鸦片战争后大量流入中国和东南亚各国(详见图 3)。

2. 侨批与回批

侨批经营从邮政角度来看,就像寄“双挂号”信件一样,须有返寄回给寄信人“收件回执”—— 即“回批”信件。也就是说,“回批”是国内侨眷收到侨批后寄给国外寄批人回复的信件,包括回批封及内回文。“回批”经信差送回侨批局,再通过邮政渠道传递到海外收汇信局,最后返送到寄批人手中。一趟侨批的流程均须有“往返”运作,才算顺利完成。回批封规格一般比较小,封上至少应标写有与侨批封上一样的字帮号和相同的汇款金额。

图 4 所示为 1931 年菲律宾马尼拉与中国晋江互寄的一对侨批回批。侨批与回批信封上均用毛笔写相同的帮号,即“47”(商码)帮 846(商码)号。汇款金额 10(商码)元。有侨批也要有回批,促进海内与海外之间双向交流发展。

3. 闽南侨批业简史

清末时期在金融邮讯机构尚未正式建立或不完善的年代,“闽南侨批”即产生于

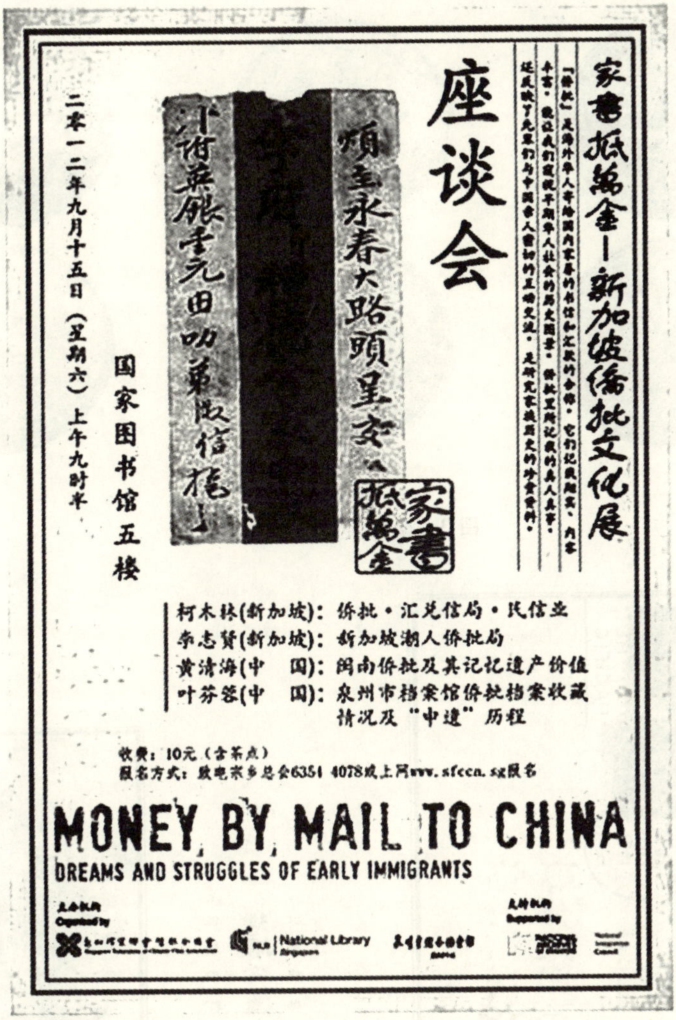

图2　2012年9月15日新加坡侨批文化展座谈会海报

此，至今已有100多年历史，是海外华人华侨给国内侨眷侨属汇钱和寄家信的主要方式。早期华侨银信通过同乡、亲友回国时，或托“水客”或“客头”走单帮（整个侨批、回批运作流程由一人完成）带回。水客对南洋各地华侨及其家乡的亲属非常熟悉，他们既可以携带物品、书信、原货币（大银、鹰银），也可以传口讯；并且能够深入穷乡僻壤，收揽银信，登门派送侨批，所以很受家乡人的欢迎。

随着华侨寄信汇款业务的大量增加，国内代水客、客头转递信款的信局就出现了，如恒记信局、永春人开设的黄日兴信局等。一些富裕客头、水客或商人也开设专营或兼营的批馆或信局，并在海内外建立机构网络，大大加快了汇款速度，提高了侨

图 3　墨西哥银元 —— 鹰洋

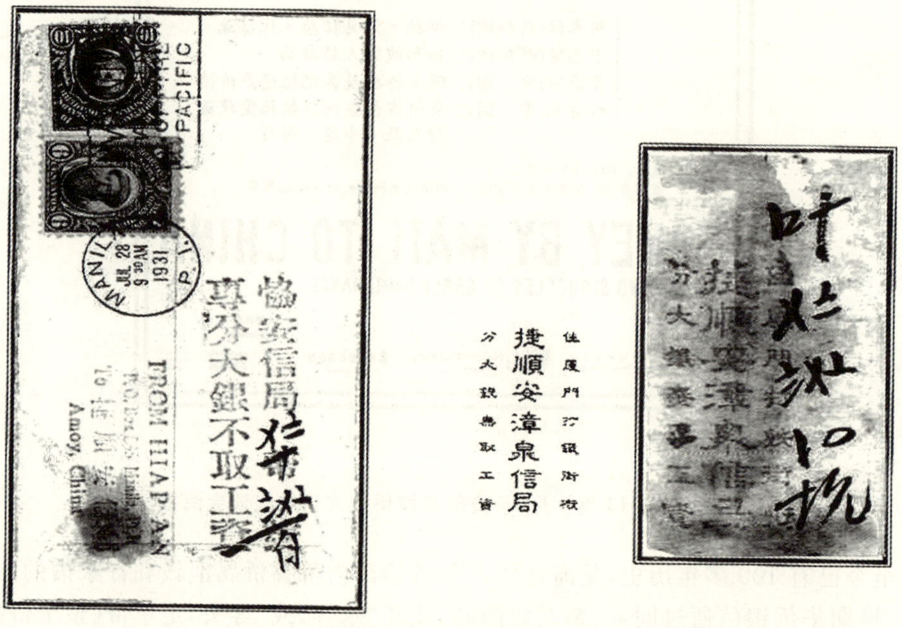

图 4　1931 年菲律宾马尼拉—晋江互寄的一对侨批与回批

批与回批的传递效率。

此后，侨批信局借助于不断完善的邮政和银行系统开展侨批业务，侨批的经营进入分工协作时期，即侨批信局负责收“批”与登门分“批”，邮局负责跨国及长距离侨批或回批的“传递”，银行负责侨款资金头寸的调拨与兑换。1972 年中国国务院下发通知取消国内侨批业，1979 年闽南侨批业全部归入当地国家银行，侨批的汇款功能由银行接替，而其交流情感之书信渠道则由不断发达的电讯及邮政所替代，至此国内侨批业结束。[6]而继续经营的国外侨批局仍然以侨批方式通过国内银行渠道委托解付侨批，直到20世纪90年代末纸质形态的侨批才消失。

闽南侨批业从产生、发展到消失大体历程如下：

(1) 清末，“水客”个人“走单帮”经营侨批；

(2)个人经营规模扩大，使用个人名章宣传，商铺兼营或代理；

(3) 19世纪90年代后，水客或商家创办侨批信局，在一个国家经营(单帮)；

(4)信局发展自己分支机构，经营多个国家侨批(杂帮)，20世纪20年代后开始兼营汇兑业务；

(5)以自家局为主，代理局为次的开始建立网络；

(6)以代理局为主，自家局为次的代理网络迅速扩大；

(7)汇款业务逐步由银行取代，书信由电信替代，侨批网络衰退，侨批局转型，有的锐变为银行；

(8) 20世纪70—80年代初，国内侨批业取消，从业人员归入国家银行。

结合上述的阐述，可以看出其生命周期是伴随着社会科技尤其是银行与邮政技术的进步而变化的。

二、闽南侨批的传播渠道

侨批不仅仅是先人留下的珍贵文物和遗产，她更是社会历史真实的见证，在文化交流史上占有一席之地。香港中文大学陈志明教授在《中华文化在东南亚：传承、变迁与认同》中讨论分析中华文化在海外的华人传承分为口传文化与文传文化。[7]侨批兼有这两种文化传承功效。中华全国集邮联合会副会长、著名集邮家常增书评述侨批：

> 侨批信局属民间邮传组织，是一种取信于民的商业性机构，除信物畅通外，同时将中华民族优良传统文化广播各国，是华侨史的组成部分，其涉及国家侨务、金融汇兑、商业贸易、交通邮政、文化交流等领域，对世界社会文化进步有深远影响，实在是人类通信史一大贡献……这批在国际上无可替代、濒临灭失的珍贵邮品，让外国人明白了华侨在一些国家开埠建业的作用和功绩，提高了华侨在现实生活中的地位，从而被国际公认是人类邮政史前开创性的珍贵证物。[8]

在此，我们仅以文化传承的角度出发，探讨侨批在文化传播历史上的重要作用。

(一)“水客”口传信息

水客时期的银信经营多为“一条龙”服务，水客或客头要“两地”熟，至少必须熟悉侨居地某一区域华侨的情况，熟悉在那里的同乡人或亲邻好友，同时也必须熟悉这些华侨家乡故里的情况，包括在家乡的亲人、亲属等。他们懂得闽南民俗、民风，凭借自身的“信用”，做水客生意，帮华侨和侨眷两边传“口讯”，不断地传送的中华传统文化，当然也包括闽南文化。这种口传文化，是最直接的、面对面的，也是时时创新的闽南文化。如果水客携带了侨批书信，那么水客还充当文传文化的传递角色。

（二）书信传递（文传文化）

书信传递借助于有形的文字和图样（包括信局名址章和信用章戳）进行的传播与宣传。这种以纸质为介体，可以部分留存下来，成为珍贵的档案文献，可供人们学习与研究作参考。在侨批时代的100多年历史中，侨批书信对于闽南侨乡及侨乡基层民众传播闽南文化以及吸收西方文明等发挥了主渠道的作用。

1. 侨批美术信封

闽南侨批见证了闽南侨乡与东南亚之间的经济与文化交流，是反映区域经济文化形态变迁的重要文献。闽南侨批保持了中华传统文化中的书信风貌，将书法艺术和优美辞章的完美结合于其中，是东南亚的华侨与在家乡亲朋好友之间的文化对话，而中华传统文化正是这种文化对话的中心所在。当然闽南侨批也反映了侨居地的文化并潜移默化地影响着侨乡的生活方式和文化倾向。

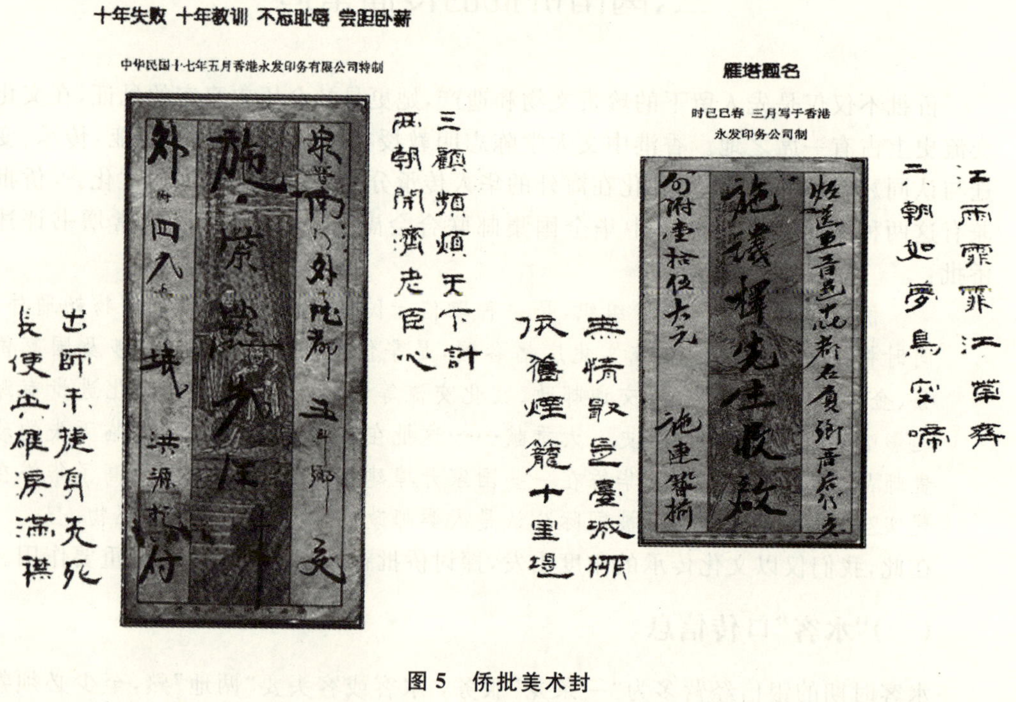

图5 侨批美术封

闽南侨批中的水客和后来有信局转驳的相当数量的侨批封采用“红条封”,“红条封”象征着吉祥平安,给远方的亲人一个吉祥平安的信息。1928 年以后,香港永发公司开始印制侨批封,在“红条封”的基础上加以改进,在侨批封中间的印制不同图案的山水画,目前见到的有:陶怡松兰、富贵寿考、玉堂富贵白头永昌、风采绚烂富贵长年、戴仲岩春日携双柑斗酒、风尘三侠、双人骑白鹿、彭泽高踪、鸿雁来仪、紫绶金章、云壑秋高、八百长春、秋山行旅、元章拜石、故园松鹤老无恙等 40 多种题材。[9]这些有山水图案的侨批封,蕴涵着中华传统文化特点,让人忍不住发思古之幽情,引起了侨批经手者对中华传统文化的向往和热爱。

图 5 所示为两枚中华民国 17 年香港永发公司印制的侨批美术封,美术图题文字分别为“十年失败 十年教训 不忘耻辱 尝胆卧薪”“雁塔题名”。

2.侨批书信

侨批内信以记载华侨与侨眷之间情感交流为主等事宜,真实地反映了当时基层华侨家庭状况、民众生活样相以及先进文化的交流与传承,体现了侨批具有广泛的社会及文化意义。

图 6 所示为 1908 年(戊申年)南安码头寄菲律宾的回批。信内写有中药处方。

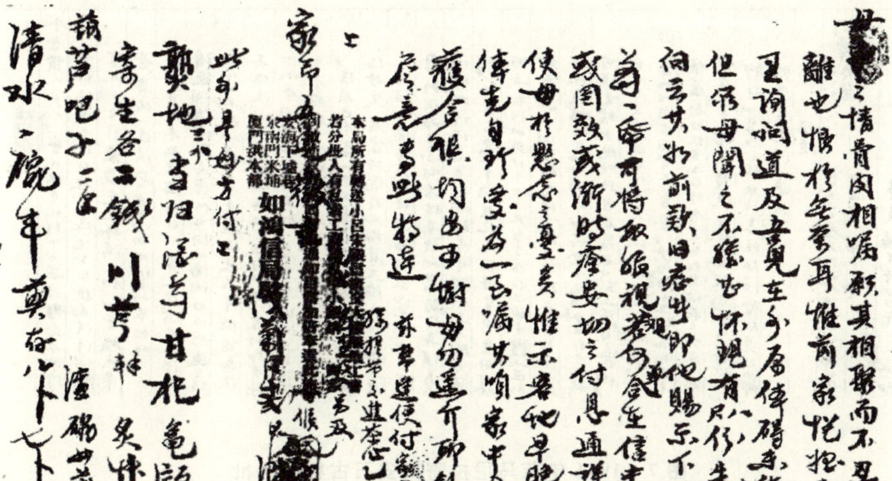

图 6　1908 年南安码头寄菲律宾的回批

图 7 所示为辛亥阳月廿四日(1911 年 12 月 14 日)菲律宾马尼拉寄南安石古林(今属南安市码头镇)的侨批,内信涉及内容丰富,包括家事、有封建色彩的“画符”弄人之事、寄批人在外职业情况、辛亥革命前夕的社会情况等,其中写到“现时中国反乱,信局谣言路头难行,唐音甚是至缓,难托通情顺及,此时油车却真□市,粮油兑空空,那是无伙可作……”“此时备革命皆尽剪发,弟现时每日作不上四五个而已,真是

难度，欲收故里，不得从命，若能好势，端花月必定回家，顺笔谈言……”这封侨批传播递的信息涉及家事、乡事及国事，是研究人文历史的重要资料。

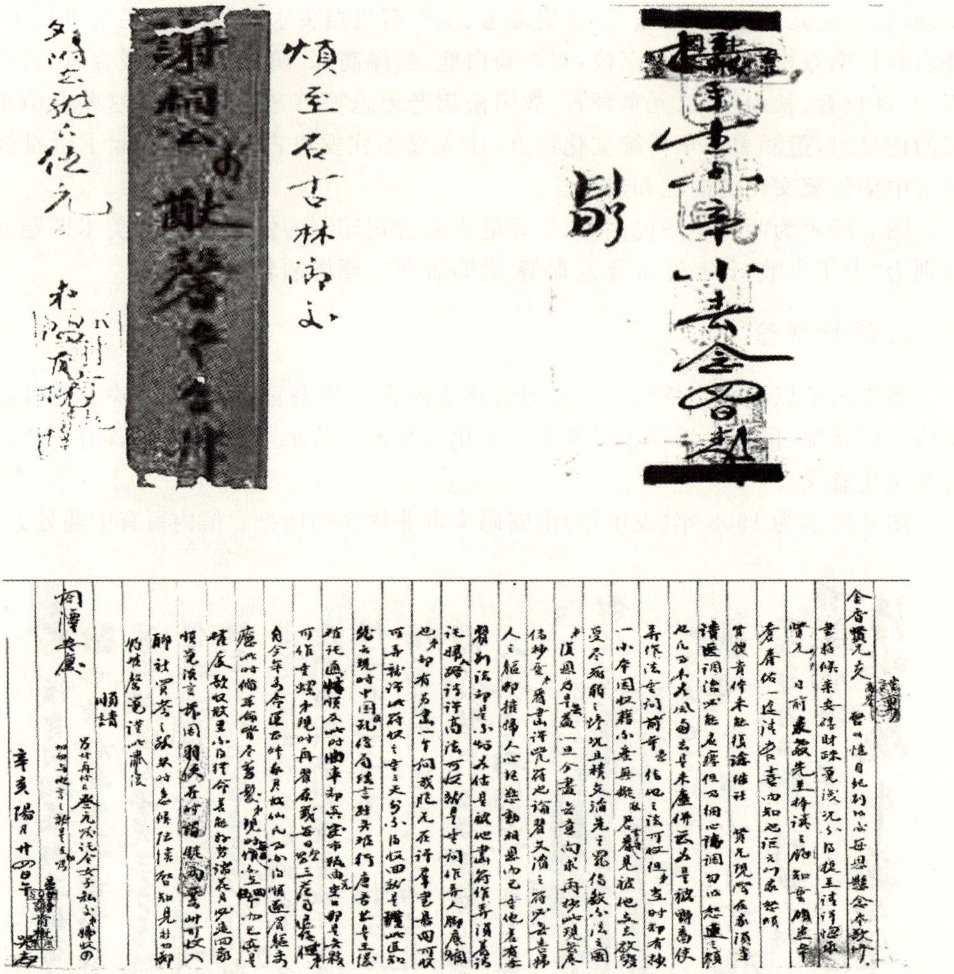

图 7　1911 年菲马尼拉寄南安石古林的侨批

图 8 所示为一枚为 1936 年印度尼西亚巴厘岛寄中国安溪侨批封及内信。内信使用的是峇厘合益公司的便用笺，便用笺的广告意味明显，除中文外还有荷兰文，这既说明了该公司针对的使用中文和外文的两类客户群体，也体现了两种文化的融合。

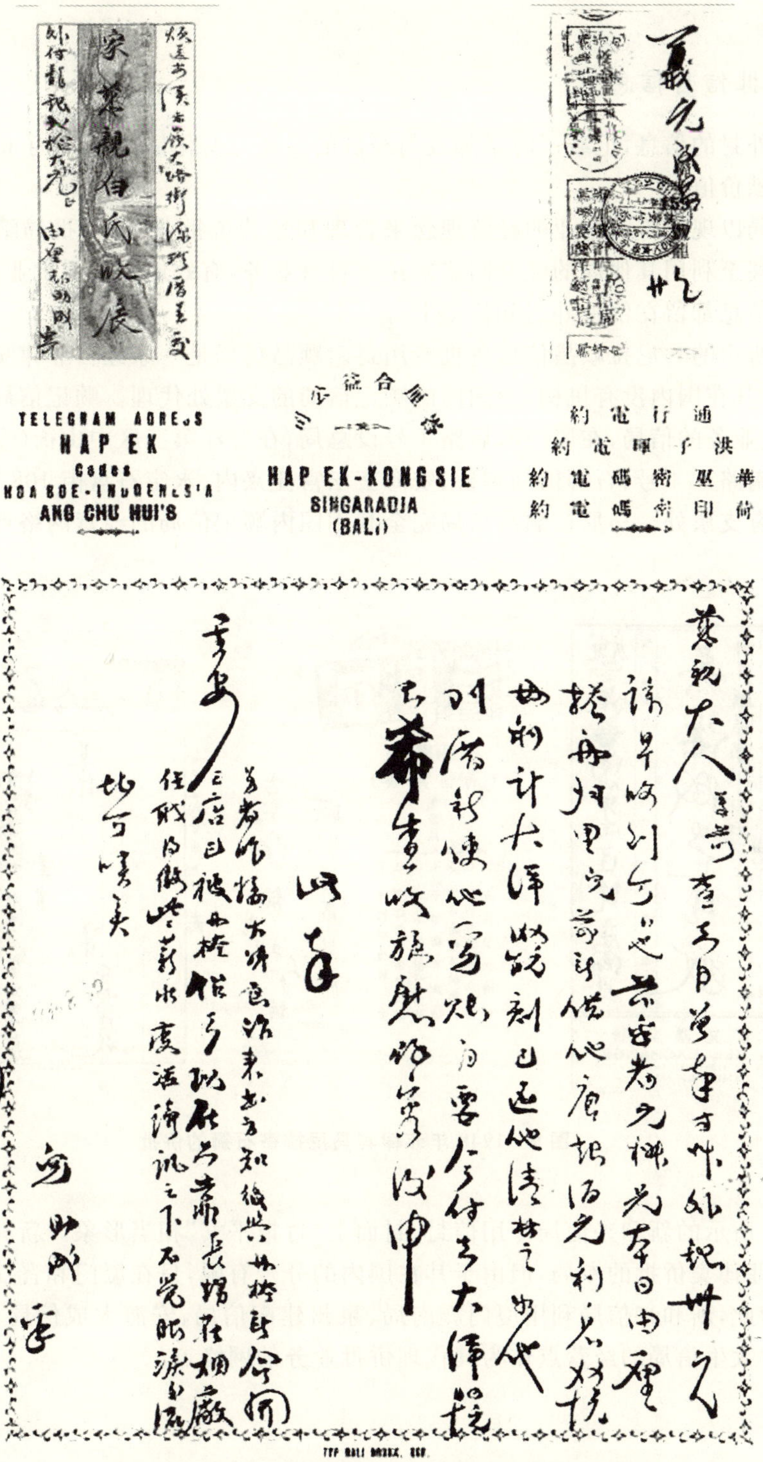

图 8　1936 年印度尼西亚巴厘岛寄中国安溪的侨批

3. 侨批信封信息

侨批外封的信息，记载了时事邮政与经济的发展与变化情况，体现了侨批的商业与经济文献价值。

侨批局以现代跨国企业的经营理念来管理和经营侨批业务，侨批局组成自己的经营网络甚至利用其他局的经营网络来拓展自身业务，有效地促进侨批业务的发展。这些商业信息都留在侨批外封和信笺上。

图 9 所示的马尼拉顺昌信局侨批专用封。顺昌信局是一家经营菲律宾侨批的专局，但由于其在国内没有机构，由国内的顺记信局的支票处代理。顺记信局是一家经营二、三盘业务的信局，在厦门海后路 1 号设总局，在晋江第三区中山街（今龙湖镇）、泉州中山南路 374 号、石狮街马脚桥、安海玄坛宫捷兴内、永宁石盘街 108 号、金井第二横街设有支票处。马尼拉顺昌信局完全利用国内顺记信局的经营网络点为其代理侨批业务。

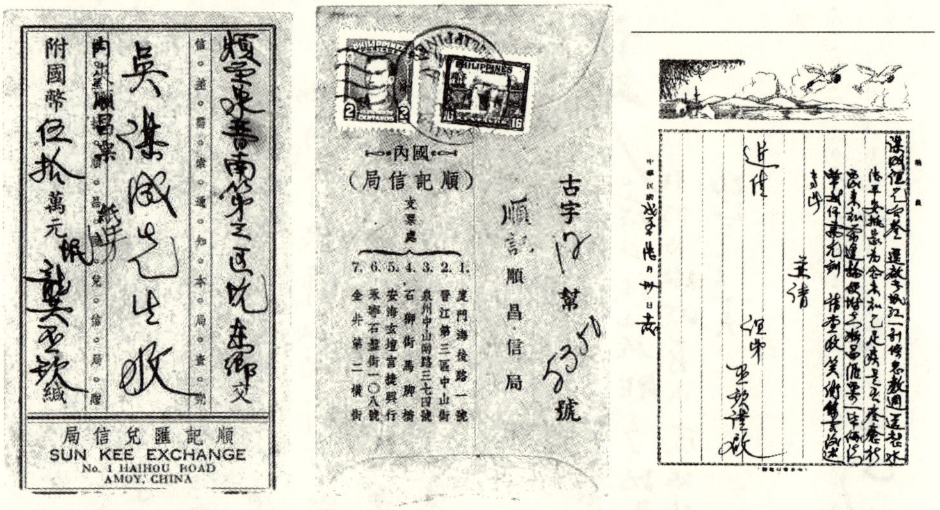

图 9　1948 年菲律宾马尼拉寄石狮的侨批

图 10 所示的新和兴信局专用信封，封面上“竹报平安”相当形象。新和兴信局是一家经营菲律宾侨批的专局，但由于其在国内的分号有限，只在厦门和晋江柳山有和兴机构，为此，新和兴信局利用厦门震南局、泉州建南信局、安海大成信局、石狮德盛信局、衙口大生信局的经营点作为其代理侨批业务的网络点。

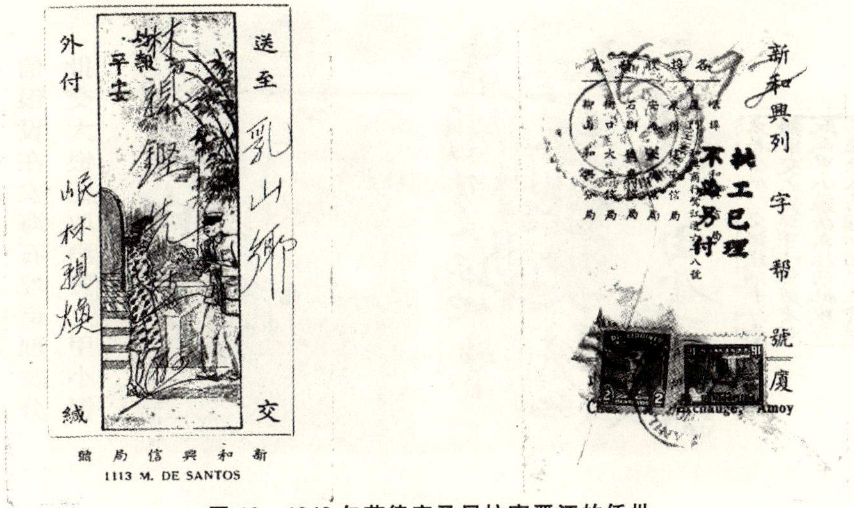

图 10　1949 年菲律宾马尼拉寄晋江的侨批

可见，国内网点少的侨批局为了扩大经营地域依靠其他侨批局的经营点来组成经营网络，这是侨批局迅速扩大网络的一种模式。利用别人的资源为己所用，善于整合社会资源来拓展自己的业务，这应是闽南人商业智慧之所在。

4. 信局章戳

侨批信局名址章和信用章戳，传递了信局的重要商业与信用信息，值得关注。

图 11 所示为 1906 年由南安石井奎下乡寄菲律宾马尼拉（岷地）的回批封及内回信。写信日期：丙午葭月初二，即公历 1906 年 12 月 17 日。封正面盖有安海“郭有品天一批郊”章：“郭有品天一批郊晋南惠等处信银，设在安海石埕街，理发分批，交大银，无取酒资，无甲小银”和马尼拉“郭有品批馆”章：“郭有品批馆岷住洲仔岸院/前朱细里店 251 号郭水仁理信”。

郭有品虽然于 1901 年去世，但其诚信仍然延续，其后代仍然借助于先人的个人信用作宣传，信局名称保留有“郭有品”的名字，并刻制印章在侨批或回批上加盖宣传等。

内信左上角盖有天一信局的红印章：“本局分批现交银，议酒资分毫无取，交大银无甲小银，若有被取或甲小银，祈为注明批皮或函来示，本局愿加倍送还贵家，决不食言。乙巳年 天一再启”。“乙巳年”即 1905 年，使用“再启”说明天一信局在 1905 年之前已使用过类似的告示章。天一信局明确告示，信差要讲信用，不允许额外索取小费等。

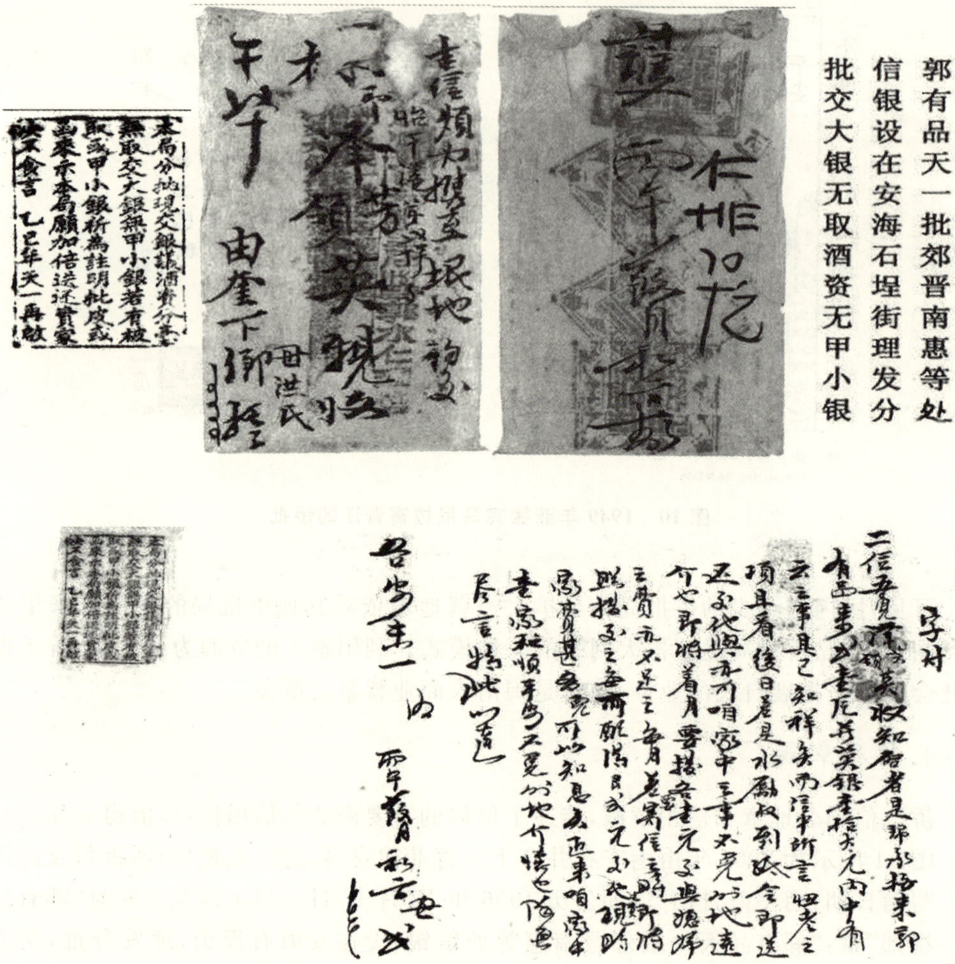

图 11　1906 年南安奎下寄菲马尼拉的回批

图 12 所示为 1908 年马尼拉寄晋江青阳的王顺兴信局侨批封，封上印戳文字："泉州新门外王宫乡王为针偕弟为奇 / 在泉州办理邮政并收岷信，逐帮缴 / 回，所有分送信项，概用大银，无收酒资/ 寓岷新街尾新路异文斋门牌第 79 号"。这种印章印证着王顺兴信局与服务群体及诚信风范，传导侨批信局的诚信经营的基本商业准则。

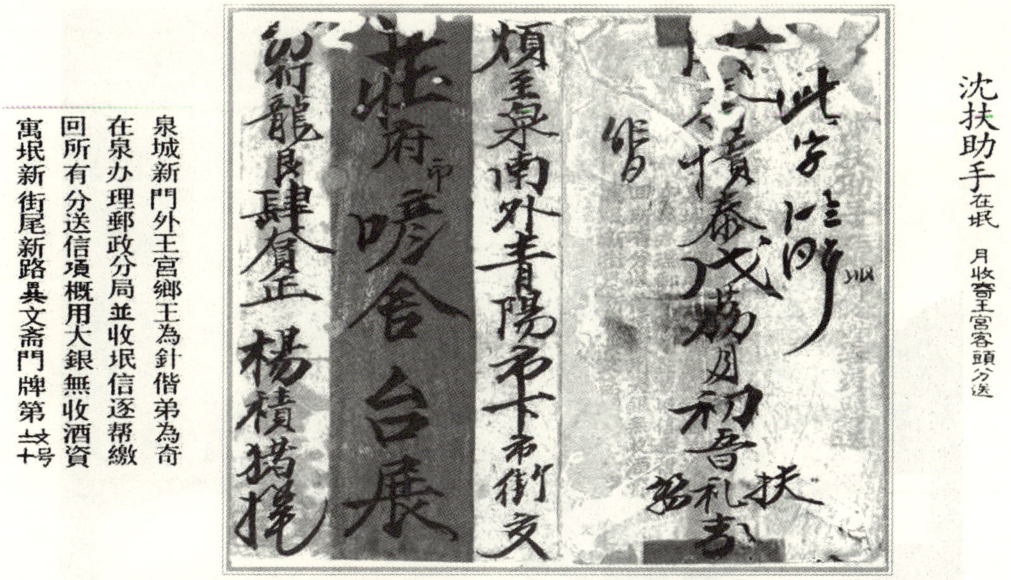

图 12　1908 年菲马尼拉寄晋江青阳王顺兴信局的侨批封

图片来源:《回望闽南侨批——首届闽南侨批研讨会论文集》,华艺出版社 2009 年版,第 27 页。

(三)信局建筑文物

天一总局和王顺兴信局旧址是闽南地区两大著名的侨批信局遗址,之所以成为全国或福建省重点文物保护单位,是因为其吸收了西方的建筑文明,并融入闽南建筑风格的结果;而这也是作为侨批经营者有着较便利地吸收西洋建筑文明的成果。

图 13、图 14 所示为天一总局旧址,其体现了中西合璧式“南洋气息”建筑风格。“宛南楼”始建于清宣统三年(1911 年),后经购地扩建,于 1921 年又建成“北楼”和“陶园”(花园),总建筑面积 4495 平方米。北楼是“天一总局”的办公业务经营大楼,二层砖木结构楼房,分前后两座,中有天井,外墙上饰有西洋人物雕像和中式的花草图案,如安琪儿(天使)、和平鸽、骑车邮差、五角星、荷花、菊花、兰花等;房内装饰精致,至今还保留着当时极少有的须弥柱装饰、进口蓝色玻璃、磨砂玻璃、彩绘瓷砖。天一总局旧址反映了当时闽南传统建筑艺术和西洋建筑技术完美结合的成就,是闽南建筑宝库中的一份珍贵遗产。

图 15、图 16 所示为王顺兴信局旧址,由欧陆建筑风格的“奇园”和中式建筑风格的“船楼”组成。王为奇于 1928 年春天兴建了奇园,其主楼便是兴盛一时的王顺兴信局;而王为针,则于 1929 年兴建了船楼建筑群,两人分别负责海内和海外的侨批业务。信局旧址还留有整银台、银信褡裢、双面邮袋、信局铜铃、称具以及那枚刻有“米”形标志的“泉州王宫乡邮寄代办所”戳记等文物。

可喜的是,泉州市鲤城“王顺兴信局旧址”于 2009 年跳级列入第七批福建省重点

图 13　天一总局大楼

图片来源：《回望闽南侨批——首届闽南侨批研讨会论文集》，华艺出版社 2009 年版，第 69 页。

图 14　龙海天一总局旧址一角

图片来源：《侨批——来自一个时代的家书》，吴军摄影，《福建画报》2011 年第 8 期。

文物保护单位后，目前正在申报全国重点文物保护单位之中。从“奇园”和“船楼”的建筑物设计、外观与命名，可看出主人有着很强的海洋意识。

图 15　王顺兴信局“奇园”

图片来源：《回望闽南侨批——首届闽南侨批研讨会论文集》，华艺出版社 2009 年版，第 7 页。

图 16　王顺兴信局“船楼”

图片来源：《回望闽南侨批——首届闽南侨批研讨会论文集》，华艺出版社 2009 年版，第 27 页。

三、对闽南文化的传承作用

侨批是华侨赡养、接济亲人以及禀报平安的一种“汇款家书连襟”的寄汇,作为一种文化,侨批却是一种“以金融流变为内核,以人文递播为外象,以心心交感为纽带,以商业贸易为载体的综合性、流动型文化形态”。[10]书信是维系海内外亲情的重要媒介,然而,侨批“汇信合一”的特征,使得其更具感情传递、文化传播的功能。当侨批到达时,家人不仅仅得到了海外亲人的经济援助,更聆听到了他们的关心和叮聆,这时他们的教导和嘱咐则更显珍贵。而回批返回时,带回的是亲人满满的感激和关怀,是对海外华人辛勤劳作,艰苦创业的最好回报,中华文化就在这样契机下通过侨批得以向外延伸与传播。

(一)中华传统文化的传承

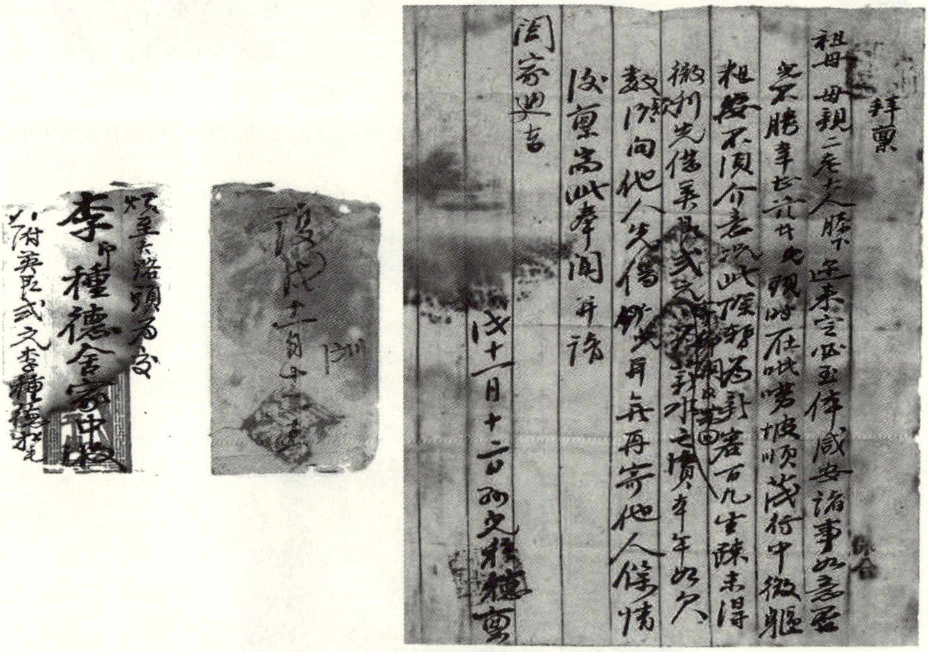

图 17　1898 年新加坡寄永春大路头的侨批

图片来源:[新加坡]李梅瑜、泉州市档案馆:《家书抵万金——新加坡侨批文化展》,新加坡国家图书馆,2012 年,第 41 页。

中华传统文化得以在海外华人群体中保存并传承,与他们对“家”的强烈情感密不可分，而侨批则是这种感情得以维系的重要媒介。“修身、齐家、治国、平天下”是儒学中的一则至理名言。“齐家”，语出《礼记·大学》，意为使家族成员能够齐心协力，和睦相处，创造出一个兴盛家族，这正是华侨背井离乡，出洋谋生的最直接的愿望。因此，当他们将辛勤劳作的财富辗转送到亲人手中的时候，这些银钱之下的书信中寄予了他们对父母的孝悌之心，对家庭和睦的期盼，对家族子弟的期望，乃至对同宗、乡邻的关怀。在这些侨批中，我们能够清晰得找寻到孝敬父母，尊重兄嫂，抚幼恤贫等中华传统美德。

“孝”是中华传统伦理道德的核心，华侨尽管身处海外，但“孝”的观念根植于他们的心中，并通过侨批得以充分的抒发。闽南华侨远涉重洋，身在异域，打拼奋斗，心系家园，不忘亲情。有机会就寄信“搭钱”、寄“番银”，赡养家人。甚至有一块钱也要掰成两半，一半寄回家中供作家费。

图17所示1898年新加坡寄永春大路头的侨批，内信写到“此际暂为新客，百凡生疏，未得微利，先借英银贰元，寄邱铜官带回”。这显示了闽南男人对家人、父母的爱，哪怕是新客没有赚到钱也要借钱先寄回家，勇于承担家庭的重担，负有很强的家庭责任感。

例如，1902年新加坡寄福建永春的侨批，全文如下：

拜禀，祖母大人：膝下，迩来玉体谅必起居安，燕动履，吉祥元符，孙祝也。启者来信所云要孙回家，孙思无得利，是以难往，倘得如意必定归梓，祈勿锦介。今因刘贤之便，付去英银贰拾伍元，到可收入，内抽出伍元交姑娘，又抽出贰元交母亲收用，又付去鹿脚并虾米一珍，又卫生员四粒，有线并车线一包。其卫生员母亲若是可食，切速付信来知。在外身体平顺，勿介。前帮接邱铜官来糊衫甲仔二领，业已收明，其糊衫底后不可寄来，余不尽言并请　金安万一。

辛腊月初六　不孝孙种德　禀[11]

在此封书信中，寄信人来信问候祖母安康，除了汇来银款，还寄来鹿脚、虾米等珍贵食材，以及“卫生员”等药材，嘱咐母亲试用，如若有效，则“切速付信来知”。对于祖母要求其归家一事，他认为自己出洋谋生却“无得利”，“是以难往”，要等待“如意”之时，有能力使留在祖国的家眷生活富足才能返乡。字里行间表达出一个海外游子至孝至善之心。

例如，1932年(壬申年)四月廿五日祖树给其妻的信写道：“……祖母年近古稀，如风中残灼，在世日短，为下辈者务须敬奉，以享残年，方可无愧于心……”[12]这里则是嘱咐妻子，要求其赡养、敬奉长者，只有这样，远在海外的游子才能得以宽心。

而在20世纪50年代，福建诏安寄往新加坡的数封回批中，我们可以清晰得体会到一个留居故土的儿子对于远在南洋母亲的思念。侨批书信文字节选如下：

慈亲老大人：敬禀者，承接七月廿日玉函，妥收人民币肆拾元，即送姑仔老人10元。内情拜悉，幸喜大人在叻玉体康安，不肖等非常欢喜。上月寄来人民币壹佰元，因耀生叔外出几天才回家，所以慢覆，谅必现已收到。儿的身体准备八月秋凉往漳州治疗,上信也详细告禀。至于对儿女的管教,他们都已长大,我也就以言语教育,请大人放心,主要还是自己保重身体为切。附来母妗相片二张,儿孙看后非常欢喜,有通讯请转达问安,他们住印尼何址?日后有机会准备通讯。

即祝 金安 不肖儿细槟 七月初九[13]

母亲大人:敬禀者,收来港币壹佰元经已收到了,如信转分拨。母亲在外身体保重为第一,儿女也是欢喜。儿在家对于孙儿也是照顾非常好。执请母免用掛念。儿也知母亲你在南洋非常努力,儿也是知之,请母亲回家来管顾大细,比到桂气,也好厚待母亲,日止母年已多迈,离别二十多年并无见面,儿甚为挂念。目前家庭情形介绍母亲知之,对于家庭情形,柴米足食足用,真正好,执请母二月关请母回家,免于儿孙挂念。另一方面翠英女儿三月间也度落月等,我母欢喜,容后再谈,切切回家,免于儿大小挂念。

十二月二十一日 儿合茂亲手写[14]

母亲尊前:敬禀者,兹接来信港币叁拾元收到,知母在外身体健康,惟儿甚喜。但愿神天庇佑,吾母早日回家,免儿在家思念。母您吩咐儿不可放荡,惟儿尊命,努力耕作,希母在外不必挂念为要。母您来信并无言及回家,是何原因,望母后信写明来知。余无别言,并祝来年吾母身体健康,后信再谈。

1957年元月21日 儿林细槟 寄[15]

在这数封回批中,寄信人除了回复先前海外寄款悉数收到外,还娓娓向远在南洋的母亲细述自己以及国内亲人的状况,对于母亲的嘱咐,"惟儿尊命",更表达了对阔别20多年的母亲深切的怀念之情,希望母亲能尽快回家,"也好厚待母亲",尽管母亲出洋离家已久,寄信人对母亲的孝心却不为大洋所阻隔。

除了孝敬父母、长辈外,海外华人还传承了强烈的家族观念,因而,他们在侨批书信中除了父母外,也充分表现出对兄弟姐妹、晚辈子弟等家族宗亲,乃至邻里乡亲的牵挂。

最典型的例证如晋江籍旅菲华侨施能杞[16]的侨批书信,节选如下:

夹汇票伍佰元,拨交四兄壹佰元,锥嫂叁拾元,乌钗嫂叁拾元,二嫂拾元,三嫂、四嫂、乌客嫂、相侄、藩侄、养侄、能修、能从、维荣、颜健、家栋各分壹拾元,悦治嫂、信棕嫂、纯秀、养肇、阿报、圭侄、玖侄、郎刺、淑月女婢、笑仔各伍元,孙钧贰拾元。以上计应分叁佰伍拾元,外付法币伍元。合共除外,尚余壹百伍拾伍元,嫂可收用于年关。……嫂自己费用外,可主裁酌给邻右贫寒亲众……[17]

从该批信中可见,能杞先生身在海外,却心系家族人脉中的每一个人,在汇款赡养、接济家人的时候做了细致的安排,将汇寄回国的银钱按身份、地位,和实际需求做了逐一的分配,而所分配的人数多达26人,并将尚余之款交由家中最具权威的兄嫂处理,并提及"酌给邻右贫寒亲众",可见其强烈的家族宗亲观念。

(二)中外文化交融之下的社会理想

福建得天独厚的地理位置,使其拥有大批的海外华侨。近代福建地方社会形态变化,可以说是中外文化交融的一个典型代表,在这其中,闽籍海外华人扮演了重要的角色。闽籍华侨对于侨乡近代化具有重要的促进作用。以泉州为例,在其近代化的进程中,华侨除了对近代工商业进行大力投资之外,还对于泉州的旧城改造、公路建设,以及其他近代公益事业有巨大贡献。1923 年,在归侨陈新政、徐剑虹、戴愧生等人的促成下,以菲律宾归侨、地方辛亥革命领袖叶青眼为中心,组建了泉州市政局,开始了以西方城市规划为模式的泉州旧城改造,拆除了旧城墙,在老城中心修筑新式马路,即现今的中山路,这条始建于民国时代的老路,至今保持者浓郁的南洋风情。[18]林金枝教授曾对近代华侨对华投资,尤其是对闽省的投资做过系统的考察,从经济史的角度对华侨投资做出了客观的评价。[19]近代华侨的对华投资对于祖国以及侨乡经济的发展作用尽管有限,但其对于西方文明的传播,中西文化的融合,地方社会的变革无疑是起到了积极的作用。

闽省地区自 19 世纪末期涌现出的大量民族企业多由华侨创建,例如 1905 年创办的福建铁路公司(即漳厦铁路公司),1907 年厦门陶化罐头公司,1917 年石码的华泰电灯公司等等。此外,华侨还是近代公共事业和慈善事业的主要倡导人和投资者。在城市近代化机制启动之后,由于国家和地方财力的不足,例如近代卫生事业、市政设施、学校教育等等市政建设中的许多公共事业均由华侨集资建设和维系。现代城市公共事业的引入,不仅为其他民族资本主义工商业的发展提供了基础条件,更重要的是,它们悄然改变着人们的日常生活方式,人们不再日出而作,日落而息,现代服务业开始兴盛,文化生活更加丰富多彩,卫生和健康条件也正在日益改进,这一切都进一步促进了人们思维的转变,进而从根本上促进了社会的转型。可以说华侨对于近代闽南侨乡社会文化的转型具有决定作用。正是由于华侨对家乡的热爱,他们将自身在海外的“跨国经验”带回故土,并将他们富民强国的社会理想付诸实施。在内容丰富的侨批史料中,后人可以窥视当时爱国华侨的理想社会图景。

闽籍华侨对于家乡建设的贡献,最突出的莫过于近代闽省现代教育事业的创办和开拓。民国初年的福建教育十分落后,在著名闽籍华侨陈嘉庚先生的故乡同安,当年有人口 20 多万,而小学却只有一所,学生仅百余人。据嘉庚先生回忆当时教育之凋敝状况,“见十余岁儿童成群游戏,多有裸体者,几将回复上古野蛮状态,触目心惊,弗能自己”。[20]因而他认定“兴办教育,作育人才”,“实在是一桩急不容缓的事”。[21]早在 1894 年,陈嘉庚先生就出资在故乡创办“惕斋”学塾。[22]此后,他便以办学为己任。1913 年,他在集美创办乡立集美小学,这是他在国内兴办的第一所新式学校。至 1956 年,他已陆续在集美创立起中学、师范、商科、水产、航海、农林、商业、华侨补习学校等七八所中等专科学校,并附设幼稚园、医院、图书馆、科学馆、教育推广部、发电厂、农林试验场、大会堂、游泳池等现代化设施,形成了一个校舍林立,教育设备齐全,师资力量雄厚的综合性学村,即集美学村。该学村在解放初期即有学生数千人,至1961年陈嘉庚先生逝世,规模已扩大至11000余人,在中国现代教育发展史中,堪称首创。此外,陈嘉庚先生对于闽省教育的另一个巨大贡献,就是倾资创办厦门大学。他首捐壹佰万元,以后每年捐资八九十万元,在1929年世界经济危机波及,生意受到严重打击的情况下,也从未间断对大学的捐资,终使其发展成为设有文、理、工、商、法、教育等学院的著名综合性大学。

陈嘉庚先生以其毕生倾资办学,其创办的学校遍及闽省的28个市、县,为国家、为社会培养了大量的人才,在很大程度上改变了闽省教育落后的面貌。更要重的是,其开创了华侨在侨乡捐资办学的新风气,在其影响之下,闽省各地华侨,尤其是闽南籍华侨,纷纷在家乡兴学,使闽南侨乡的新式教育自民国以来,有了较快的发展。华侨捐资投资办学之普遍,我们可在民间广泛往来的侨批中找到充分的实证。

2009年,闽南旅菲华侨黄开物的一批珍贵侨批、侨信以及国内信件被发掘,泉州华侨博物馆的刘伯孳先生对这批侨批进行了深入的研究。[23]黄开物(Uy Cay Bot,1878—?),字在毓,同安锦宅村人(即今漳州龙海市角美镇锦宅村),与其兄弟侄儿在马尼拉经营恒美布庄。在这批保存较为完整的往来侨批中,我们可以看出黄开物以及宗亲,乃至其他同安旅菲华侨对捐资在家乡兴学所表现出来的热情。[24]

例如,1921年锦宅华侨公立学校旅菲校董会致黄开物的侨批的内容如下:

开物先生电鉴:迳启者,本周二日星期晚开特别团体会,宣布来函一切,俾族人周制,到会者二三十人对于建筑新校舍一事异常踊跃,均表赞成。惟日下生理更形衰败,请候时机的有巨款。想前函早已邀鉴矣。惟新校舍破漏之处先从简省修理,则开用数百元,可免春来而雨漏之患。候他南洋各岛捐款若何。岷中之人亦当预筹巨款以济矣。欣荷

贤台素本热心教育为职志。此番改良校务以齐整,知劳清神,不胜抱歉之至。到本季则聘校长刘燮群先生,学界巨子为吾校效劳益力,实堪嘉许。且诸教员亦英才杰出,学生将来必受教育好现象学校前途发达,可谓庆得人矣。据云夜学经已开课,皆农家子弟就学甚好!时对特别捐之项本当就紧汇去,碍因单水日涨,延望难下,故于前船太生已附去矣,计彬银431元,(彬银120元换100元厦银),折厦银359.16元,到祈查收,先为应用。近下如何再寄一款免介肃此,布启。敬请

大安!　　旅菲校董会同人鞠躬“锦宅华侨学校”(章)民国十年十月六日

贤弟开物手足:兹付去银贰元并锦宅学校特别捐项431元彬银,叁佰五拾玖元一角六。而其月捐之款容候银水稍降时即汇去,内顺夹批二纸并诸捐人名二纸。余无别意,此述

兼候安!　　兄开鋍　民国十年九月三日　书

在此封侨批中,包括黄开物在内的旅菲华侨不仅已创办“锦宅华侨学校”,而且成

立了校董事会，尽管当时华侨自身"生理更形衰败"，却仍对现有校舍的修缮工作"异常踊跃，均表赞成"。除了捐资，旅菲校董会还对于学校管理的细节面面俱到，黄开物本人则"热心教育为职志"，对办学各事宜亲力亲为，希望通过"改良校务"，能使学校"前途发达"。更令人敬佩的是，这批华侨捐资办学，切实为家乡教育兴盛为要，欢迎农家子弟入学，不以盈利为念。

另外有一封关于学校事务的侨批，内容如下：

开物、丕三、坤书列位先生电鉴：迳启者，兹接台教数通，领悉种种对于教育诸问题，用心改良，皆出诸君热诚可嘉，至所钦佩。学校前途必精精日上矣。闻对于夜学一事，亦在当务之急，若能早行兼设，使吾辈青年失学，亦可补习之业，则族人子弟亦免夜游、赌博之事。敝等甚为乐观。至于华圃该业照项备函，呈请云从君以将该业送归新学校收管，虽闻尚有一段在角美墟之店，又兹近之田种种，若能一并统归该校收用更妙。对于云从君表面上好说情，谅热心教育如丕三、坤书二君当能提出赞成必矣。兹特别捐一款，敝等极力劝捐，意在多多益善。莫如此时生理各业十分冷静，虽有热心族众，居多爱莫能多助。而制操衣并修理校舍等款计捐来彬银426元，折厦银未知若干，另寄汇票详明，夹去月捐但一纸，到祈察阅并请　钧安。

旅菲校董会会员开鎊、开安、元勋、高敦、连续、赐霞、长波、启回、宗集、基总、振藩、西极、新龚、万吉、茂仲、嘉宾

民国拾年九月廿一日仝启

从此封侨批的内容，我们可以看出当时华侨投资办校不仅仅为了发展新式教育，而是以教育为契机旨在改变家乡风貌，实现他们的社会理想。因而以黄开物为代表的校董们，在创办小学的基础上高瞻远瞩地提出开设"夜学"，认为其"亦在当务之急"，尽早开设则可以使失学青年可有"补习之业"，从而是"族人子弟亦免夜游、赌博之事"。这批华侨的办学，旨在促进风气变革，振兴故乡。

（三）爱国情感的巩固

侨批是海外华人移民史及创业史的生动写照，然而，它更是动荡年代中维系和巩固爱国情感的重要媒介。

海外华人的爱国情感在辛亥革命和抗日战争期间得以凸显。据估计，辛亥革命时期海外华侨有五六百万人，到1940年6月，据国民政府侨务委员会统计，海外华侨的人数达到854万多人，其中侨居在南洋各国的侨胞有676万多人。[25]在辛亥革命期间，他们中涌现出一大批的革命志士，其爱国举动而为今人所缅怀，然而，有更多的海外华人默默为祖国的民族独立和国家富强奉献力量，最终却淹没在历史长河之中。"华侨乃革命之母"的广泛流传证实了华侨在近代中国社会变革不容忽视的历史角色与作用。辛亥革命时期，大量身处南洋的华侨华人，都积极参与到孙中山所领导的这场伟大变革中，涌现出一批如林义顺，张永福，陈楚楠，林文庆等海外华侨革命志士，

他们不仅热心于革命理念的传播，积极参与革命具体事项的筹划，为革命筹措资金，更为革命流亡者提供庇护。[26]据统计，整个辛亥革命期间，海外华侨的各种捐款达七八百万元。[27]这其中有无数平凡华侨虽未青史留名，却心系家务、乡里、国事，事事上心，他们这种情感通过侨批得到了最直接的抒发与传递。

辛亥革命时期，华侨为建立革命组织，宣传革命理念做出了卓越的贡献。中国第一个资产阶级革命团体兴中会即在孙中山的领导下，在檀香山创立。1905 年同盟会成立之后，华侨成为其最重要的支柱力量。冯自由在《中华民国开国前革命史》中写道“凡有华侨所到之地，几莫不有同盟会会员之足迹”。在广泛建立革命组织之外，海外华侨还筹资创办了革命报刊，例如在菲律宾创办的《公理报》，在日本东京同盟会创办会刊《民报》等，积极宣传革命思想。

侨批书信记录了海外华人参与辛亥革命的具体过程，更证明了他们对祖国政治革命事业的热忱。据刘伯孳先生推断，同安华侨黄开物为旅菲同盟会会员，普智阅书报社的成员，曾为同盟会在菲律宾的机关报—《公理报》撰稿。[28]现已发现的其数百封侨批、侨信，向今人充分展现了黄开物其人对家乡、对祖国的热爱。

黄开物与其兄弟等在马尼拉经营恒美布庄，其作为一个家族生意和事务的中心人物，来往于菲律宾和闽南之间。辛亥革命之前，恒美布庄已经发展至相当规模，其商业合作伙伴包括菲律宾商界楚翘李清泉创办的中兴银行。[29]强大的经济实力是黄开物援助家人，投资家乡建设，乃至参与祖国政治革命的重要保障。

在辛亥革命前期，海外华侨中无数的孙中山的追随者在认同了民族革命主义后，积极参加革命运动。在菲律宾同盟会员们捐款捐物，并借助侨批信局渠道源源不断地寄入国内。通过侨批及回批书信，加强了海内外时局动态的沟通与联系，使得身处海外的华侨热烈参与到革命中来，支持革命党人组织起义，支援辛亥革命，推翻清王朝。[30]黄开物即是其中的一位。在这批书信中即有旅菲同盟会会报《公理报》总编辑吴宗明给黄开物的信，鼓励其返乡之后应不惧牺牲，积极开展革命活动，“排满之志大，救国之心坚”，勉励其坚定革命信念。[31]在这批侨批文献中，多封侨批书信均证明，在辛亥革命期间，黄曾回到福建家乡，具体组织参与革命活动。

例如，(辛亥)年间(1911)林书晏从菲律宾致当时身处厦门的黄开物的侨批。书信原文如下：

> 开物仁兄大鉴：
>
> 接来书办悉一切矣，厦事不宁，乞设法联络众情，以匡大局。至泉漳素以蛮悍著，当此过渡之时代，不能无此现象，况厦当事之人昧于时势，办理不善，原非有意程度使然之，兄当体谅，力为维持，勿存畏避，即使若何大难亦当担当。兄具大愿力，当能转圜。幸厦漳非军事紧要地，当无大碍，所关者惟外交与治安耳。此贰点祈与诸同事注意为佳。倘有余力，募劲旅者上尤为壮色。弟等当策励，以从诸君，前之筹款已寄万元，汇交叶君清池矣。此后当再力捐。
>
> 弟　林书晏 廿五日发

本日接来信数札均收到，要用剪发所需物件有顺便即寄。顶咀（闽南语“上一次”意思）船寄蔡普全香水一矸，毛梳1个，修发刀仔1付，到接入，余另付。

廿五日发[32]

林书晏系南安诗山人，菲律宾同盟会会员。信中提及厦门时局不安，厦门同盟会当事人“办理不善”等情形。“劲旅者”即指在厦（门）漳（州）组织团练队，并大力筹措革命资金，以支援厦门的光复。书信最后一节强调国内急需许多剪发物件：上一次才寄“毛梳1个，修发刀仔1付”，现又来信继续要剪发物件。即为同盟会会员动员家人、乡人剪发短辫，以示支持革命。

又如，辛亥九月卅日（即1911年11月20日）马尼拉春景、书晏寄黄开物侨批。书信原文如下：

开物仁兄足下：现下厦事如何，务祈极力进行，联络众志，一面维持治安，一面筹议后劲，万勿因循忽略。弟不能回国尽邦家之责任，负咎难言。兄当乘机大展怀抱，如款项缺乏，可秘函电，布告各南洋资助，或致函来岷各界劝捐，必有可望。唐大局时势，人心如何，及内容布置，统祈示复为盼。忙甚，未尽所言。

查前帮晏兄有附寄信款50元，谅已接入。恒美被回禄，现移居在两岸巷开张，门市如常。

弟春景、书晏合顿　　辛九月卅日下午草[33]

此封侨批充分体现了革命期间，海内同盟会之间的沟通与合作，以及同志之间的相互鼓励。其中提及寄钱和捐钱等事宜，可见当时海外华侨华人对于祖国革命事业的关注和支持。

日本侵华战争爆发之后，在海内外抗战的第一线都有海外华人的身影。九一八事变时，陈嘉庚在新加坡组织召开侨民大会，声援祖国，谴责日本帝国主义的侵略行径。随后由陈嘉庚、庄西言、李清泉等，组织成立南侨总会，成为海外华人的抗日救国总机关。南侨总会在陈嘉庚等爱国华侨的领导下，对祖国抗战做出了卓越的贡献。[34]他们的功绩已经被后人所广为传诵，然后在他们身后是却大批的普通民众，侨批以及书信的内容，真实写照了海外华人在民族危亡之时的情感。

1928年5月3日，日军进攻济南，屠杀中国军民数千人，制造了震惊中外的“济南惨案”。次年，在来自菲律宾的侨批（如图18所示），封上就出现了抗日诗歌的印章：“奉劝诸君要记得，东洋货色买不得。如果买了东洋货，便是洋奴卖国贼”，抵制日货是华侨对于日军侵华，喊出的第一声。又如图19所示，1931年11月菲律宾马尼拉寄晋江金井刘宅的侨批封及内信；封背面加盖抗日口号“抵制日货，坚持到底；卧薪尝胆，誓雪国耻！”可见，九一八事变之后，在海外华人心中，侵华战争和国土沦陷已经成为国耻家恨，他们已下了越王勾践一般的决心，立志抗击侵略者，收复国土。

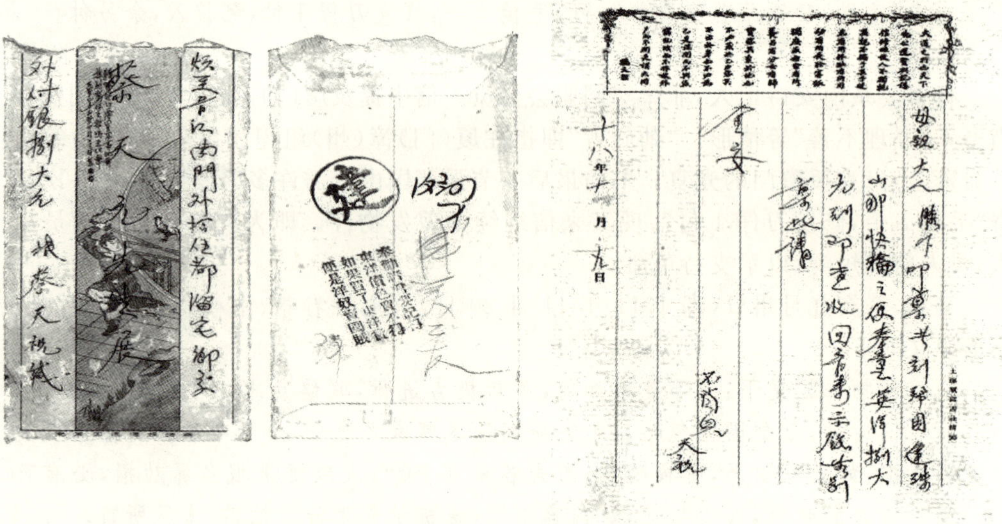

图 18　1929 年 10 月菲律宾马尼拉寄晋江金井的侨批

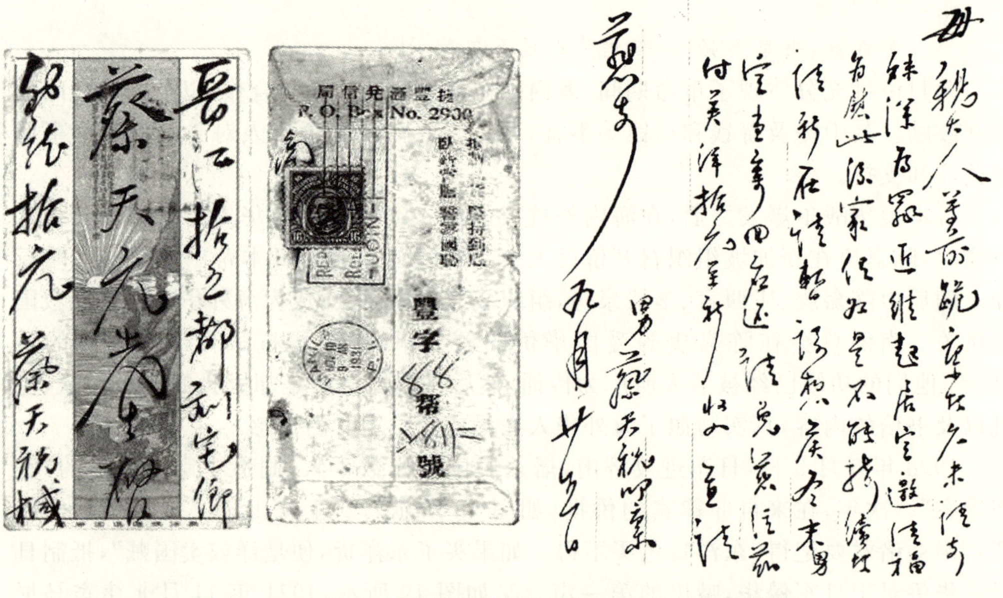

图 19　1931 年 11 月菲律宾马尼拉寄晋江金井刘宅的侨批

另有一批信为 1931 年 10 月 31 日旅菲华侨林锡国给其子女寄来的侨批（详见图 20）。[35]信中对于九一八事变之后，国土沦丧，国民受辱，表达了发自内心的感慨，而在这国难当头的时刻，他对于子女的叮咛和教诲表现出他满腔的爱国热忱。

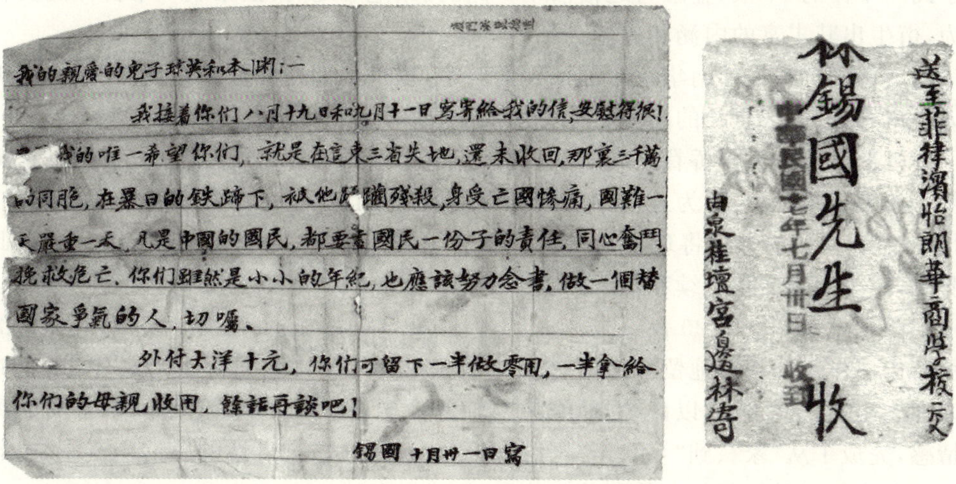
我的親愛的兒子琼英和本渊：—

我接着你们八月十九日和九月十一日写寄給我的信，安慰得很！我的唯一希望你们，就是在這東三省失地，還未收回，那裏三千萬的同胞，在暴日的鉄蹄下，被他蹂躪殘殺，身受亡國慘痛，國難一天嚴重一天，凡是中國的國民，都要盡國民一份子的責任，同心奮鬥，挽救危亡。你们雖然是小小的年紀，也應該努力念書，做一個替國家爭氣的人，切嘱。

外付大洋十元，你们可留下一半做零用，一半拿給你们的母親收用，餘話再談吧！

錫國 十月卅一日寫

送至菲律濱怡朗華商學校交 林錫國先生 收

由泉桂壇宮邊林寄

中華民國十七年七月卅日 收到

图 20　1931 年 10 月 31 日菲林锡国寄泉州侨批及 1928 年泉州寄菲怡朗林锡国回批

批信内容如下：

我的亲爱的儿子琼英和本渊：我接着你们八月十九日和九月十一日写寄给我的信，安慰得很！我的唯一希望你们，就是在这东三省失地，还未收回，那里三千万的同胞，在暴日的铁蹄下，被他蹂躏残杀，身受亡国惨痛，国难一天严重一天，凡是中国的国民，都要尽国民一份子的责任，同心奋斗，挽救危亡，你们虽然是小小的年纪，也应该努力念书，做一个替国家争气的人，切嘱。

外付大洋拾元，你们可留下一半做零用，一半拿给你们的母亲收用，余话再谈吧！

锡国十月卅一日写

在远隔重洋的情况下，侨批往来可谓不易，可是林锡国先生在家信中通篇谈及的是对“国难一天严重一天”的深切痛惜和忧虑，他的爱国之心展露无遗，尽管他的孩子还甚年幼，他已经教育他们“虽然是小小的年纪，也应该努力念书，做一个替国家争气的人”。我们可以想象，还有许许多多像林国锡一样的爱国华侨，将自身的这种民族国家情感言传身授、代代相传。

四、结　语

近代中国的历史是一段跌宕起伏的历史，在近代中西文明冲突、碰撞、交融中，中华民族经历了一系列的巨大变革，经受了严峻的考验。产生于中国东南沿海的，有着闽南方言属性的侨批正是在这种历史背景和自然地理环境下产生、发展、演化，她源起于民间个体的“草根”金融与通信活动,却在民族危亡之时,汇聚成一个群体的文化行为,衍生出其丰富的内涵和作用。

闽南侨批记载了闽南华侨出洋谋生的艰辛,以及他们爱拼敢赢的创业历程,是闽南人拼搏开拓、尚武重义的闽南文化特质的见证。

侨批架设起华侨与侨眷之间的双向交流,支撑着侨眷家庭的经济生活,推进了闽南侨乡的现代化进程,更为近代中国政治变革做出了巨大贡献。在动荡的历史年代,侨批“银信合封”的方式将现实与情感相融合,将海外华人与祖国亲人相联系,以此为契机,成为闽南文化延续和传承的支撑力。

闽南侨批虽然已于20世纪末消失了,但在特定的历史时期,她对于闽南文化的继承与传播作用却永远地留存在历史长河中。闽南传统文化以侨批为载体,以家族宗亲理念出发,进而形成以血缘、地缘为中轴的乡土观念,最后演化为国家主义的民族情感,完成了从“家”、到“乡”、至“国”的升华。正是在这种良性的感情交流中,中华传统文化实现了其传承与向外延伸。

(本文侨批图片除注明外均为黄清海珍藏实物扫描件)

(作者单位:张静,华侨大学;黄清海,中国银行泉州分行)

参考文献

[1]闽南侨批其实有着语言归属的概念,除福建省闽南地区以外,广东省潮汕地区和台湾省、海南省部分操闽南语系的人,均将海外华侨通过侨批信局运递的银信称为“批”。从明末至清初,上述地区出国到南洋谋生者众多,故也都存在过侨批和侨批信局;同样,国外侨批信局也是集中在东南亚华侨中有较多人讲闽南话的地方。

[2]参见黄清海:《从闽南侨批看侨乡经济与侨缘关系》,载刘泽彭:《互动与创新——多维视野下的华侨华人研究》,广西师范大学出版社2011年版,第435～452页。

[3]世界记忆名录,又称世界记忆工程或世界记忆遗产,是联合国教科文组织于1992年启动的一个文献保护项目,其目的是对世界范围内正在逐渐老化、损毁、消失的文献记录,通过国际合作并使用最佳技术手段进行抢救,从而使人类的记忆更加完整。目前入选世界记忆名录的文献遗产共有299项,它们来自五大洲,保存的形式也是各有特色,从石刻到羊皮纸甚至音频文件。世界记忆遗产是联合国教科文组织四类世界遗产(自然遗产、文化遗产、非物资文化遗产、记忆遗产)之一,列入“世界记忆名录”的文献资料,与列入“世界遗产名录”的遗址具有同等价值。2013年6月中国同批入选“世界记忆名录”的还有中国元代西藏官方档案,至此,中国列入该名录的增至9项,其他7项分别是传统音乐录音档案(1997年入选)、清朝内阁秘本档(1999)、纳西东巴古籍文献(2003)、清代大金榜(2005)、“样式雷”建筑图档(2007)、《黄帝内经》(2011)以及《本草纲目》(2011)。

[4]水客最初只是往返于国内和南洋各地的华人,回国之际顺便帮熟人带批信、带款,一般为老洋客,而后逐渐演化为一门职业。他们替东南亚华人移民带款带批信、口信至移民家中,偶尔顺便做些生意,把南洋的土产运回国内销售,或把国内货物运往南洋销售。随着带钱带物的数量与次数增多,生意也做大了,自然就成了职业。这就是最初的“水客”。后来其中一些水客投资办了侨批局。由于有的水客大多兼营招募华工,往南洋时引带来一批新客出国,水客又常被称为“客

头"。

[5][新加坡]李梅瑜、泉州市档案馆:《家书抵万金— 新加坡侨批文化展》,新加坡国家图书馆,2012年,第18～19页。详细介绍此封侨批,内信写明"寄去邱铜官英银壹元"。

[6]参见中国银行泉州分行行史编委会:《泉州侨批业史料》,厦门大学出版社1994年版,第五章"侨批业的取消"。

[7]陈志明:《中华文化在东南亚:传承、变迁与认同》,载《泉州学林》2011年,第139期(增刊Ⅰ:《中华传统文化在东南亚的传播和影响研讨会论文汇编》),第3～12页。

[8]常增书:《侨批是国家级文献史料》,载潮汕历史文化研究中心等:《第三届侨批文化研讨会论文选》,香港天马出版有限公司2010年版,第67页。此文系常增书于2009年6月为侨批申报国家级文献资料而撰写的评语。常增书系中华全国集邮联合会第二届至第六届(连续五届、现届)副会长、著名集邮家、集邮活动家。

[9] 黄清海《侨批美术封》展集,展示了45种不同美术图案的侨批封。

[10]陈训先:《论侨批的起源》,《侨批文化》,2003年创刊号,第28页。

[11]《家书抵万金——新加坡侨批文化展》,新加坡国家图书馆,2012年,第66页。详细介绍该封图文。

[12]邓达宏:《闽南侨批:中华儒文化缩影》,载自《回望闽南侨批——首届闽南侨批研讨会论文集》,第46页。

[13]《家书抵万金——新加坡侨批文化展》,新加坡国家图书馆,2012年,第21页。

[14]《家书抵万金——新加坡侨批文化展》,新加坡国家图书馆,2012年,第58页。

[15]《家书抵万金——新加坡侨批文化展》,新加坡国家图书馆,2012年,第58页。

[16]施能杞先生,字季方,福建省晋江市龙湖镇衙口村人,出生于经商富家。20世纪30年代末40年代初,为筹建故乡南浔小学校舍,受乡亲委托,南渡菲律宾,筹募经费。然而工作未及进行,太平洋战争爆发,能杞先生忧郁成疾,不久逝世,终年56岁。

[17]李天锡:《家书抵万金——〈施能杞先生家书〉解读》,载《回望闽南侨批——首届闽南侨批研讨会论文集》,第118页。

[18]蒋楠:《华侨与侨乡的现代化历程——以泉州为例》,《华侨大学学报》(哲学社会科学版)2010年第4期。

[19]林金枝、庄为玑:《近代华侨投资国内企业史资料选辑(福建卷)》,福建人民出版社,1985年版。

[20]陈嘉庚:《畏惧失败才是可耻》,《东方杂志》第31卷7号。

[21]陈嘉庚:《闽垣师范学校》,载《南侨回忆录》,第5页。

[22]《陈嘉庚先生年谱》,载《陈嘉庚先生纪念册》,第111页。

[23]刘伯孳:《从跨国经验到民族主义的跨越:以黄开物的侨批、侨信为参考》,《闽商文化研究》,2011年第1期。

[24]以下三则侨批分别为:《锦宅华侨学校校董会致黄开物的侨批》民国10年十月六日,《黄开銿致黄开物的侨批》民国10年九月三日,《锦宅华侨学校校董会致开物、丕三、坤书的侨批》民国10年九月廿一日。节选自刘伯孳:《从跨国经验到民族主义的跨越:以黄开物的侨批、侨信为参考》,《闽商文化研究》2011年第1期。

[25]参见何启拔:《海外华侨人口的商榷》,《新中华》(复刊)第1卷第9期;李屏周:《南太平洋

波涛险恶中的撤侨问题》,《现代华侨》第1卷第6、7期合刊。

[26]严春宝:《新加坡华侨华人与辛亥革命》,载《中国社会科学报》2012年2月8日。

[27]郑民等编著:《海外赤子——华侨》,人民出版社1985年版,第72页。

[28]刘伯孳:《从跨国经验到民族主义的跨越:以黄开物的侨批、侨信为参考》,《闽商文化研究》,2011年第1期,第30页。

[29]刘伯孳:《从跨国经验到民族主义的跨越:以黄开物的侨批、侨信为参考》,《闽商文化研究》,2011年第1期,第31页。

[30]参见黄清海.:《从林书晏侨批看菲华辛亥革命热情》,载福建省社会科学界联合会:《"闽籍侨胞与辛亥革命"学术研讨暨报告会论文汇编》,2011年,第153～161页。

[31]《吴宗明致黄开物的侨信》,辛九月九日(辛应为辛亥年,即1911年),详见刘伯孳:《从跨国经验到民族主义的跨越:以黄开物的侨批、侨信为参考》。

[32]《从林书晏侨批看菲华辛亥革命热情》,《"闽籍侨胞与辛亥革命"学术研讨暨报告会论文汇编》,第156页。

[33]《从林书晏侨批看菲华辛亥革命热情》,《"闽籍侨胞与辛亥革命"学术研讨暨报告会论文汇编》,第158页。

[34]曾瑞炎:《辛亥革命和抗日战争期间华侨爱国运动比较研究》,《四川大学学报》(哲学社会科学版)1992年第4期,第72～80页。

[35]侨批原件由林锡国儿媳王燕燕女士提供。林锡国系泉州籍旅菲华侨,20世纪二三十年代先后在菲律宾马尼拉普智学校、怡朗华商学校任教。

明清戏曲文本是泉州方言的宝库

郑国权

泉州的弦管与戏曲，都是用方言唱念道白的。其曲簿与戏文同样是用泉州方言写成的。因而要研究泉州弦管与戏曲，便不能不同时研究泉州方言。近二三十年发现的明清刊本与幸存的抄本，无疑是泉州方言的宝库，是研究泉州方言的主要依据。下面谈几个问题。

一、明清戏曲刊本抄本一次最集中的征集与出版

语言是活态的，随风而逝。过去没有录音设备，古人怎样说话，怎样唱戏唱曲，不可能原生态的留存下来。唯一能留下遗迹的只能是靠一些文字记录。这种记录，如果用文言文，还不可能贴近生活，只有用当地的方言写录下来，才能绘声绘色、传神达意。因而尽可能寻找历代那些书面的方言记录，便成为研究方言的先决条件。

在过去漫长的历史阶段，泉州没有公办的曲馆与戏班，所有的曲簿和戏文，都在民间中自生自灭。新中国成立以后，公办剧团与乐团应运而生，有的团体开始搜集史料、记录整理艺师的口述戏文，成果累累，后来可惜大部分毁于十年浩劫。泉州地方戏曲研究社成立于 1985 年，当时虽然还没有保护非物质文化遗产的概念，但我社同仁都目睹了人为毁坏传统文化的全过程，所以拨乱反正之后，才有了对传统戏曲资料进行“第二次抢救”的自觉。在有关部门和团体的支持下，我们获得梨园戏全部保留剧目的手抄本副本，又蒙晋江市提供从民间找到都是百年以上的傀儡戏四十二部“落笼簿”和“目连全簿”。

与此同时，随着国门打开，海峡解冻，我们在对外对台的交流中，才先后获知多部明清戏曲古刊本，在尘封数百年后竟然一一被发现。

英国牛津大学龙彼得教授和台湾大学吴守礼教授等，分别从日本、英国、德国、奥地利等地的图书馆和藏书家中，搜求到一批闽南戏曲的海外孤本，并先后慷慨地将复制件或校勘本转赠给我们。这批古刊本都堪称为无价之宝。它们的最大特色之处，就是在不同历史时期用早期的闽南方言写成的，其中有明嘉靖(1566)的《荔镜记》(附

刻《陈彦臣》和《新增勾栏》)、万历(1581)潮本《荔枝记》,又有明万历(1604)《满天春》《钰妍丽锦》《百花赛锦》(统称《明刊三种》);清顺治、光绪《荔枝记》,乾隆《同窗琴书记》。我们又获得台湾友人提供的清咸丰《文焕堂指谱》副本,同时在泉州民间找到清道光年间刊行的《荔枝记》和袖珍写本《道光指谱》等。这批古刊本抄本,多数是孤本,过去国内无存,少为人知。

为了研究和让大家共享,我们一一加以校注,做成点校本连同书影,先后由中国戏剧出版社出版了《泉州传统戏曲丛书》《明刊闽南戏曲弦管选本三种》《明刊戏曲弦管选集》《荔镜记荔枝记四种》《清刻本文焕堂指谱》《袖珍写本道光指谱》《明万历荔枝记校读》等书籍。这批书籍集中展现了泉州戏曲品种多,文化积淀得天独厚。其中泉腔弦管曲目比任何古老乐种都更为丰富,现在正在系统整理注释的曲词有2000多首,其中一部分显然是继承唐代"敦煌曲子词"的余绪,尤为珍贵。泉州戏曲,不但有宋元的"勾栏"和南戏。梨园戏、傀儡戏是中国古老剧种硕果仅存的佼佼者。同时又充分显示,这批幸存的用泉腔方言写成的戏文和曲簿,无疑是泉州方言的宝库。

学术界有的人士认为,这是泉州有史以来对戏曲弦管史料一次最集中最有成效的征集与全部编校出版,为弦管、戏曲、方言的保护与研究提供了十分宝贵的史料,超前为保护非物质文化遗产做了卓有成效的基础工作。

二、古刊本证明泉州方言既非常古老又长期稳定

上述的抄本刊本最大的特点,是用地道的泉腔闽南方言写成的(只有明刊中辑录小部分官话戏文及正音曲词)。但首先要说明的是,泉州方言不是另类语言,而是古汉语的一支,只是有自己独特的腔调,以致说出话来,外地人往往听不懂。至于古人写在抄本上和刻在刊本中的文字,大多数仍然是汉语文字,与现在规范的语言文字差异不是太大,不懂方言的人士一般还能看得下去,连荷兰汉学家英国牛津大学龙彼得教授都可以研读,何况是我们炎黄子孙。但话说回来,抄本刊本中确实有许多令人头疼、百思不得其解的内容。一是明清刊本描述的世俗民情,距今相当遥远,不少生僻的事物,一时难以判明。二是民间抄簿、坊间刊本,错别字、省笔字、自造字比比皆是。三是有大量的音同字不同的"借音字"或称"通假字"密布其间。这些就为我们的校订工作带来很多难题。我们泉州地方戏曲研究社,在过去的27年中,一直为这些难题所困惑与苦恼,但我们坚守在这片土地上攻关克难,深耕细作,才能有所发现、有所感悟,从而获得以下几方面的认识。

(一)泉州方言历史悠久非常古老

泉州方言的历史渊源,学术界认为是中原历代移民带来的。毕生研究闽南方言的台湾大学吴守礼教授(1909—2005)生前认为,"吴、闽、粤方言一向较好地保存汉唐

时代的语言，是先民生动的精神文化遗产。”

那么，泉州方言是不是也“保存汉唐时代的语言”？当然是。众所周知，诗经、汉赋、唐诗，用泉州方言照字面朗读，完全可以读出字音，而且更加协韵。这自然不是问题。但成问题的是，泉州方言中还有许多被认为是“有音无字”的“土话”。

产生“有音无字”的“土话”的问题，应该说由来已久。从明清刊本中可以看到，所谓“土话”是早就大量存在的，当年那些编写戏曲文本的作者和刻书商，面对那些找不到恰当文字来书写的戏白曲词，几乎都是采用同音或近音的文字来替代。这类文字称为“借音字”，古人称为“通假字”。这些“借音字”或“通假字”，往往让人看不懂，因而有些人便认为泉州方言中有许多“土话”。那么，这种“土话”真的是全部“有音无字”吗？

经过多年来对这批古刊本抄本的解读与校订，特别是经过细细推敲那些“有音无字”的“借音字”才发现，在明代或明代以前编写曲词戏文的人，也许是沿袭古人“通假”的习惯，不用正规的文字，而大量使用同音字，而且正好适应当年演艺界只求音准不求字正的潜规则。当然也不排除当时的从业人员限于文化水平以致常有笔误，多写错别字，或者自造俗字来取代。在这种状况下，其结果反而把一些音、形、义都非常好的汉语文字都埋没了，以致招来“土话”的不雅名声。但话说回来，一分为二，幸好有这些借音字或“通假字”“自造字”的存在，把原来应有的语音保存下来，让我们依据其语言与语境，甄别出它的本字。而这些本字恰恰是属于濒于消失的古汉语。

这里可以举出几个例子。

例一 源于宋元、重编刊刻于明嘉靖丙寅(1566)的《荔镜记·知州判词》中，女婢益春被判无罪释放要离开公堂时，黄五娘吩咐她：

益春，你那府口听候等我。

其中的“那”字，有位方言学家认为是“都”字之误。改为：

益春，你都府口听候等我。

这一改，从字面看或听口语，都是欠通顺的。而对于“益春，你那府口听候等我。”这句话，土生土长的泉州人一听就明白，因为“那”字现在还是日常语言。如“你那酒店门口等我”，一听就知道“那”字是动词“停留”的意思，而不是副词“都”字。

因为“那”与“停留”并不能互通。也许表示“停留”的“那”，真的是“有音无字”？后来经过长久的琢磨，才从司马迁的《报任少卿书》中，找到一句“佴之蚕室”中的“佴”字(《汉语大词典》释“佴”义为“次也”；《现代汉语词典》释义：停留；置)，(佴、耐同音nai)，至此终于解开这个悬疑：“那”是借音字，“佴”是本字。

例二 弦管曲词中有一句“瓜东瓜西”，意思是漫不经心，到处驻足。其中“瓜”字显然是同音借用，但本字怎么写，长期来无人所知，所以才用“瓜”或“柯”字来替代。这种借代当然很“土”，但无可奈何，也许真的是“有音无字”？后来也是靠太史公帮忙，从《史记》中找到“车絓于木而止”的“絓”字。“絓” 字与“瓜”(文读)或“柯”(白读)同音。“瓜东瓜西”应是“絓东絓西”。这句话有句形象的比喻叫“水流破布，絓东絓西"。至于单独的"䢪"字，当今还是使用率很高的口语，如"下班后䢪去超市买点青菜"、"顺路䢪去看一位老友"等等。

例三 《荔镜记》中有"东尸"一词，当今城市中对它已十分生疏，少人知晓，但在德化山区却仍然是口头语。乍看"东尸"，望文生义，以为它与命案有关。但戏文中说的是"管东尸吃屎"，就可据此语境推测出它可能是排泄物场所，进而查出"东尸"是"东司"的同音致误。而"东司"在唐代既是东都官署的名称，又是寺院厕所的雅号。"管东尸吃屎"就是"管厕所吃屎"，出自狱卒要敲诈黄五娘钱银的脏话，倒也自然。"东司"是厕所，永春山区有的村庄于今上厕所还叫"走东"，倒甚雅致。

例四 《荔镜记》中小七有一句话："媒婆，你爻做媒人，共小人做一个。"黄五娘也有一句："陈三，你倒爻咀话……""爻"是八卦中一个特定的词。但小七、五娘口中的"爻"则是"很会""很能"的意思。当今泉州人称赞孩子很会读书，丈夫很会趁钱，常用是一个与"爻"同音的"肴"字："肴读书""肴趁钱"。"肴"字大量见诸清代戏文与曲簿。但"肴"的本义是菜肴、佳肴，与"很会""很能"无关。显然"爻"与"肴"都是借音字。查其本字，原来是"勢"字，出自1800多年前的《说文》，释义健也。读音〔唐韵〕胡刀切。

例五 梨园戏《董永》中，七仙女故意到董永管理的花园"摘花"，董永在美女面前仍然铁面无情，一花不让，七仙女半娇半嗔地怪他"你这个人够结极"。"结极"是什么？弦管曲词不写"结极"而写"禁革"。这两者显然都是借音构成的生词，自然无法找到出处。后来从韩愈的《祭十二郎文》找到"彼苍天者，曷何其极"一语，才悟出"结极"或"禁革"，也许源自"曷何其极"，进而简为"曷极"。"曷极"一词是否可以成立，尚无把握，查《汉语大词典》也徒然。近来网上看到一本书，名为《悠悠我心，苍天曷极——文天祥千年祭》。又看到饶宗颐先生2009年悼念季羡林、任继愈两老逝世的题字："国丧二宝，哀痛曷极"八个字。由此可证，韩愈祭侄子，饶老悼二宝，都用"曷极"一词，其意都是"天不假年"或"老天你为何这么决绝"，令这么好的人过早归天！梨园戏的传统剧目把"曷极"一词传承下来，而泉州上年纪的人对那些做事决绝、不好通融的人，也常用"曷极"一词加以责怪之。但过去向来不知其本字是什么，幸好戏曲用借音字记录下来，又有120百多年前韩文公的文章可供溯源，再有饶公的题字可作佐证，一个被大词典遗忘的古老词语幸而不致消亡。

例六 《明刊三种》中出现三个"宗巳丈""锺巳文""将巳大"生词，推敲多年，一直不得其解。后来才从《荔镜记》中发现一个"□"字，其语境是"我自然叫出来教导"，至此才恍然大悟：原来明代刻书人把"然"字省笔为"丈"字右上角加一点，或干脆刻为"文"及"丈"字。而"宗""锺""将"是近音借用，本字是"终"。而"巳"与"已"，当以"已"才对。三个字组合便是"终已然"。这个词明代可能是口头语，而今已少见。网上搜索，只见一篇《逍遥》，有"茫茫然，风缠绵，欢畅尽情怀，万物求终已然"之句。

以上几例，都来自戏曲刊本抄本。而来自泉州人的口语中，也有些使用频率很高却被认为"有音无字"的"土话"，同样可以找出是古汉语的例证。

当今报刊上宣扬在事业上获得成功被公认为很有本领的女人，常常冠上"女强人”的绰号。但在泉州人过去心目中的“女强人”，是“女匪”或梁山泊上舞刀弄枪的女流，而非善良之辈。所以平时夸赞有能力会办事的女人，绝不称“女强人”，只用简单一个字：“𡣿”。或叫“𡣿‘查某’（咱嫫）”。

“𡣿”字不是土话，而是出自《康熙字典》。强女为“𡣿”，古人创造这个字，无论从造型或立意来看，都是很准确生动的。可惜在现代规范字典或词典都不收录，在电脑字库中也找不到这个字，只好“造字”，以期它不致消失而能用之永远。

再说古人为我们创造那么多音、形、义都绝好的字，今天常常弃而不用，反而用偏字。如国庆黄金周有些旅客不按序排队，秩序混乱。媒体常批评是“有人乱插队”造成的。“插队”是四十多年前知青上山下乡的特定热门话题。是由城市中的知青到农村生产队落户，所以开创了“插队”一词，无疑很形象很生动。而当今不按序排队完全不同于“插队”，泉州有句恰当的古汉语叫“僭队”。“僭”，辞书释义“超越本分”。乱臣贼子妄图篡夺皇权叫“僭位”。排队上公交，你后来乍到应排在后面，却目中无人似的硬挤到前头，泉州人指责此种行为是“乱僭队”。“僭”，平时还有“僭阄”、“僭嘴僭舌”等的口头语。所以用“僭队”应该比“插队”更准确传神。

这类的例子还很多，不再赘述。总的意思是，不论是从明清的古刊本抄本，还是当今泉州人的家常话，都保存了大量的古汉语。特别是那些被认为“有音无字”的“土话”，原来许多字都出自古代名家名著和其他典籍中。由此可进一步证明泉州方言确实是古汉语的活化石，而且还“活”得很好。

（二）古刊本证明泉州方言是长期稳定的

泉州方言经历了那么漫长的岁月，是长期稳定，还是与时俱进、因时而异的问题，也值得关注。有的媒体报道，世界上一些国家或地区的语言文字，不经几百年甚至几十年，都变得面目全非。联合国教科文组织调查，每年都有一批小语种消失。闽南语的状况如何呢？大陆六十多年来一直坚持全面推广普通话，台湾有个时期禁说闽南语。在这种情况下，闽南语有没有伤筋动骨，以至于有逐渐消亡的危机？应该说是不必过于担心，因为闽南语毕竟是个大语种，根深叶茂，很难撼动，从其基本面来看，闽南语是长期稳定的，但也略有变化或变异。

泉腔闽南语是长期稳定的看法，可以从《荔镜记》中一首名曲来印证。这首名曲叫〔三更鼓〕，是陈三被枉判发配充军以后，黄五娘在三更半夜中唱出她的苦楚与思念。曲词全文是：

三更鼓　长滚　越护引　带慢头　四空管　三撩拍

三更鼓，翻身一返。鸳鸯枕上，目滓泪滴千行。谁思疑到只其段。一枝烛火暗又光。更深寂静，暝头又长。听见孤雁长暝飞，不见我君寄书返。记得当原初时，恩义停当，共伊人相惜，如蜜调糖。恨着丁盅林大，力阮情人阻隔去别方。谁人会放得阮三哥返。千两黄金答谢伊不算。投告天地，保庇乞阮儿婿返来，共伊人同入花园。

这首曲的韵脚为返、行（音黄）、段（音当）、光、长、返、长、糖、方、返、算、园。全部是鼻化音的“秧”韵。曲中的“千行”，要“照古音”唱为“千黄”，“其段”本字是“其中”，“中”要唱为“当”。它充分展现泉州方言中很具特色的古语古韵。这种音韵，配上古老曲牌【越护引】的旋律，整首曲听起来真是“如怨如慕、如泣如诉”，极富魅力。

这首曲从初始的演出底本到1566年合编为《荔镜记》至今，起码有500年。而后在明万历本、清顺治、道光、光绪各个刊本《荔枝记》，都一直传承下来，保持不变，至今还是常唱的名曲。台湾的蔡小月、泉州的李白燕先后到法国去演唱，大受好评。

这首名曲在一定程度上证明泉州方言是长期稳定的。同样是《荔镜记》中的另一首名曲〔绣孤鸾〕，却在五百年的传承中有所变化。〔绣孤鸾〕中有句“对着丁蛊林大，无好头对，实无奈何”，全曲最终的结句是“须待凤凰来宿”。从平常的字面上看，“何”与“宿”显然不叶韵。也许因为这样，清代道光本《荔枝记》的编者便将“实无奈何”四个字，改为“教（甲）人心头俑呢肯花”。泉州弦管界近代唱的，再改为“教人会不心内恨着伊”。这两次改动，字数增加一倍，有些累赘，词意也不见得更好。经反复琢磨，笔者才发现，原来是改词者不注意方言有文读白读之分造成的。“实无奈何”正常文读，“何”音同“河”，当然与“宿”白读音“煞”不叶韵。如果“实无奈何”改白读为“实无耐瓦”。“瓦”与“煞”便能叶韵。这个推断，后来从CD中，听了台湾聚英社老弦友唱这首曲的“实无奈何”，果然是用白读音唱为“实无兜瓦”，完全叶韵，悦耳动听。可见聚英社的曲本传承较早，未受清道光年间以来改本的影响。

由此带出一个问题，泉州方言原来分为三种读法，但许多人并不太清楚，所以说出话来，有时令人感到别扭，以为家乡话变异了，不纯正了。

泉腔方言所谓的三种读法：一是方言文读，一是方言白读，一是兰青官话。戏曲弦管自古以来认真传承这个传统。才子佳人、帝王将相彼此交谈的，大都是方言文读，俗称孔子白、读书音，接近普通话。净、末、贴、丑尤其是丑，一张口大都是大白话，更有许多妙趣横生令人捧腹的“五色话”。戏中有些找不到文字来记录的刁皮话大多出自“丑”的口中。所以叫白读。兰青官话则是舞台上官家的专用语言，辞书释义为“不标准的普通话”。如公堂上的包公或其他判官等，他们学用泉州方言讲官话。俗谚形容它是“鸡母屎半黑白”。个别曲目引用外地语言，也用部分兰青官话。

如果说泉州方言会有所变化以致不太纯正，往往是不懂得这三种读法造成的。该文读的白读，该白读的文读，兰青官话说成标准的普通话。这些不太纯正的泉州方言，在一般情况下，多数都听得懂，也不必太讲究，只是略伤大雅而已。但戏曲弦管界则历来注意这个问题，艺师遵从“照古音”唱念道白的规则，而且把道白提到“四两曲千斤白”至高无上的地位，并以此来严格要求年青艺徒，一有错读，便当面指正。弦管界有位名家，甚至在曲词文字边一一注明文读或白读（见《泉州弦管精抄曲谱》）。他们这样做，无疑在一定范围内捍卫了泉州方言的纯正，同时也保证了以方言为载体的弦管戏曲得以长期稳定地传承下来。

但泉州方言在长期稳定中，也还是有所变化或变异。

明刊《满天春·吕蒙正》戏文中，有“英英烈烈”一词，原意是“轰轰烈烈”。“轰轰”方言历来读“英英”。抗日期间日寇飞机来轰炸，“轰炸机”当时读音都叫“英炸机”，可见“轰”读“英”，四百多年没有变化。但至新中国成立后，普通话全面介入，到处“轰轰烈烈”，这个“英英”才被普通话同化，方言也改读为“轰轰”（音烘烘【拼音】：[hōng]），如今再读“英英”，反而被认为错读。

这类的例子还不少，但个别的变化变异，还没有动摇泉州方言的根基。因此可以说，泉州方言是长期稳定，即使有所变化，但万变不离其宗。

三、方言借音字应该还原归正为好

上文提出方言借音字为后人保存大量古语古音古韵，功不可没。但肯定借音字的功用，并不等于说要提倡借音字、继续使用借音字。时至今日，方言借音字应当是尽可能地少用，并还原归正为好。

借音字历史上称“通假”或“假借”，对于这种“通假”或“假借”的文字，是不是写错别字问题尚有争论。司马迁是大学问家，“早”与“蚤”通用，有人统计其作品中有几十处之多，但没有说太史公写错别字，反认为是古人的习惯，加以宽容。

另有一种情况，是“本无其字，依音托事”。认为听音知义，字写得对不对不必介意。再是有的名家写了错别字，后人跟从之，积非成是，原来的本字反而成为别字。

也许是缘于这个传统，泉州明清刊本抄本的借音字比比皆是。我们在校订初期，常常感到很困惑，常常处在“字字计较”之中。

泉州傀儡戏抄簿就有这个特点。戏中有个春秋末年楚国的佞臣叫“费无忌”，抄簿却写为“备无忌”。原因是过去“费”作为姓氏，一定要读“备”。傀儡戏演员看簿演戏，师傅怕新手“就字读字”，把“费”读错，所以干脆写“备”。当年没幻灯字幕，音准为重，字错不在乎。

又比如，作为助词的“的”，明刊《荔镜记》中“的”与“个”兼而用之。“个”在当年就已经是“個、箇”的简体字，刊本就是这样刻的。因为“的”与“个”方言音同是“牙”，“个”比“的”少了五笔。因而抄写者、刊刻者为了省笔，几乎都不用“的”而用“个”。鉴于我们的校订本是要正式出版，为今后的读者阅读，所以不能不遵从出版部门“语言文字规范化”的要求，于是把“个”改为“的”，同时在一每篇中的第一个改字，都把原字放在括号中以备查考，如“的（个）”。

再如“一阵风”、“这阵子”的“阵”字，方言读“俊”。抄本刊本都写作“**忖**”。字典辞书以至电脑字库都找不到“**忖**”这个字，显然是古人“依音托事”，“从存从心”造出来的生字，当然不宜通用。因而我们改为“阵（**忖**）”。

我们这样处理，不能不说用心良苦，但却受到一些人士的反对和非议。后来我们考虑再三，认为编辑出版这批难得的文化遗产，既要保存其基本原貌，又要能让后人读得懂，所以还是“我行我素”持之以恒。

1. 戏曲抄本刊本不是文化经典，而是来自民间

刊本精致的少，粗疏的多，有的学者甚至用“劣”字来形容。至于抄本，艺人多数文化水平不高，识字不多，甚至文盲。尤其那些只为个人备忘而非供发表的抄簿，就更不能苛求。而现在要出版公诸社会，传之后世，不校改就不能卒读。如《荔镜记·赤水收租》，佃农回答黄九郎责怪没派人去为他抬轿子时说：

人都无工上厝大个去锄草厝下第二个去洛田上山福仔

不在厝下厝粪父去捞水沟（刊本无标点符号）

这个长句有四个“厝”二个“个”与“上”，许多人读不懂，有的断句也断错了。用今天的话来说就是：（为什么不去为你抬轿呢，因为）大家都没空：上屋家老大去锄草；下屋家老二去下田；山上那个福仔不在家；下屋家那个叫笨夫的去耨水沟。

这些，全部是农民对付地主老爷的搪塞之言。

又如在《荔镜记·忆情自叹》中，黄五娘唱一曲〔伤春令〕，其中一句：

看許開箇含箇畢目箇謝箇都是東君擺布生意……

这句曲语助“的”，不写“个”而写“箇”，更令人费解。意思是：

看许开的、含蕊的、快要绽放的、谢的〔花〕，

都是东君摆布生意

再如清顺治本《荔枝记》媒婆李姐有一句话白：

井瓜無郎，井仔無腹腸

从字面上看，很难读懂。原来是：

谤瓜無瓤，谤仔無腹肠

令人费解是“井”、“郎”两个关键字，都是同音借用字，如果不校正，真的是不像话。谤瓜是不成熟的瓜，如黄瓜，不成熟就無瓤（瓜内尚未形成籽粒）。谤仔是媒婆眼中的黄五娘幼稚不懂事，多好的富豪家不嫁真是傻子。“無腹腸”是“谤仔”更形象的比喻，否则“無腹腸”怎么是个活人！这句生动比兴的古老俗谚，经过校正便复活过来。

清顺治本《荔枝记》还有一词语“喝水”。任何人一看都知道是口渴要喝水，决不会有它义。但刊本却刻着：

卖棕帽侪仔都喝水

这句话出自李婆与女婢益春在灯下初见陈三时，李婆认为陈三是兴化来潮州卖棕帽的小子。益春不以为然驳之：卖棕帽的小子都那么漂亮。那么漂亮，泉方言口语称“喝水”。（喝，借音副词，义那么，本字疑为曷。水，借音形容词，本字应是媠，字典释义：美好。曷媠，何其美好。）

这是刊刻本，尚且如此，至于手抄簿，更是五花八门，一言难尽。如一部傀儡戏抄

簿写着“毛公别年”，猜测半天，才发现四个字错了三字。正字应是“道光捌年”。

诸如此类，不校正还原，岂不是贻笑大方。

2. 我们在校订时，也从这些“方言俗字土语”中，钩沉出语言学中一些宝贵的文化积淀

例一 明刊中有“奸雷”，又有“白脱”这类生僻词语。在校订琢磨中，笔者想起抗日期间，先母面对生活无来源日子难熬时，常怨叹说“乾粮白獭”这句话，当时不甚理解，如今把“奸雷”与“白脱”联系起来推敲，才悟出是“乾擂白拓”四个字，应该源自碑刻拓片时不上墨汁的“乾擂”。可惜《汉语大词典》却找不到这词目。但我相信先母的上辈人都是读书人，这句话不会是无源之水。笔者在《明刊戏曲弦管选集》中，为“乾擂”作了详细注释，出版以后，这个注释后来也见之于其他著作中。由此可见，这个校正也救活了一句古成语。

例二 在塑料制品问世之前，城乡各地都用咸草编成的袋子装盛物品，如五谷杂粮或副食品。民间口语及戏文抄簿都称这种草袋为“加字”。“加字”显然是借音字，经考辨，《诗经》有“ 蒹葭苍苍 ”，韩愈《进学解》有“补苴罅漏”之句，于是我想“咸草”应是“蒹草”，“加字”应是“葭苴”(苴，词典有鞋垫、包裹 等义)，形、音、义都十分相近，可以成立。

例三 在刊本抄本中，常有“劳荣”或“劳营”两字，五娘骂陈三也是“陈三夭句劳营”。在现实生活中，还常听到“富知惜福，穷却劳荣”。那么“劳荣”或“劳营”是什么，望文生义猜不出什么。经过一些时日，有位同事找到一个“膋”字。何谓“膋”？古书云：“膋，脂膏也。”“膟膋，肠闲脂也。”即常指腹中的油脂。如此看来，“劳”就是“膋”的别字，那么“荣”或“营”是什么，循音一想，应是“盈”。“劳荣”或“劳营”，无疑就是“膋盈”。大腹便便，体内油脂过多，可谓“富得流油”，因此这种人对生活讲究享受、十分挑剔，可称是“膋盈之人”。“穷却劳荣”，意谓有人穷困时反而挑肥拣瘦、妄图享受，岂不是很反常，或很不守本分。戏中五娘骂陈三“膋盈”，是指斥他不守本分或太过分，竟敢“奴欺主”。

上述两点，指出借音字的特殊价值，并不意味着借音字还应该继续使用甚至加以发展。因为借音字或“通假”字是在一定历史时期的产物，在某个历史阶段或者可行，或者是某些人不得已而为之的(如执笔者识字不多)。如今是信息时代，把正确的信息(邮件、短信)传送到对方，准确无误的文字语词是先决条件，签订合同契约文书，更是一字千金，打起官司，甚至决定输赢。至于传统戏曲弦管的演出，如借助幻灯字幕，更应该把准确的文字传递给受众，帮助观众理解节目的内容。有一次在弦管演唱中，字幕上出现一句曲词“毛阮乜八死”五个字，一位教育界人士看得满头雾水，急问这是什么意思？有人告诉她，意思是“叫我多么难为情”。她听后不禁问：“为什么字幕要这样写？”

是的，为什么要这样写？回答是原来的曲簿就是这样写的。

其中难懂的是这个“𤆬”字。这个字还有个同音义的“挐”字,来源甚古,在明刊《陈彦臣》《荔镜记》中就出现过,可能产生于宋元时期的俗文学中。其中“𤆬”字在莆仙戏文中也有,“挐”字则较多用于潮剧。可惜的是在字典辞书以至电脑字库都不收录,或认为没有收录的价值,因为它为正字可用。刊本抄本这两个字常见的用处是“𤆬某”或“挐某”,其实改为“娶妻”就可以了。至于“𤆬阮”,意为“引起我”或“带领我”。阮,方言作我或我们。在这里,“𤆬”改为“挈”是可行的。古书有“韩偓挈族来归”之句,鲁迅诗用了“挈妇将雏”成语,意思是带着妻子,领着儿女。“乜”,方言借用作“么”;“八死”也是方言词,意为羞耻、难为情。

为一句五个方言字的曲词,要解释了半天,还未必能达意。这就提出一个问题,文字作为传媒的重要媒介,务必要求规范,让人读懂(演出幻灯字幕一眼过,更要易读易懂),因此在大众传媒上,包括出版物,以至于广告,就不宜用“通假”字、借音字或自造俗字。记得早年去香港,看到咖啡座门外的价目单上,赫然写着“咖啡一杯十蚊”。一杯咖啡有十只蚊,谁还敢喝?后来才知道,粤语“元”读“蚊”。口语读“蚊”关系不大,写成文字呈现于公众,不误解才怪呢!又有一例,去年广州某媒体提倡讲普通话,有人举着牌子抗议,牌上写着“不要‘煲冬瓜’”。“不要‘煲冬瓜’,不然要什么?原来是不要“普通话”。“普通话”三个字再普通不过,为什么不直接写,岂不是更达意!

这一切再次证明,“通假”字、借音字或自造俗字都不合时宜。“早起”不用“蚤起”、“娶妻”不用“𤆬某”、“悖阵风”不用“丶风”,应该是顺理成章的,否则会让人不知所云。

总而言之,在改革开放和保护非物质文化遗产的大环境中,我们才有可能最大限度的征集了泉州明清以来的刊本和抄本,它们不但是泉州南音(弦管)南戏难得的历史凭证,同时也是泉州方言的宝库。它们有如一座戏曲文学、音乐文学和语言学的富矿,有待学界同仁共同来深入发掘。笔者仅仅在校订中做些初步的探索,有所收获。但限于水平,论述中失当难免,恳望批评指教。

(作者单位:泉州地方戏曲研究社)

参考文献

[1]《明刊闽南戏曲弦管选本三种》,中国戏剧出版社 1995 年版。

[2]《泉州传统戏曲丛书》,中国戏剧出版社 1999－2000 年版。

[3]《明刊戏曲弦管选集》,中国戏剧出版社 2003 年版。

[4]《考辨泉州话》,中国戏剧出版社 2008 年版。

[5]《荔镜记荔枝记四种》,中国戏剧出版社 2010 年版。

[6]《荔镜奇缘古今谈》,中国戏剧出版社 2011 年版。

[7]《明万历荔枝记校读》,中国戏剧出版社 2011 年版。

流动的飨宴:近代台闽两地饮食文化的消融及记忆

郑　梓

一、流动的记忆、流动的飨宴

——台味、闽味、化不开的是乡愁

历经长达千年的流传和积累、大约撰成于200多年前的《闽都别记》,于今读来还宛若一幅幅绵延不绝的闽中风俗画、闽都浮世绘,一切仍历历在目。

就在30年前新校重刊之际,厦大教授、著名史学家傅衣凌先生也曾于"前言"(1983年1月)直言评断:一部400回150万余言的《闽都别记》书中"保存有大量的福建(主要是福州地区)的民间故事、神话传说和谣谚,这种口头文学,值得民俗学家、语言学家以及研究福建地方文史者和文学者参考";他同时还指出版重刊此书的意义有二:"一是保藏福建文献,二是提供有益的材料,有助于研究福建历史。"[1]四年前"别记"又校刊再版,该书的解读解析专家林蔚文则写下以下一段满怀感性的序言:"福建古称海滨邹鲁之乡,闽地山川毓秀,地灵人杰,人才辈出;许多久居异国他乡的游子,对故乡的风土人情充满难以名状的眷恋之情;一声乡音,一碗'鼎边糊',可以勾起游子浓浓的乡愁和乡恋。"[2]

其实对于台海两岸皆我祖乡、台闽两地皆我歌哭之地、且已逾花甲之年的我,近年来越来越真切感受到:无论闽味、台味抑或海味,浓得化不开的却正是那一缕乡愁,那几番浮沉从少年、青壮年以迄渐入老迈的暮年,那层层叠叠的还是挥之不去、依稀犹在召唤的儿时记忆。

尤以流播于台闽两地的饮食文化,既是近代流动于台海两岸广大庶民间一场场的飨宴,亦是依然牵动着的千丝万缕的鲜活记忆,当然此间沉积的也不仅仅系多元丰厚的历史底蕴,实际上确亦是我迄今生活的常轨,日常的基调,好似自在流畅、随意变换于台闽饮食文化之间的如歌行板。

图 1 《闽都别记》书影

图 2 基隆庙口——日治时期来台的著名“鼎边糊”

图片来源:施政廷绘图,曹铭宗文字:《台湾小吃之美——基隆庙口》,台北联经公司 2008 年版。

图 3 基隆庙口——日治时期来台的著名“鼎边糊”

介壽獅子市場可以品嘗到很多馬祖在地的小吃，鼎邊糊就是其中一樣，而位在二樓的「阿妹的店」生意最好。老闆娘林秀英，老客人慣稱阿妹，她料理鼎邊糊的手藝不僅好吃而且好看，鼎邊糊是使用在來米磨成的米漿，順著鼎邊薄薄的淋上一圈，米漿因為高溫凝成固體狀，老闆娘再快速的刮下這米糊，成為類似河粉或粄條的米糊板。

熟透的米糊板會加在精心熬煮的湯料裡，包括有大骨、蚵仔、鹹魚、木耳、冬瓜等內容，嚐起來香滑順口，大骨與蚵仔混合的鮮味讓鼎邊糊擁有讓人難忘的滋味。店裡位置不多，大概可以容納20名客人，除了鼎邊糊以外，也可以品嘗米粉湯與餛飩湯等其他小吃。

1 除了鼎邊糊以外，阿妹的店也有賣米粉湯與餛飩湯。
2 阿妹的店老闆娘林秀英以俐落的手法，烹調馬祖美味小吃鼎邊糊。
3 馬祖鼎邊糊豐富的配料裡一定要有好吃爽口的鹹魚。

图 4　闽江口—马祖南竿岛上“阿妹的店”里的“鼎边糊”

图片来源：吴思莹等：《严选正港台湾味小吃 173 家——北东部与离岛篇》，新北市幸福文化 2011 年版。

二、历史记忆,何不跟着味觉走?

——我一日之计的台闽美食

初秋的晨间,随手翻阅《闽都别记》卷末后附的《榕腔白字诗》,曾阅至“咏光饼”(七律)乙诗,诗咏:

仅酥仅热搁油渣,就咬当街怀使赊。

可恨当年戚继光,替奴腹老擂一穿。[3]

1.晨光之中的早点

浏览至此,暂搁下《别记》,迎着晨光,轻快地踏着自行车,我如常地来到(南台湾)成功大学校区大学路畔的“常春藤”面包坊,援例点了一杯热腾腾的鲜奶茶及一份mini台湾“贝果”(外形像极闽式光饼),同时摊开今天的日报,享用我秋凉的早餐,也开始我这一天的常民生活。

此刻我正享用的早餐及早报,手上抓的、口中咬的,原以为系流行于美国纽约街头、源自于犹太人的贝果,但眼前看的这一天(2012年9月29日)晨报的头版头条新闻,却是中国外长于纽约的联大演说,他严厉指控:“日本偷走(窃取)钓鱼台列岛……”

于是我的思绪,遂联想至晨间刚刚翻阅过的《福建省志·民俗志》《风味小吃》篇中有关“光饼”的如下记载:

光饼又称“征东饼”,其来历有段掌故。

明嘉靖四十一年(1562年)农历九月二十七日,抗倭民族英雄戚继光,率部追歼倭寇至福清牛田(今龙田),为减少炊时,戚继光布置各营以炭火烤炙用面粉做成的两种圆饼,一种小而干燥;一种大而松软,略带甜味;两者中间均打一小孔,用绳串背于身上,便于士兵携带作为临时干粮。由于它随处可充饥,增强了队伍的机动性,为平倭立功。

此后,为纪念戚公,福清及福州、闽清等地人民仿制这两种圆饼,前者叫“光饼”,后者称“征东饼”。后有人在光饼上添上芝麻,成了“芝麻光饼”,又叫“福清饼”。福清一带每遇清明,用它作祭品。立夏时,孩童们将模仿各种飞禽走兽形象制成的光饼挂在脖子上,追逐嬉戏,增添节日气氛。将光饼掰开,夹入韭菜、鲜蛏、嫩笋、紫菜等即成“咸烧饼”;如加糖则为“甜烧饼”。[4]

老辈福州人倘忆起旧时“提(苔)菜饼,辣菜饼,猪油渣夹我福清饼”的叫卖声,倍感亲切……

2. 秋凉正午的午餐

秋凉的正午,最想喝碗汤。于是我走进成大光复校门对面的一家标榜“白汤王”的日式拉面店,点了一碗“山药叉烧拉面”及一碟“台式虾卷”。

屈指算来,战后的台湾迄今距日本殖民统治时期早已逾一甲子之遥了,因而民间所谓的日式饮食早已混入、融入台式、闽式甚或 1949 年祖国大陆各省区竞相迁台的各色菜系矣。即举我所点的这碗所谓的“日式”拉面,最为突出抢眼的却是那几片粉红滑嫩的不折不扣的广式叉烧;再举那碟虽名为“台式”虾卷,但炸得金黄、酥脆的卷皮下馅料中最具特色、别含口感的则系加入了八闽一带日常做菜不可或缺的食材——荸荠是也。

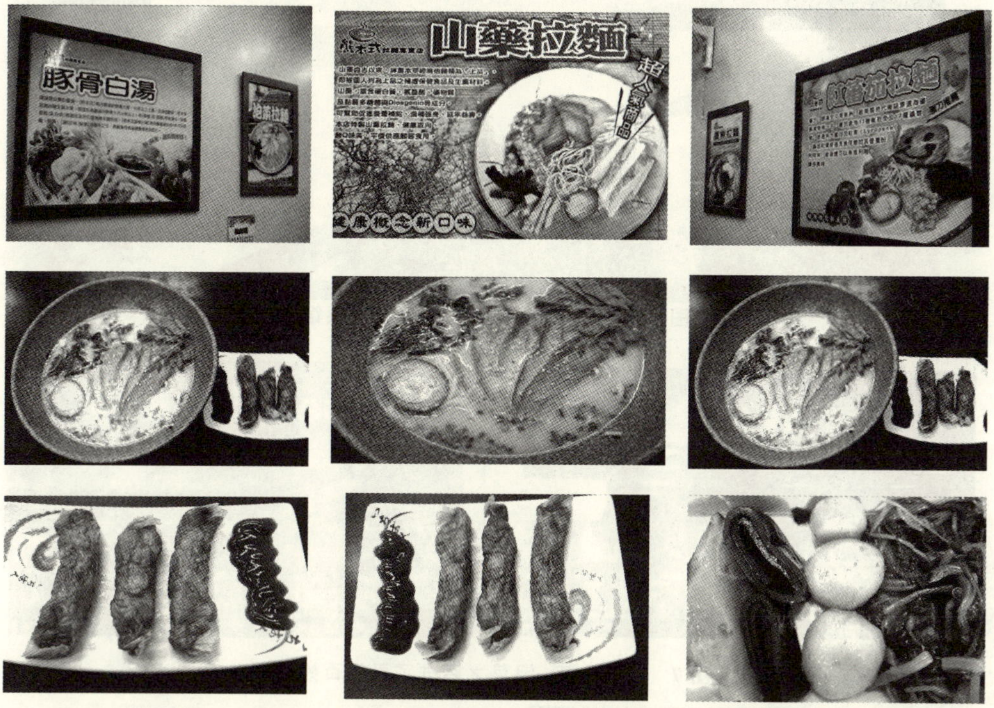

图 5　白汤王、拉面与荸荠虾卷

3. 灯华初上的晚宴

秋季的黄昏,我从台南府城搭上台湾高铁,车行急驰越过一大片夹杂着翠绿和金黄色如地毯般的云嘉南平原,未及 2 小时即抵达繁华又嘈杂的台北大都会。

灯华初上时分,我和友人步行,来到西门町红楼附近,进入了一家号称专供“经典闽菜(福州菜)”的 60 年老字号——“新利大雅”餐厅。

图 6　台北 60 年老字号的经典闽菜馆

图 7　闽菜之王、闽菜之后进了寻常百姓家

图 8　闽菜、台菜、跨海交融中的大宴小酌

“新利大雅”餐厅就位于台北西门町一幢诚品书店的楼上，我与两位好友久未聚会，三人乘兴来此小酌，请店家先行温烫一壶台湾中部埔里精酿的陈年绍兴（以取代闽都——福州的红曲老酒），再浏览菜谱，依序点了以下几道闽菜（福州菜）的风味特色餐点——四菜二汤一甜点。

图 9　闽菜、台菜、跨海交融中的大宴小酌

第一道：芝麻光饼—夹—鲜蛏炒蛋（喝酒前的果腹填底）

第二道：红糟酥皮—炸—海缦鱼条

第三道：扁肉燕丸及福州鱼丸汤（双丸汤）

第四道：糖醋爆双脆（食材原为腰花和海蜇，当晚改作海参和海蜇双脆）

第五道：红糟闷煮羊肉

第六道：海鲜煨福州米粉（或兴化米粉）汤

第七道：甜点——绿豆芝麻凉糕

酒酣耳热之余，忆及儿时乡里口耳相传的两道最为经典的闽系大菜，此即闽菜之王—佛跳墙以及闽菜之后—鸡汤氽海蚌。询及店家可有供应，由于那道"鸡汤氽海蚌"必备预级的大海蚌，平时食材即十分难寻，再加上成本等考量，自然菜单上原本就不列入；而真材实料的"佛跳墙"，除了集结数十项的山珍海味，尤其费工费时，更要讲究火候，当晚急索亦就无缘得尝了。

夜幕渐渐低垂，方与友人扶醉出了这家号称经典的闽菜馆，且随意步入台北街头的超商及超市，放眼逛逛架上柜中陈列的各色食品蔬果等等，赫然发现四处堆着的竟是满坑满谷的快餐包之海鲜羹、鲍鱼、佛跳墙……真可谓无论系昔日公侯华筵抑或官府盛宴里的珍馐异馔，早已进入现今寻常百姓的餐桌上餐盒中了。

三、唯有美食可忘忧！
——两岸皆我祖乡、何不相忘于江海之上

如若你我都存活在纷纷扰扰的现实世界里，或许这世间唯有"美食可忘忧"？

历经拜年，大陆和台湾取得了现今的发展机遇；然则对照于台闽两地的庶民百姓之间，由于不绝如缕的跨海谋生、奔赴于途、竞相移居拓植的悲欣岁月，长久以来相濡以沫、早已积累深厚的民间情感，最为突显的则呈现、交融于台闽的"饮食文化"脉络里，迄今也依然普遍活跃于台闽两地民衆的舌尖之上，虽系口腹之欲，却是"民以食为天"，正扎扎实实地沉淀着最初最终且历久弥新的集体记忆。

将近半世纪台海两岸间的焦灼，所幸最近十余年来从小三通到大三通，从"两马先行"到"两门对开"，以迄现今大开大阖的三通四流，不折不扣地印证了台闽两地的广大庶民，在相濡以沫、挣扎求生的艰难历程里，不生不灭不增不减的却正系那永不止息的达观、幽默、智慧及悲悯吧！

既然台闽两地人民千百年间，不知历经了多少风高浪急的冲击、翻腾而载沉载浮，但风平浪静之后，还依然隔海相望，依然相看两不厌！如果台海两岸千百年来吹的依然是"太平洋的风"，则于今之计，何不暂且相忘于江湖、相忘于江海之上，如千百年来两地人民依着天性、依着坚韧不拔的求生意志，亦如饮食及男女般的自在往来和百般交融，又是否亦应依着天启般的常民智慧，尤其于强权僵持、意识紧绷的艰困或

图 10　美食可忘忧？何不相忘于江海之上！

断裂年代，或许唯有百般祝祷、祈求台海两岸人民各自保其元气，为后世子孙留下持续求生存、求发展的余韵、余白抑或余味？！

（作者单位：台湾成功大学）

参考文献

[1]傅衣凌：《前言》，[清]里人何求编纂：《闽都别记》上册，福建人民出版社 2008 年版，第 1～3 页。

[2]林蔚文：《序》，[清]里人何求编纂：《闽都别记》上册，福建人民出版社 2008 年版，第 2～3 页。

[3][清]里人何求编纂：《闽都别记》下册，福建人民出版社 2008 年版，第 1323 页。这首《咏光饼》（七律），系以榕腔（福州）吟咏，其词大意为：又酥又热还夹上猪油渣的光饼（或是征东饼），就是要现买现吃、当街就咬下，当然不可赊也不可欠；可恨的是当年明朝名将戚继光在攻打倭寇途中，却把奴家腹肚正中央穿个孔，以便挂在脖颈之上，从此充当征东将士们的干粮了！

[4] 参见福建省地方志编纂委员会编：《福建省志 · 民俗志》，方志出版社 1997 年版，第 53～56 页。

[5]荸荠，无论是食材或是药用，古今美食家早就推崇备至，譬如周简段即指说：闽省以福州一带荸荠品种最多，其中佳品尤其颗粒肥大、肉嫩汁多、渣滓甚少；闽菜中一些名菜美点，荸荠不可或缺。参见周简段：《老滋味》，新北市远足文化公司 2012 年版，第 306～308 页。

略论闽南童谣的形成发展及到台湾的传播

周长楫

一

闽南童谣是闽南歌谣的一个组成部分。它是历代闽南地区人民根据儿童的心理特点和理解能力,用丰富多彩、生动活泼、诙谐风趣的闽南方言、俗语及其富有音乐美的韵语与平仄节奏进行创作、并在传唱过程中不断完善而成的民间口传文学。如今,闽南童谣已流行于福建闽南、台湾、广东潮汕等地以及东南亚闽南籍华侨华人居住地。

要探究闽南童谣的起源,自然要跟闽南歌谣的起源联系在一起。记得顾颉刚在《闽歌甲集序》里曾说到福建歌谣因为在诗经、汉乐府等文献里没被收录,所以"福建人唱了三四千年的歌,只同没有唱一样"。是不是因为在古籍文献里找不到福建地区传唱的"歌谣"就说古代包括闽南地区在内的福建地区没有歌谣了呢?当然不行。不错,历史给福建歌谣留下的文字记载确实很少很少,但我们仍然可从极其有限的历史材料中,捕捉到有着源远流长的福建歌谣的历史踪迹,当然也包括闽南歌谣及其童谣了。例如,闽南各地流传的《排甲子》歌谣,其中在惠安县崇武镇流传的版本是这样说的:"排咾排甲子,人军门,整军纪。军去动,军去西,西下路,南下一支军,拍半路。一再击,二再击,漳州娘仔吼咩咩。派支军,挨户找,找来找去,将军哈湫!"显然,这是记录唐代陈政、陈元光从河南中州到福建闽南漳州征战平定啸乱时运筹帷幄、排兵布阵的歌谣,这首歌谣当时曾广泛流传于漳州地区的漳浦、云霄、诏安等地,后又才传到泉州地区的晋江、惠安、德化等地。惠安县崇武镇流传的这首歌谣据说是在明初由漳州军户传入的。再如晋江流传的《灭元兵》歌谣是这样说的:"八月十五番薯芋,逐家众人恶。烧塔仔,放火号,月饼里,夹信号,刣元兵,有所靠,逐家立志愿,三家杀一元,一暝刣完完。"其中的"八月十五番薯芋"、"烧塔仔,放火号"等,正反映着泉州地区的风俗。可见,这首歌谣应该是当时记载着泉州地区人民为反抗元代高压统治而在月饼里夹着传递给各家的信息，相互告知约好在中秋节这天大家奋起杀尽元兵的历史见证。有人认为番薯传入中国的时间是在明代，质疑这首童谣不是元代的作品。流行于泉州地区的俗语只有"八月十五，听香食芋"一说，而现在包括泉州在内的闽南习俗确有八月十五吃番薯芋头的习俗，因为中秋前后，是闽南地区番薯芋头收成的季节，人们认为，煮熟的番薯剥皮后是呈黄色的，如同黄金；而芋头煮熟剥皮后是呈白色的，如同白银，所以吃番薯芋头寓有"包金包银"的含义，吃了是为了能讨个发财致富的吉利。所以歌谣里的"八月十五番薯芋"估计不是这首歌谣始创者原来的说法，很可能是番薯传入中国后被后人加进去的。这也符合歌谣创作的集体性和流传过程中不断变异的特点。有些歌谣，到底是一般民谣或童谣，是很难分的，像上面所例举的两首就是这种情况，既可看作是民谣，也可认为是童谣。有趣的是，福建地方典籍曾记载着唐代(618—907 年)时期，福建观察使常究州曾看到民间有人传授《月光光》的歌谣，它是这么说的："月光光，渡南塘。骑白马，过洪塘。洪塘水深不得渡，小妹撑船来前路。问郎长，问郎短，问郎一去何时返。"看来，这首歌谣更接近是童谣。今福建各地包括客家地区都流传着《月光光》这样的歌谣，如流传于闽南地区《月光光》的诸多版本中，有一首是这样传念的："月光光，秀才郎。骑白马，过南塘。南塘水深妹得过，掠猫仔，来接货。接货接妹着，揭竹篙，撞觅鸮。觅鸮扑扑飞，揭竹篙，撞茶锅。茶锅锵锵滚，团仔人，遏竹笋。遏几支？遏两支。一支送童生，一支送秀才，秀才骑马呖呖来。"这首童谣虽与唐代传念的内容有所不同，但从题材与结构上看，我们可以看到它与唐代传念的《月光光》之间是明显地存在着一种继承与发展的密切关系的。据此，有人推测，像"唔唔睏，一暝大一寸；唔唔惜，一暝大一尺"、"摇啊摇，摇团日落山，抱团金金看，团是我心肝，惊伊受风寒；拢是一样团，哪有两心情。丈夫也着疼，查某吗爱成。"等一类育婴的摇篮歌童谣，关系到各家各户的生活，甚至可以说是人们的生活中不可缺少的一个重要内容，因此其产生和流传的时间当不会比《月光光》来得晚。由此可见，包括闽南童谣在内的闽南歌谣是源远流长的。

二

从宋元开始，闽南地区就开始向周边地区移民。明清时期，闽南地区有不少人民过海移居到台湾，甚至还有部分人远涉重洋向南洋群岛与海外其他地区移民的。这些移民也就同时把包括闽南童谣在内的闽南歌谣带去并深深扎下根来。限于篇幅，本文只谈及闽南童谣到台湾的传播。

前文提及，从明清时期开始移居台湾的闽南地区移民，从开始至今都成为台湾人口的主体。他们带去的包括闽南童谣在内的闽南文化也就成为台湾的主体文化。有人统计，台湾流传的闽南传统童谣，有 90％以上是来自闽南地区的。台湾闽南童谣接受福建闽南童谣的方法基本上有两种方式，一种是把闽南地区流传过去的童谣一字未改地完全接受，这当然是少数。例如《摇金团》，厦门、台湾流传着的其中一个版本是相同的：摇金团，摇金团，摇猪脚，摇大饼，摇槟榔，来相请。又如《做头前》，厦门、台湾流传着的其中一个版本也是相同的：做头前，食鸭片；做中央，食糖霜；做尾后，食涂豆。再如《人插花》，厦门、台湾所流行的其中一个版本同样是相同的：人插花，伊插草；人抱婴，伊抱狗；人未嫁，伊先走；人坐轿，伊坐粪斗；人睏红眠床，伊睏屎仔口。

另一种方式是大部分闽南童谣流传却到台湾后，发生了或多或少的一些变化，也就是产生了异文，少则只是个别字的更动，多则是增加了一些词语和句子，也有一些是在内容上有了较大变化的。例如，人们熟悉的《天乌乌》，这首童谣在闽台各地都有许多不同的版本。下面各取厦门、漳州、泉州和台湾的一个版本来说明：

厦门《天乌乌》的一个版本：天乌乌，要落雨，揭锄头，掘水路。鲫仔鱼，要娶某。龟担灯，鳖拍鼓，水鸡扛轿大腹肚，田婴揭旗叫艰苦。妈祖气甲无法度，叫個一人行一路。

漳州的《天乌乌》的一个版本是：天乌乌，要落雨，阿公仔揭锄头，巡水路。巡着一阵鱼仔虾仔要娶某。三鳏（鱼名）做新娘，涂杀做公祖，鱼揭灯，虾拍鼓，守鸡扛轿大腹肚，水督（鱼名）规阵来耀［cio⁶］路，田婴揭旗叫艰苦。为着龙王要娶某，鱼虾水卒闪（躲闪）无路。金鱼怀愿做伴娘，哭甲目珠吐吐吐。

泉州的《天乌乌》的一个版本是：天乌乌，要落雨，海龙王，要娶某，鲇鮘做媒人，涂杀做查某。龟吹，鳖拍鼓，水鸡扛轿目吐吐，田婴揭旗喝辛苦，火萤揹灯来照路。虾姑担盘勒屎肚，老鼠沿路拍锣鼓。为着龙王要娶某，鱼虾水卒真辛苦。

台湾的《天乌乌》的一个版本是：天乌乌，要落雨，鲫仔鱼，要娶某，水鸡（田鸡）扛轿大腹肚，田婴揭旗叫艰苦，龟担灯，鳖拍鼓，鲇鮘做媒人，涂杀做查某，蠓仔达嘀，乌白鲁，乌白鲁。拄著四婶婆，食一碗白米饭，咧配咸鱼脯，鱼脯芳，鱼脯芳，俭钱买鸡公，鸡公跋落水，揭竹篙，摒水鬼，水鬼面乌乌，揭铳拍石沽（鱼名）。石沽走去覕，龟咬鳖。鳖伸头，龟咬猴。馃QQ，老猴㸦蹈树，蹈啊蹈，一下无拄好，跋一倒。跋一倒，痛痛痛，投仔投木屐，木屐穿迌迌，投仔投婶婆，婶婆开窗仔，买粗纸，有买伊，无买我，害我心肝噗噗弹［duan⁶］，鸡母悉鸡健［nua⁶］（未生蛋的童子鸡），鸡健走去踮（躲藏），龟咬剑，剑金金，老婆仔抛车辚，车去倒（哪里），车去南塘揪大索，大索揪一下输，老婆仔带瘕疴（一种哮喘病），瘕疴医一下好，老婆仔无烦恼，身体真正好，老婆仔长生不老。

这首童谣流传到台湾后出现的这种变异，这完全合乎闽南童谣创作的集体性与流传发展的变异性规律。

三

台湾闽南童谣既然来源于闽南，因此，它与闽南童谣具有许多共性。在内容上，首先，两岸童谣都注意到儿童的心理、生理的特点以及对事物的关注点和兴趣点，用具有形象特征的人、动植物或自然现象为主要题材，抓住这些事物的特性，以多种的艺术表现手段，来尽情地进行渲染和展示，让儿童在兴趣与新奇中理解、接受和传诵。如《火金姑》、《蝇蛹蛴》、《蜜蜂》、《冬粉汤》、《瞋雷公》，等等。其次，两岸童谣也注意尽可能地反映社会生活的方方面面，让儿童在幼小的心灵里种下辨别善恶、美丑、真假等的苗子与认识事物认识社会。如《劝善歌》、《大食神》、《膨风师》、《正月正》、《十二生肖》、《普渡歌》，等等。再次，抓住儿童好动、逞强的心理，打造各种配合各种游戏，让孩童自娱自乐的风趣念谣。如《手螺歌》、《抄米芳》、《拍手歌》、《摇金子》以及谜谣，等等。这样，就能使闽南童谣从多方面来在帮助儿童学习母语闽南话、认识社会与事物以及教育、娱乐等方面所起的作用。在表现手法上，两岸闽南传统童谣都继承我国诗传统歌谣运用赋、比、兴艺术手法，并注意利用各种修辞手段，特别注意运用闽南话语音的丰富性和韵部的多样性所造成的音乐美与节奏美来表现事物，提高表现内容的艺术效果，增强艺术的感染力与魅力。如《木虱要嫁翁》，采用的是拟人的修辞手法；《一支草一点露》，采用借代的修辞手法；《团仔尻川三斗火》，采用的是夸张的修辞手法；《收澜歌》，采用的是排比的修辞手法；《人插花》，采取的是对比的修辞手法；《爱哭神》，采取的是反复的修辞手法；《火金姑》，还有诸如重叠、设问、反问。采用的是顶真的手法，等等。这些艺术手段，使闽南童谣具有极其宝贵的艺术价值。

两岸闽南童谣在继承传统童谣的同时，也创作了反映新时代新生活以及本地域特点的一些新童谣，让闽南童谣因注入了新鲜血液而充满生命的活力。大陆闽南地区创作的新童谣如《和顺歌》，《文明歌》，《蜜蜂花仔肚》等等，台湾地区创作的新童谣例如《台湾出甜粿》，《丢丢铜》，《安童歌》等等。随着两岸文化交流的日益发展，这些新童谣将通过互相交流而充实、丰富闽南童谣的艺术宝库。此外，两岸一些文人、学者也关注着闽南童谣，出版了一些童谣选集、研究专著以及为数不少的论文，这对抢救、传承和发展闽南童谣起了推波助澜的作用，值得重视。近年来，两岸还把闽南童谣作为乡土教材，分别遍进了幼儿园、小学的课本进入课堂，有些好心人还将一些童谣谱成曲进行传唱甚至编成歌舞来表演，极大地开拓了童谣传承、发展的空间，让这些闽南童谣在新的时代环境下得到创造性的发展。这些宝贵的经验值得相互学习、借鉴和传承的。

祝愿两岸闽南童谣这朵奇葩在人们的精心关怀哺育下，更加繁荣发展。

（作者单位：厦门大学）

五祖拳之武德观

周盟渊*

一、武德的基本内涵

“武德”之义最早见于《左传·宣公十二年》楚庄王言：“武有七德——禁暴、戢兵、保大、定功、安民、和众、丰财者也”。这里的“武德”是军事行动的功能。后来随着时间的推移逐渐衍化为武术的用语和今天的内涵。自古以来，中华武林不管那一家那一派，凡练武者皆首讲武德，武德其内涵指的是练武者的道德范围与行为准则。

习武者古来有之，他们在漫长的社会实践和发展过程中，不断从优秀的传统文化吸取营养和智慧，逐步形成它独特的道德规范和行为准则。这种道德规范和行为准则就体现在封建社会这特定的时期反映出来所谓的“游侠精神”。司马迁在《游侠列传》中说：“今游侠，其行虽不轨于正义，然其言必信，其行必果，已诺必诚，不爱其躯，赴士之厄困……”也就是说游侠在行走于社会之中，对抗于封建社会不合理的统治，进行扶危济贫，除暴安良的行为，虽不轨于正义（所谓的“正义”是司马迁从封建统治者的角度而言）；但具有诚信重诺、言行必果、舍生取义、仗义助人等的侠义精神和价值取向。唐李德裕之《豪侠》云：“义非侠不立，侠非义不成。”

总之，游侠是古代封建社会的特定的产物。他的行为准则是尊师重道，刻苦磨炼，武艺高超，戒骄奢淫逸；忠于自己的信念，具有富贵不能淫，威武不能屈，贫贱不能移之品格；他的价值取向是主持正义，扶危济贫，除暴安良，甚至舍生取义。这就是游侠所展出来的“游侠精神”。在他们的身上体现出中华民族的美德和传统文化的精髓。可以说这就是最早的“武德”。

---

* 周盟渊：五祖拳第五代传人，当代著名的五祖拳拳师。

二、五祖拳武德观的形成及核心

自明以降，中华武术步入了全盛时期，不断地创立了各种拳派。武术先辈们在创立各种流派的过程中，同时吸收、承继了由中华优秀的传统文化和人文思想所孕育的“游侠精神”，制定了一系列的练武者应有的道德标准和行为规范。故有不少的拳谚与馆训都是强调武德的重要性：如“教人先教心，心正则拳正，心歪则拳偏”，“未曾学艺先学礼，未曾习拳先习德”等等。这其中以少林寺的“练功十忌”较为突出：一忌荒惰，二忌矜夸，三忌躁急，四忌太过，五忌酒色，六忌狂妄，七忌讼棍，八忌假正，九忌轻师，十忌欺小。这就是把我中华民族的美德注入武术范畴之中，赋予武术一个高尚的灵魂！使传统的优秀文化内涵和武术运动有机地结合起来，而有别于其他的运动形式。

五祖拳祖师蔡玉明把馆定名为“仁义堂”。提出“欲学拳术，需学善性。欲求善性，修身为本”的训言来教诲他的门下。要求修练五祖拳的门人，首先要以修身为本，去恶而求善性，要以仁、义来作为其道德标准和行动准则。这其中也就体现出自古以来练武者传承已久的“游侠精神”。

“仁”与“义”是儒家思想：仁、义、礼、智、信、忠、恕、孝、悌这九个范畴中的理论核心。“仁”字始见于《尚书·金滕》：“予仁若考。”仁指的是好的道德。“仁”的最初含义是指人与人的一种亲善关系。也就是人们互存、互助、互爱的意思。孔子把“仁”定义为“爱人”，并指出“泛爱众而亲仁”，以博大宽厚的胸怀来爱护民众。这是“仁”的具体表现方式，“夫仁者，己欲立而立人，己欲达而立达人”。这是“仁”之精神价值的重要体现。义指的公正、合理而应当做的。孔子最早提出了“义”。《论语·里仁》：“君子之于天下也，无适也，无莫也，义之与比。”又：“君子喻于义，小人喻于利。”孟子则进一步阐述了“义”。他认为“信”和“果”都必须以“义”为前提。《孟子·离娄上》：“大人者，言不必信，行不必果，惟义所在。”孟子发挥了孔子的思想，把仁同义联系起来，董仲舒及宋代以后的理学家继承其说，阐发、推崇，把“仁、义、礼、智、信”合称为“五常”。在这“五常”之中，“仁与义”乃为传统道德的最高准则。孔子提出：“志士仁人，无求生以害仁，有杀身以成仁。”而孟子提出“舍身以取义”。我中华民族有多少“仁人志士”在此原则的指引下奋不顾身地为民族事业而奋斗终生，或捐躯报国。蔡玉明门徒翁朝言为民族的利益慷慨解囊，支持孙中山先生推翻封建的清政府，菲律宾17位五祖拳门人为抗日而捐躯之行为是何等的大义凛冽！

然而，真正完整仁义不仅包括“杀身成仁，舍生取义”这类大仁大义之行为，也包括亲善、亲和，孝悌，和德，以及见义勇为、一诺千金等等这些融于人们日常生活中的道德、人情与礼节。

蔡玉明对初学者提出了“欲学拳术，需学善性”。也就是说要学拳术首先要具备有善性。何为善性?善性指就是心地善良、处事和善、与人友善。也就是说要具有的一种恻隐之心,一种无私的、不求回报的帮助和关爱,一种不苛求、不强加于人的处事方式,这是一个高尚的精神境界。具有这些美德的人学好武艺,不但不会矜夸狂妄、为害众生,而是将大大有益于社会。正如戚继光在《拳经》中指出:“贤良秘授救危困,邪亡休传害众生”。

如何才能学好善性?蔡玉明进一步指出:“欲求善性,修身为本”。教导门人要通过修身来求得善性。修身是一种逐步完善人品、操行,提高人生境界的过程。《礼记·大学》:“古之欲明明德于天下者,先治其国;欲治其国者,先齐其家;欲齐其家者,先修其身。”可见,在以修身、齐家、治国为三大内涵的中国文化系统中,修身是齐家、治国的前提和基点。这说明了修身的重要性!

如何修身?“欲修其身者,先正其心;欲正其心者,先诚其意;欲诚其意者,先致其知,致知在格物。”也就是说首先究事物的道理或纠正自己的行为(格物),从中获得知识、方法(致知),要真心实意、诚恳地、言行一致的修持(诚意),并应用这些智慧,来端正我们的心思和行为(正心)。可以说,修身是一种自我的超越,是以克已为手段,反省内求为方法,不时提醒自己“为人谋而不忠乎?与朋友交而不信乎?传不习乎?”修身使自己成为一个富有涵养、心地善良、行为光明、品格高尚的人。这样的人学好武艺,将是门派的光大者,将是一位造福于社会的使者。

蔡玉明写了一对楹联作为馆训:“修身修性谦为本,学法学艺一气成”。上联具体地指出谦(谦恭、谦虚)是修身修性的根本。下联是教诲门下要有刻苦锻炼、一气呵成的笃学精神。

谦恭是一种积极的生活态度和高尚的思想境界:它是对他人的智慧、能力、贡献的尊重和肯定。谦恭是一种智慧,它不夸耀自己,而是不断地追求与锐意的进取。谦恭是一种美德:使人具有虚怀若谷的胸襟、豁达平和的态度,具有超越自我的魄力。古训曰:“满招损,谦受益。”故可以说谦虚、谦恭是修身的第一课和做人的根本,同时也是一种学习的方法和人生的哲理。

一气呵成的笃学态度是人生进取、学习的可贵精神。荀子曰:“积土成山,风雨兴焉;积水成渊,蛟龙生焉;积善成德,而神明自得,圣心备也。……不积跬步,无以至千里;不积小流,无以成江海。驽马十驾,功在不舍;锲而不舍,金石可镂。”这告诉了我们:学习求知不是一蹴而就的,而是一个长期积累的过程。要有自强不息、刻苦勤奋、锲而不舍、勇往直前的奋斗精神才可能学有所成,与及有所成就!

蔡玉明门下的十大弟子,个个都是为人正派、造诣高深,皆成为闽南武坛中的武术大师。他们为五祖拳的发展、传播作了不懈的努力和卓越的贡献!100 多年来,使五祖拳在国内外得到广泛的流传,成为福建武坛乃至中华武坛的一大拳派!

由此可知,内省、修身、行仁、重义、谦恭、笃学的德行和精神,是塑造和培养习武者正直的人格、高尚的道德,与造就武艺高超的人才所必不可缺的条件。尚武崇德,德以艺生,艺以德显。这就是五祖拳师祖提倡的武德观。这也就是尚武精神的具体表现。

三、小　结

余曾作一联以明武德之义:“剑至无形心作刃,拳臻化境德为魂”。也就是说武德是武术的灵魂。在武术文化的传承与延续中有着极其重要的作用。在闽南浓郁家族文化的影响下,五祖拳不仅很好地继承了中华武术诸多优秀的武德文化理念,还形成了以谦虚务实为本,注重品德品行的培养,要求尊师重道等一系列较为独特的武德观念。这些观念是五祖拳文化传承和发展的价值核心,对当代仍然具有较为现实的意义,应该成为当前五祖拳非物质文化遗产发掘、保护、传承和弘扬的重要组成部分。

(作者单位:泉州师范学院)

参考文献

[1]杜德全、周盟渊:《五祖拳文化研究》,厦门大学出版社 2012 年版。
[2]马明达:《说剑丛稿》,中华书局 2007 年版。
[3]关世杰译:《世界文化报告》,北京大学出版社 2002 年版。
[4]徐嵩龄:《文化遗产的保护与经营——中国实践与理论进展》,社会科学出版社 2003 年版。
[5]乔晓光:《活态文化》,山西人民出版社 2004 年版。
[6]丘丕相:《中国武术文化散论》,上海人民出版社 2007 年版。
[7]吴图南:《国术概论》,中国书店出版社 1984 年版。
[9]林枫、范正义:《闽南文化述论》,中国社会科学出版社 2008 年版。

闽南文化在泉台家族企业文化中的传承与发展

周颖斌

闽南文化,“特征上说,它以闽南方言为载体,存活于闽南方言通行的社会之中。从地域范围说,它发源于福建泉州地区,逐步向漳州地区、潮汕地区和雷州半岛、台湾地区及海南地区扩展……”[1]泉州文化中的“重乡崇祖的生活哲学、爱拼敢赢的精神气质、重义求利的价值观念、山海交融的行为模式和既追求中庸和合,又敢于推陈出新的性格是闽南文化的典型特征”[1]。因此,泉州文化是闽南文化的典型代表。

泉州家族企业不仅占据着闽南企业的主体地位,甚至从全国范围来看,也具有举足轻重的地位:在胡润财富榜上,从排名第3、资产320亿元的许荣茂,到排名第935、资产10亿元的林水盘,泉商共占了38位,可以说,泉州家族企业是闽南企业的中坚力量和典型代表。因此,以泉州家族企业文化来研究泉州文化,进而同一衣带水的台湾家族企业文化(泉籍人口占台湾总人口的40%以上)相比较对研究闽南文化具有重要的战略意义。

一、泉州家族企业产生的历史文化背景及其发展状况

改革开放以来,泉州家族企业的产生和蓬勃发展,是有其历史文化背景的。首先,泉州人多为晋唐时期迁入的,晋人“衣冠南迁”的艰辛创业文化让其后人——泉州人流着爱拼敢赢的血脉。其次,宋元时期,泉州是“海上丝绸之路”起点,泉州港是世界级大港[1]。泉州人“以海为田,以舟为车”,“船到市井十洲人,涨潮声中万国商”[2]。同世界上100多个国家和地区有贸易往来,长期的对外贸易和对外文化交流活动,形成了明显的“海丝文化气息”,使泉州较早就接受了多种文化的洗礼,“融合了伊斯兰文化、印度文化、欧洲文化和南洋文化 ,被誉为‘世界宗教博物馆”[1],形成了其勇于接受、融入外来文化的心胸和魄力,以及不畏艰险,敢为人先的冒险性格。再者,从地理角度来看,泉州人伴海而居,面向内陆相对隔绝,面向海外则较为通畅。一方面,泉州土地较为贫瘠,传统的农耕经济难以为生计。于是他们不顾封建统治者的海禁压制,在明清时期就敢于利用延绵的海岸进行海上贸易。这也塑成了泉州人的冒险犯

禁、胆大敢为的精神；另一方面，地理环境的相对封闭也使得泉州的传统文化特别是家族文化得到了完整保存，这也为泉州家族企业的兴起提供了直接的文化源泉。作为“明清十大商帮”之一的“闽商”的重要组成部分，泉州人很早就有商贸传统。改革开放后，众多海外侨商在取得成功后回馈家乡，为泉州家族企业的迅速崛起提供了物质保证和精神支持，使泉州民间以“三闲”（闲人、闲房、闲资）为起步创设个体私营经济，开非公有经济发展之先河[2]。这样，晋唐遗风、冒险精神、地缘驱动、海洋文化、商业文化构成了富有特色的泉州家族文化传统，造就了改革开放后泉州家族企业的蓬勃发展。从1997年以来，泉州的经济总量一直居福建省首位，涌现了如晋江的“安踏”、“恒安”等资产数百亿的一些超大型家族民营企业。泉州下辖的县市中就有“中国鞋都”晋江、“中国瓷都”德化、“中国茶都”安溪、“中国服装城”石狮、“中国建材城”南安。以南安为例，它掌握着国内水暖市场的定价权，全国70%的陶瓷、80%的水暖、70%的石材由南安人经营和配送[3]。但不可否认，泉州家族企业也普遍存在着“小”、“散”、“密”状况，在“中国企业500强”和“中国民营企业500强”中，泉州地区入榜的家族企业还相对较少。企业寿命也比较短，据统计，“70%左右的中小家族企业的生命周期只能存续一代，15%可延续到第二代，只有5%的家族企业可能延续到第三代。家族企业‘三代灭亡’的现象较普遍”[4]。概而言之，泉州家族企业数量众多，发展迅速，区域聚集化强，但有竞争力的超大型企业仍然较少，重复建设问题较大，中小企业延续能力相对较差。

二、泉、台家族文化同源性及台湾家族企业的发展态势

台湾家族文化与泉州家族文化联系紧密，具有同源性的特点：第一，台湾移民社会的人口主体以闽南人为主，占了80%左右，其中祖籍为泉州的人口就占台湾总人口的40%以上。第二，泉籍台湾移民往往聚族而居，家族成员群体移民，兄弟相率，夫妻同往，甚至举家迁徙的现象普遍存在，聚族而居正是家族文化得以发展和存在的一个重要客观条件。第三，渡台泉人较完整地保留了原先的家族组织结构和祭祖仪式，使传统家族文化得以承继，两地的族谱、祠堂、祖厝的形制多如出一辙。第四，泉籍移民同家乡一直保持着十分密切的关系，他们有了收入后，则带回泉州，或资助亲友，或娶亲回家然后再只身返台[5]，泉、台两地家族之间血缘、经济、文化联系紧密，其家族文化具有明显的同源性。因此，泉州、台湾两地的家族企业文化也必然有其相通之处。在台湾，家族企业亦很盛行，上市公司有2/3、上柜公司几乎全部有着相当浓厚的家族色彩，其文化色彩很多均与泉州的家族企业类同。但同时，由于两地历史发展的特殊性，泉州总体与大陆的历史进程较相一致，而台湾则在1945年以前被日本殖民统治长达半个世纪，1949年以后两岸又长期分治，使得台湾在保持闽南传统文化的同时，又地接受了日、美文化的影响。其社会经济体制取自美式资本主义，企业

经营管理又效仿日本风格。形成了兼容美式、日式经营管理方法、又以传统家族文化为基础的独具特色的管理模式。如今,台湾家族企业发展已相当成熟,出现了许多国际知名的大企业,台湾鸿海精密、国泰金融控股、广达电脑等家族企业均位列“世界500强”,根据世界经济论坛(WEF)竞争力报告,台湾企业成熟度竞争力排名全球第13,亚洲第2,已是现代企业制度与家族文化融合较为成熟的模式。

三、泉、台家族企业文化的共同点

(一)都以“五缘文化”建构强大的宗法关系网

作为闽南文化的典型,泉、台的人际关系网是以宗族亲戚、邻里乡党、宗教信仰、同行和物质媒介等为五条纽带结合成的熟人社会关系网。在这个关系网中,“亲缘”即宗族亲戚的血亲关系是它的根本纽带。在这样的文化背景下,泉、台企业的发展形式就以家族企业为主了。一方面,家族企业主要靠家族主要成员共同维护企业的成长与稳定:企业的经营管理权由有血缘、姻缘关系的家族成员共同控制,企业实现的收益主要由家族成员共享,家族成员的个性、特点、爱好及相互关系的变化都会给企业的管理与决策予以重大乃至决定性影响,企业所有权和控制权在家族中代际相传;这种家族文化深化了家族内部的联系,强化了家族内部的团结,形成了泉、台具有鲜明地域特性的强大的宗法关系网络,营造了家族企业内部在情感与志趣等多方面的强烈认同感。在草创初期,对减少家族企业的创设成本,提高决策效率,促进家族企业的迅速崛起,并在企业发展的中初级阶段维护家族企业的稳固,推进家族企业的持续发展都发挥着重要的作用。

(二)泉、台中小型家族企业多讲究“内外有别”,对血缘、地域不同的员工进行区别对待

传统的儒家主张有“差等性”的仁爱,非亲非故的人很难得到与亲友、同乡同样的仁爱。泉、台企业的家族文化传统对“亲近”的人群具有聚集力,同时也意味着对另一类人群的排斥力;不管是泉州家族企业还是台湾中小型家族企业多讲究“内外有别”,或显性或隐性地排斥非血缘、无地域关系的员工;泉州家族企业不仅在血缘上对族内成员与族外成员区别对待,外来职业经理人和务工人员也被分为闽南、福建、省外三个不同的信任等级区别对待;台湾中小型家族企业则对家族内成员与族外成员,台湾省内员工与省外员工区别对待,同样的职位,台籍员工所获薪金往往是陆籍员工的数倍。泉、台家族企业中产生“双元系统的组织结构与极端共存的现象:由血缘、姻亲等家族关系为基础的高阶决策层与以专业能力、技术为基础构成的中低阶员工层,成为企业管理上的双轨制”[6],这种“内外有别”的双轨制容易导致家族规则影响并渗透到

企业管理，企业的规章制度对部分家族管理人员形同虚设。同时，在“无形的天花板下”，族外员工受到种种的限制和防范，难以拥有真正的经营管理权，个人价值无法得到实现，这就使他们对企业缺乏认同感和归属感，从而导致大量优秀人才流失，增加了企业的离心力。除了泉州家族企业常常出现“民工荒”、职业经理人不愿进入的问题之外，台湾中小型家族企业在大陆也出现类似的问题：据上海人才市场 2007 年对台商企业跳槽的高级人才进行调查，发现仅因“无形的天花板”问题而跳槽的达 70%。在人才流通和务工人员大流动的情况下，这种体制难以建立起一支稳定、熟练的职工队伍，成为了泉、台家族企业发展的瓶颈。

（三）都采取家族权威独裁式管理，强调和突出“家长”的领导权威

泉州和台湾早期的家族企业的控制权一般都集中在创业家长或家族大家长手中，由创业者出任企业最高阶层职位，采取专权与教训相结合的家长集权式领导作风，企业主集董事长和总经理于一身，企业的管理权和重大决策权完全由其掌握，“专权”色彩浓厚[7]；董事会只是形式，其行动完全受其控制，其功能实际上已经退化为协调家族成员之间的矛盾；而监事会要么形同虚设，要么干脆不设立。员工必须通过展现对企业主的忠诚才能获得信任，许多家族企业员工在明知“家长”的决定是错误的情况下也仍然执行，这就导致家族企业出现许多忽视长远利益的短期行为。

（四）都呈现闽南传统家族文化与现代海洋文化、商业文化的水乳交融，在文化上极具包容性、超越性和进化力

泉州、台湾家族企业的一大特色是被打上“封建”烙印的传统家族文化与现代海洋文化、商业文化融洽相处。泉人早期外出经商、渡台拓荒，其所处环境险恶且充满不确定性，常常要经历生与死的考验。这样以血缘、地域为纽带互相扶持提携就显得尤为重要。艰苦的环境、不确定的归期，需要有极强的家族文化维系家庭与家族稳定、传承。因此，越是开放和冒险，就越需要保守和安稳的家族文化来“镇住”；为此，家族文化与海洋文化、商业文化形成了文化互补关系，在生存和发展的两个层次上强化了闽南传统家族文化。泉州、台湾两地都存在闽南传统家族文化与海洋文化、商业文化互相促进，共同“进化”的互哺现象，具有极强的包容性和超越性：两地家族企业除了都大量保留传统家族治理方式、盛行海洋冒险文化外，台湾家族企业形成了兼容美式、日式经营管理方法、以传统家族文化为基础的独具特色的管理模式；泉州家族企业则在不断进取的同时，也逐渐融入国际环境，如泉州家族企业家许荣茂就聘请了大量的国外董事，冲破家族企业的茧壳，具有国际视野，可见，闽南传统家族文化并非僵硬不变的，而是与现代化之间呈现出相互促进的关系。

四、泉、台家族企业文化的不同点

由于泉州家族企业兴起于改革开放短短的30年间，而台湾家族企业在日据时期就有了相当的发展，加上长期接受美、日、欧先进管理思想和文化理念的洗礼，不可避免地，台湾家族企业无论在发展规模还是在企业文化上都要比泉州家族企业先行一步，再加上台湾没有经历“文革”这样的系统颠覆，对传统文化也就保留得较完整，台湾家族企业在对中西文化的融合上有着较深的实践经验，这就使得台湾家族企业有不少先进经验值得泉州的企业家们借鉴。

(一)在管理文化上

现代家族企业管理除了要处理好族内关系，更多还要处理好与企业中非族内成员的关系。传统家族文化在家族内部、在“熟人社会”中形成精神纽带作用不小，在此之外，则是缺位的。由于缺乏西方先进管理文化的介入，泉州中小家族企业与其族外员工之间除了经济联系以外，缺乏其他的有效联系途径。在管理文化上概念模糊，简单、粗放；企业主把企业与员工的关系误解为简单的金钱雇佣关系，没有把员工看做感情复杂、心理微妙的个体，而仅仅将其当成一个机械的生产要素。

台湾大型家族企业则十分重视“人”的管理，他们以中国传统文化为体，以西方管理制度为用，形成了一整套自成体系的管理文化。一方面，台湾企业比泉州企业更重视家族伦理，团结族内员工；另一方面，台湾企业又更多地引进西方管理制度，重视对员工的情感建设。“传统的更传统，开放的更开放”。在传统的方面，台湾大型家族企业坚持中国文化和谐、中庸、重人的思想精髓，儒家的“仁、义、礼、智、信”五德以及以人为本的思想帮助台湾企业妥善处理了各方面关系，安定员工。既主张效率优先，又反对企业把职工当作拿薪水的奴隶对待，在实际工作中，台湾企业既强调下级服从上级，又要求上级善待下级，上司既要作下属的“君”、还要作下属的“友”[8]。在管理方式上，台湾大型家族企业推行现代企业管理制度，即按所有权和经营权分离模式，把企业所有权与管理权分开，形成一种法治精神取向的家族管理制度，企业逐渐开始用专业经理人代替家族成员，放人又放权。

(二)在对待产权问题上

泉州很大一部分家族企业产权意识模糊，台湾家族企业则引入契约规制机制，建立起明晰的产权结构。目前泉州所有权与经营权不分离的家族企业占43.25%[9]，这些家族企业的资金绝大部分来自于一个或数个家族成员的个人资本，产权通常是封闭的，缺乏明晰、健全的产权制度。这就导致家庭矛盾容易渗入企业，企业发展有了一定的成绩以后，家族成员往往因为分权、分利而离心；另外，在企业的创始人过世后，资产如何分割、如何继承，血缘关系与利益关系的复杂性，使企业产权关系更加难以理清，企业容易因为产权问题处理不当而分崩离析。

而台湾家族企业普遍在企业制度方面进行了改进，引入契约规制机制，即在家族成员中，“按各自的地位及作用，以契约的合法形式合理分配公司股权，从机制上、法律上有效避免争夺家产的人为纠纷，加强家族的核心控制能力，即始终保持家族对企业的整体控股权”[10]，从而不会产生个人对产权的集权和任意处置权，有效地稳定了企业的延续和发展。

（三）在对待接班人问题上

无论是泉州家族企业还是台湾家族企业都多主张由本家族内部成员接班，对他们充分授权。但泉州第一代企业家多数受教育程度不高，对接班人的培养缺乏规划，往往“不会读书就来接我的班”，在子女对企业经营管理方法了解不到位的情况下就让他们匆忙坐上“头把交椅”，过程相当草率，容易给企业带来灾难性的后果。台湾企业家则在培养接班人上则有一套科学、先进的理念并付诸实践。一方面。他们十分重视子女的教育，培养子女接受高等教育，赴海外深造，掌握现代管理知识。台湾家族企业集团的第二代接班人一般都学有所长，留学国外，获取硕、博士者大有人在。另一方面，台湾家族企业家十分重视言传身教，将吃苦耐劳，自强不息的精神潜移默化地传播到下一代。此外，台湾家族企业还重视在实践上为承继者在专业知识上、经验上、实践上提供丰富的历练，鼓励子女从基层做起，对企业有全方面了解[11]。这就保证了台湾家族企业领导人的顺利代际衔接和发展，对泉州家族企业家有着很好的借鉴作用。

（四）在对待外部合作上

泉人强悍拼搏的同时有一种独立的、不合作的性格：“卖三占钱土豆也要做头家”[1]，生意再小也要自己当老板，不愿跟人合作，与人分利更是万不得已的“下策”：由于拼搏进取，泉人抓改革开放之机而先行一步，又因为独立不合作，泉州本地企业在产业升级和社会整体发展战略方面有所落后。过分的“拼闯”意识和家族封闭性造成的“面子”观念和“输人不输阵”的心态，他们把企业间的竞争和合作都看成战场上的厮杀，非要拼个你死我活，这就使得家族企业之间遵循经济规律的彼此联合、重组、兼并等成为不可能，家族企业难以做大，导致泉州本地家族企业“小”、“散”、“密”，重复建设严重，企业寿命也比较短。但令人欣慰的是，异地经营的泉商则由于环境的压力反而更加注重合作，“国内异地泉籍商会已达 133 个，海外泉籍社团达 70 多个，在外企业的年销售总额 4000 亿元以上，相当于再造一个泉州市场”[3]。台湾家族企业则以“大爱”作为伦理基础，提倡“与众乐”的新儒家观念，在内在外都比较注重合作，善待股东、同行，使投资者、经营者同乐，加强同行业之间的合作，从而形成合力，支持企业不断做大做强。因此，泉州本地企业家“爱拼敢赢”，却不肯屈就，不愿与同行合作，导致企业发展难上新台阶。而台湾企业与人为善，讲究“和”，通过强强合作和企业联合，形成了完整的产业链，造就了许多知名国际型大企业。

（五）在慈善捐助上

在慈善捐助方面，泉、台家族企业都表现出相当大的热忱，他们都“推崇关羽之义，称之为‘帝爷公’，‘急公好义，四处皆然’”[1]。但由于经济发展程度不同，两地企业家的慈善视野的宽广度也就有所差异。泉州家族企业较多仍以本族为中心，推崇家乡观念，在取得经济成功后多有修桥补路、捐资助学等回馈乡梓的善举，但仍较少自发地去追求非血缘性、非本土性的无私善举。台湾企业不局限于此，还跨越了族群观念和地域观念，把慈悲胸怀推广到全世界，如汶川地震台湾捐款总数达到36亿新台币，其中，以节俭闻名的王永庆就捐了1亿人民币[1]。2011年日本地震，台湾捐款总数目前已达40亿新台币，又是一个世界第一，其慈善视野显得更为宽广些。

但同时，随着时代的进步，一些泉州企业家的慈善视野也变得愈加宽广，具有“超越性”，开始出现由过去的单纯爱乡到爱国、爱社会的现象。如新华都集团董事长陈发树以个人出资的形式成立“新华都慈善基金”，规模达到80亿股权，开中国民营企业捐赠慈善事业之先河；许健康捐赠3900多万于“新农村建设”，其在慈善公益事业捐资已达上亿元[3]……泉州家族企业家敢为大陆企业家之先，其胸怀也像台湾企业家一样越来越宽广。

五、泉台家族企业文化发展展望

随着两岸“三通”和海西建设的蓬勃发展，以“五缘文化”为依托的泉台家族企业的联系、交流愈加紧密，其企业文化必将进一步互融、互哺，在更大、更广的国际舞台上焕发出新的生机和活力。

与台湾企业血缘相近的泉州家族企业将呈现东西方文明的兼容并蓄，形成兼顾人性与理性、传统与现代的“东方管理哲学”：泉州家族企业将更多地吸收台湾先进的企业管理文化，把淡化的人际关系逐渐回归到传统的人本精神的管理理念。“人和万事兴”、“见面三分情”，既追求科学的专精，又坚持和发展人性化的互动，重视民意、资源整合的智慧，把中国传统文化中的儒家的“仁、义、礼、智、信”五德发扬光大。对内形成先进、科学的分工、管理、接班制度，对外主动合作、提高包容力，进而促进企业不断跃升，形成独特的竞争力。此外，在不断的交流、竞争中，随着企业的进一步发展，泉州家族企业正由重血缘向重地缘转变，家族文化也开始向地缘文化升华，表现为同一区域的企业之间加强合作，抱团发展，形成产业链或产业集群；还表现在外地特别是走出国门到境外发展的泉商齐心协力、众志成城，不断攻坚克难，在困境中抱团生存与逆势发展；最近还出现大企业返乡投资的现象，这些企业在外地把事业做大后，携大量资本、技术回乡，支持家乡的产业集群做大做强。

泉台家族企业具有巨大的包容力与自我超越能力，必将在两岸交流这个巨大舞台上、在全球充分竞争中，进一步脱胎换骨，不断创新企业文化，既保持家族企业决策快速、行动敏捷、勇于担当的优势，在瞬息万变的经济形势中抓住稍纵即逝的机遇，乘势而上；又改革家族家长制权威式独裁管理，建成产权清晰、责任明确的职业经理人管理制度，逐渐淡化、乃至消除对员工的地域、血缘歧视，通过真心关怀、依赖、认同与远景的塑造将企业员工紧紧地团结在一起，形成生生不息、健行不已的现代家族企业文化。

（作者单位：泉州师范学院）

参考文献

[1]林华东：《闽南文化的精神和基本内涵》，《光明日报》2009 年 12 月 08 日。

[2]马仙玉，周松峰：《论泉州企业文化模式的时代构建》，《厦门特区党校学报》2005 年第 2 期。

[3]柴晶晶：《“海派”泉商：爱拼才会赢》，《中国报道》2010 年 5 月 10 日。

[4]颜秀春：《泉州家族企业治理模式的弊端与优化研究》，《黎明职业大学学报》2006 年第 4 期。

[5]苏黎明：《泉州家族文化》，中国言实出版社 2000 年版，第 210～233 页。

[6]陈春富，胡昕昀，林明源：《探讨台湾中小型家族企业在大陆市场之经营策略》，《管理案例研究与评论》2009 年第 2 期。

[7]刘玉生：《走出企业文化建设误区，推动家族企业新发展——海峡西岸（福建）家族企业文化调查研究：以泉州为例》，《泉州师范学院学报》（社会科学）2008 年第 3 期。

[8]韦莹：《台湾企业文化浅探》，《经济与社会发展》2005 年第 12 期。

[9]杨婉月：《内在动力少外在压力弱，泉州民企受困家族化管理》，《中华工商时报》2003 年 3 月 5 日。

[10]卢长宝：《台湾家族企业的管理模式》，《海峡科技与产业》2002 年第 4 期。

[11]郑胜利：《台湾家族企业培养接班人的做法及启示》，《研究与借鉴》2002 年第 1 期。

从褊狭好斗到宽厚包容

——当代台湾文学反映的闽南人性格的一个侧面

朱双一

由于漂洋过海、垦拓山林和抵抗异族统治等特殊经历,形成了部分台湾人犷悍豪爽、勇于拼搏,有时又流于偏狭好斗的性格。清代台湾曾屡屡发生闽粤之间、漳泉之间的分类械斗。帮派频斗的情况甚至到20世纪都还存在。因此,"褊狭好斗"往往成为人们对福佬(闽南)族群的印象。这种性格的产生,当然有生存斗争需要的原因,随着时代的变迁,如人们教育程度的普遍提高,生存环境的好转,这种现象已不复多见,相反,福佬民系固有的宽厚包容、悲天悯人的另一面,渐渐浮现于人们的视野中。

由于历史的因缘际会,台湾的土地上聚集了中华民族大家庭中的多个族群民系和民族,而福佬族群是其中人数最多的一支。如何与其他族群相处,成为对他们的一个考验。陈映真的早期小说作品就大量触及了来自大陆的人们与台湾本地人士相遇和相处的问题。除了作家自己列举的《将军族》、《文书》、《累累》等之外,还有《那么衰老的眼泪》、《某一个日午》、《最后的夏日》、《第一件差事》、《永恒的大地》等等。此类作品缘于1962年到陈映真到军中服役时,"军队里下层外省老士官的传奇和悲悯的命运"对他内心的震撼。[1]他意识到老兵们的生命经历烙刻着中国历史过渡所引起的剧烈胎动和阵痛,他们在与台湾同胞遇合时,产生了一些难题。陈映真期待着双方——台湾本省人士和外省来台老兵——同时克服和扬弃各自的偏颇,因此在其作品中,便"以社会人而不是畛域人的意义开展着繁复底生之戏剧"[2],期待两岸同胞能够"消失了畛域底差别"而以同甘共苦、祸福同担的共同命运之社会人的身份亲切自然地相互理解、同情、体贴和拥抱。如《一绿色之候鸟》中的季先生是大陆北方人,而其妻却是当地农民的女儿,季先生在妻子入殓时的惊天地、泣鬼神的恸哭,让人觉得这里只有骨肉亲情,而毫无畛域之分。作者又以"一只产生于北地冰寒的候鸟,是绝不惯于像此地这样的气候的,它之将萎枯以至于死,也定然吧"的叙述,表达对那些从大陆迁徙"流落"到台湾的人们的悲悯和同情。陈映真另一脍炙人口的早期代表作《将军族》则通过大陆来台的老兵三角脸与台湾风尘少女小瘦丫头儿在相互同情和关爱中建立忘年交,却因今生今世难以结合而携手赴死的浪漫爱情故事,揭示这样的主题:尽管两岸的分裂状态已造成了民族的痛苦,但生活在一起的不同籍贯(族群)却同样孤苦无依的人们,完全可以相濡以沫,生死与共,共同追求人格的尊严和理想。

乡土文学的新世代传人洪醒夫的《市井传奇》(最初发表时题为《传奇》),刻写一广东籍老兵(老广)和本省籍寡妇(菜花)的圆满结合,可说对陈映真有所继承又有所发展。小说的两位主角既有相似的处境和相互的需要,也有诸多的区别。如老广长得英俊、挺拔,但年已过五十,菜花稍年轻,35岁却长得矮黑丑陋;老广会讲国语和广东话,菜花却只会讲闽南话,语言沟通存在障碍;老广依家乡的习俗开了一间狗肉店,菜花却不喜欢狗肉的味道……老广当了30年兵,退伍后,“自己一个,没有家,没有亲人,什么都没有”,平时只能喝酒聊慰孤独。他之所以动起成家的念头,主要是自己一个过日子,空空荡荡的,心里没有着落,没有人真正关心他,他也没有真正关心过别人,这样的日子实在没有意思。而菜花则因为入赘的前夫是一无赖,饱受其打骂虐待,前夫被人打死后,虽免去皮肉之苦,仍得背着带着两个幼儿下田干活,生活太过辛苦艰难,靠好心的村人接济,才能勉强度日,于是有人劝她找个人来帮挑担子。老广对菜花的丑陋并不在意,结婚后由衷感到满足,真诚地关爱着妻子和她带进门的两个儿子,从而获得了邻里乡人“这个外省人实在真好哪”的评价。菜花渐渐学会了可应付日常生活的国语,老广则因妻子不喜欢狗肉气味而关掉狗肉店,改开杂货店。洪醒夫的其他作品如《仑脚村的故事》等,也都有村人与大陆来台的官兵们从原来有所误解和抵牾,后来却消除误会、冰释前嫌的情节。显然作者要说的是:不同省籍、族群的人之间,也许会有性格、语言、生活习惯等方面的差别,但只要本着宽厚包容之心,相互体贴,一定可以克服障碍,消除矛盾,过上和谐幸福的生活。《市井传奇》中还写了两位主角早年的苦难岁月:菜花出世时,父亲就被日本人征去南洋当军夫,回来不到两年便病死,使得菜花无法上学,十岁便要去做工;老广的老家广东台山也曾落入日本鬼子之手,加上天灾,人们在日本兵的机关枪口下度过难以想象的凄惨年代。这说明,两岸的中国人其实有着共同的遭受日本侵略的惨痛历史,都深受战乱之苦,共同的历史际遇和命运,使他们没有理由不相互理解、相互同情,消除族群之间的隔阂,从而更紧密地团结在一起。因此洪醒夫说道:“不论你做什么事,你所要认同的,就是我们中华民族。写作是完全超越政权的,也就是,我们认定我们是中国人,我们的血脉中有中国人的精神,然后才能发展我们自己的文学。”[3]

80年代以后,台湾社会已不单是要面对本省和外省人的关系问题,同时更凸显了原住民、外省人、客家人、福佬人等多角关联。某些政治人物操弄族群问题以获取选票,使这一问题变得更为突出和复杂化。某种意义上,外省人士已从原来相对处于权力中心沦为边缘,而进据权力中心且人数最多的福佬人,最需要的是以宽阔的胸怀来担负起融合族群的更多责任。可以看到,一些有眼光、有责任感的福佬籍作家,在这方面做出了努力。

少年时即迁居台东的彰化诗人詹澈,就学屏东农专时就开始写一些长诗在校刊上发表。《阿花的故事》、《阿火伯的故事》、《阿兰的故事》等分别叙写了原住民、外省籍退伍老兵、本省(福佬)籍农民,这三者其实也是詹澈至今仍不改初衷的主要书写对象。他早年擅长写长叙事诗,《坐飞机到台北》记叙的是诗人从台东飞往台北的一段平凡旅程中的所见所闻所思，并逐一与来机场送行的亲友在心中与之交谈。随着飞机升上都兰山顶，俯视地面景色，很自然想起了平日以种西瓜为生的农民朋友老廖。对于这位因“去年淹水，瓜园布满蔓枯病和白粉病”而颓丧的老友，诗人细心为之谋划，真诚劝慰道：“再和老天与大水赌一口气吧/先种再说，越早结果价钱越好/祝你收成好度过年关/把一次二千元的会标起来买肥料/剩款买土鸡和母猪传种/祝你早娶媳妇/再见，老廖”。接着飞机继续向上爬升，突然冲出云层，这时诗人想到了当过兵，平日种田兼当筑堤工人的另一位陈姓好友：“兵仔陈，没有儿女没有房产/不要难过，这是罗汉脚仔的本色”，诗人并请他担负村人的寄望，继续看管土地庙，“年节记得在庙口公布香火钱和名册/记得演三天三夜的布袋戏/记得把猪公肉和米龟分给村人”。随着机身转趋平稳，诗人看到远方海中的绿岛和兰屿，想起了执勤守备海防的“山东士官长”，先对他表示深深的谢意：“感谢你来送我……感谢你的忠职”，并给予深情的祝福：“年关过后/祝你赌赢一个山地老婆的本。”这位山东籍老兵平时反复讲述他那从小被卖从军、骨肉相残的往事，而这并非只是个人命运而已，“这是中国不能忘记的悲剧/没有帝国主义没有日本军阀/中国就没有百年凄惨的历史/你说：来到台湾就安定了/感谢台湾的老百姓/感谢台湾的土地”。

诗人对本省农民朋友关爱有加，对外省老兵同样充满了深情。詹澈这一时期描写本省籍农民的长诗还有《写给祖父的诗和曾祖父的诗》、《阿爸来看我》、《土地，请站起来说话——记贫农洪梅》、《“人民”的定义在我心底浮沉——记贫农柯纪贵美》、《不能再这样了生意人》、《手的历史》等，书写着主人公们质朴诚实善良的秉性和遭受欺压的命运。《阿爸来看我》是写得最为生动的诗篇之一，父亲那不惧压迫，见义勇为，扶弱抗强，感恩图报，“一直讲义理/活得干干净净”的性格特征，正是本省籍农民的典型写照。写老兵的有《老刘的黎明》、《他呀！投下了改革的力量》、《一个惊叹号》等。书写原住民的则更有《她不是哑巴》、《匆匆一瞥苦苓林——记不知去向的白云》、《大海，请紧紧的拥抱它——记雅美族朋友张先生》、《年轻的朋友——肯将》、《在浪涛上——与一位山地友人聊天》等。这些作品将原住民的性格和命运刻画得惟妙惟肖。此外，更有既写老兵，又写原住民女子的，如《还给他枪，也还给她田地》中的开发队队员老李，娶了沦落为娼、相差30岁的年轻原住民女子为妻，女子也感恩地为他煮饭洗衣、生儿育女：虽然女人最后离他而去，但老李还是能够以宽阔胸怀包容她、谅解她。在《匆匆一瞥苦苓林》中，被贩卖下山的山地女孩子在营房的后门哼着“遥远、清新、健康、先民的/颂诉爱情和生活的/阿美族山歌”，而那位伙房的老士官也伴随着“哼着他的：/倾诉思乡和战乱的/山东民谣”。这里有差异和矛盾，更有相互的包容和共生。诗人不拘守于个人固有的族群归属，将其浓郁的关爱之情投注于在台湾这块土地上生活的不同族群的人们，呈现一幅各族群民众相濡以沫，融洽互爱、共生共存的图景。而且詹澈的多族群融合互爱观念是从现实生活中生长出来的，绝非虚构或概念的图解，因此显得格外朴实和动人。值得指出的，族群融合的主题频频出现在福佬籍作家笔下，与闽南/福佬人的朴实厚道的民风民性有很大关系。因为现实中存在这种民性民风，作家也具有这种情怀，正是此类作品产生的前提。

这种与他人和谐共生的情怀，甚至扩及于自然万物。黄春明笔下既有青番公、白梅、阿盛伯等在逆境中奋斗、努力维护人格尊严的人物，显现其刚强坚韧的一面，但同时也呈露了悲天悯人、同情和关怀弱小事物，欲与之和谐相处的一面。《联合文学》2007年1月号刊出了黄春明经过多年磨砺而最终定型的儿童剧本《稻草人和小麻雀》。故事内容是：七月稻子熟了，麻雀飞来吃稻子。老农夫做了十个稻草人，让它们去吓麻雀。小孙子小明与麻雀是好朋友，觉得不让麻雀吃一点稻子是不应该的，因为稻子成长过程中，麻雀也帮忙捉虫、吃蛾和蚱蜢。有一天，稻草人为了尽责看田，和麻雀吵了起来，三个孩子赶到解了围，让老麻雀叙说其理由，大家都认为收成麻雀也有功劳，所以也有权利吃一点稻子。为了不让爷爷生气，小孩子、稻草人和麻雀就合作起来。[4]剧本在轻松诙谐有趣的气氛中，将自然万物和谐相处的生态理念传达给儿童观众们。从这作品也许也可体会为何台湾的生态文学作家以福佬籍为多的原因。

吴晟的诗显现了他作为一位福佬籍诗人的典型的朴实厚道谦冲的品德。2005年4月，吴晟发表了《晚年冥想》组诗十首，其中包括《告别式》、《晚年》、《在乡间老去》、《火葬场》、《墓园》等，该系列被称为"谦卑面对死亡的诗句"，在《告别式》一诗中，诗人交代：不要为了一副棺木而糟蹋珍贵的百年大树，不必占据坟地，请将遗体直接火化，"骨灰埋在自家树园里/我亲手种植的樟树下……偶尔有谁想念/来到树下静坐、漫步/可以听见我的问候"；勿焚烧纸钱耗费大地资源，也谢绝花圈挽联，因为"我从不作兴摆场面"，也"从不探究缥缈来世/只愿在生之时善意相待"。诗人还谆嘱："无需寄发讣闻劳动亲友/如有少数故交不经意问起/才顺便转告/我仍热爱人世，但不眷恋"；该走的时候，"请容我静静离去，悄悄告别"，如果临走时不禁流了泪，请勿受感染，"那是我不知如何割舍，那绵绵密密的牵挂，那是我不知如何表达，偿还不尽的恩情。"

此诗引起实习医生吴易澄的热切回应。未料一年后诗人罹患癌症；又一年，手术后康复的吴晟写了《凝视死亡》作为对吴易澄的应答。他表白道："一组晚年冥想，凝视死亡/未必准备就此终老/只是重新调整/如何面对生命"、"其实，我只是顺应寻常的历程/无意塑造什么典范/每个生命都在各自完成/某种生命的意义"、"就是不断调适，与世界的冲突/寻思可以留下些什么/或者，不该留下什么"、"凝视死亡/就是凝视生命/或许有些悲伤/更多是期许自己/还有梦想要实践"。显然，诗人对于"死亡"（也是"生命"）的态度是坦然而又积极的。在接受访问时，他曾表示：他从不计较利益，如果他表现出对名有些在意，是因为希望这些名可以吸引更多人读他的诗文，进而了解甚至认同他的生活态度和生命理念。[5]相熟的朋友，也许会感觉吴晟确实很在意读者或朋友对他作品的评价，流露出一点"好胜"的性情，这或许正是福佬人的"拼搏"性格的显现，毕竟是赖和所说的"俭肠捏肚也要压倒四福户"的子孙；然而吴晟又是谦冲随和的，他对人生积极而不张扬，颓废厌世与他无缘，生前盛誉死后哀荣也未必是他所追求的，朴实、善良、宽厚是他性格的主流。既积极向上、勇于拼搏，又朴实厚道、讲究义气,正是广大福佬人性格的典型表现。须指出,这种民性民风的形成,既是特殊环境、特殊经历所致,却又有中华文化传统的根源和底蕴,是“小传统”和“大传统”的交融体现。

(作者单位:厦门大学)

参考文献

[1] 陈映真:《后街》,《陈映真自选集》,三联书店 2000 年版,第 441 页。
[2] 许南村:《试论陈映真》,《陈映真文集·文论卷》,中国友谊出版公司 1998 年版,第 138 页。
[3] 洪醒夫:《关爱土地和同胞——谈小说创作》,《自立晚报》1983 年 7 月 29 日。
[4] 黄春明:《稻草人和小麻雀》,《联合文学》2007 年第 1 期。
[5] 李若莺:《纯·度人生——评吴晟诗五首》,《盐分地带文学》2007 年第 9 期。

后　记

《追寻与探索:两岸闽南文化的传承创新与社会发展研究》终于结集出版了。本书是福建省社科基金项目“两岸闽南文化的传承创新与社会发展”(项目编号[2012B201])的延伸成果。2012年11月30日—12月3日,由泉州师范学院和台湾成功大学两校闽南文化研究中心、福建省茶产业研究会、泉州师院中国语言文学省级重点学科、福建社科院文学所和泉州市语言文字学会共同承办的福建省社科联第九届学术分论坛“两岸闽南文化的传承创新与社会发展”学术研讨会在泉州师范学院顺利召开。

会议在推进两岸闽南文化的研究和学术沟通、促进闽南文化研究对中华文化的繁荣、提升两岸文化共同体的整体化认识和促进两岸和谐和平发展、着力践行十八大提出的“实现中华文明的伟大复兴”等方面,都体现了十分重要的历史意义和现实意义。会议获得福建省社科联、泉州市委宣传部的重视,全国各大报刊和新闻媒体也给予高度关注,先后为本会做了相关报道。《光明日报·理论版(史学)》12月13日刊发陈燕玲的《“两岸闽南文化的传承创新与社会发展”研讨会综述》;泉州晚报12月3日分两处刊出《海内外专家研讨闽南文化》和《两岸专家齐聚古城建言献策,携手推动闽南文化传承创新》专题报道;《海西晨报》12月5日刊发《两岸及海外闽南文化研讨会在泉州师院举行》;泉州电视台12月3日播放“两岸闽南文化学术研讨会在泉召开”专题新闻,并于12月5日和6日在“新闻相拍报”闽南语专栏用16分钟播放采访林华东教授的现场专题访谈;泉州人民广播电台12月3日播送新闻“闽南文化传承与创新研讨会在泉州召开”;中国新闻网、新华网、中国日报网、东南网12月3日刊出“两岸共探闽南文化传承创新盼加强两岸各方交流”等新闻。

本次会议得到海内外学术界广大同人们的支持。从会议的筹备、召开,到论文集的编辑、校对,陈益源、黄科安、谢英、陈桂炳、刘小新、洪荣文等老师都给予了无私的奉献。特此向他们表示深深的感谢!

书稿付梓之际,我们还要感谢出席学术研讨会并为论文集提供论著的各位专家学者,感谢福建省社科联和泉州市委宣传部各位领导的支持,感谢福建省高校服务海西建设重点项目"闽南文化的传承与海西社会发展"(编号[2009053])的资金支持,感谢厦门大学出版社为本书的出版付出的劳动!

我们期待本书能发挥抛砖引玉的作用,为推进两岸闽南文化的研究和两岸文化共同体的共识恪尽绵薄之力!

林华东　陈燕玲

2013 年 8 月 7 日

图书在版编目(CIP)数据

追寻与探索：两岸闽南文化的传承创新与社会发展研究/林华东，陈燕玲主编.
—厦门:厦门大学出版社，2013.8
(闽南文化研究丛书)
ISBN 978-7-5615-4776-2

Ⅰ. ①追… Ⅱ. ①林… ②陈… Ⅲ. ①文化史－福建省－文集 Ⅳ. ①K295.7－53

中国版本图书馆 CIP 数据核字(2013)第 218143 号

厦门大学出版社出版发行
(地址:厦门市软件园二期望海路 39 号 邮编:361008)
http://www.xmupress.com
xmup@xmupress.com
厦门市明亮彩印有限公司印刷
2013 年 8 月第 1 版 2013 年 8 月第 1 次印刷
开本:787×1092 1/16 印张:29 插页:2
字数:620 千字 印数:1～1 600 册
定价:66.00 元